国家统计局贸易外经统计司 编
Compiled by
Department of Trade and External Economic Relations Statistics,
National Bureau of Statistics of China

2021

中国贸易外经统计年鉴

CHINA TRADE AND EXTERNAL ECONOMIC STATISTICAL YEARBOOK

中国统计出版社
China Statistics Press

图书在版编目（CIP）数据

中国贸易外经统计年鉴. 2021 : 2021 China Trade and External Economic Statistical Yearbook : 汉英对照 / 国家统计局贸易外经统计司编. -- 北京 : 中国统计出版社, 2021.11
ISBN 978-7-5037-9728-6

Ⅰ. ①中… Ⅱ. ①国… Ⅲ. ①对外贸易－统计资料－中国－2021－年鉴－汉、英 Ⅳ. ①F752-54

中国版本图书馆 CIP 数据核字(2021)第 238892 号

中国贸易外经统计年鉴-2021
2021 China Trade and External Economic Statistical Yearbook

作　　者/国家统计局贸易外经统计司
责任编辑/许立舫
封面设计/李雪燕
出版发行/中国统计出版社
通信地址/北京市丰台区西三环南路甲 6 号　邮政编码/100073
发行电话/邮购（010）63376909　书店（010）68783171
网　　址/http://www.zgtjcbs.com/
印　　刷/三河市双峰印刷装订有限公司
经　　销/新华书店
开　　本/880mm×1230mm　1/16
字　　数/1454 千字
印　　张/46.5
版　　别/2021 年 11 月第 1 版
版　　次/2021 年 11 月第 1 次印刷
定　　价/420.00 元

《中国贸易外经统计年鉴－2021》编辑委员会

2021 CHINA TRADE AND EXTERNAL ECONOMIC STATISTICAL YEARBOOK

Editorial Staff

Editor-in-Chief: Dong Lihua

Associate Editor-in-Chief: Liu Xiaodong Liu Jinzhong Yu Jianxun Ye Jingyi

Editorial Staff: (in order of the number of strokes the Chinese character of the surname)

Wan Ping Wang Yuexiang Wang Xiaoyu Shen Junli Fu Yuan Fu Jiaqi Liu Yang Liu Ying Liu Xuling Liu Xiaoyan Yan Xianpu Li Dan Li Min He Rundong Zhang Min Zhang Lei Chen Qunlin Hu Chunlin Yao Hu Yuan Yan Xia Huan Zeng Xiaoxuan Xue Yuan

English Translator: She Jingxiong

编者说明

一、《中国贸易外经统计年鉴—2021》是一部全面反映中国国内贸易、对外经济贸易和旅游业发展情况的资料性年刊。本年鉴收录了2020年中国国内消费品市场、批发和零售业、住宿和餐饮业、国际收支、对外贸易、利用外资、对外投资与经济合作和国内旅游的主要统计数据，以及分省、自治区、直辖市和一些重要历史年份的相关统计数据。

二、本年鉴正文内容分为9个部分：1.综合篇；2.消费品市场篇；3.批发和零售业篇；4.住宿和餐饮业篇；5.国际收支篇；6.对外贸易篇；7.利用外资篇；8.对外投资与经济合作篇；9.旅游篇。为便于读者使用，本年鉴对所用略语和主要统计指标的含义、统计范围和统计方法作了简要说明。

三、本年鉴中所涉及的全国性统计数据,均未包括香港、澳门特别行政区和台湾省数据。

四、本年鉴所列对外经济贸易和旅游统计资料由国家统计局贸易外经司根据商务部、海关总署、国家外汇管理局、公安部、文化和旅游部、国家市场监督管理总局等部门的资料加工整理，由于各部门职能不同，统计口径、范围和方法亦有所不同，因此书中有些数据可能不一致，使用统计数据时请参看附录。

五、本年鉴资料中行业分类按《国民经济行业分类》(GB/T 4754-2017)标准划分；企业规模划分按《统计上大中小微型企业划分办法(2017)》标准执行。

六、本年鉴表中所使用的度量衡单位，均为国际统一标准计量单位。

七、年鉴表中的“空格”表示该项统计指标数据不足本表最小单位数、不详或无该项数据；“#”表示其中的主要项；“*”或“①”表示本表下有注释。

八、年鉴中没有标明年份的表均为2020年的数据。

PREFACE

I.*2021 China Trade and External Economic Statistical Yearbook* reflects the situation of China in the development of the domestic and foreign trade, the external economic transactions and the tourism synthetically. The yearbook covers the main data of the domestic trade, balance of payments, foreign trade, utilization of foreign capital, overseas direct investment and economic cooperation, and tourism of China in 2020, and embodies the data from national level and all the provinces, autonomous regions and municipalities. It also lists the time series relative data of important indicators by years.

II.The yearbook contains the following 9 chapters: 1.Integration; 2.Consumer Goods Market; 3.Wholsale and Retail Trades; 4.Hotels and Catering Services; 5. Balance of Payments; 6. Foreign Trade; 7. Utilization of Foreign Capital; 8.Overseas Direct Investment and Economic Cooperation; 9.Tourism. In addition, Explanatory Notes on Main Statistical Indicators are provided at the end of book.

III.The national data in the book do not include that of Hongkong Special Administrative Region, Macao Special Administrative Region and Taiwan Province.

IV.The major sources of data except that in the domestic trade are the regular statistical reporting forms provided by the relevant departments such as the Ministry of Commerce, the General Administration of Customs, the State Administration of Foreign Exchange, the Ministry of Public Security, the Ministry of Culture and Tourism, the State Administration for Market Regulation. The book is edited by the Department of Trade and External Economic Relation Statistics of the National Bureau of Statistics. Since the functions of departments mentioned above are different, the requirement, the scope, the calculating specification and the method of statistics are not in the same, and some of the figures may not be in conformity. Readers who want to use the data please consult the explanatory note.

V.Data by branch of industry in this book are based on the *National Industrial Classification of all Economic Activities* (GB/T 4754-2017), and data by size of enterprise are based on the 2017's *standards of Enterprises by size*.

VI.The units of measurement used in this yearbook are internationally standard measurement units.

VII.Notations used in the yearbook: (blank space) indicates that the figure is not large enough to be measured with the smallest unit in the table, or data are unknown or are not available; " # " indicates a major breakdown of the total; and " * " or " ① " indicates footnotes at the end of the table.

VIII.Some tables of the yearbook do not indicate the year, which means the data of the tables belong to 2020.

目　　录

CONTENTS

第 1 篇　综合
Integration

第 2 篇　消费品市场
Consumer Goods Market

第 3 篇 批发和零售业
Wholesale and Retail Trades

第 4 篇 住宿和餐饮业

Hotels and Catering Services

第 5 篇 国际收支
Balance of Payments

第 6 篇 对外贸易

Foreign Trade

第 7 篇 利用外资

Utilization of Foreign Capital

第 8 篇　对外投资与经济合作
Overseas Direct Investment and Economic Cooperation

第 9 篇　旅游
Tourism

附　录
APPENDIX

综 合

INTEGRATION

第1篇

1-1 国内生产总值指数

Indices of Gross Domestic Product

(不变价,上年=100；Constant Price, Preceding Year=100)

年 份 Year	国民总收入 Gross National Income	国内生产总值 Gross Domestic Product	第一产业 Primary Industry	第二产业 Secondary Industry	第三产业 Tertiary Industry	#批发与零售业 Wholesale and Retail Trades	人均国内生产总值 Per Capita GDP
1978	111.7	111.7	104.1	115.0	113.8	123.1	110.2
1979	107.6	107.6	106.1	108.2	107.9	108.7	106.1
1980	107.8	107.8	98.5	113.6	106.0	98.1	106.5
1981	105.2	105.2	107.0	101.9	110.4	129.5	103.9
1982	109.2	109.1	111.5	105.6	113.0	99.3	107.5
1983	111.1	110.9	108.3	110.4	115.2	121.2	109.3
1984	115.3	115.2	112.9	114.5	119.3	124.7	113.7
1985	113.2	113.5	101.8	118.6	118.2	133.5	111.9
1986	108.5	108.8	103.3	110.2	112.0	109.4	107.2
1987	111.5	111.6	104.7	113.7	114.4	114.7	109.8
1988	111.3	111.3	102.5	114.5	113.2	111.8	109.5
1989	104.2	104.1	103.1	103.8	105.4	89.3	102.5
1990	104.1	103.8	107.3	103.2	102.3	94.7	102.3
1991	109.1	109.2	102.4	113.9	108.9	105.2	107.7
1992	114.1	114.2	104.7	121.2	112.4	110.5	112.8
1993	113.7	114.0	104.7	119.9	112.2	108.6	112.7
1994	113.1	113.1	104.0	118.4	111.1	108.2	111.8
1995	109.3	110.9	105.0	113.9	109.8	108.2	109.7
1996	110.1	110.0	105.0	112.1	109.2	107.6	108.8
1997	109.6	109.2	103.4	110.5	110.4	108.8	108.1
1998	107.3	107.8	103.4	108.9	108.4	106.5	106.8
1999	107.9	107.6	102.7	108.2	109.2	108.7	106.7
2000	108.6	108.4	102.3	109.4	109.7	109.4	107.6
2001	108.1	108.3	102.6	108.4	110.2	109.1	107.5
2002	109.5	109.1	102.7	109.8	110.5	108.8	108.4
2003	110.5	110.0	102.4	112.7	109.5	109.9	109.3
2004	110.5	110.1	106.1	111.1	110.1	106.6	109.4
2005	110.9	111.3	105.1	112.1	112.3	113.0	110.7
2006	113.3	112.7	104.8	113.4	114.1	119.5	112.1
2007	114.7	114.2	103.5	115.0	116.1	120.2	113.6
2008	110.1	109.6	105.2	109.8	110.5	115.9	109.1
2009	108.4	109.2	104.0	110.1	109.5	111.9	108.7
2010	110.3	110.6	104.3	112.7	109.7	114.6	110.1
2011	108.9	109.5	104.2	110.6	109.5	112.5	109.0
2012	108.5	107.7	104.5	108.2	108.0	110.3	107.2
2013	107.1	107.7	103.8	107.9	108.3	110.5	107.2
2014	108.3	107.3	104.1	107.3	107.8	109.7	106.7
2015	106.4	106.9	103.9	106.2	108.2	106.1	106.4
2016	106.8	106.8	103.3	106.0	108.1	107.7	106.8
2017	107.3	106.9	104.0	105.9	108.3	107.8	107.3
2018	106.4	106.7	103.5	105.8	108.0	106.7	106.4
2019	106.1	106.0	103.1	104.9	107.2	105.6	106.1
2020	101.9	102.3	103.0	102.6	102.1	98.7	101.9

1-2 国内生产总值构成

Composition of Gross Domestic Product

(按当年价格计算, Current Price)

年 份 Year	国内生产总值 Gross Domestic Product (%)	第一产业 Primary Industry	第二产业 Secondary Industry	第三产业 Tertiary Industry	#批发与零售业 Wholesale and Retail Trades
1978	100	27.9	47.6	24.5	6.6
1979	100	30.9	46.8	22.3	4.9
1980	100	29.9	47.9	22.2	4.3
1981	100	31.6	45.8	22.6	4.7
1982	100	33.0	44.5	22.5	3.2
1983	100	32.8	44.1	23.1	3.3
1984	100	31.8	42.8	25.5	5.0
1985	100	28.1	42.6	29.3	8.9
1986	100	26.8	43.4	29.8	8.3
1987	100	26.5	43.2	30.3	8.8
1988	100	25.4	43.4	31.2	9.8
1989	100	24.7	42.4	32.9	9.0
1990	100	26.7	40.9	32.4	6.8
1991	100	24.2	41.4	34.5	8.4
1992	100	21.4	43.0	35.6	8.9
1993	100	19.4	46.1	34.5	7.9
1994	100	19.5	46.1	34.4	7.8
1995	100	19.7	46.7	33.7	7.8
1996	100	19.4	47.0	33.6	7.8
1997	100	18.0	47.0	35.0	8.0
1998	100	17.2	45.7	37.1	8.1
1999	100	16.1	45.3	38.6	8.3
2000	100	14.7	45.4	39.8	8.2
2001	100	14.1	44.7	41.3	8.3
2002	100	13.4	44.3	42.3	8.3
2003	100	12.4	45.5	42.1	8.2
2004	100	13.0	45.8	41.2	7.7
2005	100	11.7	46.9	41.4	7.5
2006	100	10.7	47.4	41.9	7.6
2007	100	10.4	46.7	42.9	7.8
2008	100	9.9	46.8	42.9	8.3
2009	100	9.9	45.7	44.4	8.4
2010	100	9.6	46.2	44.2	8.8
2011	100	9.4	46.4	44.2	8.9
2012	100	9.4	45.3	45.3	9.2
2013	100	9.3	44.0	46.7	9.5
2014	100	9.1	43.1	47.8	9.7
2015	100	8.8	40.9	50.2	9.6
2016	100	8.1	39.6	52.4	9.9
2017	100	7.5	39.9	52.7	9.8
2018	100	7.0	39.7	53.3	9.7
2019	100	7.1	38.6	54.3	9.7
2020	100	7.7	37.8	54.5	9.4

1−3　三次产业贡献率
Share of the Contributions of the Three Strata of Industry to the Increase of GDP

(按不变价格计算, Data in this table are calculated at constant prices)

年　份 Year	国内生产总值 Gross Domestic Product (%)	第一产业 Primary Industry	第二产业 Secondary Industry	第三产业 Tertiary Industry
1990	100	40.5	39.6	19.9
1991	100	6.8	61.1	32.2
1992	100	8.2	63.2	28.7
1993	100	7.6	64.4	28.0
1994	100	6.3	66.3	27.4
1995	100	8.7	62.8	28.5
1996	100	9.3	62.2	28.5
1997	100	6.5	59.0	34.5
1998	100	7.2	59.7	33.0
1999	100	5.7	56.8	37.5
2000	100	4.2	59.5	36.3
2001	100	4.7	46.2	49.1
2002	100	4.2	49.2	46.6
2003	100	3.1	57.9	39.0
2004	100	7.4	51.7	40.9
2005	100	5.3	50.3	44.4
2006	100	4.4	49.5	46.1
2007	100	2.7	49.9	47.4
2008	100	5.3	48.4	46.3
2009	100	4.1	51.9	44.0
2010	100	3.6	57.2	39.2
2011	100	4.2	52.0	43.8
2012	100	5.2	49.9	44.9
2013	100	4.3	48.5	47.2
2014	100	4.7	47.8	49.9
2015	100	4.4	39.7	55.9
2016	100	4.0	36.0	60.0
2017	100	4.6	34.2	61.1
2018	100	4.1	34.4	61.5
2019	100	3.9	32.6	63.5
2020	100	9.5	43.3	47.3

注：产业贡献率指各产业增加值增量与GDP增量之比。

Note: Share of the three industries refers to the proportion of the increment of every industrial value added to the increment of GDP.

1-4 三大需求对国内生产总值增长的贡献率和拉动

Share and Contribution of the Three Components of GDP by Expenditure Approach to the Growth of GDP

(按不变价格计算, Data in value terms in this table are calculated at constant prices)

年 份 Year	最终消费支出 Final Consumption Expenditure		资本形成总额 Gross Capital Formation		货物和服务净出口 Net Exports of Goods and Services	
	贡献率 Share (%)	拉动(百分点) Contribution (percentage points)	贡献率 Share (%)	拉动(百分点) Contribution (percentage points)	贡献率 Share (%)	拉动(百分点) Contribution (percentage points)
1978	39.4	4.6	66.0	7.6	-5.4	-0.6
1979	85.1	6.4	18.1	1.4	-3.2	-0.2
1980	77.5	6.1	20.7	1.6	1.8	0.2
1981	88.7	4.6	-1.1	-0.1	12.4	0.6
1982	56.4	5.1	23.0	2.1	20.6	1.8
1983	75.6	8.1	32.4	3.5	-8.0	-0.8
1984	69.4	10.6	41.2	6.3	-10.6	-1.7
1985	71.1	9.6	79.9	10.8	-51.0	-6.9
1986	50.4	4.5	15.5	1.4	34.1	3.0
1987	41.0	4.8	26.4	3.1	32.6	3.8
1988	43.2	4.9	55.9	6.3	0.9	0.1
1989	94.4	4.0	-19.0	-0.8	24.6	1.0
1990	81.0	3.2	-54.2	-2.1	73.2	2.8
1991	60.9	5.7	37.4	3.5	1.7	0.1
1992	56.4	8.0	52.7	7.5	-9.1	-1.2
1993	59.4	8.3	54.1	7.5	-13.5	-1.9
1994	33.8	4.4	36.1	4.7	30.1	4.0
1995	46.1	5.1	46.7	5.1	7.2	
1996	62.0	6.2	34.2	3.4	3.8	0.8
1997	42.8	3.9	14.5	1.3	42.7	0.3
1998	64.9	5.1	28.5	2.2	6.6	4.0
1999	89.0	6.8	20.8	1.6	-9.8	0.5
2000	78.9	6.6	21.6	1.8	-0.5	-0.8
2001	48.6	4.0	64.3	5.3	-12.9	
2002	57.3	5.2	37.9	3.4	4.8	-1.0
2003	35.8	3.6	69.6	7.0	-5.4	0.5
2004	43.0	4.3	61.3	6.2	-4.3	-0.6
2005	55.0	6.2	32.3	3.7	12.7	-0.4
2006	42.4	5.4	42.3	5.4	15.3	1.4
2007	45.8	6.5	43.4	6.2	10.8	1.9
2008	45.0	4.3	52.3	5.0	2.7	1.5
2009	56.8	5.2	86.0	7.9	-42.8	0.3
2010	46.3	4.9	65.2	6.9	-11.5	-3.9
2011	65.7	6.3	41.1	3.9	-6.8	-0.6
2012	55.4	4.4	42.1	3.3	2.5	0.2
2013	50.2	3.9	53.1	4.1	-3.3	-0.3
2014	56.3	4.2	45.0	3.3	-1.3	-0.1
2015	69.0	4.9	22.6	1.6	8.4	0.6
2016	66.0	4.5	45.7	3.1	-11.7	-0.8
2017	55.9	3.9	39.5	2.7	4.7	0.3
2018	64.0	4.3	43.2	2.9	-7.2	-0.5
2019	58.6	3.5	28.9	1.7	12.6	0.7
2020	-22.0	-0.5	94.1	2.2	28.0	0.7

注：1.三大需求指支出法国内生产总值的三大构成项目，即最终消费支出、资本形成总额、货物和服务净出口。
2.贡献率指三大需求增量与支出法国内生产总值增量之比。
3.拉动指国内生产总值增长速度与三大需求贡献率的乘积。

Note: a) Three components of GDP by expenditure approach are final consumption expenditure, gross capital formation and net exports of goods and services.
b) Contribution share of the three components refers to the proportion of the increment of the each component of GDP to the increment of GDP.
c) Contribution of the three components refers to the growth rate of GDP multiplies the constribution share of the three components.

1-5 人口数及构成

Population and Its Composition

单位：万人

Unit: 10 000 persons

年份 Year	年底人口数 Total Population (year-end)	按性别分 by Sex				按城乡分 by Residence			
		男 Male		女 Female		城镇 Urban		乡村 Rural	
		人口数 Population	比重(%) Structure	人口数 Population	比重(%) Structure	人口数 Population	比重(%) Structure	人口数 Population	比重(%) Structure
1978	96259	49567	51.49	46692	48.51	17245	17.92	79014	82.08
1980	98705	50785	51.45	47920	48.55	19140	19.39	79565	80.61
1985	105851	54725	51.7	51126	48.3	25094	23.71	80757	76.29
1989	112704	58099	51.55	54605	48.45	29540	26.21	83164	73.79
1990	114333	58904	51.52	55429	48.48	30195	26.41	84138	73.59
1991	115823	59466	51.34	56357	48.66	31203	26.94	84620	73.06
1992	117171	59811	51.05	57360	48.95	32175	27.46	84996	72.54
1993	118517	60472	51.02	58045	48.98	33173	27.99	85344	72.01
1994	119850	61246	51.1	58604	48.9	34169	28.51	85681	71.49
1995	121121	61808	51.03	59313	48.97	35174	29.04	85947	70.96
1996	122389	62200	50.82	60189	49.18	37304	30.48	85085	69.52
1997	123626	63131	51.07	60495	48.93	39449	31.91	84177	68.09
1998	124761	63940	51.25	60821	48.75	41608	33.35	83153	66.65
1999	125786	64692	51.43	61094	48.57	43748	34.78	82038	65.22
2000	126743	65437	51.63	61306	48.37	45906	36.22	80837	63.78
2001	127627	65672	51.46	61955	48.54	48064	37.66	79563	62.34
2002	128453	66115	51.47	62338	48.53	50212	39.09	78241	60.91
2003	129227	66556	51.50	62671	48.50	52376	40.53	76851	59.47
2004	129988	66976	51.52	63012	48.48	54283	41.76	75705	58.24
2005	130756	67375	51.53	63381	48.47	56212	42.99	74544	57.01
2006	131448	67728	51.52	63720	48.48	58288	44.34	73160	55.66
2007	132129	68048	51.50	64081	48.50	60633	45.89	71496	54.11
2008	132802	68357	51.47	64445	48.53	62403	46.99	70339	53.01
2009	133450	68647	51.44	64803	48.56	64512	48.34	68938	51.66
2010	134091	68748	51.30	65343	48.70	66978	49.90	67113	50.10
2011	134735	69068	51.30	65667	48.70	69079	51.30	65656	48.70
2012	135404	69395	51.30	66009	48.70	71182	52.60	64222	47.40
2013	136072	69728	51.24	66344	48.76	73111	53.70	62961	46.30
2014	136782	70079	51.23	66703	48.77	74916	54.77	61866	45.23
2015	137462	70414	51.22	67048	48.78	77116	56.10	60346	43.90
2016	138271	70815	51.21	67456	48.79	79298	57.35	58973	42.65
2017	139008	71137	51.17	67871	48.83	81347	58.52	57661	41.48
2018	139538	71351	51.13	68187	48.87	83137	59.58	56401	40.42
2019	141008	72039	51.09	68969	48.91	88426	62.71	52582	37.29
2020	141178	72334	51.24	68844	48.76	90199	63.89	50979	36.11

1-6 居民消费价格指数和商品零售价格指数

Consumer Price Indices and Retail Price Indices

(上年价格=100，Preceding Year=100)

年 份 Year	居民消费价格指数 Consumer Price Index	城 市 Urban Areas	农 村 Rural Areas	商品零售价格指数 Retail Price Index
1978	100.7	100.7		100.7
1979	101.9	101.9		102.0
1980	107.5	107.5		106.0
1981	102.5	102.5		102.4
1982	102.0	102.0		101.9
1983	102.0	102.0		101.5
1984	102.7	102.7		102.8
1985	109.3	111.9	107.6	108.8
1986	106.5	107.0	106.1	106.0
1987	107.3	108.8	106.2	107.3
1988	118.8	120.7	117.5	118.5
1989	118.0	116.3	119.3	117.8
1990	103.1	101.3	104.5	102.1
1991	103.4	105.1	102.3	102.9
1992	106.4	108.6	104.7	105.4
1993	114.7	116.1	113.7	113.2
1994	124.1	125.0	123.4	121.7
1995	117.1	116.8	117.5	114.8
1996	108.3	108.8	107.9	106.1
1997	102.8	103.1	102.5	100.8
1998	99.2	99.4	99.0	97.4
1999	98.6	98.7	98.5	97.0
2000	100.4	100.8	99.9	98.5
2001	100.7	100.7	100.8	99.2
2002	99.2	99.0	99.6	98.7
2003	101.2	100.9	101.6	99.9
2004	103.9	103.3	104.8	102.8
2005	101.8	101.6	102.2	100.8
2006	101.5	101.5	101.5	101.0
2007	104.8	104.5	105.4	103.8
2008	105.9	105.6	106.5	105.9
2009	99.3	99.1	99.7	98.8
2010	103.3	103.2	103.6	103.1
2011	105.4	105.3	105.8	104.9
2012	102.6	102.7	102.5	102.0
2013	102.6	102.6	102.8	101.4
2014	102.0	102.1	101.8	101.0
2015	101.4	102.1	101.5	100.1
2016	102.0	102.1	101.9	100.7
2017	101.6	101.7	101.3	101.1
2018	102.1	102.1	102.1	101.9
2019	102.9	102.8	103.2	102.0
2020	102.5	102.3	103.0	101.4

1－7 居民人均可支配收入与支出
National Average Disposable Income and Expenditure

单位：元
unit：yuan

项　目	Item	2018年	2019年	2020年
全年可支配收入	**Annual Disposable Income**	**28228.0**	**30732.8**	**32188.8**
工资性收入	Income of Wages and Salaries	15829.0	17186.2	17917.4
经营净收入	Net Business Income	4852.4	5247.3	5306.8
财产净收入	Income from Properties	2378.5	2619.1	2791.5
转移性收入	Income from Transfer	5168.1	5680.3	6173.2
消费支出	**Consumption Expenditure**	**19853.1**	**21558.9**	**21209.9**
食品烟酒	Food,Tobacco and Liquor	5631.1	6084.2	6397.3
衣着	Clothing	1288.9	1338.1	1238.4
居住	Residence	4646.6	5054.8	5215.3
生活用品及服务	Household Facilities, Articles and Services	1222.7	1280.9	1259.5
交通通信	Transport and Communications	2675.4	2861.6	2761.8
教育文化娱乐	Education, Culture and Recreation	2225.7	2513.1	2032.2
医疗保健	Health Care and Medical Services	1685.2	1902.3	1843.1
其他用品及服务	Miscellaneous Goods and Services	477.5	524.0	462.2

1－8 城镇居民人均可支配收入与支出
Average Disposable Income and Expenditure of Urban

单位：元
unit：yuan

项　目	Item	2018年	2019年	2020年
全年可支配收入	**Annual Disposable Income**	**39250.8**	**42358.8**	**43833.8**
工资性收入	Income of Wages and Salaries	23792.2	25564.8	26380.7
经营净收入	Net Business Income	4442.6	4840.4	4710.8
财产净收入	Income from Properties	4027.7	4390.6	4626.5
转移性收入	Income from Transfer	6988.3	7563.0	8115.8
消费支出	**Consumption Expenditure**	**26112.3**	**28063.4**	**27007.4**
食品烟酒	Food,Tobacco and Liquor	7239.0	7732.6	7880.5
衣着	Clothing	1808.2	1831.9	1644.8
居住	Residence	6255.0	6780.2	6957.7
生活用品及服务	Household Facilities, Articles and Services	1629.4	1689.3	1640.0
交通通信	Transport and Communications	3473.5	3671.3	3474.3
教育文化娱乐	Education, Culture and Recreation	2974.1	3328.0	2591.7
医疗保健	Health Care and Medical Services	2045.7	2282.7	2172.2
其他用品及服务	Miscellaneous Goods and Services	687.4	747.2	646.2

1-9 农村居民人均可支配收入与支出

Average Disposable Income and Expenditure of Rural

单位：元
unit：yuan

项　目	Item	2018年	2019年	2020年
全年可支配收入	**Annual Disposable Income**	**14617.0**	**16020.7**	**17131.5**
工资性收入	Income of Wages and Salaries	5996.1	6583.5	6973.9
经营净收入	Net Business Income	5358.4	5762.2	6077.4
财产净收入	Net Income from Property	342.1	377.3	418.8
转移净收入	Net Income from Transfers	2920.5	3297.8	3661.3
消费支出	**Expends on Consumption**	**12124.3**	**13327.7**	**13713.4**
食品烟酒	Food, Tobacco and Liquor	3645.6	3998.2	4479.4
衣着	Clothing	647.7	713.3	712.8
居住	Residence	2660.6	2871.3	2962.4
生活用品及服务	Household Facilities, Articles and Services	720.5	763.9	767.5
交通通信	Transport and Communications	1690.0	1836.8	1840.6
教育文化娱乐	Education, Culture and Recreation	1301.6	1481.8	1308.7
医疗保健	Health Care and Medical Services	1240.1	1420.8	1417.5
其他用品及服务	Miscellaneous Goods and Services	218.3	241.5	224.4

消费品市场

CONSUMER GOODS MARKET

第2篇

2-1 历年社会消费品零售总额
Total Retail Sales of Consumer Goods

年 份 Year	社会消费品零售总额(亿元) Total Retail Sales of Consumer Goods (100 million yuan)	比上年增长(%) Increase Over the Previous Year (%)
1952	276.8	
1963	604.5	0.1
1964	638.2	5.6
1965	670.3	5.0
1966	732.8	9.3
1967	770.5	5.1
1968	737.3	-4.3
1969	801.5	8.7
1970	858.0	7.0
1971	929.2	8.3
1972	1023.3	10.1
1973	1106.7	8.2
1974	1163.6	5.1
1975	1271.1	9.2
1976	1339.4	5.4
1977	1432.8	7.0
1978	1558.6	8.8
1979	1800.0	15.5
1980	2140.0	18.9
1981	2350.0	9.8
1982	2570.0	9.4
1983	2849.4	10.9
1984	3376.4	18.5
1985	4305.0	27.5
1986	4950.0	15.0
1987	5820.0	17.6
1988	7440.0	27.8
1989	8101.4	8.9
1990	8300.1	2.5
1991	9415.6	13.4
1992	10993.7	16.8
1993	14240.1	29.5
1994	18544.0	30.2
1995	23463.9	26.5
1996	28120.4	19.8
1997	30922.9	10.0
1998	32955.6	6.6
1999	35122.0	6.6
2000	38447.1	9.5
2001	42240.4	9.9
2002	47124.6	11.6
2003	51303.9	8.9
2004	58004.1	13.1
2005	66491.7	14.6
2006	76827.2	15.5
2007	90638.4	18.0
2008	110994.6	22.5
2009	128331.3	15.6
2010	152083.1	18.5
2011	179803.8	18.2
2012	205517.3	14.3
2013	232252.6	13.0
2014	259487.3	11.7
2015	286587.8	10.4
2016	315806.2	10.2
2017	347326.7	10.0
2018	377783.1	8.8
2019	408017.2	8.0
2020	391980.6	-3.9

注：根据第四次全国经济普查结果及有关制度规定对1993—2019年社会消费品零售总额数据进行修订。

Note: The Eetail Sales of Consumer Goods in 1993-2019 were revised according to the result of the Fourth Economic Census and the revelant regulations.

2-2 各地区社会消费品零售总额

Total Retail Sales of Consumer Goods by Region

单位：亿元

Unit: 100 million yuan

地 区	Region	2019		2020	
		社会消费品零售总额（亿元）Total Retail Sales of Consumer Goods	比上年增长（%）Increase Over the Previous Year	社会消费品零售总额（亿元）Total Retail Sales of Consumer Goods	比上年增长（%）Increase Over the Previous Year
北 京	Beijing	15063.7	4.4	13716.4	-8.9
天 津	Tianjin	4218.2	-0.3	3582.9	-15.1
河 北	Hebei	12985.5	8.4	12705.0	-2.2
山 西	Shanxi	7030.5	7.8	6746.3	-4.0
内蒙古	Inner Mongolia	5051.1	4.1	4760.5	-5.8
辽 宁	Liaoning	9670.6	6.1	8960.9	-7.3
吉 林	Jilin	4212.9	3.4	3824.0	-9.2
黑龙江	Heilongjiang	5603.9	6.2	5092.3	-9.1
上 海	Shanghai	15847.6	6.5	15932.5	0.5
江 苏	Jiangsu	37672.5	6.2	37086.1	-1.6
浙 江	Zhejiang	27343.8	8.7	26629.8	-2.6
安 徽	Anhui	17862.1	10.6	18334.0	2.6
福 建	Fujian	18896.8	10.0	18626.5	-1.4
江 西	Jiangxi	10068.1	11.3	10371.8	3.0
山 东	Shandong	29251.2	6.4	29248.0	0.0
河 南	Henan	23476.1	10.4	22502.8	-4.1
湖 北	Hubei	22722.3	10.3	17984.9	-20.8
湖 南	Hunan	16683.9	10.2	16258.1	-2.6
广 东	Guangdong	42951.8	8.0	40207.9	-6.4
广 西	Guangxi	8200.9	7.0	7831.0	-4.5
海 南	Hainan	1951.1	5.3	1974.6	1.2
重 庆	Chongqing	11631.7	8.7	11787.2	1.3
四 川	Sichuan	21343.0	10.4	20824.9	-2.4
贵 州	Guizhou	7468.2	5.1	7833.4	4.9
云 南	Yunnan	10158.2	10.4	9792.9	-3.6
西 藏	Tibet	773.4	8.7	745.8	-3.6
陕 西	Shaanxi	10213.0	7.4	9605.9	-5.9
甘 肃	Gansu	3700.3	7.7	3632.4	-1.8
青 海	Qinghai	948.5	5.4	877.3	-7.5
宁 夏	Ningxia	1399.4	5.2	1301.4	-7.0
新 疆	Xinjiang	3617.0	5.5	3062.5	-15.3

2-3 各地区社会消费品零售总额构成
Composition of Total Retail Sales of Consumer Goods by Region

单位：亿元

Unit: 100 million yuan

地区	Region	社会消费品零售总额 Total Retail Sales of Consumer Goods	城镇 City	城区 Urban	镇区 Town	乡村 Village
全国	**National Total**	**391980.6**	**339119.0**	**242777.0**	**96342.0**	**52861.7**
北京	Beijing	13716.4	13054.0	10955.8	2098.2	662.4
天津	Tianjin	3582.9	3450.4	2833.5	616.9	132.5
河北	Hebei	12705.0	10424.9	5017.6	5407.3	2280.1
山西	Shanxi	6746.3	5570.0	3856.6	1713.4	1176.3
内蒙古	Inner Mongolia	4760.5	4205.8	2921.0	1284.8	554.6
辽宁	Liaoning	8960.9	7639.7	5641.2	1998.5	1321.2
吉林	Jilin	3824.0	3425.8	2298.8	1127.0	398.2
黑龙江	Heilongjiang	5092.3	4473.5	3269.1	1204.4	618.8
上海	Shanghai	15932.5	15524.7	14939.8	584.9	407.8
江苏	Jiangsu	37086.1	33322.1	23559.6	9762.5	3764.0
浙江	Zhejiang	26629.8	22336.4	16435.2	5901.2	4293.4
安徽	Anhui	18334.0	15102.1	9749.2	5352.9	3231.8
福建	Fujian	18626.5	16178.6	11496.3	4682.3	2447.8
江西	Jiangxi	10371.8	8746.6	5048.0	3698.5	1625.2
山东	Shandong	29248.0	24052.0	16759.8	7292.2	5196.0
河南	Henan	22502.8	18471.4	11340.1	7131.3	4031.4
湖北	Hubei	17984.9	15284.7	10668.0	4616.6	2700.2
湖南	Hunan	16258.1	14043.8	9824.8	4219.0	2214.3
广东	Guangdong	40207.9	35904.3	29832.5	6071.8	4303.5
广西	Guangxi	7831.0	6786.7	4717.2	2069.5	1044.3
海南	Hainan	1974.6	1615.9	1065.5	550.5	358.7
重庆	Chongqing	11787.2	10180.0	7344.1	2835.9	1607.2
四川	Sichuan	20824.9	17138.8	11360.3	5778.6	3686.0
贵州	Guizhou	7833.4	6886.9	4724.3	2162.6	946.5
云南	Yunnan	9792.9	8530.7	5603.6	2927.1	1262.2
西藏	Tibet	745.8	614.9	417.2	197.7	130.9
陕西	Shaanxi	9605.9	8543.6	5972.1	2571.6	1062.3
甘肃	Gansu	3632.4	2991.2	2145.8	845.5	641.1
青海	Qinghai	877.3	716.6	460.8	255.8	160.8
宁夏	Ningxia	1301.4	1123.7	774.5	349.2	177.7
新疆	Xinjiang	3062.5	2641.9	1737.1	904.8	420.7

2-4 分地区网上零售额(2020年)
Online Retail Sales by Region (2020)

地 区	Region	网上零售额(亿元) Online Retail Sales (100 million yuan)	增 长 (%) Growth Rate (%)	其中：实物商品网上零售额(亿元) Online Retail Sales in Goods (100 million yuan)	增 长 (%) Growth Rate (%)
全 国	**National Total**	**117601.3**	**10.9**	**97590.3**	**14.8**
北 京	Beijing	9704.3	9.5	7704.4	18.2
天 津	Tianjin	1746.5	-23.6	1510.2	-23.3
河 北	Hebei	2735.8	16.0	2505.3	17.8
山 西	Shanxi	684.1	28.1	430.2	35.5
内蒙古	Inner Mongolia	418.2	12.2	267.0	36.5
辽 宁	Liaoning	1500.1	10.1	1271.1	18.1
吉 林	Jilin	495.3	9.1	325.8	14.3
黑龙江	Heilongjiang	575.8	8.2	417.6	13.4
上 海	Shanghai	11991.9	13.8	10128.9	20.7
江 苏	Jiangsu	10602.4	10.0	9232.6	13.9
浙 江	Zhejiang	17799.9	8.6	14068.1	9.6
安 徽	Anhui	2775.8	20.1	2375.1	24.3
福 建	Fujian	5692.8	18.2	5087.5	18.6
江 西	Jiangxi	1641.7	7.7	1375.3	7.5
山 东	Shandong	4613.3	13.8	4043.4	17.5
河 南	Henan	2744.4	23.7	2280.3	29.2
湖 北	Hubei	2866.6	1.6	2448.9	4.6
湖 南	Hunan	1977.3	17.7	1591.1	21.6
广 东	Guangdong	25782.2	10.1	22321.0	11.1
广 西	Guangxi	933.6	23.9	614.8	37.7
海 南	Hainan	394.3	21.5	194.1	91.0
重 庆	Chongqing	1180.3	13.1	869.6	25.8
四 川	Sichuan	3743.1	11.1	3087.7	23.7
贵 州	Guizhou	491.8	18.9	316.8	28.6
云 南	Yunnan	906.5	18.6	618.1	41.0
西 藏	Tibet	116.7	34.6	43.3	62.3
陕 西	Shaanxi	1174.4	15.8	905.4	28.7
甘 肃	Gansu	329.7	21.3	170.5	48.5
青 海	Qinghai	116.2	13.0	35.7	28.4
宁 夏	Ningxia	209.4	10.3	63.2	39.5
新 疆	Xinjiang	309.2	27.6	213.0	35.8
不分地区	Not Classified by Region	1347.5		1074.3	

2-5 亿元以上商品交易市场基本情况

Basic Statistics on Commodity Exchange Markets of Transaction Value over 100 Million Yuan

市　场	Market	市场数量（个）Number of Markets (unit)	摊位数（个）Number of Booths (unit)	营业面积（万平方米）Operational Area (10000 sq.m)	成交额（亿元）Turnover (100 million yuan)
总　计	**Total**	**3891**	**2877393**	**29114.7**	**105748.7**
1 综合市场	**Integrated Markets**	**1164**	**1049224**	**8275.6**	**25719.1**
生产资料综合市场	Production Comprehensive Markets	40	51631	800.4	1434.1
工业消费品综合市场	Industrial Consumable Comprehensive Markets	198	333262	2537.0	6313.2
农产品综合市场	Farm Produce Comprehensive Markets	633	368453	2712.7	13308.1
其他综合市场	Other Comprehensive Markets	293	295878	2225.6	4663.7
2.专业市场	**Special Markets**	**2727**	**1828169**	**20839.1**	**80029.6**
生产资料市场	Production Markets	490	251578	5443.1	29706.8
农业生产用具市场	Agricultural Production Equipment Markets	10	3932	120.7	181.9
农用生产资料市场	Agricultural Production Markets	16	2823	48.6	104.4
煤炭市场	Coal and Charcoal Markets	3	2600	40.6	60.0
木材市场	Wood Markets	27	8971	280.6	295.1
建材市场	Building Material Markets	186	110627	2340.7	2112.9
化工材料及制品市场	Chemical Materials and Products Markets	21	14589	198.8	4435.7
金属材料市场	Metal Materials Markets	157	71181	1912.8	19832.5
机械设备市场	Mechanical Equipments Markets	39	20017	277.7	686.3
其他生产资料市场	Others	31	16838	222.7	1998.1
农产品市场	Farm Produce Markets	771	457302	4164.0	18548.7
粮油市场	Grain and Oil Markets	75	19459	315.5	2041.1
肉禽蛋市场	Meat, Poultry and Eggs Markets	94	38912	358.8	1943.2
水产品市场	Aquatic Products Markets	126	61426	457.9	3260.7
蔬菜市场	Vegetables Markets	219	164774	1548.0	3547.9
干鲜果品市场	Dried and Fresh Melons and Fruits Markets	100	64693	635.4	4108.0
棉麻土畜、烟叶市场	Cotton, Local & Livestock Products, and Tobacco Markets	9	17489	110.5	484.9
其他农产品市场	Others	148	90549	737.9	3162.9
食品、饮料及烟酒市场	Food, Beverages, Tobacco and Liquor Markets	92	44337	327.6	1057.3
食品饮料市场	Food and Beverages Markets	25	12580	66.3	208.5
茶叶市场	Tea Markets	27	11199	121.7	291.5
烟酒市场	Tobacco and Liquor Markets	6	1703	16.6	48.9
其他食品饮料及烟酒市场	Others	34	18855	123.0	508.4

2-5 续表 Continued

市场	Market	市场数量(个) Number of Markets (unit)	摊位数(个) Number of Booths (unit)	营业面积(万平方米) Operational Area (10000 sq.m)	成交额(亿元) Turnover (100 million yuan)
纺织、服装、鞋帽市场	Textiles, Clothing, Shoes and Hats Markets	393	538580	3551.9	14982.0
布料及纺织品市场	Cloth and Textiles Markets	51	95762	1072.8	7449.7
服装市场	Clothing Markets	262	357774	1938.1	6040.4
鞋帽市场	Shoes and Hats Markets	31	17600	107.3	252.2
其他纺织服装鞋帽市场	Others	49	67444	433.8	1239.6
日用品及文化用品市场	Daily Use Articles and Cultural Goods Markets	71	52338	353.6	1169.4
小商品市场	Merchandise Markets	32	22899	127.9	380.6
箱包市场	Luggage Markets	5	10081	74.4	240.0
玩具市场	Toys Markets	3	1338	32.3	25.0
文具市场	Stationary Markets	2	582	7.3	5.7
图书、报刊杂志市场	Books, Newspapers and Magazines Markets	5	827	6.8	32.7
音像制品及电子出版物市场	Video Products and E-journal Markets	1	102	0.7	3.8
体育用品市场	Sports Markets	1	248	1.3	1.7
其他日用品及文化用品市场	Others	22	16261	103.0	479.8
黄金、珠宝、玉器等首饰市场	Gold, Jeweller, Jade Markets	21	20278	198.3	867.5
电器、通讯器材、电子设备市场	Electrical Appliances, Communication Appl-iances and Electronical Appliances Markets	94	41272	295.0	519.7
家电市场	Household Appliances Markets	25	9208	140.6	125.8
通讯器材市场	Communication Appliances Markets	14	6922	28.6	54.4
照相、摄像器材市场	Cameras and Video Equipments Markets	2	353	1.4	2.9
计算机及辅助设备市场	Computer and Auxillary Equipments Markets	46	21062	108.5	299.9
其他电器、通讯器材、电子设备市场	Others	7	3727	15.9	36.8
医药、医疗用品及器材市场	Medicine, Medical Materials and Medical Instruments Markets	22	47225	320.4	1664.8
中药材市场	Chinese Medicine Markets	22	47225	320.4	1664.8
其他医药、医疗用品及器材市场	Others				
家具、五金及装饰材料市场	Furniture, Hardware and Decoration Materials Markets	476	257870	4254.2	4482.0
家具市场	Furniture Markets	149	73080	1613.5	1384.4
装饰材料市场	Decoration Materials Markets	188	93215	1515.3	1555.5
灯具市场	Lamps Markets	12	6038	100.6	183.8
厨具、盥洗设备市场	Kitchen Utensils, Washing Equipments Markets	4	1436	11.6	18.7
五金材料市场	Hardware Materials Markets	62	42227	451.8	871.9
其他装修市场	Others	61	41874	561.4	467.7
汽车、摩托车及零配件市场	Cars, Motorcycles and Spare Parts Markets	231	66117	1368.5	5617.2
汽车市场	Cars Markets	172	41365	1105.1	4968.6
摩托车市场	Motocycles Markets	6	2523	21.8	33.6
机动车零配件市场	Vehicle Spare Parts Markts	53	22229	241.6	615.1
花、鸟、鱼、虫市场	Flower, Bird, Fish and Insects Markets	20	21729	228.3	688.9
花卉市场	Flower Markets	16	20662	220.4	675.2
鸟市场	Bird Markets				
观赏鱼市场	Fish Markets				
其他花鸟鱼虫市场	Others	4	1067	7.9	13.7
旧货市场	Second Hand Markets	9	5906	27.5	51.3
古玩、古董、字画市场	Antiques,Calligraphy and Painting Markets	1	380	1.3	1.1
邮票、硬币市场	Stamps and Coins Markets				
其他旧货市场	Others	8	5526	26.2	50.2
其他专业市场	Others	37	23637	306.5	673.8

2-6 按营业状态分亿元以上商品交易市场基本情况
Basic Statistics on Commodity Exchange Markets of Transaction Value over 100 Million Yuan by Operating Status

#常年营业

Perennial Open

市　场	Market	市场数量（个）Number of Markets (unit)	摊位数（个）Number of Booths (unit)	营业面积（万平方米）Operational Area (10000 sq.m)	成交额（亿元）Turnover (100 million yuan)
总　计	**Total**	**3843**	**2859582**	**28773.2**	**105176.9**
1.综合市场	**Integrated Markets**	**1159**	**1045470**	**8266.2**	**25708.9**
生产资料综合市场	Production Comprehensive Markets	40	51631	800.4	1434.1
工业消费品综合市场	Industrial Consumable Comprehensive Markets	198	333262	2537.0	6313.2
农产品综合市场	Farm Produce Comprehensive Markets	629	365425	2705.2	13302.7
其他综合市场	Other Comprehensive Markets	292	295152	2223.7	4658.9
2.专业市场	**Special Markets**	**2684**	**1814112**	**20507.0**	**79468.0**
生产资料市场	Production Markets	487	251174	5435.1	29694.5
农业生产用具市场	Agricultural Production Equipment Markets	10	3932	120.7	181.9
农用生产资料市场	Agricultural Production Markets	16	2823	48.6	104.4
煤炭市场	Coal and Charcoal Markets	3	2600	40.6	60.0
木材市场	Wood Markets	26	8821	276.8	285.0
建材市场	Building Material Markets	184	110373	2336.6	2110.7
化工材料及制品市场	Chemical Materials and Products Markets	21	14589	198.8	4435.7
金属材料市场	Metal Materials Markets	157	71181	1912.8	19832.5
机械设备市场	Mechanical Equipments Markets	39	20017	277.7	686.3
其他生产资料市场	Others	31	16838	222.7	1998.1
农产品市场	Farm Produce Markets	739	446252	3866.8	18105.8
粮油市场	Grain and Oil Markets	74	19444	302.1	2038.4
肉禽蛋市场	Meat, Poultry and Eggs Markets	94	38912	358.8	1943.2
水产品市场	Aquatic Products Markets	123	61055	456.5	3253.9
蔬菜市场	Vegetables Markets	199	158027	1325.9	3211.6
干鲜果品市场	Dried and Fresh Melons and Fruits Markets	93	60931	582.5	4018.1
棉麻土畜、烟叶市场	Cotton, Local & Livestock Products, and Tobacco Markets	9	17489	110.5	484.9
其他农产品市场	Others	147	90394	730.4	3155.7
食品、饮料及烟酒市场	Food, Beverages, Tobacco and Liquor Markets	89	43565	319.1	987.9
食品饮料市场	Food and Beverages Markets	24	12232	65.3	204.4
茶叶市场	Tea Markets	25	10775	114.2	226.2
烟酒市场	Tobacco and Liquor Markets	6	1703	16.6	48.9
其他食品饮料及烟酒市场	Others	34	18855	123.0	508.4
纺织、服装、鞋帽市场	Textiles, Clothing, Shoes and Hats Markets	391	537664	3535.1	14954.0
布料及纺织品市场	Cloth and Textiles Markets	51	95762	1072.8	7449.7
服装市场	Clothing Markets	260	356858	1921.2	6012.4
鞋帽市场	Shoes and Hats Markets	31	17600	107.3	252.2
其他纺织服装鞋帽市场	Others	49	67444	433.8	1239.6
日用品及文化用品市场	Daily Use Articles and Cultural Goods Markets	71	52338	353.6	1169.4
小商品市场	Merchandise Markets	32	22899	127.9	380.6
箱包市场	Luggage Markets	5	10081	74.4	240.0

#常年营业
Perennial Open

市 场	Market	市场数量(个) Number of Markets (unit)	摊位数(个) Number of Booths (unit)	营业面积(万平方米) Operational Area (10000 sq.m)	成交额(亿元) Turnover (100 million yuan)
玩具市场	Toys Markets	3	1338	32.3	25.0
文具市场	Stationary Markets	2	582	7.3	5.7
图书、报刊杂志市场	Books, Newspapers and Magazines Markets	5	827	6.8	32.7
音像制品及电子出版物市场	Video Products and E-journal Markets	1	102	0.7	3.8
体育用品市场	Sports Markets	1	248	1.3	1.7
其他日用品及文化用品市场	Others	22	16261	103.0	479.8
黄金、珠宝、玉器等首饰市场	Gold, Jeweller, Jade Markets	21	20278	198.3	867.5
电器、通讯器材、电子设备市场	Electrical Appliances, Communication Appliances and Electronical Appliances Markets	94	41272	295.0	519.7
家电市场	Household Appliances Markets	25	9208	140.6	125.8
通讯器材市场	Communication Appliances Markets	14	6922	28.6	54.4
照相、摄像器材市场	Cameras and Video Equipments Markets	2	353	1.4	2.9
计算机及辅助设备市场	Computer and Auxillary Equipments Markets	46	21062	108.5	299.9
其他电器、通讯器材、电子设备市场	Others	7	3727	15.9	36.8
医药、医疗用品及器材市场	Medicine, Medical Materials and Medical Instruments Markets	21	47197	320.2	1663.7
中药材市场	Chinese Medicine Markets	21	47197	320.2	1663.7
其他医药、医疗用品及器材市场	Others				
家具、五金及装饰材料市场	Furniture, Hardware and Decoration Materials Markets	474	256983	4252.8	4474.2
家具市场	Furniture Markets	149	73080	1613.5	1384.4
装饰材料市场	Decoration Materials Markets	187	92870	1514.9	1552.3
灯具市场	Lamps Markets	12	6038	100.6	183.8
厨具、盥洗设备市场	Kitchen Utensils, Washing Equipments Markets	4	1436	11.6	18.7
五金材料市场	Hardware Materials Markets	61	41685	450.8	867.4
其他装修市场	Others	61	41874	561.4	467.7
汽车、摩托车及零配件市场	Cars, Motorcycles and Spare Parts Markets	231	66117	1368.5	5617.2
汽车市场	Cars Markets	172	41365	1105.1	4968.6
摩托车市场	Motocycles Markets	6	2523	21.8	33.6
机动车零配件市场	Vehicle Spare Parts Markts	53	22229	241.6	615.1
花、鸟、鱼、虫市场	Flower, Bird, Fish and Insects Markets	20	21729	228.3	688.9
花卉市场	Flower Markets	16	20662	220.4	675.2
鸟市场	Bird Markets				
观赏鱼市场	Fish Markets				
其他花鸟鱼虫市场	Others	4	1067	7.9	13.7
旧货市场	Second Hand Markets	9	5906	27.5	51.3
古玩、古董、字画市场	Antiques,Calligraphy and Painting Markets	1	380	1.3	1.1
邮票、硬币市场	Stamps and Coins Markets				
其他旧货市场	Others	8	5526	26.2	50.2
其他专业市场	Others	37	23637	306.5	673.8

2-6 续表 2 Continued 2

#季节性营业
Seasonal Open

市场	Market	市场数量(个) Number of Markets (unit)	摊位数(个) Number of Booths (unit)	营业面积(万平方米) Operational Area (10000 sq.m)	成交额(亿元) Turnover (100 million yuan)
总计	**Total**	**45**	**16587**	**334.7**	**552.7**
1.综合市场	**Integrated Markets**	**4**	**3028**	**7.4**	**5.4**
生产资料综合市场	Production Comprehensive Markets				
工业消费品综合市场	Industrial Consumable Comprehensive Markets				
农产品综合市场	Farm Produce Comprehensive Markets	4	3028	7.4	5.4
其他综合市场	Other Comprehensive Markets				
2.专业市场	**Special Markets**	**41**	**13559**	**327.3**	**547.3**
生产资料市场	Production Markets	2	254	4.1	2.2
农业生产用具市场	Agricultural Production Equipment Markets				
农用生产资料市场	Agricultural Production Markets				
煤炭市场	Coal and Charcoal Markets				
木材市场	Wood Markets				
建材市场	Building Material Markets	2	254	4.1	2.2
化工材料及制品市场	Chemical Materials and Products Markets				
金属材料市场	Metal Materials Markets				
机械设备市场	Mechanical Equipments Markets				
其他生产资料市场	Others				
农产品市场	Farm Produce Markets	32	11050	297.2	442.9
粮油市场	Grain and Oil Markets	1	15	13.3	2.7
肉禽蛋市场	Meat, Poultry and Eggs Markets				
水产品市场	Aquatic Products Markets	3	371	1.4	6.8
蔬菜市场	Vegetables Markets	20	6747	222.1	336.4
干鲜果品市场	Dried and Fresh Melons and Fruits Markets	7	3762	52.8	89.9
棉麻土畜、烟叶市场	Cotton, Local & Livestock Products, and Tobacco Markets				
其他农产品市场	Others	1	155	7.5	7.2
食品、饮料及烟酒市场	Food, Beverages, Tobacco and Liquor Markets	2	424	7.5	65.3
食品饮料市场	Food and Beverages Markets				
茶叶市场	Tea Markets	2	424	7.5	65.3
烟酒市场	Tobacco and Liquor Markets				
其他食品饮料及烟酒市场	Others				
纺织、服装、鞋帽市场	Textiles, Clothing, Shoes and Hats Markets	2	916	16.9	28.0
布料及纺织品市场	Cloth and Textiles Markets				
服装市场	Clothing Markets	2	916	16.9	28.0
鞋帽市场	Shoes and Hats Markets				
其他纺织服装鞋帽市场	Others				
日用品及文化用品市场	Daily Use Articles and Cultural Goods Markets				
小商品市场	Merchandise Markets				
箱包市场	Luggage Markets				

2-6 续表 3 Continued 3

#季节性营业
Seasonal Open

市 场	Market	市场数量（个）Number of Markets (unit)	摊位数（个）Number of Booths (unit)	营业面积（万平方米）Operational Area (10000 sq.m)	成交额（亿元）Turnover (100 million yuan)
玩具市场	Toys Markets				
文具市场	Stationary Markets				
图书、报刊杂志市场	Books, Newspapers and Magazines Markets				
音像制品及电子出版物市场	Video Products and E-journal Markets				
体育用品市场	Sports Markets				
其他日用品及文化用品市场	Others				
黄金、珠宝、玉器等首饰市场	Gold, Jeweller, Jade Markets				
电器、通讯器材、电子设备市场	Electrical Appliances, Communication Appliances and Electronical Appliances Markets				
家电市场	Household Appliances Markets				
通讯器材市场	Communication Appliances Markets				
照相、摄像器材市场	Cameras and Video Equipments Markets				
计算机及辅助设备市场	Computer and Auxillary Equipments Markets				
其他电器、通讯器材、电子设备市场	Others				
医药、医疗用品及器材市场	Medicine, Medical Materials and Medical Instruments Markets	1	28	0.2	1.2
中药材市场	Chinese Medicine Markets	1	28	0.2	1.2
其他医药、医疗用品及器材市场	Others				
家具、五金及装饰材料市场	Furniture, Hardware and Decoration Materials Markets	2	887	1.4	7.8
家具市场	Furniture Markets				
装饰材料市场	Decoration Materials Markets	1	345	0.4	3.3
灯具市场	Lamps Markets				
厨具、盥洗设备市场	Kitchen Utensils, Washing Equipments Markets				
五金材料市场	Hardware Materials Markets	1	542	1.0	4.5
其他装修市场	Others				
汽车、摩托车及零配件市场	Cars, Motorcycles and Spare Parts Markets				
汽车市场	Cars Markets				
摩托车市场	Motocycles Markets				
机动车零配件市场	Vehicle Spare Parts Markts				
花、鸟、鱼、虫市场	Flower, Bird, Fish and Insects Markets				
花卉市场	Flower Markets				
鸟市场	Bird Markets				
观赏鱼市场	Fish Markets				
其他花鸟鱼虫市场	Others				
旧货市场	Second Hand Markets				
古玩、古董、字画市场	Antiques,Calligraphy and Painting Markets				
邮票、硬币市场	Stamps and Coins Markets				
其他旧货市场	Others				
其他专业市场	Others				

2-7 按经营方式分亿元以上商品交易市场基本情况
Basic Statistics on Commodity Exchange Markets of Transaction Value over 100 Million Yuan by Operating Mode

批发为主

Wholesale

市 场	Market	市场数量（个） Number of Markets (unit)	摊位数（个） Number of Booths (unit)	营业面积（万平方米） Operational Area (10000 sq.m)	成交额（亿元） Turnover (100 million yuan)
总 计	**Total**	**2241**	**2093561**	**22746.1**	**93874.6**
1.综合市场	**Integrated Markets**	**495**	**693356**	**6595.0**	**22465.3**
生产资料综合市场	Production Comprehensive Markets	36	46587	768.8	1382.5
工业消费品综合市场	Industrial Consumable Comprehensive Markets	98	233519	1835.7	5510.3
农产品综合市场	Farm Produce Comprehensive Markets	236	220475	2296.9	11650.2
其他综合市场	Other Comprehensive Markets	125	192775	1693.6	3922.2
2.专业市场	**Special Markets**	**1746**	**1400205**	**16151.1**	**71409.2**
生产资料市场	Production Markets	445	233921	5147.8	29394.6
农业生产用具市场	Agricultural Production Equipment Markets	10	3932	120.7	181.9
农用生产资料市场	Agricultural Production Markets	16	2823	48.6	104.4
煤炭市场	Coal and Charcoal Markets	3	2600	40.6	60.0
木材市场	Wood Markets	27	8971	280.6	295.1
建材市场	Building Material Markets	141	92970	2045.4	1800.7
化工材料及制品市场	Chemical Materials and Products Markets	21	14589	198.8	4435.7
金属材料市场	Metal Materials Markets	157	71181	1912.8	19832.5
机械设备市场	Mechanical Equipments Markets	39	20017	277.7	686.3
其他生产资料市场	Others	31	16838	222.7	1998.1
农产品市场	Farm Produce Markets	561	381875	3913.1	17641.3
粮油市场	Grain and Oil Markets	67	18335	310.9	2023.4
肉禽蛋市场	Meat, Poultry and Eggs Markets	44	20278	312.4	1726.5
水产品市场	Aquatic Products Markets	93	49910	427.5	3152.7
蔬菜市场	Vegetables Markets	198	159444	1513.4	3457.7
干鲜果品市场	Dried and Fresh Melons and Fruits Markets	99	64523	635.2	4105.2
棉麻土畜、烟叶市场	Cotton, Local & Livestock Products, and Tobacco Markets	7	16189	102.1	469.8
其他农产品市场	Others	53	53196	611.6	2705.9
食品、饮料及烟酒市场	Food, Beverages, Tobacco and Liquor Markets	65	36706	274.1	958.9
食品饮料市场	Food and Beverages Markets	15	9218	49.8	179.9
茶叶市场	Tea Markets	21	9669	93.4	251.6
烟酒市场	Tobacco and Liquor Markets	5	1519	16.3	45.5
其他食品饮料及烟酒市场	Others	24	16300	114.6	481.9
纺织、服装、鞋帽市场	Textiles, Clothing, Shoes and Hats Markets	242	423109	3033.7	14278.0
布料及纺织品市场	Cloth and Textiles Markets	46	91237	1057.5	7409.5
服装市场	Clothing Markets	147	273697	1510.8	5559.0
鞋帽市场	Shoes and Hats Markets	29	15760	106.6	248.9
其他纺织服装鞋帽市场	Others	20	42415	358.7	1060.6
日用品及文化用品市场	Daily Use Articles and Cultural Goods Markets	60	48511	322.1	1124.9
小商品市场	Merchandise Markets	26	20122	100.8	361.3
箱包市场	Luggage Markets	5	10081	74.4	240.0

2-7 续表 1 Continued 1

批发为主

Wholesale

市 场	Market	市场数量(个) Number of Markets (unit)	摊位数(个) Number of Booths (unit)	营业面积(万平方米) Operational Area (10000 sq.m)	成交额(亿元) Turnover (100 million yuan)
玩具市场	Toys Markets	3	1338	32.3	25.0
文具市场	Stationary Markets	2	582	7.3	5.7
图书、报刊杂志市场	Books, Newspapers and Magazines Markets	3	283	4.3	13.1
音像制品及电子出版物市场	Video Products and E-journal Markets				
体育用品市场	Sports Markets	1	248	1.3	1.7
其他日用品及文化用品市场	Others	20	15857	101.7	478.1
黄金、珠宝、玉器等首饰市场	Gold, Jeweller, Jade Markets	12	10306	113.7	802.7
电器、通讯器材、电子设备市场	Electrical Appliances, Communication Appliances and Electronical Appliances Markets	36	19579	178.3	215.5
家电市场	Household Appliances Markets	17	7930	130.1	99.6
通讯器材市场	Communication Appliances Markets	7	3903	12.6	40.0
照相、摄像器材市场	Cameras and Video Equipments Markets	1	175	0.6	1.9
计算机及辅助设备市场	Computer and Auxillary Equipments Markets	7	4954	22.5	45.2
其他电器、通讯器材、电子设备市场	Others	4	2617	12.5	28.8
医药、医疗用品及器材市场	Medicine, Medical Materials and Medical Instruments Markets	20	42172	303.4	1578.8
中药材市场	Chinese Medicine Markets	20	42172	303.4	1578.8
其他医药、医疗用品及器材市场	Others				
家具、五金及装饰材料市场	Furniture, Hardware and Decoration Materials Markets	195	140166	2062.6	2916.8
家具市场	Furniture Markets	30	35508	707.0	876.3
装饰材料市场	Decoration Materials Markets	74	39294	594.7	850.3
灯具市场	Lamps Markets	7	5306	83.0	157.1
厨具、盥洗设备市场	Kitchen Utensils, Washing Equipments Markets	3	1046	5.3	15.1
五金材料市场	Hardware Materials Markets	56	39282	421.5	830.9
其他装修市场	Others	25	19730	251.2	187.0
汽车、摩托车及零配件市场	Cars, Motorcycles and Spare Parts Markets	65	26554	362.9	1231.4
汽车市场	Cars Markets	24	7931	157.9	655.8
摩托车市场	Motocycles Markets	3	1203	10.0	21.4
机动车零配件市场	Vehicle Spare Parts Markts	38	17420	195.0	554.2
花、鸟、鱼、虫市场	Flower, Bird, Fish and Insects Markets	13	17175	162.6	644.1
花卉市场	Flower Markets	11	16661	158.7	636.3
鸟市场	Bird Markets				
观赏鱼市场	Fish Markets				
其他花鸟鱼虫市场	Others	2	514	3.9	7.8
旧货市场	Second Hand Markets	2	804	14.2	33.7
古玩、古董、字画市场	Antiques,Calligraphy and Painting Markets				
邮票、硬币市场	Stamps and Coins Markets				
其他旧货市场	Others	2	804	14.2	33.7
其他专业市场	Others	30	19327	262.7	588.5

2-7 续表 2 Continued 2

零售为主

Retail

市 场	Market	市场数量（个）Number of Markets (unit)	摊位数（个）Number of Booths (unit)	营业面积（万平方米）Operational Area (10000 sq.m)	成交额（亿元）Turnover (100 million yuan)
总 计	**Total**	**1650**	**783832**	**6368.6**	**11874.1**
1.综合市场	**Integrated Markets**	**669**	**355868**	**1680.6**	**3253.8**
生产资料综合市场	Production Comprehensive Markets	4	5044	31.5	51.5
工业消费品综合市场	Industrial Consumable Comprehensive Markets	100	99743	701.3	802.8
农产品综合市场	Farm Produce Comprehensive Markets	397	147978	415.8	1657.9
其他综合市场	Other Comprehensive Markets	168	103103	532.0	741.5
2.专业市场	**Special Markets**	**981**	**427964**	**4688.1**	**8620.3**
生产资料市场	Production Markets	45	17657	295.3	312.2
农业生产用具市场	Agricultural Production Equipment Markets				
农用生产资料市场	Agricultural Production Markets				
煤炭市场	Coal and Charcoal Markets				
木材市场	Wood Markets				
建材市场	Building Material Markets	45	17657	295.3	312.2
化工材料及制品市场	Chemical Materials and Products Markets				
金属材料市场	Metal Materials Markets				
机械设备市场	Mechanical Equipments Markets				
其他生产资料市场	Others				
农产品市场	Farm Produce Markets	210	75427	250.9	907.5
粮油市场	Grain and Oil Markets	8	1124	4.6	17.7
肉禽蛋市场	Meat, Poultry and Eggs Markets	50	18634	46.4	216.7
水产品市场	Aquatic Products Markets	33	11516	30.4	108.0
蔬菜市场	Vegetables Markets	21	5330	34.6	90.2
干鲜果品市场	Dried and Fresh Melons and Fruits Markets	1	170	0.2	2.8
棉麻土畜、烟叶市场	Cotton, Local & Livestock Products, and Tobacco Mark	2	1300	8.4	15.2
其他农产品市场	Others	95	37353	126.3	457.0
食品、饮料及烟酒市场	Food, Beverages, Tobacco and Liquor Markets	27	7631	53.5	98.4
食品饮料市场	Food and Beverages Markets	10	3362	16.5	28.6
茶叶市场	Tea Markets	6	1530	28.3	39.9
烟酒市场	Tobacco and Liquor Markets	1	184	0.3	3.4
其他食品饮料及烟酒市场	Others	10	2555	8.4	26.5
纺织、服装、鞋帽市场	Textiles, Clothing, Shoes and Hats Markets	151	115471	518.3	704.0
布料及纺织品市场	Cloth and Textiles Markets	5	4525	15.3	40.2
服装市场	Clothing Markets	115	84077	427.2	481.4
鞋帽市场	Shoes and Hats Markets	2	1840	0.7	3.3
其他纺织服装鞋帽市场	Others	29	25029	75.1	179.1
日用品及文化用品市场	Daily Use Articles and Cultural Goods Markets	11	3827	31.6	44.5
小商品市场	Merchandise Markets	6	2777	27.1	19.3
箱包市场	Luggage Markets				

2-7 续表 3 Continued 3

零售为主

Retail

市 场	Market	市场数量(个) Number of Markets (unit)	摊位数(个) Number of Booths (unit)	营业面积(万平方米) Operational Area (10000 sq.m)	成交额(亿元) Turnover (100 million yuan)
玩具市场	Toys Markets				
文具市场	Stationary Markets				
图书、报刊杂志市场	Books, Newspapers and Magazines Markets	2	544	2.5	19.6
音像制品及电子出版物市场	Video Products and E-journal Markets	1	102	0.7	3.8
体育用品市场	Sports Markets				
其他日用品及文化用品市场	Others	2	404	1.4	1.7
黄金、珠宝、玉器等首饰市场	Gold, Jeweller, Jade Markets	9	9972	84.7	64.8
电器、通讯器材、电子设备市场	Electrical Appliances, Communication Appliances and Electronical Appliances Markets	58	21693	116.7	304.2
家电市场	Household Appliances Markets	8	1278	10.5	26.2
通讯器材市场	Communication Appliances Markets	7	3019	16.0	14.4
照相、摄像器材市场	Cameras and Video Equipments Markets	1	178	0.8	1.0
计算机及辅助设备市场	Computer and Auxillary Equipments Markets	39	16108	86.0	254.6
其他电器、通讯器材、电子设备市场	Others	3	1110	3.5	7.9
医药、医疗用品及器材市场	Medicine, Medical Materials and Medical Instruments Markets	2	5053	17.0	86.0
中药材市场	Chinese Medicine Markets	2	5053	17.0	86.0
其他医药、医疗用品及器材市场	Others				
家具、五金及装饰材料市场	Furniture, Hardware and Decoration Materials Markets	281	117704	2191.6	1565.2
家具市场	Furniture Markets	119	37572	906.5	508.1
装饰材料市场	Decoration Materials Markets	114	53921	920.7	705.2
灯具市场	Lamps Markets	5	732	17.6	26.6
厨具、盥洗设备市场	Kitchen Utensils, Washing Equipments Markets	1	390	6.3	3.6
五金材料市场	Hardware Materials Markets	6	2945	30.4	41.0
其他装修市场	Others	36	22144	310.1	280.7
汽车、摩托车及零配件市场	Cars, Motorcycles and Spare Parts Markets	166	39563	1005.6	4385.9
汽车市场	Cars Markets	148	33434	947.1	4312.7
摩托车市场	Motocycles Markets	3	1320	11.8	12.2
机动车零配件市场	Vehicle Spare Parts Markts	15	4809	46.6	60.9
花、鸟、鱼、虫市场	Flower, Bird, Fish and Insects Markets	7	4554	65.7	44.8
花卉市场	Flower Markets	5	4001	61.7	38.9
鸟市场	Bird Markets				
观赏鱼市场	Fish Markets				
其他花鸟鱼虫市场	Others	2	553	4.1	5.9
旧货市场	Second Hand Markets	7	5102	13.3	17.6
古玩、古董、字画市场	Antiques,Calligraphy and Painting Markets	1	380	1.3	1.1
邮票、硬币市场	Stamps and Coins Markets				
其他旧货市场	Others	6	4722	12.0	16.5
其他专业市场	Others	7	4310	43.9	85.4

2-8 按经营环境分亿元以上商品交易市场基本情况

Basic Statistics on Commodity Exchange Markets of Transaction Value over 100 Million Yuan by Operating Circumstance

露天式

Outdoor

市　场	Market	市场数量(个) Number of Markets (unit)	摊位数(个) Number of Booths (unit)	营业面积(万平方米) Operational Area (10000 sq.m)	成交额(亿元) Turnover (100 million yuan)
总　计	**Total**	**501**	**270126**	**4345.3**	**12488.9**
1.综合市场	**Integrated Markets**	**89**	**65074**	**755.2**	**2510.3**
生产资料综合市场	Production Comprehensive Markets	2	4947	26.4	20.2
工业消费品综合市场	Industrial Consumable Comprehensive Markets	9	3568	21.5	16.3
农产品综合市场	Farm Produce Comprehensive Markets	55	42669	593.6	2345.6
其他综合市场	Other Comprehensive Markets	23	13890	113.7	128.2
2.专业市场	**Special Markets**	**412**	**205052**	**3590.1**	**9978.6**
生产资料市场	Production Markets	116	46510	1681.3	4578.6
农业生产用具市场	Agricultural Production Equipment Markets	4	2072	46.3	134.3
农用生产资料市场	Agricultural Production Markets	1	29	0.3	1.0
煤炭市场	Coal and Charcoal Markets	1	32	40.5	35.0
木材市场	Wood Markets	11	1980	136.8	126.9
建材市场	Building Material Markets	20	13751	274.4	622.5
化工材料及制品市场	Chemical Materials and Products Markets	3	2165	31.9	214.8
金属材料市场	Metal Materials Markets	67	22992	1039.7	3140.1
机械设备市场	Mechanical Equipments Markets	5	1801	49.6	196.3
其他生产资料市场	Others	4	1688	61.9	107.6
农产品市场	Farm Produce Markets	170	94538	1040.8	2766.9
粮油市场	Grain and Oil Markets	12	3473	75.1	205.1
肉禽蛋市场	Meat, Poultry and Eggs Markets	14	3220	29.1	88.8
水产品市场	Aquatic Products Markets	22	11088	99.0	533.8
蔬菜市场	Vegetables Markets	69	42721	477.3	959.3
干鲜果品市场	Dried and Fresh Melons and Fruits Markets	25	12129	147.4	466.1
棉麻土畜、烟叶市场	Cotton, Local & Livestock Products, and Tobacco Markets	4	5810	28.3	62.7
其他农产品市场	Others	24	16097	184.5	451.0
食品、饮料及烟酒市场	Food, Beverages, Tobacco and Liquor Markets	4	2319	19.0	35.0
食品饮料市场	Food and Beverages Markets	3	1483	4.8	13.7
茶叶市场	Tea Markets	1	836	14.2	21.3
烟酒市场	Tobacco and Liquor Markets				
其他食品饮料及烟酒市场	Others				
纺织、服装、鞋帽市场	Textiles, Clothing, Shoes and Hats Markets	11	10856	69.4	385.7
布料及纺织品市场	Cloth and Textiles Markets	2	3468	23.6	309.3
服装市场	Clothing Markets	4	4330	8.9	15.6
鞋帽市场	Shoes and Hats Markets	3	1280	11.6	46.9
其他纺织服装鞋帽市场	Others	2	1778	25.3	13.9
日用品及文化用品市场	Daily Use Articles and Cultural Goods Markets	3	1928	11.7	40.2
小商品市场	Merchandise Markets	1	850	5.5	4.1
箱包市场	Luggage Markets				

2-8 续表 1 Continued1

露天式

Outdoor

市　场	Market	市场数量(个) Number of Markets (unit)	摊位数(个) Number of Booths (unit)	营业面积(万平方米) Operational Area (10000 sq.m)	成交额(亿元) Turnover (100 million yuan)
玩具市场	Toys Markets				
文具市场	Stationary Markets				
图书、报刊杂志市场	Books, Newspapers and Magazines Markets				
音像制品及电子出版物市场	Video Products and E-journal Markets				
体育用品市场	Sports Markets				
其他日用品及文化用品市场	Others	2	1078	6.2	36.2
黄金、珠宝、玉器等首饰市场	Gold, Jeweller, Jade Markets	1	352	5.6	0.5
电器、通讯器材、电子设备市场	Electrical Appliances, Communication Appliances and Electronical Appliances Markets				
家电市场	Household Appliances Markets				
通讯器材市场	Communication Appliances Markets				
照相、摄像器材市场	Cameras and Video Equipments Markets				
计算机及辅助设备市场	Computer and Auxillary Equipments Markets				
其他电器、通讯器材、电子设备市场	Others				
医药、医疗用品及器材市场	Medicine, Medical Materials and Medical Instruments Markets	2	5524	16.5	86.9
中药材市场	Chinese Medicine Markets	2	5524	16.5	86.9
其他医药、医疗用品及器材市场	Others				
家具、五金及装饰材料市场	Furniture, Hardware and Decoration Materials Markets	24	8961	152.3	231.8
家具市场	Furniture Markets	4	787	39.8	16.6
装饰材料市场	Decoration Materials Markets	12	3854	50.8	166.3
灯具市场	Lamps Markets				
厨具、盥洗设备市场	Kitchen Utensils, Washing Equipments Markets				
五金材料市场	Hardware Materials Markets	5	3469	45.5	40.6
其他装修市场	Others	3	851	16.2	8.4
汽车、摩托车及零配件市场	Cars, Motorcycles and Spare Parts Markets	56	12746	287.7	1334.5
汽车市场	Cars Markets	47	10061	246.6	1264.8
摩托车市场	Motocycles Markets				
机动车零配件市场	Vehicle Spare Parts Markts	9	2685	41.1	69.7
花、鸟、鱼、虫市场	Flower, Bird, Fish and Insects Markets	3	3497	58.0	206.3
花卉市场	Flower Markets	2	3342	56.8	201.6
鸟市场	Bird Markets				
观赏鱼市场	Fish Markets				
其他花鸟鱼虫市场	Others	1	155	1.2	4.7
旧货市场	Second Hand Markets	1	682	11.5	30.3
古玩、古董、字画市场	Antiques,Calligraphy and Painting Markets				
邮票、硬币市场	Stamps and Coins Markets				
其他旧货市场	Others	1	682	11.5	30.3
其他专业市场	Others	21	17139	236.3	281.8

2-8 续表 2 Continued 2

封闭式

Indoor

市　场	Market	市场数量(个) Number of Markets (unit)	摊位数(个) Number of Booths (unit)	营业面积(万平方米) Operational Area (10000 sq.m)	成交额(亿元) Turnover (100 million yuan)
总　计	**Total**	**2932**	**2266250**	**20701.8**	**76631.6**
1.综合市场	**Integrated Markets**	**906**	**824500**	**6209.9**	**19050.7**
生产资料综合市场	Production Comprehensive Markets	31	29847	460.7	624.3
工业消费品综合市场	Industrial Consumable Comprehensive Markets	169	295602	2246.1	5943.5
农产品综合市场	Farm Produce Comprehensive Markets	494	264876	1595.4	8516.3
其他综合市场	Other Comprehensive Markets	212	234175	1907.8	3966.5
2.专业市场	**Special Markets**	**2026**	**1441750**	**14491.9**	**57581.0**
生产资料市场	Production Markets	316	168661	2742.5	18222.0
农业生产用具市场	Agricultural Production Equipment Markets	5	1391	69.1	42.6
农用生产资料市场	Agricultural Production Markets	15	2794	48.3	103.4
煤炭市场	Coal and Charcoal Markets	2	2568	0.1	25.0
木材市场	Wood Markets	9	4492	84.7	82.7
建材市场	Building Material Markets	145	77936	1338.4	1223.0
化工材料及制品市场	Chemical Materials and Products Markets	15	10310	129.3	2902.0
金属材料市场	Metal Materials Markets	69	38543	689.9	12326.4
机械设备市场	Mechanical Equipments Markets	33	17534	227.7	476.8
其他生产资料市场	Others	23	13093	155.1	1039.9
农产品市场	Farm Produce Markets	475	282295	2308.6	12420.0
粮油市场	Grain and Oil Markets	54	14905	188.0	1641.5
肉禽蛋市场	Meat, Poultry and Eggs Markets	67	28993	272.9	1605.6
水产品市场	Aquatic Products Markets	84	39160	300.4	2257.0
蔬菜市场	Vegetables Markets	106	92926	771.4	2006.2
干鲜果品市场	Dried and Fresh Melons and Fruits Markets	55	37357	248.8	2436.4
棉麻土畜、烟叶市场	Cotton, Local & Livestock Products, and Tobacco Markets	4	11179	80.5	416.6
其他农产品市场	Others	105	57775	446.6	2056.8
食品、饮料及烟酒市场	Food, Beverages, Tobacco and Liquor Markets	79	38256	252.7	894.2
食品饮料市场	Food and Beverages Markets	19	9959	50.9	186.0
茶叶市场	Tea Markets	25	9237	82.8	215.1
烟酒市场	Tobacco and Liquor Markets	5	1445	8.6	47.8
其他食品饮料及烟酒市场	Others	30	17615	110.3	445.4
纺织、服装、鞋帽市场	Textiles, Clothing, Shoes and Hats Markets	368	509651	3346.4	14246.6
布料及纺织品市场	Cloth and Textiles Markets	45	87038	993.7	6927.8
服装市场	Clothing Markets	248	340627	1848.5	5887.7
鞋帽市场	Shoes and Hats Markets	28	16320	95.7	205.4
其他纺织服装鞋帽市场	Others	47	65666	408.6	1225.7
日用品及文化用品市场	Daily Use Articles and Cultural Goods Markets	64	47288	309.0	998.3
小商品市场	Merchandise Markets	29	19734	116.4	272.2
箱包市场	Luggage Markets	5	10081	74.4	240.0

2-8 续表 3 Continued 3

封闭式

Indoor

市　场	Market	市场数量(个) Number of Markets (unit)	摊位数(个) Number of Booths (unit)	营业面积(万平方米) Operational Area (10000 sq.m)	成交额(亿元) Turnover (100 million yuan)
玩具市场	Toys Markets	2	698	7.3	23.0
文具市场	Stationary Markets	2	582	7.3	5.7
图书、报刊杂志市场	Books, Newspapers and Magazines Markets	5	827	6.8	32.7
音像制品及电子出版物市场	Video Products and E-journal Markets	1	102	0.7	3.8
体育用品市场	Sports Markets	1	248	1.3	1.7
其他日用品及文化用品市场	Others	19	15016	94.9	419.2
黄金、珠宝、玉器等首饰市场	Gold, Jeweller, Jade Markets	17	17439	122.2	859.7
电器、通讯器材、电子设备市场	Electrical Appliances, Communication Appliances and Electronical Appliances Markets	91	36701	191.0	464.1
家电市场	Household Appliances Markets	22	4637	36.6	70.2
通讯器材市场	Communication Appliances Markets	14	6922	28.6	54.4
照相、摄像器材市场	Cameras and Video Equipments Markets	2	353	1.4	2.9
计算机及辅助设备市场	Computer and Auxillary Equipments Markets	46	21062	108.5	299.9
其他电器、通讯器材、电子设备市场	Others	7	3727	15.9	36.8
医药、医疗用品及器材市场	Medicine, Medical Materials and Medical Instruments Markets	18	40401	266.5	1463.9
中药材市场	Chinese Medicine Markets	18	40401	266.5	1463.9
其他医药、医疗用品及器材市场	Others				
家具、五金及装饰材料市场	Furniture, Hardware and Decoration Materials Markets	421	231821	3826.0	4016.8
家具市场	Furniture Markets	142	69118	1539.2	1356.4
装饰材料市场	Decoration Materials Markets	163	84010	1394.2	1313.0
灯具市场	Lamps Markets	9	4803	79.1	129.7
厨具、盥洗设备市场	Kitchen Utensils, Washing Equipments Markets	4	1436	11.6	18.7
五金材料市场	Hardware Materials Markets	49	34197	317.5	778.5
其他装修市场	Others	54	38257	484.4	420.5
汽车、摩托车及零配件市场	Cars, Motorcycles and Spare Parts Markets	144	48481	933.4	3371.7
汽车市场	Cars Markets	101	29296	739.6	2859.4
摩托车市场	Motocycles Markets	5	1743	16.8	30.2
机动车零配件市场	Vehicle Spare Parts Markts	38	17442	177.0	482.1
花、鸟、鱼、虫市场	Flower, Bird, Fish and Insects Markets	13	12484	126.4	224.9
花卉市场	Flower Markets	11	11970	122.6	217.1
鸟市场	Bird Markets				
观赏鱼市场	Fish Markets				
其他花鸟鱼虫市场	Others	2	514	3.9	7.8
旧货市场	Second Hand Markets	6	1909	11.0	13.3
古玩、古董、字画市场	Antiques,Calligraphy and Painting Markets	1	380	1.3	1.1
邮票、硬币市场	Stamps and Coins Markets				
其他旧货市场	Others	5	1529	9.7	12.2
其他专业市场	Others	14	6363	56.2	385.5

2-8 续表 4 Continued 4

其他

Others

市 场	Market	市场数量(个) Number of Markets (unit)	摊位数(个) Number of Booths (unit)	营业面积(万平方米) Operational Area (10000 sq.m)	成交额(亿元) Turnover (100 million yuan)
总 计	**Total**	**458**	**341017**	**4067.6**	**16628.2**
1.综合市场	**Integrated Markets**	**169**	**159650**	**1310.5**	**4158.1**
生产资料综合市场	Production Comprehensive Markets	7	16837	313.3	789.5
工业消费品综合市场	Industrial Consumable Comprehensive Markets	20	34092	269.3	353.3
农产品综合市场	Farm Produce Comprehensive Markets	84	60908	523.7	2446.3
其他综合市场	Other Comprehensive Markets	58	47813	204.2	569.0
2 专业市场	**Special Markets**	**289**	**181367**	**2757.2**	**12470.0**
生产资料市场	Production Markets	58	36407	1019.3	6906.3
农业生产用具市场	Agricultural Production Equipment Markets	1	469	5.3	5.0
农用生产资料市场	Agricultural Production Markets				
煤炭市场	Coal and Charcoal Markets				
木材市场	Wood Markets	7	2499	59.1	85.5
建材市场	Building Material Markets	21	18940	727.9	267.4
化工材料及制品市场	Chemical Materials and Products Markets	3	2114	37.6	1318.8
金属材料市场	Metal Materials Markets	21	9646	183.2	4366.0
机械设备市场	Mechanical Equipments Markets	1	682	0.4	13.1
其他生产资料市场	Others	4	2057	5.8	850.5
农产品市场	Farm Produce Markets	126	80469	814.6	3361.8
粮油市场	Grain and Oil Markets	9	1081	52.4	194.5
肉禽蛋市场	Meat, Poultry and Eggs Markets	13	6699	56.8	248.7
水产品市场	Aquatic Products Markets	20	11178	58.5	469.9
蔬菜市场	Vegetables Markets	44	29127	299.3	582.4
干鲜果品市场	Dried and Fresh Melons and Fruits Markets	20	15207	239.1	1205.5
棉麻土畜、烟叶市场	Cotton, Local & Livestock Products, and Tobacco Markets	1	500	1.7	5.6
其他农产品市场	Others	19	16677	106.8	655.2
食品、饮料及烟酒市场	Food, Beverages, Tobacco and Liquor Markets	9	3762	56.0	128.1
食品饮料市场	Food and Beverages Markets	3	1138	10.6	8.8
茶叶市场	Tea Markets	1	1126	24.7	55.1
烟酒市场	Tobacco and Liquor Markets	1	258	8.0	1.1
其他食品饮料及烟酒市场	Others	4	1240	12.7	63.1
纺织、服装、鞋帽市场	Textiles, Clothing, Shoes and Hats Markets	14	18073	136.2	349.6
布料及纺织品市场	Cloth and Textiles Markets	4	5256	55.6	212.6
服装市场	Clothing Markets	10	12817	80.7	137.1
鞋帽市场	Shoes and Hats Markets				
其他纺织服装鞋帽市场	Others				
日用品及文化用品市场	Daily Use Articles and Cultural Goods Markets	4	3122	32.9	130.8
小商品市场	Merchandise Markets	2	2315	6.0	104.4
箱包市场	Luggage Markets				

2-8 续表 5 Continued 5

其他

Others

市　　场	Market	市场数量(个) Number of Markets (unit)	摊位数(个) Number of Booths (unit)	营业面积(万平方米) Operational Area (10000 sq.m)	成交额(亿元) Turnover (100 million yuan)
玩具市场	Toys Markets	1	640	25.0	2.0
文具市场	Stationary Markets				
图书、报刊杂志市场	Books, Newspapers and Magazines Markets				
音像制品及电子出版物市场	Video Products and E-journal Markets				
体育用品市场	Sports Markets				
其他日用品及文化用品市场	Others	1	167	1.9	24.5
黄金、珠宝、玉器等首饰市场	Gold, Jeweller, Jade Markets	3	2487	70.5	7.3
电器、通讯器材、电子设备市场	Electrical Appliances, Communication Appliances and Electronical Appliances Markets	3	4571	104.0	55.6
家电市场	Household Appliances Markets	3	4571	104.0	55.6
通讯器材市场	Communication Appliances Markets				
照相、摄像器材市场	Cameras and Video Equipments Markets				
计算机及辅助设备市场	Computer and Auxillary Equipments Markets				
其他电器、通讯器材、电子设备市场	Others				
医药、医疗用品及器材市场	Medicine, Medical Materials and Medical Instruments Markets	2	1300	37.4	114.0
中药材市场	Chinese Medicine Markets	2	1300	37.4	114.0
其他医药、医疗用品及器材市场	Others				
家具、五金及装饰材料市场	Furniture, Hardware and Decoration Materials Markets	31	17088	275.9	233.4
家具市场	Furniture Markets	3	3175	34.5	11.4
装饰材料市场	Decoration Materials Markets	13	5351	70.3	76.2
灯具市场	Lamps Markets	3	1235	21.5	54.1
厨具、盥洗设备市场	Kitchen Utensils, Washing Equipments Markets				
五金材料市场	Hardware Materials Markets	8	4561	88.8	52.9
其他装修市场	Others	4	2766	60.8	38.8
汽车、摩托车及零配件市场	Cars, Motorcycles and Spare Parts Markets	31	4890	147.4	911.0
汽车市场	Cars Markets	24	2008	118.9	844.3
摩托车市场	Motocycles Markets	1	780	5.0	3.4
机动车零配件市场	Vehicle Spare Parts Markts	6	2102	23.5	63.4
花、鸟、鱼、虫市场	Flower, Bird, Fish and Insects Markets	4	5748	43.9	257.7
花卉市场	Flower Markets	3	5350	41.0	256.5
鸟市场	Bird Markets				
观赏鱼市场	Fish Markets				
其他花鸟鱼虫市场	Others	1	398	2.9	1.2
旧货市场	Second Hand Markets	2	3315	5.0	7.7
古玩、古董、字画市场	Antiques,Calligraphy and Painting Markets				
邮票、硬币市场	Stamps and Coins Markets				
其他旧货市场	Others	2	3315	5.0	7.7
其他专业市场	Others	2	135	14.0	6.5

2-9 亿元以上商品交易市场摊位分类情况

Basic Statistics on Booths of Commodity Exchange Markets of Transaction Value over 100 Million Yuan by Commodity

类别	Classification	摊位数 (个) Number of Booths (unit)	成交额 (亿元) Turnover (100 million yuan)
总计	**Total**	**2877393**	**105748.7**
粮油、食品类	Grain and Oil, Food	850125	32689.5
#粮油类	Grain and Oil	76297	4470.4
肉禽蛋类	Meat, Poultry and Eggs	113065	4279.4
水产品类	Aquatic Products	123161	6027.1
蔬菜类	Vegetables	313374	7834.7
干鲜果品类	Dried and Fresh Melons and Fruits	158197	8594.5
饮料类	Beverages	38161	943.2
烟酒类	Tobacco and Liquor	26896	810.8
服装鞋帽、针、纺织品类	Clothing, Shoes, Hats and Textiles	733772	17093.4
服装类	Clothing	450638	6705.8
鞋帽类	Footwear and Hats	97706	1311.8
针、纺织品类	Knitwear and Textiles	185428	9075.7
化妆品类	Cosmetics	19176	230.0
金银珠宝类	Gold, Silver and Jewellery	31616	1090.5
日用品类	Articles for Daily Use	140086	2809.8
五金、电料类	Hardware & Electrical Materials	108822	2296.8
体育、娱乐用品类	Sports & Recreational Articles	10510	149.6
#照相器材类	Photographic Equipment	700	4.3
书报杂志类	Newspapers and Magazines	2389	67.9
电子出版物及音像制品类	E-journal and Video Products	2472	59.8
家用电器和音像器材类	Household Appliances and Video Equipments	31094	520.2
中西药品类	Traditional Chinese and Western Medicine	33238	1674.5
#西药类	Western Medicine	1307	41.7
中草药及中成药类	Traditional Chinese	30851	1606.5
文化办公用品类	Cultural and Official Goods	44120	754.3
#计算机及其配套产品	Computer and Corollary Equipment	16948	258.5
家具类	Furniture	102339	1930.4
通讯器材类	Communication Appliances	15738	261.5
煤炭及制品类	Coal and Related Products	2853	86.1
木材及制品类	Wood and Wooden Products	20019	545.6
石油及制品类	Petroleum and Related Products	1370	1979.9
化工材料及制品类	Raw Chemical Materials and Related Products	21189	4486.3
#化肥类	Fertilizer	2480	70.5
金属材料类	Metal Materials	82755	20230.9
建筑及装潢材料类	Building and Decoration Materials	256926	4406.4
机电产品及设备类	Mechanical & Electrical Products	46615	1316.1
#农机类	Agricultural Machinery	3592	176.0
汽车类	Automobile	67574	5897.0
种子饲料类	Seed and Feedstuff	4276	99.7
棉麻类	Cotton and Hemp	2162	303.4
其他类	Others	181100	3014.8

2-10 按营业状态分亿元以上商品交易市场摊位分类情况
Basic Statistics on Booths of Commodity Exchange Markets of Transaction Value over 100 Million Yuan by Operating Status

#常年营业
Perennial Open

类 别	Classification	摊位数（个）Number of Booths (unit)	成交额（亿元）Turnover (100 million yuan)
总 计	**Total**	**2859582**	**105176.9**
1.粮油、食品类	Grain and Oil, Food	835710	32242.6
其中：粮油类	Grain and Oil	76280	4467.7
肉禽蛋类	Meat, Poultry and Eggs	113040	4279.4
水产品类	Aquatic Products	122784	6020.3
蔬菜类	Vegetables	306169	7505.8
干鲜果品类	Dried and Fresh Melons and Fruits	153869	8496.2
2.饮料类	Beverages	37706	877.2
3.烟酒类	Tobacco and Liquor	26865	810.6
4.服装、鞋帽、针纺织品类	Clothing, Shoes, Hats and Textiles	732565	17065.1
(1)服装类	Clothing	449554	6677.7
(2)鞋帽类	Footwear and Hats	97644	1311.7
(3)针纺织品类	Knitwear and Textiles	185367	9075.7
5.化妆品类	Cosmetics	19173	229.9
6.金银珠宝类	Gold, Silver and Jewellery	31615	1090.5
7.日用品类	Articles for Daily Use	140032	2809.5
8.五金、电料类	Hardware & Electrical Materials	108230	2291.8
9.体育、娱乐用品类	Sports & Recreational Articles	10510	149.6
其中：照相器材类	Photographic Equipment	700	4.3
10.书报杂志类	Newspapers and Magazines	2389	67.9
11.电子出版物及音像制品类	E-journal and Video Products	2445	59.8
12.家用电器和音像器材类	Household Appliances and Video Equipments	31094	520.2
13.中西药品类	Traditional Chinese and Western Medicine	33208	1673.3
其中：西药类	Western Medicine	1307	41.7
中草药及中成药类	Traditional Chinese	30823	1605.4
14.文化办公用品类	Cultural and Official Goods	44095	754.2
其中：计算机及其配套产品	Computer and Corollary Equipment	16948	258.5
15.家具类	Furniture	102337	1930.4
16.通讯器材类	Communication Appliances	15738	261.5
17.煤炭及制品类	Coal and Related Products	2841	86.1
18.木材及制品类	Wood and Wooden Products	19856	535.2
19.石油及制品类	Petroleum and Related Products	1370	1979.9
20.化工材料及制品类	Raw Chemical Materials and Related Products	21182	4486.1
其中：化肥类	Fertilizer	2480	70.5
21.金属材料类	Metal Materials	82755	20230.9
22.建筑及装潢材料类	Building and Decoration Materials	256327	4401.0
23.机电产品及设备类	Mechanical & Electrical Products	46615	1316.1
其中：农机类	Agricultural Machinery	3592	176.0
24.汽车类	Automobile	67574	5897.0
25.种子饲料类	Seed and Feedstuff	4246	99.3
26.棉麻类	Cotton and Hemp	2160	303.4
27.其他类	Others	180944	3007.6

2-10 续表 1 Continued 1

#季节性营业
Seasonal Open

类　　别	Classification	摊位数 (个) Number of Booths (unit)	成交额 (亿元) Turnover (100 million yuan)
总　计	**Total**	**16587**	**552.7**
1.粮油、食品类	Grain and Oil, Food	13824	441.1
其中：粮油类	Grain and Oil	17	2.7
肉禽蛋类	Meat, Poultry and Eggs	25	
水产品类	Aquatic Products	377	6.8
蔬菜类	Vegetables	7205	328.9
干鲜果品类	Dried and Fresh Melons and Fruits	4328	98.3
2.饮料类	Beverages	425	65.4
3.烟酒类	Tobacco and Liquor	20	
4.服装、鞋帽、针纺织品类	Clothing, Shoes, Hats and Textiles	972	28.0
(1)服装类	Clothing	932	27.9
(2)鞋帽类	Footwear and Hats	17	
(3)针纺织品类	Knitwear and Textiles	23	
5.化妆品类	Cosmetics		
6.金银珠宝类	Gold, Silver and Jewellery	1	
7.日用品类	Articles for Daily Use	18	
8.五金、电料类	Hardware & Electrical Materials	542	4.5
9.体育、娱乐用品类	Sports & Recreational Articles		
其中：照相器材类	Photographic Equipment		
10.书报杂志类	Newspapers and Magazines		
11.电子出版物及音像制品类	E-journal and Video Products		
12.家用电器和音像器材类	Household Appliances and Video Equipments		
13.中西药品类	Traditional Chinese and Western Medicine	28	1.2
其中：西药类	Western Medicine		
中草药及中成药类	Traditional Chinese	28	1.2
14.文化办公用品类	Cultural and Official Goods		
其中：计算机及其配套产品	Computer and Corollary Equipment		
15.家具类	Furniture	2	
16.通讯器材类	Communication Appliances		
17.煤炭及制品类	Coal and Related Products		
18.木材及制品类	Wood and Wooden Products		
19.石油及制品类	Petroleum and Related Products		
20.化工材料及制品类	Raw Chemical Materials and Related Products		
其中：化肥类	Fertilizer		
21.金属材料类	Metal Materials		
22.建筑及装潢材料类	Building and Decoration Materials	599	5.4
23.机电产品及设备类	Mechanical & Electrical Products		
其中：农机类	Agricultural Machinery		
24.汽车类	Automobile		
25.种子饲料类	Seed and Feedstuff		
26.棉麻类	Cotton and Hemp		
27.其他类	Others	156	7.2

2-11 按经营方式分亿元以上商品交易市场摊位分类情况

Basic Statistics on Booths of Commodity Exchange Markets of Transaction Value over 100 Million Yuan by Operating Mode

批发为主
Wholesale

类　别	Classification	摊位数（个）Number of Booths (unit)	成交额（亿元）Turnover (100 million yuan)
总　计	**Total**	**2093561**	**93874.6**
1.粮油、食品类	Grain and Oil, Food	612678	29972.9
其中：粮油类	Grain and Oil	54928	4247.0
肉禽蛋类	Meat, Poultry and Eggs	61717	3446.9
水产品类	Aquatic Products	80616	5389.6
蔬菜类	Vegetables	238423	7293.3
干鲜果品类	Dried and Fresh Melons and Fruits	135771	8365.4
2.饮料类	Beverages	29332	855.1
3.烟酒类	Tobacco and Liquor	18341	725.6
4.服装、鞋帽、针纺织品类	Clothing, Shoes, Hats and Textiles	542449	16007.5
(1)服装类	Clothing	317761	5956.4
(2)鞋帽类	Footwear and Hats	65785	1117.8
(3)针纺织品类	Knitwear and Textiles	158903	8933.3
5.化妆品类	Cosmetics	12491	182.4
6.金银珠宝类	Gold, Silver and Jewellery	19916	994.3
7.日用品类	Articles for Daily Use	105161	2550.5
8.五金、电料类	Hardware & Electrical Materials	91132	2075.1
9.体育、娱乐用品类	Sports & Recreational Articles	7012	117.3
其中：照相器材类	Photographic Equipment	276	2.0
10.书报杂志类	Newspapers and Magazines	1366	49.8
11.电子出版物及音像制品类	E-journal and Video Products	1407	46.0
12.家用电器和音像器材类	Household Appliances and Video Equipments	23539	433.1
13.中西药品类	Traditional Chinese and Western Medicine	27144	1578.2
其中：西药类	Western Medicine	919	37.4
中草药及中成药类	Traditional Chinese	25463	1518.7
14.文化办公用品类	Cultural and Official Goods	25034	499.7
其中：计算机及其配套产品	Computer and Corollary Equipment	3243	43.5
15.家具类	Furniture	52154	1232.9
16.通讯器材类	Communication Appliances	9363	191.0
17.煤炭及制品类	Coal and Related Products	2774	85.3
18.木材及制品类	Wood and Wooden Products	16443	477.2
19.石油及制品类	Petroleum and Related Products	1283	1978.9
20.化工材料及制品类	Raw Chemical Materials and Related Products	19442	4466.3
其中：化肥类	Fertilizer	1643	68.1
21.金属材料类	Metal Materials	80216	20173.9
22.建筑及装潢材料类	Building and Decoration Materials	170965	3348.9
23.机电产品及设备类	Mechanical & Electrical Products	42958	1280.2
其中：农机类	Agricultural Machinery	3173	168.6
24.汽车类	Automobile	29711	1419.2
25.种子饲料类	Seed and Feedstuff	3380	94.4
26.棉麻类	Cotton and Hemp	1931	301.6
27.其他类	Others	145939	2737.4

2-11 续表 Continued

零售为主

Retail

类　　别	Classification	摊位数（个）Number of Booths (unit)	成交额（亿元）Turnover (100 million yuan)
总　计	**Total**	**783832**	**11874.1**
1.粮油、食品类	Grain and Oil, Food	237447	2716.6
其中：粮油类	Grain and Oil	21369	223.4
肉禽蛋类	Meat, Poultry and Eggs	51348	832.5
水产品类	Aquatic Products	42545	637.5
蔬菜类	Vegetables	74951	541.4
干鲜果品类	Dried and Fresh Melons and Fruits	22426	229.1
2.饮料类	Beverages	8829	88.1
3.烟酒类	Tobacco and Liquor	8555	85.2
4.服装、鞋帽、针纺织品类	Clothing, Shoes, Hats and Textiles	191323	1085.9
(1)服装类	Clothing	132877	749.5
(2)鞋帽类	Footwear and Hats	31921	194.0
(3)针纺织品类	Knitwear and Textiles	26525	142.5
5.化妆品类	Cosmetics	6685	47.6
6.金银珠宝类	Gold, Silver and Jewellery	11700	96.2
7.日用品类	Articles for Daily Use	34925	259.3
8.五金、电料类	Hardware & Electrical Materials	17690	221.7
9.体育、娱乐用品类	Sports & Recreational Articles	3498	32.3
其中：照相器材类	Photographic Equipment	424	2.3
10.书报杂志类	Newspapers and Magazines	1023	18.1
11.电子出版物及音像制品类	E-journal and Video Products	1065	13.8
12.家用电器和音像器材类	Household Appliances and Video Equipments	7555	87.0
13.中西药品类	Traditional Chinese and Western Medicine	6094	96.3
其中：西药类	Western Medicine	388	4.3
中草药及中成药类	Traditional Chinese	5388	87.9
14.文化办公用品类	Cultural and Official Goods	19086	254.7
其中：计算机及其配套产品	Computer and Corollary Equipment	13705	215.0
15.家具类	Furniture	50185	697.5
16.通讯器材类	Communication Appliances	6375	70.5
17.煤炭及制品类	Coal and Related Products	79	0.9
18.木材及制品类	Wood and Wooden Products	3576	68.4
19.石油及制品类	Petroleum and Related Products	87	1.0
20.化工材料及制品类	Raw Chemical Materials and Related Products	1747	20.0
其中：化肥类	Fertilizer	837	2.4
21.金属材料类	Metal Materials	2539	57.0
22.建筑及装潢材料类	Building and Decoration Materials	85961	1057.6
23.机电产品及设备类	Mechanical & Electrical Products	3657	36.0
其中：农机类	Agricultural Machinery	419	7.4
24.汽车类	Automobile	37863	4477.8
25.种子饲料类	Seed and Feedstuff	896	5.4
26.棉麻类	Cotton and Hemp	231	1.8
27.其他类	Others	35161	277.4

2–12 按经营环境分亿元以上商品交易市场摊位分类情况

Basic Statistics on Booths of Commodity Exchange Markets of Transaction Value over 100 Million Yuan by Operating Circumstance

露天式

Outdoor

类　别	Classification	摊位数（个） Number of Booths (unit)	成交额（亿元） Turnover (100 million yuan)
总　计	**Total**	**270126**	**12488.9**
1.粮油、食品类	Grain and Oil, Food	126920	5008.6
其中：粮油类	Grain and Oil	7879	350.1
肉禽蛋类	Meat, Poultry and Eggs	10688	363.7
水产品类	Aquatic Products	14855	637.1
蔬菜类	Vegetables	63207	1737.2
干鲜果品类	Dried and Fresh Melons and Fruits	23585	1853.7
2.饮料类	Beverages	2840	53.9
3.烟酒类	Tobacco and Liquor	3225	53.6
4.服装、鞋帽、针纺织品类	Clothing, Shoes, Hats and Textiles	15999	402.0
(1)服装类	Clothing	7100	29.7
(2)鞋帽类	Footwear and Hats	3684	55.0
(3)针纺织品类	Knitwear and Textiles	5215	317.3
5.化妆品类	Cosmetics	1763	11.1
6.金银珠宝类	Gold, Silver and Jewellery	151	0.7
7.日用品类	Articles for Daily Use	4461	56.4
8.五金、电料类	Hardware & Electrical Materials	5539	107.3
9.体育、娱乐用品类	Sports & Recreational Articles	239	1.4
其中：照相器材类	Photographic Equipment	10	0.0
10.书报杂志类	Newspapers and Magazines	109	0.5
11.电子出版物及音像制品类	E-journal and Video Products	175	1.0
12.家用电器和音像器材类	Household Appliances and Video Equipments	559	4.7
13.中西药品类	Traditional Chinese and Western Medicine	5272	88.4
其中：西药类	Western Medicine	78	0.2
中草药及中成药类	Traditional Chinese	5121	86.7
14.文化办公用品类	Cultural and Official Goods	545	3.8
其中：计算机及其配套产品	Computer and Corollary Equipment	16	0.1
15.家具类	Furniture	1344	23.5
16.通讯器材类	Communication Appliances	136	5.1
17.煤炭及制品类	Coal and Related Products	113	44.3
18.木材及制品类	Wood and Wooden Products	2605	130.4
19.石油及制品类	Petroleum and Related Products	4	0.1
20.化工材料及制品类	Raw Chemical Materials and Related Products	3130	237.2
其中：化肥类	Fertilizer	822	2.4
21.金属材料类	Metal Materials	23183	3148.0
22.建筑及装潢材料类	Building and Decoration Materials	19674	813.2
23.机电产品及设备类	Mechanical & Electrical Products	3753	231.0
其中：农机类	Agricultural Machinery	1433	92.6
24.汽车类	Automobile	14173	1421.6
25.种子饲料类	Seed and Feedstuff	957	7.8
26.棉麻类	Cotton and Hemp	63	0.1
27.其他类	Others	33194	633.1

2–12 续表 1 Continued 1

封闭式
In door

类　别	Classification	摊位数（个） Number of Booths (unit)	成交额（亿元） Turnover (100 million yuan)
总　计	**Total**	**2266250**	**76631.6**
1.粮油、食品类	Grain and Oil, Food	577205	21775.1
其中：粮油类	Grain and Oil	57478	3484.7
肉禽蛋类	Meat, Poultry and Eggs	82109	3114.9
水产品类	Aquatic Products	84214	4365.5
蔬菜类	Vegetables	194193	4645.7
干鲜果品类	Dried and Fresh Melons and Fruits	107596	4923.1
2.饮料类	Beverages	29671	773.0
3.烟酒类	Tobacco and Liquor	19782	676.5
4.服装、鞋帽、针纺织品类	Clothing, Shoes, Hats and Textiles	674704	16137.3
(1)服装类	Clothing	418332	6456.8
(2)鞋帽类	Footwear and Hats	87422	1200.5
(3)针纺织品类	Knitwear and Textiles	168950	8480.1
5.化妆品类	Cosmetics	15967	198.5
6.金银珠宝类	Gold, Silver and Jewellery	28636	1075.1
7.日用品类	Articles for Daily Use	120809	2440.4
8.五金、电料类	Hardware & Electrical Materials	88366	1918.7
9.体育、娱乐用品类	Sports & Recreational Articles	9200	139.7
其中：照相器材类	Photographic Equipment	676	4.2
10.书报杂志类	Newspapers and Magazines	1925	66.4
11.电子出版物及音像制品类	E-journal and Video Products	2077	57.3
12.家用电器和音像器材类	Household Appliances and Video Equipments	26390	414.9
13.中西药品类	Traditional Chinese and Western Medicine	26268	1454.9
其中：西药类	Western Medicine	1063	26.5
中草药及中成药类	Traditional Chinese	24313	1405.4
14.文化办公用品类	Cultural and Official Goods	41662	708.9
其中：计算机及其配套产品	Computer and Corollary Equipment	16791	256.7
15.家具类	Furniture	92993	1734.0
16.通讯器材类	Communication Appliances	14711	240.3
17.煤炭及制品类	Coal and Related Products	2692	41.3
18.木材及制品类	Wood and Wooden Products	13496	299.4
19.石油及制品类	Petroleum and Related Products	854	1132.4
20.化工材料及制品类	Raw Chemical Materials and Related Products	15318	2910.0
其中：化肥类	Fertilizer	1581	66.9
21.金属材料类	Metal Materials	47807	12549.6
22.建筑及装潢材料类	Building and Decoration Materials	210347	3162.5
23.机电产品及设备类	Mechanical & Electrical Products	36551	892.1
其中：农机类	Agricultural Machinery	1667	78.2
24.汽车类	Automobile	48401	3554.1
25.种子饲料类	Seed and Feedstuff	2695	80.9
26.棉麻类	Cotton and Hemp	1728	301.6
27.其他类	Others	115995	1896.7

2-12 续表 2 Continued 2

其他

Others

类　别	Classification	摊位数(个) Number of Booths (unit)	成交额(亿元) Turnover (100 million yuan)
总　计	**Total**	**341017**	**16628.2**
1.粮油、食品类	Grain and Oil, Food	146000	5905.7
其中：粮油类	Grain and Oil	10940	635.7
肉禽蛋类	Meat, Poultry and Eggs	20268	800.8
水产品类	Aquatic Products	24092	1024.5
蔬菜类	Vegetables	55974	1451.9
干鲜果品类	Dried and Fresh Melons and Fruits	27016	1817.7
2.饮料类	Beverages	5650	116.3
3.烟酒类	Tobacco and Liquor	3889	80.8
4.服装、鞋帽、针纺织品类	Clothing, Shoes, Hats and Textiles	43069	554.0
(1)服装类	Clothing	25206	219.4
(2)鞋帽类	Footwear and Hats	6600	56.3
(3)针纺织品类	Knitwear and Textiles	11263	278.3
5.化妆品类	Cosmetics	1446	20.4
6.金银珠宝类	Gold, Silver and Jewellery	2829	14.8
7.日用品类	Articles for Daily Use	14816	313.0
8.五金、电料类	Hardware & Electrical Materials	14917	270.9
9.体育、娱乐用品类	Sports & Recreational Articles	1071	8.5
其中：照相器材类	Photographic Equipment	14	0.1
10.书报杂志类	Newspapers and Magazines	355	1.0
11.电子出版物及音像制品类	E-journal and Video Products	220	1.5
12.家用电器和音像器材类	Household Appliances and Video Equipments	4145	100.5
13.中西药品类	Traditional Chinese and Western Medicine	1698	131.2
其中：西药类	Western Medicine	166	14.9
中草药及中成药类	Traditional Chinese	1417	114.5
14.文化办公用品类	Cultural and Official Goods	1913	41.6
其中：计算机及其配套产品	Computer and Corollary Equipment	141	1.6
15.家具类	Furniture	8002	172.9
16.通讯器材类	Communication Appliances	891	16.2
17.煤炭及制品类	Coal and Related Products	48	0.5
18.木材及制品类	Wood and Wooden Products	3918	115.8
19.石油及制品类	Petroleum and Related Products	512	847.4
20.化工材料及制品类	Raw Chemical Materials and Related Products	2741	1339.1
其中：化肥类	Fertilizer	77	1.2
21.金属材料类	Metal Materials	11765	4533.3
22.建筑及装潢材料类	Building and Decoration Materials	26905	430.7
23.机电产品及设备类	Mechanical & Electrical Products	6311	193.0
其中：农机类	Agricultural Machinery	492	5.3
24.汽车类	Automobile	5000	921.3
25.种子饲料类	Seed and Feedstuff	624	11.1
26.棉麻类	Cotton and Hemp	371	1.7
27.其他类	Others	31911	485.0

2-13 各地区亿元以上商品交易市场基本情况

Basic Statistics on Commodity Exchange Markets of Transaction Value over 100 Million Yuan by Region

年 份 Year	地 区 Region	市场数量（个）Number of Markets (unit)	摊位数（个）Number of Booths (unit)	营业面积（万平方米）Operational Area (10000 sq.m)	成交额（亿元）Turnover (100 million yuan)	批 发 Wholesale Value	零 售 Retail Value
	2000	3087	2115115	8261.6	16358.9	11648.0	4710.9
	2001	3273	2200662	9397.3	17719.1	12562.5	5156.5
	2002	3258	2190814	10313.2	19840.0	15450.9	4389.2
	2003	3265	2148866	10984.0	21514.5	16832.6	4681.9
	2004	3365	2229818	12477.5	26102.7	21116.9	4985.8
	2005	3323	2248803	13140.8	30020.9	24544.2	5476.7
	2006	3876	2527987	18072.3	37137.5	29679.9	7457.5
	2007	4121	2681630	19814.6	44085.1	35871.5	8213.6
	2008	4567	2839070	21225.2	52458.0	43120.0	9337.9
	2009	4687	2994781	23230.3	57963.8	48308.2	9655.5
	2010	4940	3193365	24832.3	72703.5	60954.9	11748.6
	2011	5075	3334787	26234.5	82017.3	69390.8	12626.5
	2012	5194	3494122	27899.4	93023.8	80141.8	12882.0
	2013	5089	3488170	28868.3	98365.1	84628.3	13736.8
	2014	5023	3534757	29567.9	100309.9	86323.7	13986.2
	2015	4952	3468638	30065.7	100133.8	85836.9	14296.8
	2016	4861	3457899	30023.4	102139.7	87859.3	14280.4
	2017	4617	3347936	29691.8	108247.6	93996.9	14250.7
	2018	4296	3178423	29190.6	109373.3	95323.2	14050.1
	2019	4037	3045931	28447.4	112016.8	98733.4	13283.4
	2020	3891	2877393	29114.7	105748.7	93874.6	11874.1
北 京	Beijing	88	56567	585.2	2819.2	2041.2	778.0
天 津	Tianjin	41	25263	314.3	863.0	834.9	28.2
河 北	Hebei	178	237183	2355.1	5400.0	5198.3	201.7
山 西	Shanxi	30	23638	247.3	684.1	645.1	39.0
内蒙古	Inner Mongolia	43	26726	417.2	610.7	545.2	65.5
辽 宁	Liaoning	148	132264	1114.0	4202.9	3856.8	346.2
吉 林	Jilin	39	33900	331.1	348.4	192.0	156.3
黑龙江	Heilongjiang	46	26679	274.9	629.4	468.6	160.8
上 海	Shanghai	113	47207	411.7	9476.8	8901.1	575.7
江 苏	Jiangsu	420	308956	3711.3	21291.4	19732.0	1559.4
浙 江	Zhejiang	644	385473	3201.6	16621.0	14133.7	2487.3
安 徽	Anhui	104	104794	1239.1	2811.3	2440.4	370.9
福 建	Fujian	102	41219	281.1	1134.9	901.8	233.1
江 西	Jiangxi	107	91849	843.0	1833.4	1542.8	290.6
山 东	Shandong	383	260010	3289.7	8234.8	7541.4	693.4
河 南	Henan	118	103458	1278.2	3095.2	2729.0	366.2
湖 北	Hubei	108	68122	723.3	2090.0	1651.7	438.3
湖 南	Hunan	285	163560	1155.5	4439.9	3442.3	997.6
广 东	Guangdong	273	181710	1785.5	5368.5	4768.7	599.8
广 西	Guangxi	61	61602	312.6	1213.7	1014.7	199.0
海 南	Hainan	7	4340	59.8	130.5	116.1	14.5
重 庆	Chongqing	142	90038	796.1	3361.6	3008.1	353.5
四 川	Sichuan	111	134703	1212.8	3249.2	3044.2	205.0
贵 州	Guizhou	50	36348	492.0	1437.0	1246.0	191.0
云 南	Yunnan	29	44241	203.6	405.2	350.6	54.6
西 藏	Tibet	3	2335	3.5	25.8	20.2	5.6
陕 西	Shaanxi	46	37202	387.5	996.4	865.5	130.9
甘 肃	Gansu	31	27200	239.8	376.2	260.3	115.9
青 海	Qinghai	8	6908	71.4	100.8	89.8	11.0
宁 夏	Ningxia	35	23432	267.8	314.8	287.9	26.9
新 疆	Xinjiang	98	90466	1508.8	2182.4	2004.0	178.4

批发和零售业

WHOLESALE AND RETAIL TRADES

第3篇

3-1-1 限额以上批发和零售业企业基本情况

Basic Conditions of Enterprises above Designated Size of Wholesale and Retail Trades

项　目	Item	法人单位数（个）Number of Corporation Enterprises (unit)	年末从业人数（人）Engaged Persons at Year-end (person)
总　计	**Total**	**276499**	**12349701**
一、批发业	**Wholesale Trade**	**168738**	**5957306**
#国有控股	State-controlled Enterprises	10178	1120812
(一)按登记注册类型分	**by Type of Registration**		
1.内资企业	**Domestic Funded Enterprises**	**160408**	**4987089**
国有企业	State-owned Enterprises	2089	318835
集体企业	Collective-owned Enterprises	248	10688
股份合作企业	Cooperative Enterprises	151	5399
联营企业	Joint Ownership Enterprises	43	1273
国有联营企业	State Joint Ownership Enterprises	14	326
集体联营企业	Collective Joint Ownership Enterprises	4	137
国有与集体联营企业	Joint State-collective Enterprises	11	402
其他联营企业	Other Joint Ownership Enterprises	14	408
有限责任公司	Limited Liability Corporations	24825	1444744
国有独资公司	State Sole Funded Corporations	2028	156754
其他有限责任公司	Other Limited Liability Corporations	22797	1287990
股份有限公司	Share-holding Corporations Ltd.	1747	304634
私营企业	Private Enterprises	130807	2885970
私营独资企业	Private-funded Enterprises	1870	30749
私营合伙企业	Private Partnership Enterprises	250	3674
私营有限责任公司	Private Limited Liability Corporations	127293	2772450
私营股份有限公司	Private Share-holding Corporations Ltd.	1394	79097
其他企业	Other Enterprises	498	15546
2.港、澳、台商投资企业	**Enterprises with Funds from Hongkong, Macao and Taiwan**	**3454**	**427835**
合资经营企业	Joint-venture Enterprises	490	34161
合作经营企业	Cooperative Enterprises	19	1881
独资经营企业	Enterprises with Sole Investment	2814	363085
投资股份有限公司	Share-holding Corporations Ltd. with Investment	70	21896
其他港澳台商投资企业	Other Enterprises with Funds from Hongkong, Macao and Taiwan	61	6812
3.外商投资企业	**Foreign Funded Enterprises**	**4876**	**542382**
中外合资经营企业	Joint-venture Enterprises	691	70129
中外合作经营企业	Cooperative Enterprises	20	1481
外资企业	Enterprises with Sole Foreign Investment	4015	447470
外商投资股份有限公司	Share-holding Corporations Ltd. with Foreign Investment	75	19107
其他外商投资企业	Other Foreign Funded Enterprises	75	4195

3-1-1 续表 1 Continued 1

项　目	Item	法人单位数（个）Number of Corporation Enterprises (unit)	年末从业人数（人）Engaged Persons at the Year-end (person)
(二)按国民经济行业分	by Sector		
农、林、牧、渔产品批发	Wholesale of Agricultural, Forestry, Livestock and Fishery Products	6241	175827
食品、饮料及烟草制品批发	Wholesale of Food, Beverages and Tobaccos	16513	1131395
#米、面制品及食用油批发	Wholesale of Rice, Flour and Edible Oil	2562	122168
肉、禽、蛋、奶及水产品批发	Wholesale of Meal, Fowls, Eggs, Milk and Aquatic Products	3036	157058
酒、饮料及茶叶批发	Wholesale of Wine, Beverages and Teas	3462	273807
烟草制品批发	Wholesale of Tobaccos	510	252700
纺织、服装及家庭用品批发	Wholesale of Textiles, Wearing Apparel and Household Articles	19771	952801
#服装批发	Wholesale of Garments	3877	284898
鞋帽批发	Wholesale of Shoes and Hats	1161	69692
日用家电批发	Wholesale of Household Electrical Appliances	2232	126792
文化、体育用品及器材批发	Wholesale of Culture, Sports Appliances and Equipments	5094	225888
#文具用品批发	Wholesale of Stationeries	1890	46209
体育用品及器材批发	Wholesale of Sports Appliances and Equipments	379	17511
图书批发	Wholesale of Books	512	48523
医药及医疗器材批发	Wholesale of Medicines and Medical Appliances	12710	874475
#西药批发	Wholesale of Western Medicine	4704	470965
中药批发	Wholesale of Chinese Traditional Medicine	1865	166539
矿产品、建材及化工产品批发	Wholesale of Mineral Products, Building Materials and Chemical Products	72781	1363328
#煤炭及制品批发	Wholesale of Coal and Related Products	6256	144456
石油及制品批发	Wholesale of Petroleum and Related Products	6524	297541
金属及金属矿批发	Wholesale of Metal Materials	25334	321493
建材批发	Wholesale of Building Materials	13268	232851
化肥批发	Wholesale of Chemical Fertilizer	1507	41787
农药批发	Wholesale of Pesticides	503	21258
机械设备、五金产品及电子产品批发	Wholesale of Machinery, Hardware and Electronic Products	29995	1067557
#汽车及零配件批发	Wholesale of Motor Vehicles and Their Parts	6149	190974
计算机、软件及辅助设备批发	Wholesale of Computer, Software and Assistant Appliances	2698	105456
通讯设备批发	Wholesale of Communication Equipments	1697	94961
贸易经纪与代理	Trade Broker and Agency	1337	35753
其他批发业	Other Wholesale Industries	4296	130282

项　目	Item	法人单位数（个）Number of Corporation Enterprises (unit)	年末从业人数（人）Engaged Persons at the Year-end (person)	年末零售营业面积（平方米）Business Area of Retail Trade at the Year-end (㎡)
二、零售业	**Retail Trade**	**107761**	**6392395**	**382436682**
#国有控股	State-controlled Enterprises	5148	724042	63859990
(一)按登记注册类型分	**by Type of Registration**			
1.内资企业	**Domestic Funded Enterprises**	**104854**	**5511527**	**325940860**
国有企业	State-owned Enterprises	907	73358	4969765
集体企业	Collective-owned Enterprises	734	27675	1502575
股份合作企业	Cooperative Enterprises	296	10190	1546779
联营企业	Joint Ownership Enterprises	86	1914	180270
国有联营企业	State Joint Ownership Enterprises	28	717	91759
集体联营企业	Collective Joint Ownership Enterprises	10	139	20640
国有与集体联营企业	Joint State-collective Enterprises	23	356	28405
其他联营企业	Other Joint Ownership Enterprises	25	702	39466
有限责任公司	Limited Liability Corporations	18092	1686882	108295942
国有独资公司	State Sole Funded Corporations	882	73986	4407625
其他有限责任公司	Other Limited Liability Corporations	17210	1612896	103888317
股份有限公司	Share-holding Corporations Ltd.	1177	373068	40716324
私营企业	Private Enterprises	83239	3328905	168302151
私营独资企业	Private-funded Enterprises	6077	101398	6898254
私营合伙企业	Private Partnership Enterprises	698	10853	1014440
私营有限责任公司	Private Limited Liability Corporations	75713	3088636	156007017
私营股份有限公司	Private Share-holding Corporations Ltd.	751	128018	4382440
其他企业	Other Enterprises	323	9535	427054
2.港、澳、台商投资企业	**Enterprises with Funds from Hongkong, Macao and Taiwan**	**1563**	**452088**	**24358343**
合资经营企业	Joint-venture Enterprises	269	74727	5416972
合作经营企业	Cooperative Enterprises	34	5483	255616
独资经营企业	Enterprises with Sole Investment	1209	357376	18199122
投资股份有限公司	Share-holding Corporations Ltd. with Investment	23	8162	338283
其他港澳台商投资企业	Other Enterprises with Funds from Hongkong, Macao and Taiwan	28	6340	148350
3.外商投资企业	**Foreign Funded Enterprises**	**1344**	**428780**	**32137479**
中外合资经营企业	Joint-venture Enterprises	307	119260	10638318
中外合作经营企业	Cooperative Enterprises	18	4767	291165
外资企业	Enterprises with Sole Foreign Investment	921	267886	17244738
外商投资股份有限公司	Share-holding Corporations Ltd. with Foreign Investment	66	33092	3790535
其他外商投资企业	Other Foreign Funded Enterprises	32	3775	172723

3-1-1 续表 3 Continued 3

项 目	Item	法人单位数(个) Number of Corporation Enterprises (unit)	年末从业人数(人) Engaged Persons at the Year-end (person)	年末零售营业面积(平方米) Business Area of Retail Trade at the Year-end (m²)
(二)按国民经济行业分	**by Sector**			
综合零售	Integrated Retail	13111	2041141	149864984
#百货零售	Retail of General Merchandise	6071	797331	84403474
超级市场零售	Retail of Supermarkets	5597	1141911	60604831
食品、饮料及烟草制品专门零售	Special Retail of Food, Beverages and Tobaccos	9743	368302	10008452
#粮油零售	Retail of Cereal and Oil	1033	24618	1276881
肉、禽、蛋、奶及水产品零售	Retail of Meat, Poultry, Eggs, Milk and Aquatic Products	1579	62232	1671554
酒、饮料及茶叶零售	Retail of Wine, Beverages and Teas	2843	66177	1343675
烟草制品零售	Retail of Tobaccos	359	13190	317154
纺织、服装及日用品专门零售	Special Retail of Textiles, Garments and Daily Consumer Articles	5294	520581	20142514
#服装零售	Retail of Garments	2530	315808	14956001
文化、体育用品及器材专门零售	Special Retail of Culture, Sports Appliances and Equipments	4697	235318	8449642
#体育用品及器材零售	Retail of Sports Appliances and Equipments	237	14542	1234283
图书、报刊零售	Retail of Books, Newspapers and Magazines	1265	108154	3829660
医药及医疗器材专门零售	Special Retail of Medicines and Medical Appliances	5580	719636	18667976
#西药零售	Retail of Western Medicines	4589	664129	17307710
汽车、摩托车、零配件和燃料及其他动力销售	Retail of Motor Vehicles, Motorcycles, Parts, Fuel and Other Powers	41065	1637209	139275036
#汽车新车零售	Retail of New Motor Vehicles	28951	1209152	80943255
机动车燃油零售	Retail of Fuel Oil of Motor Vehicles	9176	358273	51693589
家用电器及电子产品专门零售	Special Retail of Household Electric Appliances and Electronic Products	11862	354942	18518197
#日用家电零售	Retail of Household Electric Appliances	4694	136494	11266800
计算机、软件及辅助设备零售	Retail of Computer, Software and Assistant Appliances	2775	61587	837934
通信设备零售	Retail of Communication Equipments	1741	79766	1485352
五金、家具及室内装饰材料专门零售	Special Retail of Hardware, Furniture and Interior Decoration Materials	5650	127827	9015288
货摊、无店铺及其他零售业	Stalls, Non-shop and Other Retails	10759	387439	8494593
#互联网零售	Retail on the Internet	8458	312732	4219934
(三)按零售业态分	**by Mode of Business Operation**			
有店铺零售	Store-based Retailing	95467	5945711	375692060
#超市	Supermarket	8048	524536	20212535
大型超市	Hypermarket	2394	1055324	70750761
百货店	Department Store	5143	634493	64702628
专业店	Speciality Store	40371	1894903	114464737
专卖店	Exclusive Shop	33857	1673244	90448212
无店铺零售	Non-Store Selling	15100	784790	26800645

注：零售业态为多选项，因此分项之和大于总计。
Note: The subentries may not add up to the aggregate totals, as the Mode of Business Operation is multiple choice.

3-1-2 各地区限额以上批发业企业基本情况
Basic Conditions of Enterprises above Designated Size of Wholesale Trade by Region

地区	Region	批发业 Wholesale Trade			
				#国有控股 State-controlled Enterprises	
		法人单位数(个) Number of Corporation Enterprises (unit)	年末从业人数(人) Engaged Persons at the Year-end (person)	法人单位数(个) Number of Corporation Enterprises (unit)	年末从业人数(人) Engaged Persons at the Year-end (person)
全　国	**National Total**	**168738**	**5957306**	**10178**	**1120812**
北　京	Beijing	7587	440976	891	116318
天　津	Tianjin	6319	177157	378	21016
河　北	Hebei	2535	97735	208	25326
山　西	Shanxi	2031	88349	303	38519
内蒙古	Inner Mongolia	1147	43849	138	15613
辽　宁	Liaoning	3433	88244	254	27193
吉　林	Jilin	939	40152	114	14353
黑龙江	Heilongjiang	906	50658	161	23708
上　海	Shanghai	12666	683655	743	59170
江　苏	Jiangsu	20743	558157	815	62952
浙　江	Zhejiang	18851	495061	605	49105
安　徽	Anhui	3305	126358	247	31693
福　建	Fujian	10278	250835	510	35375
江　西	Jiangxi	2020	92723	167	32523
山　东	Shandong	14468	377194	586	70016
河　南	Henan	5093	200030	321	47538
湖　北	Hubei	3479	165461	244	38707
湖　南	Hunan	3134	129799	187	31676
广　东	Guangdong	30770	1039847	921	114181
广　西	Guangxi	2236	83131	255	24893
海　南	Hainan	619	27688	65	5009
重　庆	Chongqing	2783	110087	277	23076
四　川	Sichuan	4251	189704	431	42658
贵　州	Guizhou	1440	64762	215	30173
云　南	Yunnan	1575	83982	202	34529
西　藏	Tibet	69	6975	20	1756
陕　西	Shaanxi	2315	96489	277	40142
甘　肃	Gansu	858	39363	125	11175
青　海	Qinghai	201	11435	52	6501
宁　夏	Ningxia	237	12134	35	6692
新　疆	Xinjiang	2450	85316	431	39226

3-1-3 各地区限额以上批发业企业基本情况(按登记注册类型分)

Basic Conditions of Enterprises above Designated Size of Wholesale Trade by Region and Type of Registration

地 区	Region	内资企业 Domestic Funded Enterprises 法人单位数(个) Number of Corporation Enterprises (unit)	年末从业人数(人) Engaged Persons at the Year-end (person)	#国有企业 State-owned Enterprises 法人单位数(个) Number of Corporation Enterprises (unit)	年末从业人数(人) Engaged Persons at the Year-end (person)
全 国	**National Total**	**160408**	**4987089**	**2089**	**318835**
北 京	Beijing	7015	311386	66	4845
天 津	Tianjin	6026	110117	54	3365
河 北	Hebei	2524	94844	35	10492
山 西	Shanxi	2023	86932	37	8350
内蒙古	Inner Mongolia	1141	43681	47	7003
辽 宁	Liaoning	3335	81667	61	10737
吉 林	Jilin	933	39406	39	5705
黑龙江	Heilongjiang	901	47573	45	9036
上 海	Shanghai	9288	295563	105	4904
江 苏	Jiangsu	20081	469633	269	17925
浙 江	Zhejiang	18348	456840	48	16579
安 徽	Anhui	3281	115891	62	12091
福 建	Fujian	9967	232253	57	11648
江 西	Jiangxi	2008	91617	55	11575
山 东	Shandong	14288	369199	137	8926
河 南	Henan	5074	198898	89	25419
湖 北	Hubei	3416	147641	57	17511
湖 南	Hunan	3111	126777	49	17202
广 东	Guangdong	28786	882685	254	13815
广 西	Guangxi	2212	79765	36	7961
海 南	Hainan	606	26679	22	1609
重 庆	Chongqing	2750	102427	65	6935
四 川	Sichuan	4219	186342	84	15902
贵 州	Guizhou	1432	62529	30	18800
云 南	Yunnan	1560	82279	38	19140
西 藏	Tibet	67	6002	13	1422
陕 西	Shaanxi	2282	92434	73	12411
甘 肃	Gansu	855	38464	39	4610
青 海	Qinghai	200	10798	15	3608
宁 夏	Ningxia	237	12134	13	1444
新 疆	Xinjiang	2442	84633	95	7865

3-1-3 续表 1 Continued 1

地 区	Region	集体企业 Collective-owned Enterprises		股份合作企业 Cooperative Enterprises	
		法人单位数 (个) Number of Corporation Enterprises (unit)	年末从业人数 (人) Engaged Persons at the Year-end (person)	法人单位数 (个) Number of Corporation Enterprises (unit)	年末从业人数 (人) Engaged Persons at the Year-end (person)
全 国	**National Total**	**248**	**10688**	**151**	**5399**
北 京	Beijing	14	549	26	975
天 津	Tianjin	6	46	10	338
河 北	Hebei	5	118	NA	68
山 西	Shanxi	10	1969		
内 蒙 古	Inner Mongolia				
辽 宁	Liaoning	7	281	4	189
吉 林	Jilin	NA	189		
黑 龙 江	Heilongjiang	NA	309		
上 海	Shanghai	9	204	12	372
江 苏	Jiangsu	25	402	10	342
浙 江	Zhejiang	6	152	21	435
安 徽	Anhui	NA	66	NA	70
福 建	Fujian	22	471		
江 西	Jiangxi	7	140	NA	47
山 东	Shandong	12	1380	5	164
河 南	Henan	13	594	NA	135
湖 北	Hubei	8	202	4	182
湖 南	Hunan	4	113	NA	46
广 东	Guangdong	30	451	37	895
广 西	Guangxi	6	517	NA	459
海 南	Hainan				
重 庆	Chongqing	6	216	4	132
四 川	Sichuan	10	511	NA	228
贵 州	Guizhou	11	183	NA	100
云 南	Yunnan	9	265	NA	47
西 藏	Tibet				
陕 西	Shaanxi	14	345	NA	84
甘 肃	Gansu	NA	21	NA	91
青 海	Qinghai	NA	101		
宁 夏	Ningxia				
新 疆	Xinjiang	6	893		

注：NA表示小于或等于3(下表同)。
Note: NA refers to less than or equal to three. The same applies to the tables following.

3-1-3 续表 2 Continued 2

地 区	Region	联营企业 Joint Ownership Enterprises		有限责任公司 Limited Liability Corporations	
		法人单位数 (个) Number of Corporation Enterprises (unit)	年末从业人数 (人) Engaged Persons at the Year-end (person)	法人单位数 (个) Number of Corporation Enterprises (unit)	年末从业人数 (人) Engaged Persons at the Year-end (person)
全 国	**National Total**	**43**	**1273**	**24825**	**1444744**
北 京	Beijing	NA	111	1855	151875
天 津	Tianjin	NA	20	1073	37164
河 北	Hebei			424	28126
山 西	Shanxi			375	38660
内 蒙 古	Inner Mongolia			323	18338
辽 宁	Liaoning	NA	6	559	21127
吉 林	Jilin			224	10986
黑 龙 江	Heilongjiang	NA	19	244	16784
上 海	Shanghai	NA	21	1951	100329
江 苏	Jiangsu	5	258	1647	106892
浙 江	Zhejiang	NA	1	1540	89180
安 徽	Anhui			790	39034
福 建	Fujian			685	30830
江 西	Jiangxi			439	36148
山 东	Shandong	NA	14	1910	120870
河 南	Henan	NA	43	840	52229
湖 北	Hubei			841	45863
湖 南	Hunan	NA	72	364	26896
广 东	Guangdong	12	219	4506	222564
广 西	Guangxi	NA	27	402	24073
海 南	Hainan	NA	162	390	17294
重 庆	Chongqing			363	21658
四 川	Sichuan	NA	141	1009	64752
贵 州	Guizhou			348	18715
云 南	Yunnan	NA	15	301	17765
西 藏	Tibet			26	2222
陕 西	Shaanxi			526	33234
甘 肃	Gansu			251	12435
青 海	Qinghai	NA	63	59	2825
宁 夏	Ningxia			26	1857
新 疆	Xinjiang	NA	81	534	34019

地 区	Region	股份有限公司 Share-holding Corporations Ltd. 法人单位数(个) Number of Corporation Enterprises (unit)	股份有限公司 Share-holding Corporations Ltd. 年末从业人数(人) Engaged Persons at the Year-end (person)	私营企业 Private Enterprises 法人单位数(个) Number of Corporation Enterprises (unit)	私营企业 Private Enterprises 年末从业人数(人) Engaged Persons at the Year-end (person)
全 国	**National Total**	**1747**	**304634**	**130807**	**2885970**
北 京	Beijing	116	18458	4930	134518
天 津	Tianjin	57	4670	4809	64312
河 北	Hebei	14	1128	2040	54733
山 西	Shanxi	14	2571	1585	35324
内蒙古	Inner Mongolia	21	1586	750	16754
辽 宁	Liaoning	48	5665	2640	43376
吉 林	Jilin	21	4236	648	18290
黑龙江	Heilongjiang	29	8001	575	13352
上 海	Shanghai	154	21148	7044	168372
江 苏	Jiangsu	158	29725	17791	308330
浙 江	Zhejiang	120	19426	16597	330871
安 徽	Anhui	55	5568	2358	58821
福 建	Fujian	20	2886	9182	186408
江 西	Jiangxi	40	6541	1461	37042
山 东	Shandong	126	19976	12063	217124
河 南	Henan	48	8198	4075	112065
湖 北	Hubei	54	14036	2415	68155
湖 南	Hunan	36	5105	2643	76902
广 东	Guangdong	320	68301	23611	575938
广 西	Guangxi	22	5766	1729	39761
海 南	Hainan	14	937	176	6666
重 庆	Chongqing	29	4355	2277	68747
四 川	Sichuan	52	12948	3051	91044
贵 州	Guizhou	9	784	1031	23929
云 南	Yunnan	37	8625	1142	36021
西 藏	Tibet			28	2358
陕 西	Shaanxi	41	8534	1600	36968
甘 肃	Gansu	19	2609	534	18564
青 海	Qinghai	10	1151	113	3050
宁 夏	Ningxia	10	3993	188	4840
新 疆	Xinjiang	53	7707	1721	33335

3-1-3 续表 4 Continued 4

地区	Region	港、澳、台商投资企业 Enterprises with Funds from Hongkong, Macao and Taiwan		外商投资企业 Foreign Funded Enterprises	
		法人单位数（个） Number of Corporation Enterprises (unit)	年末从业人数（人） Engaged Persons at the Year-end (person)	法人单位数（个） Number of Corporation Enterprises (unit)	年末从业人数（人） Engaged Persons at the Year-end (person)
全国	**National Total**	**3454**	**427835**	**4876**	**542382**
北京	Beijing	182	43390	390	86200
天津	Tianjin	111	55744	182	11296
河北	Hebei	NA	126	8	2765
山西	Shanxi	5	888	NA	529
内蒙古	Inner Mongolia	NA	47	NA	121
辽宁	Liaoning	30	1747	68	4830
吉林	Jilin	NA	21	5	725
黑龙江	Heilongjiang	NA	2962	NA	123
上海	Shanghai	1048	138764	2330	249328
江苏	Jiangsu	279	28683	383	59841
浙江	Zhejiang	176	21242	327	16979
安徽	Anhui	8	5173	16	5294
福建	Fujian	169	6645	142	11937
江西	Jiangxi	7	537	5	569
山东	Shandong	65	3742	115	4253
河南	Henan	9	240	10	892
湖北	Hubei	31	10883	32	6937
湖南	Hunan	8	2271	15	751
广东	Guangdong	1249	94403	735	62759
广西	Guangxi	9	116	15	3250
海南	Hainan	9	458	4	551
重庆	Chongqing	15	4148	18	3512
四川	Sichuan	11	779	21	2583
贵州	Guizhou	7	1974	NA	259
云南	Yunnan	NA	792	12	911
西藏	Tibet	NA	973		
陕西	Shaanxi	7	372	26	3683
甘肃	Gansu	NA	153	NA	746
青海	Qinghai			NA	637
宁夏	Ningxia				
新疆	Xinjiang	4	562	4	121

3-1-4 各地区限额以上批发业企业基本情况(按国民经济行业分)

Basic Conditions of Enterprises above Designated Size of Wholesale Trade by Region and Sector

地 区	Region	农、林、牧、渔产品批发 Wholesale of Agricultural, Forestry, Livestock and Fishery Products		食品、饮料及烟草制品批发 Wholesale of Food, Beverages and Tobaccos	
		法人单位数(个) Number of Corporation Enterprises (unit)	年末从业人数(人) Engaged Persons at the Year-end (person)	法人单位数(个) Number of Corporation Enterprises (unit)	年末从业人数(人) Engaged Persons at the Year-end (person)
全 国	**National Total**	**6241**	**175827**	**16513**	**1131395**
北 京	Beijing	161	5697	869	64864
天 津	Tianjin	187	2731	463	25129
河 北	Hebei	146	3193	200	19245
山 西	Shanxi	42	3021	177	15880
内蒙古	Inner Mongolia	176	4049	92	10139
辽 宁	Liaoning	296	4354	373	18573
吉 林	Jilin	143	4751	87	7027
黑龙江	Heilongjiang	207	6641	102	13692
上 海	Shanghai	159	4162	1114	80270
江 苏	Jiangsu	677	19497	1284	70461
浙 江	Zhejiang	214	4119	971	69114
安 徽	Anhui	196	5131	480	32155
福 建	Fujian	291	6040	1190	60656
江 西	Jiangxi	106	5388	233	17828
山 东	Shandong	761	12226	1191	79554
河 南	Henan	343	10966	504	44540
湖 北	Hubei	255	7009	557	49076
湖 南	Hunan	163	6405	426	41058
广 东	Guangdong	595	18201	3025	182590
广 西	Guangxi	75	1197	308	21022
海 南	Hainan	31	340	65	4509
重 庆	Chongqing	66	2723	449	26723
四 川	Sichuan	131	5459	878	57173
贵 州	Guizhou	37	808	238	31282
云 南	Yunnan	125	3767	327	33916
西 藏	Tibet			12	1102
陕 西	Shaanxi	63	1750	418	23756
甘 肃	Gansu	57	1439	175	13661
青 海	Qinghai	3	37	32	2049
宁 夏	Ningxia	15	440	20	1745
新 疆	Xinjiang	520	24286	253	12606

3-1-4 续表 1 Continued 1

地 区	Region	纺织、服装及家庭用品批发 Wholesale of Textiles, Wearing Apparel and Household Articles		文化、体育用品及器材批发 Wholesale of Culture, Sports Appliances and Equipments	
		法人单位数 (个) Number of Corporation Enterprises (unit)	年末从业人数 (人) Engaged Persons at the Year-end (person)	法人单位数 (个) Number of Corporation Enterprises (unit)	年末从业人数 (人) Engaged Persons at the Year-end (person)
全 国	**National Total**	**19771**	**952801**	**5094**	**225888**
北 京	Beijing	615	62799	389	27233
天 津	Tianjin	322	59328	120	2786
河 北	Hebei	115	5170	45	1944
山 西	Shanxi	36	2306	30	1196
内蒙古	Inner Mongolia	18	1624	8	464
辽 宁	Liaoning	206	7883	53	2664
吉 林	Jilin	31	1123	14	1321
黑龙江	Heilongjiang	27	1907	20	1119
上 海	Shanghai	1665	166464	462	23618
江 苏	Jiangsu	2693	126878	564	18405
浙 江	Zhejiang	4900	151531	822	23569
安 徽	Anhui	255	14298	65	2553
福 建	Fujian	2261	51455	292	7210
江 西	Jiangxi	130	3066	51	1191
山 东	Shandong	863	37541	336	17473
河 南	Henan	256	13468	132	6301
湖 北	Hubei	165	9858	73	6591
湖 南	Hunan	249	8262	159	4516
广 东	Guangdong	4238	191937	1210	59783
广 西	Guangxi	102	4505	35	1065
海 南	Hainan	25	1515	10	830
重 庆	Chongqing	105	6664	37	5269
四 川	Sichuan	221	11609	56	2613
贵 州	Guizhou	34	1592	10	638
云 南	Yunnan	54	1714	19	766
西 藏	Tibet	4	60		
陕 西	Shaanxi	69	3524	48	2302
甘 肃	Gansu	22	1229	13	1036
青 海	Qinghai	4	102	NA	340
宁 夏	Ningxia	NA	85	4	165
新 疆	Xinjiang	83	3304	16	927

3-1-4 续表 2 Continued 2

地 区	Region	医药及医疗器材批发 Wholesale of Medicines and Medical Appliances		矿产品、建材及化工产品批发 Wholesale of Mineral Products, Building Material and Chemical Products	
		法人单位数 (个) Number of Corporation Enterprises (unit)	年末从业人数 (人) Engaged Persons at the Year-end (person)	法人单位数 (个) Number of Corporation Enterprises (unit)	年末从业人数 (人) Engaged Persons at the Year-end (person)
全 国	**National Total**	**12710**	**874475**	**72781**	**1363328**
北 京	Beijing	938	56822	1876	70148
天 津	Tianjin	241	11505	3454	40287
河 北	Hebei	335	23376	1229	31642
山 西	Shanxi	185	15349	1222	40244
内 蒙 古	Inner Mongolia	133	8729	536	14121
辽 宁	Liaoning	321	16082	1559	26154
吉 林	Jilin	222	12566	243	5986
黑 龙 江	Heilongjiang	154	10953	248	12122
上 海	Shanghai	726	86773	4688	103551
江 苏	Jiangsu	836	80429	10822	132583
浙 江	Zhejiang	665	40732	8053	113403
安 徽	Anhui	427	26719	1186	20881
福 建	Fujian	414	18770	4090	64421
江 西	Jiangxi	368	28457	745	26235
山 东	Shandong	838	58553	8023	112856
河 南	Henan	558	39292	2356	54161
湖 北	Hubei	588	40589	1205	32134
湖 南	Hunan	372	28951	1198	23899
广 东	Guangdong	2050	108571	11430	218036
广 西	Guangxi	238	15385	1120	26358
海 南	Hainan	118	11053	295	6314
重 庆	Chongqing	349	20186	1237	26163
四 川	Sichuan	693	45292	1713	41763
贵 州	Guizhou	167	11223	791	13141
云 南	Yunnan	142	16832	734	19864
西 藏	Tibet	17	5010	20	369
陕 西	Shaanxi	242	16177	1085	37073
甘 肃	Gansu	156	8811	327	8546
青 海	Qinghai	29	1776	113	6518
宁 夏	Ningxia	24	2016	139	6739
新 疆	Xinjiang	164	7496	1044	27616

3-1-4 续表 3 Continued 3

地区	Region	机械设备、五金产品及电子产品批发 Wholesale of Machinery, Hardware and Electronic Products		贸易经纪与代理 Trade Broker and Agency		其他批发业 Other Wholesale not Classified Elsewhere	
		法人单位数(个) Number of Corporation Enterprises (unit)	年末从业人数(人) Engaged Persons at the Year-end (person)	法人单位数(个) Number of Corporation Enterprises (unit)	年末从业人数(人) Engaged Persons at the Year-end (person)	法人单位数(个) Number of Corporation Enterprises (unit)	年末从业人数(人) Engaged Persons at the Year-end (person)
全国	**National Total**	**29995**	**1067557**	**1337**	**35753**	**4296**	**130282**
北京	Beijing	2517	140788	66	3973	156	8652
天津	Tianjin	1275	26301	52	1843	205	7247
河北	Hebei	395	11491	11	285	59	1389
山西	Shanxi	288	8855	5	24	46	1474
内蒙古	Inner Mongolia	155	3887	NA	51	28	785
辽宁	Liaoning	508	10295	33	736	84	1503
吉林	Jilin	180	6658	NA	27	17	693
黑龙江	Heilongjiang	123	3796	13	155	12	273
上海	Shanghai	3344	198555	268	7309	240	12953
江苏	Jiangsu	3159	96506	193	3380	515	10018
浙江	Zhejiang	2656	77983	88	2092	482	12518
安徽	Anhui	531	20828	16	284	149	3509
福建	Fujian	1252	31592	36	1665	452	9026
江西	Jiangxi	284	8665	31	478	72	1415
山东	Shandong	2154	51983	67	1832	235	5176
河南	Henan	762	24230	18	810	164	6262
湖北	Hubei	549	17446	6	92	81	2666
湖南	Hunan	435	11495	19	375	113	4838
广东	Guangdong	7084	227737	365	9647	773	23345
广西	Guangxi	307	11659	5	77	46	1863
海南	Hainan	65	2762			10	365
重庆	Chongqing	422	17926	12	147	106	4286
四川	Sichuan	463	21247	4	92	92	4456
贵州	Guizhou	145	3992	NA	6	16	2080
云南	Yunnan	138	6283	4	56	32	784
西藏	Tibet	14	403	NA		NA	31
陕西	Shaanxi	326	10431	6	157	58	1319
甘肃	Gansu	100	4455	NA	18	7	168
青海	Qinghai	15	423			4	190
宁夏	Ningxia	27	863			5	81
新疆	Xinjiang	322	8022	12	142	36	917

3-1-5 各地区限额以上零售业企业基本情况

Basic Conditions of Enterprises above Designated Size of Retail Trade by Region

地区	Region	零售业 Retail Trade		#国有控股 State-controlled Enterprises	
		法人单位数(个) Number of Corporation Enterprises (unit)	年末从业人数(人) Engaged Persons at the Year-end (person)	法人单位数(个) Number of Corporation Enterprises (unit)	年末从业人数(人) Engaged Persons at the Year-end (person)
全国	**National Total**	**107761**	**6392395**	**5148**	**724042**
北京	Beijing	2569	247016	355	53707
天津	Tianjin	1055	71528	149	14209
河北	Hebei	2753	254528	127	34295
山西	Shanxi	2440	134422	148	19533
内蒙古	Inner Mongolia	1042	71490	63	18002
辽宁	Liaoning	2197	159796	125	28222
吉林	Jilin	1162	78287	105	14352
黑龙江	Heilongjiang	1295	84999	106	10841
上海	Shanghai	2828	375931	395	58990
江苏	Jiangsu	9946	498272	291	33318
浙江	Zhejiang	6106	350549	459	28270
安徽	Anhui	5087	248711	132	23937
福建	Fujian	7275	302786	207	26373
江西	Jiangxi	3864	163093	88	13341
山东	Shandong	5803	412063	226	35559
河南	Henan	7047	369258	246	26326
湖北	Hubei	5170	287598	163	42302
湖南	Hunan	7217	305640	134	24195
广东	Guangdong	8749	671809	440	76683
广西	Guangxi	2697	134347	189	12933
海南	Hainan	434	35208	28	9839
重庆	Chongqing	3435	190411	113	22029
四川	Sichuan	5038	317221	172	26232
贵州	Guizhou	2365	104092	136	12664
云南	Yunnan	2332	130287	114	14015
西藏	Tibet	155	6663	25	2291
陕西	Shaanxi	4687	214228	218	19490
甘肃	Gansu	1066	65792	64	10810
青海	Qinghai	258	15287	20	1219
宁夏	Ningxia	292	21927	19	874
新疆	Xinjiang	1397	69156	91	9191

3-1-6 各地区限额以上零售业企业基本情况(按登记注册类型分)

Basic Conditions of Enterprises above Designated Size of Retail Trade by Region and Type of Registration

地 区	Region	内资企业 Domestic Funded Enterprises		#国有企业 State-owned Enterprises	
		法人单位数(个) Number of Corporation Enterprises (unit)	年末从业人数(人) Engaged Persons at the Year-end (person)	法人单位数(个) Number of Corporation Enterprises (unit)	年末从业人数(人) Engaged Persons at the Year-end (person)
全 国	**National Total**	**104854**	**5511527**	**907**	**73358**
北 京	Beijing	2403	197106	57	6264
天 津	Tianjin	999	51946	23	1312
河 北	Hebei	2729	244808	15	1154
山 西	Shanxi	2418	129737	24	1357
内蒙古	Inner Mongolia	1033	70138	6	863
辽 宁	Liaoning	2105	139937	38	1389
吉 林	Jilin	1141	74517	14	2584
黑龙江	Heilongjiang	1260	78889	29	3649
上 海	Shanghai	2389	192446	43	1857
江 苏	Jiangsu	9676	410809	64	4307
浙 江	Zhejiang	5831	300329	27	888
安 徽	Anhui	5027	234142	21	3151
福 建	Fujian	7067	254603	13	234
江 西	Jiangxi	3825	154386	28	1382
山 东	Shandong	5672	385856	44	6077
河 南	Henan	6997	347667	49	4475
湖 北	Hubei	5112	260919	52	2656
湖 南	Hunan	7160	279303	53	5003
广 东	Guangdong	8258	522449	72	4664
广 西	Guangxi	2655	124170	19	1066
海 南	Hainan	424	33044	6	1388
重 庆	Chongqing	3370	176627	15	707
四 川	Sichuan	4937	276466	35	2016
贵 州	Guizhou	2329	97539	21	1902
云 南	Yunnan	2291	118893	23	1782
西 藏	Tibet	152	6590	14	452
陕 西	Shaanxi	4607	179816	50	5279
甘 肃	Gansu	1058	64253	16	2474
青 海	Qinghai	255	14817	4	295
宁 夏	Ningxia	288	21528	5	174
新 疆	Xinjiang	1386	67797	27	2557

3-1-6 续表 1 Continued 1

地区	Region	集体企业 Collective-owned Enterprises 法人单位数(个) Number of Corporation Enterprises (unit)	集体企业 Collective-owned Enterprises 年末从业人数(人) Engaged Persons at the Year-end (person)	股份合作企业 Cooperative Enterprises 法人单位数(个) Number of Corporation Enterprises (unit)	股份合作企业 Cooperative Enterprises 年末从业人数(人) Engaged Persons at the Year-end (person)
全国	**National Total**	**734**	**27675**	**296**	**10190**
北京	Beijing	51	1522	33	570
天津	Tianjin	30	382	8	186
河北	Hebei	24	530	12	1510
山西	Shanxi	39	903	NA	243
内蒙古	Inner Mongolia	NA	44	NA	21
辽宁	Liaoning	15	601	7	139
吉林	Jilin	5	63	4	100
黑龙江	Heilongjiang	13	739	18	548
上海	Shanghai	13	851	11	203
江苏	Jiangsu	82	1780	24	373
浙江	Zhejiang	22	971	51	958
安徽	Anhui	14	334	7	176
福建	Fujian	64	1439	NA	25
江西	Jiangxi	6	177	4	786
山东	Shandong	31	1724	20	1800
河南	Henan	30	1157	NA	94
湖北	Hubei	26	6271	5	187
湖南	Hunan	32	2135	NA	257
广东	Guangdong	95	2933	28	536
广西	Guangxi	8	135	NA	57
海南	Hainan	NA	36	NA	15
重庆	Chongqing	6	189	12	336
四川	Sichuan	20	330	13	228
贵州	Guizhou	11	104	NA	180
云南	Yunnan	17	473	14	466
西藏	Tibet				
陕西	Shaanxi	65	1566	6	99
甘肃	Gansu	6	167	NA	94
青海	Qinghai				
宁夏	Ningxia	NA	18		
新疆	Xinjiang	5	101	NA	3

3-1-6 续表 2 Continued 2

地 区	Region	联营企业 Joint Ownership Enterprises		有限责任公司 Limited Liability Corporations	
		法人单位数（个）Number of Corporation Enterprises (unit)	年末从业人数（人）Engaged Persons at the Year-end (person)	法人单位数（个）Number of Corporation Enterprises (unit)	年末从业人数（人）Engaged Persons at the Year-end (person)
全 国	**National Total**	**86**	**1914**	**18092**	**1686882**
北 京	Beijing	NA	60	837	99269
天 津	Tianjin	NA	21	331	24473
河 北	Hebei			576	82861
山 西	Shanxi			301	28656
内蒙古	Inner Mongolia			310	27207
辽 宁	Liaoning	NA	50	444	51740
吉 林	Jilin			288	29446
黑龙江	Heilongjiang	NA	25	309	27220
上 海	Shanghai	24	315	826	91348
江 苏	Jiangsu	5	49	1007	98240
浙 江	Zhejiang	11	177	992	74317
安 徽	Anhui	NA	94	1020	78637
福 建	Fujian	NA	40	415	30010
江 西	Jiangxi			579	47109
山 东	Shandong	NA	36	1085	124295
河 南	Henan			1010	80448
湖 北	Hubei	NA	60	974	106483
湖 南	Hunan			494	42202
广 东	Guangdong	20	670	2073	180020
广 西	Guangxi			475	40100
海 南	Hainan	NA	13	270	23957
重 庆	Chongqing	NA	15	285	49882
四 川	Sichuan	4	248	828	73784
贵 州	Guizhou			379	35061
云 南	Yunnan	NA	25	346	27959
西 藏	Tibet			50	1941
陕 西	Shaanxi	NA	8	909	55144
甘 肃	Gansu	NA	8	284	25946
青 海	Qinghai			64	5575
宁 夏	Ningxia			49	7715
新 疆	Xinjiang			282	15837

地区	Region	股份有限公司 Share-holding Corporations Ltd. 法人单位数(个) Number of Corporation Enterprises (unit)	股份有限公司 Share-holding Corporations Ltd. 年末从业人数(人) Engaged Persons at the Year-end (person)	私营企业 Private Enterprises 法人单位数(个) Number of Corporation Enterprises (unit)	私营企业 Private Enterprises 年末从业人数(人) Engaged Persons at the Year-end (person)
全　国	**National Total**	**1177**	**373068**	**83239**	**3328905**
北　京	Beijing	29	19314	1389	70028
天　津	Tianjin	20	1630	582	23917
河　北	Hebei	28	18281	2074	140472
山　西	Shanxi	19	4121	2027	94148
内蒙古	Inner Mongolia	33	11417	681	30586
辽　宁	Liaoning	34	15138	1553	70615
吉　林	Jilin	22	8215	806	34073
黑龙江	Heilongjiang	26	6551	860	39392
上　海	Shanghai	52	15369	1420	82503
江　苏	Jiangsu	122	18474	8226	283978
浙　江	Zhejiang	45	8808	4667	214043
安　徽	Anhui	65	17340	3891	134292
福　建	Fujian	17	5085	6550	217763
江　西	Jiangxi	31	5140	3160	99272
山　东	Shandong	96	34865	4387	216944
河　南	Henan	54	23262	5848	238077
湖　北	Hubei	63	19815	3973	124753
湖　南	Hunan	54	16939	6520	212010
广　东	Guangdong	111	29370	5854	304202
广　西	Guangxi	20	5574	2129	77216
海　南	Hainan	14	1939	131	5696
重　庆	Chongqing	18	27382	3032	98106
四　川	Sichuan	47	26468	3982	173144
贵　州	Guizhou	18	3369	1896	56915
云　南	Yunnan	30	4580	1842	83311
西　藏	Tibet	8	1175	80	3022
陕　西	Shaanxi	47	4067	3508	112667
甘　肃	Gansu	32	7070	712	28421
青　海	Qinghai	NA	1052	183	7872
宁　夏	Ningxia	NA	1222	230	12399
新　疆	Xinjiang	16	10036	1046	39068

3-1-6 续表 4 Continued 4

地　区	Region	港、澳、台商投资企业 Enterprises with Funds from Hongkong, Macao and Taiwan 法人单位数（个）Number of Corporation Enterprises (unit)	港、澳、台商投资企业 年末从业人数（人）Engaged Persons at the Year-end (person)	外商投资企业 Foreign Funded Enterprises 法人单位数（个）Number of Corporation Enterprises (unit)	外商投资企业 年末从业人数（人）Engaged Persons at the Year-end (person)
全　国	**National Total**	**1563**	**452088**	**1344**	**428780**
北　京	Beijing	90	20608	76	29302
天　津	Tianjin	28	8676	28	10906
河　北	Hebei	12	2747	12	6973
山　西	Shanxi	9	1260	13	3425
内蒙古	Inner Mongolia	7	1253	NA	99
辽　宁	Liaoning	55	11864	37	7995
吉　林	Jilin	16	3438	5	332
黑龙江	Heilongjiang	25	4638	10	1472
上　海	Shanghai	259	92934	180	90551
江　苏	Jiangsu	163	56472	107	30991
浙　江	Zhejiang	100	23338	175	26882
安　徽	Anhui	46	10423	14	4146
福　建	Fujian	97	14197	111	33986
江　西	Jiangxi	18	4436	21	4271
山　东	Shandong	74	13877	57	12330
河　南	Henan	23	17025	27	4566
湖　北	Hubei	30	12622	28	14057
湖　南	Hunan	24	18517	33	7820
广　东	Guangdong	289	72478	202	76882
广　西	Guangxi	30	5953	12	4224
海　南	Hainan	6	1014	4	1150
重　庆	Chongqing	37	8407	28	5377
四　川	Sichuan	46	16085	55	24670
贵　州	Guizhou	12	2058	24	4495
云　南	Yunnan	16	3295	25	8099
西　藏	Tibet	NA	15	NA	58
陕　西	Shaanxi	35	22324	45	12088
甘　肃	Gansu	5	971	NA	568
青　海	Qinghai	NA	394	NA	76
宁　夏	Ningxia	NA	315	NA	84
新　疆	Xinjiang	5	454	6	905

3-1-7 各地区限额以上零售业企业基本情况(按国民经济行业分)

Basic Conditions of Enterprises above Designated Size of Retail Trade by Region and Sector

地区	Region	综合零售 Integrated Retail		食品、饮料及烟草制品专门零售 Special Retail of Food, Beverages and Tobaccos	
		法人单位数(个) Number of Corporation Enterprises (unit)	年末从业人数(人) Engaged Persons at the Year-end (person)	法人单位数(个) Number of Corporation Enterprises (unit)	年末从业人数(人) Engaged Persons at the Year-end (person)
全国	**National Total**	**13111**	**2041141**	**9743**	**368302**
北京	Beijing	236	72546	196	16883
天津	Tianjin	96	20625	62	4468
河北	Hebei	456	130029	114	3513
山西	Shanxi	373	39563	166	5608
内蒙古	Inner Mongolia	105	17571	33	1002
辽宁	Liaoning	249	52886	116	5743
吉林	Jilin	133	19908	60	4308
黑龙江	Heilongjiang	176	31524	101	3024
上海	Shanghai	285	91504	215	28415
江苏	Jiangsu	738	152289	977	32883
浙江	Zhejiang	540	96780	407	15281
安徽	Anhui	835	91878	518	16311
福建	Fujian	633	69073	1134	29211
江西	Jiangxi	476	56494	412	16661
山东	Shandong	645	165382	362	11134
河南	Henan	1059	118885	546	19046
湖北	Hubei	757	122674	633	21751
湖南	Hunan	828	106850	649	19870
广东	Guangdong	715	151117	492	37616
广西	Guangxi	398	44332	260	4819
海南	Hainan	96	15898	23	1814
重庆	Chongqing	383	70368	469	14007
四川	Sichuan	798	112006	451	17792
贵州	Guizhou	304	33057	258	8225
云南	Yunnan	418	33173	335	9876
西藏	Tibet	22	2218	12	274
陕西	Shaanxi	923	72607	537	12922
甘肃	Gansu	188	20279	88	2128
青海	Qinghai	44	5144	24	598
宁夏	Ningxia	35	7960	16	593
新疆	Xinjiang	167	16521	77	2526

3-1-7 续表 1 Continued 1

地 区	Region	纺织、服装及日用品专门零售 Special Retail of Textiles, Garments and Daily Consumer Articles		文化、体育用品及器材专门零售 Special Retail of Culture, Sports Appliances and Equipments	
		法人单位数（个） Number of Corporation Enterprises (unit)	年末从业人数（人） Engaged Persons at the Year-end (person)	法人单位数（个） Number of Corporation Enterprises (unit)	年末从业人数（人） Engaged Persons at the Year-end (person)
全 国	**National Total**	**5294**	**520581**	**4697**	**235318**
北 京	Beijing	221	26174	174	15898
天 津	Tianjin	63	6665	50	2166
河 北	Hebei	96	7647	61	8822
山 西	Shanxi	128	10265	79	3677
内蒙古	Inner Mongolia	51	2398	35	2699
辽 宁	Liaoning	119	8498	93	4536
吉 林	Jilin	31	1794	68	2516
黑龙江	Heilongjiang	55	5312	78	2679
上 海	Shanghai	448	134465	162	19467
江 苏	Jiangsu	607	33515	754	25022
浙 江	Zhejiang	209	17792	229	10395
安 徽	Anhui	210	10627	192	7156
福 建	Fujian	405	38256	231	7020
江 西	Jiangxi	159	5833	104	7527
山 东	Shandong	231	20858	225	12575
河 南	Henan	302	18568	345	18597
湖 北	Hubei	238	13180	227	7028
湖 南	Hunan	309	10610	253	16212
广 东	Guangdong	585	79319	388	21676
广 西	Guangxi	70	2676	147	4329
海 南	Hainan	25	1314	27	890
重 庆	Chongqing	171	15701	94	3492
四 川	Sichuan	193	19956	161	10029
贵 州	Guizhou	29	1814	52	1345
云 南	Yunnan	56	3628	116	5789
西 藏	Tibet	NA	21	4	71
陕 西	Shaanxi	192	17862	254	7548
甘 肃	Gansu	35	2479	29	2847
青 海	Qinghai	12	952	10	418
宁 夏	Ningxia	8	366	14	424
新 疆	Xinjiang	34	2036	41	2468

3-1-7 续表 2 Continued 2

地 区	Region	医药及医疗器材专门零售 Special Retail of Medicines and Medical Appliances		汽车、摩托车、零配件和燃料及其他动力销售 Retail of Motor Vehicles, Motorcycles, Parts and Fuel and Other Powers	
		法人单位数 (个) Number of Corporation Enterprises (unit)	年末从业人数 (人) Engaged Persons at the Year-end (person)	法人单位数 (个) Number of Corporation Enterprises (unit)	年末从业人数 (人) Engaged Persons at the Year-end (person)
全 国	**National Total**	**5580**	**719636**	**41065**	**1637209**
北 京	Beijing	117	9208	883	55002
天 津	Tianjin	51	4202	561	26493
河 北	Hebei	219	31913	1352	59697
山 西	Shanxi	163	20936	1074	41813
内蒙古	Inner Mongolia	100	15255	570	28256
辽 宁	Liaoning	178	37526	1077	41459
吉 林	Jilin	122	18370	530	26958
黑龙江	Heilongjiang	125	14791	576	21549
上 海	Shanghai	165	13481	849	41747
江 苏	Jiangsu	471	50110	3309	125033
浙 江	Zhejiang	315	30961	2565	110903
安 徽	Anhui	224	27047	1436	53113
福 建	Fujian	197	17867	1570	64293
江 西	Jiangxi	136	14069	1328	38990
山 东	Shandong	349	54592	2816	110838
河 南	Henan	330	40943	2723	98964
湖 北	Hubei	247	28629	1508	53529
湖 南	Hunan	314	34904	2888	73222
广 东	Guangdong	413	70838	3966	203086
广 西	Guangxi	147	25901	1010	35100
海 南	Hainan	10	1934	182	11230
重 庆	Chongqing	142	18284	1157	44336
四 川	Sichuan	323	35826	1948	87148
贵 州	Guizhou	120	14227	1266	39177
云 南	Yunnan	99	31008	962	38082
西 藏	Tibet	5	209	90	3363
陕 西	Shaanxi	295	24927	1336	47976
甘 肃	Gansu	64	13836	489	20497
青 海	Qinghai	16	1569	125	5495
宁 夏	Ningxia	37	3713	149	6506
新 疆	Xinjiang	86	12560	770	23354

3-1-7 续表 3 Continued 3

地区	Region	家用电器及电子产品专门零售 Special Retail of Household Electric Appliances and Electronic Products 法人单位数(个) Number of Corporation Enterprises (unit)	年末从业人数(人) Engaged Persons at the Year-end (person)	五金、家具及室内装饰材料专门零售 Special Retail of Hardware, Furniture and Interior Decoration Materials 法人单位数(个) Number of Corporation Enterprises (unit)	年末从业人数(人) Engaged Persons at the Year-end (person)	货摊、无店铺及其他零售业 Stall, Non-shop and Other Retails 法人单位数(个) Number of Corporation Enterprises (unit)	年末从业人数(人) Engaged Persons at the Year-end (person)
全国	**National Total**	**11862**	**354942**	**5650**	**127827**	**10759**	**387439**
北京	Beijing	275	19105	80	7647	387	24553
天津	Tianjin	75	3437	32	1293	65	2179
河北	Hebei	337	9880	41	986	77	2041
山西	Shanxi	269	5673	77	2248	111	4639
内蒙古	Inner Mongolia	121	3455	11	163	16	691
辽宁	Liaoning	240	5687	53	1275	72	2186
吉林	Jilin	122	3222	50	627	46	584
黑龙江	Heilongjiang	92	4182	32	1136	60	802
上海	Shanghai	215	11516	127	7612	362	27724
江苏	Jiangsu	1147	36307	638	12551	1305	30562
浙江	Zhejiang	537	20315	139	3638	1165	44484
安徽	Anhui	629	15777	260	4197	783	22605
福建	Fujian	607	13492	631	10990	1867	52584
江西	Jiangxi	485	10228	331	4917	433	8374
山东	Shandong	707	22060	208	3688	260	10936
河南	Henan	973	24775	409	10347	360	19133
湖北	Hubei	742	23089	396	7448	422	10270
湖南	Hunan	751	16129	501	8723	724	19120
广东	Guangdong	918	31888	370	11297	902	64972
广西	Guangxi	410	10333	110	1467	145	5390
海南	Hainan	47	1646	12	189	12	293
重庆	Chongqing	406	12355	375	5262	238	6606
四川	Sichuan	603	20441	246	4942	315	9081
贵州	Guizhou	212	3982	57	745	67	1520
云南	Yunnan	185	5665	85	1496	76	1570
西藏	Tibet	13	426	NA	28	5	53
陕西	Shaanxi	474	12073	300	7795	376	10518
甘肃	Gansu	98	2284	33	425	42	1017
青海	Qinghai	17	736	NA	101	8	274
宁夏	Ningxia	21	1616	NA	34	11	715
新疆	Xinjiang	134	3168	41	4560	47	1963

3-2-1 限额以上批发和零售业企业商品购、销、存情况

项 目	Item	商品购进额 Total Purchases Value	#进 口 Imports
总 计	**Total**	**8002989362**	**541621161**
一、批发业	**Wholesale Trade**	**6892302901**	**508839756**
#国有控股	State-controlled Enterprises	2347202134	163713069
(一)按登记注册类型分	**by Type of Registration**		
1.内资企业	**Domestic Funded Enterprises**	**5969224682**	**287070539**
国有企业	State-owned Enterprises	284486665	6322975
集体企业	Collective-owned Enterprises	6651270	679886
股份合作企业	Cooperative Enterprises	7445704	120206
联营企业	Joint Ownership Enterprises	1627293	6401
国有联营企业	State Joint Ownership Enterprises	757183	2191
集体联营企业	Collective Joint Ownership Enterprises	50671	
国有与集体联营企业	Joint State-collective Enterprises	210555	4210
其他联营企业	Other Joint Ownership Enterprises	608884	
有限责任公司	Limited Liability Corporations	2565614990	177318593
国有独资公司	State Sole Funded Corporations	399354797	32823677
其他有限责任公司	Other Limited Liability Corporations	2166260197	144494918
股份有限公司	Share-holding Corporations Ltd.	414136264	21834806
私营企业	Private Enterprises	2684253557	80780046
私营独资企业	Private-funded Enterprises	22186795	411420
私营合伙企业	Private Partnership Enterprises	2462941	55144
私营有限责任公司	Private Limited Liability Corporations	2617931082	77089799
私营股份有限公司	Private Share-holding Corporations Ltd.	41672737	3223687
其他企业	Other Enterprises	5008952	7625
2.港、澳、台商投资企业	**Enterprises with Funds from Hongkong, Macao and Taiwan**	**307799682**	**49077355**
合资经营企业	Joint-venture Enterprises	44954676	6158958
合作经营企业	Cooperative Enterprises	2188445	923
独资经营企业	Enterprises with Sole Investment	246467965	39826234
投资股份有限公司	Share-holding Corporations Ltd. with Investment	11502942	2551534
其他港澳台商投资企业	Other Enterprises with Funds from Hongkong, Macao and Taiwan	2685657	539711
3.外商投资企业	**Foreign Funded Enterprises**	**615278541**	**172691863**
中外合资经营企业	Joint-venture Enterprises	199890860	11499263
中外合作经营企业	Cooperative Enterprises	273124	15787
外资企业	Enterprises with Sole Foreign Investment	405344651	160209745
外商投资股份有限公司	Share-holding Corporations Ltd. with Foreign Investment	5251567	670401
其他外商投资企业	Other Foreign Funded Enterprises	4518342	296667

注：部分数据合计数由于单位取舍不同而产生的计算误差，未做机械调整(下表同)。
Note: Statistical discrepancies on totals figures due to rounding are not adjusted. The same applies to the tables following.

Total Purchases, Sales and Inventory of Enterprises above Designated Size of Wholesale and Retail Trades

单位：万元
Unit: 10000 yuan

商品销售额 Total Sales Value	#出 口 Exports	期末商品库存额 Inventory (year-end)
8642612064	**275535734**	**529829406**
7332727869	**274641810**	**403361984**
2445308840	50127852	131038107
6288293153	**213668771**	**333381626**
334613002	3698695	19761540
7492273	84072	201109
3885070	22489	217004
1692017	9494	84014
762942	6233	16104
57192		1124
226135	3261	26796
645748		39992
2679029322	69837151	135790241
417028439	8828683	26057361
2262000885	61008471	109732879
415966866	13676024	45538268
2840151491	126285352	131568233
23857974	915517	2331177
2808316	41150	163494
2767666384	122916132	125880699
45818821	2412550	3192863
5463119	55498	221221
349779462	**7791214**	**28032127**
47675936	2344950	3042124
2329951	928	52966
283140909	5320256	24133961
13583112	54821	661226
3049558	70262	141854
694655252	**53181829**	**41948231**
200725533	5683028	5270024
332705	25309	18180
476819240	47378009	35779864
9746916	56470	673415
7030863	39013	206754

项 目	Item	商品购进额 Total Purchases Value	#进 口 Imports
(二)按国民经济行业分	**by Sector**		
农、林、牧、渔产品批发	Wholesale of Agricultural, Forestry, Livestock and Fishery Products	184190805	22739246
食品、饮料及烟草制品批发	Wholesale of Food, Beverages and Tobaccos	499354241	35225234
#米、面制品及食用油批发	Wholesale of Rice, Flour and Edible Oil	97115594	11725047
肉、禽、蛋、奶及水产品批发	Wholesale of Meal, Fowls, Eggs and Aquatic Products	63886495	12030312
酒、饮料及茶叶批发	Wholesale of Wine, Beverages and Teas	78957894	1709697
烟草制品批发	Wholesales of Tobaccos	137404384	322099
纺织、服装及家庭用品批发	Wholesale of Textiles, Wearing Apparel and Household Articles	497061053	30797594
#服装批发	Wholesale of Garments	78048240	6635559
鞋帽批发	Wholesale of Shoes and Hats	21541716	2098692
日用家电批发	Wholesale of Household Electrical Appliances	128717136	1055286
文化、体育用品及器材批发	Wholesale of Culture, Sports Appliances and Equipments	123082916	7633059
#文具用品批发	Wholesale of Stationeries	38016387	2051350
体育用品及器材批发	Wholesale of Sports Appliances and Equipments	12808091	429970
图书批发	Wholesale of Books	9212196	86043
医药及医疗器材批发	Wholesale of Medicines and Medical Appliances	325809571	22767668
#西药批发	Wholesale of Western Medicines	203038930	11012452
中药批发	Wholesale of Chinese Traditional Medicines	43980495	1224765
矿产品、建材及化工产品批发	Wholesale of Mineral Products, Building Materials and Chemical Products	4091752187	204033086
#煤炭及制品批发	Wholesale of Coal and Related Products	423432102	15068062
石油及制品批发	Wholesale of Petroleum and Related Products	669157201	40135892
金属及金属矿批发	Wholesale of Metal Materials	2052088115	92323146
建材批发	Wholesale of Building Materials	257831635	10026354
化肥批发	Wholesale of Chemical Fertilizer	55376852	2876770
农药批发	Wholesale of Pesticides	7440054	223474
机械设备、五金产品及电子产品批发	Wholesale of Machinery, Hardware and Electronic Products	983188119	162315351
#汽车及零配件批发	Wholesale of Motor Vehicles and Their Parts	347378803	47953403
计算机、软件及辅助设备批发	Wholesale of Computer, Software and Assistant Appliances	106897876	44231700
通讯设备批发	Wholesale of Communication Equipments	131705133	2409463
贸易经纪与代理	Trade Broker and Agency	54097035	15510906
其他批发业	Other Wholesale Industries	133766978	7817622

单位：万元
Unit: 10000 yuan

商品销售额 Total Sales Value	#出 口 Exports	期末商品库存额 Inventory (year-end)
188543435	1909703	29557608
607976122	9470347	48940898
98956597	1272065	16148900
69265986	1564984	5520033
104448542	417698	9332230
197569654	1339829	9642950
563406955	82715861	62273496
91534332	27658517	9750920
26718925	7134110	2458866
139605636	4148341	30704325
134895648	8668331	14028402
41166552	1471705	2174900
13796758	1615797	879698
11126849	43114	2016237
372878704	7376487	44342735
222723281	2760096	23773081
52934710	285178	9432250
4201681221	54152334	132273177
444796467	1256662	12665979
661437841	5958002	26425445
2098363394	22158746	56306785
272435330	6178026	11380969
58005738	1733856	4450492
8115336	1461333	763587
1063298598	93816936	63007442
376479379	10225717	23677300
114462011	11690247	6366385
136949843	8827571	4574155
56841668	10524171	2163141
143205513	6007648	6775085

项　目	Item	商品购进额 Total Purchases Value	#进 口 Imports
二、零售业	**Retail Trade**	**1110686460**	**32781408**
#国有控股	State-controlled Enterprises	150703576	5277180
(一)按登记注册类型分	**by Type of Registration**		
1.内资企业	**Domestic Funded Enterprises**	**941057830**	**22291946**
国有企业	State-owned Enterprises	10393309	371615
集体企业	Collective-owned Enterprises	3382224	74
股份合作企业	Cooperative Enterprises	1762569	389
联营企业	Joint Ownership Enterprises	388252	
国有联营企业	State Joint Ownership Enterprises	144293	
集体联营企业	Collective Joint Ownership Enterprises	28547	
国有与集体联营企业	Joint State-collective Enterprises	119800	
其他联营企业	Other Joint Ownership Enterprises	95611	
有限责任公司	Limited Liability Corporations	357460691	10544878
国有独资公司	State Sole Funded Corporations	16243291	2358674
其他有限责任公司	Other Limited Liability Corporations	341217401	8186203
股份有限公司	Share-holding Corporations Ltd.	70276506	357692
私营企业	Private Enterprises	496334486	11017301
私营独资企业	Private-funded Enterprises	11182131	47624
私营合伙企业	Private Partnership Enterprises	1317822	4353
私营有限责任公司	Private Limited Liability Corporations	473144956	10852521
私营股份有限公司	Private Share-holding Corporations Ltd.	10689574	112802
其他企业	Other Enterprises	1059800	
2.港、澳、台商投资企业	**Enterprises with Funds from Hongkong, Macao and Taiwan**	**76746641**	**4215153**
合资经营企业	Joint-venture Enterprises	11942910	656118
合作经营企业	Cooperative Enterprises	1105521	
独资经营企业	Enterprises with Sole Investment	60750651	3481850
投资股份有限公司	Share-holding Corporations Ltd. with Investment	2037186	58650
其他港澳台商投资企业	Other Enterprises with Funds from Hongkong, Macao and Taiwan	910378	18535
3.外商投资企业	**Foreign Funded Enterprises**	**92881989**	**6274313**
中外合资经营企业	Joint-venture Enterprises	27208767	1798126
中外合作经营企业	Cooperative Enterprises	1354270	93703
外资企业	Enterprises with Sole Foreign Investment	54803002	4267307
外商投资股份有限公司	Share-holding Corporations Ltd. with Foreign Investment	8536000	62157
其他外商投资企业	Other Foreign Funded Enterprises	979953	53020

3-2-1 Continued 2

单位：万元
Unit: 10000 yuan

商品销售额 Total Sales Value	#出 口 Exports	期末商品库存额 Inventory (year-end)
1309884197	**893925**	**126467423**
199351568	31798	14056764
1090212637	**822322**	**110198069**
16022843	4358	1432383
3880307	8428	264134
2158560		127381
460645		22818
178156		9721
36332		309
141225		4302
104931		8486
410495550	230174	38463660
20017153	6387	2231631
390478396	223788	36232033
100647322	3421	6315115
555262576	573400	63496365
12645056	5596	3604925
1562729		70607
527981034	559665	58163652
13073762	8139	1657184
1284846	2546	76218
93747963	**67221**	**8421012**
15364185	40723	1196970
1291000		34733
73796315	21407	6516013
1955705		574467
1340765	5091	98834
125923596	**4384**	**7848343**
33501483	549	1959455
1365788		211250
77082120	3576	5013133
12884984	62	596220
1089219	196	68283

项　　目	Item	商品购进额 Total Purchases Value	#进　口 Imports
(二)按国民经济行业分	**by Sector**		
综合零售	Integrated Retail	183513942	3954172
#百货零售	Retail of General Merchandise	79985260	3654869
超级市场零售	Retail of Supermarkets	94916190	159746
食品、饮料及烟草制品专门零售	Special Retail of Food, Beverages and Tobaccos	35530722	311943
#粮油零售	Retail of Cereal and Oil	3058083	5391
肉、禽、蛋、奶及水产品零售	Retail of Meat, Poultry, Eggs, Milk and Aquatic Products	5811597	67148
酒、饮料及茶叶零售	Retail of Wine, Beverages and Teas	10325183	41513
烟草制品零售	Retail of Tobaccos	1557308	40595
纺织、服装及日用品专门零售	Special Retail of Textiles, Garments and Daily Consumer Articles	42425166	3140148
#服装零售	Retail of Garments	24733001	2782845
文化、体育用品及器材专门零售	Special Retail of Culture, Sports Appliances and Equipments	26781218	1486268
#体育用品及器材零售	Retail of Sports Appliances and Equipments	1522445	17346
图书、报刊零售	Retail of Books, Newspaper and Magazines	11098171	612517
医药及医疗器材专门零售	Special Retail of Medicines and Medical Appliances	41076592	273251
#西药零售	Retail of Western Medicines	37751237	172028
汽车、摩托车、零配件和燃料及其他动力销售	Retail of Motor Vehicles, Motorcycles, Parts, Fuel and Other Powers	510395791	21365579
#汽车新车零售	Retail of New Motor Vehicles	394090847	21021379
机动车燃油零售	Retail of Fuel Oil of Motor Vehicles	102140853	22062
家用电器及电子产品专门零售	Special Retail of Household Electric Appliances and Electronic Products	76535852	316961
#日用家电零售	Retail of Household Electric Appliances	36375346	50122
计算机、软件及辅助设备零售	Retail of Computer, Software and Assistant Appliances	13970589	36181
通信设备零售	Retail of Communication Equipments	12277932	41586
五金、家具及室内装饰材料专门零售	Special Retail of Hardware, Furniture and Interior Decoration Materials	15833574	183769
货摊、无店铺及其他零售业	Stall, Non-shop and Other Retails	178593601	1749319
#互联网零售	Retail on the Internet	168176112	1577731
(三)按零售业态分	**by Mode of Business Operation**		
有店铺零售	Store-based Retailing	923006407	30531075
#超市	Supermarket	35626417	109715
大型超市	Hypermarket	86630270	185931
百货店	Department Store	70745525	3833338
专业店	Speciality Store	324118282	7163331
专卖店	Exclusive Shop	378137578	19359212
无店铺零售	Non-Store Selling	247428936	5421594

3-2-1 Continued 3

单位：万元
Unit: 10000 yuan

商品销售额 Total Sales Value	#出口 Exports	期末商品库存额 Inventory (year-end)
222529201	253528	19027200
107484837	691	7930533
104492729	222075	10389679
43199628	23996	9609244
3432296	593	411181
7112529	2104	324053
12215672	1513	2057198
1868936		433950
64758571	73560	10523653
39632086	34391	7078171
33000684	101567	6973046
2126501	40546	333974
12870797	14019	2291557
50387024	79940	10334726
45913050	61073	9783193
581887369	38732	45656953
411607957	32718	39836802
152795152	546	4434209
86223169	13036	5891080
40709154	3829	2699889
16253221	2652	861728
13635023		1097727
19591084	48881	1740165
208307471	260688	16711361
195720261	257347	16036414
1087784652	538190	107818949
42569380	7690	3572358
99589897	222073	10241682
94888148	39786	7972633
395433456	126478	37606594
423238612	91579	47157846
293050995	652475	27041392

3-2-2 各地区限额以上批发业企业商品购、销、存情况

Total Purchases, Sales and Inventory of Enterprises above Designated Size of Wholesale Trade by Region

单位：万元

Unit: 10000 yuan

地区	Region	商品购进额 Total Purchases Value	#进口 Imports	商品销售额 Total Sales Value	#出口 Exports	期末商品库存额 Inventory (year-end)
全国	**National Total**	**6892302901**	**508839756**	**7332727869**	**274641810**	**403361984**
北京	Beijing	600324287	106463757	636414718	16104828	59500538
天津	Tianjin	303237549	11331675	317126940	5969305	12265800
河北	Hebei	100012752	857298	107420751	1352334	10224556
山西	Shanxi	107170065	958513	113573825	228625	4031733
内蒙古	Inner Mongolia	42525139	2319800	46542513	863875	3324283
辽宁	Liaoning	157709845	5042074	165586584	2394613	7904279
吉林	Jilin	24168921	126939	26866158	84263	2692866
黑龙江	Heilongjiang	44865963	7720464	51700028	529629	6626494
上海	Shanghai	1158599705	147128720	1234561652	44329397	61273159
江苏	Jiangsu	692061924	41452481	729092428	41921711	51103722
浙江	Zhejiang	763403896	38444882	799923315	55651432	29355085
安徽	Anhui	98741660	8495273	110092834	2461085	5641791
福建	Fujian	365006950	30335336	386309762	19606941	18060354
江西	Jiangxi	45425038	427122	53418842	2648459	2657174
山东	Shandong	389274951	15493249	416513257	14074486	17831462
河南	Henan	120894127	1283678	131603099	1307194	7191851
湖北	Hubei	103691105	1060214	111755598	3141691	7758521
湖南	Hunan	68705377	2274516	71065065	1504441	4409603
广东	Guangdong	902304264	57448719	948902527	43059254	45851430
广西	Guangxi	104831095	2148490	110595026	1794092	3992576
海南	Hainan	40255349	2479881	42270105	370481	1624969
重庆	Chongqing	103631293	2320671	113469361	2851521	4933757
四川	Sichuan	129955553	1256031	141374625	1243260	8711317
贵州	Guizhou	41068738	65253	54556914	895742	2863372
云南	Yunnan	89948378	3463392	99664740	2647748	8443036
西藏	Tibet	4412582		5362498		357806
陕西	Shaanxi	124696334	7776671	133466068	6660377	4469126
甘肃	Gansu	54787116	235058	57587116	78856	1776390
青海	Qinghai	12614587	99788	13909606	65602	383350
宁夏	Ningxia	12254925	77890	11626501	21850	464245
新疆	Xinjiang	85723433	10251921	90375413	778718	7637339

3-2-2 续表 Continued

国有控股 单位：万元

State-controlled Enterprises Unit: 10000 yuan

地区	Region	商品购进额 Total Purchases Value	#进口 Imports	商品销售额 Total Sales Value	#出口 Exports	期末商品库存额 Inventory (year-end)
全国	**National Total**	**2347202134**	**163713069**	**2445308840**	**50127852**	**131038107**
北京	Beijing	323108016	51710328	327768256	10313267	32185941
天津	Tianjin	97630174	2748426	100292509	2030456	3963296
河北	Hebei	34933046	434510	38910832	91797	1421332
山西	Shanxi	69052354	786405	72036361	48499	1754999
内蒙古	Inner Mongolia	23795596	501539	26545997	649943	1328507
辽宁	Liaoning	71589215	3233879	75524955	588264	3886430
吉林	Jilin	14366496	41950	15949544	13856	1647942
黑龙江	Heilongjiang	23006601	6933646	25793778	64718	3606099
上海	Shanghai	339419706	11089054	343161618	7134534	13249349
江苏	Jiangsu	129156488	10484439	129451753	6459510	6976473
浙江	Zhejiang	173063514	16488175	173845044	6784783	8075310
安徽	Anhui	37422756	3082892	41264543	1020128	2494381
福建	Fujian	136036880	19146938	141075722	2990223	7278924
江西	Jiangxi	17209810	73782	20831423	25053	897701
山东	Shandong	84725960	5262026	93570285	1565972	3803868
河南	Henan	48441577	632491	52561259	290133	2810160
湖北	Hubei	46575023	354497	47269282	208459	2434175
湖南	Hunan	26914277	330774	24909476	148435	1745403
广东	Guangdong	224570104	12888417	228809549	6276510	8597845
广西	Guangxi	56719373	1179548	56552594	42737	1396160
海南	Hainan	22382001	1730323	23084056	266394	669596
重庆	Chongqing	30592474	894458	34659310	413080	1511553
四川	Sichuan	53016512	528603	58836931	492498	3336552
贵州	Guizhou	24445124	24451	35795859	560207	1980786
云南	Yunnan	66567990	1913846	73517518	714815	6747411
西藏	Tibet	869590		1260429		214902
陕西	Shaanxi	60203117	1419053	66138511	639156	1926930
甘肃	Gansu	42981392	36022	44466810	5964	967430
青海	Qinghai	9152308	99788	10275574	37398	286330
宁夏	Ningxia	6015111	63070	5291492		187424
新疆	Xinjiang	53239549	9599739	55857570	251063	3654898

3-2-3 各地区限额以上批发业企业商品购、销、存情况（按登记注册类型分）

Total Purchases, Sales and Inventory of Enterprises above Designated Size of Wholesale Trade by Region and Type of Registration

内资企业 单位：万元

Domestic Funded Enterprises Unit: 10000 yuan

地 区	Region	商品购进额 Total Purchases Value	#进 口 Imports	商品销售额 Total Sales Value	#出 口 Exports	期末商品库存额 Inventory (year-end)
全 国	**National Total**	**5969224682**	**287070539**	**6288293153**	**213668771**	**333381626**
北 京	Beijing	436573960	67782234	448780979	13873469	43249309
天 津	Tianjin	253783074	6311793	263722468	5231897	9800316
河 北	Hebei	96921451	853054	104186105	1352173	10125675
山 西	Shanxi	105746468	357288	112101355	228625	3880171
内 蒙 古	Inner Mongolia	41813334	2185871	45757431	855617	3306379
辽 宁	Liaoning	155359635	4780845	162950590	2187812	7698623
吉 林	Jilin	22390265	126403	25482139	84263	2641374
黑 龙 江	Heilongjiang	43962020	7720464	47374747	529629	6549790
上 海	Shanghai	785033339	22590557	802669105	17023777	29752249
江 苏	Jiangsu	604580832	20156694	641738383	26758476	46205026
浙 江	Zhejiang	718347520	35733509	747899429	53537729	26783352
安 徽	Anhui	88561097	4124644	97967848	2444011	4897891
福 建	Fujian	344173801	27272279	363354472	17502404	17025701
江 西	Jiangxi	44846193	406424	51864152	2416357	2630783
山 东	Shandong	376880632	15031776	403144182	12777482	17008024
河 南	Henan	120592229	1195601	131025635	1284730	7144312
湖 北	Hubei	81674420	640613	87496898	3117494	7140297
湖 南	Hunan	66948490	2265740	68822861	1451088	4272348
广 东	Guangdong	809419234	44291199	845680527	39514888	39220931
广 西	Guangxi	101068146	1963403	103850805	1737676	3964731
海 南	Hainan	39081230	2456873	40973835	370481	1578812
重 庆	Chongqing	98347258	2148385	107206605	2548963	4312935
四 川	Sichuan	126313599	1123381	137147438	1241683	8425911
贵 州	Guizhou	40874595	65253	54157528	895742	2839067
云 南	Yunnan	88984994	3320046	98536792	2627590	8269632
西 藏	Tibet	4314425		5150521		354441
陕 西	Shaanxi	107719037	1504337	116284261	1135036	4074742
甘 肃	Gansu	54673749	235058	57462279	78856	1768981
青 海	Qinghai	12441877	99788	13706917	65602	383292
宁 夏	Ningxia	12254925	77890	11626501	21850	464245
新 疆	Xinjiang	85542853	10249137	90170365	773371	7612286

3-2-3 续表 1 Continued 1

国有企业
State-owned Enterprises

单位：万元
Unit: 10000 yuan

地　区	Region	商品购进额 Total Purchases Value	#进口 Imports	商品销售额 Total Sales Value	#出口 Exports	期末商品库存额 Inventory (year-end)
全　国	**National Total**	**284486665**	**6322975**	**334613002**	**3698695**	**19761540**
北　京	Beijing	7201309	808665	8494270	107480	596744
天　津	Tianjin	8561378	130040	9538866	132503	327652
河　北	Hebei	5248339	1629	7237465	35413	276689
山　西	Shanxi	3833859		5028505		239964
内蒙古	Inner Mongolia	2589711	142	4059854	4073	383556
辽　宁	Liaoning	6463497	210928	7775445	23309	804167
吉　林	Jilin	3052120	2512	3952997		649335
黑龙江	Heilongjiang	6236650	2999	7368875	96	405358
上　海	Shanghai	42125907	1523475	41521545	1269160	1322563
江　苏	Jiangsu	18496238	570715	22741019	577324	1236153
浙　江	Zhejiang	21266464	477705	18826589	352189	1080280
安　徽	Anhui	8325698	113851	10772847	4211	442255
福　建	Fujian	5548397	22738	8006343	266308	292984
江　西	Jiangxi	4251657		6303605	6441	289758
山　东	Shandong	15289486	240463	15793148	274585	534454
河　南	Henan	10862059	59132	14452639		1753684
湖　北	Hubei	7388683	92	9835013		645284
湖　南	Hunan	7178221	64861	10407336		220680
广　东	Guangdong	26558986	639939	28146898	426546	1807711
广　西	Guangxi	4429218		6167955	251	278682
海　南	Hainan	12355754	1078332	12992901	615	255353
重　庆	Chongqing	6731670	38535	9966974		247161
四　川	Sichuan	9759852	912	12967465	179523	916637
贵　州	Guizhou	7287067		10061647		1026883
云　南	Yunnan	9865919	757	14146820	1019	2143281
西　藏	Tibet	753760		1159792		182448
陕　西	Shaanxi	9704654	1104	11269101		286275
甘　肃	Gansu	3159684	288	4114627		267850
青　海	Qinghai	1186648	50545	1946625	37398	59599
宁　夏	Ningxia	1190697		1405924		61110
新　疆	Xinjiang	7583083	282616	8149912	251	726990

3-2-3 续表 2 Continued 2

集体企业
Collective-owned Enterprises

单位：万元
Unit: 10000 yuan

地 区	Region	商品购进额 Total Purchases Value	#进 口 Imports	商品销售额 Total Sales Value	#出 口 Exports	期末商品库存额 Inventory (year-end)
全 国	**National Total**	**6651270**	**679886**	**7492273**	**84072**	**201109**
北 京	Beijing	730004	650342	743060		6322
天 津	Tianjin	90599	9988	89802		3660
河 北	Hebei	16876		20138		2959
山 西	Shanxi	26974		598063		3372
内 蒙 古	Inner Mongolia					
辽 宁	Liaoning	334326		339414		836
吉 林	Jilin	28159		33159		1118
黑 龙 江	Heilongjiang	29388		29584		300
上 海	Shanghai	327656		334695		5803
江 苏	Jiangsu	904146		916046	22310	24641
浙 江	Zhejiang	36686		40717	501	6784
安 徽	Anhui	8126		9627		390
福 建	Fujian	221486		234535	23745	28348
江 西	Jiangxi	23046		27513		1509
山 东	Shandong	416979	5000	472506		16602
河 南	Henan	2218508		2301608		4114
湖 北	Hubei	106324		111394		3650
湖 南	Hunan	84015		90170		8426
广 东	Guangdong	216681		228608	19389	14399
广 西	Guangxi	80984		94666		7768
海 南	Hainan					
重 庆	Chongqing	33492		37777		1669
四 川	Sichuan	309174	4590	317772	18088	6959
贵 州	Guizhou	51163		53132		5557
云 南	Yunnan	92825	9966	98840	39	14495
西 藏	Tibet					
陕 西	Shaanxi	92783		98976		2476
甘 肃	Gansu	19298		21044		6838
青 海	Qinghai	2719		2557		652
宁 夏	Ningxia					
新 疆	Xinjiang	148853		146870		21462

3-2-3 续表 3 Continued 3

股份合作企业 单位：万元

Cooperative Enterprises Unit: 10000 yuan

地区	Region	商品购进额 Total Purchases Value	#进口 Imports	商品销售额 Total Sales Value	#出口 Exports	期末商品库存额 Inventory (year-end)
全国	**National Total**	**7445704**	**120206**	**3885070**	**22489**	**217004**
北京	Beijing	379614	6803	416902	6	42134
天津	Tianjin	138723		142305		12726
河北	Hebei	5880		6291		450
山西	Shanxi					
内蒙古	Inner Mongolia					
辽宁	Liaoning	104186		106719		8606
吉林	Jilin					
黑龙江	Heilongjiang					
上海	Shanghai	158783	6210	163081		5856
江苏	Jiangsu	1529619	103456	1616121	18259	28278
浙江	Zhejiang	153296		162887		12193
安徽	Anhui	69434		70684		3814
福建	Fujian					
江西	Jiangxi	1407		2288		711
山东	Shandong	26293	1267	27740	4219	1671
河南	Henan	2805		2832		102
湖北	Hubei	22692		23567		702
湖南	Hunan	8242		8360		1533
广东	Guangdong	229066	2459	276740		17437
广西	Guangxi	4110480		292297		51943
海南	Hainan					
重庆	Chongqing	381925		424049		20051
四川	Sichuan	18768	11	21019	5	4070
贵州	Guizhou	82175		93811		1
云南	Yunnan	2146		3398		1692
西藏	Tibet					
陕西	Shaanxi	406		469		37
甘肃	Gansu	19764		23510		2997
青海	Qinghai					
宁夏	Ningxia					
新疆	Xinjiang					

3-2-3 续表 4　Continued 4

联营企业　　单位：万元

Joint Ownership Enterprises　　Unit: 10000 yuan

地　区	Region	商品购进额 Total Purchases Value	#进口 Imports	商品销售额 Total Sales Value	#出口 Exports	期末商品库存额 Inventory (year-end)
全　国	**National Total**	**1627293**	**6401**	**1692017**	**9494**	**84014**
北　京	Beijing	26418	4210	30048	3261	2399
天　津	Tianjin	54941		59345		574
河　北	Hebei					
山　西	Shanxi					
内蒙古	Inner Mongolia					
辽　宁	Liaoning	16666		15643		1643
吉　林	Jilin					
黑龙江	Heilongjiang	10811		14900		8855
上　海	Shanghai	14713		15819		376
江　苏	Jiangsu	659766		694387		37135
浙　江	Zhejiang	5281	794	8600		
安　徽	Anhui					
福　建	Fujian					
江　西	Jiangxi					
山　东	Shandong	170069		168745		2327
河　南	Henan	9048		11254		313
湖　北	Hubei					
湖　南	Hunan	136095		137515		449
广　东	Guangdong	148332	1397	157093		4903
广　西	Guangxi	10083		10244	6233	89
海　南	Hainan	104472		107976		9673
重　庆	Chongqing					
四　川	Sichuan	15772		18479		627
贵　州	Guizhou					
云　南	Yunnan	120501		114490		3107
西　藏	Tibet					
陕　西	Shaanxi					
甘　肃	Gansu					
青　海	Qinghai	7179		9142		1000
宁　夏	Ningxia					
新　疆	Xinjiang	117146		118337		10544

3-2-3 续表 5 Continued 5

有限责任公司
Limited Liability Corporations

单位：万元
Unit: 10000 yuan

地 区	Region	商品购进额 Total Purchases Value	#进 口 Imports	商品销售额 Total Sales Value	#出 口 Exports	期末商品库存额 Inventory (year-end)
全 国	**National Total**	**2565614990**	**177318593**	**2679029322**	**69837151**	**135790241**
北 京	Beijing	317668180	58594981	321696185	9218679	33315407
天 津	Tianjin	104689174	3043677	108149368	1630834	4745728
河 北	Hebei	41790814	480171	44420935	243008	1799883
山 西	Shanxi	69921172	205947	72050048	49343	1811758
内蒙古	Inner Mongolia	25901895	1183985	27637417	699948	1658542
辽 宁	Liaoning	44425086	3539714	47404922	1050053	2655991
吉 林	Jilin	10563870	84097	11809798	35430	1170807
黑龙江	Heilongjiang	20298816	7108907	21749592	135973	3438725
上 海	Shanghai	360146543	12228400	366327343	7436959	15688161
江 苏	Jiangsu	188042021	11930255	198036171	8171036	9483152
浙 江	Zhejiang	223472809	16896466	231405797	12252777	9228196
安 徽	Anhui	48749594	2151040	52073093	681790	2463464
福 建	Fujian	124210916	16096110	126609541	2893928	7506890
江 西	Jiangxi	20882861	192406	22383772	2069748	1225603
山 东	Shandong	146373522	7993946	159093347	3683205	5784058
河 南	Henan	53965584	672758	57162582	565264	1887710
湖 北	Hubei	36326526	428258	39734895	2399363	2134113
湖 南	Hunan	23585254	1461361	24645410	673208	1953975
广 东	Guangdong	303342752	16764584	319477880	13048287	10837029
广 西	Guangxi	60157016	1228267	62432004	131318	1506658
海 南	Hainan	23382689	1122555	24110233	341612	1109772
重 庆	Chongqing	33250996	655042	34687168	206694	1311988
四 川	Sichuan	68830965	821756	72656678	450719	3475937
贵 州	Guizhou	22598228	44334	31501317	322728	1213862
云 南	Yunnan	52440289	1967402	54209951	758284	1886011
西 藏	Tibet	538652		793116		76805
陕 西	Shaanxi	64538631	1420965	68983299	457963	2432439
甘 肃	Gansu	27001003	38243	27494561	37614	507805
青 海	Qinghai	7251612	49243	7555433	14374	199202
宁 夏	Ningxia	1703125	4044	1622534		89421
新 疆	Xinjiang	39564395	8909679	41114932	177012	3191149

3-2-3 续表 6 Continued 6

股份有限公司　　　　　　　　　　　　　　　　　　　　　　　　　　单位：万元
Share-holding Corporations Ltd.　　　　　　　　　　　　　　　　　Unit: 10000 yuan

地　区	Region	商品购进额 Total Purchases Value	#进口 Imports	商品销售额 Total Sales Value	#出口 Exports	期末商品库存额 Inventory (year-end)
全　国	**National Total**	**414136264**	**21834806**	**415966866**	**13676024**	**45538268**
北　京	Beijing	35446861	3897385	36583193	1932603	2496720
天　津	Tianjin	5501549	370929	5837633	1232978	215133
河　北	Hebei	2235089	954	2478007	63141	188911
山　西	Shanxi	4110883		4487638		104300
内蒙古	Inner Mongolia	3019702	37418	3100429	72	108537
辽　宁	Liaoning	37810476	4458	38218445	3629	1040546
吉　林	Jilin	1990441		2160307		154429
黑龙江	Heilongjiang	1936090	56419	2592058		229772
上　海	Shanghai	36226204	1354134	37896148	765068	1949412
江　苏	Jiangsu	36085855	885531	38210197	1274963	21236598
浙　江	Zhejiang	37058787	5294175	37739147	3161193	1923239
安　徽	Anhui	5536417	1576160	6023476	1030746	583947
福　建	Fujian	28196028	5060011	28761588	135175	2451386
江　西	Jiangxi	2127421	64652	3471894	31852	192877
山　东	Shandong	12391105	1029630	13728045	398008	452493
河　南	Henan	6789041		6280466	30162	270103
湖　北	Hubei	9100818	2022	5876431	41967	2334993
湖　南	Hunan	7297568	4276	1732822	74654	422784
广　东	Guangdong	66968485	1376746	62074055	2424303	2555866
广　西	Guangxi	2312332	240	2434453		199846
海　南	Hainan	505301	5325	583368	13756	26075
重　庆	Chongqing	3833518	224405	3860163	338718	347536
四　川	Sichuan	8289422	14144	9104533	14478	1485229
贵　州	Guizhou	827886		893792	261738	17909
云　南	Yunnan	8864941	13277	10707909	67462	3156349
西　藏	Tibet					
陕　西	Shaanxi	11379153	905	12131546	261924	97313
甘　肃	Gansu	16454442		16815068		461917
青　海	Qinghai	1401084		1598383		65984
宁　夏	Ningxia	4248952	59025	3335648		68409
新　疆	Xinjiang	16190413	502585	17250024	117434	699655

3-2-3 续表 7 Continued 7

私营企业
Private Enterprises

单位：万元
Unit: 10000 yuan

地区	Region	商品购进额 Total Purchases Value	#进口 Imports	商品销售额 Total Sales Value	#出口 Exports	期末商品库存额 Inventory (year-end)
全国	**National Total**	**2684253557**	**80780046**	**2840151491**	**126285352**	**131568233**
北京	Beijing	75100977	3819848	80794694	2611439	6789575
天津	Tianjin	133431285	2757084	138554756	2231715	4490505
河北	Hebei	47613401	370300	50009701	1010611	7848817
山西	Shanxi	27849207	151341	29933558	179281	1719943
内蒙古	Inner Mongolia	10302027	964326	10959732	151525	1155745
辽宁	Liaoning	66100690	1025745	68985623	1083189	3181501
吉林	Jilin	6755676	39794	7525877	48833	665684
黑龙江	Heilongjiang	15392554	552139	15559395	393560	2463937
上海	Shanghai	345856104	7470788	356218554	7538548	10738273
江苏	Jiangsu	357293825	6666736	377820066	16684628	14080048
浙江	Zhejiang	436322397	13064369	459680977	37771070	14531421
安徽	Anhui	25459502	283593	28576710	727264	1399190
福建	Fujian	185994637	6093421	199739868	14183248	6745994
江西	Jiangxi	17543689	149366	19657994	308316	919578
山东	Shandong	202063238	5761471	213704824	8417465	10205115
河南	Henan	46705873	463711	50749639	689304	3227404
湖北	Hubei	28452186	210241	31590397	676164	2004427
湖南	Hunan	28594035	735242	31727243	703226	1663511
广东	Guangdong	411880860	25506074	435240933	23596363	23978207
广西	Guangxi	29888918	734896	32335853	1599874	1919552
海南	Hainan	2725379	250661	3171840	14498	177588
重庆	Chongqing	54089489	1230402	58199753	2003551	2383814
四川	Sichuan	39050718	281967	42019967	578871	2536178
贵州	Guizhou	10027285	20919	11553025	311277	574856
云南	Yunnan	17418962	1328645	19066484	1800786	1062513
西藏	Tibet	3022013		3197613		95187
陕西	Shaanxi	21865557	81363	23626811	415149	1241914
甘肃	Gansu	7996774	196527	8965192	41242	521127
青海	Qinghai	2592635		2594777	13830	56854
宁夏	Ningxia	5112151	14820	5262395	21850	245305
新疆	Xinjiang	21751513	554257	23127240	478675	2944470

3-2-3 续表 8 Continued 8

其他企业 单位：万元

Other Enterprises Unit: 10000 yuan

地 区	Region	商品购进额 Total Purchases Value	#进口 Imports	商品销售额 Total Sales Value	#出口 Exports	期末商品库存额 Inventory (year-end)
全 国	**National Total**	**5008952**	**7625**	**5463119**	**55498**	**221221**
北 京	Beijing	20597		22627		7
天 津	Tianjin	1315425	76	1350394	3868	4339
河 北	Hebei	11053		13568		7965
山 西	Shanxi	4374		3544		834
内蒙古	Inner Mongolia					
辽 宁	Liaoning	104709		104379	27632	5334
吉 林	Jilin					
黑龙江	Heilongjiang	57711		60342		2843
上 海	Shanghai	177429	7549	191920	14042	41806
江 苏	Jiangsu	1569363		1704378	9956	79023
浙 江	Zhejiang	31801		34715		1238
安 徽	Anhui	412326		441411		4832
福 建	Fujian	2338		2597		99
江 西	Jiangxi	16113		17088		747
山 东	Shandong	149940		155827		11303
河 南	Henan	39312		64614		883
湖 北	Hubei	277191		325201		17128
湖 南	Hunan	65060		74006		991
广 东	Guangdong	74072		78320		5379
广 西	Guangxi	79116		83333		191
海 南	Hainan	7636		7516		351
重 庆	Chongqing	26168		30721		717
四 川	Sichuan	38929		41524		276
贵 州	Guizhou	791		806		
云 南	Yunnan	179412		188900		2184
西 藏	Tibet					
陕 西	Shaanxi	137853		174059		14288
甘 肃	Gansu	22783		28278		447
青 海	Qinghai					
宁 夏	Ningxia					
新 疆	Xinjiang	187450		263051		18016

3-2-3 续表 9 Continued 9

港、澳、台商投资企业 单位：万元

Enterprises with Funds from Hongkong, Macao and Taiwan Unit: 10000 yuan

地区	Region	商品购进额 Total Purchases Value	#进口 Imports	商品销售额 Total Sales Value	#出口 Exports	期末商品库存额 Inventory (year-end)
全国	**National Total**	**307799682**	**49077355**	**349779462**	**7791214**	**28032127**
北京	Beijing	78335706	5382609	84374929	269881	6887976
天津	Tianjin	10478404	944103	12617050	132714	1118393
河北	Hebei	381121		420620		5127
山西	Shanxi	1378734	580507	1422885		144402
内蒙古	Inner Mongolia	449269	13799	499200		157
辽宁	Liaoning	859128	6387	1019249	19410	63944
吉林	Jilin	1284		1300		47
黑龙江	Heilongjiang	829944		1034454		76135
上海	Shanghai	100077623	24267825	115934925	2356858	10576917
江苏	Jiangsu	20174346	2448812	24591153	375488	1627104
浙江	Zhejiang	10994172	602816	12754486	617741	397147
安徽	Anhui	7669529	4352361	7706209		399827
福建	Fujian	12776057	2851843	13891073	1784842	636164
江西	Jiangxi	438225	20698	481060	193720	16814
山东	Shandong	6023012	59672	6626321	976941	560298
河南	Henan	65982	3249	68124	8104	508
湖北	Hubei	3432060	24221	4931498		176574
湖南	Hunan	405555		732198	15300	50588
广东	Guangdong	46738393	7175892	53231723	978367	4481530
广西	Guangxi	786437	177285	820443	56416	14341
海南	Hainan	1149145	20714	1243511		43896
重庆	Chongqing	2601463	144025	3107268	5432	526429
四川	Sichuan	684888	537	809615		26287
贵州	Guizhou	179541		375888		23092
云南	Yunnan	414007		429066		142788
西藏	Tibet	98157		211977		3365
陕西	Shaanxi	214946		262262		8271
甘肃	Gansu	17171		20473		1
青海	Qinghai					
宁夏	Ningxia					
新疆	Xinjiang	145383		160502		24005

3-2-3 续表 10 Continued 10

外商投资企业　　　　单位：万元

Foreign Funded Enterprises　　　　Unit: 10000 yuan

地　区	Region	商品购进额 Total Purchases Value	#进口 Imports	商品销售额 Total Sales Value	#出口 Exports	期末商品库存额 Inventory (year-end)
全　国	**National Total**	**615278541**	**172691863**	**694655252**	**53181829**	**41948231**
北　京	Beijing	85414621	33298913	103258810	1961478	9363253
天　津	Tianjin	38976071	4075778	40787422	604694	1347091
河　北	Hebei	2710181	4245	2814026	161	93755
山　西	Shanxi	44863	20719	49584		7161
内蒙古	Inner Mongolia	262537	120130	285882	8257	17747
辽　宁	Liaoning	1491082	254842	1616745	187391	141712
吉　林	Jilin	1777372	536	1382719		51445
黑龙江	Heilongjiang	73999		3290827		569
上　海	Shanghai	273488743	100270337	315957622	24948762	20943992
江　苏	Jiangsu	67306747	18846975	62762892	14787747	3271591
浙　江	Zhejiang	34062203	2108557	39269400	1495962	2174586
安　徽	Anhui	2511034	18268	4418778	17074	344073
福　建	Fujian	8057092	211214	9064216	319695	398489
江　西	Jiangxi	140620		1073630	38382	9577
山　东	Shandong	6371307	401800	6742754	320064	263140
河　南	Henan	235916	84828	509340	14360	47031
湖　北	Hubei	18584625	395380	19327202	24198	441650
湖　南	Hunan	1351332	8776	1510005	38052	86667
广　东	Guangdong	46146637	5981628	49990278	2566000	2148970
广　西	Guangxi	2976512	7802	5923778		13504
海　南	Hainan	24974	2294	52759		2261
重　庆	Chongqing	2682572	28262	3155488	297127	94393
四　川	Sichuan	2957067	132114	3417572	1577	259118
贵　州	Guizhou	14602		23498		1212
云　南	Yunnan	549377	143346	698882	20159	30616
西　藏	Tibet					
陕　西	Shaanxi	16762351	6272335	16919545	5525342	386113
甘　肃	Gansu	96196		104364		7408
青　海	Qinghai	172710		202689		59
宁　夏	Ningxia					
新　疆	Xinjiang	35198	2784	44545	5347	1048

3-2-4 各地区限额以上批发业企业商品购、销、存情况（按国民经济行业分）

Total Purchases, Sales and Inventory of Enterprises above Designated Size of Wholesale Trade by Region and Sector

农、林、牧、渔产品批发 单位：万元

Wholesale of Agricultural, Forestry, Livestock and Fishery Products Unit: 10000 yuan

地区	Region	商品购进额 Total Purchases Value	#进口 Imports	商品销售额 Total Sales Value	#出口 Exports	期末商品库存额 Inventory (year-end)
全国	**National Total**	**184190805**	**22739246**	**188543435**	**1909703**	**29557608**
北京	Beijing	29574409	8364721	28549346	33361	4751218
天津	Tianjin	5271328	627560	5418335	54369	834485
河北	Hebei	2704241	30413	2666464	25460	362466
山西	Shanxi	372676		464372	2572	176237
内蒙古	Inner Mongolia	2986537	7611	3307164	130165	996999
辽宁	Liaoning	12454123	478068	12535033	59663	1437618
吉林	Jilin	2614096	2984	3080427	4532	1434488
黑龙江	Heilongjiang	14757057	81802	14908222	63782	3812514
上海	Shanghai	19504988	2077149	19673772	68125	1326186
江苏	Jiangsu	19549397	5497926	19758630	81363	2003402
浙江	Zhejiang	4953135	239174	5201558	197754	426596
安徽	Anhui	1544812	27093	1686690	30536	219243
福建	Fujian	10177899	2336988	10261755	164017	1298861
江西	Jiangxi	832140	10472	940045	27368	179079
山东	Shandong	11923812	702204	12344341	332529	988401
河南	Henan	4615158	506	4932688	90086	1816789
湖北	Hubei	3047287		3338071	27724	483550
湖南	Hunan	1870937	54981	2087597	27896	238920
广东	Guangdong	11672004	1372441	12234218	309719	1325232
广西	Guangxi	1487185	106912	1533671	45055	108603
海南	Hainan	1085694	316541	1054755	8538	69438
重庆	Chongqing	1016430	25370	1054782	4849	78083
四川	Sichuan	3567725	20173	3660076	27771	238023
贵州	Guizhou	333177	52	334220	3506	93150
云南	Yunnan	1755861	182637	1991083	59395	293358
西藏	Tibet					
陕西	Shaanxi	504931		572590	11427	65906
甘肃	Gansu	452685	2337	697770	12098	121292
青海	Qinghai	144731		147670		1776
宁夏	Ningxia	1073075		1015474		39844
新疆	Xinjiang	12343275	173131	13092616	6043	4335851

3-2-4 续表 1 Continued 1

食品、饮料及烟草制品批发

Wholesale of Food, Beverages and Tobaccos

单位：万元

Unit: 10000 yuan

地 区	Region	商品购进额 Total Purchases Value	#进口 Imports	商品销售额 Total Sales Value	#出口 Exports	期末商品库存额 Inventory (year-end)
全 国	**National Total**	**499354241**	**35225234**	**607976122**	**9470347**	**48940898**
北 京	Beijing	36515072	8573448	38392661	714169	7739610
天 津	Tianjin	17160230	1944500	19158139	78656	1506114
河 北	Hebei	6766424	70174	9085983	57568	513774
山 西	Shanxi	5445269		7336429	324	877355
内蒙古	Inner Mongolia	3527874	544018	4500787	3576	510216
辽 宁	Liaoning	8363967	367983	10052771	97065	852823
吉 林	Jilin	3281266	2512	4191787	79	196638
黑龙江	Heilongjiang	6008424	26104	6981265	12187	851601
上 海	Shanghai	68335587	11186067	77761792	343950	5028416
江 苏	Jiangsu	30137524	1088232	37590544	325423	2380491
浙 江	Zhejiang	31902659	1051265	40259038	990759	2648402
安 徽	Anhui	11051001	1451003	14484599	178417	1087428
福 建	Fujian	27399515	1829245	31503691	1159770	1912329
江 西	Jiangxi	4856494	2544	6964547	4978	414784
山 东	Shandong	26900799	2143518	32428566	1328401	2171045
河 南	Henan	14111300	181866	18281691	53326	933648
湖 北	Hubei	15093553	81730	19446204	7815	1465772
湖 南	Hunan	12064537	207951	16070846	81087	696102
广 东	Guangdong	71708488	3925240	81530171	2155115	6004928
广 西	Guangxi	15014230	84753	17363236	314536	784174
海 南	Hainan	3624910	22502	4280096	11171	247339
重 庆	Chongqing	11141605	118047	15555798	211	440723
四 川	Sichuan	21377903	123924	26119587	75716	3259489
贵 州	Guizhou	12312839	7481	23666825	73219	1593280
云 南	Yunnan	15600354	174162	20282703	1257342	2807747
西 藏	Tibet	752911		1001658		190992
陕 西	Shaanxi	7973775	2934	9885205	15159	738489
甘 肃	Gansu	3166936	7907	4282111	27679	298288
青 海	Qinghai	1143430	1832	1370655		72259
宁 夏	Ningxia	1163331		1385698		70833
新 疆	Xinjiang	5452034	4292	6761039	102649	645809

3-2-4 续表 2 Continued 2

纺织、服装及家庭用品批发
Wholesale of Textiles, Wearing Apparel and Household Articles

单位：万元
Unit: 10000 yuan

地 区	Region	商品购进额 Total Purchases Value	#进口 Imports	商品销售额 Total Sales Value	#出口 Exports	期末商品库存额 Inventory (year-end)
全 国	**National Total**	**497061053**	**30797594**	**563406955**	**82715861**	**62273496**
北 京	Beijing	71032465	3035552	76909628	595154	7274467
天 津	Tianjin	12055208	206163	14473028	1038390	1370130
河 北	Hebei	2023353	23951	2024273	249623	362343
山 西	Shanxi	1633551		1656736	9719	95445
内蒙古	Inner Mongolia	263595		323671	2456	97730
辽 宁	Liaoning	2576637	310626	2741742	740199	265135
吉 林	Jilin	253250	30477	308262	8570	34216
黑龙江	Heilongjiang	487156	369	628949	70939	51498
上 海	Shanghai	60947294	12553775	81848105	9007083	9729532
江 苏	Jiangsu	113486268	5458253	122142135	12324953	27786488
浙 江	Zhejiang	78568631	3488625	86144248	27631887	4211069
安 徽	Anhui	8612759	413307	11721626	1098538	602726
福 建	Fujian	43460350	855614	49636166	11182546	1349180
江 西	Jiangxi	1447780	14390	1482369	143482	196568
山 东	Shandong	19330660	505278	21392824	2880784	1023928
河 南	Henan	3585839	35774	3793663	193914	474147
湖 北	Hubei	2807026	9452	3213561	328109	382485
湖 南	Hunan	2444046	1128	2695022	316384	294789
广 东	Guangdong	50790030	2142689	57715252	13657758	4841679
广 西	Guangxi	2471109	313771	2572142	451345	201061
海 南	Hainan	1650443	1005132	1760323	13959	130932
重 庆	Chongqing	8582517	1975	9121370	13258	664769
四 川	Sichuan	4013123	30063	4263854	319301	310472
贵 州	Guizhou	218942		245261	9974	32506
云 南	Yunnan	1202950	349028	1317726	158274	74877
西 藏	Tibet	126335		143724		17993
陕 西	Shaanxi	1179089	7168	1299873	242117	170424
甘 肃	Gansu	129421		173074		36564
青 海	Qinghai	11809		11429	4915	2919
宁 夏	Ningxia	83537		75331		14876
新 疆	Xinjiang	1585880	5034	1571588	22230	172548

3-2-4 续表 3 Continued 3

文化、体育用品及器材批发
Wholesale of Culture, Sports Appliances and Equipments

单位：万元
Unit: 10000 yuan

地 区	Region	商品购进额 Total Purchases Value	#进 口 Imports	商品销售额 Total Sales Value	#出 口 Exports	期末商品库存额 Inventory (year-end)
全 国	**National Total**	**123082916**	**7633059**	**134895648**	**8668331**	**14028402**
北 京	Beijing	19540236	1670881	20689841	139301	2414168
天 津	Tianjin	1711374	65158	1892087	304863	217659
河 北	Hebei	761806		950281	20799	60312
山 西	Shanxi	731917		770363	55909	91993
内蒙古	Inner Mongolia	107873		119037		10118
辽 宁	Liaoning	691818	6150	804150	32342	75501
吉 林	Jilin	176339		235094		74885
黑龙江	Heilongjiang	229171		234224		35190
上 海	Shanghai	19816308	2013530	22369781	638075	2602400
江 苏	Jiangsu	8092658	181406	8614458	840039	623886
浙 江	Zhejiang	15358679	672067	16918508	3454127	1017219
安 徽	Anhui	2968205	1086501	3778804	403917	537477
福 建	Fujian	9050639	828044	9428004	631605	393446
江 西	Jiangxi	445810		491453	56213	46289
山 东	Shandong	7734227	362115	8376439	463888	642090
河 南	Henan	2246940	79	2258563	27806	149677
湖 北	Hubei	1873474	14302	2255768		194082
湖 南	Hunan	1355033		1458483	142990	130066
广 东	Guangdong	22668964	724557	25134219	1414041	3719471
广 西	Guangxi	704912	99	765255	27556	49705
海 南	Hainan	1196745		1225581	1467	52782
重 庆	Chongqing	1204937	107	1502981		475404
四 川	Sichuan	2033704	7711	2112342	4661	106438
贵 州	Guizhou	286441		262021		52989
云 南	Yunnan	587146	352	611286		60226
西 藏	Tibet					
陕 西	Shaanxi	827669		900087	8732	55140
甘 肃	Gansu	289372		314938		50162
青 海	Qinghai	20196		29761		2909
宁 夏	Ningxia	71815		57335		16324
新 疆	Xinjiang	298508		334504		70394

3-2-4 续表 4 Continued 4

医药及医疗器材批发　　　　单位：万元

Wholesale of Medicines and Medical Appliances　　　　Unit: 10000 yuan

地 区	Region	商品购进额 Total Purchases Value	#进口 Imports	商品销售额 Total Sales Value	#出口 Exports	期末商品库存额 Inventory (year-end)
全 国	**National Total**	**325809571**	**22767668**	**372878704**	**7376487**	**44342735**
北 京	Beijing	27869051	4989709	31952945	2072150	4274160
天 津	Tianjin	6127315	214037	7021771	146277	479331
河 北	Hebei	11132723	14345	12074086	52868	5658878
山 西	Shanxi	4904508	15348	5538376	1126	477499
内蒙古	Inner Mongolia	2412145	7994	2517508		288813
辽 宁	Liaoning	7077040	294216	7911155	32103	730915
吉 林	Jilin	3535183	10716	4098491	24017	364726
黑龙江	Heilongjiang	3957584	15549	3841535	6821	1056774
上 海	Shanghai	37482928	9357921	46680260	922999	6990351
江 苏	Jiangsu	26123812	1914096	30802099	740259	3306945
浙 江	Zhejiang	20000814	449623	22102413	1198117	1881023
安 徽	Anhui	11946512	82310	13661022	137376	925108
福 建	Fujian	7405441	77805	8229273	60644	761991
江 西	Jiangxi	7683962	42736	9490664	110707	939477
山 东	Shandong	21170116	313459	23419688	471010	1741875
河 南	Henan	14969134	192625	16647701	33729	1138030
湖 北	Hubei	12335833	81333	13993811	339402	2779740
湖 南	Hunan	9753956	51273	10876353	78353	851508
广 东	Guangdong	41989295	3102817	47104995	764795	4366664
广 西	Guangxi	4475850	59603	5037725	41	364493
海 南	Hainan	1750862	160318	2364467	35232	268429
重 庆	Chongqing	7380142	1057747	8512489	63904	1003308
四 川	Sichuan	13893114	129011	15364817	56004	1322026
贵 州	Guizhou	3494047	20255	3860439	80	327315
云 南	Yunnan	5295166	40933	6380506	7599	678084
西 藏	Tibet	507801		1070561		31190
陕 西	Shaanxi	5605464	6285	6171792	12417	617796
甘 肃	Gansu	2202039	2200	2477535	2744	275475
青 海	Qinghai	386100		462472		46829
宁 夏	Ningxia	592885	63070	625745	42	68998
新 疆	Xinjiang	2348749	334	2586010	5671	324984

矿产品、建材及化工产品批发 单位：万元

Wholesale of Mineral Products, Building Materials and Chemical Products Unit: 10000 yuan

地区	Region	商品购进额 Total Purchases Value	#进口 Imports	商品销售额 Total Sales Value	#出口 Exports	期末商品库存额 Inventory (year-end)
全国	**National Total**	**4091752187**	**204033086**	**4201681221**	**54152334**	**132273177**
北京	Beijing	243643887	43817914	246577804	6607376	17709467
天津	Tianjin	212633319	3537954	216924191	1842765	5625708
河北	Hebei	62998470	670041	66742074	421421	2597922
山西	Shanxi	89674257	856933	93018234	48948	1941772
内蒙古	Inner Mongolia	30983235	1745410	33195912	675141	1173441
辽宁	Liaoning	117966821	3247157	122305833	910972	3860334
吉林	Jilin	7325836	33543	7240375	13918	327431
黑龙江	Heilongjiang	17314609	7528359	19783432	81310	656218
上海	Shanghai	693998890	29097433	708723933	6230246	17496939
江苏	Jiangsu	397676172	9733931	405324170	5355923	10974724
浙江	Zhejiang	512726505	30579670	524137105	10391496	14167115
安徽	Anhui	37339739	791132	38400668	160130	1248607
福建	Fujian	226903278	21018071	234082615	3909450	9269113
江西	Jiangxi	21591868	99781	25018509	57733	631475
山东	Shandong	263393739	10023847	276712869	4141944	8378440
河南	Henan	63966900	836594	67305226	507927	2134634
湖北	Hubei	53913369	256419	53803736	272298	1486554
湖南	Hunan	32763068	808598	28524294	751481	1440203
广东	Guangdong	486672515	18084684	494325356	5035996	14641181
广西	Guangxi	72624072	1307369	74502537	278471	1701178
海南	Hainan	27687163	746635	28192531	287319	732192
重庆	Chongqing	43002507	436207	44596735	145044	1159033
四川	Sichuan	67387480	654389	71115057	475267	2589936
贵州	Guizhou	20302150	37175	21806003	421067	567580
云南	Yunnan	62215954	2592414	65614681	684794	4275718
西藏	Tibet	400580		465130		54448
陕西	Shaanxi	99277282	5236876	104841376	4004087	2436576
甘肃	Gansu	46119868	185491	47054668	9733	843665
青海	Qinghai	10815928	97956	11772317	60687	246106
宁夏	Ningxia	8823313	14820	8010605	21808	205597
新疆	Xinjiang	59609413	9956283	61563245	347582	1699870

3-2-4 续表 6 Continued 6

机械设备、五金产品及电子产品批发 单位：万元

Wholesale of Machinery, Hardware and Electronic Products Unit: 10000 yuan

地区	Region	商品购进额 Total Purchases Value	#进口 Imports	商品销售额 Total Sales Value	#出口 Exports	期末商品库存额 Inventory (year-end)
全国	**National Total**	**983188119**	**162315351**	**1063298598**	**93816936**	**63007442**
北京	Beijing	162988905	33543291	183277492	4259142	14275443
天津	Tianjin	32062266	4353196	34369080	1177785	1726074
河北	Hebei	11875649	41697	12132412	342603	565744
山西	Shanxi	3859702	21644	4204322	30512	350608
内蒙古	Inner Mongolia	1653944	3398	1925978	48343	235434
辽宁	Liaoning	6037655	302060	6579163	442841	612390
吉林	Jilin	6861206	45451	7582812	18999	249904
黑龙江	Heilongjiang	1912808	7375	5084609	267683	127449
上海	Shanghai	241104385	78063736	258533268	24932127	17006858
江苏	Jiangsu	78730439	16818957	85232451	20023287	3407905
浙江	Zhejiang	75973712	1246655	80289992	10723233	4409345
安徽	Anhui	18669837	3242035	19372835	349725	728113
福建	Fujian	21156186	1141910	22676502	1223290	1376984
江西	Jiangxi	6532881	72484	6829806	2138408	203599
山东	Shandong	32824169	993531	35402844	3601004	2389160
河南	Henan	15093053	36234	15952347	300335	487117
湖北	Hubei	13121688	616092	14077049	2086615	921877
湖南	Hunan	6576975	1105090	7098548	60663	683151
广东	Guangdong	174507551	16999173	186596963	14823818	9663997
广西	Guangxi	5741987	269768	6380625	658830	544979
海南	Hainan	1819716	9	1906980	12795	78238
重庆	Chongqing	26933219	421217	28439641	2619722	897055
四川	Sichuan	13748085	258095	14661378	242831	732666
贵州	Guizhou	3406546	291	3637150	373426	128808
云南	Yunnan	2665428	95929	2811226	479839	223740
西藏	Tibet	2620228		2676893		59005
陕西	Shaanxi	8500740	2498532	8893232	2287504	356762
甘肃	Gansu	2324810	5428	2472596	26603	148422
青海	Qinghai	86615		103883		10427
宁夏	Ningxia	373655		380966		42192
新疆	Xinjiang	3424079	112073	3715555	264973	363996

3-2-4 续表 7 Continued 7

贸易经纪与代理　　　　　　　　　　　　　　　　　　　　单位：万元

Trade Broker and Agency　　　　　　　　　　　　　　　　Unit: 10000 yuan

地区	Region	商品购进额 Total Purchases Value	#进口 Imports	商品销售额 Total Sales Value	#出口 Exports	期末商品库存额 Inventory (year-end)
全　国	**National Total**	**54097035**	**15510906**	**56841668**	**10524171**	**2163141**
北　京	Beijing	3942607	1709710	4128109	697577	231015
天　津	Tianjin	1683577	156082	1755718	739007	69657
河　北	Hebei	259837	5446	259387	178016	6031
山　西	Shanxi	76129	64589	77459	77450	98
内蒙古	Inner Mongolia	1201		1273	559	4
辽　宁	Liaoning	766839	20139	796384	19096	15112
吉　林	Jilin	2084		2243		237
黑龙江	Heilongjiang	93565	14575	109068	26908	26307
上　海	Shanghai	9329630	1371085	9730454	1661606	436999
江　苏	Jiangsu	5462396	511278	6171998	1522088	209859
浙　江	Zhejiang	981301	20276	1009438	721124	15926
安　徽	Anhui	1667719	1401652	1680616	50849	192230
福　建	Fujian	2380520	18932	2390878	560213	58967
江　西	Jiangxi	502161	120064	530811	48017	12843
山　东	Shandong	2540796	271053	2685229	699050	125634
河　南	Henan	327804		322137	39760	11453
湖　北	Hubei	80617	886	83122	66840	3245
湖　南	Hunan	298736	43284	325524	1870	4034
广　东	Guangdong	21941330	9699073	22962399	3269820	602708
广　西	Guangxi	29330		29038	12669	3274
海　南	Hainan					
重　庆	Chongqing	1104323	15469	1144174	4468	94353
四　川	Sichuan	32914	2206	34426	9250	1462
贵　州	Guizhou	10050		16728	10378	
云　南	Yunnan	36794	7760	34316	507	21684
西　藏	Tibet					
陕　西	Shaanxi	220986	24877	229596	78325	13330
甘　肃	Gansu	31695	31695	33978		723
青　海	Qinghai					
宁　夏	Ningxia					
新　疆	Xinjiang	292094	775	297165	28724	5956

其他批发业 单位：万元
Other Wholesale not Classified Elsewhere Unit: 10000 yuan

地　区	Region	商品购进额 Total Purchases Value	#进口 Imports	商品销售额 Total Sales Value	#出口 Exports	期末商品库存额 Inventory (year-end)
全　国	**National Total**	**133766978**	**7817622**	**143205513**	**6007648**	**6775085**
北　京	Beijing	5217655	758530	5936891	986597	830991
天　津	Tianjin	14532930	227025	16114590	587193	436641
河　北	Hebei	1490250	1232	1485789	3977	97087
山　西	Shanxi	472058		507534	2066	20726
内蒙古	Inner Mongolia	588736	11370	651185	3635	11529
辽　宁	Liaoning	1774946	15673	1860354	60332	54450
吉　林	Jilin	119661	1258	126668	14148	10341
黑龙江	Heilongjiang	105587	46331	128725		8944
上　海	Shanghai	8079695	1408024	9240285	525187	655479
江　苏	Jiangsu	12803258	248403	13455942	708376	410022
浙　江	Zhejiang	22938460	697527	23861015	342935	578392
安　徽	Anhui	4941076	241	5305974	51597	100859
福　建	Fujian	17073122	2228727	18100877	715405	1639482
江　西	Jiangxi	1531942	64652	1670638	61553	33059
山　东	Shandong	3456633	178245	3750457	155875	370888
河　南	Henan	1978001		2109084	60310	46357
湖　北	Hubei	1418258		1544275	12887	41216
湖　南	Hunan	1578090	2212	1928397	43717	70831
广　东	Guangdong	20354087	1398044	21298955	1628193	685569
广　西	Guangxi	2282421	6215	2410796	5591	235110
海　南	Hainan	1439815	228745	1485371		45619
重　庆	Chongqing	3265613	244531	3541391	65	121030
四　川	Sichuan	3901505	30460	4043088	32459	150804
贵　州	Guizhou	704546		728267	4093	67744
云　南	Yunnan	588726	20177	621213		7601
西　藏	Tibet	4728		4531		4177
陕　西	Shaanxi	606396		672317	610	14703
甘　肃	Gansu	70290		80446		1798
青　海	Qinghai	5777		11419		125
宁　夏	Ningxia	73315		75348		5580
新　疆	Xinjiang	369401		453691	847	17931

3-2-5 各地区限额以上零售业企业商品购、销、存情况
Total Purchases, Sales and Inventory of Enterprises above Designated Size of Retail Trade by Region

单位：万元
Unit: 10000 yuan

地区	Region	商品购进额 Total Purchases Value	#进口 Imports	商品销售额 Total Sales Value	#出口 Exports	期末商品库存额 Inventory (year-end)
全国	**National Total**	**1110686460**	**32781408**	**1309884197**	**893925**	**126467423**
北京	Beijing	88762644	2358731	99669129	63746	8783192
天津	Tianjin	17570947	501298	19319850	4275	1334437
河北	Hebei	31570844	580885	36783305	5412	3681701
山西	Shanxi	16767866	249690	20308813	2421	2049841
内蒙古	Inner Mongolia	10387093	100800	11909307	546	1204844
辽宁	Liaoning	24434088	744788	30289166	31838	2168208
吉林	Jilin	9523297	248735	12524908	30	1219683
黑龙江	Heilongjiang	12316592	208548	14607673	5	1227184
上海	Shanghai	81429859	5739097	103344141	20914	9701372
江苏	Jiangsu	102957639	2083575	120054251	51563	9466531
浙江	Zhejiang	79618420	3583138	94525520	67760	14770160
安徽	Anhui	37268185	800748	46053798	91814	4897893
福建	Fujian	60092885	1255367	66730076	117913	6376329
江西	Jiangxi	21855490	450814	26202015	23192	2496786
山东	Shandong	60561855	1223509	68605745	17112	6963397
河南	Henan	42231467	840725	50019144	7147	4162319
湖北	Hubei	39976803	904099	47116209	20101	6964427
湖南	Hunan	40244206	643971	51590477	10655	3488814
广东	Guangdong	123243418	3873340	143830174	100679	10813087
广西	Guangxi	18501551	401431	20352760	9643	2166930
海南	Hainan	9099304	2204487	10043712		1623268
重庆	Chongqing	29106594	814492	34322899	5503	2537747
四川	Sichuan	61075904	1329100	67795282	3648	4730185
贵州	Guizhou	17434295	407874	22403791	4837	2335150
云南	Yunnan	18144763	493172	22833126	232178	4628767
西藏	Tibet	1315273	13683	2048099	2	167318
陕西	Shaanxi	30855323	392368	39052645	677	3337006
甘肃	Gansu	8741606	206110	10046742		955748
青海	Qinghai	2061783	17817	2339290	87	293485
宁夏	Ningxia	2906335	11606	3106348		360391
新疆	Xinjiang	10630131	97410	12055802	227	1561223

3-2-5 续表 Continued

国有控股 单位：万元

State-controlled Enterprises Unit: 10000 yuan

地区	Region	商品购进额 Total Purchases Value	#进口 Imports	商品销售额 Total Sales Value	#出口 Exports	期末商品库存额 Inventory (year-end)
全国	**National Total**	**150703576**	**5277180**	**199351568**	**31798**	**14056764**
北京	Beijing	12932830	1068828	14724992	10554	1696933
天津	Tianjin	3321115	50680	3595516		276926
河北	Hebei	4641753	43909	6185270		499172
山西	Shanxi	1970895	9464	2694332		182495
内蒙古	Inner Mongolia	3493337	382	4027964		186281
辽宁	Liaoning	3167639	11704	5127134	12233	213153
吉林	Jilin	1123023	4478	2770045		138803
黑龙江	Heilongjiang	2062225	7768	2233084		101014
上海	Shanghai	11864362	1073315	14269032	737	1075532
江苏	Jiangsu	10055828	12112	13160928		950271
浙江	Zhejiang	8468368	188498	11116976	4569	674360
安徽	Anhui	5684604	41139	9287088		354246
福建	Fujian	8903131	164301	8886761	3211	562084
江西	Jiangxi	2435660	35261	3667617		602726
山东	Shandong	5041458	1538	7073795		462539
河南	Henan	4067197	25145	5706769		299651
湖北	Hubei	4045967	24188	6181482		498749
湖南	Hunan	3148201	53191	8014074	16	249512
广东	Guangdong	13090463	306541	20466818	321	1346029
广西	Guangxi	2697308	60	2931755		171069
海南	Hainan	4552992	2076571	4909935		1138591
重庆	Chongqing	5261915	10886	6409640		319270
四川	Sichuan	10024648	1979	11040692		636624
贵州	Guizhou	4452249	28456	6604337		469200
云南	Yunnan	4054570	2353	6550588		177797
西藏	Tibet	657982	3684	992197		43499
陕西	Shaanxi	2912322	9038	3653986	60	211944
甘肃	Gansu	2937864	17674	3232007		114594
青海	Qinghai	325236		363859		19834
宁夏	Ningxia	332166		334918		10375
新疆	Xinjiang	2976268	4037	3137977	97	373491

3-2-6 各地区限额以上零售业企业商品购、销、存情况（按登记注册类型分）

Total Purchases, Sales and Inventory of Enterprises above Designated Size of Retail Trade by Region and Type of Registration

内资企业

Domestic Funded Enterprises

地区	Region	商品购进额 Total Purchases Value	#进口 Imports	商品销售额 Total Sales Value	#出口 Exports	期末商品库存额 Inventory (year-end)
全国	**National Total**	**941057830**	**22291946**	**1090212637**	**822322**	**110198069**
北京	Beijing	72204146	1761539	80505903	63477	7285776
天津	Tianjin	13792894	490342	14943710	4152	1050429
河北	Hebei	29747034	516968	33746419	5412	3456873
山西	Shanxi	15754369	221486	18693462	2421	1977020
内蒙古	Inner Mongolia	10180379	96427	11687158	546	1184282
辽宁	Liaoning	21856059	512716	27160445	31838	1955194
吉林	Jilin	9035097	208424	11830181	30	1180298
黑龙江	Heilongjiang	11394552	204122	13552622	5	1171237
上海	Shanghai	49978944	664200	58355011	17473	4809873
江苏	Jiangsu	85037432	1763534	98307183	50240	7799689
浙江	Zhejiang	66394063	2526221	74985659	67480	13733215
安徽	Anhui	35891140	743517	44186015	91814	4773697
福建	Fujian	49815530	1019079	55546196	73742	5711443
江西	Jiangxi	20378681	293502	24503924	23192	2381374
山东	Shandong	55937071	959977	63020793	17035	6292751
河南	Henan	38839200	823870	44914035	7147	3907472
湖北	Hubei	34320888	508521	40621770	20101	6717409
湖南	Hunan	37890108	507574	47841715	10655	3179652
广东	Guangdong	96170859	2974098	111712419	83663	8782584
广西	Guangxi	17328991	343317	18977253	4740	2025281
海南	Hainan	8734513	2181557	9637217		1606551
重庆	Chongqing	25583804	596891	30516910	5503	2379657
四川	Sichuan	52682062	1143951	58185999	3648	4074722
贵州	Guizhou	16036674	402032	19353618	4837	2238313
云南	Yunnan	16314232	307100	20547849	232178	4425150
西藏	Tibet	1168546	5708	1930193	2	115947
陕西	Shaanxi	24854955	202432	28097646	677	2871448
甘肃	Gansu	8609549	206110	9862820		942340
青海	Qinghai	1994517	17817	2269088	87	288393
宁夏	Ningxia	2814537	11606	3006152		349553
新疆	Xinjiang	10317004	77308	11713272	227	1530445

3-2-6 续表 1 Continued 1

国有企业 单位：万元

State-owned Enterprises Unit: 10000 yuan

地 区	Region	商品购进额 Total Purchases Value	#进口 Imports	商品销售额 Total Sales Value	#出口 Exports	期末商品库存额 Inventory (year-end)
全 国	**National Total**	**10393309**	**371615**	**16022843**	**4358**	**1432383**
北 京	Beijing	930483	227585	1098649	3685	111551
天 津	Tianjin	141570		157935		41565
河 北	Hebei	102269		107671		5216
山 西	Shanxi	178159		359831		12934
内 蒙 古	Inner Mongolia	171911		177554		18811
辽 宁	Liaoning	301173	996	348806		20591
吉 林	Jilin	60008		344308		14745
黑 龙 江	Heilongjiang	198356		263153		30751
上 海	Shanghai	279632	35318	343745	485	77975
江 苏	Jiangsu	752032	9811	954591		99137
浙 江	Zhejiang	157603		1381526		12028
安 徽	Anhui	631653	24716	926164		52585
福 建	Fujian	31302		36571		892
江 西	Jiangxi	195671		186351		10639
山 东	Shandong	1120965		1154041		77677
河 南	Henan	432127	10392	506974		17078
湖 北	Hubei	206928		227736		18273
湖 南	Hunan	619631	11328	1593547	16	43789
广 东	Guangdong	405232	47686	1032716	172	68479
广 西	Guangxi	88592		142839		14662
海 南	Hainan	898420		681015		309676
重 庆	Chongqing	536369		547010		62843
四 川	Sichuan	134717		155056		24702
贵 州	Guizhou	250240		1469645		113913
云 南	Yunnan	485084	99	507137		38112
西 藏	Tibet	112343	3684	120283		17538
陕 西	Shaanxi	314928		510597		25701
甘 肃	Gansu	259487		268175		13090
青 海	Qinghai	143535		161323		1177
宁 夏	Ningxia	12795		13381		2150
新 疆	Xinjiang	240094		244513		74103

3-2-6 续表 2 Continued 2

集体企业 单位：万元

Collective-owned Enterprises Unit: 10000 yuan

地 区	Region	商品购进额 Total Purchases Value	#进口 Imports	商品销售额 Total Sales Value	#出口 Exports	期末商品库存额 Inventory (year-end)
全 国	**National Total**	**3382224**	**74**	**3880307**	**8428**	**264134**
北 京	Beijing	179911		210209		19203
天 津	Tianjin	71858		89033		3944
河 北	Hebei	52648		60341		4597
山 西	Shanxi	88928		102696		7356
内蒙古	Inner Mongolia	725		1712		166
辽 宁	Liaoning	40826		43370		4921
吉 林	Jilin	6562		7408		974
黑龙江	Heilongjiang	88850		92412		4245
上 海	Shanghai	48968	74	63281		6648
江 苏	Jiangsu	285995		333957		9759
浙 江	Zhejiang	123542		137794		4463
安 徽	Anhui	27632		30249		612
福 建	Fujian	457901		507696		8423
江 西	Jiangxi	34217		37414		2483
山 东	Shandong	120434		136170		63082
河 南	Henan	39287		52687		6703
湖 北	Hubei	485393		545736		53210
湖 南	Hunan	193161		248190		4416
广 东	Guangdong	417535		499499		28285
广 西	Guangxi	7766		11005		429
海 南	Hainan	2327		2974		617
重 庆	Chongqing	39198		42100		10308
四 川	Sichuan	58628		67986		1865
贵 州	Guizhou	20987		30468		1084
云 南	Yunnan	68731		72627	8428	2711
西 藏	Tibet					
陕 西	Shaanxi	383554		414061		10701
甘 肃	Gansu	10720		10742		1519
青 海	Qinghai					
宁 夏	Ningxia	2445		3731		13
新 疆	Xinjiang	23495		24759		1397

3-2-6 续表 3 Continued 3

股份合作企业
Cooperative Enterprises

单位：万元
Unit: 10000 yuan

地 区	Region	商品购进额 Total Purchases Value	#进 口 Imports	商品销售额 Total Sales Value	#出 口 Exports	期末商品库存额 Inventory (year-end)
全 国	**National Total**	**1762569**	**389**	**2158560**		**127381**
北 京	Beijing	97447		109433		6345
天 津	Tianjin	16141		21849		660
河 北	Hebei	169165		168492		23956
山 西	Shanxi	16708		16869		
内蒙古	Inner Mongolia	1921		2249		89
辽 宁	Liaoning	16980		21900		1359
吉 林	Jilin	9211		11340		769
黑龙江	Heilongjiang	38627		36964		6402
上 海	Shanghai	29446		35893		1149
江 苏	Jiangsu	52123		58538		2850
浙 江	Zhejiang	160857		188546		12675
安 徽	Anhui	8802		9998		2105
福 建	Fujian	1347		1550		62
江 西	Jiangxi	17047		319401		5066
山 东	Shandong	749127		742735		38024
河 南	Henan	3361		6079		181
湖 北	Hubei	11478		11792		505
湖 南	Hunan	14898		17012		1629
广 东	Guangdong	55517	389	64906		5017
广 西	Guangxi	1978		2357		61
海 南	Hainan	1529		2279		311
重 庆	Chongqing	29817		34382		2548
四 川	Sichuan	27235		31057		986
贵 州	Guizhou	17058		16595		3919
云 南	Yunnan	192282		197901		9235
西 藏	Tibet					
陕 西	Shaanxi	18826		24631		253
甘 肃	Gansu	3307		3354		1076
青 海	Qinghai					
宁 夏	Ningxia					
新 疆	Xinjiang	334		458		149

3-2-6 续表 4 Continued 4

联营企业 单位：万元

Joint Ownership Enterprises Unit: 10000 yuan

地 区	Region	商品购进额 Total Purchases Value	#进 口 Imports	商品销售额 Total Sales Value	#出 口 Exports	期末商品库存额 Inventory (year-end)
全 国	**National Total**	**388252**		**460645**		**22818**
北 京	Beijing	6359		7654		156
天 津	Tianjin	8389		11520		117
河 北	Hebei					
山 西	Shanxi					
内 蒙 古	Inner Mongolia					
辽 宁	Liaoning	5622		6939		399
吉 林	Jilin					
黑 龙 江	Heilongjiang	4625		4903		50
上 海	Shanghai	124466		139960		2658
江 苏	Jiangsu	14443		17192		174
浙 江	Zhejiang	60853		76849		1059
安 徽	Anhui	7586		9319		366
福 建	Fujian	3588		3750		309
江 西	Jiangxi					
山 东	Shandong	7417		8650		628
河 南	Henan					
湖 北	Hubei	2066		2216		286
湖 南	Hunan					
广 东	Guangdong	96129		111036		8676
广 西	Guangxi					
海 南	Hainan	585		702		7
重 庆	Chongqing	4001		5192		32
四 川	Sichuan	35680		47696		7820
贵 州	Guizhou					
云 南	Yunnan	2680		2924		7
西 藏	Tibet					
陕 西	Shaanxi	523		513		49
甘 肃	Gansu	3240		3630		25
青 海	Qinghai					
宁 夏	Ningxia					
新 疆	Xinjiang					

3-2-6 续表 5 Continued 5

有限责任公司 单位：万元

Limited Liability Corporations Unit: 10000 yuan

地 区	Region	商品购进额 Total Purchases Value	#进口 Imports	商品销售额 Total Sales Value	#出口 Exports	期末商品库存额 Inventory (year-end)
全 国	**National Total**	**357460691**	**10544878**	**410495550**	**230174**	**38463660**
北 京	Beijing	52953141	1076517	58387196	54423	3620020
天 津	Tianjin	5739517	161217	6199033		450977
河 北	Hebei	13269563	335840	15406183	5412	1232209
山 西	Shanxi	3481412	100175	4500298		371016
内蒙古	Inner Mongolia	3156747	33131	3934966		373966
辽 宁	Liaoning	6238696	214745	8046343	12233	613120
吉 林	Jilin	2811934	68398	4472671		445964
黑龙江	Heilongjiang	4576393	151981	5456339		485570
上 海	Shanghai	26512359	297585	31730757	6846	1842913
江 苏	Jiangsu	22922129	733998	27349187	254	1950796
浙 江	Zhejiang	22673331	653226	25197417	25282	8727269
安 徽	Anhui	12322992	362485	15996946	89884	1128460
福 建	Fujian	6090865	254087	6759705	21136	537369
江 西	Jiangxi	7627837	79939	9376495	269	978387
山 东	Shandong	18742511	235642	20671738		1848541
河 南	Henan	13015879	505983	15055751	717	1244624
湖 北	Hubei	16831786	306976	19814086	6590	1448218
湖 南	Hunan	5833202	109137	7749939	337	645502
广 东	Guangdong	44258757	1131276	47708437	1200	3422937
广 西	Guangxi	6233453	173852	6881203		593256
海 南	Hainan	6019039	2169962	6936632		1129200
重 庆	Chongqing	7241061	214454	7871088		617415
四 川	Sichuan	19375598	627066	21194783	630	1551004
贵 州	Guizhou	7210738	177739	7886172	4717	819106
云 南	Yunnan	5460986	149514	6286473		479792
西 藏	Tibet	302223	1895	566301		39217
陕 西	Shaanxi	8371185	116750	9952255	60	830444
甘 肃	Gansu	2497621	78695	2915577		344039
青 海	Qinghai	647010	9178	807315	87	75428
宁 夏	Ningxia	1117289	1108	1144991		82972
新 疆	Xinjiang	3925437	12327	4239273	97	533929

3-2-6 续表 6 Continued 6

股份有限公司 单位：万元

Share-holding Corporations Ltd. Unit: 10000 yuan

地 区	Region	商品购进额 Total Purchases Value	#进口 Imports	商品销售额 Total Sales Value	#出口 Exports	期末商品库存额 Inventory (year-end)
全 国	**National Total**	**70276506**	**357692**	**100647322**	**3421**	**6315115**
北 京	Beijing	4725817	1862	5531105	544	1637641
天 津	Tianjin	142283		162585		24753
河 北	Hebei	2334773		2693509		156251
山 西	Shanxi	899305		1087170		36759
内蒙古	Inner Mongolia	2582327	21648	2760266		103151
辽 宁	Liaoning	2207740		3771274		105148
吉 林	Jilin	978329		1230077		106353
黑龙江	Heilongjiang	1292170		1800617		40154
上 海	Shanghai	2910560	39839	3497324		517831
江 苏	Jiangsu	5687342	51662	7830080	71	318134
浙 江	Zhejiang	2512885	19949	3316899		265452
安 徽	Anhui	4715965	96261	6960572		216911
福 建	Fujian	3060344	364	2347923		142564
江 西	Jiangxi	475218	4608	615937		254087
山 东	Shandong	4648780	57105	6937256		435530
河 南	Henan	2229504	4178	3290505		231007
湖 北	Hubei	1947877	334	2955387		181160
湖 南	Hunan	2341001	228	5229311		146641
广 东	Guangdong	4600970	19421	10891965	268	396909
广 西	Guangxi	2560594	75	2632335	2005	140891
海 南	Hainan	1088585	1238	1200664		39939
重 庆	Chongqing	3871806		6418290		219923
四 川	Sichuan	5997032	6675	6910665	533	233652
贵 州	Guizhou	1098747		1814139		36511
云 南	Yunnan	802802		3118663		24495
西 藏	Tibet	479097		551786		14383
陕 西	Shaanxi	543265	15	718517		29500
甘 肃	Gansu	2230495		2459373		78608
青 海	Qinghai	78786		88460		5180
宁 夏	Ningxia	192633		194745		8375
新 疆	Xinjiang	1039474	32230	1629923		167222

3-2-6 续表 7 Continued 7

私营企业 单位：万元

Private Enterprises Unit: 10000 yuan

地 区	Region	商品购进额 Total Purchases Value	#进 口 Imports	商品销售额 Total Sales Value	#出 口 Exports	期末商品库存额 Inventory (year-end)
全 国	**National Total**	**496334486**	**11017301**	**555262576**	**573400**	**63496365**
北 京	Beijing	13300908	455576	15150519	4826	1890373
天 津	Tianjin	7660200	329125	8284457	1606	528353
河 北	Hebei	13818617	181129	15310223		2034643
山 西	Shanxi	11052913	121311	12588655	2421	1548809
内蒙古	Inner Mongolia	4266748	41649	4810412	546	688098
辽 宁	Liaoning	13004105	296975	14876640	19605	1207889
吉 林	Jilin	5167182	140026	5761925	30	610680
黑龙江	Heilongjiang	5020714	52140	5717888	5	585867
上 海	Shanghai	20073513	291384	22544050	10142	2360698
江 苏	Jiangsu	55049903	968062	61359186	49915	5408433
浙 江	Zhejiang	40692196	1853046	44669365	42198	4709779
安 徽	Anhui	18162097	260055	20232601	1930	3371614
福 建	Fujian	40153879	764629	45872784	52606	5021820
江 西	Jiangxi	12005921	208955	13942380	22923	1129110
山 东	Shandong	30537153	667230	33357945	17035	3827267
河 南	Henan	23073229	303317	25957766	6430	2393142
湖 北	Hubei	14787690	201211	17007850	13511	5014259
湖 南	Hunan	28841733	386882	32921639	10302	2334652
广 东	Guangdong	46327311	1775326	51392988	82024	4852076
广 西	Guangxi	8435238	169390	9305798	2735	1275977
海 南	Hainan	724029	10358	812951		126800
重 庆	Chongqing	13860585	382437	15597907	5503	1466560
四 川	Sichuan	27037456	510210	29759643	2485	2254464
贵 州	Guizhou	7437936	224293	8135155	120	1263772
云 南	Yunnan	9265213	157487	10321414	223751	3869397
西 藏	Tibet	274883	128	691824	2	44808
陕 西	Shaanxi	15036669	85667	16282623	618	1962243
甘 肃	Gansu	3599812	127415	4196333		503726
青 海	Qinghai	1122875	8639	1209798		206450
宁 夏	Ningxia	1489375	10498	1649305		256043
新 疆	Xinjiang	5054403	32751	5540552	131	748563

3-2-6 续表 8 Continued 8

其他企业 单位：万元

Other Enterprises Unit: 10000 yuan

地 区	Region	商品购进额 Total Purchases Value	#进 口 Imports	商品销售额 Total Sales Value	#出 口 Exports	期末商品库存额 Inventory (year-end)
全 国	**National Total**	**1059800**		**1284846**	**2546**	**76218**
北 京	Beijing	10081		11139		489
天 津	Tianjin	12935		17298	2546	62
河 北	Hebei					
山 西	Shanxi	36943		37943		147
内 蒙 古	Inner Mongolia					
辽 宁	Liaoning	40918		45173		1767
吉 林	Jilin	1870		2452		813
黑 龙 江	Heilongjiang	174818		180346		18197
上 海	Shanghai					
江 苏	Jiangsu	273465		404453		10406
浙 江	Zhejiang	12796		17264		491
安 徽	Anhui	14413		20167		1045
福 建	Fujian	16305		16217		3
江 西	Jiangxi	22770		25946		1602
山 东	Shandong	10684		12257		2003
河 南	Henan	45813		44272		14737
湖 北	Hubei	47671		56969		1499
湖 南	Hunan	46483		82077		3023
广 东	Guangdong	9407		10873		206
广 西	Guangxi	1369		1716		6
海 南	Hainan					
重 庆	Chongqing	968		942		28
四 川	Sichuan	15716		19113		230
贵 州	Guizhou	967		1445		9
云 南	Yunnan	36456		40710		1401
西 藏	Tibet					
陕 西	Shaanxi	186005		194451		12558
甘 肃	Gansu	4868		5637		257
青 海	Qinghai	2312		2191		157
宁 夏	Ningxia					
新 疆	Xinjiang	33767		33795		5082

3-2-6 续表 9 Continued 9

港、澳、台商投资企业 单位：万元

Enterprises with Funds from Hong Kong, Macao and Taiwan Unit: 10000 yuan

地 区	Region	商品购进额 Total Purchases Value	#进 口 Imports	商品销售额 Total Sales Value	#出 口 Exports	期末商品库存额 Inventory (year-end)
全 国	**National Total**	**76746641**	**4215153**	**93747963**	**67221**	**8421012**
北 京	Beijing	4339293	195238	4931403	1	1058736
天 津	Tianjin	1210255		1523514		100507
河 北	Hebei	592205	13962	613939		57489
山 西	Shanxi	230113	28132	263519		19473
内 蒙 古	Inner Mongolia	196383	4372	208837		19527
辽 宁	Liaoning	1503423	172021	1841978		129528
吉 林	Jilin	409926	40311	613871		35005
黑 龙 江	Heilongjiang	550660	3719	605151		30545
上 海	Shanghai	19642532	1695093	26300703	1115	2627696
江 苏	Jiangsu	9126328	199384	10394943		894344
浙 江	Zhejiang	6537702	491189	7139254	280	502083
安 徽	Anhui	1057462	16952	1481164		92651
福 建	Fujian	2060632	46944	2362823	44171	212909
江 西	Jiangxi	818861	72003	1022961		42729
山 东	Shandong	2966278	91481	3378132	77	355554
河 南	Henan	2149197	16856	2865663		126893
湖 北	Hubei	2103625	45894	2498756		150167
湖 南	Hunan	1094809	95731	1353721		130781
广 东	Guangdong	11670483	495007	14424099	16735	987593
广 西	Guangxi	839300	51826	971302	4842	65785
海 南	Hainan	232548	22930	251423		10368
重 庆	Chongqing	1210305	142161	1344972		114869
四 川	Sichuan	2212052	63675	2562423		155394
贵 州	Guizhou	290752		357908		15968
云 南	Yunnan	763518	104024	981611		69178
西 藏	Tibet	107741		82044		46575
陕 西	Shaanxi	2402987	86146	2872344		322226
甘 肃	Gansu	131670		179614		13192
青 海	Qinghai	63895		66005		4733
宁 夏	Ningxia	88535		95340		10837
新 疆	Xinjiang	143171	20102	158546		17677

外商投资企业
Foreign Funded Enterprises

单位：万元
Unit: 10000 yuan

地区	Region	商品购进额 Total Purchases Value	#进口 Imports	商品销售额 Total Sales Value	#出口 Exports	期末商品库存额 Inventory (year-end)
全国	**National Total**	**92881989**	**6274313**	**125923596**	**4384**	**7848343**
北京	Beijing	12219205	401953	14231823	268	438680
天津	Tianjin	2567798	10956	2852626	123	183501
河北	Hebei	1231604	49954	2422948		167339
山西	Shanxi	783384	72	1351832		53348
内蒙古	Inner Mongolia	10331		13312		1035
辽宁	Liaoning	1074605	60052	1286743		83486
吉林	Jilin	78274		80856		4381
黑龙江	Heilongjiang	371380	707	449901		25402
上海	Shanghai	11808384	3379805	18688428	2327	2263804
江苏	Jiangsu	8793880	120658	11352124	1323	772499
浙江	Zhejiang	6686655	565728	12400607		534860
安徽	Anhui	319583	40279	386619		31544
福建	Fujian	8216724	189345	8821057		451978
江西	Jiangxi	657948	85310	675130		72683
山东	Shandong	1658506	172051	2206821		315092
河南	Henan	1243070		2239446		127954
湖北	Hubei	3552291	349685	3995683		96851
湖南	Hunan	1259288	40665	2395041		178381
广东	Guangdong	15402076	404235	17693655	281	1042911
广西	Guangxi	333260	6289	404205	62	75864
海南	Hainan	132243		155073		6349
重庆	Chongqing	2312484	75440	2461016		43221
四川	Sichuan	6181789	121473	7046860		500068
贵州	Guizhou	1106869	5842	2692265		80869
云南	Yunnan	1067013	82048	1303665		134439
西藏	Tibet	38986	7975	35861		4797
陕西	Shaanxi	3597381	103791	8082656		143331
甘肃	Gansu	387		4307		216
青海	Qinghai	3371		4197		358
宁夏	Ningxia	3264		4855		1
新疆	Xinjiang	169956		183984		13101

3-2-7 各地区限额以上零售业企业商品购、销、存情况（按国民经济行业分）

Total Purchases, Sales and Inventory of Enterprises above Designated Size of Retail Trade by Region and Sector

综合零售
Integrated Retail

单位：万元
Unit: 10000 yuan

地 区	Region	商品购进额 Total Purchases Value	#进口 Imports	商品销售额 Total Sales Value	#出口 Exports	期末商品库存额 Inventory (year-end)
全 国	**National Total**	**183513942**	**3954172**	**222529201**	**253528**	**19027200**
北 京	Beijing	11888359	316649	14177105		1835765
天 津	Tianjin	1704255	1058	1983794		174605
河 北	Hebei	7544581	1249	9071920		948482
山 西	Shanxi	2849950		3454404		398453
内蒙古	Inner Mongolia	942619	693	1414677		109053
辽 宁	Liaoning	3347499	12225	5367495		267416
吉 林	Jilin	1333640	358	2114023		164094
黑龙江	Heilongjiang	2473828	44	3997397		161057
上 海	Shanghai	14325773	1065843	15453594	2073	852196
江 苏	Jiangsu	17217544	25269	19924834		1821360
浙 江	Zhejiang	11387541	167727	13324889	19662	960924
安 徽	Anhui	8387772	10796	10306767	109	648807
福 建	Fujian	8562575	37319	9186628		515837
江 西	Jiangxi	3477783	3122	4422139		480678
山 东	Shandong	12455459	59126	15306301		1416255
河 南	Henan	6643657	14065	8806369		620366
湖 北	Hubei	8093902	2106	10625444		897371
湖 南	Hunan	7984469	64269	9269057		991667
广 东	Guangdong	16069917	57983	18873937		1287695
广 西	Guangxi	2826236	794	3342687	599	366388
海 南	Hainan	3737260	2077982	4078791		1175001
重 庆	Chongqing	5595452	1933	7843214		586539
四 川	Sichuan	9420237	21827	11215251	533	780963
贵 州	Guizhou	2207515	5953	2788901		240910
云 南	Yunnan	2979606	5607	3338345	230550	310427
西 藏	Tibet	110150	118	140025	2	17693
陕 西	Shaanxi	6563385	26	8139203		561908
甘 肃	Gansu	960568	2	1474607		219728
青 海	Qinghai	336669		439979		33352
宁 夏	Ningxia	769678		832719		60865
新 疆	Xinjiang	1316063	29	1814705		121345

3-2-7 续表 1 Continued 1

食品、饮料及烟草制品专门零售 单位：万元

Special Retail of Food, Beverages and Tobaccos Unit: 10000 yuan

地区	Region	商品购进额 Total Purchases Value	#进口 Imports	商品销售额 Total Sales Value	#出口 Exports	期末商品库存额 Inventory (year-end)
全国	**National Total**	**35530722**	**311943**	**43199628**	**23996**	**9609244**
北京	Beijing	1255402	924	1630531		241704
天津	Tianjin	278371		399674		22804
河北	Hebei	379315	1202	462607		53950
山西	Shanxi	686188		751041	2420	92472
内蒙古	Inner Mongolia	79908		93013		17452
辽宁	Liaoning	536621	5652	678697		52821
吉林	Jilin	311721	2626	359238		39609
黑龙江	Heilongjiang	492730	74	539603	5	48629
上海	Shanghai	1734580	11663	2359853	574	191098
江苏	Jiangsu	3356988	51977	4061814	12247	322246
浙江	Zhejiang	1236554	15764	1453418		150234
安徽	Anhui	1554657	8984	1844157	272	138380
福建	Fujian	3680288	24772	4352069	238	2318974
江西	Jiangxi	1261679	3661	1533747		77567
山东	Shandong	972516	4197	1191197	1053	129685
河南	Henan	1459571	13258	1787429	30	281107
湖北	Hubei	1850400	784	2248075		155519
湖南	Hunan	2089948	5360	2465946	1530	113587
广东	Guangdong	3510422	60688	4736690	2788	479722
广西	Guangxi	669413	1266	746756	300	63662
海南	Hainan	83437	245	102122		24280
重庆	Chongqing	1237175	48665	1515219		82783
四川	Sichuan	1450365	3157	1803941	773	120952
贵州	Guizhou	2228822	30012	2514751	50	822137
云南	Yunnan	1031705	13092	1154531	1629	2791670
西藏	Tibet	12603		130106		4684
陕西	Shaanxi	1573016	599	1692417		691832
甘肃	Gansu	204442	3321	233265		26852
青海	Qinghai	50638		61696	87	9378
宁夏	Ningxia	58176		69316		11813
新疆	Xinjiang	203071		226709		31641

纺织、服装及日用品专门零售
Special Retail of Textiles, Garments and Daily Consumer Articles

单位：万元
Unit: 10000 yuan

地 区	Region	商品购进额 Total Purchases Value	#进 口 Imports	商品销售额 Total Sales Value	#出 口 Exports	期末商品库存额 Inventory (year-end)
全 国	**National Total**	**42425166**	**3140148**	**64758571**	**73560**	**10523653**
北 京	Beijing	1822637	96990	2741723	1322	1146785
天 津	Tianjin	706584	2559	989499	123	61387
河 北	Hebei	463821		610703		57695
山 西	Shanxi	599262	4784	973584		151782
内蒙古	Inner Mongolia	165639		203979		24546
辽 宁	Liaoning	773581	7952	1007519	4650	224341
吉 林	Jilin	108144		151257		96687
黑龙江	Heilongjiang	329899		392213		36465
上 海	Shanghai	14893351	2892411	27397476	9855	3961270
江 苏	Jiangsu	3730799	1856	4945651	16979	506142
浙 江	Zhejiang	1504020	19185	2121936	881	418766
安 徽	Anhui	717405		945344		154130
福 建	Fujian	3371571	23753	3973638	736	384109
江 西	Jiangxi	357293		504536	9026	41162
山 东	Shandong	1555037	10602	2070609	3376	448610
河 南	Henan	1041674	1914	1306319	756	106710
湖 北	Hubei	877128	2120	1106763	10537	220121
湖 南	Hunan	940719	1926	1190754	2647	108065
广 东	Guangdong	3803156	30645	5800212	12291	1313950
广 西	Guangxi	108252		199349		38330
海 南	Hainan	54442	1350	70532		40675
重 庆	Chongqing	1004488	35205	1234589		250441
四 川	Sichuan	1368700	3486	1740088	381	260132
贵 州	Guizhou	133719		144491		39347
云 南	Yunnan	227909	2254	363978		42690
西 藏	Tibet	111719		86824		46576
陕 西	Shaanxi	1266866	1156	1984455		276197
甘 肃	Gansu	170359		214336		29475
青 海	Qinghai	69067		76931		14327
宁 夏	Ningxia	24489		27130		10737
新 疆	Xinjiang	123436		182153		12003

3-2-7 续表 3 Continued 3

文化、体育用品及器材专门零售
Special Retail of Culture, Sports Appliances and Equipments

单位：万元
Unit: 10000 yuan

地　区	Region	商品购进额 Total Purchases Value	#进口 Imports	商品销售额 Total Sales Value	#出口 Exports	期末商品库存额 Inventory (year-end)
全　国	**National Total**	**26781218**	**1486268**	**33000684**	**101567**	**6973046**
北　京	Beijing	2815668	597950	3556476	10051	1098851
天　津	Tianjin	207933		283193		62107
河　北	Hebei	550407		621870		135676
山　西	Shanxi	266370	17	330309		90058
内蒙古	Inner Mongolia	322540		262377		61798
辽　宁	Liaoning	445785		523140	2886	120684
吉　林	Jilin	172402		138108		77583
黑龙江	Heilongjiang	190874	3821	205666		116196
上　海	Shanghai	2615695	805935	3750686	1493	1223664
江　苏	Jiangsu	3945923	6231	5002877	5672	1100977
浙　江	Zhejiang	907827	140	1147065	1002	366708
安　徽	Anhui	871880	17085	974622		160135
福　建	Fujian	2086476	6964	2381704	52020	198489
江　西	Jiangxi	947311	4793	1281867	12829	144822
山　东	Shandong	1074456	894	1238210	75	382951
河　南	Henan	1256040	5	1414768		164192
湖　北	Hubei	561015	8000	684113		115946
湖　南	Hunan	1235871	399	1645119	342	155856
广　东	Guangdong	1807753	21197	2377285	13062	423725
广　西	Guangxi	560026		608778	2005	115989
海　南	Hainan	70273		93961		16096
重　庆	Chongqing	728763	133	804744		92937
四　川	Sichuan	1062497	116	1480085		143838
贵　州	Guizhou	208747		228562	70	17693
云　南	Yunnan	613359	4071	641624		59163
西　藏	Tibet	12751		12884		1074
陕　西	Shaanxi	703520	8307	770196	60	148010
甘　肃	Gansu	216954		217320		21975
青　海	Qinghai	13431		15574		3846
宁　夏	Ningxia	27446	210	26743		27276
新　疆	Xinjiang	281225		280758		124731

3-2-7 续表 4 Continued 4

医药及医疗器材专门零售
Special Retail of Medicines and Medical Appliances

单位：万元
Unit: 10000 yuan

地 区	Region	商品购进额 Total Purchases Value	#进 口 Imports	商品销售额 Total Sales Value	#出 口 Exports	期末商品库存额 Inventory (year-end)
全 国	**National Total**	**41076592**	**273251**	**50387024**	**79940**	**10334726**
北 京	Beijing	781351	46456	996014	48088	188792
天 津	Tianjin	288187	1395	343406		59055
河 北	Hebei	1228192	675	1556127		254859
山 西	Shanxi	719402	1	1080195		194232
内蒙古	Inner Mongolia	582653		692695		125554
辽 宁	Liaoning	1617935	1947	1956458	12233	290523
吉 林	Jilin	789533	2901	1032234		153687
黑龙江	Heilongjiang	702057	91	874128		130927
上 海	Shanghai	1269296	18824	1541922	5254	162202
江 苏	Jiangsu	3785136	9668	4647404	6287	507721
浙 江	Zhejiang	2304489		2770884	752	352674
安 徽	Anhui	1188414	41684	1430428		173360
福 建	Fujian	1167235	1	1339692		167953
江 西	Jiangxi	779458	3547	1101061		433146
山 东	Shandong	3262840	119239	3688783		511970
河 南	Henan	2089654	12140	2598293		281663
湖 北	Hubei	1708901	3	2030065	6590	3678018
湖 南	Hunan	1821302	490	2331650		197334
广 东	Guangdong	3899720	2971	4970780	184	645522
广 西	Guangxi	2667115	9407	2921586	552	304364
海 南	Hainan	58350	53	85570		28481
重 庆	Chongqing	1063097	799	1283956		226499
四 川	Sichuan	1893774	687	2277074		262047
贵 州	Guizhou	551338	68	715978		111246
云 南	Yunnan	989011	1	1658588		203513
西 藏	Tibet	15268	10	21608		1384
陕 西	Shaanxi	1570368	11	1876677		204624
甘 肃	Gansu	379685		522995		82919
青 海	Qinghai	83454		106605		14366
宁 夏	Ningxia	141925	182	158808		32856
新 疆	Xinjiang	1677452		1775360		353235

3-2-7 续表 5 Continued 5

汽车、摩托车、零配件和燃料及其他动力销售

Retail of Motor Vehicles, Motorcycles, Parts and Fuel and Other Powers

单位：万元

Unit: 10000 yuan

地 区	Region	商品购进额 Total Purchases Value	#进口 Imports	商品销售额 Total Sales Value	#出口 Exports	期末商品库存额 Inventory (year-end)
全 国	**National Total**	**510395791**	**21365579**	**581887369**	**38732**	**45656953**
北 京	Beijing	21180222	1046396	21871011	268	1943466
天 津	Tianjin	9224923	486340	9637384		834512
河 北	Hebei	16101986	577628	17912678		1831845
山 西	Shanxi	9538750	244889	11182152		948099
内蒙古	Inner Mongolia	7330582	99377	7951870	546	662541
辽 宁	Liaoning	12612490	706775	14584615	1677	1023908
吉 林	Jilin	5837989	242049	7676452		560868
黑龙江	Heilongjiang	6594453	203688	6978586		638609
上 海	Shanghai	23146975	827767	23934171		1919177
江 苏	Jiangsu	48212361	1949840	55110872	71	3968635
浙 江	Zhejiang	42449707	2980834	50180315	3707	3685618
安 徽	Anhui	16841216	593722	21290924	660	1500016
福 建	Fujian	23716478	1046488	24976344	13079	1637706
江 西	Jiangxi	10319328	412091	12096992		962473
山 东	Shandong	31421988	934855	34343819	735	3315334
河 南	Henan	24085237	763639	27717645		2260222
湖 北	Hubei	15040722	550305	16983738	2174	1521535
湖 南	Hunan	18991075	540003	26362891	2040	1568954
广 东	Guangdong	57879884	3244313	67006681	2968	4768238
广 西	Guangxi	9526547	388742	10045871	771	1106839
海 南	Hainan	3807377	124857	4274577		290727
重 庆	Chongqing	13992778	622290	15625751	5188	1093408
四 川	Sichuan	31520410	1271728	33451841		2620591
贵 州	Guizhou	10243853	371841	14107828	4717	1024582
云 南	Yunnan	11143280	465831	14334001		1073625
西 藏	Tibet	985144	13555	1578871		81609
陕 西	Shaanxi	13206040	375796	14259580		1193769
甘 肃	Gansu	6205148	172276	6709862		524621
青 海	Qinghai	1369453	17817	1450549		204711
宁 夏	Ningxia	1671556	11214	1753929		186441
新 疆	Xinjiang	6197839	78633	6495569	131	704274

3-2-7 续表 6 Continued 6

家用电器及电子产品专门零售

Special Retail of Household Electric Appliances and Electronic Products

单位：万元

Unit: 10000 yuan

地 区	Region	商品购进额 Total Purchases Value	#进口 Imports	商品销售额 Total Sales Value	#出口 Exports	期末商品库存额 Inventory (year-end)
全 国	**National Total**	**76535852**	**316961**	**86223169**	**13036**	**5891080**
北 京	Beijing	13408361	77206	14609820		461135
天 津	Tianjin	791429	8242	876238		40420
河 北	Hebei	1343729	131	1453789		184852
山 西	Shanxi	996989		1287876		129518
内蒙古	Inner Mongolia	548597		689000		187969
辽 宁	Liaoning	1390822	218	1599133	1479	108206
吉 林	Jilin	541628	801	596201		101087
黑龙江	Heilongjiang	922058		973863		72953
上 海	Shanghai	5277906	39894	5824087	56	276265
江 苏	Jiangsu	6805635	14699	8174585	62	660163
浙 江	Zhejiang	3961847	11420	4503886	3452	433558
安 徽	Anhui	2607769	5054	3023839	165	186718
福 建	Fujian	2764976		3417307		168843
江 西	Jiangxi	1509011	1400	1703401	500	120993
山 东	Shandong	3850208	21366	4136323	454	395702
河 南	Henan	3005980	1595	3314873		296020
湖 北	Hubei	3638598	5113	4089311		211755
湖 南	Hunan	2633738	11	2960739		177279
广 东	Guangdong	7270564	65989	7861779	281	690512
广 西	Guangxi	1154828	696	1358617	4942	137280
海 南	Hainan	594922		612454		40614
重 庆	Chongqing	2631603	11011	2910638	201	106501
四 川	Sichuan	4503337	21991	5035147	1444	258298
贵 州	Guizhou	651101		660230		59517
云 南	Yunnan	862535	19	996726		115379
西 藏	Tibet	52874		56177		8058
陕 西	Shaanxi	1671589	350	2184798		124212
甘 肃	Gansu	383291	29755	442572		38176
青 海	Qinghai	105990		147241		10048
宁 夏	Ningxia	167936		183051		26911
新 疆	Xinjiang	486001		539468		62138

3-2-7 续表 7 Continued 7

五金、家具及室内装饰材料专门零售
Special Retail of Hardware, Furniture and Interior Decoration Materials

单位：万元
Unit: 10000 yuan

地 区	Region	商品购进额 Total Purchases Value	#进 口 Imports	商品销售额 Total Sales Value	#出 口 Exports	期末商品库存额 Inventory (year-end)
全 国	**National Total**	**15833574**	**183769**	**19591084**	**48881**	**1740165**
北 京	Beijing	600902	29533	878631	543	160809
天 津	Tianjin	156847	1706	198266	4152	20272
河 北	Hebei	78762		93540	5412	9821
山 西	Shanxi	270819		367070		23849
内 蒙 古	Inner Mongolia	20157		20426		4840
辽 宁	Liaoning	154614	10018	181267	8914	21755
吉 林	Jilin	66879		79736	30	14317
黑 龙 江	Heilongjiang	68340		85208		13527
上 海	Shanghai	681898	47909	1049535		181949
江 苏	Jiangsu	1436903	12855	1725817	5170	146346
浙 江	Zhejiang	391341	21239	508328	6207	52175
安 徽	Anhui	535637	600	607562	698	29970
福 建	Fujian	3403375		3981659		275153
江 西	Jiangxi	483573	3190	576786	22	39885
山 东	Shandong	425527	3708	498564	1333	49633
河 南	Henan	782986	3267	932576	2071	67725
湖 北	Hubei	769379	104	988053	800	70101
湖 南	Hunan	1386812	613	1629979		66674
广 东	Guangdong	1014659	26532	1279683	13016	158013
广 西	Guangxi	204169	378	225218		16162
海 南	Hainan	16223		18779		3493
重 庆	Chongqing	823329	778	952125		35060
四 川	Sichuan	502524	380	596938		39346
贵 州	Guizhou	70764		83490		8829
云 南	Yunnan	162743	2297	183700		25388
西 藏	Tibet	496		904		
陕 西	Shaanxi	1046079		1224780	513	54386
甘 肃	Gansu	58671		70029		5941
青 海	Qinghai	12906		13277		1982
宁 夏	Ningxia	682		886		108
新 疆	Xinjiang	205578	18662	538272		142656

3-2-7 续表 8 Continued 8

货摊、无店铺及其他零售业
Stalls, Non-shop and Other Retails

单位：万元
Unit: 10000 yuan

地 区	Region	商品购进额 Total Purchases Value	#进 口 Imports	商品销售额 Total Sales Value	#出 口 Exports	期末商品库存额 Inventory (year-end)
全 国	**National Total**	**178593601**	**1749319**	**208307471**	**260688**	**16711361**
北 京	Beijing	35009743	146626	39207819	3474	1705886
天 津	Tianjin	4212418		4608396		59275
河 北	Hebei	3880051		5000071		204522
山 西	Shanxi	840136		882181		21377
内蒙古	Inner Mongolia	394396	730	581273		11091
辽 宁	Liaoning	3554740		4390843		58553
吉 林	Jilin	361361		377659		11751
黑龙江	Heilongjiang	542354	829	561009		8823
上 海	Shanghai	17484386	28851	22032817	1609	933552
江 苏	Jiangsu	14466351	11180	16460398	5074	432941
浙 江	Zhejiang	15475093	366828	18514800	32098	8349503
安 徽	Anhui	4563434	122824	5630155	89909	1906376
福 建	Fujian	11339911	116069	13121035	51841	709264
江 西	Jiangxi	2720054	19010	2981486	815	196059
山 东	Shandong	5543824	69522	6131938	10086	313256
河 南	Henan	1866668	30842	2140873	4290	84315
湖 北	Hubei	7436758	335566	8360647		94063
湖 南	Hunan	3160271	30900	3734341	4097	109398
广 东	Guangdong	27987343	363023	30923127	56090	1045711
广 西	Guangxi	784964	149	903898	474	17917
海 南	Hainan	677020		706926		3901
重 庆	Chongqing	2029911	93677	2152663	114	63580
四 川	Sichuan	9354060	5728	10194916	516	244017
贵 州	Guizhou	1138436		1159560		10889
云 南	Yunnan	134614		161632		6911
西 藏	Tibet	14270		20700		6240
陕 西	Shaanxi	3254460	6123	6920539	104	82069
甘 肃	Gansu	162488	756	161755		6063
青 海	Qinghai	20175		27439		1475
宁 夏	Ningxia	44446		53766		3385
新 疆	Xinjiang	139465	86	202809	97	9198

3-3-1 限额以上批发和零售业企业年末资产负债

项　目	Item	流动资产合计 Total Current Assets	#存货 Stock
总　计	**Total**	**3152622340**	**462884473**
一、批发业	**Wholesale Trade**	**2679695188**	**360479100**
#国有控股	State-controlled Enterprises	853025545	129014664
(一)按登记注册类型分	**by Type of Registration**		
1.内资企业	**Domestic Funded Enterprises**	**2249271813**	**292842327**
国有企业	State-owned Enterprises	115190185	20954190
集体企业	Collective-owned Enterprises	3520236	212650
股份合作企业	Cooperative Enterprises	1257560	245334
联营企业	Joint Ownership Enterprises	686132	82612
国有联营企业	State Joint Ownership Enterprises	126032	17052
集体联营企业	Collective Joint Ownership Enterprises	12317	2858
国有与集体联营企业	Joint State-collective Enterprises	316162	24222
其他联营企业	Other Joint Ownership Enterprises	231621	38482
有限责任公司	Limited Liability Corporations	995637628	133898723
国有独资公司	State Sole Funded Corporations	178123621	28187478
其他有限责任公司	Other Limited Liability Corporations	817514011	105711249
股份有限公司	Share-holding Corporations Ltd.	190760774	19811923
私营企业	Private Enterprises	940834504	117480142
私营独资企业	Private-funded Enterprises	7604863	1008615
私营合伙企业	Private Partnership Enterprises	1005669	169364
私营有限责任公司	Private Limited Liability Corporations	908176190	113039632
私营股份有限公司	Private Share-holding Corporations Ltd.	24047785	3262536
其他企业	Other Enterprises	1384799	156747
2.港、澳、台商投资企业	**Enterprises with Funds from Hongkong, Macao and Taiwan**	**168780560**	**26704357**
合资经营企业	Joint-venture Enterprises	26310060	3161893
合作经营企业	Cooperative Enterprises	855334	57985
独资经营企业	Enterprises with Sole Investment	132588022	22661122
投资股份有限公司	Share-holding Corporations Ltd. with Investment	7441258	688008
其他港澳台商投资企业	Other Enterprises with Funds from Hongkong, Macao and Taiwan	1585889	135355
3.外商投资企业	**Foreign Funded Enterprises**	**261642816**	**40932417**
中外合资经营企业	Joint-venture Enterprises	52394390	5333908
中外合作经营企业	Cooperative Enterprises	509423	22440
外资企业	Enterprises with Sole Foreign Investment	197871241	34494097
外商投资股份有限公司	Share-holding Corporations Ltd. with Foreign Investment	7064584	846949
其他外商投资企业	Other Foreign Funded Enterprises	3803180	235022

注：限额以上批发和零售业企业中包含视同法人企业，部分视同法人企业资产不等于负债与所有者权益之和(下表同)。

Assets and Liabilities of Enterprises above Designated Size of Wholesale and Retail Trades at the Year-end

单位：万元
Unit:10000 yuan

固定资产原　价 Original Value of Fixed Assets	累计折旧 Accumulated Depreciation	#本年折旧 Current Year Depreciation	资产总计 Total Assets	负债合计 Total Liabilities	所有者权益合　计 Total Owners' Equities	实收资本 Paicl-up Capitals
289500901	**119550838**	**19790313**	**4120732849**	**2978592879**	**1140254903**	**884403461**
164157957	**67942106**	**10904914**	**3447363797**	**2501541648**	**945341504**	**563637511**
69878812	29992100	3846313	1223903764	816582594	407605131	194172549
141154549	**56546875**	**9056878**	**2908306686**	**2137148606**	**770798963**	**492643247**
17840138	8981930	792780	145771418	68164460	78044686	15063066
507653	249730	22835	6259665	4601395	1599090	1171067
155201	79409	7486	1604878	1555406	49473	707245
35581	17725	2494	904606	630831	273778	223195
3765	1592	240	183674	137658	46016	42636
903	671	23	13619	12782	837	605
27136	13045	1946	454510	267376	187136	159347
3777	2417	288	252804	213014	39790	20607
52639273	20098761	3063093	1328981724	974033251	354534880	270968643
11991774	4484877	814193	300661426	198997793	101555831	56019625
40647503	15613883	2248897	1028320299	775035459	252979046	214949020
17945316	7879638	1128126	314256018	200782342	113732539	35043444
51806207	19175406	4029004	1108880075	886230506	222068038	169239350
429629	135869	32472	8861937	7337661	1523181	889032
60632	19845	4504	1090045	848593	241454	145584
49241286	18237147	3861011	1057326298	856299475	200447965	161708109
2074663	782546	131023	41601800	21744780	19855442	6496635
225187	64289	11070	1648312	1150423	496478	227246
8579351	**4112212**	**614733**	**213108000**	**144397885**	**68616177**	**31358429**
1719998	895541	70030	33862258	23096547	10702054	5395126
22108	10470	1410	996466	776676	219792	100490
6463795	3011200	511096	164241958	114055170	50156942	23618480
335069	177199	29572	12142265	5460278	6681550	1701715
38385	17804	2627	1865052	1009213	855840	542618
14424055	**7283023**	**1233304**	**325949111**	**219995163**	**105926371**	**39635837**
2998210	1503191	219554	68454945	50643713	17811230	7601522
70642	39415	2952	567492	501365	59975	118322
10188337	5254681	937244	240284099	156741210	83521464	29608120
1106574	466158	69472	12631307	8816343	3814965	1836672
60294	19578	4085	4011273	3292532	718741	471203

Note: For the financial data of Wholesale and Retail Trades enterprises above designated size, total assets may not equal to liabities plus total owner's equities, due to the fact that there are some establishments which are regarded as enterprises. The same applies to the tables following.

项　目	Item	流动资产合计 Total Current Assets	#存货 Stock
(二)按国民经济行业分	**by Sector**		
农、林、牧、渔产品批发	Wholesale of Agricultural, Forestry, Livestock and Fishery Products	100056390	28588413
食品、饮料及烟草制品批发	Wholesale of Food, Beverages and Tobaccos	264225963	49258578
#米、面制品及食用油批发	Wholesale of Rice, Flour and Edible Oil	50525498	16495700
肉、禽、蛋、奶及水产品批发	Wholesale of Meal, Fowls, Eggs, Milk and Aquatic Products	27510653	5518496
酒、饮料及茶叶批发	Wholesale of Wine, Beverages and Teas	66278440	9344912
烟草制品批发	Wholesale of Tobaccos	61121370	10014655
纺织、服装及家庭用品批发	Wholesale of Textiles, Wearing Apparel and Household Articles	249385747	39578750
#服装批发	Wholesale of Garments	44136477	8645107
鞋帽批发	Wholesale of Shoes and Hats	11607410	2303448
日用家电批发	Wholesale of Household Electrical Appliances	81124657	10922398
文化、体育用品及器材批发	Wholesale of Culture, Sports Appliances and Equipments	68601723	13694391
#文具用品批发	Wholesale of Stationeries	17775707	1987377
体育用品及器材批发	Wholesale of Sports Appliances and Equipments	5999227	870037
图书批发	Wholesale of Books	11824731	2017464
医药及医疗器材批发	Wholesale of Medicines and Medical Appliances	218690650	34815627
#西药批发	Wholesale of Western Medicines	131412484	20300747
中药批发	Wholesale of Chinese Traditional Medicines	28842672	4468174
矿产品、建材及化工产品批发	Wholesale of Mineral Products, Building Materials and Chemical Products	1224041515	124734999
#煤炭及制品批发	Wholesale of Coal and Related Products	159007595	12725990
石油及制品批发	Wholesale of Petroleum and Related Products	171660577	29528093
金属及金属矿批发	Wholesale of Metal Materials	543190831	48686634
建材批发	Wholesale of Building Materials	140205240	10871112
化肥批发	Wholesale of Chemical Fertilizer	25780504	3868975
农药批发	Wholesale of Pesticides	5295153	746385
机械设备、五金产品及电子产品批发	Wholesale of Machinery, Hardware and Electronic Products	460745142	61546664
#汽车及零配件批发	Wholesale of Motor Vehicles and Their Parts	150443545	23028675
计算机、软件及辅助设备批发	Wholesale of Computer, Software and Assistant Appliances	40463642	6274183
通讯设备批发	Wholesale of Communication Equipments	41491858	4725040
贸易经纪与代理	Trade Broker and Agency	43368255	2640061
其他批发业	Other Wholesale not Classified Elsewhere	50579812	5621623

3-3-1 Continued 1

单位：万元

Unit:10000 yuan

固定资产原价 Original Value of Fixed Assets	累计折旧 Accumulated Depreciation	#本年折旧 Current Year Depreciation	资产总计 Total Assets	负债合计 Total Liabilities	所有者权益合计 Total Owners' Equities	实收资本 Paicl-up Capitals
10424185	3441248	495662	133297373	99316491	33948310	18983593
30143523	13268736	1587647	328342317	194178985	134206677	42748072
5074741	1424568	209735	61778500	50513370	11276253	6692105
2629044	966172	166626	32911933	25557504	7354438	7600360
3603450	1336174	213926	77981011	49121454	28855343	10980827
12908243	7463869	646584	77557480	13468378	64110528	2859007
14177540	5843799	951501	310179648	228787123	81312872	36994000
3892012	1716830	307648	56791179	37919217	18870968	7599790
840357	423762	75107	13245318	8945186	4296721	1195964
1666517	624323	94507	94380646	79839453	14538330	5753377
4320258	2099142	252016	86170659	57892075	28330879	12232356
1377561	831794	67035	21138415	16002196	5125982	3108377
290686	135690	34572	7271584	4599480	2672102	610412
1291449	470115	57500	17375043	10061229	7313800	2014980
12948453	5589556	1077907	261753969	189998028	71730468	32478317
6133181	2269297	413871	159305672	117196078	42104381	19857385
1577590	579101	101006	33285126	25959755	7310813	4219286
69680944	28191377	4658476	1645895513	1233883688	412061623	280816233
9360988	3378622	1041065	263116323	173552387	89565434	53238997
32816494	14340084	1957079	250362881	185482568	65152889	49818675
12381308	4686993	636816	678720875	538274866	140672560	108886155
5465483	1563520	362068	172687592	133764493	38563160	26917777
1271581	423038	65150	34865189	26295856	8560798	4995267
325069	147398	16131	7671751	5341598	2272820	899440
18653490	8090735	1587724	562295300	408697035	153271206	72658874
4231422	1812115	401856	183392584	140470107	42902544	21474909
983240	464037	91181	44408418	32677604	11730606	6863125
1085179	539451	70784	49039963	38534798	10501150	5811055
1079677	382787	51161	53882529	40652311	13134360	6132067
2729886	1034734	242826	65546500	48135918	17345116	60594000

项 目	Item	流动资产合计 Total Current Assets	#存货 Stock
二、零售业	**Retail Trade**	**472927152**	**102405374**
#国有控股	State-controlled Enterprises	71854727	13580322
(一)按登记注册类型分	**by Type of Registration**		
1.内资企业	**Domestic Funded Enterprises**	**385569286**	**87423564**
国有企业	State-owned Enterprises	7828870	1368670
集体企业	Collective-owned Enterprises	965635	181940
股份合作企业	Cooperative Enterprises	372629	112215
联营企业	Joint Ownership Enterprises	116225	23443
国有联营企业	State Joint Ownership Enterprises	35400	10284
集体联营企业	Collective Joint Ownership Enterprises	6646	380
国有与集体联营企业	Joint State-collective Enterprises	26761	4383
其他联营企业	Other Joint Ownership Enterprises	47420	8396
有限责任公司	Limited Liability Corporations	146904238	28969873
国有独资公司	State Sole Funded Corporations	10192279	2232882
其他有限责任公司	Other Limited Liability Corporations	136711961	26736994
股份有限公司	Share-holding Corporations Ltd.	37661986	5797877
私营企业	Private Enterprises	191455842	50903302
私营独资企业	Private-funded Enterprises	2899424	809053
私营合伙企业	Private Partnership Enterprises	381228	67951
私营有限责任公司	Private Limited Liability Corporations	181189556	48227268
私营股份有限公司	Private Share-holding Corporations Ltd.	6985634	1799031
其他企业	Other Enterprises	263874	66253
2.港、澳、台商投资企业	**Enterprises with Funds from Hongkong, Macao and Taiwan**	**38064391**	**7503858**
合资经营企业	Joint-venture Enterprises	7971997	1082282
合作经营企业	Cooperative Enterprises	918017	31822
独资经营企业	Enterprises with Sole Investment	26913878	6068987
投资股份有限公司	Share-holding Corporations Ltd. with Investment	1054784	226267
其他港澳台商投资企业	Other Enterprises with Funds from Hongkong, Macao and Taiwan	1205718	94504
3.外商投资企业	**Foreign Funded Enterprises**	**49293475**	**7477949**
中外合资经营企业	Joint-venture Enterprises	11585043	1702897
中外合作经营企业	Cooperative Enterprises	277700	54462
外资企业	Enterprises with Sole Foreign Investment	33841291	5031974
外商投资股份有限公司	Share-holding Corporations Ltd. with Foreign Investment	3344574	642239
其他外商投资企业	Other Foreign Funded Enterprises	244871	46377

3-3-1 Continued 2

单位：万元
Unit:10000 yuan

固定资产原价 Original Value of Fixed Assets	累计折旧 Accumulated Depreciation	#本年折旧 Current Year Depreciation	资产总计 Total Assets	负债合计 Total Liabilities	所有者权益合计 Total Owners' Equities	实收资本 Paicl-up Capitals
125342943	**51608729**	**8885395**	**673369051**	**477051232**	**194913395**	**320765953**
30524680	12841954	1851778	128842373	73104477	56279392	17593206
100949057	**40140866**	**7180371**	**546240845**	**389354539**	**156510861**	**148747209**
2885231	1167054	159326	13544825	7699580	6600242	917980
419889	173101	20844	1407499	737991	658469	131957
377785	164925	39435	870077	504428	360146	91778
64682	20670	4444	210345	151703	55386	68027
18066	7493	900	50788	50699	90	9174
3794	1899	156	8723	3877	4846	1570
12405	6464	964	33926	10871	23055	4822
30417	4816	2425	116908	86255	27398	52462
33871137	13782738	2388400	201529855	150544330	50770251	54386899
2840830	1095040	154843	16299247	10215551	6075331	2652423
31030308	12687703	2233552	185230614	140328782	44694921	51734479
19497955	8561464	1240743	76529190	39443099	37165173	7431917
43630900	16209121	3305165	251673823	190050030	60653626	85547457
1468425	404123	91922	4460325	2393447	2020678	1001368
219157	50930	11308	645689	333872	307701	174629
39429275	14784521	3064975	235475829	180487690	54080271	82925040
2514046	969547	136965	11091982	6835025	4244979	1446423
201483	61804	22024	475241	223384	247576	171194
10909251	**5326491**	**856037**	**52985694**	**37520170**	**15470101**	**11719967**
2097244	952490	133494	11739217	7127654	4611561	1741663
175430	119175	4749	1041477	734291	307187	156665
8296656	4100012	662813	37602621	28091169	9517254	9336540
291442	134803	49688	1329569	771630	557938	222647
48480	20011	5297	1272812	795432	476157	262454
13484633	**6141380**	**848991**	**74142512**	**50176522**	**22932437**	**160298780**
4253450	1958166	244942	19615753	12441525	7150173	3692866
248444	170478	13954	545616	178100	367517	173324
6596826	3083548	463868	45003523	32963107	10845749	154466462
2299566	888813	122540	8608681	4450956	4343263	1912943
86348	40377	3690	368945	142835	225733	53190

项 目	Item	流动资产合 计 Total Current Assets	#存 货 Stock
(二)按国民经济行业分	**by Sector**		
综合零售	Integrated Retail	104735178	16403102
#百货零售	Retail of General Merchandise	62191798	7107319
超级市场零售	Retail of Supermarkets	37786117	8603525
食品、饮料及烟草制品专门零售	Special Retail of Food, Beverages and Tobaccos	20958263	4614450
#粮油零售	Retail of Cereal and Oil	2056729	487508
肉、禽、蛋、奶及水产品零售	Retail of Meat, Poultry, Eggs, Milk and Aquatic Products	2487845	424491
酒、饮料及茶叶零售	Retail of Wine, Beverages and Teas	6671668	1649569
烟草制品零售	Retail of Tobaccos	1265761	389241
纺织、服装及日用品专门零售	Special Retail of Textiles, Garments and Daily Consumer Articles	32602915	10382154
#服装零售	Retail of Garments	22122332	6945752
文化、体育用品及器材专门零售	Special Retail of Culture, Sports Appliances and Equipments	23602063	6619081
#体育用品及器材零售	Retail of Sports Appliances and Equipments	957986	325621
图书、报刊零售	Retail of Books, Newspapers and Magazines	12151348	1960331
医药及医疗器材专门零售	Special Retail of Medicines and Medical Appliances	23386290	6628793
#西药零售	Retail of Western Medicines	20933628	6075605
汽车、摩托车、零配件和燃料及其他动力销售	Retail of Motor Vehicles, Motorcycles, Parts, Fuel and Other Powers	161768332	42246475
#汽车新车零售	Retail of New Motor Vehicles	126172397	36055410
机动车燃油零售	Retail of Fuel Oil of Motor Vehicles	30153325	4900041
家用电器及电子产品专门零售	Special Retail of Household Electric Appliances and Electronic Products	44026261	5799313
#日用家电零售	Retail of Household Electric Appliances	27660949	2587069
计算机、软件及辅助设备零售	Retail of Computer, Software and Assistant Appliances	5495683	900484
通信设备零售	Retail of Communication Equipments	4224844	1050624
五金、家具及室内装饰材料专门零售	Special Retail of Hardware, Furniture and Interior Decoration Materials	7803698	1834398
货摊、无店铺及其他零售业	Stalls, Non-shop and Other Retails	54044149	7877613
#互联网零售	Retail on the Internet	47756746	7168972
(三)按零售业态分	**by Mode of Business Operation**		
有店铺零售	Store-based Retailing	411722235	92667197
#超市	Supermarket	13914003	3617895
大型超市	Hypermarket	38567859	8113850
百货店	Department Store	58468751	7122554
专业店	Speciality Store	145277130	31034713
专卖店	Exclusive Shop	143493429	41470693
无店铺零售	Non-Store Selling	87551348	15101966

3-3-1 Continued 3

单位：万元
Unit:10000 yuan

固定资产原价 Original Value of Fixed Assets	累计折旧 Accumulated Depreciation	#本年折旧 Current Year Depreciation	资产总计 Total Assets	负债合计 Total Liabilities	所有者权益合计 Total Owners' Equities	实收资本 Paicl-up Capitals
45478369	19611279	2791952	172462887	124987963	47433103	53263291
29136226	11916457	1628109	108104818	72899742	35176386	35257003
15282539	7256294	1059816	57836988	46107860	11724171	14576558
4797729	1680546	320829	29228238	18178344	10934345	7004196
661765	185620	31724	3116197	2062960	1036388	606182
819545	254248	58930	3818184	2324109	1460804	748713
1092183	367656	63513	8693895	5477134	3202792	2027756
219016	118811	12245	1678672	555793	1116588	1344005
5515894	2531504	469414	41847577	29504252	12223825	9232151
3908852	1745496	315369	29092317	20769211	8269715	6456867
5251207	2144956	272603	32338437	18822375	13447378	5301771
402550	170009	26401	1330593	918581	382699	395246
3433561	1349795	139899	17485144	9296249	8182494	2391222
2526958	1053449	231497	29464009	21214092	8203352	4513682
2235909	933138	209921	26575749	19180083	7359597	4079311
49950766	20344562	3953065	241883824	165405371	75908503	221181104
25491246	10472346	2223074	160787700	123738220	35485204	60780073
22048130	8912369	1563468	72203942	36042291	37184821	157213252
3088830	1270726	236840	49683919	37520609	12017208	7267593
1443147	600985	100603	30491103	24156768	6225303	3744870
443308	220698	40500	6264629	3298553	2959963	1397283
281159	140119	22284	4967084	3730470	1226929	833701
3061059	949793	172965	12439786	8255833	4067600	3440938
5672128	2021925	436240	64020384	53162391	10678085	9561238
2641869	904935	226155	54135686	46897910	7126709	7325246
120326867	49755757	8462722	601279986	417410423	182601466	307863115
5339852	2032454	374538	20569273	13917640	6564799	8336071
17310343	8079309	1119197	62061550	49032925	12997686	20696515
23007998	10184599	1274735	96662183	64420408	32206401	15405783
39250571	15534420	2774316	211583800	138742646	73383571	196748303
30148566	12672811	2470261	189411368	133993839	53708450	51821529
9492164	3794149	751942	107336122	82333351	24830920	17834793

3-3-2 各地区限额以上批发业企业年末资产负债

Assets and Liabilities of Enterprises above Designated Size of Wholesale Trade by Region at the Year-end

单位：万元

Unit: 10000 yuan

地 区	Region	资产总计 Total Assets	#流动资产合计 Total Current Assets	#固定资产净额 Net Value of Fixed Assets	负债合计 Total Liabilities	所有者权益合计 Total Owners' Equities
全 国	**National Total**	**3447363797**	**2679695188**	**86330761**	**2501541648**	**945341504**
北 京	Beijing	510550596	346907879	8383123	346531873	163715415
天 津	Tianjin	131200149	113226682	1691260	111699238	19488403
河 北	Hebei	51633926	41460069	1698646	36205332	15423860
山 西	Shanxi	59794697	46107107	2345368	44836156	14952193
内蒙古	Inner Mongolia	33477549	20489489	1427284	23605437	9861291
辽 宁	Liaoning	72083426	62865227	2025593	61405471	10386459
吉 林	Jilin	14876090	12406058	1003185	11123519	3660797
黑龙江	Heilongjiang	28244380	24569682	1303164	23661792	4585112
上 海	Shanghai	458827150	370674425	7194654	320656836	138148464
江 苏	Jiangsu	309093849	248252476	9059014	232080172	77158264
浙 江	Zhejiang	305724952	238997705	6832712	225474598	80139314
安 徽	Anhui	51240911	41720824	1597401	36504506	14751515
福 建	Fujian	168562561	120458358	3844359	114165569	54336390
江 西	Jiangxi	28077560	22523934	1567920	20779830	7280414
山 东	Shandong	194506101	159160727	6173631	157228341	37224359
河 南	Henan	61272269	49590536	2202900	44127544	17007675
湖 北	Hubei	55028897	43335060	2481587	40264744	14761430
湖 南	Hunan	31539273	24407468	1712575	20979350	11163819
广 东	Guangdong	467998039	376512954	9604112	350990378	116945953
广 西	Guangxi	49576326	38219466	1621566	36356875	13338739
海 南	Hainan	16953789	13254463	564484	11656966	5295055
重 庆	Chongqing	46121932	38433573	1565057	32092417	14033179
四 川	Sichuan	71270023	56843610	2188247	53017253	18248516
贵 州	Guizhou	36660390	31301027	820465	21952568	15069379
云 南	Yunnan	51148940	36031647	1501160	29307221	21835495
西 藏	Tibet	2423755	2100707	84134	1224652	1199103
陕 西	Shaanxi	44431625	36139434	1327693	31150283	13251909
甘 肃	Gansu	14744353	10492195	1121746	8713192	6038422
青 海	Qinghai	17718853	7493325	304933	8563098	9155755
宁 夏	Ningxia	6802343	5105384	326580	4260035	2509095
新 疆	Xinjiang	55779093	40613697	2756208	40926402	14375730

3-3-2 续表 Continued

国有控股 单位：万元

S ate-controlled Enterprises Unit: 10000 yuan

地 区	Region	资产总计 Total Assets	#流动资产合计 Total Current Assets	#固定资产净额 Net Value of Fixed Assets	负债合计 Total Liabilities	所有者权益合计 Total Owners' Equities
全 国	**National Total**	**1223903764**	**853025545**	**37353381**	**816582594**	**407605131**
北 京	Beijing	301783845	181906413	5035809	194452085	107231804
天 津	Tianjin	41030051	33073946	727107	37260892	3764281
河 北	Hebei	26298522	18997634	607636	15884313	10414209
山 西	Shanxi	39301088	30302817	1523899	29538561	9762487
内 蒙 古	Inner Mongolia	11236929	7674241	727341	7363795	3873133
辽 宁	Liaoning	20875183	17422721	1138912	17577178	3098032
吉 林	Jilin	7955469	6665293	743427	5757798	2124137
黑 龙 江	Heilongjiang	17085959	14358654	1003550	13904277	3192330
上 海	Shanghai	109430605	77037211	1599960	75009771	34418700
江 苏	Jiangsu	73192567	57899850	2036856	54347395	18978126
浙 江	Zhejiang	64611857	45889304	1782888	40705286	23896665
安 徽	Anhui	20541295	15648744	658384	12066668	8474628
福 建	Fujian	63454579	40223618	700664	40102901	23362797
江 西	Jiangxi	12115030	8427120	1026643	8117495	3982435
山 东	Shandong	50516361	38768297	2292107	37487707	12980944
河 南	Henan	22796821	17353534	1003781	16082967	6704335
湖 北	Hubei	21155845	16148845	1287454	15338064	5817780
湖 南	Hunan	13701488	9902908	867573	8398826	5925831
广 东	Guangdong	87623644	62351395	4151814	56876633	30747011
广 西	Guangxi	25271351	17281117	959589	16637519	8753699
海 南	Hainan	8138438	5774984	442483	4454420	3684018
重 庆	Chongqing	17783414	13144177	905138	11149103	6634560
四 川	Sichuan	26220477	19982105	1101294	17387065	8833412
贵 州	Guizhou	26610077	22648855	562110	14358649	12620734
云 南	Yunnan	38276934	25346097	920645	19564227	18712707
西 藏	Tibet	725386	616522	58519	258706	466680
陕 西	Shaanxi	20870058	16161262	632596	13186559	7659768
甘 肃	Gansu	7949351	5017667	700544	3673404	4276536
青 海	Qinghai	15672429	6130343	187934	7045640	8626789
宁 夏	Ningxia	1733525	900679	230345	835181	865130
新 疆	Xinjiang	29945186	19969192	1736379	21759509	7721433

3-3-3 各地区限额以上批发业企业年末资产负债(按登记注册类型分)

Assets and Liabilities of Enterprises above Designated Size of Wholesale Trade by Region and Type of Registration at the Year-end

内资企业　　　　单位：万元

Domestic Funded Enterprises　　　　Unit: 10000 yuan

地　区	Region	资产总计 Total Assets	#流动资产合计 Total Current Assets	#固定资产净额 Net Value of Fixed Assets	负债合计 Total Liabilities	所有者权益合计 Total Owners' Equities
全　国	**National Total**	**2908306686**	**2249271813**	**75477737**	**2137148606**	**770798963**
北　京	Beijing	386459056	255509929	6777475	266063206	120098694
天　津	Tianjin	113466567	96900466	1322012	99586775	13867284
河　北	Hebei	50722781	40876116	1570838	35767485	14950563
山　西	Shanxi	59361377	45755296	2319772	44626866	14728162
内 蒙 古	Inner Mongolia	33206061	20257595	1425623	23394704	9800536
辽　宁	Liaoning	66417743	59120452	1991634	58027250	8098998
吉　林	Jilin	14582399	12148378	995393	11055076	3435549
黑 龙 江	Heilongjiang	27245333	23570731	1303164	22604610	4643247
上　海	Shanghai	259608954	203034576	3960900	187929054	71650285
江　苏	Jiangsu	269755015	217519440	7601561	205289431	64668508
浙　江	Zhejiang	276292417	215428786	6383526	204888991	71292386
安　徽	Anhui	46213961	37091654	1454796	31691117	14538391
福　建	Fujian	155153872	109811735	3127058	106154088	48939871
江　西	Jiangxi	25677854	20499741	1462745	18916838	6743699
山　东	Shandong	182890939	148709226	5943031	148430263	34410630
河　南	Henan	60824432	49185295	2176052	43813732	16873651
湖　北	Hubei	46870018	36466614	2129192	33315588	13551708
湖　南	Hunan	30744515	23684637	1682714	20356240	10992171
广　东	Guangdong	404522786	328754727	8379284	308736049	95785165
广　西	Guangxi	48116221	37472993	1384175	35729962	12505547
海　南	Hainan	16673360	12998742	563410	11477073	5194520
重　庆	Chongqing	43209017	36457817	1379425	30667884	12544796
四　川	Sichuan	69815697	55754055	2110974	49560171	20251454
贵　州	Guizhou	35740793	30814450	810449	21446605	14655746
云　南	Yunnan	50118828	35391953	1489606	28821858	21290747
西　藏	Tibet	2314573	2041533	79124	1160680	1153893
陕　西	Shaanxi	38285575	30870829	1199578	25675764	12580378
甘　肃	Gansu	14690992	10444622	1117168	8669280	6028974
青　海	Qinghai	17519713	7335983	272638	8386403	9133310
宁　夏	Ningxia	6802343	5105384	326580	4260035	2509095
新　疆	Xinjiang	55003494	40258058	2737840	40645528	13881005

3-3-3 续表 1 Continued 1

国有企业 单位：万元

State-owned Enterprises Unit: 10000 yuan

地 区	Region	资产总计 Total Assets	#流动资产合计 Total Current Assets	#固定资产净额 Net Value of Fixed Assets	负债合计 Total Liabilities	所有者权益合计 Total Owners' Equities
全 国	**National Total**	**145771418**	**115190185**	**8219787**	**68164460**	**78044686**
北 京	Beijing	6969111	5862473	228239	3371985	3597127
天 津	Tianjin	3226663	2907457	166151	1960725	1265938
河 北	Hebei	1990031	1781201	146428	552728	1437303
山 西	Shanxi	2463177	1610664	172345	874971	1588206
内蒙古	Inner Mongolia	2238887	1930754	193907	1149759	1089127
辽 宁	Liaoning	3751660	2976383	288036	1363200	2388460
吉 林	Jilin	1919060	1600656	181444	1152417	766643
黑龙江	Heilongjiang	2237862	1845259	196462	1101457	1136404
上 海	Shanghai	11678471	9307167	101719	8647610	3030861
江 苏	Jiangsu	13283650	11750297	595579	6672598	6993441
浙 江	Zhejiang	10529386	7654410	691847	4936242	5593144
安 徽	Anhui	5528938	4638758	236076	2141295	3387644
福 建	Fujian	3633163	3116236	232338	907889	2725275
江 西	Jiangxi	3185450	2241484	222014	1319944	1900366
山 东	Shandong	8496062	5106388	416563	4406723	4089339
河 南	Henan	5831960	5131065	366787	3121909	2710050
湖 北	Hubei	5185879	3874439	500652	2580207	2605673
湖 南	Hunan	3282856	2105199	373001	449872	2832983
广 东	Guangdong	11491445	8198254	554692	6275776	5215669
广 西	Guangxi	1551942	1228301	191746	477331	1074610
海 南	Hainan	2851683	2528159	42853	1603765	1247917
重 庆	Chongqing	3384679	2656553	262399	1241318	2164789
四 川	Sichuan	4838202	3216592	396688	1393865	3444337
贵 州	Guizhou	4826314	3981466	330882	1971780	2854533
云 南	Yunnan	9794520	8574089	429676	2612341	7182179
西 藏	Tibet	614808	524944	54834	192546	422262
陕 西	Shaanxi	3703594	3016374	165457	1834634	1868959
甘 肃	Gansu	1476995	1208255	116215	593882	883702
青 海	Qinghai	806981	544969	29557	248242	558739
宁 夏	Ningxia	649996	519334	35501	239360	410636
新 疆	Xinjiang	4347993	3552605	299699	2768089	1578370

3-3-3 续表 2 Continued 2

集体企业
Collective-owned Enterprises

单位：万元
Unit: 10000 yuan

地 区	Region	资产总计 Total Assets	#流动资产合计 Total Current Assets	#固定资产净额 Net Value of Fixed Assets	负债合计 Total Liabilities	所有者权益合计 Total Owners' Equities
全 国	**National Total**	**6259665**	**3520236**	**226074**	**4601395**	**1599090**
北 京	Beijing	1021016	541632	49824	750476	270541
天 津	Tianjin	53439	48090	2125	40845	12594
河 北	Hebei	226204	133218	34138	163849	61959
山 西	Shanxi	294419	229048	28101	212892	81528
内蒙古	Inner Mongolia					
辽 宁	Liaoning	126676	107489	900	139558	-12883
吉 林	Jilin	1894	1848	46	1751	143
黑龙江	Heilongjiang	12832	10180	866	6189	6643
上 海	Shanghai	47421	35222	1372	26474	20947
江 苏	Jiangsu	3381126	1589320	27437	2407230	973398
浙 江	Zhejiang	46003	37758	2271	33885	12118
安 徽	Anhui	2218	1761	284	849	1369
福 建	Fujian	77531	66678	3668	62249	15282
江 西	Jiangxi	7722	5981	1798	3012	4710
山 东	Shandong	286379	234869	10554	271312	15067
河 南	Henan	145073	75525	6087	57382	30357
湖 北	Hubei	52304	46905	1258	46985	5319
湖 南	Hunan	8132	2522	3483	3649	4482
广 东	Guangdong	102068	82881	8908	77043	25026
广 西	Guangxi	32880	30824	365	22647	10233
海 南	Hainan					
重 庆	Chongqing	4305	4058	83	3053	1251
四 川	Sichuan	92493	77097	2881	72475	20018
贵 州	Guizhou	43593	28926	3500	34257	9336
云 南	Yunnan	22193	15058	2066	18415	3778
西 藏	Tibet					
陕 西	Shaanxi	23688	18235	1925	17511	6177
甘 肃	Gansu	17363	16707	85	18245	-882
青 海	Qinghai	4867	2089	2022	772	4096
宁 夏	Ningxia					
新 疆	Xinjiang	125826	76315	30027	108390	16483

3-3-3 续表 3 Continued 3

股份合作企业
Cooperative Enterprises

单位：万元
Unit: 10000 yuan

地 区	Region	资产总计 Total Assets	#流动资产合计 Total Current Assets	#固定资产净额 Net Value of Fixed Assets	负债合计 Total Liabilities	所有者权益合计 Total Owners' Equities
全 国	**National Total**	**1604878**	**1257560**	**72391**	**1555406**	**49473**
北 京	Beijing	205538	176405	4741	129552	75986
天 津	Tianjin	92331	83269	3053	75117	17215
河 北	Hebei	3066	3018	48	2477	589
山 西	Shanxi					
内 蒙 古	Inner Mongolia					
辽 宁	Liaoning	17214	14696	2210	12476	4738
吉 林	Jilin					
黑 龙 江	Heilongjiang					
上 海	Shanghai	51852	50771	507	40296	11556
江 苏	Jiangsu	251645	235557	5197	219662	31983
浙 江	Zhejiang	67505	59867	3283	40022	27484
安 徽	Anhui	40676	24740	168	25070	15606
福 建	Fujian					
江 西	Jiangxi	2295	2232	63	2095	201
山 东	Shandong	17333	11518	3976	9256	8077
河 南	Henan	649	324	43	2282	-1633
湖 北	Hubei	14974	13321	312	10942	4031
湖 南	Hunan	3633	1768	1649	184	3449
广 东	Guangdong	153303	139740	4984	125510	27793
广 西	Guangxi	417946	197188	25174	677981	-260036
海 南	Hainan					
重 庆	Chongqing	105776	92908	10805	75681	30095
四 川	Sichuan	12401	8663	3589	12255	146
贵 州	Guizhou	111213	110772	9	73883	37330
云 南	Yunnan	7659	4251	1467	5129	2530
西 藏	Tibet					
陕 西	Shaanxi	8560	8427		7535	1025
甘 肃	Gansu	19309	18125	1113	8001	11308
青 海	Qinghai					
宁 夏	Ningxia					
新 疆	Xinjiang					

3-3-3 续表 4 Continued 4

联营企业
Joint Ownership Enterprises

单位：万元
Unit: 10000 yuan

地区	Region	资产总计 Total Assets	#流动资产合计 Total Current Assets	#固定资产净额 Net Value of Fixed Assets	负债合计 Total Liabilities	所有者权益合计 Total Owners' Equities
全国	**National Total**	**904606**	**686132**	**17576**	**630831**	**273778**
北京	Beijing	149007	121809	9449	43989	105018
天津	Tianjin	15859	15791	61	11918	3940
河北	Hebei					
山西	Shanxi					
内蒙古	Inner Mongolia					
辽宁	Liaoning	4894	4876		4248	647
吉林	Jilin					
黑龙江	Heilongjiang	15377	9945	2387	8510	6868
上海	Shanghai	1522	1265	256	859	663
江苏	Jiangsu	256849	252532	537	226703	30147
浙江	Zhejiang	443	443		7	436
安徽	Anhui					
福建	Fujian					
江西	Jiangxi					
山东	Shandong	5541	5540	1	3282	2259
河南	Henan	9509	7945		6958	2550
湖北	Hubei					
湖南	Hunan	54938	10204	13	33139	21799
广东	Guangdong	39811	36708	510	25302	14510
广西	Guangxi	8777	2993	51	3857	4920
海南	Hainan	114879	104872	755	99619	15260
重庆	Chongqing					
四川	Sichuan	14273	11118	1769	10760	3513
贵州	Guizhou					
云南	Yunnan	13476	13475	1	10097	3379
西藏	Tibet					
陕西	Shaanxi					
甘肃	Gansu					
青海	Qinghai	4665	4604	6	4256	410
宁夏	Ningxia					
新疆	Xinjiang	194786	82012	1780	137327	57459

3-3-3 续表 5 Continued 5

有限责任公司
Limited Liability Corporations

单位：万元
Unit: 10000 yuan

地　区	Region	资产总计 Total Assets	#流动资产合计 Total Current Assets	#固定资产净额 Net Value of Fixed Assets	负债合计 Total Liabilities	所有者权益合计 Total Owners' Equities
全　国	**National Total**	**1328981724**	**995637628**	**29980599**	**974033251**	**354534880**
北　京	Beijing	283283780	182131015	5128055	195749105	87251649
天　津	Tianjin	55578880	48754186	500450	53291436	2280818
河　北	Hebei	21180543	18620167	526459	16658946	4521598
山　西	Shanxi	38044881	29672585	1525177	29664354	8380488
内蒙古	Inner Mongolia	22988134	12196026	814890	16327527	6660607
辽　宁	Liaoning	21402083	18427717	711744	16820195	4576680
吉　林	Jilin	7052161	6052360	520927	5632415	1417357
黑龙江	Heilongjiang	17868226	15465928	656246	15381714	2491614
上　海	Shanghai	114624901	88162951	1578070	82099987	32517598
江　苏	Jiangsu	87537818	68051034	1920800	67044711	20481801
浙　江	Zhejiang	82362145	63017898	1689491	59116750	23230438
安　徽	Anhui	22209679	17687655	526625	17038031	5170176
福　建	Fujian	54861477	35571415	537113	35582447	19290149
江　西	Jiangxi	11842267	10008901	630061	9684227	2158040
山　东	Shandong	73558180	60017765	2528509	56910640	16621224
河　南	Henan	24068685	19329626	675559	18568040	5488154
湖　北	Hubei	22927150	18658162	874198	18273450	4653700
湖　南	Hunan	14507415	11762998	561829	11209995	3297420
广　东	Guangdong	133575521	108706811	2559475	100674588	32887005
广　西	Guangxi	27362799	20507242	625139	19836025	7526774
海　南	Hainan	9869997	7183856	480114	6900247	2967882
重　庆	Chongqing	17494732	14708936	480896	12662732	4848337
四　川	Sichuan	38519977	32098687	735657	30001448	8516737
贵　州	Guizhou	24305734	20966521	266193	14241756	10063978
云　南	Yunnan	29678145	18431923	349721	18339530	11334276
西　藏	Tibet	874919	739247	9277	551640	323278
陕　西	Shaanxi	23631019	19065738	469270	15717827	7911217
甘　肃	Gansu	7123764	4894896	571068	4334323	2797680
青　海	Qinghai	14928307	5816874	119247	6919234	8009073
宁　夏	Ningxia	551970	422542	44693	375106	176863
新　疆	Xinjiang	25166435	18505966	1363646	18424825	6682269

股份有限公司 单位：万元
Share-holding Corporations Ltd. Unit: 10000 yuan

地 区	Region	资产总计 Total Assets	#流动资产合计 Total Current Assets	#固定资产净额 Net Value of Fixed Assets	负债合计 Total Liabilities	所有者权益合计 Total Owners' Equities
全 国	**National Total**	**314256018**	**190760774**	**9304313**	**200782342**	**113732539**
北 京	Beijing	42950394	20898821	292562	23503928	19446466
天 津	Tianjin	6534133	2472834	183052	2817410	3716723
河 北	Hebei	9219924	4272280	46205	3970118	5249806
山 西	Shanxi	5612881	3712475	82193	3860423	1752458
内蒙古	Inner Mongolia	730708	537418	48797	463051	267657
辽 宁	Liaoning	3011016	2058205	353681	5258749	-2447844
吉 林	Jilin	2099420	1432943	142232	1510131	515755
黑龙江	Heilongjiang	1360271	846313	314100	1131177	229094
上 海	Shanghai	28908014	15859332	685033	14751679	14156335
江 苏	Jiangsu	47977257	35629979	705452	36099734	11877523
浙 江	Zhejiang	24698435	14544007	485388	13532664	11165771
安 徽	Anhui	5397686	3664455	167508	3089938	2307748
福 建	Fujian	13841539	7474973	29642	8473845	5367694
江 西	Jiangxi	3055359	1638923	302548	2097172	908226
山 东	Shandong	19935382	14124724	512018	15985964	3930386
河 南	Henan	6720159	4352747	192907	5443200	1276959
湖 北	Hubei	6522394	4093127	173917	3805955	2716439
湖 南	Hunan	1841655	970052	87132	1088501	1376323
广 东	Guangdong	50347309	32386828	2467524	31413838	18933471
广 西	Guangxi	3659110	1953650	219166	2085670	1693306
海 南	Hainan	1398449	822358	17583	819598	578852
重 庆	Chongqing	3385807	2318540	110426	2494998	850172
四 川	Sichuan	5695017	4356950	358624	4055608	1639409
贵 州	Guizhou	447411	316067	57630	431513	385204
云 南	Yunnan	2718940	1772414	274222	1647791	1071150
西 藏	Tibet					
陕 西	Shaanxi	2217644	1421842	200063	1836279	357633
甘 肃	Gansu	1648149	840039	182564	426374	1221775
青 海	Qinghai	477170	130721	50831	305571	171599
宁 夏	Ningxia	701038	119901	157444	375565	292259
新 疆	Xinjiang	11143347	5737856	403869	8005898	2724190

私营企业 单位：万元

Private Enterprises Unit: 10000 yuan

地 区	Region	资产总计 Total Assets	#流动资产合计 Total Current Assets	#固定资产净额 Net Value of Fixed Assets	负债合计 Total Liabilities	所有者权益合计 Total Owners' Equities
全 国	**National Total**	**1108880075**	**940834504**	**27548173**	**886230506**	**222068038**
北 京	Beijing	51869294	45771041	1061016	42508100	9347065
天 津	Tianjin	47615009	42288850	465866	41084635	6524491
河 北	Hebei	18088935	16054698	816030	14412105	3672493
山 西	Shanxi	12943421	10529124	511738	10013517	2923596
内蒙古	Inner Mongolia	7248334	5593397	368029	5454367	1783145
辽 宁	Liaoning	38079502	35509051	632901	34408987	3584341
吉 林	Jilin	3509863	3060573	150744	2758363	735650
黑龙江	Heilongjiang	5714944	5359654	133092	4943709	768656
上 海	Shanghai	104234922	89560856	1591669	82309496	21903127
江 苏	Jiangsu	116651007	99635995	4325274	92327435	24155912
浙 江	Zhejiang	158573661	130104239	3509140	127221555	31256022
安 徽	Anhui	12933628	10980576	520701	9308391	3642257
福 建	Fujian	82739692	63582206	2324054	61127388	21541271
江 西	Jiangxi	7578463	6600443	301950	5808234	1768012
山 东	Shandong	80381105	69025103	2465591	70677969	9698437
河 南	Henan	24041785	20284671	934480	16612682	7361879
湖 北	Hubei	12070019	9741380	564677	8570843	3496453
湖 南	Hunan	11030324	8822548	653365	7566889	3444163
广 东	Guangdong	208784599	179180368	2779195	170124070	38672885
广 西	Guangxi	15069181	13545372	320321	12623715	2444887
海 南	Hainan	2436163	2357313	22099	2051686	384577
重 庆	Chongqing	18818539	16669966	508395	14187212	4637864
四 川	Sichuan	20623775	15968398	608392	14010023	6611472
贵 州	Guizhou	5996266	5400527	152236	4684053	1304464
云 南	Yunnan	7859329	6562103	428159	6177084	1680361
西 藏	Tibet	824846	777342	15013	416494	408352
陕 西	Shaanxi	8641649	7302717	345374	6237489	2400433
甘 肃	Gansu	4393555	3456908	245531	3282984	1109005
青 海	Qinghai	1297723	836726	70975	908329	389394
宁 夏	Ningxia	4899340	4043608	88943	3270003	1629337
新 疆	Xinjiang	13931202	12228751	633223	11142699	2788037

3-3-3 续表 8 Continued 8

其他企业
Other Enterprises

单位：万元
Unit: 10000 yuan

地 区	Region	资产总计 Total Assets	#流动资产合计 Total Current Assets	#固定资产净额 Net Value of Fixed Assets	负债合计 Total Liabilities	所有者权益合计 Total Owners' Equities
全 国	**National Total**	**1648312**	**1384799**	**108824**	**1150423**	**496478**
北 京	Beijing	10916	6734	3590	6073	4843
天 津	Tianjin	350253	329988	1254	304689	45564
河 北	Hebei	14079	11534	1529	7263	6816
山 西	Shanxi	2597	1399	219	711	1887
内蒙古	Inner Mongolia					
辽 宁	Liaoning	24697	22035	2162	19837	4860
吉 林	Jilin					
黑龙江	Heilongjiang	35822	33453	11	31853	3969
上 海	Shanghai	61850	57012	2273	52653	9197
江 苏	Jiangsu	415662	374727	21284	291358	124303
浙 江	Zhejiang	14841	10165	2105	7867	6973
安 徽	Anhui	101135	93707	3434	87543	13592
福 建	Fujian	470	227	243	270	200
江 西	Jiangxi	6297	1776	4311	2154	4144
山 东	Shandong	210959	183319	5819	165117	45842
河 南	Henan	6612	3391	187	1278	5335
湖 北	Hubei	97298	39280	14178	27206	70092
湖 南	Hunan	15562	9347	2241	4011	11550
广 东	Guangdong	28730	23138	3996	19923	8808
广 西	Guangxi	13587	7422	2213	2735	10852
海 南	Hainan	2190	2184	6	2159	31
重 庆	Chongqing	15179	6857	6421	2891	12287
四 川	Sichuan	19560	16551	3375	3737	15822
贵 州	Guizhou	10263	10172		9363	900
云 南	Yunnan	24567	18639	4295	11472	13094
西 藏	Tibet					
陕 西	Shaanxi	59422	37495	17490	24488	34935
甘 肃	Gansu	11858	9693	592	5471	6386
青 海	Qinghai					
宁 夏	Ningxia					
新 疆	Xinjiang	93906	74554	5596	58301	34196

3-3-3 续表 9 Continued 9

港、澳、台商投资企业 单位：万元

Enterprises with Funds from Hong Kong,Macao and Taiwan Unit: 10000 yuan

地 区	Region	资产总计 Total Assets	#流动资产合计 Total Current Assets	#固定资产净额 Net Value of Fixed Assets	负债合计 Total Liabilities	所有者权益合计 Total Owners' Equities
全 国	**National Total**	**213108000**	**168780560**	**4177536**	**144397885**	**68616177**
北 京	Beijing	45028129	33855362	690855	36409244	8618885
天 津	Tianjin	7840420	7203126	143739	4567613	3272807
河 北	Hebei	163714	160813	2880	116228	47486
山 西	Shanxi	386775	311728	17500	185218	201557
内 蒙 古	Inner Mongolia	220530	181900	1140	189175	31355
辽 宁	Liaoning	3812157	2202033	12640	2295143	1517014
吉 林	Jilin	3106	3100	5	5464	-2358
黑 龙 江	Heilongjiang	639699	639671		705773	-66074
上 海	Shanghai	61520690	51437563	816551	40386013	21156791
江 苏	Jiangsu	15217686	11125179	650307	8732690	6434278
浙 江	Zhejiang	8852481	7215868	238622	4973972	3878510
安 徽	Anhui	2231595	2047814	105589	1856394	374763
福 建	Fujian	7936987	5946365	519163	4202354	3734457
江 西	Jiangxi	240254	198542	25013	168706	71548
山 东	Shandong	8382707	7855396	167807	6795232	1584122
河 南	Henan	338067	311844	2170	230796	107271
湖 北	Hubei	5014816	4474319	83034	3704748	1310068
湖 南	Hunan	365421	333050	19396	259222	106200
广 东	Guangdong	40861435	30151221	616565	26151045	14649019
广 西	Guangxi	444418	443121	346	400352	44066
海 南	Hainan	203068	195613	444	160239	42829
重 庆	Chongqing	1691734	1417909	25155	822435	869300
四 川	Sichuan	298085	246062	9627	200667	97418
贵 州	Guizhou	898789	469102	6841	500777	398012
云 南	Yunnan	232010	142440	2452	154507	77504
西 藏	Tibet	109182	59174	5010	63971	45211
陕 西	Shaanxi	82972	73127	5653	62476	20496
甘 肃	Gansu	7480	7373	106	4711	2769
青 海	Qinghai					
宁 夏	Ningxia					
新 疆	Xinjiang	83593	71745	8926	92720	-9127

3-3-3 续表 10 Continued 10

外商投资企业 单位：万元

Foreign Funded Enterprises Unit: 10000 yuan

地 区	Region	资产总计 Total Assets	#流动资产合计 Total Current Assets	#固定资产净额 Net Value of Fixed Assets	负债合计 Total Liabilities	所有者权益合计 Total Owners' Equities
全 国	**National Total**	**325949111**	**261642816**	**6675494**	**219995163**	**105926371**
北 京	Beijing	79063410	57542588	914793	44059423	34997836
天 津	Tianjin	9893163	9123090	225509	7544851	2348312
河 北	Hebei	747431	423140	124929	321619	425811
山 西	Shanxi	46545	40084	8096	24071	22474
内 蒙 古	Inner Mongolia	50958	49995	522	21558	29400
辽 宁	Liaoning	1853526	1542743	21319	1083078	770448
吉 林	Jilin	290586	254579	7788	62980	227606
黑 龙 江	Heilongjiang	359348	359281		351409	7940
上 海	Shanghai	137697505	116202287	2417204	92341769	45341389
江 苏	Jiangsu	24121148	19607857	807146	18058052	6055478
浙 江	Zhejiang	20580053	16353050	210564	15611636	4968418
安 徽	Anhui	2795356	2581356	37016	2956995	-161639
福 建	Fujian	5471703	4700257	198138	3809127	1662062
江 西	Jiangxi	2159452	1825651	80162	1694285	465167
山 东	Shandong	3232454	2596105	62793	2002847	1229607
河 南	Henan	109770	93397	24679	83016	26753
湖 北	Hubei	3144063	2394126	269361	3244409	-100346
湖 南	Hunan	429337	389780	10465	363889	65448
广 东	Guangdong	22613818	17607005	608263	16103283	6511770
广 西	Guangxi	1015687	303352	237045	226561	789126
海 南	Hainan	77361	60108	631	19654	57707
重 庆	Chongqing	1221181	557847	160477	602098	619083
四 川	Sichuan	1156241	843493	67645	3256415	-2100356
贵 州	Guizhou	20809	17475	3175	5187	15621
云 南	Yunnan	798101	497254	9102	330857	467244
西 藏	Tibet					
陕 西	Shaanxi	6063078	5195479	122462	5412044	651034
甘 肃	Gansu	45881	40200	4472	39202	6679
青 海	Qinghai	199140	157343	32296	176694	22446
宁 夏	Ningxia					
新 疆	Xinjiang	692006	283894	9442	188154	503853

3-3-4 各地区限额以上批发业企业年末资产负债(按国民经济行业分)

Assets and Liabilities of Enterprises above Designated Size of Wholesale Trade by Region and Sector at the Year-end

农、林、牧、渔产品批发 单位：万元

Wholesale of Agricultural, Forestry, Livestock and Fishery Products Unit: 10000 yuan

地区	Region	资产总计 Total Assets	#流动资产合计 Total Current Assets	#固定资产净额 Net Value of Fixed Assets	负债合计 Total Liabilities	所有者权益合计 Total Owners' Equities
全国	**National Total**	**133297373**	**100056390**	**6122020**	**99316491**	**33948310**
北京	Beijing	34118027	23309862	219823	25026550	9089969
天津	Tianjin	2399998	2052195	56919	1953630	446369
河北	Hebei	1987231	1618129	127763	1614976	372255
山西	Shanxi	574804	428832	51660	302422	272381
内蒙古	Inner Mongolia	2830861	2336010	323239	2245214	585646
辽宁	Liaoning	4899113	4449273	174080	4244489	652690
吉林	Jilin	3493464	3116287	230534	3054852	438613
黑龙江	Heilongjiang	8622916	7281928	455468	7110219	1504572
上海	Shanghai	10380496	7811403	176442	7774976	2605520
江苏	Jiangsu	7478475	6232225	598100	5819138	1658962
浙江	Zhejiang	3214453	2213809	213556	2326281	880832
安徽	Anhui	1558201	961330	187155	821635	735577
福建	Fujian	4499342	3370546	137183	3176502	1322790
江西	Jiangxi	599516	329861	88886	333408	265731
山东	Shandong	7446398	5361489	646616	6107952	1336187
河南	Henan	4916350	3899966	246418	3435557	1471977
湖北	Hubei	2160026	1598809	205648	1627951	532075
湖南	Hunan	1186319	758495	126520	598487	587832
广东	Guangdong	10273210	6327516	435413	5317221	4955630
广西	Guangxi	667964	544609	21040	491288	176803
海南	Hainan	439059	419834	5617	399036	40123
重庆	Chongqing	558598	308268	64580	337806	220792
四川	Sichuan	1907525	1550511	110402	1506884	400641
贵州	Guizhou	495251	271127	7703	374019	121232
云南	Yunnan	960746	775431	82006	703340	257406
西藏	Tibet					
陕西	Shaanxi	441860	311214	69276	275127	166732
甘肃	Gansu	570081	411316	60008	355620	214461
青海	Xinjiang	130302	33125	4813	26011	104291
宁夏	Ningxia	156342	137848	11103	124171	32171
新疆	Xinjiang	14330445	11835142	984049	11831729	2498050

3-3-4 续表 1 Continued 1

食品、饮料及烟草制品批发 单位：万元

Wholesale of Food, Beverages and Tobaccos Unit: 10000 yuan

地　区	Region	资产总计 Total Assets	#流动资产合计 Total Current Assets	#固定资产净额 Net Value of Fixed Assets	负债合计 Total Liabilities	所有者权益合计 Total Owners' Equities
全　国	**National Total**	**328342317**	**264225963**	**15251842**	**194178985**	**134206677**
北　京	Beijing	31695737	25192604	865449	24714334	6983997
天　津	Tianjin	8262721	7452154	167110	6101074	2159118
河　北	Hebei	3601229	3065320	238679	1633345	1967742
山　西	Shanxi	3217889	2772386	226323	1492601	1725288
内蒙古	Inner Mongolia	1675441	1474042	113118	704104	971337
辽　宁	Liaoning	6983731	6071866	349124	4107250	2884328
吉　林	Jilin	1284154	1012050	131871	489108	792656
黑龙江	Heilongjiang	6023019	5329552	247600	4707229	1315790
上　海	Shanghai	37528421	27792045	853434	24051540	13513896
江　苏	Jiangsu	18815623	16034224	1097762	10094523	8721122
浙　江	Zhejiang	21629409	18006004	945206	12664699	8964710
安　徽	Anhui	8086461	6435258	386524	3995210	4091251
福　建	Fujian	19045540	13045651	1096329	9531420	9513713
江　西	Jiangxi	3380036	2767131	293736	1485287	1894493
山　东	Shandong	14352940	11826954	1038078	9372499	4980242
河　南	Henan	5692892	4411872	452724	2528120	3159418
湖　北	Hubei	10817020	8786607	690463	6741088	4074915
湖　南	Hunan	7692732	5117433	842912	3519162	4169605
广　东	Guangdong	43418271	35344019	1477386	29720041	13695473
广　西	Guangxi	8415791	6624698	265239	6019374	2396343
海　南	Hainan	1842950	1656906	37163	937221	905730
重　庆	Chongqing	6014629	4475418	574770	2407523	3623399
四　川	Sichuan	17229618	14264365	703391	10323394	6904709
贵　州	Guizhou	16392487	15307018	465769	7062408	9330079
云　南	Yunnan	12633426	10470759	614676	3921551	8711521
西　藏	Tibet	583185	459634	60222	130436	452749
陕　西	Shaanxi	4950511	3952026	341273	2326998	2620693
甘　肃	Gansu	1944531	1313982	250528	819648	1133121
青　海	Xinjiang	554542	465145	48583	145241	409301
宁　夏	Ningxia	680360	546094	35720	269181	411179
新　疆	Xinjiang	3897021	2752746	340680	2163376	1728759

纺织、服装及家庭用品批发 单位：万元

Wholesale of Textiles, Wearing Apparel and Household Articles Unit: 10000 yuan

地　区	Region	资产总计 Total Assets	#流动资产合计 Total Current Assets	#固定资产净额 Net Value of Fixed Assets	负债合计 Total Liabilities	所有者权益合计 Total Owners' Equities
全　国	**National Total**	**310179648**	**249385747**	**7599647**	**228787123**	**81312872**
北　京	Beijing	37233227	29756044	520660	29630067	7603161
天　津	Tianjin	10878710	9989180	190635	8738802	2139908
河　北	Hebei	1260550	1201467	20928	864740	395811
山　西	Shanxi	617115	570870	4259	608301	8814
内蒙古	Inner Mongolia	289734	239763	1482	264849	24885
辽　宁	Liaoning	1384477	1252978	52874	1091910	292160
吉　林	Jilin	163719	123773	8211	144760	18959
黑龙江	Heilongjiang	311583	255214	5650	256707	60653
上　海	Shanghai	45858764	37763255	1261626	29731225	16119017
江　苏	Jiangsu	78105352	58009228	1938351	55988148	22109881
浙　江	Zhejiang	38835787	32851046	1123972	30372647	8462822
安　徽	Anhui	5681314	5088518	93388	5112396	568919
福　建	Fujian	20929114	13911879	1170742	12391833	8536972
江　西	Jiangxi	1002989	960566	15132	812920	190070
山　东	Shandong	14368246	12579293	240868	12047934	2319754
河　南	Henan	2263523	2042798	39746	1818525	444998
湖　北	Hubei	1224132	1094850	40375	971846	251966
湖　南	Hunan	1263709	1107087	63378	998762	261518
广　东	Guangdong	36748610	30989584	688087	28381967	8302375
广　西	Guangxi	1604088	1521473	27886	1443166	160922
海　南	Hainan	1685341	711824	901	398742	1286600
重　庆	Chongqing	2492595	2282425	16991	2204673	287944
四　川	Sichuan	2191704	1926064	45966	1587352	604352
贵　州	Guizhou	127246	115651	911	100532	26714
云　南	Yunnan	1361232	1332416	4453	1328267	32964
西　藏	Tibet	159856	140776	2	58890	100966
陕　西	Shaanxi	684996	627681	4364	537686	147310
甘　肃	Gansu	104620	86185	6012	66444	38175
青　海	Xinjiang	25384	22286	397	8895	16488
宁　夏	Ningxia	25993	25927	41	23266	2727
新　疆	Xinjiang	1295938	805646	11359	800871	495067

3-3-4 续表 3 Continued 3

文化、体育用品及器材批发 单位：万元
Wholesale of Culture, Sports Appliances and Equipments Unit: 10000 yuan

地 区	Region	资产总计 Total Assets	#流动资产合计 Total Current Assets	#固定资产净额 Net Value of Fixed Assets	负债合计 Total Liabilities	所有者权益合计 Total Owners' Equities
全 国	**National Total**	**86170659**	**68601723**	**2084007**	**57892075**	**28330879**
北 京	Beijing	15291573	11100934	292078	9442109	5839224
天 津	Tianjin	1466979	1333218	32592	769851	697128
河 北	Hebei	728380	481405	20940	421147	306837
山 西	Shanxi	535996	394796	21644	317350	218646
内 蒙 古	Inner Mongolia	75995	59244	4331	54071	21925
辽 宁	Liaoning	308016	296195	5554	222514	85502
吉 林	Jilin	190935	148878	16126	121683	69252
黑 龙 江	Heilongjiang	297209	128322	59562	138093	159116
上 海	Shanghai	11632635	9952154	191360	7737500	3894120
江 苏	Jiangsu	6747911	4303613	238993	3908572	2838272
浙 江	Zhejiang	7761517	6335743	224741	5696871	2064637
安 徽	Anhui	3176433	2629429	39686	1979660	1196773
福 建	Fujian	3441178	2555770	76162	2307455	1127109
江 西	Jiangxi	240862	213961	7985	136912	103950
山 东	Shandong	5849557	4532050	220235	4340684	1509893
河 南	Henan	1145286	770746	48541	640871	494545
湖 北	Hubei	2472695	2225875	119507	1875709	596963
湖 南	Hunan	520822	418211	38893	301611	219211
广 东	Guangdong	16015430	13558515	273707	11026604	5069334
广 西	Guangxi	864840	587775	17972	528558	336282
海 南	Hainan	452218	400203	29469	322948	129270
重 庆	Chongqing	1005873	953126	8918	560072	445801
四 川	Sichuan	3798930	3599970	22814	3594909	204021
贵 州	Guizhou	465847	426859	6492	385907	79940
云 南	Yunnan	510487	306395	6360	240854	269634
西 藏	Tibet					
陕 西	Shaanxi	498335	361716	18616	304653	193682
甘 肃	Gansu	146065	141250	1395	132578	13487
青 海	Xinjiang	63351	45738	9257	49139	14212
宁 夏	Ningxia	63121	44926	2285	37210	25911
新 疆	Xinjiang	402183	294706	27792	295980	106202

3-3-4 续表 4 Continued 4

医药及医疗器材批发
Wholesale of Medicines and Medical Appliances

单位：万元
Unit: 10000 yuan

地 区	Region	资产总计 Total Assets	#流动资产合计 Total Current Assets	#固定资产净额 Net Value of Fixed Assets	负债合计 Total Liabilities	所有者权益合计 Total Owners' Equities
全 国	**National Total**	**261753969**	**218690650**	**6478592**	**189998028**	**71730468**
北 京	Beijing	28160927	22244832	351224	19101929	9058997
天 津	Tianjin	3968332	3578235	85565	2999692	968639
河 北	Hebei	6574617	5887780	238660	5480858	1090971
山 西	Shanxi	3626261	3355734	73427	2848732	774570
内蒙古	Inner Mongolia	1798986	1685010	50270	1398020	400966
辽 宁	Liaoning	5505650	4965437	142776	4235453	1270197
吉 林	Jilin	2901976	2729314	69310	2407030	491504
黑龙江	Heilongjiang	2794863	2615498	64556	2276651	518212
上 海	Shanghai	38541225	28909651	1201679	24745171	13796074
江 苏	Jiangsu	17767434	15685711	471290	14092283	3677626
浙 江	Zhejiang	13261119	10071609	406365	8461432	4799687
安 徽	Anhui	7957126	6821029	379927	5968414	1985723
福 建	Fujian	3798743	3243183	89295	2583502	1214730
江 西	Jiangxi	4999641	4463387	190935	3938657	1060984
山 东	Shandong	16864544	14683152	447796	13698325	3166219
河 南	Henan	12238979	10736796	193416	9822966	2413436
湖 北	Hubei	14988991	11612887	224470	10885802	4100907
湖 南	Hunan	6458491	5808758	210940	4895490	1563001
广 东	Guangdong	29604950	25340883	509228	20929267	8664879
广 西	Guangxi	3322577	3009695	97702	2650166	672411
海 南	Hainan	2930939	2255246	28080	2030071	900367
重 庆	Chongqing	7438669	5801488	174587	5120966	2317703
四 川	Sichuan	9010165	7960868	257462	6544678	2465487
贵 州	Guizhou	3427405	2980337	101023	2616802	810603
云 南	Yunnan	3869897	3469783	99057	2742332	1127565
西 藏	Tibet	803980	676112	11575	474269	329711
陕 西	Shaanxi	4367730	4035090	119880	3618973	748757
甘 肃	Gansu	1998269	1606667	74684	1463716	534552
青 海	Xinjiang	474248	423674	11759	388420	85828
宁 夏	Ningxia	383386	340653	24870	275537	107849
新 疆	Xinjiang	1913849	1692151	76784	1302424	612313

3-3-4 续表 5 Continued 5

矿产品、建材及化工产品批发 单位：万元

Wholesale of Mineral Products, Building Materials and Chemical Products Unit: 10000 yuan

地 区	Region	资产总计 Total Assets	#流动资产合计 Total Current Assets	#固定资产净额 Net Value of Fixed Assets	负债合计 Total Liabilities	所有者权益合计 Total Owners' Equities
全 国	**National Total**	**1645895513**	**1224041515**	**37403063**	**1233883688**	**412061623**
北 京	Beijing	209489673	117027136	4025030	136681925	72790712
天 津	Tianjin	77723527	67817215	736308	71627437	6097489
河 北	Hebei	33478770	25552109	949023	22771390	10706627
山 西	Shanxi	48437629	36373057	1802695	37186356	11247919
内蒙古	Inner Mongolia	25276813	13344922	881569	17572650	7693342
辽 宁	Liaoning	42456322	37713030	1169590	40228944	2021072
吉 林	Jilin	4665617	3302228	475989	3228932	1350744
黑龙江	Heilongjiang	9002601	7852044	437925	8166139	841333
上 海	Shanghai	170385593	137987309	1898436	125033976	45322898
江 苏	Jiangsu	126485134	105060988	3525124	101296278	25364490
浙 江	Zhejiang	178596073	134154558	2938665	132747110	45765553
安 徽	Anhui	14130387	10216776	332108	9428367	4722018
福 建	Fujian	98693955	69149231	976675	70924235	27717395
江 西	Jiangxi	13549373	9970080	874645	10309719	3223154
山 东	Shandong	112566354	91099542	2823625	93774487	18747615
河 南	Henan	29468852	23175997	1020606	21873267	7486429
湖 北	Hubei	15748704	11732607	1028411	11040485	4709138
湖 南	Hunan	10088838	7750754	311604	7178808	3522402
广 东	Guangdong	211821912	166328089	4470777	165521904	46299075
广 西	Guangxi	29799821	21873895	1024996	20988883	8930819
海 南	Hainan	5811222	4915326	455927	4121264	1690363
重 庆	Chongqing	14377465	11333378	567970	9871607	4454370
四 川	Sichuan	28078623	20473831	813046	23252479	4823588
贵 州	Guizhou	14382953	11052906	204750	10308273	4436238
云 南	Yunnan	30158773	18261022	637216	19091768	11063907
西 藏	Tibet	557856	531297	5944	413913	143943
陕 西	Shaanxi	29562138	23169533	700588	20865476	8670956
甘 肃	Gansu	8891307	5952124	666456	4982920	3908028
青 海	Xinjiang	16342749	6418064	224203	7840212	8502537
宁 夏	Ningxia	5250694	3781349	244686	3338118	1879362
新 疆	Xinjiang	30615785	20671118	1178476	22216366	7928107

3-3-4 续表 6 Continued 6

机械设备、五金产品及电子产品批发 单位：万元

Wholesale of Machinery, Hardware and Electronic Products Unit: 10000 yuan

地 区	Region	资产总计 Total Assets	#流动资产合计 Total Current Assets	#固定资产净额 Net Value of Fixed Assets	负债合计 Total Liabilities	所有者权益合计 Total Owners' Equities
全 国	**National Total**	**562295300**	**460745142**	**9300176**	**408697035**	**153271206**
北 京	Beijing	126714812	97271945	1852362	81325099	45194849
天 津	Tianjin	22234304	17054991	367786	15926792	6297594
河 北	Hebei	3409866	3138078	64850	2920740	488472
山 西	Shanxi	2567606	2067105	129749	1957240	610332
内蒙古	Inner Mongolia	1164899	1091134	27836	1026984	137915
辽 宁	Liaoning	7127885	4885401	100909	4841341	2282602
吉 林	Jilin	2077840	1906178	55057	1595016	482823
黑龙江	Heilongjiang	1076068	1004329	27286	908857	167211
上 海	Shanghai	132721776	111010033	1406821	92762571	39942362
江 苏	Jiangsu	45728024	36412509	987212	34489852	11214341
浙 江	Zhejiang	35365239	29021216	814151	27311070	8052013
安 徽	Anhui	8852250	7935903	121240	7710341	1140997
福 建	Fujian	10760973	9143738	245648	7894003	2866204
江 西	Jiangxi	2849897	2606053	66374	2570227	279412
山 东	Shandong	19305189	16090622	613726	15051793	4246241
河 南	Henan	4593420	3924303	110077	3503069	1090192
湖 北	Hubei	7057745	5796567	145420	6681969	375776
湖 南	Hunan	3733496	2959643	84921	3169741	563445
广 东	Guangdong	93006017	78240596	1422351	70778920	22130341
广 西	Guangxi	3743021	3423230	60038	3111384	630990
海 南	Hainan	1052668	1017405	3048	927382	123514
重 庆	Chongqing	11790234	11156859	112798	10179827	1649242
四 川	Sichuan	5354317	4787877	179002	4170663	1183472
贵 州	Guizhou	1039127	842618	25614	832168	206959
云 南	Yunnan	1373919	1189044	47870	1067474	303674
西 藏	Tibet	309391	283560	6309	140687	168704
陕 西	Shaanxi	3636762	3418989	66693	2990481	645376
甘 肃	Gansu	1046824	959854	42445	882060	164146
青 海	Xinjiang	94067	70387	4062	79288	14779
宁 夏	Ningxia	166243	153274	7752	146839	19404
新 疆	Xinjiang	2341421	1881701	100769	1743157	597824

3-3-4 续表 7 Continued 7

贸易经纪与代理
Trade Broker and Agency

单位：万元
Unit: 10000 yuan

地 区	Region	资产总计 Total Assets	#流动资产合计 Total Current Assets	#固定资产净额 Net Value of Fixed Assets	负债合计 Total Liabilities	所有者权益合计 Total Owners' Equities
全 国	**National Total**	**53882529**	**43368255**	**661864**	**40652311**	**13134360**
北 京	Beijing	20877510	15785351	175689	14941484	5840542
天 津	Tianjin	876574	725791	21906	687855	188719
河 北	Hebei	48163	46465	1340	41774	6389
山 西	Shanxi	18074	14341	420	3755	14319
内 蒙 古	Inner Mongolia	31856	30527	7	30045	1811
辽 宁	Liaoning	2631908	2566056	20998	1852748	779160
吉 林	Jilin	1326	834	18	1714	-388
黑 龙 江	Heilongjiang	60597	55933	2561	56126	4472
上 海	Shanghai	5801733	4393245	77393	4067994	1733365
江 苏	Jiangsu	3230227	2952429	32415	2703854	526373
浙 江	Zhejiang	371732	346233	12840	307607	64126
安 徽	Anhui	288674	279857	3993	248919	39755
福 建	Fujian	766195	522408	9693	560918	205277
江 西	Jiangxi	383878	373343	1787	338598	45280
山 东	Shandong	2220223	1643158	85175	1625554	594668
河 南	Henan	122944	105681	3861	86800	36144
湖 北	Hubei	38415	34381	1611	29644	8771
湖 南	Hunan	33146	26269	3510	21751	11395
广 东	Guangdong	14792485	12425114	184545	12064822	2727663
广 西	Guangxi	13549	13282	72	13578	-29
海 南	Hainan					
重 庆	Chongqing	468531	423197	308	395291	73240
四 川	Sichuan	19152	15750	798	11828	7325
贵 州	Guizhou	9025	9015	11	9054	-29
云 南	Yunnan	67734	58648	5560	61672	6062
西 藏	Tibet					
陕 西	Shaanxi	104492	102831	578	89432	15060
甘 肃	Gansu	2501	2092		1394	1106
青 海	Xinjiang					
宁 夏	Ningxia					
新 疆	Xinjiang	601885	416024	14775	398100	203784

3-3-4 续表 8 Continued 8

其他批发业
Other Wholesale not Classified Elsewhere

单位：万元
Unit: 10000 yuan

地 区	Region	资产总计 Total Assets	#流动资产合计 Total Current Assets	#固定资产净额 Net Value of Fixed Assets	负债合计 Total Liabilities	所有者权益合计 Total Owners' Equities
全 国	**National Total**	**65546500**	**50579812**	**1429543**	**48135918**	**17345116**
北 京	Beijing	6969111	5219171	80808	5668378	1313965
天 津	Tianjin	3389005	3223702	32438	2894105	493438
河 北	Hebei	545119	469316	36464	456362	88757
山 西	Shanxi	199323	129985	35190	119398	79925
内 蒙 古	Inner Mongolia	332965	228838	25432	309500	23465
辽 宁	Liaoning	786324	664993	9687	580823	118748
吉 林	Jilin	97060	66515	16070	80426	16634
黑 龙 江	Heilongjiang	55526	46862	2557	41771	13755
上 海	Shanghai	5976506	5055330	127464	4751884	1221212
江 苏	Jiangsu	4735668	3561551	169767	3687524	1047197
浙 江	Zhejiang	6689623	5997486	153215	5586881	1084935
安 徽	Anhui	1510065	1352725	53379	1239564	270501
福 建	Fujian	6627522	5515952	42631	4795702	1832202
江 西	Jiangxi	1071369	839551	28438	854102	217341
山 东	Shandong	1532651	1344468	57511	1209112	323539
河 南	Henan	830022	522376	87510	418370	410536
湖 北	Hubei	521169	452476	25682	410249	110920
湖 南	Hunan	561720	460817	29898	295537	265410
广 东	Guangdong	12317155	7958639	142618	7249632	5101183
广 西	Guangxi	1144675	620810	106620	1110477	34198
海 南	Hainan	2739391	1877719	4278	2520302	219089
重 庆	Chongqing	1975339	1699415	44134	1014652	960687
四 川	Sichuan	3679989	2264373	55367	2025068	1654921
贵 州	Guizhou	321050	295498	8193	263406	57644
云 南	Yunnan	212727	168150	3961	149964	62763
西 藏	Tibet	9487	9329	81	6457	3030
陕 西	Shaanxi	184800	160355	6425	141458	43342
甘 肃	Gansu	40155	18727	20217	8811	31344
青 海	Xinjiang	34211	14907	1860	25891	8320
宁 夏	Ningxia	76205	75313	124	45713	30491
新 疆	Xinjiang	380568	264463	21524	174399	205624

3-3-5 各地区限额以上零售业企业年末资产负债
Assets and Liabilities of Enterprises above Designated Size of Retail Trade by Region at the Year-end

单位：万元

Unit: 10000 yuan

地 区	Region	资产总计 Total Assets	#流动资产合计 Total Current Assets	#固定资产净额 Net Value of Fixed Assets	负债合计 Total Liabilities	所有者权益合计 Total Owners' Equities
全 国	**National Total**	**673369051**	**472927152**	**62155493**	**477051232**	**194913395**
北 京	Beijing	56255051	45854285	2493887	44350950	11865428
天 津	Tianjin	10147653	6705155	1130387	8299388	1854144
河 北	Hebei	19715892	13267707	2597568	15059352	4313418
山 西	Shanxi	11642046	7810890	1351088	10110887	1544416
内蒙古	Inner Mongolia	5836535	3611742	1104475	4750678	1091966
辽 宁	Liaoning	19173859	12720633	2106451	14851560	4325931
吉 林	Jilin	10530252	6711094	1720879	7823404	2397998
黑龙江	Heilongjiang	8153352	5409424	1155534	6600528	1515827
上 海	Shanghai	53923083	41298367	3604020	38865403	15042472
江 苏	Jiangsu	65856451	45516712	6268233	45029009	20724378
浙 江	Zhejiang	41343096	29164290	4323878	30442685	10901115
安 徽	Anhui	21813392	15135223	2147477	13390545	7134010
福 建	Fujian	29038551	18573200	2404987	17694415	11080959
江 西	Jiangxi	15361547	10622779	1102339	10479625	4832670
山 东	Shandong	37913759	27180037	4113960	30617280	7902976
河 南	Henan	23455097	16202492	2162304	17309641	6847326
湖 北	Hubei	23367886	14748474	2632540	16185884	7042422
湖 南	Hunan	24133366	13050972	3160098	14237993	9778421
广 东	Guangdong	75472081	58276609	4043189	48572230	26804383
广 西	Guangxi	10232024	7914995	888857	6941828	3302452
海 南	Hainan	5260958	4066940	478464	3373517	1865243
重 庆	Chongqing	15338560	10107632	1669896	11407650	3835514
四 川	Sichuan	26310584	17538388	2649032	17295503	8946241
贵 州	Guizhou	13916288	9050107	1115001	9911784	4384458
云 南	Yunnan	10941801	6841906	1264616	7174792	3761322
西 藏	Tibet	1179253	721307	159434	856786	375714
陕 西	Shaanxi	19306559	13151526	1896473	12980745	6256361
甘 肃	Gansu	5519595	3631417	715792	3852584	1570528
青 海	Qinghai	1418986	1031227	248040	1070187	344293
宁 夏	Ningxia	2183204	1245236	293021	1384782	773037
新 疆	Xinjiang	8628290	5766386	1153573	6129617	2497972

3-3-5 续表 Continued

国有控股
State-controlled Enterprises

单位：万元
Unit: 10000 yuan

地 区	Region	资产总计 Total Assets	#流动资产合计 Total Current Assets	#固定资产净额 Net Value of Fixed Assets	负债合计 Total Liabilities	所有者权益合计 Total Owners' Equities
全 国	**National Total**	**128842373**	**71854727**	**16164512**	**73104477**	**56279392**
北 京	Beijing	13271341	8069165	1092737	7582577	5690748
天 津	Tianjin	2708419	1022321	505393	1437620	1272459
河 北	Hebei	4261370	2277598	691194	2655852	1363880
山 西	Shanxi	1776676	636884	378543	1521108	286484
内蒙古	Inner Mongolia	1469711	484751	519683	1355270	117450
辽 宁	Liaoning	3070448	1604816	400744	1849014	1185116
吉 林	Jilin	2306473	1208635	625870	1500287	676837
黑龙江	Heilongjiang	1182729	721766	167508	771812	404151
上 海	Shanghai	9649067	5920158	1472120	5646511	3991179
江 苏	Jiangsu	10900321	7447718	1107044	6543467	4358264
浙 江	Zhejiang	4997554	2787373	633734	2627582	2369972
安 徽	Anhui	4644874	2409949	559493	1916145	2667449
福 建	Fujian	6046515	3119271	585179	3202539	2840732
江 西	Jiangxi	3752299	1968087	201432	1959697	1790608
山 东	Shandong	5961823	3892240	732940	4182618	1775373
河 南	Henan	2437040	1177988	389029	2397901	810829
湖 北	Hubei	3405872	1553703	749074	2300569	1104937
湖 南	Hunan	4010172	1611249	784380	2413540	1596632
广 东	Guangdong	16449327	10111099	1112801	4527027	11834045
广 西	Guangxi	1627759	997026	252699	862167	770335
海 南	Hainan	2388601	1787918	211158	1400332	988269
重 庆	Chongqing	3536785	1492270	457854	3042280	430876
四 川	Sichuan	4952761	2427259	609795	2751711	2199999
贵 州	Guizhou	5069856	2871817	347603	3331859	2159214
云 南	Yunnan	2695791	789656	495013	1606081	1089710
西 藏	Tibet	518238	200293	122581	510273	63091
陕 西	Shaanxi	2527149	1378257	313450	1291962	1234653
甘 肃	Gansu	1035718	436427	295055	575232	363570
青 海	Qinghai	121220	76310	43452	90680	26830
宁 夏	Ningxia	73086	32309	17579	38098	34988
新 疆	Xinjiang	1993378	1340414	289375	1212666	780712

3-3-6 各地区限额以上零售业企业年末资产负债(按登记注册类型分)

Assets and Liabilities of Enterprises above Designated Size of Retail Trade by Region and Type of Registration at the Year-end

内资企业
Domestic Funded Enterprises

单位：万元
Unit: 10000 yuan

地区	Region	资产总计 Total Assets	#流动资产合计 Total Current Assets	#固定资产净额 Net Value of Fixed Assets	负债合计 Total Liabilities	所有者权益合计 Total Owners' Equities
全国	**National Total**	**546240845**	**385569286**	**50538259**	**389354539**	**156510861**
北京	Beijing	38232610	29795272	2088003	29674942	8518995
天津	Tianjin	7481700	5688808	591735	6067515	1419662
河北	Hebei	18257554	12767064	2280610	14016860	3897573
山西	Shanxi	10993661	7548140	1222561	9236249	1770668
内蒙古	Inner Mongolia	5766016	3578865	1083315	4686877	1085248
辽宁	Liaoning	16872234	11656898	1403923	13413933	3473708
吉林	Jilin	9901196	6306037	1633763	7174271	2418074
黑龙江	Heilongjiang	7360689	4986871	977514	6000363	1323330
上海	Shanghai	29401463	21380821	2230668	21907337	7496771
江苏	Jiangsu	52421025	37235313	4616477	35988747	16318510
浙江	Zhejiang	33225759	23744084	3449831	25335808	7891267
安徽	Anhui	19857985	13880649	2043264	12709911	7036866
福建	Fujian	21333144	14458405	1814257	13149095	7921110
江西	Jiangxi	14558578	10257589	1054322	9742964	4766362
山东	Shandong	35306739	25611237	3639701	28970580	6757117
河南	Henan	20341829	14753773	1864460	15052502	5991701
湖北	Hubei	20565029	13105454	2311570	14031481	6399808
湖南	Hunan	20671367	11108950	2719993	12145650	8409141
广东	Guangdong	57615330	44475369	3044310	36359373	21162741
广西	Guangxi	9602203	7501431	746445	6550111	3069943
海南	Hainan	4947519	3873455	457618	3182156	1743165
重庆	Chongqing	14013284	9400459	1353712	10618145	3300054
四川	Sichuan	22035809	15351777	1958300	14999212	6969171
贵州	Guizhou	11768689	8188393	857554	8243161	3905482
云南	Yunnan	9745192	6043005	1141985	6504874	3234632
西藏	Tibet	1049946	592798	158907	837878	265315
陕西	Shaanxi	15433496	10804034	1419138	10447092	4918176
甘肃	Gansu	5458469	3588315	703083	3823432	1538554
青海	Qinghai	1403637	1020137	244619	1060680	338450
宁夏	Ningxia	2150694	1225260	285814	1368244	757065
新疆	Xinjiang	8467999	5640623	1140807	6055096	2412202

3-3-6 续表 1 Continued 1

国有企业 State-owned Enterprises

单位：万元 Unit: 10000 yuan

地区	Region	资产总计 Total Assets	#流动资产合计 Total Current Assets	#固定资产净额 Net Value of Fixed Assets	负债合计 Total Liabilities	所有者权益合计 Total Owners' Equities
全国	**National Total**	**13544825**	**7828870**	**1534315**	**7699580**	**6600242**
北京	Beijing	1330463	823644	173693	641877	688586
天津	Tianjin	183937	144440	35144	98710	85227
河北	Hebei	100854	39137	49856	35724	65130
山西	Shanxi	127063	30820	23151	184129	-56917
内蒙古	Inner Mongolia	143018	75821	18744	106462	36557
辽宁	Liaoning	120435	82012	17424	82943	37383
吉林	Jilin	741538	666084	33906	42945	698593
黑龙江	Heilongjiang	138213	99347	22599	99740	37848
上海	Shanghai	255552	203016	30294	131736	118146
江苏	Jiangsu	490740	321922	55781	333182	157230
浙江	Zhejiang	91700	70072	15379	42865	48834
安徽	Anhui	314783	116705	40875	101677	165837
福建	Fujian	13424	6124	5397	5092	7501
江西	Jiangxi	1458463	485570	14371	797530	658938
山东	Shandong	754339	512897	83975	528749	265585
河南	Henan	129022	72924	26264	861075	39908
湖北	Hubei	126523	82762	26974	66784	59739
湖南	Hunan	711401	347624	155377	542940	168461
广东	Guangdong	1095415	486589	222437	-28950	1124365
广西	Guangxi	71256	37298	7024	76662	-5406
海南	Hainan	538921	531624	3160	439807	99114
重庆	Chongqing	969629	542079	69744	402842	566633
四川	Sichuan	166238	114321	8591	122316	44097
贵州	Guizhou	2309586	1293880	80889	1358728	950858
云南	Yunnan	260479	134416	55102	156953	103527
西藏	Tibet	72466	45818	18800	73072	-606
陕西	Shaanxi	307923	201754	86120	134192	173382
甘肃	Gansu	112531	57463	32126	59746	52831
青海	Qinghai	25282	18342	24500	16376	8906
宁夏	Ningxia	9091	7017	1128	5870	3221
新疆	Xinjiang	374540	177348	95490	177806	196734

集体企业
Collective-owned Enterprises

单位：万元
Unit: 10000 yuan

地 区	Region	资产总计 Total Assets	#流动资产合计 Total Current Assets	#固定资产净额 Net Value of Fixed Assets	负债合计 Total Liabilities	所有者权益合计 Total Owners' Equities
全 国	**National Total**	**1407499**	**965635**	**185322**	**737991**	**658469**
北 京	Beijing	93125	70407	14013	72220	20159
天 津	Tianjin	50520	44362	3450	19802	30717
河 北	Hebei	29798	18875	3121	24865	4684
山 西	Shanxi	45004	29040	7153	23359	17161
内蒙古	Inner Mongolia	1451	1449	2	105	1347
辽 宁	Liaoning	22015	19680	1622	19232	2783
吉 林	Jilin	2484	2327	79	1112	1372
黑龙江	Heilongjiang	24692	15783	4476	22939	1197
上 海	Shanghai	157692	76679	5524	27507	130185
江 苏	Jiangsu	122784	84751	33076	54612	66362
浙 江	Zhejiang	75843	52997	11057	44490	31354
安 徽	Anhui	6661	4478	758	1857	4459
福 建	Fujian	56891	33519	8064	18380	37500
江 西	Jiangxi	8912	7772	943	6007	2893
山 东	Shandong	86793	65808	10875	64556	22238
河 南	Henan	55047	44501	3421	19423	35624
湖 北	Hubei	112279	71822	18421	72806	39473
湖 南	Hunan	70184	31148	17123	36753	33430
广 东	Guangdong	231846	187870	17056	121704	110142
广 西	Guangxi	8831	7030	1482	3524	5307
海 南	Hainan	1042	966	26	418	625
重 庆	Chongqing	17050	11041	1364	8442	8608
四 川	Sichuan	20099	17263	1693	7437	12662
贵 州	Guizhou	11659	8321	366	5273	6333
云 南	Yunnan	17923	11359	4286	11822	6102
西 藏	Tibet					
陕 西	Shaanxi	55870	32857	10057	35095	18995
甘 肃	Gansu	7727	4446	2053	4590	3137
青 海	Qinghai					
宁 夏	Ningxia	1352	1345	7	310	1041
新 疆	Xinjiang	11925	7739	3754	9351	2579

3-3-6 续表 3 Continued 3

股份合作企业 单位：万元

Cooperative Enterprises Unit: 10000 yuan

地　区	Region	资产总计 Total Assets	#流动资产合计 Total Current Assets	#固定资产净额 Net Value of Fixed Assets	负债合计 Total Liabilities	所有者权益合计 Total Owners' Equities
全　国	**National Total**	**870077**	**372629**	**145156**	**504428**	**360146**
北　京	Beijing	42499	37009	3071	31709	8885
天　津	Tianjin	16017	10468	1072	8238	7779
河　北	Hebei	101519	25400	53381	19494	82025
山　西	Shanxi	15322	13258		14548	
内蒙古	Inner Mongolia	988	275	400	176	813
辽　宁	Liaoning	23186	21403	1312	17362	5824
吉　林	Jilin	8746	3296	509	7945	801
黑龙江	Heilongjiang	37799	18071	3408	27769	9254
上　海	Shanghai	24785	23707	742	10804	13297
江　苏	Jiangsu	23982	15359	2500	10996	12986
浙　江	Zhejiang	80102	62034	5509	40452	39650
安　徽	Anhui	6128	5132	1147	1873	4255
福　建	Fujian	516	300	27	169	347
江　西	Jiangxi	152002	10732		72927	79075
山　东	Shandong	219118	47457	54435	170151	47602
河　南	Henan	1013	882		472	542
湖　北	Hubei	10177	2566	3957	4998	5178
湖　南	Hunan	4959	3442	242	3573	1386
广　东	Guangdong	29310	26078	2270	17442	11868
广　西	Guangxi	853	484	20	408	445
海　南	Hainan	859	774	16	202	656
重　庆	Chongqing	11178	7127	2628	6535	4643
四　川	Sichuan	10118	7922	1715	5088	5030
贵　州	Guizhou	22039	11475	2373	14522	7517
云　南	Yunnan	19469	11874	3501	12074	7395
西　藏	Tibet					
陕　西	Shaanxi	4845	3697	780	3186	1659
甘　肃	Gansu	2020	1897	122	1092	928
青　海	Qinghai					
宁　夏	Ningxia					
新　疆	Xinjiang	528	510	19	223	306

3-3-6 续表 4 Continued 4

联营企业
Joint Ownership Enterprises

单位：万元
Unit: 10000 yuan

地 区	Region	资产总计 Total Assets	#流动资产合计 Total Current Assets	#固定资产净额 Net Value of Fixed Assets	负债合计 Total Liabilities	所有者权益合计 Total Owners' Equities
全 国	**National Total**	**210345**	**116225**	**41238**	**151703**	**55386**
北 京	Beijing	2988	1959	913	2634	354
天 津	Tianjin	2118	1972	141	1486	632
河 北	Hebei					
山 西	Shanxi					
内蒙古	Inner Mongolia					
辽 宁	Liaoning	2761	1912	836	776	1985
吉 林	Jilin					
黑龙江	Heilongjiang	783	503	197	35	748
上 海	Shanghai	27242	16033	7498	8203	15780
江 苏	Jiangsu	5459	2865	1451	907	4553
浙 江	Zhejiang	13484	10141	2316	3768	9716
安 徽	Anhui	3699	3691	8	1462	2237
福 建	Fujian	1847	1688	160	756	1091
江 西	Jiangxi					
山 东	Shandong	2686	1635	470	992	1694
河 南	Henan					
湖 北	Hubei	1321	516	86	4969	-3648
湖 南	Hunan					
广 东	Guangdong	117000	52142	22314	87198	29803
广 西	Guangxi					
海 南	Hainan	183	135	44	15	169
重 庆	Chongqing	1277	875	262	70	1207
四 川	Sichuan	22213	15752	4128	35498	-13286
贵 州	Guizhou					
云 南	Yunnan	2658	2071	146	2068	591
西 藏	Tibet					
陕 西	Shaanxi	179	179		88	91
甘 肃	Gansu	2447	2156	268	778	1669
青 海	Qinghai					
宁 夏	Ningxia					
新 疆	Xinjiang					

3-3-6 续表 5 Continued 5

有限责任公司
Limited Liability Corporations

单位：万元
Unit: 10000 yuan

地 区	Region	资产总计 Total Assets	#流动资产合计 Total Current Assets	#固定资产净额 Net Value of Fixed Assets	负债合计 Total Liabilities	所有者权益合计 Total Owners' Equities
全 国	**National Total**	**201529855**	**146904238**	**17611241**	**150544330**	**50770251**
北 京	Beijing	21476599	18344618	1007779	18029377	3453294
天 津	Tianjin	3155748	2410949	312790	2773049	389687
河 北	Hebei	7759761	5795510	836450	6060811	1665468
山 西	Shanxi	2592322	1620112	331213	2036143	557194
内蒙古	Inner Mongolia	2361962	1497800	459376	1809658	560469
辽 宁	Liaoning	6499331	4239385	489762	5566656	946297
吉 林	Jilin	4011375	1844501	992258	3257141	757682
黑龙江	Heilongjiang	3631837	2283574	468783	2905080	707559
上 海	Shanghai	13969914	9771080	1122145	10980608	2982051
江 苏	Jiangsu	15951122	11924951	1346785	11546965	4422727
浙 江	Zhejiang	10913288	7495556	1107584	8105245	2811800
安 徽	Anhui	7814213	5386095	794125	4948295	2863046
福 建	Fujian	3777704	2569144	376142	2422207	1289479
江 西	Jiangxi	6351755	4935414	436946	4580107	1761719
山 东	Shandong	11694252	8236574	1355601	9398780	2281564
河 南	Henan	6483995	4860456	530511	4817802	1665449
湖 北	Hubei	8888965	6340543	1003492	6478214	2389723
湖 南	Hunan	4259162	2703613	475858	2896336	1362497
广 东	Guangdong	21812647	17660489	934605	15950173	5858085
广 西	Guangxi	3324673	2570635	231860	2135978	1193981
海 南	Hainan	3590738	2836159	297520	2181722	1387125
重 庆	Chongqing	2948427	2039201	243939	1929109	991564
四 川	Sichuan	8441575	6296512	587303	6112805	2302893
贵 州	Guizhou	4906912	3452933	327327	3371395	1531613
云 南	Yunnan	2971299	1760845	312988	2089928	879474
西 藏	Tibet	433180	233821	37498	299064	133233
陕 西	Shaanxi	5947199	3896040	489071	3966698	1967023
甘 肃	Gansu	1705730	1198353	143872	1265260	440120
青 海	Qinghai	608620	352965	153174	488455	116455
宁 夏	Ningxia	547598	319859	93875	354469	191011
新 疆	Xinjiang	2697952	2026551	310609	1786800	909969

3-3-6 续表 6 Continued 6

股份有限公司
Share-holding Corporations Ltd.

单位：万元
Unit: 10000 yuan

地 区	Region	资产总计 Total Assets	#流动资产合计 Total Current Assets	#固定资产净额 Net Value of Fixed Assets	负债合计 Total Liabilities	所有者权益合计 Total Owners' Equities
全 国	**National Total**	**76529190**	**37661986**	**9947908**	**39443099**	**37165173**
北 京	Beijing	7294408	3594397	521408	3715645	3578498
天 津	Tianjin	460564	103733	41196	101123	359441
河 北	Hebei	2532912	1441266	326874	1798889	493188
山 西	Shanxi	681196	251879	171831	696911	15052
内蒙古	Inner Mongolia	949766	253399	362733	919110	29409
辽 宁	Liaoning	2794954	1353794	338236	1542316	1255027
吉 林	Jilin	1040395	681839	234973	491605	258123
黑龙江	Heilongjiang	787701	433033	168487	786031	1671
上 海	Shanghai	4641585	2932571	661636	1849184	2791809
江 苏	Jiangsu	8007760	3812557	680396	3491380	4516360
浙 江	Zhejiang	2248220	975643	289399	1224643	1023576
安 徽	Anhui	3157449	1805715	381444	1619891	1515178
福 建	Fujian	2284791	1125305	176688	865979	1418750
江 西	Jiangxi	450455	334417	17841	363581	84143
山 东	Shandong	6613101	4409001	622473	5463905	1552913
河 南	Henan	1442334	672208	239929	1066644	375525
湖 北	Hubei	3665730	1018403	560074	2248944	1393641
湖 南	Hunan	3775013	1089814	886313	1952443	1822571
广 东	Guangdong	8794803	4713861	656346	-547324	9255071
广 西	Guangxi	1628157	1188643	203714	922577	705580
海 南	Hainan	379152	117247	129403	209958	169193
重 庆	Chongqing	3137355	1268130	537242	2856297	217584
四 川	Sichuan	3547731	1606321	552758	1770331	1777400
贵 州	Guizhou	488967	177051	145276	533723	374853
云 南	Yunnan	1152892	211020	267859	530533	620584
西 藏	Tibet	236397	112059	82790	267353	23173
陕 西	Shaanxi	982713	659316	28835	544732	437827
甘 肃	Gansu	1086306	488450	244356	714583	274761
青 海	Qinghai	55669	22270	28185	57119	-1449
宁 夏	Ningxia	418441	24666	66853	236731	181710
新 疆	Xinjiang	1792273	783978	322360	1148262	644011

私营企业 单位：万元

Private Enterprises Unit: 10000 yuan

地 区	Region	资产总计 Total Assets	#流动资产合计 Total Current Assets	#固定资产净额 Net Value of Fixed Assets	负债合计 Total Liabilities	所有者权益合计 Total Owners' Equities
全 国	**National Total**	**251673823**	**191455842**	**20969369**	**190050030**	**60653626**
北 京	Beijing	7989704	6921592	366329	7180361	767511
天 津	Tianjin	3608774	2968880	197943	3063076	544186
河 北	Hebei	7732711	5446877	1010928	6077076	1587078
山 西	Shanxi	7517502	5595347	685452	6279786	1224300
内蒙古	Inner Mongolia	2308830	1750122	242061	1851367	456653
辽 宁	Liaoning	7400356	5932471	552958	6176981	1222851
吉 林	Jilin	4093713	3106453	371101	3372832	699251
黑龙江	Heilongjiang	2688737	2099731	301338	2125006	547890
上 海	Shanghai	10324694	8357736	402830	8899294	1445503
江 苏	Jiangsu	27673774	21010678	2460738	20503010	7040965
浙 江	Zhejiang	19792591	15073560	2015325	15869943	3922389
安 徽	Anhui	8538667	6549910	823193	6029168	2471158
福 建	Fujian	15191449	10718529	1247725	9830563	5166152
江 西	Jiangxi	6126577	4478207	581474	3918285	2173888
山 东	Shandong	15923038	12328655	1510401	13335544	2580013
河 南	Henan	12211486	9086768	1064331	8267969	3874840
湖 北	Hubei	7719277	5570486	678141	5133982	2495726
湖 南	Hunan	11846024	6931072	1184468	6711966	5018007
广 东	Guangdong	25529524	21345305	1188381	20756946	4770807
广 西	Guangxi	4567448	3696818	301917	3410581	1169434
海 南	Hainan	436624	386551	27449	350034	86284
重 庆	Chongqing	6928225	5531924	498474	5414785	1509739
四 川	Sichuan	9810896	7287755	800156	6939272	2829901
贵 州	Guizhou	4029252	3244461	301324	2959478	1034076
云 南	Yunnan	5298051	3904055	490423	3694706	1601331
西 藏	Tibet	307903	201100	19819	198388	109515
陕 西	Shaanxi	8079241	5969273	794444	5734283	2292491
甘 肃	Gansu	2536539	1831613	280280	1774436	763968
青 海	Qinghai	713499	626393	38760	498281	214421
宁 夏	Ningxia	1174212	872372	123951	770864	380082
新 疆	Xinjiang	3574505	2631148	407255	2921767	653216

3-3-6 续表 8 Continued 8

其他企业 单位：万元

Other Enterprises Unit: 10000 yuan

地 区	Region	资产总计 Total Assets	#流动资产合计 Total Current Assets	#固定资产净额 Net Value of Fixed Assets	负债合计 Total Liabilities	所有者权益合计 Total Owners' Equities
全 国	**National Total**	**475241**	**263874**	**103722**	**223384**	**247576**
北 京	Beijing	2827	1647	797	1119	1708
天 津	Tianjin	4023	4003		2030	1993
河 北	Hebei					
山 西	Shanxi	15252	7684	3761	1373	13878
内 蒙 古	Inner Mongolia					
辽 宁	Liaoning	9196	6241	1774	7668	1558
吉 林	Jilin	2944	1537	937	692	2252
黑 龙 江	Heilongjiang	50927	36830	8225	33764	17163
上 海	Shanghai					
江 苏	Jiangsu	145403	62230	35749	47695	97328
浙 江	Zhejiang	10533	4082	3263	4402	3948
安 徽	Anhui	16384	8923	1714	5688	10697
福 建	Fujian	6522	3796	55	5949	289
江 西	Jiangxi	10415	5477	2748	4527	5708
山 东	Shandong	13412	9210	1471	7904	5507
河 南	Henan	18931	16035	5	19118	-187
湖 北	Hubei	40758	18357	20426	20783	19975
湖 南	Hunan	4625	2237	614	1639	2789
广 东	Guangdong	4786	3036	901	2184	2601
广 西	Guangxi	985	523	427	382	603
海 南	Hainan					
重 庆	Chongqing	143	83	61	66	77
四 川	Sichuan	16940	5931	1956	6466	10474
贵 州	Guizhou	273	273		41	232
云 南	Yunnan	22421	7365	7679	6792	15629
西 藏	Tibet					
陕 西	Shaanxi	55527	40918	9832	28818	26708
甘 肃	Gansu	5170	3938	6	2946	1140
青 海	Qinghai	567	168		450	117
宁 夏	Ningxia					
新 疆	Xinjiang	16277	13350	1321	10888	5389

港、澳、台商投资企业 单位：万元

Enterprises with Funds from Hong Kong, Macao and Taiwan Unit: 10000 yuan

地 区	Region	资产总计 Total Assets	#流动资产合计 Total Current Assets	#固定资产净额 Net Value of Fixed Assets	负债合计 Total Liabilities	所有者权益合计 Total Owners' Equities
全 国	**National Total**	**52985694**	**38064391**	**4949478**	**37520170**	**15470101**
北 京	Beijing	3055468	2666682	104097	2711702	343766
天 津	Tianjin	825926	496083	63937	1018524	-192598
河 北	Hebei	245927	110548	54871	198429	47498
山 西	Shanxi	103991	87610	7564	67178	36813
内 蒙 古	Inner Mongolia	60451	23148	21147	41694	18757
辽 宁	Liaoning	1428487	560561	620155	759563	688892
吉 林	Jilin	549552	396205	61285	541631	7921
黑 龙 江	Heilongjiang	546656	356453	109537	489133	57523
上 海	Shanghai	14731385	12304054	762393	10776091	3949497
江 苏	Jiangsu	6521541	4209734	787543	4715825	1796823
浙 江	Zhejiang	3314809	2294750	344010	2216771	1087038
安 徽	Anhui	563911	365927	96414	413817	171327
福 建	Fujian	1640434	1044929	157135	1009746	630449
江 西	Jiangxi	553893	161544	21047	509989	43904
山 东	Shandong	1267633	954047	188449	845913	421720
河 南	Henan	1543467	875204	134428	1223799	319668
湖 北	Hubei	953790	654725	130897	802589	145590
湖 南	Hunan	2388446	1557363	177908	1553946	834500
广 东	Guangdong	7551498	5501053	436432	4531695	3017667
广 西	Guangxi	461983	296185	124385	270184	191799
海 南	Hainan	96605	81857	6671	59047	37558
重 庆	Chongqing	657896	388665	163158	401914	255671
四 川	Sichuan	1073353	728239	139583	696305	375634
贵 州	Guizhou	308402	182455	27658	195463	112940
云 南	Yunnan	534875	329593	47224	308575	226300
西 藏	Tibet	122359	122359		14996	107363
陕 西	Shaanxi	1728613	1211179	134846	1060225	667164
甘 肃	Gansu	59929	42076	12537	27197	32732
青 海	Qinghai	13631	9727	3420	7430	6201
宁 夏	Ningxia	28605	17124	6271	15495	13110
新 疆	Xinjiang	52178	34312	4476	35304	16874

3-3-6 续表 10 Continued 10

外商投资企业 单位：万元

Foreign Funded Enterprises Unit: 10000 yuan

地　区	Region	资产总计 Total Assets	#流动资产合计 Total Current Assets	#固定资产净额 Net Value of Fixed Assets	负债合计 Total Liabilities	所有者权益合计 Total Owners' Equities
全　国	**National Total**	**74142512**	**49293475**	**6667751**	**50176522**	**22932437**
北　京	Beijing	14966973	13392331	301787	11964305	3002668
天　津	Tianjin	1840027	520265	474715	1213349	627080
河　北	Hebei	1212411	390096	262087	844064	368347
山　西	Shanxi	544394	175140	120963	807460	-263066
内蒙古	Inner Mongolia	10068	9729	12	22107	-12039
辽　宁	Liaoning	873138	503174	82373	678064	163330
吉　林	Jilin	79505	8852	25831	107502	-27997
黑龙江	Heilongjiang	246007	66099	68484	111032	134975
上　海	Shanghai	9790234	7613491	610959	6181975	3596204
江　苏	Jiangsu	6913885	4071665	864213	4324437	2609046
浙　江	Zhejiang	4802528	3125456	530037	2890106	1922810
安　徽	Anhui	1391496	888646	7799	266817	-74183
福　建	Fujian	6064973	3069867	433594	3535573	2529400
江　西	Jiangxi	249076	203646	26970	226672	22404
山　东	Shandong	1339386	614752	285809	800787	724139
河　南	Henan	1569802	573515	163416	1033340	535958
湖　北	Hubei	1849068	988295	190073	1351815	497025
湖　南	Hunan	1073553	384659	262196	538396	534781
广　东	Guangdong	10305253	8300187	562446	7681161	2623975
广　西	Guangxi	167838	117380	18028	121533	40709
海　南	Hainan	216834	111628	14175	132314	84519
重　庆	Chongqing	667379	318508	153027	387591	279789
四　川	Sichuan	3201422	1458372	551149	1599986	1601436
贵　州	Guizhou	1839197	679259	229789	1473161	366037
云　南	Yunnan	661733	469309	75406	361343	300390
西　藏	Tibet	6948	6150	527	3912	3036
陕　西	Shaanxi	2144450	1136312	342489	1473429	671021
甘　肃	Gansu	1197	1026	171	1955	-757
青　海	Qinghai	1719	1363		2076	-358
宁　夏	Ningxia	3905	2852	936	1043	2862
新　疆	Xinjiang	108113	91451	8290	39217	68896

3-3-7 各地区限额以上零售业企业年末资产负债(按国民经济行业分)

Assets and Liabilities of Enterprises above Designated Size of Retail Trade by Region and Sector at the Year-end

综合零售
Integrated Retail

单位：万元
Unit: 10000 yuan

地　区	Region	资产总计 Total Assets	#流动资产合计 Total Currents Assets	#固定资产净额 Net Value of Fixed Assets	负债合计 Total Liabilities	所有者权益合计 Total Owners' Equities
全　国	**National Total**	**172462887**	**104735178**	**21573512**	**124987963**	**47433103**
北　京	Beijing	12391371	7842619	878376	8163221	4241632
天　津	Tianjin	1890527	832986	298250	1865216	29829
河　北	Hebei	6272462	3217462	1439178	4875391	1357171
山　西	Shanxi	3054972	2160303	259603	2814872	255322
内蒙古	Inner Mongolia	1269764	750593	254646	940406	334018
辽　宁	Liaoning	8757950	4991271	1114353	6462265	2359046
吉　林	Jilin	3612999	1694229	961876	2642139	971317
黑龙江	Heilongjiang	2677800	1457679	512880	2372772	287712
上　海	Shanghai	12206809	7602637	1622160	9285462	2907243
江　苏	Jiangsu	20765373	12411285	2101514	14377384	6426794
浙　江	Zhejiang	10948077	6564576	1527215	7981270	2978075
安　徽	Anhui	5173267	3248225	842342	3952092	1235588
福　建	Fujian	6900886	3925334	466325	4155901	2720227
江　西	Jiangxi	2500864	1365934	290575	1917000	577051
山　东	Shandong	13346807	9034043	1833420	10712055	2634755
河　南	Henan	4570609	2918296	462672	3643195	918160
湖　北	Hubei	8061803	3673550	1133156	5312409	2729250
湖　南	Hunan	7048427	2904497	1066598	3965397	3060984
广　东	Guangdong	15300194	11735107	961994	11629301	3671761
广　西	Guangxi	1996683	1235036	349073	1367521	628915
海　南	Hainan	3104364	2527256	183502	1876283	1228710
重　庆	Chongqing	3103613	1895984	414393	2175857	921652
四　川	Sichuan	4793176	3209981	686965	3361389	1425029
贵　州	Guizhou	1584356	1111330	210525	1181945	393576
云　南	Yunnan	1594710	1176424	191000	1082367	509243
西　藏	Tibet	99118	59254	1790	82312	16806
陕　西	Shaanxi	5139426	3074889	746155	3499699	1614533
甘　肃	Gansu	1412396	863035	157173	1038585	372844
青　海	Qinghai	298776	131738	114304	273084	21983
宁　夏	Ningxia	776720	237364	124769	478427	296174
新　疆	Xinjiang	1808588	882261	366730	1502746	307703

3-3-7 续表 1 Continued 1

食品、饮料及烟草制品专门零售 单位：万元

Special Retail of Food, Beverages and Tobaccos Unit: 10000 yuan

地 区	Region	资产总计 Total Assets	#流动资产合计 Total Currents Assets	#固定资产净额 Net Value of Fixed Assets	负债合计 Total Liabilities	所有者权益合计 Total Owners' Equities
全 国	**National Total**	**29228238**	**20958263**	**2462848**	**18178344**	**10934345**
北 京	Beijing	2257454	1799952	203386	1417318	839079
天 津	Tianjin	228334	198218	19757	120124	108448
河 北	Hebei	358456	285921	30373	211126	147132
山 西	Shanxi	582544	394475	50047	363705	215019
内 蒙 古	Inner Mongolia	84429	74612	2176	42712	41718
辽 宁	Liaoning	342887	248288	38440	272432	70074
吉 林	Jilin	319293	222861	21613	252977	66252
黑 龙 江	Heilongjiang	689909	564429	57598	490243	197741
上 海	Shanghai	1805835	1254602	68705	1574795	245015
江 苏	Jiangsu	2143007	1484860	245083	1251830	885998
浙 江	Zhejiang	1015655	745104	91714	660911	352939
安 徽	Anhui	1041022	828273	63356	657081	382902
福 建	Fujian	1608663	897929	243908	607616	972623
江 西	Jiangxi	937220	616254	145972	377192	555363
山 东	Shandong	856760	646273	96368	708794	147966
河 南	Henan	968824	688612	109167	528828	433812
湖 北	Hubei	1975713	1479456	188868	1232071	727429
湖 南	Hunan	758277	412327	137984	352472	396074
广 东	Guangdong	4043045	2987540	153530	2018935	2021262
广 西	Guangxi	510632	345959	21842	349608	160434
海 南	Hainan	100907	88674	6179	107584	-6848
重 庆	Chongqing	552005	341149	59525	322343	228166
四 川	Sichuan	1128813	844452	68363	846497	276570
贵 州	Guizhou	2082621	1385370	87041	1383687	697709
云 南	Yunnan	805864	505979	124920	525688	278852
西 藏	Tibet	34314	16153	8796	14517	19797
陕 西	Shaanxi	1463625	1233720	80763	1106418	321792
甘 肃	Gansu	180820	139040	15127	131119	49439
青 海	Qinghai	62600	42197	6703	45889	16710
宁 夏	Ningxia	64943	43649	4915	35051	29892
新 疆	Xinjiang	223767	141935	10629	168781	54986

3-3-7 续表 2 Continued 2

纺织、服装及日用品专门零售 单位：万元

Special Retail of Textiles, Garments and Daily Consumer Articles Unit: 10000 yuan

地区	Region	资产总计 Total Assets	#流动资产合计 Total Working Capitals	#固定资产净额 Net Value of Fixed Assets	负债合计 Total Liabilities	所有者权益合计 Total Owners' Equities
全国	**National Total**	**41847577**	**32602915**	**2558549**	**29504252**	**12223825**
北京	Beijing	2394590	2110674	114069	1960743	434271
天津	Tianjin	547224	440294	64695	481255	65964
河北	Hebei	667045	394049	55394	585868	61360
山西	Shanxi	586006	456383	70386	460817	116722
内蒙古	Inner Mongolia	119838	94199	18418	107751	12239
辽宁	Liaoning	678645	579631	46074	692611	-11272
吉林	Jilin	170598	107449	36791	122919	47670
黑龙江	Heilongjiang	374549	192716	60258	294482	79779
上海	Shanghai	16313971	13323261	644456	10580331	5733828
江苏	Jiangsu	3358039	2256895	194962	2683568	667081
浙江	Zhejiang	2060282	1431828	171870	1529238	526760
安徽	Anhui	572087	443575	89276	430719	136778
福建	Fujian	1707621	1289740	64635	1246649	405116
江西	Jiangxi	426343	265384	29022	302626	119280
山东	Shandong	1354016	1037020	84298	925994	427738
河南	Henan	662837	438726	80452	443036	219965
湖北	Hubei	755469	515591	138693	565521	188200
湖南	Hunan	492726	380928	35399	346443	139769
广东	Guangdong	4852344	3955715	157921	3261007	1585255
广西	Guangxi	93121	80917	3557	86781	6307
海南	Hainan	124992	116918	2437	121927	3065
重庆	Chongqing	782700	554471	130881	534918	248649
四川	Sichuan	795043	651602	47181	541386	252613
贵州	Guizhou	70112	53199	12478	55988	12682
云南	Yunnan	223154	198545	4966	149419	74691
西藏	Tibet	122617	122451		15205	107413
陕西	Shaanxi	1166605	868092	113361	638718	523953
甘肃	Gansu	124447	101046	13217	97518	26760
青海	Qinghai	60875	26392	22502	54649	7673
宁夏	Ningxia	16730	14415	1322	12709	4021
新疆	Xinjiang	172951	100809	49578	173456	-505

3-3-7 续表 3 Continued 3

文化、体育用品及器材专门零售 单位：万元

Special Retail of Culture, Sports Appliances and Equipments Unit: 10000 yuan

地 区	Region	资产总计 Total Assets	#流动资产合计 Total Current Assets	#固定资产净额 Net Value of Fixed Assets	负债合计 Total Liabilities	所有者权益合计 Total Owners' Equities
全 国	**National Total**	**32338437**	**23602063**	**2823652**	**18822375**	**13447378**
北 京	Beijing	3616168	2879197	172918	2304431	1314948
天 津	Tianjin	237267	174751	32640	166113	71155
河 北	Hebei	713301	520697	81990	309044	404107
山 西	Shanxi	382214	248369	66957	178900	203276
内 蒙 古	Inner Mongolia	480953	351907	65940	334824	146295
辽 宁	Liaoning	473776	335780	42099	340638	133151
吉 林	Jilin	202123	165062	21449	145356	56714
黑 龙 江	Heilongjiang	392529	278767	62336	236675	155468
上 海	Shanghai	2676475	2238091	174055	1831290	838472
江 苏	Jiangsu	4488075	3550835	326560	2622112	1856569
浙 江	Zhejiang	1529485	1152296	228178	932195	597050
安 徽	Anhui	702570	618536	34843	346004	364749
福 建	Fujian	1260623	1010424	93756	700237	532915
江 西	Jiangxi	3066619	1770211	117664	1510998	1555314
山 东	Shandong	970078	740341	94873	697671	270476
河 南	Henan	883510	588899	131244	421586	459835
湖 北	Hubei	433600	306773	51742	273266	135879
湖 南	Hunan	1260260	939671	112536	739121	518373
广 东	Guangdong	2233138	1597767	210518	1495269	737605
广 西	Guangxi	492197	372834	48186	250298	241829
海 南	Hainan	123901	89743	25393	114416	9020
重 庆	Chongqing	1156712	744017	73539	562580	593379
四 川	Sichuan	2102433	1177946	179398	1054622	1047695
贵 州	Guizhou	352002	335970	7850	232478	119330
云 南	Yunnan	487116	295649	104606	198863	287632
西 藏	Tibet	8773	7251	1520	3780	4993
陕 西	Shaanxi	741204	516322	134370	377460	361964
甘 肃	Gansu	350689	257337	35293	199638	151051
青 海	Qinghai	26878	19654	3112	18463	8414
宁 夏	Ningxia	72847	44267	19712	42605	30242
新 疆	Xinjiang	420921	272699	68375	181442	239478

3-3-7 续表 4 Continued 4

医药及医疗器材专门零售

Specia Retail of Medicines and Medical Appliances

单位：万元

Unit: 10000 yuan

地 区	Region	资产总计 Total Assets	#流动资产合计 Total Current Assets	#固定资产净额 Net Value of Fixed Assets	负债合计 Total Liabilities	所有者权益合计 Total Owners' Equities
全 国	**National Total**	**29464009**	**23386290**	**1200683**	**21214092**	**8203352**
北 京	Beijing	493700	423007	8983	386481	106703
天 津	Tianjin	248612	163169	9216	130841	118925
河 北	Hebei	927060	703128	28347	559007	368054
山 西	Shanxi	605455	464241	15325	460695	143337
内 蒙 古	Inner Mongolia	392532	314208	16745	327034	65497
辽 宁	Liaoning	1003493	802767	31374	815616	186705
吉 林	Jilin	807437	708885	39631	697381	111915
黑 龙 江	Heilongjiang	422109	376134	14302	318330	103779
上 海	Shanghai	745764	561317	27943	529519	216245
江 苏	Jiangsu	2331292	1930170	115861	1826302	496967
浙 江	Zhejiang	1135955	959134	40498	826092	316636
安 徽	Anhui	821908	632284	31398	578508	241691
福 建	Fujian	508251	392044	41967	335666	169575
江 西	Jiangxi	648084	485185	19712	473587	169671
山 东	Shandong	2025772	1654508	71595	1631912	394101
河 南	Henan	1431473	1229942	66403	1101921	327141
湖 北	Hubei	1171539	925410	63415	940782	228636
湖 南	Hunan	2830639	1928605	137468	1781078	1046502
广 东	Guangdong	2581342	2034974	92287	1834718	746613
广 西	Guangxi	1818906	1489364	75576	1164585	653625
海 南	Hainan	58164	53933	100	31527	26638
重 庆	Chongqing	524511	417830	25487	386036	138128
四 川	Sichuan	1127173	800865	34953	802713	301739
贵 州	Guizhou	738986	616967	16970	591407	147099
云 南	Yunnan	1153477	837178	55293	561033	592444
西 藏	Tibet	26087	21512	5758	10084	16003
陕 西	Shaanxi	1002360	849194	32189	746004	253747
甘 肃	Gansu	496152	402916	18482	382116	112953
青 海	Qinghai	59562	46244	7698	43762	15799
宁 夏	Ningxia	123616	94025	13317	90884	32732
新 疆	Xinjiang	1202598	1067150	42390	848471	353752

3-3-7 续表 5 Continued 5

汽车、摩托车、零配件和燃料及其他动力销售 单位：万元

Retail of Motor Vehicles, Motorcycles, Parts and Fuel and Other Powers Unit: 10000 yuan

地区	Region	资产总计 Total Assets	#流动资产合计 Total Current Assets	#固定资产净额 Net Value of Fixed Assets	负债合计 Total Liabilities	所有者权益合计 Total Owners' Equities
全国	**National Total**	**241883824**	**161768332**	**25551290**	**165405371**	**75908503**
北京	Beijing	10042010	7633049	866471	7677981	2359244
天津	Tianjin	5070038	3225018	578754	3386308	1684784
河北	Hebei	7990974	5487712	920731	6029168	1679808
山西	Shanxi	5110555	3173472	702889	4862506	262349
内蒙古	Inner Mongolia	2901116	1579644	682790	2549386	351592
辽宁	Liaoning	6056830	4247114	641869	4778939	1252438
吉林	Jilin	4407770	2901084	607595	3103077	1010907
黑龙江	Heilongjiang	2861372	1998991	351674	2330247	521469
上海	Shanghai	8433928	6495691	617471	5976916	2447036
江苏	Jiangsu	23079352	16015764	2485623	15021959	7996015
浙江	Zhejiang	15709978	10853258	1731182	11349397	4355786
安徽	Anhui	9817496	6352229	870626	4993288	3533177
福建	Fujian	10575607	6592378	950323	6819375	3689607
江西	Jiangxi	4631045	3260224	397572	3355906	1260335
山东	Shandong	14698760	10367187	1551604	12167212	3188073
河南	Henan	11923430	8044633	1037791	9296737	3369362
湖北	Hubei	6507273	4112099	810950	4563834	1882001
湖南	Hunan	9182651	4744560	1451584	5675813	3463581
广东	Guangdong	30059757	21689476	2099821	14805337	15168729
广西	Guangxi	3880628	3187499	305897	2719624	1186954
海南	Hainan	1543174	1007032	250304	967921	575253
重庆	Chongqing	6368123	3670801	852576	5172338	1118780
四川	Sichuan	12120263	7386159	1450152	7471210	4623608
贵州	Guizhou	8082088	4671636	763160	5661145	2814230
云南	Yunnan	5885031	3166183	761071	4062410	1821246
西藏	Tibet	827224	442233	139791	691594	188878
陕西	Shaanxi	6643614	4315328	590864	4627456	2036927
甘肃	Gansu	2504393	1495593	429106	1740532	670323
青海	Qinghai	759014	631293	87783	530376	228638
宁夏	Ningxia	946295	673218	114197	632627	290490
新疆	Xinjiang	3264035	2347774	449069	2384752	876883

家用电器及电子产品专门零售 单位：万元

Special Retail of Household Electric Appliances and Electronic Products Unit: 10000 yuan

地 区	Region	资产总计 Total Assets	#流动资产合计 Total Current Assets	#固定资产净额 Net Value of Fixed Assets	负债合计 Total Liabilities	所有者权益合计 Total Owners' Equities
全 国	**National Total**	**49683919**	**44026261**	**1374392**	**37520609**	**12017208**
北 京	Beijing	14188540	13223712	62173	10822022	3366836
天 津	Tianjin	530537	505221	5412	990090	-459474
河 北	Hebei	727890	643112	29068	555650	171840
山 西	Shanxi	501249	463230	19084	387208	112788
内蒙古	Inner Mongolia	425039	316771	57722	301031	125275
辽 宁	Liaoning	1187119	1063762	37257	936517	215222
吉 林	Jilin	418792	356810	22774	297314	118591
黑龙江	Heilongjiang	469231	398109	36009	356172	112986
上 海	Shanghai	2475161	2231386	31781	1554035	922408
江 苏	Jiangsu	4155114	3451262	201808	2966600	1143618
浙 江	Zhejiang	2064238	1738608	88518	1584100	480464
安 徽	Anhui	1352227	1169553	73532	899562	447874
福 建	Fujian	1151657	965928	50903	796613	347537
江 西	Jiangxi	752585	681855	19793	545634	200740
山 东	Shandong	2388057	1984016	148264	2023384	361941
河 南	Henan	1681392	1453180	72279	1175954	499883
湖 北	Hubei	1684906	1404291	74097	1084873	589911
湖 南	Hunan	987561	730828	66422	635235	337237
广 东	Guangdong	5300443	4993601	73360	4615804	684272
广 西	Guangxi	981436	873399	36139	758639	222564
海 南	Hainan	149487	134275	9394	123041	26447
重 庆	Chongqing	844779	747415	30583	554725	288717
四 川	Sichuan	2179216	1818761	60658	1549697	627078
贵 州	Guizhou	369460	341394	6300	265002	103962
云 南	Yunnan	554092	503496	10338	449560	104532
西 藏	Tibet	37819	31660	799	25267	12552
陕 西	Shaanxi	1191156	927523	34676	632237	553235
甘 肃	Gansu	262907	240517	4569	167798	93062
青 海	Qinghai	105731	99716	695	74085	31646
宁 夏	Ningxia	134486	114393	5788	59064	75334
新 疆	Xinjiang	431612	418477	4197	333696	98130

3-3-7 续表 7 Continued 7

五金、家具及室内装饰材料专门零售 单位：万元

Special Retail of Hardware, Furniture and Interior Decoration Materials Unit: 10000 yuan

地　区	Region	资产总计 Total Assets	#流动资产合计 Total Current Assets	#固定资产净额 Net Value of Fixed Assets	负债合计 Total Liabilities	所有者权益合计 Total Owners' Equities
全　国	**National Total**	**12439786**	**7803698**	**1569525**	**8255833**	**4067600**
北　京	Beijing	851796	577760	61948	650027	201768
天　津	Tianjin	230802	75735	77435	177455	52187
河　北	Hebei	67280	50783	2309	30858	35764
山　西	Shanxi	217205	152256	23514	157640	59163
内蒙古	Inner Mongolia	34983	19444	158	23734	11249
辽　宁	Liaoning	144851	73029	53374	155439	-10639
吉　林	Jilin	71180	65496	2506	54261	16714
黑龙江	Heilongjiang	163567	67077	45118	129861	29456
上　海	Shanghai	1488585	891397	218106	1259613	228200
江　苏	Jiangsu	1009590	681725	190450	774697	233970
浙　江	Zhejiang	428508	289770	95305	355417	68456
安　徽	Anhui	363884	213122	24646	222041	138613
福　建	Fujian	1220512	960662	67109	640457	546528
江　西	Jiangxi	372597	307784	15706	222766	145290
山　东	Shandong	458516	238417	94837	305582	153675
河　南	Henan	606820	345475	93399	294388	304495
湖　北	Hubei	603178	383313	88149	363356	236903
湖　南	Hunan	409745	273895	36459	184675	217273
广　东	Guangdong	1151170	680239	92285	793867	357055
广　西	Guangxi	115721	97974	6947	74503	40951
海　南	Hainan	30665	26889	133	7366	1107
重　庆	Chongqing	368290	205211	57406	203774	155883
四　川	Sichuan	267592	126442	67326	170045	95374
贵　州	Guizhou	132886	64958	1640	100730	31332
云　南	Yunnan	101418	85340	4189	57782	43414
西　藏	Tibet	2855	2565		1471	1385
陕　西	Shaanxi	701473	406889	86964	459098	233092
甘　肃	Gansu	37208	32148	1225	21189	15775
青　海	Qinghai	17235	14508		11904	5331
宁　夏	Ningxia	977	207	770	1527	-551
新　疆	Xinjiang	768697	393188	60112	350310	418387

3-3-7 续表 8 Continued 8

货摊、无店铺及其他零售业

Stalls, Non-shop and Other Retails

单位：万元

Unit: 10000 yuan

地　区	Region	资产总计 Total Assets	#流动资产合计 Total Currents Assets	#固定资产净额 Net Value of Fixed Assets	负债合计 Total Liabilities	所有者权益合计 Total Owners' Equities
全　国	**National Total**	**64020384**	**54044149**	**3041044**	**53162391**	**10678085**
北　京	Beijing	10019424	9364315	125563	10968725	-999053
天　津	Tianjin	1164312	1089764	44230	981986	182326
河　北	Hebei	1991423	1964843	10177	1903239	88184
山　西	Shanxi	601846	298161	143284	424545	176439
内蒙古	Inner Mongolia	127882	110364	5880	123800	4082
辽　宁	Liaoning	528307	378993	101610	397102	131206
吉　林	Jilin	520060	489218	6644	507980	-2083
黑龙江	Heilongjiang	102285	75521	15359	71747	27438
上　海	Shanghai	7776557	6699984	199344	6273442	1504025
江　苏	Jiangsu	4526610	3733917	406373	3504558	1017365
浙　江	Zhejiang	6450920	5429717	349397	5224065	1224951
安　徽	Anhui	1968930	1629424	117460	1311250	652638
福　建	Fujian	4104732	2538762	426059	2391900	1696832
江　西	Jiangxi	2026191	1869947	66323	1773917	249625
山　东	Shandong	1814994	1478231	138700	1444675	324252
河　南	Henan	726203	494727	108898	403997	314674
湖　北	Hubei	2174405	1947991	83470	1849773	324213
湖　南	Hunan	1163081	735660	115648	557758	598629
广　东	Guangdong	9950647	8602189	201473	8117992	1831831
广　西	Guangxi	342701	232014	41641	170268	160872
海　南	Hainan	25303	22221	1023	23451	1852
重　庆	Chongqing	1637827	1530752	25507	1495078	142159
四　川	Sichuan	1796875	1522180	54036	1497944	296536
贵　州	Guizhou	503779	469283	9037	439402	64538
云　南	Yunnan	136938	73111	8232	87670	49268
西　藏	Tibet	20445	18229	980	12558	7888
陕　西	Shaanxi	1257097	959569	77130	893657	357118
甘　肃	Gansu	150582	99785	41601	74088	78321
青　海	Qinghai	28316	19487	5242	17973	8098
宁　夏	Ningxia	46590	23698	8232	31886	14704
新　疆	Xinjiang	335122	142092	102491	185965	149157

3-4-1 限额以上批发和零售业企业损益及分配

项　目	Item	营业收入 Business Revenue	营业成本 Business Cost
总　计	**Total**	**7777503272**	**7232130414**
一、批发业	**Wholesale Trade**	**6588810231**	**6201185472**
#国有控股	State-controlled Enterprises	2187195589	2072781142
(一)按登记注册类型分	**by Type of Registration**		
1.内资企业	**Domestic Funded Enterprises**	**5647011280**	**5367669199**
国有企业	State-owned Enterprises	311753506	265794350
集体企业	Collective-owned Enterprises	6874507	6597453
股份合作企业	Cooperative Enterprises	3445835	3272342
联营企业	Joint Ownership Enterprises	1537964	1484713
国有联营企业	State Joint Ownership Enterprises	711720	703831
集体联营企业	Collective Joint Ownership Enterprises	51369	50847
国有与集体联营企业	Joint State-collective Enterprises	201152	181730
其他联营企业	Other Joint Ownership Enterprises	573723	548305
有限责任公司	Limited Liability Corporations	2388571678	2291055086
国有独资公司	State Sole Funded Corporations	370955893	357757980
其他有限责任公司	Other Limited Liability Corporations	2017615784	1933297106
股份有限公司	Share-holding Corporations Ltd.	377436726	360722932
私营企业	Private Enterprises	2552282086	2433949912
私营独资企业	Private-funded Enterprises	21534783	20287158
私营合伙企业	Private Partnership Enterprises	2545464	2341946
私营有限责任公司	Private Limited Liability Corporations	2486130769	2373212478
私营股份有限公司	Private Share-holding Corporations Ltd.	42071074	38108326
其他企业	Other Enterprises	5108985	4792422
2.港、澳、台商投资企业	**Enterprises with Funds from Hongkong, Macao and Taiwan**	**318362884**	**279849557**
合资经营企业	Joint-venture Enterprises	42557383	40269506
合作经营企业	Cooperative Enterprises	2114448	2009811
独资经营企业	Enterprises with Sole Investment	258532352	223964414
投资股份有限公司	Share-holding Corporations Ltd. with Investment	12378723	11100530
其他港澳台商投资企业	Other Enterprises with Funds from Hongkong, Macao and Taiwan	2779977	2505299
3.外商投资企业	**Foreign Funded Enterprises**	**623436067**	**553666717**
中外合资经营企业	Joint-venture Enterprises	172478377	162544264
中外合作经营企业	Cooperative Enterprises	304786	262408
外资企业	Enterprises with Sole Foreign Investment	435315657	377935051
外商投资股份有限公司	Share-holding Corporations Ltd. with Foreign Investment	8900870	7047537
其他外商投资企业	Other Foreign Funded Enterprises	6436380	5877460

Income and Distribution of Enterprises above Designated Size of Wholesale and Retail Trades

单位：万元

Unit: 10000 yuan

税金及附加 Taxes and Other Charges	其他业务利润 Profits from Other Business	销售费用 Selling Expenses	管理费用 Administrative Expenses
32738929	**22859332**	**254235845**	**116141369**
28496994	**12740723**	**161264091**	**80803492**
22303092	4346555	32598659	17683105
26738900	**9804959**	**106676668**	**57179319**
17446171	440623	5920227	6549842
11293	30062	104901	95078
3889	7663	89664	57621
1504	1791	16692	13085
212	14	2585	2574
78		1753	273
403	1749	4297	5807
812	28	8059	4431
5586077	4207890	39118011	16850118
1549282	768350	4993766	2856176
4036796	3439537	34124248	13993942
416077	2206559	9166767	3492655
3263853	2909052	52180926	30064103
53566	11935	484987	267506
4643	1263	51297	46696
3124069	2807052	50158698	28891419
81579	88803	1485942	858483
10043	1322	79491	56812
519219	**761172**	**18279159**	**10919780**
43413	83508	946434	818396
2418	2606	54786	26123
441074	656822	16466631	9758441
21283	12970	677008	261228
11031	5268	134304	55595
1238878	**2174595**	**36308262**	**12704395**
189958	228047	6309018	1137141
724	698	24002	14366
1021201	1924270	28292417	11247591
20497	16625	1315679	248766
6502	4957	367151	56535

项 目	Item	财务费用 Financial Expenses	#利息支出 Interest Expense
总 计	**Total**	**27290461**	**27084851**
一、批发业	**Wholesale Trade**	**21332657**	**23826362**
#国有控股	State-controlled Enterprises	6757953	11323896
(一)按登记注册类型分	**by Type of Registration**		
1.内资企业	**Domestic Funded Enterprises**	**20881251**	**21749222**
国有企业	State-owned Enterprises	-800218	643994
集体企业	Collective-owned Enterprises	148896	138941
股份合作企业	Cooperative Enterprises	8676	8618
联营企业	Joint Ownership Enterprises	9915	7065
国有联营企业	State Joint Ownership Enterprises	3954	3518
集体联营企业	Collective Joint Ownership Enterprises	11	
国有与集体联营企业	Joint State-collective Enterprises	110	2186
其他联营企业	Other Joint Ownership Enterprises	5842	1361
有限责任公司	Limited Liability Corporations	9616855	11850564
国有独资公司	State Sole Funded Corporations	2341392	3452958
其他有限责任公司	Other Limited Liability Corporations	7275468	8397608
股份有限公司	Share-holding Corporations Ltd.	2372431	2873539
私营企业	Private Enterprises	9509916	6224301
私营独资企业	Private-funded Enterprises	37606	23422
私营合伙企业	Private Partnership Enterprises	4719	2667
私营有限责任公司	Private Limited Liability Corporations	9096787	5862673
私营股份有限公司	Private Share-holding Corporations Ltd.	370806	335542
其他企业	Other Enterprises	14781	2207
2.港、澳、台商投资企业	**Enterprises with Funds from Hongkong, Macao and Taiwan**	**265850**	**860116**
合资经营企业	Joint-venture Enterprises	139518	237738
合作经营企业	Cooperative Enterprises	6088	9417
独资经营企业	Enterprises with Sole Investment	79047	516266
投资股份有限公司	Share-holding Corporations Ltd. With Investment	33706	93430
其他港澳台商投资企业	Other Enterprises with Funds from Hongkong, Macao and Taiwan	7493	3268
3.外商投资企业	**Foreign Funded Enterprises**	**185558**	**1217025**
中外合资经营企业	Joint-venture Enterprises	182639	305298
中外合作经营企业	Cooperative Enterprises	3848	1469
外资企业	Enterprises with Sole Foreign Investment	-51380	838291
外商投资股份有限公司	Share-holding Corporations Ltd. With Foreign Investment	32006	65462
其他外商投资企业	Other Foreign Funded Enterprises	18447	6504

3-4-1 Continued 1

单位：万元
Unit: 10000 yuan

营业利润 Operating Profits	利润总额 Total Profits	应交所得税 Income Tax Payable	应付职工薪酬 Payables to Employees	应交增值税 VAT Payable
145931022	**152909771**	**31939492**	**118649734**	**57121511**
126102616	**131671609**	**26899557**	**76057899**	**43574265**
50726132	52009055	11799891	21765572	15824751
88446575	**92318318**	**19316538**	**54116147**	**35095768**
18979146	19177964	4698131	7126378	6467186
-17039	-10471	5780	69096	31042
32349	37549	9743	45403	17378
16794	23424	3917	13266	926
-967	-575	159	2706	1269
-962	-879	3	609	133
12100	15330	1089	5486	-6073
6622	9550	2666	4465	5597
37370628	39011822	8653553	19532829	12028322
7143092	7725376	1243544	3253748	1761814
30227536	31286444	7410007	16279082	10266506
7218094	7248827	1001198	4853904	1912494
24701469	26683848	4933808	22400796	14626587
372702	404429	43486	227145	279649
84059	87522	7886	27123	24909
22475153	24396345	4624303	21332836	14045715
1769560	1795552	258136	813684	276314
145137	145352	10417	74476	11835
12837878	**13609895**	**2181670**	**7603948**	**2815327**
748377	798426	142407	500240	234456
20986	21962	5108	34360	6506
10901338	11576913	1945332	6619733	2424407
1101250	1114648	73385	356893	125944
65928	97949	15442	92725	24013
24818165	**25743399**	**5401349**	**14337804**	**5663174**
4386620	4404571	790420	1308230	1331986
-725	-783	1088	17956	5152
19977238	20910500	4491441	12594390	4176972
337025	304691	81740	356827	103513
118010	124422	36663	60408	45554

3-4-1 续表 2

项　目	Item	营业收入 Business Revenue	营业成本 Business Cost
(二)按国民经济行业分	**by Sector**		
农、林、牧、渔产品批发	Wholesale of Agricultural, Forestry, Livestock and Fishery Products	170803285	164637864
食品、饮料及烟草制品批发	Wholesale of Food, Beverages and Tobaccos	554440052	460183439
#米、面制品及食用油批发	Wholesale of Rice, Flour and Edible Oil	91342476	85598746
肉、禽、蛋、奶及水产品批发	Wholesale of Meal, Fowls, Eggs, Milk and Aquatic Products	65589494	60759124
酒、饮料及茶叶批发	Wholesale of Wine, Beverages and Teas	93156739	69927285
烟草制品批发	Wholesale of Tobaccos	176221495	128720164
纺织、服装及家庭用品批发	Wholesale of Textiles, Wearing Apparel and Household Articles	515908957	454166926
#服装批发	Wholesale of Garments	85065862	71568307
鞋帽批发	Wholesale of Shoes and Hats	24448998	19822612
日用家电批发	Wholesale of Household Electrical Appliances	127013411	117233102
文化、体育用品及器材批发	Wholesale of Culture, Sports Appliances and Equipments	123028574	111699719
#文具用品批发	Wholesale of Stationeries	36711829	34761864
体育用品及器材批发	Wholesale of Sports Appliances and Equipments	12600711	11352936
图书批发	Wholesale of Books	10666172	8596577
医药及医疗器材批发	Wholesale of Medicines and Medical Appliances	338310333	292423210
#西药批发	Wholesale of Western Medicines	200971690	179839303
中药批发	Wholesale of Chinese Traditional Medicines	48060862	40881679
矿产品、建材及化工产品批发	Wholesale of Mineral Products, Building Materials and Chemical Products	3746610361	3656945204
#煤炭及制品批发	Wholesale of Coal and Related Products	399250657	386017260
石油及制品批发	Wholesale of Petroleum and Related Products	601982407	585460517
金属及金属矿批发	Wholesale of Metal Materials	1848797690	1825109473
建材批发	Wholesale of Building Materials	245520582	233473572
化肥批发	Wholesale of Chemical Fertilizer	53023005	51150030
农药批发	Wholesale of Pesticides	7970253	7138094
机械设备、五金产品及电子产品批发	Wholesale of Machinery, Hardware and Electronic Products	957038947	887408544
#汽车及零配件批发	Wholesale of Motor Vehicles and Their Parts	337648311	313434151
计算机、软件及辅助设备批发	Wholesale of Computer, Software and Assistant Appliances	104399380	98018169
通讯设备批发	Wholesale of Communication Equipments	110777790	106671199
贸易经纪与代理	Trade Broker and Agency	51868114	49280857
其他批发业	Other Wholesale not Classified Elsewhere	130801612	124439714

单位：万元
Unit: 10000 yuan

税金及附加 Taxes and Other Charges	其他业务利润 Profits from Other Business	销售费用 Selling Expenses	管理费用 Administrative Expenses
201857	319787	2329402	1851942
21018707	1783315	25679960	14340466
145937	290596	3345929	1232559
75850	93154	2606334	1102708
422726	300363	8873872	2436370
20165177	238938	4013647	6382809
791956	2330858	33626699	14972969
193320	299218	7182022	3515749
57253	22298	1497000	1815483
117205	1556564	4893337	3913279
217251	402662	4318022	2604499
48239	226111	784506	520512
15646	15037	596159	368741
17632	46708	689672	612048
883384	1287760	24405725	9329999
435775	613595	11149012	3966449
195886	250455	5058125	1103493
3138739	3779978	37782438	19742012
554184	298752	5875750	2445466
628779	1447654	9653827	3372423
970762	980027	7684768	5613593
384112	293397	4346293	2563007
45096	62001	981117	386772
9940	21302	448785	188901
1637510	2393646	29597216	15617114
782026	613323	12967050	3100003
102824	134536	2272034	1207072
99282	245631	1832561	1049218
56635	135385	799260	701497
550961	307341	2725376	1643001

项　　目	Item	财务费用 Financial Expenses	#利息支出 Interest Expenses
(二)按国民经济行业分	**by Sector**		
农、林、牧、渔产品批发	Wholesale of Agricultural, Forestry, Livestock and Fishery Products	1450506	1540396
食品、饮料及烟草制品批发	Wholesale of Food, Beverages and Tobaccos	-245861	1576630
#米、面制品及食用油批发	Wholesale of Rice, Flour and Edible Oil	385267	636354
肉、禽、蛋、奶及水产品批发	Wholesale of Meal, Fowls, Eggs, Milk and Aquatic Products	241615	206133
酒、饮料及茶叶批发	Wholesale of Wine, Beverages and Teas	20	251191
烟草制品批发	Wholesale of Tobaccos	-1447058	14606
纺织、服装及家庭用品批发	Wholesale of Textiles, Wearing Apparel and Household Articles	1617240	1237977
#服装批发	Wholesale of Garments	390709	293403
鞋帽批发	Wholesale of Shoes and Hats	69533	24818
日用家电批发	Wholesale of Household Electrical Appliances	195214	167813
文化、体育用品及器材批发	Wholesale of Culture, Sports Appliances and Equipments	428452	503963
#文具用品批发	Wholesale of Stationeries	125031	146276
体育用品及器材批发	Wholesale of Sports Appliances and Equipments	29665	16046
图书批发	Wholesale of Books	-33310	56877
医药及医疗器材批发	Wholesale of Medicines and Medical Appliances	2022732	2075277
#西药批发	Wholesale of Western Medicines	1360243	1477712
中药批发	Wholesale of Chinese Traditional Medicines	254311	201830
矿产品、建材及化工产品批发	Wholesale of Mineral Products, Building Materials and Chemical Products	12903200	13714063
#煤炭及制品批发	Wholesale of Coal and Related Products	2244584	2482813
石油及制品批发	Wholesale of Petroleum and Related Products	1684856	1874356
金属及金属矿批发	Wholesale of Metal Materials	5666377	6001442
建材批发	Wholesale of Building Materials	1306988	1302403
化肥批发	Wholesale of Chemical Fertilizer	359982	387127
农药批发	Wholesale of Pesticides	78691	61858
机械设备、五金产品及电子产品批发	Wholesale of Machinery, Hardware and Electronic Products	2398658	2264226
#汽车及零配件批发	Wholesale of Motor Vehicles and Their Parts	307587	591523
计算机、软件及辅助设备批发	Wholesale of Computer, Software and Assistant Appliances	56926	155432
通讯设备批发	Wholesale of Communication Equipments	460657	385279
贸易经纪与代理	Trade Broker and Agency	264286	515146
其他批发业	Other Wholesale not Classified Elsewhere	493440	398687

单位：万元
Unit: 10000 yuan

营业利润 Operating Profits	利润总额 Total Profits	应交所得税 Income Tax Payable	应付职工薪酬 Payables to Employees	应交增值税 VAT Payable
2175629	2762250	241694	1426573	154129
37638251	38238703	8901107	15547312	10902660
1058058	1338135	233968	1341524	321384
700828	817262	132379	1169901	311573
12700691	12775030	2914118	3085152	2450032
19822401	19737966	4919404	6965466	6861975
12791051	13767035	3068638	11253212	4439891
2729082	3017521	709636	3119939	935957
1257750	1422025	334999	706079	354481
1337184	1458166	163341	1802251	545069
3881207	4010830	513042	2816778	827809
603265	609899	120390	483646	198098
680762	700066	67514	344431	88382
882624	885665	65665	651524	14764
11068060	11341911	2348184	10146779	4983601
5589811	5730437	1085435	4680546	2385464
814721	847172	208836	1469727	799906
30557756	31932508	6347101	16636205	12021966
6785388	7219087	932597	1746653	2281942
3513494	3652726	1594004	4332955	2444959
7465085	7857416	1746121	4046144	3381008
4991506	5203799	691129	1992711	1706560
231465	284422	60497	393643	81862
223537	214480	55332	259154	13045
25005563	25602564	4866153	16315170	6709064
9267119	9336958	1895023	2971323	2387446
2337334	2352471	557654	1762535	757504
757045	790276	170342	1301324	515959
1343193	1362812	204436	568579	158830
1641903	2652994	409196	1347296	3376324

项　目	Item	营业收入 Business Revenue	营业成本 Business Cost
二、零售业	**Retail Trade**	**1188693043**	**1030944944**
#国有控股	State-controlled Enterprises	176130171	153940199
(一)按登记注册类型分	**by Type of Registration**		
1.内资企业	**Domestic Funded Enterprises**	**991623004**	**871967803**
国有企业	State-owned Enterprises	13337933	11469839
集体企业	Collective-owned Enterprises	3447425	2949717
股份合作企业	Cooperative Enterprises	1975851	1713080
联营企业	Joint Ownership Enterprises	410309	352336
国有联营企业	State Joint Ownership Enterprises	156421	128592
集体联营企业	Collective Joint Ownership Enterprises	32332	25711
国有与集体联营企业	Joint State-collective Enterprises	127126	107732
其他联营企业	Other Joint Ownership Enterprises	94431	90301
有限责任公司	Limited Liability Corporations	374114443	330787871
国有独资公司	State Sole Funded Corporations	18145839	15565437
其他有限责任公司	Other Limited Liability Corporations	355968600	315222441
股份有限公司	Share-holding Corporations Ltd.	86050760	75203490
私营企业	Private Enterprises	511080290	448489200
私营独资企业	Private-funded Enterprises	11634921	9844321
私营合伙企业	Private Partnership Enterprises	1439243	1232773
私营有限责任公司	Private Limited Liability Corporations	486026910	427517279
私营股份有限公司	Private Share-holding Corporations Ltd.	11979219	9894831
其他企业	Other Enterprises	1205996	1002282
2.港、澳、台商投资企业	**Enterprises with Funds from Hongkong, Macao and Taiwan**	**86900063**	**68064598**
合资经营企业	Joint-venture Enterprises	13693066	11227904
合作经营企业	Cooperative Enterprises	1197908	1026104
独资经营企业	Enterprises with Sole Investment	68983983	53716567
投资股份有限公司	Share-holding Corporations Ltd. with Investment	1808216	1280037
其他港澳台商投资企业	Other Enterprises with Funds from Hongkong, Macao and Taiwan	1216890	813990
3.外商投资企业	**Foreign Funded Enterprises**	**110169976**	**90912537**
中外合资经营企业	Joint-venture Enterprises	29864878	24403321
中外合作经营企业	Cooperative Enterprises	1243499	1085156
外资企业	Enterprises with Sole Foreign Investment	66275778	54109643
外商投资股份有限公司	Share-holding Corporations Ltd. with Foreign Investment	11731417	10424960
其他外商投资企业	Other Foreign Funded Enterprises	1054411	889460

3-4-1 Continued 4

单位：万元
Unit: 10000 yuan

税金及附加 Taxes and Other Charges	其他业务利润 Profits from Other Business	销售费用 Selling Expenses	管理费用 Administrative Expenses
4241939	**10118607**	**92971756**	**35337879**
680741	1556129	12815388	4080536
3378146	**7747262**	**68638263**	**27799566**
64272	122132	814384	480580
18956	19155	184190	150250
11737	3446	111144	61841
1107	666	34289	11725
498	90	11855	2144
116	29	2206	815
304	528	7550	1038
189	19	12676	7729
1131443	3374943	26596059	8943393
117508	120469	1113307	539725
1013940	3254472	25482750	8403672
345151	892565	6901667	2181460
1798396	3331564	33919803	15932098
87497	16092	538825	435624
11201	1292	67107	58133
1646529	3247908	31909858	15040089
53177	66278	1404017	398253
7088	2794	76731	38220
480104	**1351777**	**11863375**	**3674873**
73642	218546	1613966	549215
4127	11578	95789	38768
392516	1105109	9435274	2944788
5567	6708	392108	87684
4253	9838	326240	54419
383687	**1019563**	**12470120**	**3863440**
93411	326809	3702725	830161
6493	20739	104021	36074
257329	623768	7599116	2710043
21064	38690	985406	248805
5393	9560	78853	38356

项 目	Item	财务费用 Financial Expenses	#利息支出 Interest Expenses
二、零售业	**Retail Trade**	**5957802**	**3258487**
#国有控股	State-controlled Enterprises	645427	506715
(一)按登记注册类型分	**by Type of Registration**		
1.内资企业	**Domestic Funded Enterprises**	**5355490**	**2815526**
国有企业	State-owned Enterprises	42347	29775
集体企业	Collective-owned Enterprises	8088	3578
股份合作企业	Cooperative Enterprises	12024	3036
联营企业	Joint Ownership Enterprises	1082	1067
国有联营企业	State Joint Ownership Enterprises	555	421
集体联营企业	Collective Joint Ownership Enterprises	179	175
国有与集体联营企业	Joint State-collective Enterprises	-6	59
其他联营企业	Other Joint Ownership Enterprises	356	411
有限责任公司	Limited Liability Corporations	1642604	990217
国有独资公司	State Sole Funded Corporations	29782	66914
其他有限责任公司	Other Limited Liability Corporations	1612826	923300
股份有限公司	Share-holding Corporations Ltd.	449185	364217
私营企业	Private Enterprises	3193817	1421913
私营独资企业	Private-funded Enterprises	84580	21314
私营合伙企业	Private Partnership Enterprises	7062	2770
私营有限责任公司	Private Limited Liability Corporations	3013624	1339188
私营股份有限公司	Private Share-holding Corporations Ltd.	88558	58641
其他企业	Other Enterprises	6336	1733
2.港、澳、台商投资企业	**Enterprises with Funds from Hongkong, Macao and Taiwan**	**232133**	**144766**
合资经营企业	Joint-venture Enterprises	56352	64730
合作经营企业	Cooperative Enterprises	36	217
独资经营企业	Enterprises with Sole Investment	161851	78354
投资股份有限公司	Share-holding Corporations Ltd. with Investment	10673	973
其他港澳台商投资企业	Other Enterprises with Funds from Hongkong, Macao and Taiwan	3217	494
3.外商投资企业	**Foreign Funded Enterprises**	**370183**	**298201**
中外合资经营企业	Joint-venture Enterprises	136724	99286
中外合作经营企业	Cooperative Enterprises	2064	24
外资企业	Enterprises with Sole Foreign Investment	186737	183319
外商投资股份有限公司	Share-holding Corporations Ltd. with Foreign Investment	44149	15165
其他外商投资企业	Other Foreign Funded Enterprises	515	407

3-4-1　Continued 5

单位：万元
Unit: 10000 yuan

营业利润 Operating Profits	利润总额 Total Profits	应交所得税 Income Tax Payable	应付职工薪酬 Payables to Employees	应交增值税 VAT payable
19828408	**21238165**	**5039936**	**42591836**	**13547241**
4879572	5070581	955839	6970222	2264660
13723985	**14919227**	**3175308**	**34271736**	**10847685**
532243	584189	87709	624941	279149
103223	107235	15846	139668	45108
64603	67992	13441	61640	12041
389	810	-618	24753	7234
12871	12934	2975	5416	2779
3305	3260	878	997	829
10955	11229	2504	4322	1962
-26743	-26612	-6975	14017	1663
5451351	5980753	1460845	12462494	4002486
1064095	1138044	156176	759149	271003
4387254	4842709	1304673	11703345	3731482
1600413	1620452	303543	3250848	1148621
5888564	6472884	1286937	17659817	5345422
537350	536761	47240	405131	143062
62380	62640	4832	44402	23189
5103608	5668530	1172927	16683614	4931307
185231	204955	61937	526674	247870
83209	84919	7613	47581	7639
3064809	**3161041**	**978283**	**4277707**	**1174830**
356267	373844	124483	732078	212218
36988	36736	10218	48004	15416
2483100	2551597	821513	3290975	904242
82654	90155	10768	148685	21874
105801	108710	11302	57967	21085
3039611	**3157901**	**886349**	**4042390**	**1524729**
1014091	1032768	238922	1169322	454861
12352	14958	5371	44971	13324
1813575	1915636	613829	2469225	888657
157642	151549	20337	329408	155812
41953	42990	7898	29472	12078

3-4-1 续表 6

项　　目	Item	营业收入 Business Revenue	营业成本 Business Cost
(二)按国民经济行业分	**by Sector**		
综合零售	Integrated Retail	199747689	162655891
#百货零售	Retail of General Merchandise	90858500	72587210
超级市场零售	Retail of Supermarkets	98992153	82322058
食品、饮料及烟草制品专门零售	Special Retail of Food, Beverages and Tobaccos	40023428	32134989
#粮油零售	Retail of Cereal and Oil	3184131	2840876
肉、禽、蛋、奶及水产品零售	Retail of Meat, Poultry, Eggs, Milk and Aquatic Products	6717586	5679211
酒、饮料及茶叶零售	Retail of Wine, Beverages and Teas	11219677	9035507
烟草制品零售	Retail of Tobaccos	1720235	1429118
纺织、服装及日用品专门零售	Special Retail of Textiles, Garments and Daily Consumer Articles	58035877	38695632
#服装零售	Retail of Garments	35238982	22824965
文化、体育用品及器材专门零售	Special Retail of Culture, Sports Appliances and Equipments	31148860	24089061
#体育用品及器材零售	Retail of Sports Appliances and Equipments	1996397	1480231
图书、报刊零售	Retail of Books, Newspapers and Magazines	12589109	9517868
医药及医疗器材专门零售	Special Retail of Medicines and Medical Appliances	46319659	36791677
#西药零售	Retail of Western Medicines	42185117	33628411
汽车、摩托车、零配件和燃料及其他动力销售	Retail of Motor Vehicles, Motorcycles, Parts, Fuel and Other Powers	527621995	486268369
#汽车新车零售	Retail of New Motor Vehicles	381824263	355334042
机动车燃油零售	Retail of Fuel Oil of Motor Vehicles	129968738	116784831
家用电器及电子产品专门零售	Special Retail of Household Electric Appliances and Electronic Products	76512256	68785789
#日用家电零售	Retail of Household Electric Appliances	35647886	32530371
计算机、软件及辅助设备零售	Retail of Computer, Software and Assistant Appliances	14552927	12688296
通信设备零售	Retail of Communication Equipments	12616925	11421132
五金、家具及室内装饰材料专门零售	Special Retail of Hardware, Furniture and Interior Decoration Materials	17888520	14529154
货摊、无店铺及其他零售业	Stalls, Non-shop and Other Retails	191394767	166994382
#互联网零售	Retail on the Internet	179736881	157476415
(三)按零售业态分	**by Mode of Business Operation**		
有店铺零售	Store-based Retailing	985391674	854099031
#超市	Supermarket	37753229	31531848
大型超市	Hypermarket	94123211	77529715
百货店	Department Store	79254798	62516367
专业店	Speciality Store	355222906	314065056
专卖店	Exclusive Shop	386943962	340992148
无店铺零售	Non-Store Selling	266142422	229822587

单位：万元
Unit: 10000 yuan

税金及附加 Taxes and Other Charges	其他业务利润 Profits from Other Business	销售费用 Selling Expenses	管理费用 Administrative Expenses
1131612	4813692	23184859	9042420
804121	2262210	9089370	5201630
286196	2345000	12437238	3192823
171656	264731	4045906	1748375
10874	26359	163338	118983
21695	18449	546021	245422
63759	154514	696035	401658
6671	7115	147188	95483
346549	448725	11587860	3870164
206500	253946	7456006	2672929
288136	304457	3463416	1880039
7311	3861	370548	123593
50966	222812	1347853	960538
152999	400154	6113772	2035162
136670	381076	5589960	1795013
1422370	2942101	20502736	9774286
1008544	2513224	12313544	7576639
351427	385702	7480446	1766817
193001	288963	4461997	1991210
82841	137928	2207835	832029
40871	18677	756650	389495
22683	90816	706983	330136
138460	46564	1388070	1039928
397158	609228	18223146	3956297
347449	518820	17195689	3386125
3829246	9527498	73282510	30838716
176566	365041	3557922	1639753
289473	2605166	12415128	3140942
727727	1906334	8535205	4523362
1143624	1830399	21965420	9499535
1351339	2495913	24542993	10476932
692332	1130601	25532335	6474081

项　目	Item	财务费用 Financial Expense	#利息支出 Interest Expenses
(二)按国民经济行业分	**by Sector**		
综合零售	Integrated Retail	1464967	875017
#百货零售	Retail of General Merchandise	904704	653305
超级市场零售	Retail of Supermarkets	511264	200004
食品、饮料及烟草制品专门零售	Special Retail of Food, Beverages and Tobaccos	245449	143872
#粮油零售	Retail of Cereal and Oil	30931	26804
肉、禽、蛋、奶及水产品零售	Retail of Meat, Poultry, Eggs, Milk and Aquatic Products	27007	13545
酒、饮料及茶叶零售	Retail of Wine, Beverages and Teas	97156	52235
烟草制品零售	Retail of Tobaccos	-7899	2682
纺织、服装及日用品专门零售	Special Retail of Textiles, Garments and Daily Consumer Articles	260286	133582
#服装零售	Retail of Garments	189998	106760
文化、体育用品及器材专门零售	Special Retail of Culture, Sports Appliances and Equipments	100667	82252
#体育用品及器材零售	Retail of Sports Appliances and Equipments	10815	3438
图书、报刊零售	Retail of Books, Newspapers and Magazines	-39343	5862
医药及医疗器材专门零售	Special Retail of Medicines and Medical Appliances	245494	147325
#西药零售	Retail of Western Medicines	221615	130550
汽车、摩托车、零配件和燃料及其他动力销售	Retail of Motor Vehicles, Motorcycles, Parts, Fuel and Other Powers	2828277	1488696
#汽车新车零售	Retail of New Motor Vehicles	2240466	1172435
机动车燃油零售	Retail of Fuel Oil of Motor Vehicles	501989	274519
家用电器及电子产品专门零售	Special Retail of Household Electric Appliances and Electronic Products	323839	168737
#日用家电零售	Retail of Household Electric Appliances	128086	99958
计算机、软件及辅助设备零售	Retail of Computer, Software and Assistant Appliances	16494	16996
通信设备零售	Retail of Communication Equipments	59980	23723
五金、家具及室内装饰材料专门零售	Special Retail of Hardware, Furniture and Interior Decoration Materials	225998	82284
货摊、无店铺及其他零售业	Stalls, Non-shop and Other Retails	262829	136722
#互联网零售	Retail on the Internet	218283	107735
(三)按零售业态分	**by Mode of Business Operation**		
有店铺零售	Store-based Retailing	5507972	3063516
#超市	Supermarket	323857	83487
大型超市	Hypermarket	417032	221307
百货店	Department Store	727836	576584
专业店	Speciality Store	1795150	993974
专卖店	Exclusive Shop	1938353	1061379
无店铺零售	Non-Store Selling	580417	298977

单位：万元
Unit: 10000 yuan

营业利润 Operating Profits	利润总额 Total Profits	应交所得税 Income Tax Payable	应付职工薪酬 Payables to Employees	应交增值税 VAT payable
3519858	3728401	986300	11263891	2656462
2867287	2905132	762889	4757319	1472702
898593	1037621	203895	5891230	1059915
1965342	2131139	290831	2021111	533591
9966	56050	6820	122069	24200
197839	206809	19767	308867	53155
1068759	1112922	148184	370149	181588
109982	125936	21389	135569	24423
3324977	3487741	1006665	4144995	1104624
1816735	1927131	631220	2659873	657153
1506446	1579294	158362	2293215	325228
-10678	-8722	-443	128833	44128
957350	986352	43392	1274312	68284
1190723	1274453	245586	3724272	848690
1035323	1109400	219078	3408093	758816
6183739	6648029	1672877	12520299	4985761
3107195	3549134	987836	9012337	3021920
2877022	2889202	638472	3042253	1790454
447828	487284	177846	2415703	832138
-132949	-121382	25490	915831	343569
579659	590021	118936	579970	241504
63377	71720	10987	430783	110312
475006	412354	59169	750070	276657
1214486	1489479	442296	3458276	1984091
788212	1029215	363311	2902007	1837880
18842218	19964490	4572008	38563416	11428049
555911	604760	55540	2237378	408777
983015	1087700	272720	5792703	1089465
2815997	2877434	722202	4349201	1356228
6412610	6862572	1356104	12780803	4320107
8088359	8582885	2075675	12618075	3979460
2942986	3278051	941619	6535389	2820196

3-4-2 各地区限额以上批发业企业损益及分配

地 区	Region	营业收入 Business Revenue	营业成本 Business Cost	税金及附加 Taxes and Other Charges	其他业务利润 Profits from Other Business	销售费用 Selling Expenses	管理费用 Administrative Expenses
全 国	**National Total**	**6588810231**	**6201185472**	**28496994**	**12740723**	**161264091**	**80803492**
北 京	Beijing	556066401	516747229	1057016	2663223	16939808	11438194
天 津	Tianjin	282651163	272538932	860179	135758	4827711	1974288
河 北	Hebei	96667543	91591135	858782	94887	1654177	903904
山 西	Shanxi	101873826	97137171	617432	99095	1736407	1069697
内蒙古	Inner Mongolia	41824373	38794634	445041	67242	1496324	570997
辽 宁	Liaoning	149872218	145165900	775212	103283	2214965	1053122
吉 林	Jilin	24430490	22398035	379911	64081	1015488	374865
黑龙江	Heilongjiang	41551212	39272819	403455	119437	1192836	461571
上 海	Shanghai	1096256639	1021333558	1452168	1560286	38288993	15841246
江 苏	Jiangsu	659176305	622619382	1964084	1409175	13438933	7672797
浙 江	Zhejiang	725785162	695234001	1984629	865820	13183483	6354926
安 徽	Anhui	98866924	90692008	996719	929833	3977818	1228997
福 建	Fujian	348686121	332733085	1130186	412643	5291248	3148484
江 西	Jiangxi	48584295	43420356	749960	180547	2090390	765916
山 东	Shandong	376714163	360615917	1445378	1021244	7033547	3582026
河 南	Henan	120760274	112193766	1451920	90051	2422115	1669349
湖 北	Hubei	100677207	91916825	1068230	174027	3400298	1658603
湖 南	Hunan	65287588	57894283	1335453	72290	2297858	1302880
广 东	Guangdong	864281570	813346768	2768001	1774367	21778074	11883569
广 西	Guangxi	99240189	94996427	716684	104254	1423231	831424
海 南	Hainan	38108029	36302006	269436	14173	609942	370795
重 庆	Chongqing	102288681	94412018	1100193	154827	2440438	1116143
四 川	Sichuan	127876734	118050582	1314194	253290	3620296	1560567
贵 州	Guizhou	49110239	37992882	700024	50896	1543676	821783
云 南	Yunnan	90500657	84590394	933111	117382	1811839	834029
西 藏	Tibet	5086838	4164887	119930	1080	533483	85566
陕 西	Shaanxi	116061239	110811197	686705	57369	2208218	899165
甘 肃	Gansu	54076860	52388082	340038	41756	711562	382781
青 海	Qinghai	13467028	12788951	93941	12625	270089	118324
宁 夏	Ningxia	10465990	9942624	109071	3813	254090	100610
新 疆	Xinjiang	82514273	79099618	369911	91969	1556754	726874

Income and Distribution of Enterprises above Designated Size of Wholesale Trade by Region

单位：万元
Unit: 10000 yuan

财务费用 Financial Expenses	#利息支出 Interest Expenses	营业利润 Operating Profits	利润总额 Total Profits	应交所得税 Income Tax Payable	应付职工薪酬 Payables to Employees	应交增值税 VAT Payable
21332657	**23826362**	**126102616**	**131671609**	**26899557**	**76057899**	**43574265**
2131004	4619298	17733094	17934098	2925749	10716161	3448303
1069871	907144	1594458	2305197	661295	2145264	2301836
415326	399942	1425315	1460259	342363	798661	716019
299841	421194	1383045	1356041	248814	756261	771588
301661	296807	529998	592806	140189	504380	384761
676991	502677	669741	788769	328060	826818	497630
124271	99986	389439	494044	101213	371538	235453
132533	375458	405016	446603	143517	527785	264663
1379859	2036729	22805798	24054603	5544006	14305416	4856513
2525793	1622591	11157989	11767091	2310535	6536251	3900175
2523989	2821265	11642604	12475635	2401620	5930002	4033115
164810	330699	1963932	2143280	450652	1364773	1141668
1223123	1310603	5641478	5947589	830941	2398488	1656391
168446	166377	1397467	1482286	326049	753667	851434
1624901	1127440	3094892	3342925	767295	3250472	1918702
503449	445342	2443983	2527186	537777	1478125	1260927
374374	427774	2757220	2777270	660556	1663658	1075386
282320	247365	2419172	2465289	468258	1154281	898705
2544879	2567529	15262749	15505448	2991157	12307384	4881859
396018	447505	986934	1052992	200717	750717	912103
99163	90862	711702	749183	136051	306846	156733
298191	292492	2949544	3078537	474575	1168982	1495963
529983	563517	3417008	3475858	713007	1823121	1290106
58546	180509	7980058	7957625	1967206	855300	1558458
315784	390581	2705973	2722897	615787	1083940	1377117
1782	12636	212890	229003	30211	116968	103701
280480	260382	1494485	1525739	276786	807918	754945
155996	140045	150009	154545	94872	454115	238674
158560	151898	148997	139525	20497	99777	171984
21003	21191	49311	55635	23263	116914	81999
549710	548524	578315	663651	166539	683916	337354

国有控股

State-controlled Enterprises

地 区	Region	营业收入 Business Revenue	营业成本 Business Cost	税金及附加 Taxes and Other Charges	其他业务利润 Profits from Other Business	销售费用 Selling Expenses	管理费用 Administrative Expenses
全 国	**National Total**	**2187195589**	**2072781142**	**22303092**	**4346555**	**32598659**	**17683105**
北 京	Beijing	277271511	265972421	636365	1097739	4494159	2770011
天 津	Tianjin	89258645	87382805	267659	18721	676290	379488
河 北	Hebei	34869963	32398881	792378	23153	475680	364391
山 西	Shanxi	64493134	61855571	569061	52481	574111	627150
内 蒙 古	Inner Mongolia	23606141	21847300	404309	25839	691165	271619
辽 宁	Liaoning	68682741	67088216	605539	12642	758433	360980
吉 林	Jilin	14431337	13307752	304960	26965	541599	150110
黑 龙 江	Heilongjiang	24273154	23156388	381454	75134	420933	250854
上 海	Shanghai	296747568	288248326	592278	278055	4251285	1181821
江 苏	Jiangsu	117098205	109915099	1432006	93498	1560524	935200
浙 江	Zhejiang	161656479	154556190	1576337	291261	1676000	1088072
安 徽	Anhui	36638467	33367722	856520	852794	937377	415408
福 建	Fujian	125173186	120877745	801656	272515	932174	541601
江 西	Jiangxi	18775594	16572671	656793	147828	405769	337071
山 东	Shandong	84957545	80008568	1097262	582477	1300889	945598
河 南	Henan	47822166	44105047	1224244	24285	611967	711358
湖 北	Hubei	42498776	39685715	864841	35517	700706	553226
湖 南	Hunan	22827947	19479298	1134099	17221	518969	546952
广 东	Guangdong	214082204	202059771	2063471	96020	4192283	1469152
广 西	Guangxi	50034446	47834670	639011	32032	438990	389476
海 南	Hainan	20959775	20137540	220873	4432	138339	136945
重 庆	Chongqing	31301131	28439141	967498	31514	578642	488016
四 川	Sichuan	53174451	48723288	1167573	102801	997181	583761
贵 州	Guizhou	32128832	22472693	661666	12819	924773	556061
云 南	Yunnan	66437377	61928604	824992	54293	1034795	528067
西 藏	Tibet	1099689	744657	104955	496	146352	55112
陕 西	Shaanxi	59005799	56122717	621115	13559	1125069	372867
甘 肃	Gansu	42175767	41274966	323094	27728	310109	211512
青 海	Qinghai	10233558	9692585	89557	2114	179196	66266
宁 夏	Ningxia	4767196	4444028	96325	1601	113135	56253
新 疆	Xinjiang	50712805	49080767	325201	39021	891765	338707

3-4-2 Continued

单位：万元
Unit: 10000 yuan

财务费用 Financial Expenses	#利息支出 Interest Expenses	营业利润 Operating Profits	利润总额 Total Profits	应交所得税 Income Tax Payable	应付职工薪酬 Payables to Employees	应交增值税 VAT Payable
6757953	**11323896**	**50726132**	**52009055**	**11799891**	**21765572**	**15824751**
1770032	3342082	8287907	8328410	1329389	3655908	1265649
526486	543241	238970	319030	191526	478709	241807
172084	262847	613217	626195	178424	374374	289031
121574	281724	924625	965946	187383	481947	540934
65347	89620	343307	385635	113173	301859	261435
222952	260924	-325972	-295049	195316	407171	272244
17630	57042	239495	343316	68891	230459	152556
45714	286375	350338	356686	89501	342048	172825
368266	749798	3632001	3707259	860252	1387069	655329
621740	601444	2709169	2932669	764326	1062482	812986
194710	514927	3979442	4149710	807163	1303691	1178619
22077	165245	1339376	1379385	307543	572167	441819
304570	704999	2007304	2067222	379245	692137	447192
44615	85192	810041	832835	210134	385944	449480
281611	329465	1603175	1680551	362697	1100510	469203
121179	212301	1072114	1079016	277591	713711	431319
41894	179550	927490	926840	343237	682637	465167
75462	126309	1418833	1421564	309911	494309	424704
488146	681105	5169817	5305254	1107743	2530972	1404156
227452	300590	678929	706275	156780	379779	373972
38844	45650	552076	560611	92554	113797	69614
81128	151264	840474	839312	158695	551283	719529
156745	270791	1851321	1884532	441497	766657	571185
-36998	128986	7591563	7580708	1885338	608656	1363711
232717	342638	2394027	2388923	580801	811032	1232375
-7779	109	70780	70603	6984	62325	37348
105770	112262	993583	1007202	172827	448413	534280
73805	88027	33587	23688	68713	277429	171145
144544	140896	108694	96407	18797	66574	85564
-4511	4860	83411	85739	19667	79419	61762
240147	263633	187038	252581	113793	402104	227811

3-4-3 各地区限额以上批发业企业损益及分配(按登记注册类型分)

内资企业

Domestic Funded Enterprises

地　区	Region	营业收入 Business Revenue	营业成本 Business Cost	税金及附加 Taxes and Other Charges	其他业务利润 Profits from Other Business	销售费用 Selling Expenses	管理费用 Administrative Expenses
全　国	**National Total**	**5647011280**	**5367669199**	**26738900**	**9804959**	**106676668**	**57179319**
北　京	Beijing	387662679	367391825	767633	1477395	8560338	5393397
天　津	Tianjin	235314411	228752764	479098	75360	2913649	1456439
河　北	Hebei	93793836	88825915	855636	93880	1557403	875031
山　西	Shanxi	100567403	95864786	615167	96746	1715588	1064273
内蒙古	Inner Mongolia	41112721	38132742	444347	66832	1457964	567023
辽　宁	Liaoning	147422800	143118395	767006	62621	2023737	983254
吉　林	Jilin	23203065	21274906	377731	64087	907079	367881
黑龙江	Heilongjiang	37712258	35617470	400432	119437	944214	459372
上　海	Shanghai	706749048	686426165	826675	583906	9129560	5264880
江　苏	Jiangsu	579412927	552556320	1860284	1307190	9875608	5283971
浙　江	Zhejiang	679055908	651669163	1941300	771740	11348987	5788108
安　徽	Anhui	88099593	81157674	980646	925007	2936092	1110642
福　建	Fujian	327562926	313202454	1099186	360412	4505956	2805741
江　西	Jiangxi	47161490	42178188	747919	179777	2011961	746071
山　东	Shandong	364567885	349033841	1433246	1003073	6814586	3441989
河　南	Henan	120239611	111730305	1451398	90033	2412845	1662391
湖　北	Hubei	78847395	71778047	1044101	164024	2299425	1366842
湖　南	Hunan	63172895	56213466	1330147	72148	1998280	1267252
广　东	Guangdong	771188687	730392913	2602050	1403805	16994678	9643770
广　西	Guangxi	93222031	89230217	710657	103641	1310799	807343
海　南	Hainan	36972099	35194772	268771	14173	597030	363679
重　庆	Chongqing	96563899	89128122	1084790	170386	2234225	1063332
四　川	Sichuan	124151069	114559479	1309725	229862	3489465	1530219
贵　州	Guizhou	48743879	37677224	699153	50304	1513711	809075
云　南	Yunnan	89465516	83626708	931630	116755	1762603	821697
西　藏	Tibet	4897260	4068583	118469	1080	458893	83970
陕　西	Shaanxi	100118827	95079894	680344	54875	2142618	853373
甘　肃	Gansu	53966412	52314734	339599	41747	686118	380002
青　海	Qinghai	13281075	12609414	93708	12625	269404	99410
宁　夏	Ningxia	10465990	9942624	109071	3813	254090	100610
新　疆	Xinjiang	82315685	78920089	368981	88225	1549762	718282

Income and Distribution of Enterprises above Designated Size of Wholesale TrAEe by Region and Type of Registration

单位：万元
Unit: 10000 yuan

财务费用 Financial Expenses	#利息支出 Interest Expenses	营业利润 Operating Profits	利润总额 Total Profits	应交所得税 Income Tax Payable	应付职工薪酬 Payables to Employees	应交增值税 VAT Payable
20881251	**21749222**	**88446575**	**92318318**	**19316538**	**54116147**	**35095768**
2404900	4049817	8528281	8582227	1698538	6056720	2077062
1022220	860119	624739	1138092	442312	1259272	1565366
410513	395241	1450913	1486408	338295	761859	708477
304698	421184	1371438	1344476	244266	748016	753434
301943	296717	523113	585799	138558	499952	381149
637207	496368	-57874	-12016	298589	737262	452535
121914	97612	343994	447422	96507	355458	230048
134556	375373	473391	511422	142186	496118	243142
1335261	1400004	6058149	6309325	1361070	4288093	1193303
2369094	1500903	8284600	8760650	1648408	4774096	3244721
2372684	2604167	10453121	11234944	2202171	5342954	3733342
197585	316379	1927351	2097741	434859	1136885	1037471
1185364	1251303	5170677	5416839	689208	2100207	1495778
161004	164280	1320170	1404553	306897	728149	848949
1562683	1100650	2943691	3188703	721316	3135884	1876579
501611	443421	2415653	2499018	533624	1468150	1257162
363382	378969	2295680	2318378	495186	1367001	967520
282550	246108	2325439	2372714	439690	1105969	865118
2442253	2290071	11196358	11432847	2434062	9789614	4080237
381659	439387	922917	989938	199759	714539	893543
98429	90290	704196	740150	133859	297101	153249
291736	286777	2699693	2814264	449139	1074049	1231128
520998	553116	3354776	3415179	699398	1777009	1219697
62574	167228	7950845	7928870	1964316	841487	1553781
319384	396436	2619373	2636796	614237	1065134	1371912
1846	12616	195540	205681	28012	106448	90946
199427	260736	1455865	1486324	261193	758797	746076
155916	140032	141254	145872	92892	441876	235479
161376	151779	142497	133025	20005	93596	171984
21003	21191	49311	55635	23263	116914	81999
555481	540948	561424	647042	164723	677538	334581

国有企业

State-owned Enterprises

地 区	Region	营业收入 Business Revenue	营业成本 Business Cost	税金及附加 Taxes and Other Charges	其他业务利 润 Profits from Other Business	销售费用 Selling Expenses	管理费用 Administr-ative Expenses
全 国	**National Total**	**311753506**	**265794350**	**17446171**	**440623**	**5920227**	**6549842**
北 京	Beijing	7930867	6926560	327792	11331	112530	137819
天 津	Tianjin	8502098	7910840	149507	1211	204562	78100
河 北	Hebei	6400376	4831854	770970	2255	121166	231432
山 西	Shanxi	4459946	3422742	480593	1678	57595	151310
内蒙古	Inner Mongolia	3688043	2867893	363621	11217	92170	162453
辽 宁	Liaoning	8022589	6666612	566223	968	171656	179990
吉 林	Jilin	3589978	2960798	287833	4255	105139	87126
黑龙江	Heilongjiang	6788052	5985175	359144	2900	134647	157380
上 海	Shanghai	37426935	36882322	21997	10495	255545	121346
江 苏	Jiangsu	20492076	17373791	1359951	12373	238038	369440
浙 江	Zhejiang	24775892	20850499	1464946	129888	506892	415386
安 徽	Anhui	9594591	7747281	813837	7779	119035	251559
福 建	Fujian	7342620	5633224	720581	4801	149460	230601
江 西	Jiangxi	5650280	4099345	620963	97434	111044	225425
山 东	Shandong	14891470	14167686	100367	5361	111481	154011
河 南	Henan	13072521	10299128	1185977	9741	348417	538443
湖 北	Hubei	8938372	6767282	834558	8192	247288	334560
湖 南	Hunan	9474951	6814423	1102393	2782	234393	387006
广 东	Guangdong	25504966	23955315	418597	17786	390693	218832
广 西	Guangxi	5477411	4137501	599277	5298	106807	202546
海 南	Hainan	11621245	10995315	214571	3253	32343	69019
重 庆	Chongqing	8967684	6949823	936338	2245	204421	328730
四 川	Sichuan	11703638	8937005	1104460	65334	244278	361091
贵 州	Guizhou	9005238	6710575	536910	7180	463895	321519
云 南	Yunnan	12647368	9317914	786436	3741	560529	319276
西 藏	Tibet	1035220	683216	104894	454	141209	52794
陕 西	Shaanxi	10123693	8734403	556788	2725	202487	195840
甘 肃	Gansu	3743913	3083932	297322	1485	55067	101764
青 海	Qinghai	2313376	2033346	80716	211	83047	39838
宁 夏	Ningxia	1251530	1048743	92692	1351	13874	35254
新 疆	Xinjiang	7316567	6999807	185917	4899	100519	89952

3-4-3 Continued 1

单位：万元

Unit: 10000 yuan

财务费用 Financial Expenses	#利息支出 Interest Expenses	营业利润 Operating Profits	利润总额 Total Profits	应交所得税 Income Tax Payable	应付职工薪酬 Payables to Employees	应交增值税 VAT Payable
-800218	**643994**	**18979146**	**19177964**	**4698131**	**7126378**	**6467186**
-59880	6965	544963	563832	131464	174533	137600
-14668	18951	206550	206231	56341	91471	64754
-37458	2753	549567	549684	142394	227572	203347
-28556	14686	371698	372331	80986	131820	130358
-23861	23622	282967	287453	72248	153943	99983
-40971	3700	476333	480982	128547	150819	177124
-3483	8130	182955	184223	48985	100249	77159
-23635	11096	177510	182570	64801	199310	113796
29126	82787	236395	219453	49150	126714	21677
-60484	73299	1417942	1474189	391460	327301	459326
-114579	36794	1985312	2002909	468320	559971	536590
-62562	21920	768730	782712	199896	246715	245604
-17900	2593	744021	735830	187635	243918	217633
-36414	3124	637896	651104	168045	185076	195106
48158	29883	373156	411346	41583	126205	-37794
-15097	69537	737365	734645	205409	518897	329615
-67680	16348	808552	806813	201232	433200	304997
-35865	1597	1112660	1108739	277331	327754	334584
27506	87637	810016	855314	146454	317369	166921
-19430	4509	452656	455147	116262	156451	237022
-20143	9269	367347	372005	85768	62382	67956
-18384	15794	579988	574296	117047	359276	262891
-47454	17430	1208622	1219037	310944	405764	342308
-21049	13855	952529	946290	240621	451371	277032
-124779	14771	2081610	2072057	504661	572283	1034245
-7966	67	67252	66894	6698	58008	39203
10092	13564	454674	462319	113715	173935	186699
-206	4275	227334	227245	53633	93658	120828
-14186	814	92236	86560	15810	22426	45235
-7792	193	101935	102854	18618	32044	24670
9382	34031	-31625	-17100	52073	95943	50717

3-4-3 续表 2

集体企业
Collective-owned Enterprises

地　区	Region	营业收入 Business Revenue	营业成本 Business Cost	税金及附加 Taxes and Other Charges	其他业务利润 Profits from Other Business	销售费用 Selling Expenses	管理费用 Administrative Expenses
全　国	**National Total**	**6874507**	**6597453**	**11293**	**30062**	**104901**	**95078**
北　京	Beijing	702014	670103	1776	20726	5124	10332
天　津	Tianjin	79927	79144	35	189	270	514
河　北	Hebei	22853	17781	205		588	2289
山　西	Shanxi	593733	530271	1303	2202	46603	13960
内蒙古	Inner Mongolia						
辽　宁	Liaoning	301404	297639	246	-6	329	2154
吉　林	Jilin	29591	28373	12		616	493
黑龙江	Heilongjiang	29659	25184	20		890	1078
上　海	Shanghai	294990	288932	210	696	2462	1941
江　苏	Jiangsu	846264	800311	2127	491	2726	15445
浙　江	Zhejiang	36999	34281	137	333	1020	1275
安　徽	Anhui	8677	7706	18		430	287
福　建	Fujian	222173	206368	500	963	7605	5604
江　西	Jiangxi	27046	23522	501		938	1113
山　东	Shandong	420200	403818	345	899	3696	11759
河　南	Henan	2040610	2029392	1587		7781	4173
湖　北	Hubei	101730	95580	113	280	3232	1289
湖　南	Hunan	88298	84896	187		580	580
广　东	Guangdong	211886	200478	398	480	4707	3733
广　西	Guangxi	83090	74672	355		1276	2823
海　南	Hainan						
重　庆	Chongqing	34873	32165	56		950	939
四　川	Sichuan	297355	285929	262	974	6764	2452
贵　州	Guizhou	36675	34059	45		1386	1265
云　南	Yunnan	95969	92812	139	1669	1439	1074
西　藏	Tibet						
陕　西	Shaanxi	91943	87150	227	2	2049	2129
甘　肃	Gansu	18623	18591	31		112	125
青　海	Qinghai	2562	1910	14	92	246	421
宁　夏	Ningxia						
新　疆	Xinjiang	155363	146386	444	72	1082	5831

3-4-3 Continued 2

单位：万元
Unit: 10000 yuan

财务费用 Financial Expenses	#利息支出 Interest Expenses	营业利润 Operating Profits	利润总额 Total Profits	应交所得税 Income Tax Payable	应付职工薪酬 Payables to Employees	应交增值税 VAT Payable
148896	**138941**	**-17039**	**-10471**	**5780**	**69096**	**31042**
16983	17577	2118	460	123	8136	689
36	14	25	25	10	516	-45
8065	7974	-4836	-4180	30	359	257
2520	1872	1381	2154	515	8442	3058
3050	5454	-894	-843	16	605	300
12		85	80	4	536	79
607	534	1368	1366	1	921	-2
257	29	2123	1883	265	2167	559
99815	99124	-38670	-38035	141	3822	12357
79	250	234	459	88	1238	188
23	23	214	214	21	258	91
366	124	1557	3119	271	3054	624
59	48	914	914	182	588	622
10736	1662	-295	419	468	10121	1083
501	108	6565	6077	1552	4296	3696
498	370	1018	1875	251	1579	1001
		1979	1979	290	700	46
1048	896	1581	1967	400	3417	1543
205	204	3981	3101	640	3091	856
5	-5	758	761	67	1278	300
1335	1160	617	3596	305	4080	600
802	712	-401	60	13	994	274
146	100	713	679	21	338	217
33	15	568	743	99	1324	743
54	53	-170	-170		77	128
-1		65	13	1	304	2
1662	643	363	813	6	6855	1776

3-4-3 续表 3

股份合作企业

Cooperative Enterprises

地　区	Region	营业收入 Business Revenue	营业成本 Business Cost	税金及附加 Taxes and Other Charges	其他业务利润 Profits from Other Business	销售费用 Selling Expenses	管理费用 Administrative Expenses
全　国	**National Total**	**3445835**	**3272342**	**3889**	**7663**	**89664**	**57621**
北　京	Beijing	376402	349131	379	3031	12382	13773
天　津	Tianjin	127500	121724	167		2883	2447
河　北	Hebei	5606	5128	9		14	432
山　西	Shanxi						
内蒙古	Inner Mongolia						
辽　宁	Liaoning	94833	92617	74	39	2112	190
吉　林	Jilin						
黑龙江	Heilongjiang						
上　海	Shanghai	147320	145058	65		958	1845
江　苏	Jiangsu	1433774	1406722	653	1346	17442	4389
浙　江	Zhejiang	146242	136885	211	738	4026	2757
安　徽	Anhui	61131	57760	80	-4	364	372
福　建	Fujian						
江　西	Jiangxi	2288	1919			377	
山　东	Shandong	26011	23190	100		903	1324
河　南	Henan	2575	2300	2	69	160	152
湖　北	Hubei	22494	17731	97		724	470
湖　南	Hunan	7497	6496	2		459	471
广　东	Guangdong	249588	231230	822	1595	6555	8305
广　西	Guangxi	246564	224400	394	743	21061	17350
海　南	Hainan						
重　庆	Chongqing	375640	360401	352	106	7781	1493
四　川	Sichuan	19235	17082	41		4064	748
贵　州	Guizhou	78779	52452	404		6675	289
云　南	Yunnan	2351	2100	16		155	230
西　藏	Tibet						
陕　西	Shaanxi	439	335				103
甘　肃	Gansu	19566	17681	21		569	481
青　海	Qinghai						
宁　夏	Ningxia						
新　疆	Xinjiang						

3-4-3 Continued 3

单位：万元
Unit: 10000 yuan

财务费用 Financial Expenses	#利息支出 Interest Expenses	营业利润 Operating Profits	利润总额 Total Profits	应交所得税 Income Tax Payable	应付职工薪酬 Payables to Employees	应交增值税 VAT Payable
8676	**8618**	**32349**	**37549**	**9743**	**45403**	**17378**
623	975	1768	2428	770	7930	3269
744	1892	329	193	283	2547	813
5		18	18	1	147	49
-113		-45	-44	6	610	321
385	387	-909	-736	23	3251	372
-479	3200	4010	4186	1045	4753	3508
833	601	2537	2442	369	2749	1008
2226	11	326	333	81	375	24
6	6	-3	-3		153	
171	-33	366	279	43	797	148
22	22	-61	-70	3	346	29
196	67	1678	1678	235	970	588
16		55	55	3	213	3
687	322	1890	1930	502	7877	4324
1868	781	-1125	-969		10263	1575
293	80	5323	5295	765	709	1138
1391	9	-3381	981	35	766	102
-479		19165	19158	5578	43	81
-2		-123	-136		210	2
					322	17
283	298	531	531	1	372	7

联营企业

Joint Ownership Enterprises

地　区	Region	营业收入 Business Revenue	营业成本 Business Cost	税金及附加 Taxes and Other Charges	其他业务利润 Profits from Other Business	销售费用 Selling Expenses	管理费用 Administrative Expenses
全　国	**National Total**	**1537964**	**1484713**	**1504**	**1791**	**16692**	**13085**
北　京	Beijing	27069	26333	179	48	139	2768
天　津	Tianjin	52590	52439	20		156	498
河　北	Hebei						
山　西	Shanxi						
内蒙古	Inner Mongolia						
辽　宁	Liaoning	13843	13310	6			386
吉　林	Jilin						
黑龙江	Heilongjiang	15841	9381	1	941	474	970
上　海	Shanghai	13999	13387	9		503	70
江　苏	Jiangsu	623071	598509	587		6280	1560
浙　江	Zhejiang	7449	7763	34		335	65
安　徽	Anhui						
福　建	Fujian						
江　西	Jiangxi						
山　东	Shandong	165100	164699	51		32	143
河　南	Henan	10060	9060	19		231	137
湖　北	Hubei						
湖　南	Hunan	121701	120189	41		558	423
广　东	Guangdong	140289	136055	252	35	3167	2103
广　西	Guangxi	9527	9377	6	7	140	316
海　南	Hainan	90459	81763	170	760	2482	1396
重　庆	Chongqing						
四　川	Sichuan	16353	14050	35		36	866
贵　州	Guizhou						
云　南	Yunnan	114479	113884	1		56	101
西　藏	Tibet						
陕　西	Shaanxi						
甘　肃	Gansu						
青　海	Qinghai	8787	7750	7		740	294
宁　夏	Ningxia						
新　疆	Xinjiang	107347	106764	86		1363	989

3-4-3 Continued 4

单位：万元
Unit: 10000 yuan

财务费用 Financial Expenses	#利息支出 Interest Expenses	营业利润 Operating Profits	利润总额 Total Profits	应交所得税 Income Tax Payable	应付职工薪酬 Payables to Employees	应交增值税 VAT Payable
9915	**7065**	**16794**	**23424**	**3917**	**13266**	**926**
-1724	73	-342	2846	279	1735	416
243	14	-750	-749	1	213	714
28		113	113	9	17	39
-9	14	2669	2716		405	4
15	17	14	19	3	296	57
6997	2932	9503	9027	2151	3223	6708
		-748	-380	17	24	327
28		152	152	9	126	24
66		475	475	123	270	152
463	402	28	29	7	304	167
264	166	-646	-568	114	2676	525
21	30	156	150	48	371	72
1721	2030	4420	4425	446	2095	1112
323		688	719	497	602	305
97	89	317	316	37	10	11
-1		-4			300	54
1383	1298	749	4134	176	599	-9761

有限责任公司
Limited Liability Corporations

地 区	Region	营业收入 Business Revenue	营业成本 Business Cost	税金及附加 Taxes and Other Charges	其他业务利润 Profits from Other Business	销售费用 Selling Expenses	管理费用 Administr-ative Expenses
全 国	**National Total**	**2388571678**	**2291055086**	**5586077**	**4207890**	**39118011**	**16850118**
北 京	Beijing	272542153	260922525	302925	1124531	4755967	2939763
天 津	Tianjin	96192488	93573355	151096	28525	1077775	481547
河 北	Hebei	40020425	38559803	34624	30351	629482	229149
山 西	Shanxi	64708832	62924953	93091	49717	690709	533922
内蒙古	Inner Mongolia	24827025	23439526	58626	41699	903093	218312
辽 宁	Liaoning	43235551	42007555	132550	26526	454810	224401
吉 林	Jilin	10661121	10095539	16308	43593	377775	99451
黑龙江	Heilongjiang	20504049	19992305	23809	84714	401055	159604
上 海	Shanghai	324350918	316102167	609111	272552	3664940	1731225
江 苏	Jiangsu	178713368	171095239	138398	118684	3442868	953755
浙 江	Zhejiang	206295016	199597109	162710	242628	3027637	1175686
安 徽	Anhui	46356436	43871712	91112	872191	1623239	329361
福 建	Fujian	112425567	109549889	101917	208004	919922	374596
江 西	Jiangxi	20284664	18917252	36346	20552	739818	171489
山 东	Shandong	143636396	137090449	1062724	308468	2379945	1311308
河 南	Henan	52066965	49961299	71734	44022	807782	375802
湖 北	Hubei	35864757	33645319	57862	91219	952233	398622
湖 南	Hunan	22560490	21328159	59349	27384	552190	245260
广 东	Guangdong	286696861	271443349	1715111	312428	5831448	2573460
广 西	Guangxi	55022102	53831066	56076	36059	422018	229344
海 南	Hainan	21847963	21107413	30191	8094	372938	172112
重 庆	Chongqing	30916363	29434928	47979	24852	494881	168897
四 川	Sichuan	65716720	62579952	98382	52303	1422973	494094
贵 州	Guizhou	28316592	20702203	133686	8270	556427	289116
云 南	Yunnan	49372208	48201286	37402	38833	501170	228803
西 藏	Tibet	715015	447998	8918	182	210493	15991
陕 西	Shaanxi	61760832	59747555	77902	24395	1043650	310880
甘 肃	Gansu	27133961	26470497	27221	14291	305445	107558
青 海	Qinghai	6829455	6665632	7860	11176	50034	27704
宁 夏	Ningxia	1513710	1421475	2558	151	68893	9573
新 疆	Xinjiang	37483675	36327577	138499	41496	436401	269333

3-4-3 Continued 5

单位：万元
Unit: 10000 yuan

财务费用 Financial Expenses	#利息支出 Interest Expenses	营业利润 Operating Profits	利润总额 Total Profits	应交所得税 Income Tax Payable	应付职工薪酬 Payables to Employees	应交增值税 VAT Payable
9616855	**11850564**	**37370628**	**39011822**	**8653553**	**19532829**	**12028322**
1868546	3166225	6255971	6308806	1205817	3792158	1182368
627780	579027	65850	199878	199938	501235	350079
230158	242442	427220	441635	69126	224739	229912
178638	279695	428315	406079	114226	389561	421052
270676	238784	147510	192121	52801	227935	207157
179124	157641	356374	385816	96760	222619	104102
57870	51210	104451	204220	28094	93630	65228
117099	335396	131594	161544	33008	149065	45298
580300	740302	2920104	3051313	772974	1802198	437634
807300	676943	2149751	2374169	519974	1442123	834924
556596	809463	3192443	3447596	680566	1426827	984809
106220	169425	657760	702125	151825	468760	401373
242880	540680	1117421	1235144	230835	464279	357337
119625	111297	359276	387233	79205	290755	314629
537155	586623	1599209	1671089	443030	1375286	745250
257052	204045	644163	677305	169660	379256	319214
222971	205717	679344	687596	154205	386131	268903
169348	157297	399038	422089	67714	242480	164564
741948	749202	5071453	5199657	1195382	3011609	1594028
300525	329145	320580	353026	52554	260932	288555
84280	42943	282816	303122	36511	166102	43192
106286	130953	674400	720185	115307	203779	412769
346274	338697	1004212	1044707	231846	712210	388187
6265	124767	6691152	6680830	1666023	218179	1142644
360649	320324	288198	297823	79598	231650	200216
341	769	50555	56393	10758	23003	26659
112093	170046	796602	813710	102788	286164	290700
47248	47876	180594	176407	25461	198484	46379
163041	145218	21881	16906	3142	28279	28803
2433	1658	3449	3590	2280	15603	7798
216134	196754	348942	389708	62145	297798	124559

3-4-3 续表 6

股份有限公司

Share-holding Corporations Ltd.

地　区	Region	营业收入 Business Revenue	营业成本 Business Cost	税金及附加 Taxes and Other Charges	其他业务利润 Profits from Other Business	销售费用 Selling Expenses	管理费用 Administrative Expenses
全　国	**National Total**	**377436726**	**360722932**	**416077**	**2206559**	**9166767**	**3492655**
北　京	Beijing	32373435	30721408	41415	83346	709714	397376
天　津	Tianjin	5347341	5103949	5308	3244	108109	82058
河　北	Hebei	2236934	2166239	2462	991	18663	9584
山　西	Shanxi	3934482	3680020	5348	4175	61997	40836
内蒙古	Inner Mongolia	2601116	2542699	2019	827	28780	11823
辽　宁	Liaoning	33805216	34238456	10866	2524	379822	69848
吉　林	Jilin	2043666	1932162	4291	3644	73329	17592
黑龙江	Heilongjiang	2368627	2160968	6905	1648	149957	20418
上　海	Shanghai	33691667	31873715	35778	123334	779999	464068
江　苏	Jiangsu	34521218	32084617	33834	914327	1122354	534338
浙　江	Zhejiang	33287740	31910800	25640	55496	508661	355354
安　徽	Anhui	5686448	5334936	6821	23057	145598	53796
福　建	Fujian	25356828	25013438	10399	64676	92639	63087
江　西	Jiangxi	3098111	2818971	22580	36199	127004	54354
山　东	Shandong	12390279	11560263	27591	546120	528042	144951
河　南	Henan	6004529	5727631	9455	4678	91852	55726
湖　北	Hubei	5330849	5092794	9528	38635	170115	88605
湖　南	Hunan	1607127	1406968	4695	5654	68293	46572
广　东	Guangdong	65157604	61065042	92379	181211	2092521	668596
广　西	Guangxi	2284658	2159712	2979	2928	123291	25967
海　南	Hainan	527786	500857	734	402	12872	12533
重　庆	Chongqing	3543925	3339868	6360	21148	105557	35116
四　川	Sichuan	8221938	7499666	13681	5684	490517	38702
贵　州	Guizhou	801042	717822	915		41015	6006
云　南	Yunnan	9470926	9151875	7381	48809	193132	49566
西　藏	Tibet						
陕　西	Shaanxi	6442449	6139337	5071	611	231110	1702
甘　肃	Gansu	14878575	15053602	4587	16708	66623	53210
青　海	Qinghai	1765124	1633693	1806	64	66775	5959
宁　夏	Ningxia	2959921	2875167	2356	108	81986	14191
新　疆	Xinjiang	15697165	15216257	12893	16311	496440	70721

3-4-3 Continued 6

单位：万元
Unit: 10000 yuan

财务费用 Financial Expenses	#利息支出 Interest Expenses	营业利润 Operating Profits	利润总额 Total Profits	应交所得税 Income Tax Payable	应付职工薪酬 Payables to Employees	应交增值税 VAT Payable
2372431	**2873539**	**7218094**	**7248827**	**1001198**	**4853904**	**1912494**
301096	571565	1183996	1159388	145503	468487	187578
60953	30617	86426	81954	14564	93424	16390
33773	53079	14737	14823	-1801	14099	18392
17349	22933	271406	268770	1114	38490	21089
5229	3152	10635	8464	351	12217	7055
155439	154552	-1044254	-1047475	5219	117564	20448
29583	15194	-9650	-12663	1494	64976	24575
9950	8891	27042	17202	7071	80888	34679
107575	208691	1074509	1061735	117774	486337	138013
349955	154347	1023950	1047389	131306	498249	163774
292703	379933	1344706	1374355	100095	366001	102676
34592	53050	86718	86146	7470	72045	39754
126563	215676	468199	474808	11684	88388	15100
21407	12257	61403	56688	23516	60049	66845
75540	111612	406829	415884	12179	237625	143627
25213	28144	102134	103575	12522	71404	31904
54724	79128	156904	154999	47531	119437	33815
13306	17024	106037	106900	3892	61424	25395
381254	422721	1863599	1896988	303213	1335886	388126
7864	8932	-29891	-34019	1032	51271	29098
10247	14437	630	1272	558	9658	3341
29950	47164	77366	76887	5887	40025	24525
30606	38590	151209	149961	25460	116534	59784
1578	6294	29215	27311	1150	8490	5959
21383	17668	75226	76156	5976	79794	33129
19575	35223	-9292	-12525	3577	90320	119379
49678	50796	-342172	-339934	374	33649	27136
2110	1538	7240	7483	431	23150	13880
2690	3907	-27859	-26579	-623	38070	31387
100546	106424	51096	52884	12679	75953	85641

私营企业
Private Enterprises

地 区	Region	营业收入 Business Revenue	营业成本 Business Cost	税金及附加 Taxes and Other Charges	其他业务利润 Profits from Other Business	销售费用 Selling Expenses	管理费用 Administrative Expenses
全 国	**National Total**	**2552282086**	**2433949912**	**3263853**	**2909052**	**52180926**	**30064103**
北 京	Beijing	73688127	67754409	93167	234362	2964243	1890971
天 津	Tianjin	123807823	120734411	172272	42083	1513943	806775
河 北	Hebei	45094106	43234602	47361	59628	787260	401604
山 西	Shanxi	26866925	25303717	34826	38974	858612	324064
内蒙古	Inner Mongolia	9996538	9282625	20080	13089	433922	174436
辽 宁	Liaoning	61846574	59702431	57033	33003	1013698	505284
吉 林	Jilin	6878710	6258035	69288	12595	350220	163218
黑龙江	Heilongjiang	7936531	7377377	10515	29233	255199	118643
上 海	Shanghai	310646021	300949220	159475	176830	4422213	2942613
江 苏	Jiangsu	341213431	327719439	323113	259825	5020004	3390625
浙 江	Zhejiang	414475576	399102254	287614	342656	7300141	3837049
安 徽	Anhui	25985465	23747155	68436	21984	1046311	474633
福 建	Fujian	182213141	172797090	265788	81968	3336316	2131846
江 西	Jiangxi	18082653	16301838	67484	25592	1032534	293326
山 东	Shandong	192884942	185480251	241936	142217	3786086	1816995
河 南	Henan	46980202	43644351	182458	31522	1155033	686727
湖 北	Hubei	28293517	25912574	137762	25699	917188	534584
湖 南	Hunan	29241729	26387716	163219	35966	1139484	585047
广 东	Guangdong	393151179	373293524	374476	890271	8661245	6165393
广 西	Guangxi	30015953	28717029	50251	58606	634483	327025
海 南	Hainan	2877128	2501977	23106	1664	176357	108602
重 庆	Chongqing	52694854	48986574	93439	122035	1419011	527518
四 川	Sichuan	38135158	35189449	92831	105567	1319009	631297
贵 州	Guizhou	10502277	9456969	27086	34854	444311	190860
云 南	Yunnan	17573545	16569491	100175	23306	504210	220562
西 藏	Tibet	3147025	2937368	4657	444	107191	15185
陕 西	Shaanxi	21509700	20198984	39964	27143	658519	337706
甘 肃	Gansu	8144739	7649093	10351	9264	257136	116562
青 海	Qinghai	2361771	2267084	3305	1080	68562	25193
宁 夏	Ningxia	4740830	4597238	11465	2202	89336	41592
新 疆	Xinjiang	21295916	19895637	30920	25390	509149	278168

单位：万元
Unit: 10000 yuan

财务费用 Financial Expenses	#利息支出 Interest Expenses	营业利润 Operating Profits	利润总额 Total Profits	应交所得税 Income Tax Payable	应付职工薪酬 Payables to Employees	应交增值税 VAT Payable
9509916	**6224301**	**24701469**	**26683848**	**4933808**	**22400796**	**14626587**
279176	286356	539468	544127	214570	1603439	565130
342118	229621	252916	636562	169727	565379	1131466
175964	88990	463787	483877	128513	294122	256475
134737	101999	298504	295005	47416	179491	177874
49900	31159	82001	97760	13159	105857	66954
339655	174997	155012	170186	68032	243826	150212
37932	23078	66153	71562	17931	96066	63008
30844	19410	133856	146675	37485	65066	49134
616931	367657	1825561	1975200	420858	1866105	594756
1162943	490431	3673494	3845929	598259	2463254	1762184
1636929	1377007	3928115	4406908	952713	2985478	2107737
116889	71908	404127	516720	73843	347507	348767
833455	492229	2839351	2967809	258751	1300514	905084
56312	37541	260243	308177	35946	190782	271730
889742	370833	563526	688691	223955	1382699	1023834
233713	141565	923143	975141	144340	492966	572490
151065	76891	622848	640223	90469	418157	353730
135233	69759	702949	729939	90410	471784	340163
1289491	1029123	3447862	3476943	787992	5108608	1924685
90405	95787	174380	211322	29212	227890	336356
22325	21613	48969	59312	10576	56812	37648
173514	92788	1358209	1433115	210006	467249	529311
188365	157105	991468	994837	130307	534264	428230
75429	21601	259107	255166	50930	162336	127717
61662	43483	165398	181867	23938	179667	104085
9471	11780	77732	82394	10555	25437	25084
56865	41564	207790	216560	40953	203670	148325
58848	36729	74037	80691	13423	114974	40976
10413	4209	21079	22063	621	19138	84010
23672	15433	-28215	-24229	2988	31196	18143
225918	201655	168599	193316	35930	197063	81289

3-4-3 续表 8

其他企业
Other Enterprises

地 区	Region	营业收入 Business Revenue	营业成本 Business Cost	税金及附加 Taxes and Other Charges	其他业务利润 Profits from Other Business	销售费用 Selling Expenses	管理费用 Administrative Expenses
全 国	**National Total**	**5108985**	**4792422**	**10043**	**1322**	**79491**	**56812**
北 京	Beijing	22613	21358	1	19	239	595
天 津	Tianjin	1204645	1176901	694	108	5951	4499
河 北	Hebei	13536	10508	5	654	230	540
山 西	Shanxi	3485	3083	5		73	180
内蒙古	Inner Mongolia						
辽 宁	Liaoning	102790	99776	9	-431	1310	1001
吉 林	Jilin						
黑龙江	Heilongjiang	69499	67080	38	1	1993	1279
上 海	Shanghai	177199	171364	30		2940	1772
江 苏	Jiangsu	1569726	1477693	1621	145	25897	14420
浙 江	Zhejiang	30994	29572	8		276	538
安 徽	Anhui	406846	391125	342		1116	633
福 建	Fujian	2597	2445	1		15	7
江 西	Jiangxi	16448	15342	45		247	363
山 东	Shandong	153486	143486	133	9	4401	1497
河 南	Henan	62149	57145	167	1	1588	1232
湖 北	Hubei	295675	246768	4182		8646	8711
湖 南	Hunan	71103	64620	262	362	2324	1894
广 东	Guangdong	76315	67921	16		4343	3348
广 西	Guangxi	82727	76460	1319		1725	1972
海 南	Hainan	7516	7448			37	17
重 庆	Chongqing	30560	24361	266		1624	639
四 川	Sichuan	40671	36346	32		1824	968
贵 州	Guizhou	3276	3144	107		1	20
云 南	Yunnan	188670	177347	81	397	1914	2086
西 藏	Tibet						
陕 西	Shaanxi	189771	172129	392		4803	5012
甘 肃	Gansu	27035	21338	66		1165	301
青 海	Qinghai						
宁 夏	Ningxia						
新 疆	Xinjiang	259653	227662	221	57	4809	3288

3-4-3 Continued 8

单位：万元
Unit: 10000 yuan

财务费用 Financ al Expenses	#利息支出 Interest Expenses	营业利润 Operating Profits	利润总额 Total Profits	应交所得税 Income Tax Payable	应付职工薪酬 Payables to Employees	应交增值税 VAT Payable
14781	**2207**	**145137**	**145352**	**10417**	**74476**	**11835**
81	80	339	341	12	303	11
5013	-17	13393	13997	1449	4487	1195
6	4	420	551	32	821	45
9		135	135	9	214	4
995	25	-512	-751	1	1202	-10
-301	30	-648	-651	-178	463	232
672	134	353	458	23	1025	235
3045	627	44620	43796	4072	31371	1941
123	119	522	654	3	665	7
196	43	9478	9491	1724	1225	1858
1		129	129	32	53	
10	8	440	440	3	745	16
1152	70	749	843	49	3025	407
141		1871	1870	15	714	61
1609	448	25335	25193	1264	7528	4485
49	29	2693	2984	42	1310	197
55	4	603	616	5	2171	86
201		2179	2179	11	4271	9
		14	14	1	51	
71	4	3647	3725	60	1734	194
158	125	1343	1343	5	2789	182
28		78	55		75	74
228	1	8035	8033	6	1181	7
770	325	5522	5518	62	3062	214
12	5	1099	1101	1	664	25
457	143	23300	23288	1714	3327	360

港、澳、台商投资企业
Enterprises with Funds from Hong Kong, Macao and Taiwan

地区	Region	营业收入 Business Revenue	营业成本 Business Cost	税金及附加 Taxes and Other Charges	其他业务利润 Profits from Other Business	销售费用 Selling Expenses	管理费用 Administrative Expenses
全 国	**National Total**	**318362884**	**279849557**	**519219**	**761172**	**18279159**	**10919780**
北 京	Beijing	78045574	71669965	64424	235514	2631467	3439397
天 津	Tianjin	11638346	9850873	46648	14826	1200230	224176
河 北	Hebei	372765	333126	564		25057	10152
山 西	Shanxi	1262374	1235931	2170	2342	14025	3505
内蒙古	Inner Mongolia	441852	402704	247		31135	2189
辽 宁	Liaoning	917752	794313	4473	1408	30816	22519
吉 林	Jilin	1151	1127			128	36
黑龙江	Heilongjiang	915066	735836	1767		248622	706
上 海	Shanghai	104821506	89399086	174196	359697	7916003	3635044
江 苏	Jiangsu	22250193	18349592	45484	18514	1018338	1457686
浙 江	Zhejiang	11587508	10470096	16187	39269	585506	294789
安 徽	Anhui	6869415	6579428	5006	1821	143375	49360
福 建	Fujian	12843274	12070841	15764	13639	438666	170430
江 西	Jiangxi	465880	416362	796	770	40325	6654
山 东	Shandong	6101959	5807779	6080	7582	112202	84813
河 南	Henan	63014	59676	67	17	1919	1828
湖 北	Hubei	4411563	3131642	15341	9898	707282	157950
湖 南	Hunan	657694	399789	3728	98	130866	25427
广 东	Guangdong	48148139	42070005	100241	72346	2750649	1265979
广 西	Guangxi	734038	728068	567	-507	2180	1378
海 南	Hainan	1089101	1082736	353		2239	2245
重 庆	Chongqing	2669751	2449284	10588	-18949	87203	23663
四 川	Sichuan	724513	663762	1331	194	35871	7480
贵 州	Guizhou	344889	298203	793	592	27306	11898
云 南	Yunnan	393668	372093	347	11	12164	4305
西 藏	Tibet	189578	96304	1461		74590	1596
陕 西	Shaanxi	235054	227472	166	2090	2320	9628
甘 肃	Gansu	18118	14433	66		3029	
青 海	Qinghai						
宁 夏	Ningxia						
新 疆	Xinjiang	149149	139031	364		5646	4947

3-4-3 Continued 9

单位：万元
Unit: 10000 yuan

财务费用 Financial Expenses	#利息支出 Interest Expenses	营业利润 Operating Profits	利润总额 Total Profits	应交所得税 Income Tax Payable	应付职工薪酬 Payables to Employees	应交增值税 VAT Payable
265850	**860116**	**12837878**	**13609895**	**2181670**	**7603948**	**2815327**
-123145	200560	1178324	1283157	151787	1249428	267069
38581	12097	463630	636629	86266	609819	343797
-900	2	4767	5505	1386	2176	3732
-4558	10	12162	12113	3595	6344	17557
-354	29	5930	5885		627	2128
39246	4974	650069	677070	9504	24677	14302
185	185	-325	-323		107	
-2104		-69762	-66398	933	31034	21349
-7556	174170	4848853	5169724	1107434	2876426	938839
110395	66447	1148517	1230078	264515	477374	306087
91643	84977	583247	598400	46826	325355	105176
-24180	13516	63398	71046	22947	23882	36483
16164	24982	157640	165469	61072	113654	72165
3355	2097	4026	4791	1473	7255	1728
42181	17408	40849	45057	13064	58593	21850
1384	1569	3970	3982	253	2184	523
1432	40157	433989	439049	74530	190104	52598
99	916	97730	97458	18933	35147	27638
75921	190190	2994564	2998183	294150	1467927	484037
3841	1511	-1839	-1567	455	1332	1857
646	545	992	2307	447	1183	424
2964	5434	156831	166496	10986	55881	42734
1893	1816	17654	18063	3503	6285	33218
-4032	13281	28749	28449	3239	12277	4027
1396	1996	3307	3309	1101	7123	1899
-64	20	17350	23322	2199	10520	12755
864	457	-5365	-5680	358	2480	-474
	1	591	611	156	1088	455
553	769	-1970	-2290	558	3666	1374

外商投资企业

Foreign Funded Enterprises

地 区	Region	营业收入 Business Revenue	营业成本 Business Cost	税金及附加 Taxes and Other Charges	其他业务利 润 Profits from Other Business	销售费用 Selling Expenses	管理费用 Administr-ative Expenses
全 国	**National Total**	**623436067**	**553666717**	**1238878**	**2174595**	**36308262**	**12704395**
北 京	Beijing	90358148	77685438	224959	950315	5748002	2605400
天 津	Tianjin	35698405	33935295	334433	45571	713833	293673
河 北	Hebei	2500941	2432094	2583	1008	71717	18721
山 西	Shanxi	44049	36454	96	8	6794	1919
内 蒙 古	Inner Mongolia	269800	259188	447	411	7224	1785
辽 宁	Liaoning	1531666	1253192	3733	39254	160411	47349
吉 林	Jilin	1226273	1122002	2180	-6	108281	6948
黑 龙 江	Heilongjiang	2923888	2919512	1256			1493
上 海	Shanghai	284686085	245508307	451297	616683	21243430	6941322
江 苏	Jiangsu	57513185	51713471	58315	83471	2544987	931140
浙 江	Zhejiang	35141746	33094742	27142	54811	1248989	272029
安 徽	Anhui	3897916	2954906	11067	3005	898351	68995
福 建	Fujian	8279921	7459790	15235	38592	346627	172313
江 西	Jiangxi	956925	825806	1245		38104	13191
山 东	Shandong	6044320	5774297	6052	10589	106759	55224
河 南	Henan	457649	403785	455		7351	5130
湖 北	Hubei	17418249	17007136	8788	105	393590	133811
湖 南	Hunan	1457000	1281028	1578	44	168712	10202
广 东	Guangdong	44944744	40883850	65711	298216	2032747	973820
广 西	Guangxi	5284120	5038142	5461	1121	110253	22703
海 南	Hainan	46829	24498	312		10673	4871
重 庆	Chongqing	3055031	2834613	4814	3391	119009	29148
四 川	Sichuan	3001152	2827342	3139	23234	94961	22868
贵 州	Guizhou	21472	17455	78		2659	810
云 南	Yunnan	641473	591592	1134	616	37071	8027
西 藏	Tibet						
陕 西	Shaanxi	15707358	15503832	6195	404	63280	36164
甘 肃	Gansu	92330	58916	374	8	22416	2779
青 海	Qinghai	185953	179536	233		685	18915
宁 夏	Ningxia						
新 疆	Xinjiang	49439	40498	566	3744	1346	3645

单位：万元
Unit: 10000 yuan

财务费用 Financial Expenses	#利息支出 Interest Expenses	营业利润 Operating Profits	利润总额 Total Profits	应交所得税 Income Tax Payable	应付职工薪酬 Payables to Employees	应交增值税 VAT Payable
185558	**1217025**	**24818165**	**25743399**	**5401349**	**14337804**	**5663174**
-150750	368921	8026490	8068714	1075425	3410012	1104173
9070	34928	506090	530476	132717	276174	392674
5713	4698	-30365	-31654	2682	34627	3810
-299		-554	-548	953	1900	596
72	61	955	1122	1630	3800	1484
538	1335	77546	123715	19967	64879	30793
2173	2190	45770	46945	4706	15973	5404
81	85	1387	1580	397	632	173
52154	462555	11898796	12575553	3075502	7140897	2724371
46304	55242	1724871	1776362	397613	1284781	349368
59661	132121	606236	642290	152622	261693	194597
-8595	804	-26818	-25507	-7155	204006	67714
21595	34319	313161	365281	80661	184627	88448
4087		73271	72943	17680	18263	757
20037	9382	110351	109166	32915	55994	20273
454	353	24360	24186	3900	7791	3242
9560	8649	27551	19843	90840	106554	55268
-329	340	-3996	-4883	9635	13166	5948
26705	87268	1071827	1074418	262944	1049842	317586
10518	6607	65856	64622	503	34846	16703
88	26	6514	6727	1746	8563	3060
3492	281	93020	97777	14451	39052	222101
7092	8586	44578	42616	10105	39827	37191
5		464	306	-349	1536	651
-4997	-7852	83294	82792	449	11683	3307
80189	-811	43985	45096	15235	46642	9343
80	12	8164	8063	1825	11151	2740
-2816	119	6500	6500	492	6181	
-6324	6806	18861	18898	1258	2712	1399

3-4-4 各地区限额以上批发业企业损益及分配(按国民经济行业分)

农、林、牧、渔产品批发

Wholesale of Agricultural, Forestry, Livestock and Fishery Products

地　区	Region	营业收入 Business Revenue	营业成本 Business Cost	税金及附加 Taxes and Other Charges	其他业务利润 Profits from Other Business	销售费用 Selling Expenses	管理费用 Administr-ative Expenses
全　国	**National Total**	**170803285**	**164637864**	**201857**	**319787**	**2329402**	**1851942**
北　京	Beijing	26500613	25480242	23522	71411	201976	269040
天　津	Tianjin	5140967	4983708	2644	1084	110943	41531
河　北	Hebei	2520126	2440874	2038	1466	36146	32758
山　西	Shanxi	448488	372821	453	1299	22190	12034
内蒙古	Inner Mongolia	3223273	3048584	3649	12401	129067	39504
辽　宁	Liaoning	11615338	11275518	6344	5406	153288	57385
吉　林	Jilin	2979082	2910112	30638	22531	99243	31087
黑龙江	Heilongjiang	8092035	7958885	11345	71751	154891	68339
上　海	Shanghai	18432033	18036419	12193	5410	141500	130648
江　苏	Jiangsu	18284764	17768784	12405	21168	184822	149165
浙　江	Zhejiang	4760838	4646011	2648	18543	54584	61482
安　徽	Anhui	1596913	1499848	2431	1261	35149	36367
福　建	Fujian	9665724	9419556	6902	3760	118963	70217
江　西	Jiangxi	904078	831374	1373	6447	26285	23861
山　东	Shandong	11697900	11350124	8734	20449	147968	107920
河　南	Henan	4677336	4408278	14731	5108	77262	68298
湖　北	Hubei	3056727	2816418	12906	2009	53473	48983
湖　南	Hunan	2006571	1793178	13357	4286	53690	49825
广　东	Guangdong	11560191	10921155	7771	10650	191642	254656
广　西	Guangxi	1421457	1335186	2098	1324	22911	12204
海　南	Hainan	974372	954144	368		2572	2766
重　庆	Chongqing	956581	882657	2200	1931	22463	19351
四　川	Sichuan	3437916	3312368	3239	13328	36479	47383
贵　州	Guizhou	313140	279757	185	3	8613	8443
云　南	Yunnan	1872267	1799037	3516	3145	21888	24387
西　藏	Tibet						
陕　西	Shaanxi	533521	496528	950	722	11224	11060
甘　肃	Gansu	663975	622560	791	379	16517	16246
青　海	Qinghai	132987	133223	108	91	125	846
宁　夏	Ningxia	912823	857003	1174	-36	51599	2399
新　疆	Xinjiang	12421249	12003512	11144	12460	141929	153757

Income and Distribution of Enterprises above Designated Size of Wholesale Trade by Region and Sector

单位：万元
Unit: 10000 yuan

财务费用 Financial Expenses	#利息支出 Interest Expenses	营业利润 Operating Profits	利润总额 Total Profits	应交所得税 Income Tax Payable	应付职工薪酬 Payables to Employees	应交增值税 VAT Payable
1450506	**1540396**	**2175629**	**2762250**	**241694**	**1426573**	**154129**
350710	437374	1083267	1222416	73651	206139	25199
35761	32322	-70499	-6221	5396	32413	764
21975	17493	-6219	4382	1051	16300	15638
2088	2663	41017	43768	365	7899	391
21539	39531	-5660	13060	2277	25248	3524
80760	38601	5092	17952	7754	32129	-14730
17759	36835	10914	20805	2527	29141	-11504
53032	173205	65405	85495	14740	49477	-11375
157495	76207	43122	70188	18063	77810	10335
62288	38218	108902	153183	20463	133647	57098
34300	38753	6519	42861	6365	53232	3644
20208	18218	64630	69904	2651	29775	9686
51488	46159	57611	75405	13012	53258	15918
6590	3731	15660	23303	628	20836	2134
121374	108734	-12675	20287	7323	85248	2251
27572	73932	110575	119708	13628	53530	14096
17744	28716	76361	86101	5999	50443	19526
13159	5877	74396	88141	2771	37484	7676
70972	71061	300212	333868	17604	209920	24664
5382	5010	37464	41530	775	8582	654
9203	6254	5388	5357	1125	1691	699
4099	5607	29025	30942	1091	15733	4271
17732	12630	20272	38556	11599	45105	3519
4110	1327	6334	6805	-107	5885	-1967
6192	4640	21793	27751	663	16985	-767
3402	2745	14186	16506	838	7266	2973
8390	5868	-4648	-2059	531	7985	191
1303	319	-2505	-2374	4	306	41
970	713	169	615	42	4941	2166
222909	207653	79521	114015	8865	108165	-32586

食品、饮料及烟草制品批发

Wholesale of Food, Beverages and Tobaccos

地 区	Region	营业收入 Business Revenue	营业成本 Business Cost	税金及附加 Taxes and Other Charges	其他业务利润 Profits from Other Business	销售费用 Selling Expenses	管理费用 Administr-ative Expenses
全 国	**National Total**	**554440052**	**460183439**	**21018707**	**1783315**	**25679960**	**14340466**
北 京	Beijing	35138722	31182902	392809	411976	2184598	686170
天 津	Tianjin	16297968	14669876	229185	15061	844205	227641
河 北	Hebei	8145579	6264627	776803	13809	299215	282627
山 西	Shanxi	6539862	4904095	489260	8626	362640	199489
内蒙古	Inner Mongolia	4025392	3132187	364339	4417	144190	142983
辽 宁	Liaoning	9209330	7657982	566763	4673	237626	237655
吉 林	Jilin	3799264	3094292	317785	3370	120933	101878
黑龙江	Heilongjiang	6310569	5226226	360742	13241	418034	173241
上 海	Shanghai	70691850	62004337	516641	127150	4693124	1898239
江 苏	Jiangsu	34327677	28537853	1389238	49566	1341139	634866
浙 江	Zhejiang	36871560	31072105	1487908	55695	1645449	800562
安 徽	Anhui	13067931	10239632	781517	36178	749708	328915
福 建	Fujian	28975595	25316181	770360	38358	1016896	683292
江 西	Jiangxi	6363652	4683208	621355	95073	166635	242699
山 东	Shandong	29839264	25788504	1042337	59489	1147777	781042
河 南	Henan	16857052	13368249	1206013	14615	570297	624351
湖 北	Hubei	17644888	13460225	877313	26865	1179632	613974
湖 南	Hunan	14766049	11322418	1127896	13648	677808	528907
广 东	Guangdong	75596151	65715239	1909175	558893	3152668	2171324
广 西	Guangxi	15711884	14121738	607590	21888	236091	270944
海 南	Hainan	3848791	3316054	211544	4452	51128	72854
重 庆	Chongqing	14205594	11518150	933325	48511	461741	433313
四 川	Sichuan	23803313	18787431	1176490	120398	1395828	611423
贵 州	Guizhou	21140402	11382474	656166	11068	1009861	523472
云 南	Yunnan	18554270	14847190	791946	9443	721342	420858
西 藏	Tibet	899748	667708	103386	428	26028	51782
陕 西	Shaanxi	9248991	7422601	561543	6251	463290	263756
甘 肃	Gansu	3922236	3064691	298868	3743	153489	131127
青 海	Qinghai	1218370	1012481	79386	211	33071	37723
宁 夏	Ningxia	1233026	1024712	92722	2164	17924	36608
新 疆	Xinjiang	6185072	5378071	278302	4055	157593	126751

3-4-4 Continued 1

单位：万元
Unit: 10000 yuan

财务费用 Financial Expenses	#利息支出 Interest Expenses	营业利润 Operating Profits	利润总额 Total Profits	应交所得税 Income Tax Payable	应付职工薪酬 Payables to Employees	应交增值税 VAT Payable
-245861	**1576630**	**37638251**	**38238703**	**8901107**	**15547312**	**10902660**
98211	368514	970255	986088	214454	1023362	388982
-3296	37864	502325	521106	98721	343190	156002
-14472	22554	602359	609946	156645	284224	249655
-12740	21578	629891	633782	136291	217032	204924
-18779	3486	268552	272528	72260	172516	106792
-10900	20420	459880	524752	126473	190306	165342
-5428	4239	206004	206520	54405	105821	86837
-27158	55035	227952	237112	69332	228419	136194
24263	163562	1960014	2108038	496309	1580711	545704
-79137	40745	2539680	2576284	576943	752064	613529
-71504	103294	2570025	2675055	565470	1035632	675966
-59967	48713	1016086	1024706	250356	438438	319716
189441	117833	1494870	1512622	307358	616009	390599
-32717	9739	695235	702956	170917	210453	200863
55926	88753	1142704	1179608	286891	860561	414263
-23280	17100	1114517	1115989	269393	640654	389842
-63300	57669	1614239	1617459	344530	670104	435884
10841	43567	1312853	1320234	320020	500465	417139
59811	141854	3441002	3495079	813665	2236174	966781
11739	61955	501565	512226	123228	244366	260634
-19293	1432	251963	256774	55212	77642	69412
-33137	10011	894490	889271	155894	482388	396596
8250	43997	1899908	1918885	475586	743948	554522
-126903	10349	7692361	7670103	1909295	599769	1219585
-106614	38151	2215617	2216679	526742	669090	1052121
-7497	285	58339	58526	5780	51365	27348
8980	6254	595579	606882	153061	236211	198988
7026	6186	264961	273434	61402	152631	107521
-12809	671	74081	72658	15531	27881	34820
-7388	474	101305	102201	18611	33554	25850
15970	30346	319639	341200	70332	122332	90249

纺织、服装及家庭用品批发
Wholesale of Textiles, Wearing Apparel and Household Articles

地 区	Region	营业收入 Business Revenue	营业成本 Business Cost	税金及附加 Taxes and Other Charges	其他业务利润 Profits from Other Business	销售费用 Selling Expenses	管理费用 Administrative Expenses
全 国	**National Total**	**515908957**	**454166926**	**791956**	**2330858**	**33626699**	**14972969**
北 京	Beijing	69736578	63330747	65259	181496	2682864	3294016
天 津	Tianjin	13112137	11512048	19859	16649	1239453	255163
河 北	Hebei	1850963	1731045	1774	5794	56216	28680
山 西	Shanxi	1489467	1451489	820	-510	26936	10406
内蒙古	Inner Mongolia	290375	241374	611	2155	35864	8162
辽 宁	Liaoning	2518365	2282803	3043	2093	127775	64119
吉 林	Jilin	276458	247374	434	63	16948	7426
黑龙江	Heilongjiang	575100	457413	1720	78	47956	18400
上 海	Shanghai	74776305	53470970	214759	157201	13782359	3406657
江 苏	Jiangsu	110520570	101502343	103227	960040	3516264	3022451
浙 江	Zhejiang	80222940	73228614	99691	101487	3464871	1489562
安 徽	Anhui	10364281	8760282	22042	12403	1425569	121829
福 建	Fujian	46619329	43069366	60038	59962	1277004	672184
江 西	Jiangxi	1334374	1271518	10109	1061	44402	19673
山 东	Shandong	19624769	18426904	27032	553458	686560	272406
河 南	Henan	3459974	3134211	18413	4469	115096	73778
湖 北	Hubei	2985364	2623574	5975	7650	244938	88231
湖 南	Hunan	2511806	2167960	8372	3791	205691	45946
广 东	Guangdong	53393801	46442848	102806	211200	3915710	1830312
广 西	Guangxi	2086788	1979313	3404	6710	53482	26088
海 南	Hainan	1687845	1547840	1610	324	60529	17613
重 庆	Chongqing	8158695	7603139	8581	34599	268174	81436
四 川	Sichuan	3882303	3559028	6572	1744	193579	64329
贵 州	Guizhou	223807	193582	299	1053	14016	5053
云 南	Yunnan	1228200	1199651	382	289	19326	5744
西 藏	Tibet	129844	107373	308	416	11807	944
陕 西	Shaanxi	1170808	1017023	2885	4530	52535	19888
甘 肃	Gansu	155995	135717	351	87	13028	4884
青 海	Qinghai	11119	10650	5	32	383	352
宁 夏	Ningxia	68780	66547	130		307	1439
新 疆	Xinjiang	1441817	1394180	1445	534	27057	15798

3-4-4 Continued 2

单位：万元
Unit: 10000 yuan

财务费用 Financial Expenses	#利息支出 Interest Expenses	营业利润 Operating Profits	利润总额 Total Profits	应交所得税 Income Tax Payable	应付职工薪酬 Payables to Employees	应交增值税 VAT Payable
1617240	**1237977**	**12791051**	**13767035**	**3068638**	**11253212**	**4439891**
-130304	88816	822963	906913	133349	1166465	310636
31924	45196	144197	195480	51297	540501	108663
14851	3687	242657	242356	4685	29580	7078
5028	5824	-2475	-2345	527	11822	2318
505	651	-2709	-2665	47	11567	3529
9436	2827	36129	38596	10261	61189	18281
2141	1958	738	1359	406	4883	2340
586	1180	45395	45254	16429	10288	15222
104579	108898	4233078	4498357	1170684	2694327	1133998
598675	267607	2436555	2672332	506087	1689266	652732
450701	334943	1758980	1943297	471868	1517433	835855
9443	11474	31252	38830	10051	327269	123983
134892	65829	1193806	1269100	141834	490816	245077
2368	2648	-2089	-1067	-397	18678	5986
51622	74029	204785	213568	45749	307194	160541
18061	13029	119560	126368	20670	66194	26108
5596	5957	19299	18054	7755	72726	23491
12016	10418	74340	74897	12478	53638	21421
220528	154360	971161	1014232	393951	1956234	642377
7021	8420	6076	7122	1097	27292	9500
3126	2379	200954	201021	16752	20684	1576
35495	2680	162642	166830	34550	38894	32839
15805	11517	34145	36732	9551	68990	33171
282	262	4222	4299	935	9064	691
3225	2454	129	-425	1244	8072	2163
-2322	1	12160	12817	1349	973	1955
3769	3079	37707	38385	2434	20170	5978
958	585	1606	1453	452	7395	1999
449		-796	-67	6	439	-199
-20	3	378	380	108	300	1529
6804	7266	4206	5572	2429	20869	9053

文化、体育用品及器材批发

Wholesale of Culture, Sports Appliances and Equipments

地　区	Region	营业收入 Business Revenue	营业成本 Business Cost	税金及附加 Taxes and Other Charges	其他业务利润 Profits from Other Business	销售费用 Selling Expenses	管理费用 Administr-ative Expenses
全　国	**National Total**	**123028574**	**111699719**	**217251**	**402662**	**4318022**	**2604499**
北　京	Beijing	19208525	17487227	25735	90522	678923	441380
天　津	Tianjin	1827892	1664369	1863	3600	70868	40671
河　北	Hebei	904095	678628	939		36163	18425
山　西	Shanxi	702184	659388	759	797	20969	12728
内蒙古	Inner Mongolia	112329	102694	204		2938	3499
辽　宁	Liaoning	730132	665126	3273	2764	38355	17442
吉　林	Jilin	212970	188477	490	675	8456	9671
黑龙江	Heilongjiang	226203	205469	339	1381	9075	9782
上　海	Shanghai	20217103	17755038	44602	39915	996361	514784
江　苏	Jiangsu	7901379	7274281	13128	25894	266289	178395
浙　江	Zhejiang	15614333	14590255	13232	12717	387420	243200
安　徽	Anhui	3578707	3449217	2966	945	64004	24818
福　建	Fujian	8311152	7951320	10021	5375	144695	92091
江　西	Jiangxi	464837	422725	940	1031	13429	7390
山　东	Shandong	7688909	7123431	9700	195643	212973	152085
河　南	Henan	2052535	1886153	5932	2857	59169	37208
湖　北	Hubei	2010824	1705514	5906	3980	133007	82549
湖　南	Hunan	1344917	1195592	12235	2542	45788	32277
广　东	Guangdong	22466101	19867860	49434	24362	902271	564589
广　西	Guangxi	714761	657495	746	1151	28318	14980
海　南	Hainan	1084158	1030972	1451	659	15265	8235
重　庆	Chongqing	1356874	1136566	7787	-18676	76208	20726
四　川	Sichuan	2011290	1919935	1805	354	27212	18809
贵　州	Guizhou	252221	223928	73		11393	6746
云　南	Yunnan	568094	514852	792	541	15221	9500
西　藏	Tibet						
陕　西	Shaanxi	829003	763032	788	844	24839	25479
甘　肃	Gansu	286050	272334	301	561	9473	3872
青　海	Qinghai	28876	20922	144	900	5006	2321
宁　夏	Ningxia	53470	48276	82		913	2476
新　疆	Xinjiang	268650	238643	1584	1328	13021	8371

3-4-4 Continued 3

单位：万元
Unit: 10000 yuan

财务费用 Financial Expenses	#利息支出 Interest Expenses	营业利润 Operating Profits	利润总额 Total Profits	应交所得税 Income Tax Payable	应付职工薪酬 Payables to Employees	应交增值税 VAT Payable
428452	**503963**	**3881207**	**4010830**	**513042**	**2816778**	**827809**
92866	116911	483651	487344	102381	514933	137570
3885	3666	52220	52570	14351	29097	9977
385	865	45480	45439	801	14949	1811
1319	1550	17864	17908	4525	9549	2376
1209	1	2885	3079	250	4217	267
788	435	11580	11705	2397	26429	2303
262	473	6109	8283	980	9483	1098
624	558	2623	2519	74	6767	182
17993	68268	1116533	1192979	145243	460821	119681
21607	27884	276724	275989	21250	172607	59533
90351	46964	284989	306563	64224	232642	176586
13844	41146	80411	82532	524	31597	4848
27899	17846	113693	117239	9418	72981	21885
721	690	16433	16247	1354	8724	2084
32687	55558	183716	185974	19460	187873	27546
5915	4984	65668	68656	8389	38981	9426
2847	2197	98791	98204	7616	90376	23977
4439	3202	68316	68870	4669	38201	20204
89834	65540	693903	706714	77209	696382	162265
-845	2019	19720	17665	1068	14743	1487
349	362	27425	29972	5516	8224	2431
-704	1259	113284	118994	12364	58309	30555
15166	32326	21397	22740	3759	20510	3692
2835	3637	13837	7214	131	8666	249
882	799	42463	42951	1298	10270	1855
1229	2078	10991	11064	1437	22035	2811
2645	2284	-2472	-2458	44	6390	396
225		709	1609		5623	81
-127	5	1837	1939	25	2668	42
-2678	456	10427	10326	2285	12731	591

医药及医疗器材批发

Wholesale of Medicines and Medical Appliances

地　区	Region	营业收入 Business Revenue	营业成本 Business Cost	税金及附加 Taxes and Other Charges	其他业务利润 Profits from Other Business	销售费用 Selling Expenses	管理费用 Administrative Expenses
全　国	**National Total**	**338310333**	**292423210**	**883384**	**1287760**	**24405725**	**9329999**
北　京	Beijing	29435373	24755259	73887	267108	2079566	1025707
天　津	Tianjin	6307597	5480755	15431	9567	427727	166723
河　北	Hebei	10834639	10053584	19291	10152	363032	172555
山　西	Shanxi	4969473	4478573	11550	15840	263137	103903
内蒙古	Inner Mongolia	2276810	2030616	6824	1162	93218	64838
辽　宁	Liaoning	7129841	6369523	16201	51659	339041	147268
吉　林	Jilin	3684568	3200184	10130	5248	264673	88494
黑龙江	Heilongjiang	3455898	3017438	8635	4601	250010	84667
上　海	Shanghai	43506941	34982973	88018	315022	4585489	1890540
江　苏	Jiangsu	27970032	23372193	66950	64147	3254663	527167
浙　江	Zhejiang	20036043	17583110	40420	65418	1413235	517606
安　徽	Anhui	12230430	10903595	34992	29670	802696	314812
福　建	Fujian	7443384	6738407	19089	7877	290655	194948
江　西	Jiangxi	8451090	6687193	31403	13161	1216743	194614
山　东	Shandong	21177062	19056374	98906	30290	1146100	463316
河　南	Henan	15086468	13608653	50038	35343	603955	296863
湖　北	Hubei	12625459	10943093	37628	105680	776719	365825
湖　南	Hunan	9926930	8795309	30255	22073	510863	225135
广　东	Guangdong	42231113	36955981	94990	93371	2780388	1257065
广　西	Guangxi	4529378	4068399	9959	11521	207210	123501
海　南	Hainan	2111725	1555312	8182	5582	335028	136602
重　庆	Chongqing	7787146	6643778	22573	34059	389873	169265
四　川	Sichuan	13802256	12348886	32688	34421	664525	317700
贵　州	Guizhou	3477797	3114667	7851	5426	138726	84897
云　南	Yunnan	5694012	5133135	10823	29612	323387	97180
西　藏	Tibet	999143	460210	7963	26	470614	19702
陕　西	Shaanxi	5558125	5113879	11129	4367	182804	121478
甘　肃	Gansu	2241670	2016447	5106	2904	88303	70140
青　海	Qinghai	412192	368541	702	9805	19979	10337
宁　夏	Ningxia	575240	521660	1544	506	20260	13695
新　疆	Xinjiang	2342498	2065483	10226	2142	103106	63456

单位：万元
Unit: 10000 yuan

财务费用 Financial Expenses	#利息支出 Interest Expenses	营业利润 Operating Profits	利润总额 Total Profits	应交所得税 Income Tax Payable	应付职工薪酬 Payables to Employees	应交增值税 VAT Payable
2022732	**2075277**	**11068060**	**11341911**	**2348184**	**10146779**	**4983601**
138422	242471	1311734	1314170	303481	1198686	447960
41912	31861	169959	181092	47014	158833	102979
62237	50215	166211	164147	37686	122856	119386
34582	40099	96180	98639	24768	91336	76819
20609	15023	65836	65120	8304	58881	32582
61787	47024	219919	219581	47800	124191	101443
62308	34577	48828	41684	21176	79282	73973
32030	21232	52154	50846	12880	96025	49537
113070	226664	2498841	2623877	563333	2235471	605874
153393	133522	587675	634239	174961	1331604	439396
95756	101649	625672	682103	128463	488342	317660
68544	56901	221159	243920	52837	172637	188440
32770	36716	216341	217403	34865	147737	80644
46009	32350	262334	278914	55558	196281	198333
155773	127159	307468	311344	65485	425947	273589
136240	102474	370818	370263	83644	231086	194609
160242	194302	655192	649737	115436	323320	180315
76615	67091	275223	272064	55896	212516	134973
150837	172390	1339472	1337197	244124	1253602	603063
31774	19888	96319	93843	16210	98258	66407
20455	27337	60492	61209	14385	103198	57079
65527	79125	556230	555442	78671	162753	124759
77025	60698	349083	347627	62463	322568	191116
36804	30440	80454	78656	18001	86686	55795
28310	22555	135430	135153	23301	126781	61706
135	1964	58543	73415	12276	56257	62125
68635	62069	75290	75781	16003	111326	65583
27147	18338	50646	52283	8465	56137	25669
6036	7083	8362	8465	1823	10903	7359
4018	2695	13711	13830	2487	11569	7698
13730	9365	92484	89867	16388	51710	36730

矿产品、建材及化工产品批发

Wholesale of Mineral Products, Building Materials and Chemical Products

地 区	Region	营业收入 Business Revenue	营业成本 Business Cost	税金及附加 Taxes and Other Charges	其他业务利润 Profits from Other Business	销售费用 Selling Expenses	管理费用 Administrative Expenses
全 国	**National Total**	**3746610361**	**3656945204**	**3138739**	**3779978**	**37782438**	**19742012**
北 京	Beijing	212924130	206827355	197051	428989	2721786	1921699
天 津	Tianjin	192374826	188978779	125397	27911	1366918	661793
河 北	Hebei	59948570	58273623	48980	52692	721940	275395
山 西	Shanxi	83382748	81170479	107588	57195	941389	654899
内 蒙 古	Inner Mongolia	29577070	28097278	64252	44347	1008575	248127
辽 宁	Liaoning	110205305	108992625	168055	25405	1140606	364612
吉 林	Jilin	6531234	6318864	9354	9478	126066	62873
黑 龙 江	Heilongjiang	18080618	17711575	17313	25856	265560	68131
上 海	Shanghai	613844864	602624638	251547	346736	4502143	3180939
江 苏	Jiangsu	363021827	353297240	225759	209641	3008602	1982635
浙 江	Zhejiang	472451011	463195558	246725	442118	3680453	2036771
安 徽	Anhui	34296618	33088828	40410	801700	383844	205599
福 建	Fujian	208642537	203374482	178770	265810	1589608	870811
江 西	Jiangxi	22771661	21638477	59195	50646	409810	186808
山 东	Shandong	248652125	242870133	192679	101215	2802144	1254330
河 南	Henan	61809131	59791221	116601	24236	638831	380097
湖 北	Hubei	48053507	46805161	66173	20349	585911	276025
湖 南	Hunan	25940288	24749001	89167	14504	374191	253234
广 东	Guangdong	450274489	437570110	340774	508999	5414216	2678061
广 西	Guangxi	66657444	65093634	53615	51284	697213	283924
海 南	Hainan	25245027	24878477	40204	2516	118391	91642
重 庆	Chongqing	40060256	38723044	56682	17186	506225	222091
四 川	Sichuan	63907879	61823342	70790	39124	918871	350669
贵 州	Guizhou	19666191	18941288	29784	26523	265960	146566
云 南	Yunnan	59388324	58062788	120606	67062	618287	229311
西 藏	Tibet	386630	338651	5672		11901	5812
陕 西	Shaanxi	89633773	87343117	99910	33430	1277436	347031
甘 肃	Gansu	44432979	44012652	31560	30809	360729	130970
青 海	Qinghai	11555158	11146357	13384	1090	206852	62544
宁 夏	Ningxia	7212237	7037943	12895	695	150136	37211
新 疆	Xinjiang	55681904	54168484	57847	52432	967844	271402

3-4-4 Continued 5

单位：万元

Unit: 10000 yuan

财务费用 Financial Expenses	#利息支出 Interest Expenses	营业利润 Operating Profits	利润总额 Total Profits	应交所得税 Income Tax Payable	应付职工薪酬 Payables to Employees	应交增值税 VAT Payable
12903200	**13714063**	**30557756**	**31932508**	**6347101**	**16636205**	**12021966**
1379905	2461993	5016221	4937446	805193	2089128	572573
769096	626925	559753	657294	289418	496648	542477
300023	285455	274927	286009	134031	250576	293739
240370	327418	565497	534612	74792	363142	456787
264896	230732	167517	205908	49852	193063	224775
447835	370662	-796983	-765165	108791	282076	175249
40272	16084	59279	159669	9578	59464	38031
65793	119357	-5415	7011	25874	112843	62015
892971	1040764	4409946	4658362	1085211	2458137	689652
1256683	892417	3054132	3218068	670209	1312506	1172859
1602363	1958956	5356089	5630260	897527	1534426	1346528
103203	72523	433258	471489	83759	171992	167882
633487	889796	1967822	2022739	245249	653375	462691
97143	94254	344701	374838	80368	216987	352321
920024	550422	1004487	1107349	266764	865560	653843
283743	207118	486348	513899	89339	272165	449234
140040	103224	289433	290858	84313	285099	284426
106676	103172	407798	418739	39965	182830	185714
1372042	1421596	4460365	4566267	782224	2708450	1253142
305478	334530	297306	341125	43737	258170	244232
37531	31647	104421	133451	28603	57754	51704
106218	110255	416605	430309	60185	210790	604008
324040	324553	725230	738084	123521	376939	363295
128403	126932	131732	136750	29694	102181	248285
369050	311723	274926	277515	56315	201057	224988
1243	120	36947	36638	3596	4007	3219
170926	173688	664526	675923	100123	314185	420388
97057	95774	-161802	-171221	20922	193030	98392
161955	142457	68932	58984	3070	51364	129026
21243	16012	-68780	-65120	1365	57203	43207
263491	273504	12538	44418	53513	301058	207284

机械设备、五金产品及电子产品批发
Wholesale of Machinery, Hardware and Electronic Products

地　区	Region	营业收入 Business Revenue	营业成本 Business Cost	税金及附加 Taxes and Other Charges	其他业务利润 Profits from Other Business	销售费用 Selling Expenses	管理费用 Administrative Expenses
全　国	**National Total**	**957038947**	**887408544**	**1637510**	**2393646**	**29597216**	**15617114**
北　京	Beijing	153469884	139123420	264665	1110396	6048739	3492698
天　津	Tianjin	31433521	29216423	342447	49994	581244	500926
河　北	Hebei	10852115	10568597	7172	11025	126001	79840
山　西	Shanxi	3811914	3590283	5610	14753	91181	63629
内蒙古	Inner Mongolia	1714564	1581026	3828	3150	63356	55009
辽　宁	Liaoning	6016239	5581792	8568	11110	141395	132287
吉　林	Jilin	6835869	6335461	10760	22097	377130	66041
黑龙江	Heilongjiang	4584807	4484705	3110	2414	40256	35669
上　海	Shanghai	237089285	216438564	301042	522611	8889019	4359512
江　苏	Jiangsu	79110794	73715581	95807	63771	1624490	1027860
浙　江	Zhejiang	72844880	68772591	60229	124651	2101397	996780
安　徽	Anhui	17422389	16720875	22448	39137	469774	144233
福　建	Fujian	20669342	19316565	36686	11851	401330	392237
江　西	Jiangxi	6253372	5974664	20672	11106	158597	65258
山　东	Shandong	32159499	30301847	36713	44033	783889	475370
河　南	Henan	14465308	13777060	21527	9274	324329	148708
湖　北	Hubei	12807265	12143563	57355	6687	403502	164705
湖　南	Hunan	6725438	6140221	25865	11379	316092	112908
广　东	Guangdong	169489218	158189357	227853	207360	4906947	2661459
广　西	Guangxi	5919878	5572935	6917	9968	167058	87004
海　南	Hainan	1710069	1626722	2449	640	22587	22779
重　庆	Chongqing	25568839	23915309	36110	27117	651160	137051
四　川	Sichuan	13011193	12404358	15153	38817	349013	116660
贵　州	Guizhou	3335234	3219497	2715	6823	66179	27747
云　南	Yunnan	2609558	2463914	2063	5357	86975	41644
西　藏	Tibet	2665630	2585735	2558	210	12180	7085
陕　西	Shaanxi	8263395	7872962	8231	6478	177324	95930
甘　肃	Gansu	2268444	2164163	2231	3263	67384	23062
青　海	Qinghai	97533	88162	163	496	3611	3140
宁　夏	Ningxia	343743	322501	450	473	12215	6383
新　疆	Xinjiang	3489728	3199691	6113	17205	132862	73500

单位：万元
Unit: 10000 yuan

财务费用 Financial Expenses	#利息支出 Interest Expenses	营业利润 Operating Profits	利润总额 Total Profits	应交所得税 Income Tax Payable	应付职工薪酬 Payables to Employees	应交增值税 VAT Payable
2398658	**2264226**	**25005563**	**25602564**	**4866153**	**16315170**	**6709064**
211118	688141	7285636	7333192	1183890	4185635	1505596
167484	113128	477317	469969	99815	414455	404082
23140	15512	106521	111249	6654	70332	26553
27984	20924	36563	28913	6600	48885	26617
6681	2609	23970	26342	5484	29923	9777
65624	17778	725757	729238	20015	89507	37866
6543	4148	67001	65114	12053	79988	43366
8250	4583	12076	12001	3672	21697	9449
9328	256261	8016173	8314881	1945951	4443867	1652644
439468	185469	1813127	1839632	269046	1014536	469021
273304	187956	926262	995338	211985	921156	347059
-9583	60195	84324	97924	25497	152889	68451
99023	59896	435544	449578	54763	281344	114834
37884	16350	31816	38563	11013	66585	27725
240504	90867	295835	331250	68788	451959	190066
42731	22203	154232	159798	47646	143233	76036
105895	34148	-20485	-18828	90568	157821	80831
39080	12091	98999	107786	16059	91664	60598
363324	303691	3271629	3252636	590656	2888333	1087934
29952	11990	47046	52575	12082	89679	62874
3274	4424	27053	27432	5579	25743	5030
65704	58236	742411	822357	126313	167895	203107
45720	28003	104394	112650	21061	209646	98683
12440	6730	28841	30283	3588	30141	9452
12324	8743	15239	16258	4839	47460	10863
10225	10263	47577	48281	7219	4029	8704
21724	9403	93896	98252	1890	89054	53563
12630	10962	1802	2687	2679	29410	3285
1346	1316	263	291	44	1983	477
1985	1074	-457	570	501	6126	1419
23552	17132	55201	46352	10203	60195	13102

贸易经纪与代理

Trade Broker and Agency

地 区	Region	营业收入 Business Revenue	营业成本 Business Cost	税金及附加 Taxes and Other Charges	其他业务利润 Profits from Other Business	销售费用 Selling Expenses	管理费用 Administrative Expenses
全 国	**National Total**	**51868114**	**49280857**	**56635**	**135385**	**799260**	**701497**
北 京	Beijing	4139778	3748259	7639	79152	103447	144092
天 津	Tianjin	1671594	1604881	1156	8401	50461	18576
河 北	Hebei	251670	240540	55	52	7843	2659
山 西	Shanxi	73628	72415	84		488	204
内蒙古	Inner Mongolia	4369	1063	48		2143	498
辽 宁	Liaoning	789686	764836	753	3	10880	10425
吉 林	Jilin	1985	1816	11		62	79
黑龙江	Heilongjiang	108634	103725	56	6	3364	1416
上 海	Shanghai	9165423	8513890	10981	19830	222846	191026
江 苏	Jiangsu	5705843	5323770	6032	855	73993	44416
浙 江	Zhejiang	1004588	938541	383	1610	34403	22441
安 徽	Anhui	1536652	1435113	762	135	6585	3075
福 建	Fujian	2285575	2219847	2402	738	25850	11463
江 西	Jiangxi	509091	478454	462	209	9580	4716
山 东	Shandong	2507216	2431167	6960	13268	34543	34799
河 南	Henan	319653	305458	1207	1156	3612	3930
湖 北	Hubei	77370	72820	40	15	995	1061
湖 南	Hunan	315674	283071	3813		14035	4137
广 东	Guangdong	19745384	19147336	13060	9207	175980	191157
广 西	Guangxi	28172	28165	25		506	677
海 南	Hainan						
重 庆	Chongqing	1025734	991601	194	152	4532	2598
四 川	Sichuan	32946	30677	54		754	788
贵 州	Guizhou	16007	15973	3		8	63
云 南	Yunnan	30683	28335	56		1758	463
西 藏	Tibet						
陕 西	Shaanxi	216315	205456	102	439	5540	2572
甘 肃	Gansu	33021	30887	34		1578	325
青 海	Qinghai						
宁 夏	Ningxia						
新 疆	Xinjiang	271423	262761	263	157	3474	3841

3-4-4 Continued 7

单位：万元

Unit: 10000 yuan

财务费用 Financial Expenses	#利息支出 Interest Expenses	营业利润 Operating Profits	利润总额 Total Profits	应交所得税 Income Tax Payable	应付职工薪酬 Payables to Employees	应交增值税 VAT Payable
264286	**515146**	**1343193**	**1362812**	**204436**	**568579**	**158830**
-52888	159622	598765	585374	62169	132151	24586
5623	7983	-2599	-1937	1103	38021	7215
378	172	250	829	71	1900	230
210	35	229	316	19	175	112
636	665	28	28		649	172
3665	1999	-407	-39	406	7721	1127
54	54	-37	-37	1	95	57
204	-4	-183	552	31	813	1964
10008	66268	299341	309818	57267	155358	25308
40128	18637	204367	206567	46488	35395	38348
8364	1489	1874	5523	1506	19628	1193
5317	5405	32792	33145	8170	4335	3547
9266	4135	28610	30928	3023	10407	5668
5290	3775	11920	12937	3382	3018	1818
31404	28609	-15163	-15384	1360	28987	2485
1783	164	3933	4153	566	1493	391
785	82	1664	1896	8	634	72
3563	101	8237	8482	371	1849	2557
159329	199603	170782	180305	17192	119678	38548
226	41	-1169	-1074	3	351	168
27954	14582	-2144	-1829	218	2170	722
-170	-1	1088	793	148	609	925
	503	-51	-42		6	1415
148	122	-113	20	22	429	-105
756	152	1387	1687	417	1736	252
88	48	110	367		188	97
2165	905	-318	-566	495	783	-42

其他批发业

Other Wholesale not Classified Elsewhere

地　区	Region	营业收入 Business Revenue	营业成本 Business Cost	税金及附加 Taxes and Other Charges	其他业务利润 Profits from Other Business	销售费用 Selling Expenses	管理费用 Administr-ative Expenses
全　国	**National Total**	**130801612**	**124439714**	**550961**	**307341**	**2725376**	**1643001**
北　京	Beijing	5512798	4811817	6450	22172	237909	163392
天　津	Tianjin	14484660	14428091	122196	3492	135892	61263
河　北	Hebei	1359786	1339619	1730	-102	7622	10964
山　西	Shanxi	456062	437629	1307	1097	7479	12405
内蒙古	Inner Mongolia	600192	559810	1285	-389	16974	8378
辽　宁	Liaoning	1657983	1575696	2213	171	26000	21930
吉　林	Jilin	109060	101457	311	620	1975	7316
黑龙江	Heilongjiang	117350	107384	194	109	3689	1925
上　海	Shanghai	8532834	7506728	12384	26411	476152	268901
江　苏	Jiangsu	12333418	11827338	51538	14094	168671	105842
浙　江	Zhejiang	21978968	21207216	33394	43580	401670	186522
安　徽	Anhui	4773001	4594617	89151	8404	40491	49348
福　建	Fujian	16073483	15327361	45918	18913	426247	161242
江　西	Jiangxi	1532139	1432744	4451	1813	44909	20897
山　东	Shandong	3367419	3267432	22317	3399	71593	40758
河　南	Henan	2032819	1914485	17457	-7007	29565	36116
湖　北	Hubei	1415803	1346458	4935	793	22121	17250
湖　南	Hunan	1749914	1447533	24493	67	99700	50514
广　东	Guangdong	19525124	18536882	22139	150325	338252	274947
广　西	Guangxi	2170427	2139561	32332	409	10444	12103
海　南	Hainan	1446041	1392485	3627		4442	18306
重　庆	Chongqing	3168961	2997774	32742	9948	60062	30312
四　川	Sichuan	3987639	3864558	7405	5104	34035	32804
贵　州	Guizhou	685441	621716	2946		28920	18795
云　南	Yunnan	555249	541491	2928	1933	3656	4943
西　藏	Tibet	5844	5209	44		952	241
陕　西	Shaanxi	607309	576599	1166	309	13226	11972
甘　肃	Gansu	72492	68632	797	9	1062	2155
青　海	Qinghai	10792	8615	50		1062	1063
宁　夏	Ningxia	66671	63984	74	10	737	399
新　疆	Xinjiang	411933	388793	2987	1657	9867	9998

3-4-4 Continued 8

单位：万元
Unit: 10000 yuan

财务费用 Financial Expenses	#利息支出 Interest Expenses	营业利润 Operating Profits	利润总额 Total Profits	应交所得税 Income Tax Payable	应付职工薪酬 Payables to Employees	应交增值税 VAT Payable
493440	**398687**	**1641903**	**2652994**	**409196**	**1347296**	**3376324**
42963	55454	160601	161155	47181	199663	35201
17482	8201	-238215	235844	54180	92107	969678
6809	3989	-6872	-4098	738	7945	1930
1000	1102	-1722	448	927	6421	1243
4366	4109	9579	9406	1716	8316	3343
17995	2931	8773	12148	4165	13270	10750
361	1619	-9399	-9353	87	3381	1255
-827	312	5009	5813	483	1455	1476
50151	29836	228750	278103	61946	198913	73316
32688	18093	136826	190796	25089	94624	397659
40353	47260	112194	194635	54212	127511	328624
13801	16124	20	80830	16807	35841	255116
44857	72394	133181	252575	21417	72562	319074
5157	2841	21457	35595	3225	12106	60170
15587	3309	-16265	8929	5476	37143	194118
10683	4339	18331	48352	4502	30790	101185
4524	1480	22726	33788	4331	13136	26866
15931	1846	99010	106076	16027	35636	48423
58201	37432	614223	619148	54532	238610	103086
5290	3653	-17393	-12019	2516	9276	266149
44518	17026	34006	33968	8878	11911	-31199
27036	10736	37002	66222	5289	30050	99106
26415	49795	261492	259792	5320	34806	41183
576	330	22328	23557	5667	12902	24955
2268	1393	488	6994	1363	3795	24292
-1	2	-675	-674	-9	337	350
1058	915	922	1261	582	5936	4410
54	1	-193	58	378	949	1125
55	52	-49	-43	19	1278	379
322	216	1150	1221	123	553	88
3767	1897	4618	12467	2029	6073	12973

3-4-5 各地区限额以上零售业企业损益及分配

地 区	Region	营业收入 Business Revenue	营业成本 Business Cost	税金及附加 Taxes and Other Charges	其他业务利润 Profits from Other Business	销售费用 Selling Expenses	管理费用 Administrative Expenses
全 国	**National Total**	**1188693043**	**1030944944**	**4241939**	**10118607**	**92971756**	**35337879**
北 京	Beijing	91743287	81346570	254920	1537103	7510806	2265865
天 津	Tianjin	17960593	15577407	47682	186007	1573895	556731
河 北	Hebei	34176424	30454109	112625	379794	2295586	897994
山 西	Shanxi	17302892	15912950	42855	148906	1035974	568316
内蒙古	Inner Mongolia	10650468	9401003	41069	115612	838639	302139
辽 宁	Liaoning	25915848	22950533	93846	146723	1741067	938714
吉 林	Jilin	11122927	9749477	41813	92668	728880	484597
黑龙江	Heilongjiang	12361220	10976634	51780	131523	807192	395531
上 海	Shanghai	95024321	73011845	414440	692541	13769428	4734798
江 苏	Jiangsu	109969774	96198396	322809	883464	7354855	2949325
浙 江	Zhejiang	81540788	70887035	257006	781903	6629299	2324246
安 徽	Anhui	40804818	35787806	120068	157082	2662575	1003192
福 建	Fujian	62076675	54281620	237660	320411	4276876	1685510
江 西	Jiangxi	24373890	21429424	99501	170056	1422849	658254
山 东	Shandong	61701145	54689627	177077	653246	4374531	1819670
河 南	Henan	45725907	39848551	180056	333749	2681822	1349944
湖 北	Hubei	43499612	37599868	192005	452196	3082092	1243159
湖 南	Hunan	47118944	40466050	359531	216651	2980190	1433430
广 东	Guangdong	131574785	113641174	408029	1206692	12544701	4042169
广 西	Guangxi	18687720	16559440	44754	200204	1152280	503412
海 南	Hainan	9324944	7751150	107542	68939	568041	205688
重 庆	Chongqing	30651255	26584332	121959	190811	2150185	817867
四 川	Sichuan	62048685	55170853	185822	338186	4041696	1336613
贵 州	Guizhou	20344747	18004857	44578	211306	1144777	509823
云 南	Yunnan	20972465	18527562	46917	135589	1383580	465519
西 藏	Tibet	1664213	1442014	3952	5467	99044	30656
陕 西	Shaanxi	35303641	30677918	138711	205224	2508164	1085773
甘 肃	Gansu	9208059	8215102	28404	63517	572721	220321
青 海	Qinghai	2106915	1775617	10948	18817	124103	60007
宁 夏	Ningxia	2689241	2328769	12195	14647	209847	90194
新 疆	Xinjiang	11046840	9697251	41385	59573	706061	358422

Income and Distribution of Enterprises above Designated Size of Retail Trade by Region

单位：万元
Unit: 10000 yuan

财务费用 Financial Expenses	#利息支出 Interest Expenses	营业利润 Operating Profits	利润总额 Total Profits	应交所得税 Income Tax Payable	应付职工薪酬 Payables to Employees	应交增值税 VAT Payable
5957802	**3258487**	**19828408**	**21238165**	**5039936**	**42591836**	**13547241**
222975	282306	227330	272428	261747	3232323	857405
158535	54969	-165931	-136052	61764	631747	160218
236043	103499	224751	260528	93546	1213170	354150
140123	72312	-400996	-388662	33685	565470	97738
60560	28793	-12490	-95	19695	450976	157374
166601	103588	-4736	13327	67485	882776	222828
151584	102564	-24494	7337	21540	405944	229545
124294	82846	7176	11852	32970	397174	227322
266712	137892	3351809	3591392	1171213	4118858	1208468
540899	269914	2177892	2338976	422044	3656667	1135706
376295	268656	1483830	1602008	435862	2972607	962478
189106	71485	749984	786577	118026	1357031	365302
242594	131737	1587528	1650861	199916	1894933	557519
145342	67357	642216	642610	83793	867912	97859
394556	206884	370353	447024	190444	2253797	747189
346238	131844	1219922	1230763	207764	1560464	449247
230965	114709	1027687	1084001	162497	1697232	513349
340526	129996	1419620	1431790	151688	1435420	761822
469097	262804	907630	1131312	472325	5558490	1454933
77717	53218	311899	334044	60863	672174	187797
26082	21916	685362	689315	175256	255780	101247
223267	83524	770778	813033	86607	1256070	420249
237913	142331	1112579	1143518	172594	1895882	717260
130863	75945	680636	703625	65685	562944	354770
97311	66364	440463	458833	70799	689441	328087
4310	3519	91670	92835	5276	57375	52598
183914	78654	625471	676798	105924	1101032	474706
53445	26808	182294	184458	36569	357091	122233
16681	11374	20697	28152	7620	78178	63916
24756	13607	21827	28922	6832	106527	22531
78498	57072	95651	106655	37907	406351	141395

国有控股

State-controlled Enterprises

地 区	Region	营业收入 Business Revenue	营业成本 Business Cost	税金及附加 Taxes and Other Charges	其他业务利润 Profits from Other Business	销售费用 Selling Expenses	管理费用 Administrative Expenses
全 国	**National Total**	**176130171**	**153940199**	**680741**	**1556129**	**12815388**	**4080536**
北 京	Beijing	13160788	11248910	69391	261356	1496247	494208
天 津	Tianjin	3231710	2863630	8382	20538	282156	115617
河 北	Hebei	5657371	4948309	20460	77102	443247	163286
山 西	Shanxi	2359823	2134809	6387	16610	229959	65782
内蒙古	Inner Mongolia	3475733	3138370	10031	28366	250608	40874
辽 宁	Liaoning	3679513	3259677	14463	14264	307402	116794
吉 林	Jilin	2251944	2013205	10285	16726	175039	72673
黑龙江	Heilongjiang	2040429	1856657	11823	5123	133463	35741
上 海	Shanghai	12725127	10684067	44683	158424	1114436	552994
江 苏	Jiangsu	12163308	10646708	35217	132594	735382	198083
浙 江	Zhejiang	9022440	7881173	34051	67848	603046	173597
安 徽	Anhui	8188006	7221488	21974	30131	414955	161190
福 建	Fujian	8458678	7558553	23877	84317	516620	128574
江 西	Jiangxi	3451899	2990835	12043	10205	163147	117052
山 东	Shandong	6077025	5287875	22202	123539	507641	143455
河 南	Henan	5067580	4424603	13894	38750	317397	113261
湖 北	Hubei	5997368	5144729	17032	110269	648745	110373
湖 南	Hunan	7060652	6123247	65118	14739	408416	146492
广 东	Guangdong	17522592	15460085	49742	150881	1626086	406810
广 西	Guangxi	2674494	2312594	10060	20978	169971	75755
海 南	Hainan	4645566	3615495	96239	28801	252177	62810
重 庆	Chongqing	5182569	4657354	12193	39755	330826	71506
四 川	Sichuan	9733915	8803445	17652	30960	521500	157803
贵 州	Guizhou	5896573	5191445	9072	21623	224399	106299
云 南	Yunnan	5779107	5227738	12413	19701	314094	57056
西 藏	Tibet	934277	834548	1599	556	54718	7974
陕 西	Shaanxi	3286298	2681855	13809	7771	253726	110350
甘 肃	Gansu	2876524	2632195	5953	12872	156626	36713
青 海	Qinghai	363284	226780	832	820	14748	4214
宁 夏	Ningxia	272769	259311	989	981	7961	4864
新 疆	Xinjiang	2892809	2610509	8875	9529	140650	28336

3-4-5 Continued

单位：万元
Unit: 10000 yuan

财务费用 Financial Expenses	#利息支出 Interest Expenses	营业利润 Operating Profits	利润总额 Total Profits	应交所得税 Income Tax Payable	应付职工薪酬 Payables to Employees	应交增值税 VAT Payable
645427	**506715**	**4879572**	**5070581**	**955839**	**6970222**	**2264660**
36751	81689	-36104	-1138	-512	823752	184369
28626	13870	-70949	-61040	12973	161101	22708
29000	14907	23252	19473	18697	276026	78426
10395	7892	-102760	-106796	7600	110469	9496
5496	5880	27271	24741	7465	163665	83873
8483	7057	7471	16859	7126	224729	35420
14906	12059	-29212	-10744	4247	101244	139853
13474	11662	5812	11685	5159	89324	22076
33503	42998	391013	443254	130489	599754	166677
33238	19260	485347	500556	52905	362353	103394
12600	18677	388366	400977	97840	315691	111573
18572	9633	246365	239036	14940	205507	70435
21693	30571	325811	320665	76325	220716	95735
2328	6576	173499	168566	25355	182200	59423
56349	29553	122269	124927	18553	263935	147787
24808	15751	128896	124877	24277	163738	43191
21849	9643	92039	101800	25372	296662	57211
11935	7107	264133	268178	30745	223114	81666
45139	43764	176165	222685	79708	863400	164164
10239	6516	95896	97800	15521	109511	25020
-2816	10140	639989	638851	158162	99136	41370
99234	7436	164782	174786	12577	196701	98325
7081	13354	313016	292833	23779	300746	68792
43066	36997	476600	485443	27406	103354	156872
22870	20368	130332	135958	14198	124546	45217
2917	2551	39065	39974	631	33171	38450
21492	6467	233343	232596	40512	140891	38785
4272	3469	85445	78859	7531	104224	37327
567	466	3498	3978	605	9132	4181
320	150	626	1940	621	6427	2031
7040	10252	78296	79002	15032	95003	30813

3-4-6 各地区限额以上零售业企业损益及分配(按登记注册类型分)

内资企业
Domestic Funded Enterprises

地 区	Region	营业收入 Business Revenue	营业成本 Business Cost	税金及附加 Taxes and Other Charges	其他业务利润 Profits from Other Business	销售费用 Selling Expenses	管理费用 Administr-ative Expenses
全 国	**National Total**	**991623004**	**871967803**	**3378146**	**7747262**	**68638263**	**27799566**
北 京	Beijing	74750562	67044400	182451	1248391	5459073	1767623
天 津	Tianjin	13977156	12171467	35786	115282	1112652	438247
河 北	Hebei	31454256	27923379	106271	374724	2089646	852860
山 西	Shanxi	16028843	14593540	40304	143150	935501	541161
内蒙古	Inner Mongolia	10442088	9224574	39989	115247	818782	297850
辽 宁	Liaoning	23077502	20598543	77703	108566	1444183	815348
吉 林	Jilin	10468625	9186292	37787	89606	672030	467544
黑龙江	Heilongjiang	11332721	10113159	46542	110449	691429	363946
上 海	Shanghai	53630224	45961653	143125	414201	5470011	1890932
江 苏	Jiangsu	89926072	79245701	255110	717952	5293215	2410310
浙 江	Zhejiang	66814063	58584039	184086	552547	5153621	1856362
安 徽	Anhui	38954207	34269707	110779	141451	2436788	955735
福 建	Fujian	51362226	44947917	204963	245725	3361178	1435649
江 西	Jiangxi	22788566	20029197	95446	106056	1278762	622861
山 东	Shandong	56503825	50238452	155254	590616	3895623	1642066
河 南	Henan	41435852	36221734	160890	193580	2427985	1161724
湖 北	Hubei	37465326	32385527	171090	247837	2570442	1060927
湖 南	Hunan	43699152	37714247	347278	170825	2629433	1308685
广 东	Guangdong	103051779	90629061	303670	751596	8613201	2890446
广 西	Guangxi	17406674	15506151	40401	179678	1003519	470070
海 南	Hainan	8936763	7422980	106161	61130	535527	199014
重 庆	Chongqing	27179180	23541869	109258	159777	1886660	691406
四 川	Sichuan	53030464	47200052	146479	342204	3356699	1129953
贵 州	Guizhou	17632252	15577299	37510	204041	993769	459731
云 南	Yunnan	18873031	16719673	40816	96313	1207046	420495
西 藏	Tibet	1543531	1364591	3178	2857	91142	29767
陕 西	Shaanxi	25479272	22126101	105583	114528	1641804	904471
甘 肃	Gansu	9018358	8052810	27459	60304	553215	216494
青 海	Qinghai	2036992	1713770	10791	18280	118627	58834
宁 夏	Ningxia	2594822	2245249	11694	13962	204032	88740
新 疆	Xinjiang	10728620	9414669	40292	56387	692668	350315

Income and Distribution of Enterprises above Designated Size of Retail Trade by Region and Type of Registration

单位：万元
Unit: 10000 yuan

财务费用 Financial Expenses	#利息支出 Interest Expenses	营业利润 Operating Profits	利润总额 Total Profits	应交所得税 Income Tax Payable	应付职工薪酬 Payables to Employees	应交增值税 VAT Payable
5355490	**2815526**	**13723985**	**14919227**	**3175308**	**34271736**	**10847685**
197806	193057	265826	306444	172426	2481714	635166
127813	37038	-133357	-109929	46965	440544	128361
219869	99115	291579	331662	87864	1122601	314796
135058	70997	-219935	-206155	30685	536224	92633
59700	28658	-19046	-7127	17798	442076	154147
151970	91746	-53328	-37566	48426	761132	193158
131899	83799	-12390	19514	22014	386977	226916
115536	79143	2032	5823	32220	367882	206371
164805	92499	229005	426812	204822	1929909	548383
474985	236410	1708953	1846710	329044	2867089	891455
354082	245505	956983	1068861	309630	2376706	738877
179212	69870	718209	750247	105320	1261859	338988
204350	105648	1157604	1161457	136709	1561811	442402
143616	65242	610776	608316	73754	815143	43039
380854	195049	295504	366815	151234	2054729	687008
331789	122586	1024797	1043278	142691	1446451	395695
221824	107496	912641	955101	131592	1511189	476076
280296	115332	1319749	1326370	134668	1246876	715384
408685	207322	298111	491580	319462	4098658	1023008
73722	49003	275107	295900	52756	605296	173397
24177	19190	667577	670904	171037	236744	97011
208507	72151	748935	787109	74585	1143203	382359
215869	119963	943161	968666	121816	1609478	548543
121108	73067	611472	636979	55956	518458	338095
90606	64353	344155	360096	54620	617093	299276
4418	3507	55670	56560	2096	56465	52274
159329	59895	424652	468390	61098	847826	362739
53105	26462	179136	181162	35285	351919	119512
16664	11371	19344	26812	7259	75142	63129
24582	13434	19764	26827	6251	104373	21552
79254	56618	81299	91609	35225	396169	137935

3-4-6 续表 1

国有企业

State-owned Enterprises

地　区	Region	营业收入 Business Revenue	营业成本 Business Cost	税金及附加 Taxes and Other Charges	其他业务利润 Profits from Other Business	销售费用 Selling Expenses	管理费用 Administrative Expenses
全　国	**National Total**	**13337933**	**11469839**	**64272**	**122132**	**814384**	**480580**
北　京	Beijing	1080360	917020	4721	27476	87503	82151
天　津	Tianjin	152335	121371	1029	6675	16972	12729
河　北	Hebei	102612	87985	1316	1924	5129	7415
山　西	Shanxi	297404	284773	458	178	18393	11207
内蒙古	Inner Mongolia	162566	138503	524	771	12178	5013
辽　宁	Liaoning	105349	85164	480	4150	11642	10428
吉　林	Jilin	325342	307709	719	345	14085	8137
黑龙江	Heilongjiang	275759	221000	7288	386	36951	15297
上　海	Shanghai	325186	261664	1145	4724	21839	25763
江　苏	Jiangsu	1075589	968069	3376	5085	47265	22021
浙　江	Zhejiang	171533	143426	342	496	9135	5984
安　徽	Anhui	794288	703891	2079	5303	48605	6849
福　建	Fujian	33820	30181	155	98	1204	1569
江　西	Jiangxi	173296	160713	829	275	7657	5438
山　东	Shandong	1046712	904107	1948	12931	63779	19851
河　南	Henan	473204	404448	1590	2007	29830	11655
湖　北	Hubei	214483	176580	2100	1038	12748	9129
湖　南	Hunan	1415661	1334161	6776	3428	56423	21453
广　东	Guangdong	943249	814305	3955	8867	67076	52285
广　西	Guangxi	132817	120701	377	1202	7173	5044
海　南	Hainan	610661	467579	11174	11845	21985	2154
重　庆	Chongqing	402790	286169	2708	15465	35937	33640
四　川	Sichuan	145252	115749	264	3666	20951	10572
贵　州	Guizhou	1236092	1135895	955	56	49932	46051
云　南	Yunnan	441704	386159	1017	2412	23833	6731
西　藏	Tibet	117974	103050	179	406	7411	1922
陕　西	Shaanxi	413411	323102	4560		27002	22369
甘　肃	Gansu	241212	218989	502	200	14414	4626
青　海	Qinghai	161365	42631	117		3262	458
宁　夏	Ningxia	12367	9877	44	23	1442	641
新　疆	Xinjiang	253540	194868	1545	700	32628	11998

3-4-6 Continued 1

单位：万元
Unit: 10000 yuan

财务费用 Financial Expenses	#利息支出 Interest Expenses	营业利润 Operating Profits	利润总额 Total Profits	应交所得税 Income Tax Payable	应付职工薪酬 Payables to Employees	应交增值税 VAT Payable
42347	**29775**	**532243**	**584189**	**87709**	**624941**	**279149**
207	6590	36150	48651	10394	108640	17506
1171	1164	535	4948	1822	21185	2662
22	-104	836	1657	670	8913	1411
776	68	-39625	-40502	124	5870	1873
500	271	5877	6231	2	9990	2778
745	384	-2307	-94	823	7287	904
407	65	-5727	-5428	122	4868	10161
843	107	-657	-597	1096	26334	5201
-102	89	19585	21126	5275	26598	4610
3396	3324	26201	33846	6852	36083	6561
-74	256	12507	13185	2718	5864	2519
2141	842	28475	28326	2403	23480	7152
27	33	781	942	70	1203	300
695	291	1515	6957	256	6022	4691
7696	2265	51279	51976	1442	35847	75220
1856	1272	22226	22707	347	19908	1511
1522	777	13151	15253	1341	12251	5010
3779	1077	-16641	-16103	2351	30229	7676
1371	499	41029	47813	4349	59162	11138
221	175	793	1538	507	5270	786
1462		110157	110185	27635	13054	16237
350	1167	68403	74957	1263	52482	1232
674	449	-1592	-10269	1858	12409	896
8350	6531	91557	91145	1476	15164	73005
1890	1628	9856	12736	833	12055	4129
111	42	5034	6588	277	5959	230
2136	163	32314	33336	6659	22541	8041
547	230	5972	6652	353	8885	4963
61	72	463	381		1502	525
-6	8	712	1469	294	1228	90
-427	40	13384	14577	4097	24658	131

集体企业

Collective-owned Enterprises

地　区	Region	营业收入 Business Revenue	营业成本 Business Cost	税金及附加 Taxes and Other Charges	其他业务利润 Profits from Other Business	销售费用 Selling Expenses	管理费用 Administr-ative Expenses
全　国	**National Total**	**3447425**	**2949717**	**18956**	**19155**	**184190**	**150250**
北　京	Beijing	195336	162592	1002	5797	17453	13413
天　津	Tianjin	79177	65330	273		3425	3145
河　北	Hebei	52688	48317	149	643	3287	1947
山　西	Shanxi	81897	72511	942	487	3999	7323
内蒙古	Inner Mongolia	1518	684	14	727	632	91
辽　宁	Liaoning	41440	36229	179	48	3225	1028
吉　林	Jilin	6744	5972	15		386	185
黑龙江	Heilongjiang	90198	85674	1917		1834	1053
上　海	Shanghai	61786	48142	232	314	6909	6641
江　苏	Jiangsu	298069	209043	814	1504	13770	10638
浙　江	Zhejiang	125618	108651	440	924	7204	6620
安　徽	Anhui	28635	26060	99	29	822	1049
福　建	Fujian	489914	432761	1584	15	26043	13709
江　西	Jiangxi	36746	35523	44		408	518
山　东	Shandong	123138	106636	465	1017	6783	7518
河　南	Henan	49709	40558	502	108	2296	2118
湖　北	Hubei	394906	369726	2838	5693	8587	12667
湖　南	Hunan	227807	209261	2390	1013	8585	6244
广　东	Guangdong	454460	369166	2058	410	37694	17026
广　西	Guangxi	10336	6992	61		1209	686
海　南	Hainan	2367	1836	7		32	362
重　庆	Chongqing	39235	36973	38	1	799	1090
四　川	Sichuan	60794	51605	227	-1	2080	3517
贵　州	Guizhou	28252	24844	83		688	591
云　南	Yunnan	66613	62237	68	80	3282	1431
西　藏	Tibet						
陕　西	Shaanxi	361905	297953	2462	328	21253	28777
甘　肃	Gansu	10651	9187	31	18	537	440
青　海	Qinghai						
宁　夏	Ningxia	3301	2437	13		195	182
新　疆	Xinjiang	24185	22817	9		773	241

3-4-6 Continued 2

单位：万元
Unit: 10000 yuan

财务费用 Financial Expenses	#利息支出 Interest Expenses	营业利润 Operating Profits	利润总额 Total Profits	应交所得税 Income Tax Payable	应付职工薪酬 Payables to Employees	应交增值税 VAT Payable
8088	**3578**	**103223**	**107235**	**15846**	**139668**	**45108**
418	162	459	1227	554	14625	3172
-311	-165	7328	7312	1532	2860	1790
273	16	-734	-714	23	2118	427
292	95	-1153	-1439	17	3110	1015
-2	2	99	99	3	641	104
20	10	547	471	35	2509	430
146	11	40	51	6	295	85
1	29	2814	2904	18	1886	790
-7	-1	1165	1105	141	8323	1154
186	212	14644	15687	2070	11283	4235
59	10	2658	4531	840	5573	1122
150	1	615	620	121	1886	157
1199	754	13314	12604	449	6133	1887
97	91	292	287	62	756	225
1195	963	473	1183	272	8060	1755
333	170	3209	3266	450	3613	863
768	13	5283	6074	1022	22981	3033
573	72	7660	7583	606	5746	1605
985	421	27431	27408	5742	24149	10071
-11		1413	1399	331	962	269
6		125	126	8	193	36
20	17	2048	2085	86	854	382
23	68	3003	2856	412	2329	1337
305	144	1155	1167	83	342	194
182	97	-630	-680	19	1893	761
935	282	9327	9275	808	5507	7612
66	5	6	35	6	457	69
		475	475	119	108	110
187	99	157	238	11	476	418

3-4-6 续表 3

股份合作企业

Cooperative Enterprises

地 区	Region	营业收入 Business Revenue	营业成本 Business Cost	税金及附加 Taxes and Other Charges	其他业务利润 Profits from Other Business	销售费用 Selling Expenses	管理费用 Administr-ative Expenses
全 国	**National Total**	**1975851**	**1713080**	**11737**	**3446**	**111144**	**61841**
北 京	Beijing	99316	86420	227	387	6205	5943
天 津	Tianjin	19878	15632	65		1126	1619
河 北	Hebei	162964	122771	5962	980	12519	12604
山 西	Shanxi	15386	15386	81		904	981
内蒙古	Inner Mongolia	1990	1654	14		127	125
辽 宁	Liaoning	19983	15619	72	364	1149	1376
吉 林	Jilin	10077	9238	22		123	839
黑龙江	Heilongjiang	35370	28342	154	7	3648	2611
上 海	Shanghai	31928	25983	83	13	1714	1806
江 苏	Jiangsu	53233	46851	136	590	2683	2308
浙 江	Zhejiang	165770	133850	500	79	10218	9129
安 徽	Anhui	9097	7932	89		452	435
福 建	Fujian	1464	1328	7		68	77
江 西	Jiangxi	317873	281854	514		15144	3072
山 东	Shandong	669890	601759	1167	314	35821	7548
河 南	Henan	5493	4247	493		283	76
湖 北	Hubei	10561	8349	119	550	377	1202
湖 南	Hunan	14503	12295	107		1461	533
广 东	Guangdong	58135	51327	136	21	3562	2034
广 西	Guangxi	2216	1666	5		284	200
海 南	Hainan	2017	1473	8		180	117
重 庆	Chongqing	31175	24436	345		1702	1577
四 川	Sichuan	27281	23024	150		1621	1054
贵 州	Guizhou	15643	13656	41	119	892	1064
云 南	Yunnan	170337	157094	95	22	7811	2645
西 藏	Tibet						
陕 西	Shaanxi	20578	18096	1136		530	595
甘 肃	Gansu	3288	2489	9		535	226
青 海	Qinghai						
宁 夏	Ningxia						
新 疆	Xinjiang	405	309			5	45

3-4-6 Continued 3

单位：万元
Unit: 10000 yuan

财务费用 Financial Expenses	#利息支出 Interest Expenses	营业利润 Operating Profits	利润总额 Total Profits	应交所得税 Income Tax Payable	应付职工薪酬 Payables to Employees	应交增值税 VAT Payable
12024	**3036**	**64603**	**67992**	**13441**	**61640**	**12041**
762	305	-236	6	155	4401	1552
229	13	1207	1207	380	1937	527
2756	5	6268	6802	486	4313	402
176		-1248	-1245			21
12	9	57	57	2	104	52
931	525	842	781	221	624	436
-221	92	-87	-181	3	397	276
-7	2	735	1079	32	2784	146
-298		2640	4327	921	2004	610
204	23	915	917	188	2206	294
1440	760	10764	12519	2424	6556	3489
3	-11	186	197	8	370	104
1	1	-16	-16	2	119	35
1475		15730	14700	7776	7005	193
3008	288	20703	19685	86	17332	916
397	394	473	473	22	64	43
-15		-205	601	27	722	165
78		26	56	10	1227	221
163	69	917	943	253	3013	734
8	8	54	55	3	325	45
-1		240	240	19	76	69
518	366	2630	2630	162	1197	648
28	-35	752	743	22	1772	421
55	14	60	197	199	905	277
309	207	922	938	31	1279	142
21		202	203	6	343	90
-8	1	37	43	1	540	80
		35	35	2	25	53

联营企业

Joint Ownership Enterprises

地区	Region	营业收入 Business Revenue	营业成本 Business Cost	税金及附加 Taxes and Other Charges	其他业务利润 Profits from Other Business	销售费用 Selling Expenses	管理费用 Administr-ative Expenses
全国	**National Total**	**410309**	**352336**	**1107**	**666**	**34289**	**11725**
北京	Beijing	7200	5736	28	453	944	306
天津	Tianjin	10306	7810	42		687	20
河北	Hebei						
山西	Shanxi						
内蒙古	Inner Mongolia						
辽宁	Liaoning	6495	5490	20	4	480	345
吉林	Jilin						
黑龙江	Heilongjiang	4340	4154	3		78	113
上海	Shanghai	124934	110832	182	104	6528	1486
江苏	Jiangsu	15464	13506	38		1513	86
浙江	Zhejiang	68017	54345	217		3273	757
安徽	Anhui	8337	6475	21		881	280
福建	Fujian	3360	2685	9	42	133	368
江西	Jiangxi						
山东	Shandong	7692	7072	23		399	242
河南	Henan						
湖北	Hubei	2005	1750	3	36	683	349
湖南	Hunan						
广东	Guangdong	100129	88655	349	-27	12885	6517
广西	Guangxi						
海南	Hainan	644	531	1		90	1
重庆	Chongqing	4683	4071	19		220	47
四川	Sichuan	39982	33225	143	54	5333	442
贵州	Guizhou						
云南	Yunnan	2922	2680			126	146
西藏	Tibet						
陕西	Shaanxi	501	423	1		5	56
甘肃	Gansu	3298	2896	8		31	164
青海	Qinghai						
宁夏	Ningxia						
新疆	Xinjiang						

3-4-6 Continued 4

单位：万元
Unit: 10000 yuan

财务费用 Financial Expenses	#利息支出 Interest Expenses	营业利润 Operating Profits	利润总额 Total Profits	应交所得税 Income Tax Payable	应付职工薪酬 Payables to Employees	应交增值税 VAT Payable
1082	**1067**	**389**	**810**	**-618**	**24753**	**7234**
200	172	-14	-20	87	299	232
-8		1750	1754	405	159	352
-1	13	161	126	29	364	22
8		-15	-28	1	101	30
-9	23	5916	6281	1190	3576	1290
14		435	430	61	306	35
-61	7	9489	9480	2293	1268	1643
37	36	644	640	15	589	298
-19		185	213	30	301	44
29	30	435	455	102	421	114
182	172	-926	-942		524	5
393	333	-18733	-18710	-4613	14484	2372
		21	21	1	56	8
2	2	264	264	22	127	62
261	232	633	657	-251	1984	291
		-31	14		115	1
		30	30		33	6
54	47	145	145	10	46	429

3-4-6 续表 5

有限责任公司

Limited Liability Corporations

地 区	Region	营业收入 Business Revenue	营业成本 Business Cost	税金及附加 Taxes and Other Charges	其他业务利润 Profits from Other Business	销售费用 Selling Expenses	管理费用 Administr-ative Expenses
全 国	**National Total**	**374114443**	**330787871**	**1131443**	**3374943**	**26596059**	**8943393**
北 京	Beijing	54210383	50048127	113965	721742	2847623	889300
天 津	Tianjin	5752530	4915799	17157	62368	544433	154743
河 北	Hebei	14469122	12898252	42535	180066	978419	322999
山 西	Shanxi	3809824	3363197	10935	42478	253222	129235
内蒙古	Inner Mongolia	3494951	3010021	15449	43383	291635	123039
辽 宁	Liaoning	6584755	5752658	26603	50596	499448	277572
吉 林	Jilin	3665510	3097522	21123	53828	270296	223911
黑龙江	Heilongjiang	4536804	4034775	17296	49829	294363	144274
上 海	Shanghai	29024313	25238421	82278	274740	2612923	962778
江 苏	Jiangsu	24949179	21739657	74050	232363	1887576	555564
浙 江	Zhejiang	23133232	20455666	56964	247365	1632696	468563
安 徽	Anhui	14292266	12638645	46852	71733	945605	334430
福 建	Fujian	6207177	5461993	19332	67023	477945	133028
江 西	Jiangxi	8631315	7595701	29313	44316	529944	221842
山 东	Shandong	18496640	16223069	58643	246735	1517344	503123
河 南	Henan	13586217	12019942	42278	90643	834479	356538
湖 北	Hubei	18316451	16058452	53385	180972	1416383	388835
湖 南	Hunan	7095288	6097507	27713	65242	502237	243306
广 东	Guangdong	44006471	39024551	114371	245384	3586823	916432
广 西	Guangxi	6329618	5559466	16343	46243	467821	136452
海 南	Hainan	6499794	5333977	91094	35053	408759	157407
重 庆	Chongqing	6965654	6071997	16492	32130	625676	129806
四 川	Sichuan	19264112	17285024	45190	113714	1185988	399383
贵 州	Guizhou	7317468	6277612	14610	29799	451395	165656
云 南	Yunnan	5720913	4985746	13512	29064	420016	108113
西 藏	Tibet	524688	469370	975	128	22506	9209
陕 西	Shaanxi	9022700	7859356	33119	52987	564377	304387
甘 肃	Gansu	2657019	2308359	9652	35132	207887	70784
青 海	Qinghai	641758	550079	4514	9548	50455	27213
宁 夏	Ningxia	1011886	875504	3738	2985	91566	29302
新 疆	Xinjiang	3896405	3537426	11962	17354	176219	56169

3-4-6 Continued 5

单位：万元
Unit: 10000 yuan

财务费用 Financial Expenses	#利息支出 Interest Expenses	营业利润 Operating Profits	利润总额 Total Profits	应交所得税 Income Tax Payable	应付职工薪酬 Payables to Employees	应交增值税 VAT Payable
1642604	**990217**	**5451351**	**5980753**	**1460845**	**12462494**	**4002486**
123222	102139	183765	180508	100390	1340296	375371
84671	15341	-85546	-72077	26781	220942	62281
72245	36660	181802	200566	34986	425305	127133
25303	14186	14037	17942	13387	149533	37776
27240	12062	28251	33292	13300	180357	36935
60010	45453	46635	40109	25374	277878	73016
51261	33791	12386	33219	7013	165977	118558
61079	40729	-17320	-1724	10765	143002	125473
63553	47286	189420	342400	130450	978251	313824
94742	59290	531599	574801	111079	790822	257500
74778	71411	494054	527585	135264	743180	264751
69590	30848	244195	254155	44782	487760	126445
13052	13626	101332	99573	26697	254378	48519
23630	19994	230003	211249	33556	358251	-80637
116948	72563	117240	141062	60968	674943	259714
82924	39710	267898	283097	60322	419638	127856
71415	38211	298548	309664	69062	685188	211394
34122	22102	170056	161190	31214	293241	65036
102946	69611	420313	521880	163272	1511423	429661
19297	13080	144864	154777	28163	252833	65243
16244	15849	512415	515733	131502	171852	62646
111120	12297	150768	153107	20214	334209	59969
63741	43923	314771	322482	62435	538149	181349
55117	43561	391287	417171	35064	206962	171453
27516	20786	139396	147232	28506	204923	134532
950	555	29634	29580	545	17541	33968
47800	22978	179966	208298	19758	323484	183559
15573	6538	60818	63725	12834	132116	30489
8767	6979	6123	12259	4965	31639	46309
5179	2454	10064	12917	2893	36761	6286
18569	16204	82577	84981	15304	111660	46077

3-4-6 续表 6

股份有限公司

Share-holding Corporations Ltd.

地　区	Region	营业收入 Business Revenue	营业成本 Business Cost	税金及附加 Taxes and Other Charges	其他业务利润 Profits from Other Business	销售费用 Selling Expenses	管理费用 Administrative Expenses
全　国	**National Total**	**86050760**	**75203490**	**345151**	**892565**	**6901667**	**2181460**
北　京	Beijing	4776905	3981387	31567	185976	635285	167252
天　津	Tianjin	156864	139445	1269	936	16596	21989
河　北	Hebei	2488835	2096910	10836	18157	193956	81711
山　西	Shanxi	894901	879086	1984	1676	78437	12159
内蒙古	Inner Mongolia	2366150	2195459	5817	35389	149142	22667
辽　宁	Liaoning	2749072	2430149	12678	10482	180250	96366
吉　林	Jilin	1109155	954474	4746	6943	126513	27237
黑龙江	Heilongjiang	1274558	1164362	5913	20029	72939	15236
上　海	Shanghai	3204770	2537989	11064	26791	488833	133956
江　苏	Jiangsu	6337917	5557302	31410	111550	322895	188939
浙　江	Zhejiang	2965273	2553727	8504	26626	322673	62597
安　徽	Anhui	6160369	5364270	11786	11324	415328	102063
福　建	Fujian	2246245	2085394	5400	37049	118958	35954
江　西	Jiangxi	613505	535937	4750	438	45395	15848
山　东	Shandong	6038418	5267689	20988	69494	522427	193710
河　南	Henan	2981557	2509801	7747	20565	326805	56435
湖　北	Hubei	2927523	2424866	14389	18279	279024	132320
湖　南	Hunan	4253913	3588498	59620	24077	265813	152493
广　东	Guangdong	9326725	8433129	22961	42323	749675	137354
广　西	Guangxi	2264571	2067358	6393	87694	52137	47920
海　南	Hainan	1076813	968690	2274	9886	56607	14016
重　庆	Chongqing	4315939	3610504	19860	34151	423867	122104
四　川	Sichuan	6142689	5478380	10795	47331	424884	131636
贵　州	Guizhou	1607316	1526366	2153	16659	88245	11165
云　南	Yunnan	2744442	2528040	5779	13451	132131	15352
西　藏	Tibet	521823	470743	952	558	32174	3838
陕　西	Shaanxi	677283	609664	2811	76	43351	33367
甘　肃	Gansu	2231480	2028672	5627	2913	126710	35078
青　海	Qinghai	86181	76623	358	4063	9294	4779
宁　夏	Ningxia	91589	53106	2863		22298	6349
新　疆	Xinjiang	1417979	1085470	11857	7679	179025	99570

3-4-6 Continued 6

单位：万元
Unit: 10000 yuan

财务费用 Financial Expenses	#利息支出 Interest Expenses	营业利润 Operating Profits	利润总额 Total Profits	应交所得税 Income Tax Payable	应付职工薪酬 Payables to Employees	应交增值税 VAT Payable
449185	**364217**	**1600413**	**1620452**	**303543**	**3250848**	**1148621**
16779	46880	104233	106124	13061	289592	57990
4927	4967	-26246	-25404	19	15423	720
28387	21368	41803	38061	12476	120882	36053
7067	1764	-83726	-88099	4	27477	1656
2331	1931	8593	5582	974	92070	69935
3095	3361	-91692	-84084	1834	173712	17605
16127	15604	-12136	-8668	4382	70230	48087
12422	12947	-6595	-20628	8396	48623	15800
2742	17346	118002	138743	24191	168806	35197
40066	31795	250308	252952	35392	180093	67166
18992	12267	73508	76922	26070	95174	22517
12051	6382	151784	147229	11390	113647	58965
3814	4983	96920	90589	24761	42409	20812
7432	6920	4848	5223	615	16116	5135
51571	29769	57924	62791	15848	224880	56123
14998	8037	21571	20755	6632	131317	23271
26827	21358	73843	83519	15756	135889	40472
25551	26802	183389	179112	22119	147337	159742
53115	15438	17425	45545	21802	319093	79202
15693	13854	57387	55294	9906	37316	20441
2335	1718	33488	32517	8258	24570	9306
11846	14975	169930	172198	21282	260065	163683
11717	8492	206877	203756	2784	227255	35149
2428	949	6103	5572	826	37742	8841
9819	7400	50150	47477	602	41376	23996
2477	2468	9700	9279	258	17629	6021
12995	2007	-24279	-36454	1673	18622	3045
4814	4312	72340	66815	7451	77609	41306
593	433	-1538	-1382		4285	947
5621	4125	-2419	-2484	-1261	7901	57
20553	13565	38918	41600	6042	83708	19381

3-4-6 续表 7

私营企业
Private Enterprises

地　区	Region	营业收入 Business Revenue	营业成本 Business Cost	税金及附加 Taxes and Other Charges	其他业务利润 Profits from Other Business	销售费用 Selling Expenses	管理费用 Administrative Expenses
全　国	**National Total**	**511080290**	**448489200**	**1798396**	**3331564**	**33919803**	**15932098**
北　京	Beijing	14369923	11832481	30942	306559	1863961	609078
天　津	Tianjin	7790719	6892014	15913	45303	529214	243591
河　北	Hebei	14178035	12669144	45473	172954	896337	426183
山　西	Shanxi	10891722	9941732	25900	98331	580308	379856
内蒙古	Inner Mongolia	4414912	3878253	18171	34977	365068	146916
辽　宁	Liaoning	13529091	12234288	37534	42925	746777	427154
吉　林	Jilin	5349345	4810000	11161	28051	260345	207064
黑龙江	Heilongjiang	4937761	4432964	13690	40199	251234	182284
上　海	Shanghai	20857306	17738622	48143	107515	2331266	758503
江　苏	Jiangsu	56827512	50438365	142013	366419	2996981	1617559
浙　江	Zhejiang	40172042	35122926	117118	277057	3168050	1302295
安　徽	Anhui	17641069	15506110	49845	52936	1023731	509537
福　建	Fujian	42364304	36918789	178454	141498	2736447	1250493
江　西	Jiangxi	12989890	11397067	59989	60473	679289	375229
山　东	Shandong	30109472	27116701	72010	260059	1748965	909578
河　南	Henan	24295460	21201063	107625	80257	1232598	734300
湖　北	Hubei	15547849	13303835	97314	41269	850954	514789
湖　南	Hunan	30613778	26408426	249634	77066	1787581	881136
广　东	Guangdong	48152500	41839028	159824	454616	4155167	1758565
广　西	Guangxi	8665433	7748553	17222	44540	474875	279616
海　南	Hainan	744467	648894	1602	4347	47875	24957
重　庆	Chongqing	15418815	13507062	69744	78030	798388	403047
四　川	Sichuan	27331355	24197731	89708	177442	1715397	582672
贵　州	Guizhou	7426269	6597979	19659	157408	402614	235085
云　南	Yunnan	9685729	8563683	20335	51284	618028	282644
西　藏	Tibet	379047	321428	1071	1764	29051	14798
陕　西	Shaanxi	14804224	12850715	61076	59966	979142	509835
甘　肃	Gansu	3865959	3477805	11578	22041	202997	104949
青　海	Qinghai	1145377	1042247	5796	4669	55506	26360
宁　夏	Ningxia	1475680	1304326	5036	10954	88531	52266
新　疆	Xinjiang	5105245	4546969	14816	30655	303126	181759

3-4-6 Continued 7

单位：万元
Unit: 10000 yuan

财务费用 Financial Expenses	#利息支出 Interest Expenses	营业利润 Operating Profits	利润总额 Total Profits	应交所得税 Income Tax Payable	应付职工薪酬 Payables to Employees	应交增值税 VAT Payable
3193817	**1421913**	**5888564**	**6472884**	**1286937**	**17659817**	**5345422**
56197	36797	-58733	-30264	47784	723375	179343
37116	15719	-33061	-28346	15852	177892	59822
116186	41171	61604	85290	39223	561070	149370
101436	54883	-108414	-92999	17153	349355	50289
29618	14383	-61923	-52387	3518	158916	44343
87078	41961	-8360	4263	20109	296577	100520
64133	34237	-7440	-252	10489	145080	49749
40945	25329	21014	22216	11264	142872	57478
98927	27755	-107723	-87170	42653	742351	191699
333317	140773	829171	912421	171417	1824855	553134
258867	160724	353746	424268	140021	1518591	442827
95088	31750	291103	317875	46582	633715	145866
186275	86251	944783	957248	84700	1257228	370802
109774	37922	356915	368418	31471	425462	113416
200350	89172	47685	89898	72513	1092771	293132
231153	73004	709382	712935	74823	871454	242140
120412	46826	518504	536393	44224	650141	215131
216013	65235	970979	990242	78062	765085	480600
249702	120947	-190904	-133917	128545	2167076	489705
38513	21887	70502	82738	13846	308521	86614
4132	1622	11133	12084	3614	26942	8708
84652	43328	354805	381783	31552	494198	156334
139297	66786	417176	446899	54555	824383	329099
54852	21867	121178	121596	18300	257290	84323
50587	34219	141896	149677	24626	354455	135707
879	441	11303	11114	1018	15336	12055
95000	34255	222489	248530	28218	472057	158939
32026	15320	39144	43124	14630	131892	42176
7242	3886	14283	15540	2293	37714	15347
13788	6848	10932	14450	4207	58375	15009
40262	26615	-54605	-50783	9675	174788	71745

其他企业
Other Enterprises

地 区	Region	营业收入 Business Revenue	营业成本 Business Cost	税金及附加 Taxes and Other Charges	其他业务利润 Profits from Other Business	销售费用 Selling Expenses	管理费用 Administrative Expenses
全 国	**National Total**	**1205996**	**1002282**	**7088**	**2794**	**76731**	**38220**
北 京	Beijing	11139	10639			99	181
天 津	Tianjin	15348	14065	39		198	410
河 北	Hebei						
山 西	Shanxi	37710	36856	3		238	399
内蒙古	Inner Mongolia						
辽 宁	Liaoning	41316	38947	137		1210	1079
吉 林	Jilin	2452	1377		439	284	171
黑龙江	Heilongjiang	177931	141889	282		30380	3077
上 海	Shanghai						
江 苏	Jiangsu	369110	272909	3273	440	20532	13195
浙 江	Zhejiang	12577	11449	1		373	417
安 徽	Anhui	20146	16323	6	126	1365	1093
福 建	Fujian	15942	14786	21		380	451
江 西	Jiangxi	25941	22403	8	553	925	914
山 东	Shandong	11863	11419	11	65	106	497
河 南	Henan	44211	41676	656		1694	602
湖 北	Hubei	51548	41970	943		1685	1637
湖 南	Hunan	78202	64099	1038		7333	3521
广 东	Guangdong	10110	8900	16		319	233
广 西	Guangxi	1683	1416			21	152
海 南	Hainan						
重 庆	Chongqing	890	659	51		71	95
四 川	Sichuan	18998	15314	4		445	677
贵 州	Guizhou	1211	947	9		4	119
云 南	Yunnan	40372	34034	9		1819	3432
西 藏	Tibet						
陕 西	Shaanxi	178670	166792	419	1171	6144	5085
甘 肃	Gansu	5452	4413	53		104	228
青 海	Qinghai	2312	2191	5		110	23
宁 夏	Ningxia						
新 疆	Xinjiang	30862	26809	104		892	532

3-4-6 Continued 8

单位：万元
Unit: 10000 yuan

财务费用 Financial Expenses	#利息支出 Interest Expenses	营业利润 Operating Profits	利润总额 Total Profits	应交所得税 Income Tax Payable	应付职工薪酬 Payables to Employees	应交增值税 VAT Payable
6336	**1733**	**83209**	**84919**	**7613**	**47581**	**7639**
21	13	203	213		485	
18		677	677	174	146	207
8	1	195	188		880	4
90	40	844	861		2181	226
46		573	773		130	
246		2056	2601	648	2281	1453
3060	993	55681	55656	1985	21441	2530
80	69	258	372		499	9
152	22	1206	1206	19	413	2
		304	304		41	4
513	25	1473	1481	20	1531	17
57		-234	-234	4	474	35
128		39	44	96	457	12
714	140	4442	4538	160	3494	866
180	44	4280	4291	305	4012	506
9	5	634	618	113	258	124
		94	99	1	68	
		86	86	5	71	50
128	48	1543	1542	1	1197	4
		132	132	8	54	2
303	18	2597	2701	2	997	8
442	210	4603	5173	3976	5239	1447
32	10	675	622		375	
		14	14	1	2	1
109	95	834	961	95	855	132

港、澳、台商投资企业
Enterprises with Funds from Hong Kong,Macao and Taiwan

地 区	Region	营业收入 Business Revenue	营业成本 Business Cost	税金及附加 Taxes and Other Charges	其他业务利润 Profits from Other Business	销售费用 Selling Expenses	管理费用 Administrative Expenses
全 国	**National Total**	**86900063**	**68064598**	**480104**	**1351777**	**11863375**	**3674873**
北 京	Beijing	4665023	3817069	25801	133774	709857	209925
天 津	Tianjin	1414665	1142645	5442	60699	197176	30185
河 北	Hebei	576672	499521	3089	3149	39494	16008
山 西	Shanxi	236235	195429	1214	4544	21282	10638
内蒙古	Inner Mongolia	195490	166775	1035	347	17486	4008
辽 宁	Liaoning	1576160	1350761	9171	22343	153970	71242
吉 林	Jilin	575689	489521	3843	2940	46459	15616
黑龙江	Heilongjiang	584784	489341	3397	12758	75340	19917
上 海	Shanghai	24333776	16491257	168199	80885	4684701	1344554
江 苏	Jiangsu	9754808	8020806	41581	72198	1219848	297005
浙 江	Zhejiang	6692147	5523427	35169	116298	725773	231176
安 徽	Anhui	1476512	1232645	7431	4790	163396	36280
福 建	Fujian	2223166	1769685	12518	15254	290686	76577
江 西	Jiangxi	961515	852710	2269	57883	91746	19684
山 东	Shandong	3137818	2715469	13553	24393	264398	51622
河 南	Henan	2377178	1932685	14961	137721	150709	156754
湖 北	Hubei	2430872	2044416	12433	180931	205063	99240
湖 南	Hunan	1305077	981733	5728	33448	200504	65987
广 东	Guangdong	12886086	10258137	60583	214752	1778764	636403
广 西	Guangxi	904873	754682	3867	17889	90261	22369
海 南	Hainan	238577	206452	957	1753	16940	2345
重 庆	Chongqing	1247924	1076076	7771	20506	82064	79748
四 川	Sichuan	2676791	2322759	21025	36639	201715	64327
贵 州	Guizhou	336326	271850	1823	953	36693	4991
云 南	Yunnan	883696	789584	3183	10212	57852	20880
西 藏	Tibet	82044	42208	705	2480	6636	68
陕 西	Shaanxi	2639494	2200305	11132	76395	298597	77874
甘 肃	Gansu	185527	159390	944	2239	18074	3272
青 海	Qinghai	65478	58554	143	536	4660	839
宁 夏	Ningxia	89944	80198	473	686	5248	1243
新 疆	Xinjiang	145716	128508	664	2382	7983	4096

单位：万元
Unit: 10000 yuan

财务费用 Financial Expenses	#利息支出 Interest Expenses	营业利润 Operating Profits	利润总额 Total Profits	应交所得税 Income Tax Payable	应付职工薪酬 Payables to Employees	应交增值税 VAT Payable
232133	**144766**	**3064809**	**3161041**	**978283**	**4277707**	**1174830**
6853	9944	-145587	-150859	14925	311296	44342
1585	1286	41008	44150	7716	71091	16878
848	61	32441	32629	5125	15252	6147
203	59	7859	8328	2545	6671	2584
339	136	6282	6578	1706	8492	3171
2785	3186	1468	2366	6588	65069	12560
18668	18388	-4063	-4128	-498	17025	1351
6055	3677	-7789	-7208	665	18538	17072
61179	17368	1773709	1769869	561621	1137095	309839
48510	19827	159888	181666	64431	485361	131847
3292	9400	202434	199938	61524	291233	126209
1320	157	28690	29268	7787	64967	19394
9864	705	93303	140301	17728	111537	35496
453	68	17424	19644	5268	27937	5046
7052	4584	89910	94079	26129	108092	38671
1935	2339	121254	115641	29877	79011	40820
-1964	1149	90035	91998	23390	91804	13226
7341	11720	71393	77529	12487	130570	26018
25731	12839	226717	238955	62678	799910	199021
3445	3899	28027	29003	6270	41324	11282
351	120	11677	11796	3151	11022	2894
9608	6861	-1229	1738	4638	70266	16854
6359	4758	69851	76127	24291	101143	27215
134	267	21055	21306	5256	15236	3429
-651	473	34389	36055	7811	27553	16725
-141		35048	35161	3164	71	
10199	10668	48417	47404	8806	156892	41037
344	344	3873	3984	1284	4802	2682
16	3	1367	1372	348	2465	678
207	173	1684	1715	466	1666	892
213	307	4274	4636	1106	4316	1450

外商投资企业
Foreign Funded Enterprises

地 区	Region	营业收入 Business Revenue	营业成本 Business Cost	税金及附加 Taxes and Other Charges	其他业务利润 Profits from Other Business	销售费用 Selling Expenses	管理费用 Administr-ative Expenses
全 国	**National Total**	**110169976**	**90912537**	**383687**	**1019563**	**12470120**	**3863440**
北 京	Beijing	12327702	10485100	46668	154938	1341877	288316
天 津	Tianjin	2568772	2263295	6454	10026	264067	88299
河 北	Hebei	2145496	2031209	3264	1922	166446	29126
山 西	Shanxi	1037814	1123980	1337	1212	79191	16517
内蒙古	Inner Mongolia	12890	9654	45	19	2372	281
辽 宁	Liaoning	1262187	1001229	6972	15813	142914	52124
吉 林	Jilin	78614	73664	184	121	10391	1437
黑龙江	Heilongjiang	443715	374134	1840	8316	40424	11669
上 海	Shanghai	17060321	10558936	103116	197454	3614715	1499312
江 苏	Jiangsu	10288894	8931889	26118	93314	841792	242009
浙 江	Zhejiang	8034578	6779569	37752	113057	749905	236709
安 徽	Anhui	374100	285454	1859	10841	62391	11177
福 建	Fujian	8491283	7564018	20178	59432	625013	173284
江 西	Jiangxi	623808	547516	1786	6117	52340	15709
山 东	Shandong	2059503	1735706	8270	38236	214509	125982
河 南	Henan	1912877	1694132	4204	2448	103129	31466
湖 北	Hubei	3603414	3169925	8483	23428	306586	82992
湖 南	Hunan	2114715	1770069	6525	12379	150253	58758
广 东	Guangdong	15636920	12753976	43775	240344	2152737	515320
广 西	Guangxi	376172	298608	486	2637	58500	10973
海 南	Hainan	149604	121717	423	6055	15574	4329
重 庆	Chongqing	2224152	1966387	4930	10528	181461	46713
四 川	Sichuan	6341429	5648042	18318	-40658	483282	142332
贵 州	Guizhou	2376169	2155707	5245	6313	114315	45101
云 南	Yunnan	1215738	1018304	2918	29064	118682	24143
西 藏	Tibet	38637	35215	69	130	1266	821
陕 西	Shaanxi	7184875	6351512	21996	14300	567762	103428
甘 肃	Gansu	4173	2902	1	973	1432	555
青 海	Qinghai	4446	3293	14		816	335
宁 夏	Ningxia	4474	3321	28		568	211
新 疆	Xinjiang	172504	154074	429	804	5410	4012

单位：万元
Unit: 10000 yuan

财务费用 Financial Expenses	#利息支出 Interest Expenses	营业利润 Operating Profits	利润总额 Total Profits	应交所得税 Income Tax Payable	应付职工薪酬 Payables to Employees	应交增值税 VAT Payable
370183	**298201**	**3039611**	**3157901**	**886349**	**4042390**	**1524729**
18316	79306	107090	116843	74397	439313	177897
29138	16645	-73583	-70272	7083	120112	14978
15326	4323	-99269	-103763	557	75317	33208
4863	1257	-188920	-190835	455	22575	2521
521		275	455	192	408	56
11846	8656	47124	48527	12472	56576	17110
1016	377	-8041	-8049	24	1943	1278
2702	27	12932	13237	85	10753	3879
40728	28025	1349094	1394712	404771	1051854	350246
17405	13677	309052	310599	28570	304217	112404
18921	13752	324413	333209	64708	304668	97392
8575	1458	3085	7062	4919	30204	6920
28379	25384	336621	349102	45479	221585	79621
1274	2047	14016	14650	4771	24831	49775
6650	7251	-15060	-13870	13081	90976	21509
12515	6918	73871	71845	35195	35002	12731
11106	6064	25011	36902	7515	94239	24048
52889	2944	28478	27892	4533	57974	20421
34680	42642	382802	400777	90185	659923	232904
551	316	8766	9141	1837	25554	3118
1554	2606	6107	6616	1069	8014	1342
5152	4512	23072	24186	7385	42600	21036
15684	17611	99566	98725	26487	185260	141501
9621	2612	48109	45340	4473	29250	13247
7356	1538	61920	62682	8368	44794	12086
33	12	951	1114	15	839	324
14386	8091	152402	161004	36019	96314	70931
-3	2	-715	-688		370	39
1		-14	-32	13	572	110
-33		378	380	115	487	88
-969	148	10078	10410	1576	5866	2009

3-4-7 各地区限额以上零售业企业损益及分配(按国民经济行业分)

综合零售

Integrated Retail

地 区	Region	营业收入 Business Revenue	营业成本 Business Cost	税金及附加 Taxes and Other Charges	其他业务利润 Profits from Other Business	销售费用 Selling Expenses	管理费用 Administr-ative Expenses
全 国	**National Total**	**199747689**	**162655891**	**1131612**	**4813692**	**23184859**	**9042420**
北 京	Beijing	13041296	10361033	60474	856462	2194693	618236
天 津	Tianjin	1940415	1567780	10542	115340	284480	104324
河 北	Hebei	8526737	6992242	59989	212812	892894	414051
山 西	Shanxi	2713185	2309838	10505	48146	243843	132597
内蒙古	Inner Mongolia	1211032	940627	10103	53069	160192	94847
辽 宁	Liaoning	3998373	3048529	36157	75545	436655	352750
吉 林	Jilin	1651288	1222464	19982	49667	143919	200467
黑龙江	Heilongjiang	2624708	2122701	19916	85483	272992	143224
上 海	Shanghai	14895077	11924034	55718	356122	1989830	855829
江 苏	Jiangsu	17870913	14384401	97287	352142	2123365	774161
浙 江	Zhejiang	12567672	10427102	60792	383858	1360704	524976
安 徽	Anhui	8561050	7255460	38634	68220	745397	326271
福 建	Fujian	8808482	7516830	36608	79622	923447	279220
江 西	Jiangxi	4226111	3556343	22001	62683	441388	122341
山 东	Shandong	13502050	11204305	67294	371997	1376499	637578
河 南	Henan	7687738	6138054	49438	188216	744075	413047
湖 北	Hubei	10208697	8087220	59620	357450	1202030	495089
湖 南	Hunan	8109313	6642658	75801	64100	855006	370000
广 东	Guangdong	16604081	13473619	51966	472115	2452135	682502
广 西	Guangxi	2986143	2421683	11478	42446	402073	121807
海 南	Hainan	3907811	2906976	96547	31937	267115	84643
重 庆	Chongqing	6388410	5061457	33065	28736	844952	271588
四 川	Sichuan	10591736	8876780	52898	188971	1111587	288877
贵 州	Guizhou	2629062	2148916	10179	25558	307753	91402
云 南	Yunnan	3130229	2658898	7315	35039	275310	87176
西 藏	Tibet	138081	111591	635	337	16871	6840
陕 西	Shaanxi	7322582	6141920	44299	136774	691807	316499
甘 肃	Gansu	1389761	1152897	9624	31203	135528	56046
青 海	Qinghai	295279	225455	3414	9921	40162	17249
宁 夏	Ningxia	607036	454970	5807	3378	102082	30130
新 疆	Xinjiang	1613341	1319108	13524	26343	146075	128653

Income and Distribution of Enterprises above Designated Size of Retail Trade by Region and Sector

单位：万元

Unit: 10000 yuan

财务费用 Financial Expenses	#利息支出 Interest Expenses	营业利润 Operating Profits	利润总额 Total Profits	应交所得税 Income Tax Payable	应付职工薪酬 Payables to Employees	应交增值税 VAT Payable
1464967	**875017**	**3519858**	**3728401**	**986300**	**11263891**	**2656462**
39488	81365	-55001	-33462	-754	834326	141501
32183	21306	-76301	-60183	3612	156940	17511
99059	38651	125470	145632	47138	529023	122749
48779	22056	-22534	-19295	7097	131937	22847
19891	5985	13572	18377	5008	79219	14036
53460	36996	-36992	-46934	32775	277803	43305
57564	43819	15202	17204	1474	98398	25514
47664	31719	6830	-2612	14925	120138	108009
71329	43491	251694	305214	124059	716756	196955
103861	76135	453988	473903	101210	1034731	220330
74320	75926	326878	361518	87880	788846	117632
50338	16908	95067	103563	21471	408925	96401
41580	23274	249834	245725	10868	390527	77345
22963	11274	86942	77466	15421	224751	37815
99840	56476	212796	238649	69249	762566	165613
54353	18357	314345	303182	52902	415265	95605
60902	30390	310518	328033	59921	714163	138214
84404	46094	190008	186539	20129	300306	327912
64565	50079	-87108	-69080	29777	1147868	172363
19054	12213	-7412	-2135	5239	176678	36195
6525	10811	555391	557656	147128	106431	32605
121493	17322	185635	185848	27165	485312	87489
43788	26413	238352	225781	42455	528821	112204
14562	7999	58750	60744	12959	142796	42179
22054	10423	62613	67382	10913	129699	46468
269	49	786	831	200	8819	6728
61633	26288	9863	2982	17812	327372	73657
10070	3484	35102	38291	11695	80057	13355
6050	5422	6186	8026	2945	20598	41736
10186	6093	1889	5396	929	33359	1553
22740	18199	-2505	4160	2698	91461	20636

食品、饮料及烟草制品专门零售

Special Retail of Food, Beverages and Tobaccos

地 区	Region	营业收入 Business Revenue	营业成本 Business Cost	税金及附加 Taxes and Other Charges	其他业务利润 Profits from Other Business	销售费用 Selling Expenses	管理费用 Administr-ative Expenses
全 国	**National Total**	**40023428**	**32134989**	**171656**	**264731**	**4045906**	**1748375**
北 京	Beijing	1772902	1285962	6341	18715	269977	98818
天 津	Tianjin	385837	269584	1389	1532	56629	20622
河 北	Hebei	422765	339764	1320	1017	19606	18511
山 西	Shanxi	687771	608152	1238	3237	42864	27123
内蒙古	Inner Mongolia	84490	69166	373	124	6850	3888
辽 宁	Liaoning	643011	539267	1395	2967	70407	35087
吉 林	Jilin	337518	276991	843	2646	36112	15177
黑龙江	Heilongjiang	528799	452998	1217	938	45785	18407
上 海	Shanghai	2257809	1527860	7954	8403	545838	155654
江 苏	Jiangsu	3778098	3183562	10691	8954	278625	136097
浙 江	Zhejiang	1344472	1146816	2659	2909	127331	83704
安 徽	Anhui	1712937	1432077	5597	2696	141147	55256
福 建	Fujian	4064855	3318738	27181	3739	260922	174727
江 西	Jiangxi	1448794	1173891	5877	5692	111837	57530
山 东	Shandong	1099047	939913	2890	7957	92784	42227
河 南	Henan	1655772	1329743	11040	1925	118814	56872
湖 北	Hubei	2124409	1630495	17698	13192	208391	83531
湖 南	Hunan	2263361	1913889	16382	11723	133340	86762
广 东	Guangdong	3868110	2722138	15736	3961	843109	211809
广 西	Guangxi	741147	651059	2650	188	23470	25168
海 南	Hainan	95855	74940	249	25	12873	8509
重 庆	Chongqing	1391985	1171593	7161	3866	91463	48265
四 川	Sichuan	1707012	1380038	9179	3446	131564	69371
贵 州	Guizhou	2303491	1982231	5726	136164	48155	60651
云 南	Yunnan	1115606	994732	1881	3168	60875	40948
西 藏	Tibet	19688	13176	170		1206	2221
陕 西	Shaanxi	1607820	1215039	5512	3931	233821	86834
甘 肃	Gansu	218331	190099	690	9616	12964	9352
青 海	Qinghai	56416	49539	70	1182	4063	2070
宁 夏	Ningxia	64762	55575	277	508	5595	3031
新 疆	Xinjiang	220558	195962	270	310	9489	10153

3-4-7 Continued 1

单位：万元

Unit: 10000 yuan

财务费用 Financial Expenses	#利息支出 Interest Expenses	营业利润 Operating Profits	利润总额 Total Profits	应交所得税 Income Tax Payable	应付职工薪酬 Payables to Employees	应交增值税 VAT Payable
245449	**143872**	**1965342**	**2131139**	**290831**	**2021111**	**533591**
16801	8380	82280	87602	34367	185183	32781
775	615	30292	32527	10781	32974	6151
2461	2040	28077	32001	7623	14232	5772
-163	2134	11947	15054	4633	23219	10045
482	385	3812	3927	1128	4270	964
2417	1899	3731	-1889	1692	32142	3716
4928	3010	3145	3046	2451	10975	1715
10593	9937	-55	10154	1649	10259	10022
24788	3575	863	23609	19956	196569	47053
16127	7232	139278	147161	22806	191981	39107
6051	6661	-2409	9750	4542	88325	12576
7780	3235	76648	80039	14529	82484	20130
20158	2914	273356	316159	14189	157769	37997
12271	11439	86335	90882	14250	68363	9592
4548	1594	15607	20308	6687	56405	11992
13346	3686	108050	110460	17437	72414	22818
17543	6864	142540	148073	20399	107441	43054
19177	5931	84536	73078	8447	81188	19089
-11312	8719	296244	307719	28098	290430	89568
5968	2623	29367	30765	4333	19704	4769
1516	1231	3415	3684	1749	8625	1691
5394	2462	56036	57272	6628	53931	16150
9990	5103	67640	75679	7580	80798	30485
35999	32660	355249	365690	25993	36173	33785
6915	5253	12875	21255	1574	40051	6802
29	1	3018	3353	162	1645	179
7948	3321	48811	50195	5235	48837	14070
1207	211	4794	7471	1505	11265	4406
703	286	110	3146	37	2086	543
433	123	8	2168	379	3021	572
576	348	-258	801	-8	8352	-4003

3-4-7 续表 2

纺织、服装及日用品专门零售

Special Retail of Textiles, Garments and Daily Consumer Articles

地　区	Region	营业收入 Business Revenue	营业成本 Business Cost	税金及附加 Taxes and Other Charges	其他业务利润 Profits from Other Business	销售费用 Selling Expenses	管理费用 Administrative Expenses
全　国	**National Total**	**58035877**	**38695632**	**346549**	**448725**	**11587860**	**3870164**
北　京	Beijing	2509701	1549280	9906	61627	784271	173670
天　津	Tianjin	848042	571735	4212	14104	199837	35714
河　北	Hebei	588001	477236	2907	16338	57117	34149
山　西	Shanxi	791147	644977	3536	11468	76280	52601
内蒙古	Inner Mongolia	193201	152618	1221	6292	27234	8646
辽　宁	Liaoning	875080	697621	2590	5001	122242	47604
吉　林	Jilin	128716	98660	834	521	18560	11374
黑龙江	Heilongjiang	327728	255580	2837	10669	38962	18173
上　海	Shanghai	24498697	13742857	175286	74917	5940623	2031061
江　苏	Jiangsu	4422396	3573852	21966	13921	494063	160537
浙　江	Zhejiang	1918226	1314219	13086	18773	392748	95134
安　徽	Anhui	858730	707865	3678	2982	101643	37132
福　建	Fujian	3700612	2946919	11295	11581	512228	127045
江　西	Jiangxi	475604	339335	6456	2889	65588	37849
山　东	Shandong	1914219	1543258	5758	5923	236370	90654
河　南	Henan	1165778	928889	5712	6048	126872	57289
湖　北	Hubei	1003541	784014	5605	13005	131096	51427
湖　南	Hunan	1102191	858253	10909	27953	112274	51540
广　东	Guangdong	5076306	3226421	28245	69273	1322470	440461
广　西	Guangxi	180098	136711	518	853	33416	9079
海　南	Hainan	63057	48434	340	550	12442	7873
重　庆	Chongqing	1136114	862983	6124	22787	155344	65607
四　川	Sichuan	1588485	1185166	6450	27485	257900	72194
贵　州	Guizhou	129299	103429	435	1920	19749	4654
云　南	Yunnan	351761	252376	1415	1949	71965	17137
西　藏	Tibet	86405	45765	719	2610	6636	81
陕　西	Shaanxi	1702053	1337307	10745	7239	217887	96176
甘　肃	Gansu	158849	113831	841	1387	25951	16707
青　海	Qinghai	61210	53806	474	3592	5516	6426
宁　夏	Ningxia	9705	7289	61	29	1461	1506
新　疆	Xinjiang	170925	134946	2388	5039	19115	10664

3-4-7 Continued 2

单位：万元
Unit: 10000 yuan

财务费用 Financial Expenses	#利息支出 Interest Expenses	营业利润 Operating Profits	利润总额 Total Profits	应交所得税 Income Tax Payable	应付职工薪酬 Payables to Employees	应交增值税 VAT Payable
260286	**133582**	**3324977**	**3487741**	**1006665**	**4144995**	**1104624**
3340	6135	-53834	-51664	10740	321676	59506
2663	413	32947	32188	11705	66450	22370
16427	12071	23803	24686	3355	25543	6665
4939	1680	10641	11029	4303	38881	12761
2161	61	567	1581	604	13949	3820
3151	964	-10129	-11500	3193	34979	11002
1622	152	-3194	-2231	5	6865	2330
2944	2540	9450	9327	3246	21688	4321
62105	34674	2644610	2749539	780541	1519751	450495
50855	6209	110818	116491	31227	215284	72079
8516	5404	80049	86583	37099	158899	54677
5429	3475	4128	4732	1261	67872	15515
6136	2799	73797	72252	15924	235645	28127
2669	1051	26397	27837	6022	26457	13157
9244	3579	31189	30375	12120	124052	34664
8321	2977	43893	43993	9306	69851	18519
8257	5376	22604	22669	4134	67993	14954
4958	1106	54534	56717	6897	53339	16671
18602	13880	31382	45664	34023	670378	141948
459	257	140	-114	578	13535	3096
1143	893	-6900	-6777	265	7372	2118
12786	13334	27329	27739	6130	93651	20774
5892	3091	47215	51154	9547	110665	35283
989	859	1902	2029	631	8751	2438
3542	1439	8628	8847	2295	29983	9992
-123		35524	35637	3164	163	119
7940	6131	34817	55852	7405	118995	39562
1899	566	-1378	-1093	737	8468	3438
765	544	-1973	-1744	79	3769	1216
423	358	-550	-557	58	1587	294
2232	1564	46571	46500	71	8504	2713

3-4-7 续表 3

文化、体育用品及器材专门零售

Special Retail of Culture, Sports Appliances and Equipments

地　区	Region	营业收入 Business Revenue	营业成本 Business Cost	税金及附加 Taxes and Other Charges	其他业务利润 Profits from Other Business	销售费用 Selling Expenses	管理费用 Administr-ative Expenses
全　国	**National Total**	**31148860**	**24089061**	**288136**	**304457**	**3463416**	**1880039**
北　京	Beijing	3352391	2653055	34363	32898	368597	187557
天　津	Tianjin	266493	213361	4242	7671	36911	18754
河　北	Hebei	612488	435624	3961	43940	67564	50509
山　西	Shanxi	312762	234267	2718	4420	47896	12829
内蒙古	Inner Mongolia	251640	193359	1415	3163	20513	22118
辽　宁	Liaoning	482394	409272	2776	7310	32649	42556
吉　林	Jilin	133004	100300	1063	1407	11716	16648
黑龙江	Heilongjiang	199567	160518	6531	1117	23197	13871
上　海	Shanghai	3454832	2157507	55374	25488	912203	210564
江　苏	Jiangsu	4956472	4169680	21338	38119	338075	197626
浙　江	Zhejiang	1038487	828198	7769	9006	118269	71775
安　徽	Anhui	907981	717921	4675	3852	74565	49258
福　建	Fujian	2147927	1805488	18698	7868	119597	77016
江　西	Jiangxi	1291871	997326	5221	9391	77029	91292
山　东	Shandong	1119127	922030	9887	13454	105729	51231
河　南	Henan	1341707	1054315	8799	7203	126752	66638
湖　北	Hubei	646810	522364	8021	2986	37944	37443
湖　南	Hunan	1561858	1168047	28604	8105	156293	105672
广　东	Guangdong	2249501	1621878	41360	20684	303151	216596
广　西	Guangxi	580611	467894	1708	4740	56023	28358
海　南	Hainan	93693	69146	435	2462	16938	5894
重　庆	Chongqing	626774	449677	4519	15567	62233	50270
四　川	Sichuan	1414468	1064722	5622	21940	149956	112091
贵　州	Guizhou	220253	183505	276	689	8970	11865
云　南	Yunnan	594277	426466	2787	1925	63404	38512
西　藏	Tibet	13360	11316	3	411	323	1030
陕　西	Shaanxi	748802	602348	3153	6030	67299	44968
甘　肃	Gansu	219264	207850	835	375	23334	29038
青　海	Qinghai	15157	12086	148	636	2530	1132
宁　夏	Ningxia	25428	18899	145	401	3979	3459
新　疆	Xinjiang	269461	210642	1690	1199	29777	13469

3-4-7 Continued 3

单位：万元
Unit: 10000 yuan

财务费用 Financial Expenses	#利息支出 Interest Expenses	营业利润 Operating Profits	利润总额 Total Profits	应交所得税 Income Tax Payable	应付职工薪酬 Payables to Employees	应交增值税 VAT Payable
100667	**82252**	**1506446**	**1579294**	**158362**	**2293215**	**325228**
11065	13191	127120	137915	47423	249534	55287
-226	418	-5593	-6009	365	20980	3122
1059	191	59087	59489	472	71596	5153
1640	429	8832	9787	2357	23643	1766
-799	650	32244	33981	50	25749	3316
6018	2630	-7226	-6030	1861	26063	3405
2272	1720	1041	1649	62	13952	395
2632	1470	-2731	-2337	-764	15244	-1213
14049	4878	122030	133152	39282	309277	38165
10866	9936	203784	218574	11413	249809	35024
-2016	5442	30971	37786	-532	102313	11657
692	247	57163	55440	1312	57931	12689
12950	14685	100828	102117	3176	70259	9067
-4520	1175	113596	105743	2728	96940	27208
8806	5118	18967	22664	2772	70911	10793
10084	3794	72370	73306	5437	92232	11579
2929	852	41470	49100	5267	31097	16434
8341	-928	119757	119652	2551	118653	16584
5247	3138	76398	85116	13324	214010	36831
511	630	30698	31081	127	45066	2002
1517	1426	836	983	41	6721	472
1760	2206	62237	70130	2350	90150	4487
1383	5115	126314	121685	4942	111501	5334
434	317	18062	17958	330	9078	573
2379	1678	51286	51520	5441	60118	3672
-11		701	993	144	691	28
608	1030	28229	34214	1645	54303	7075
-282	236	4727	4871	89	25421	604
27	-1	106	659	35	2404	151
956	431	-1294	-1035	1	1835	74
296	148	14436	15140	4661	25734	3494

3-4-7 续表 4

医药及医疗器材专门零售

Special Retail of Medicines and Medical Appliances

地 区	Region	营业收入 Business Revenue	营业成本 Business Cost	税金及附加 Taxes and Other Charges	其他业务利润 Profits from Other Business	销售费用 Selling Expenses	管理费用 Administrative Expenses
全 国	**National Total**	**46319659**	**36791677**	**152999**	**400154**	**6113772**	**2035162**
北 京	Beijing	926199	711864	2669	32478	149531	56250
天 津	Tianjin	317822	264377	821	765	42625	11991
河 北	Hebei	1426507	1113703	4560	9631	179921	80760
山 西	Shanxi	974578	792408	2172	8913	128986	69093
内蒙古	Inner Mongolia	633365	501808	2114	2109	87509	34016
辽 宁	Liaoning	1781517	1438188	5692	11751	278459	89955
吉 林	Jilin	942272	733978	3518	5732	146149	53805
黑龙江	Heilongjiang	790582	639423	2533	2168	96764	43466
上 海	Shanghai	1447344	1140397	4194	16322	197438	79626
江 苏	Jiangsu	4250301	3408818	12076	39721	498298	156249
浙 江	Zhejiang	2533207	2075788	5851	9810	296170	107115
安 徽	Anhui	1297398	997450	4415	3740	186273	62098
福 建	Fujian	1220325	1000991	4124	4459	148493	45340
江 西	Jiangxi	1058145	819661	4542	5025	146194	49346
山 东	Shandong	3392359	2730799	10671	15531	395541	175963
河 南	Henan	2379664	1885181	10718	11611	297271	97993
湖 北	Hubei	1846380	1496197	8212	5952	215589	67173
湖 南	Hunan	2218960	1687779	13255	26341	304038	110064
广 东	Guangdong	4625168	3542932	11373	38127	828340	179754
广 西	Guangxi	2607080	2238578	5325	85589	181856	76639
海 南	Hainan	81834	53156	216	3137	18344	4736
重 庆	Chongqing	1181801	956441	4475	8849	163856	54599
四 川	Sichuan	2100276	1685082	6798	11686	290449	81210
贵 州	Guizhou	660297	480380	2796	7945	105107	42331
云 南	Yunnan	1600804	1132247	3881	21287	309738	59529
西 藏	Tibet	18747	11650	87	-14	1743	1345
陕 西	Shaanxi	1658004	1319403	8380	2012	187144	67260
甘 肃	Gansu	490929	350716	1914	310	101543	20980
青 海	Qinghai	97229	77542	209	1070	13095	4480
宁 夏	Ningxia	144732	112492	622	879	19428	8569
新 疆	Xinjiang	1615833	1392248	4786	7218	97880	43427

3-4-7 Continued 4

单位：万元
Unit: 10000 yuan

财务费用 Financial Expenses	#利息支出 Interest Expenses	营业利润 Operating Profits	利润总额 Total Profits	应交所得税 Income Tax Payable	应付职工薪酬 Payables to Employees	应交增值税 VAT Payable
245494	**147325**	**1190723**	**1274453**	**245586**	**3724272**	**848690**
2436	1349	4037	-952	2635	87054	19159
1548	711	-3829	-3569	951	27097	4776
2671	1729	36805	39369	10781	132316	30292
2726	2886	13105	14190	3590	75622	13099
2855	2060	13123	14530	3002	77761	13453
4794	2866	28328	29284	11069	159953	37788
15593	15361	-3701	-2941	3296	78373	21268
2201	1049	5692	6032	4191	69578	16333
2617	1053	41892	49361	11376	129478	29475
18525	5858	142576	150274	28695	309252	74900
6402	5527	71814	81217	16174	198372	48087
7134	3260	30218	33001	5610	155434	18040
3990	2231	22005	22765	4744	95675	18359
4221	1467	45497	50037	5415	69617	16786
19318	7512	57014	61363	13219	263789	51959
25576	15874	65986	73670	13208	174962	37397
22969	10285	47059	49755	9521	140772	34060
15830	16452	125487	130789	14188	192327	45244
14559	5948	64737	75179	25407	449703	74722
15367	14434	100591	103676	14676	111588	35812
121	-21	5983	6203	861	9737	1933
5465	2366	19516	21324	2309	84390	19806
12080	3997	24491	31921	4674	160067	29587
5724	5027	15890	17142	2181	76467	55162
2224	2717	91766	93862	15658	140616	30638
-1	11	3892	3869	386	2131	588
14031	3844	53738	55621	4963	115110	26154
3236	1031	14062	14854	3124	57080	12374
352	154	1666	1661	672	7207	1521
1139	951	1519	1343	560	15104	2984
9791	9336	49764	49623	8450	57640	26934

汽车、摩托车、零配件和燃料及其他动力销售

Retail of Motor Vehicles, Motorcycles, Parts and Fuel and Other Powers

地 区	Region	营业收入 Business Revenue	营业成本 Business Cost	税金及附加 Taxes and Other Charges	其他业务利润 Profits from Other Business	销售费用 Selling Expenses	管理费用 Administrative Expenses
全 国	**National Total**	**527621995**	**486268369**	**1422370**	**2942101**	**20502736**	**9774286**
北 京	Beijing	20449750	18721865	84686	312847	1019472	518423
天 津	Tianjin	8885984	8153196	15522	45654	420080	191125
河 北	Hebei	16504343	15529317	29594	89854	680091	240114
山 西	Shanxi	9814548	9492145	19062	55104	417604	210332
内蒙古	Inner Mongolia	7126531	6625018	22309	45220	344355	107201
辽 宁	Liaoning	12611989	11797583	36174	42287	411756	263193
吉 林	Jilin	6973884	6456687	13840	31850	309188	155457
黑龙江	Heilongjiang	6451167	6047981	15187	28030	236863	115333
上 海	Shanghai	22331649	20906764	66820	81348	697747	441403
江 苏	Jiangsu	50750319	46357786	114086	351089	1873409	870207
浙 江	Zhejiang	41404727	38125350	110041	257342	1466403	803377
安 徽	Anhui	19154113	17649002	38612	62286	638611	261575
福 建	Fujian	23193514	21373932	66337	161290	891247	410209
江 西	Jiangxi	11078881	10260547	36438	49649	349891	188448
山 东	Shandong	31337395	29141981	61750	196175	1278623	608096
河 南	Henan	25619662	23515357	64045	103679	906689	461736
湖 北	Hubei	15515121	14281961	53719	45839	556410	280814
湖 南	Hunan	24088231	21647599	150824	66572	878474	447085
广 东	Guangdong	61989704	56874572	166467	517583	2845114	1360522
广 西	Guangxi	9310197	8622318	17237	48226	316691	166852
海 南	Hainan	3889214	3488552	8496	28957	174214	79603
重 庆	Chongqing	13787378	12670448	38648	80958	516882	196639
四 川	Sichuan	30376542	28144602	71090	62043	1152540	463599
贵 州	Guizhou	12685631	11575750	21594	31003	482919	257617
云 南	Yunnan	12946126	11983961	27047	68382	511323	183152
西 藏	Tibet	1311366	1180744	2245	882	69000	15732
陕 西	Shaanxi	12967146	11789179	37606	38452	490989	259294
甘 肃	Gansu	6087828	5630900	12396	18417	236110	66809
青 海	Qinghai	1401823	1196582	2166	1314	47787	21762
宁 夏	Ningxia	1617758	1499967	4626	3757	47717	32936
新 疆	Xinjiang	5959474	5526723	13706	16012	234537	95641

3-4-7 Continued 5

单位：万元

Unit: 10000 yuan

财务费用 Financial Expenses	#利息支出 Interest Expenses	营业利润 Operating Profits	利润总额 Total Profits	应交所得税 Income Tax Payable	应付职工薪酬 Payables to Employees	应交增值税 VAT Payable
2828277	**1488696**	**6183739**	**6648029**	**1672877**	**12520299**	**4985761**
100373	82171	38773	63372	53493	678861	215387
52182	24279	-22032	-12773	25063	252373	48171
94922	43474	-85901	-82081	21849	380333	137488
68157	35497	-417709	-419638	9784	220037	22684
28513	15968	-72460	-70747	9586	221842	106699
81854	48756	48408	71562	19198	299080	79756
65329	35642	-33225	-8813	12350	176741	166806
50511	33561	-3951	-1609	8125	135466	78638
53911	27129	296229	328306	93969	450077	116421
271005	131718	1020786	1100858	183979	1087611	478955
241109	140691	784364	837667	216251	1008078	351785
96035	36238	270350	280539	43701	356982	107196
107729	71825	389478	399765	104340	486742	202895
94573	35830	168659	172661	31736	275875	-44323
227314	118974	30494	56823	59530	760779	354335
185195	66753	405960	412836	89163	539929	211857
81045	47505	238520	250490	40579	347871	137641
116466	49661	548152	560484	76757	477895	236026
292083	139364	663081	759588	249325	1822704	533026
27790	19907	134088	144071	32343	222187	81614
14296	7246	125189	125799	25039	104746	54465
59637	38584	281945	289396	32517	311810	205217
138363	79989	495444	504455	86467	691379	353465
65613	27262	241706	238579	21416	253682	205297
56020	42758	207419	208675	33841	243485	198721
3945	3319	45977	46624	1166	40840	44715
70054	31328	293134	303539	55123	289920	127093
32455	19707	117423	111666	16612	153367	67825
8214	3911	13814	14279	3003	34637	16546
11058	5130	21347	21320	4210	39650	13816
32526	24519	-61723	-59664	12362	155320	75544

家用电器及电子产品专门零售

Special Retail of Household Electric Appliances and Electronic Products

地 区	Region	营业收入 Business Revenue	营业成本 Business Cost	税金及附加 Taxes and Other Charges	其他业务利润 Profits from Other Business	销售费用 Selling Expenses	管理费用 Administrative Expenses
全 国	**National Total**	**76512256**	**68785789**	**193001**	**288963**	**4461997**	**1991210**
北 京	Beijing	12868072	11748278	18910	56508	636626	202252
天 津	Tianjin	815816	728736	855	101	41769	33083
河 北	Hebei	1314918	1202662	2992	4868	70624	41211
山 西	Shanxi	974121	900012	1506	2397	45126	26710
内蒙古	Inner Mongolia	604744	528709	2026	5677	40902	24702
辽 宁	Liaoning	1394930	1282496	2257	1036	82729	39594
吉 林	Jilin	541964	486256	937	636	34501	21255
黑龙江	Heilongjiang	853349	782798	1853	3079	44010	25200
上 海	Shanghai	5070012	4472803	7085	28120	382988	134034
江 苏	Jiangsu	7357195	6607605	13567	43605	478270	208414
浙 江	Zhejiang	4002423	3591148	6704	12746	313605	109242
安 徽	Anhui	2671199	2357570	7120	1898	141822	69023
福 建	Fujian	3101060	2834569	6939	2667	138154	79718
江 西	Jiangxi	1507769	1360814	7807	662	75261	34811
山 东	Shandong	3392682	3118838	5987	17582	182114	102789
河 南	Henan	3040410	2683348	13974	13155	158729	97064
湖 北	Hubei	3755009	3263659	15475	9245	224965	116620
湖 南	Hunan	2747111	2396556	20979	7193	122591	82906
广 东	Guangdong	7147788	6505425	10557	21936	426427	201395
广 西	Guangxi	1257039	1119955	3334	13647	71345	45457
海 南	Hainan	547123	518073	582	1871	16970	12232
重 庆	Chongqing	2309261	2024497	16505	7592	125304	55140
四 川	Sichuan	4546194	4084985	13582	14056	253154	83596
贵 州	Guizhou	598913	549915	1200	33	56219	18619
云 南	Yunnan	893355	804775	1625	3223	65811	24928
西 藏	Tibet	55290	50560	65	1235	2603	1644
陕 西	Shaanxi	1954227	1723285	6072	7799	140520	60181
甘 肃	Gansu	393550	355329	821	159	25808	10955
青 海	Qinghai	137840	124691	265	366	8622	4420
宁 夏	Ningxia	169071	140370	481	5255	20836	7148
新 疆	Xinjiang	489821	437072	939	616	33592	16867

单位：万元
Unit: 10000 yuan

财务费用 Financial Expenses	#利息支出 Interest Expenses	营业利润 Operating Profits	利润总额 Total Profits	应交所得税 Income Tax Payable	应付职工薪酬 Payables to Employees	应交增值税 VAT Payable
323839	**168737**	**447828**	**487284**	**177846**	**2415703**	**832138**
11538	58449	239464	244400	80667	300992	130921
62042	436	-180024	-183724	233	30694	5937
17559	3462	-17552	-17472	1117	42438	8848
5164	1711	-7296	-4809	456	22273	6252
4030	974	269	1627	1199	22268	6762
6665	4516	-31029	-30774	-319	28164	10501
1888	1103	-1377	2038	1344	15179	6319
3655	1554	-2490	-2328	1292	16623	6735
3100	5827	65835	53904	26178	195604	56591
26914	14742	-45585	-36268	-2251	268090	62654
14170	9270	-26685	-22623	4206	141260	49077
10526	3563	67787	73094	12366	83222	29251
7777	3543	42419	43268	3677	75503	33153
4818	1764	15158	15104	1447	44653	10884
16073	8734	-26853	-22943	3507	103509	28798
16168	3338	55499	55803	5445	104415	23431
17214	5792	113556	114280	12659	188779	48584
17993	4544	98211	98124	5879	67427	39374
27434	9988	-52693	-49099	5627	261142	53522
6709	1962	4886	6045	1346	49434	10866
698	255	-583	104	129	9457	2652
7672	2305	67640	70403	4327	68061	34104
15405	13887	42911	47838	3690	113565	60185
4315	869	-2650	-1989	304	20014	3576
2640	955	-15337	-14464	85	31622	27582
140	91	205	-86	7	2670	225
6872	3541	49512	51886	1647	63768	61087
3001	504	-4004	-3563	84	14136	4206
-70	128	11	469	479	4923	1324
316	322	-848	-512	319	7573	2670
1413	608	-529	-449	700	18245	6067

3-4-7 续表 7

五金、家具及室内装饰材料专门零售

Special Retail of Hardware, Furniture and Interior Decoration Materials

地 区	Region	营业收入 Business Revenue	营业成本 Business Cost	税金及附加 Taxes and Other Charges	其他业务利润 Profits from Other Business	销售费用 Selling Expenses	管理费用 Administr-ative Expenses
全 国	**National Total**	**17888520**	**14529154**	**138460**	**46564**	**1388070**	**1039928**
北 京	Beijing	813379	555143	5768	22360	198025	73808
天 津	Tianjin	177584	142851	1624	196	18616	24053
河 北	Hebei	91381	77169	602	122	8266	3481
山 西	Shanxi	224131	200365	744	457	8750	8412
内蒙古	Inner Mongolia	18286	16246	47		982	844
辽 宁	Liaoning	168823	132918	1452	113	15700	21221
吉 林	Jilin	73794	66361	212	68	1803	5475
黑龙江	Heilongjiang	74440	55779	913	31	6511	12123
上 海	Shanghai	924552	661707	4835	1899	170622	92807
江 苏	Jiangsu	1552396	1310355	7106	1694	78718	98541
浙 江	Zhejiang	458369	340729	2291	2409	63439	44327
安 徽	Anhui	563188	480174	3337	80	39304	19245
福 建	Fujian	3629982	3180102	33176	508	132102	142567
江 西	Jiangxi	530188	456642	3434	660	22210	22535
山 东	Shandong	454274	382426	2272	330	33786	35180
河 南	Henan	861509	688604	7439	1047	39775	40046
湖 北	Hubei	899739	721270	9083	2148	51659	43200
湖 南	Hunan	1571036	1320425	15325	2748	65862	56625
广 东	Guangdong	1184022	915968	10961	5535	143391	98305
广 西	Guangxi	205488	185085	594	510	6451	6526
海 南	Hainan	17768	16412	44		1192	749
重 庆	Chongqing	875545	686842	6682	862	32278	34307
四 川	Sichuan	573274	438603	5624	64	49962	38639
贵 州	Guizhou	76596	60849	789	70	5054	11183
云 南	Yunnan	178341	138774	547	151	10484	6741
西 藏	Tibet	729	644	17			17
陕 西	Shaanxi	1124196	909973	10269	917	66698	65169
甘 肃	Gansu	68442	60587	306		3279	3132
青 海	Qinghai	12466	10251	35		915	1247
宁 夏	Ningxia	820	753	7		187	111
新 疆	Xinjiang	483782	315147	2925	1585	112049	29312

单位：万元
Unit: 10000 yuan

财务费用 Financial Expenses	#利息支出 Interest Expenses	营业利润 Operating Profits	利润总额 Total Profits	应交所得税 Income Tax Payable	应付职工薪酬 Payables to Employees	应交增值税 VAT Payable
225998	**82284**	**475006**	**412354**	**59169**	**750070**	**276657**
4701	3924	-27093	-24970	590	89206	22248
4735	4544	-11844	-12114	-207	10958	2110
254	194	2294	1628	352	5984	1449
2403	1349	3082	3231	217	7759	3578
569	560	-411	-416	11	900	264
4614	3843	-7126	-5475	-4495	8637	2708
19	197	-271	-484	87	2695	1148
3633	718	-7186	-7083	62	5197	1395
9660	4445	-17942	-101313	3864	76810	17880
16203	8795	15710	18777	5766	70213	22588
6242	2192	320	944	4027	32257	10827
2994	917	14739	15072	1047	23875	7154
20633	3104	101972	102145	8651	54891	45537
3022	1318	19655	19714	1023	21231	7729
5304	3505	-8773	-8037	1350	20010	4614
20205	14677	60853	61483	4608	33952	11609
13365	4104	48157	50609	2895	37085	19098
58381	2507	101063	101125	6411	36683	16611
11799	9236	-2987	-571	5484	81171	22907
815	413	4750	4804	235	5753	3223
44	28	-671	-669	4	1104	211
6769	3848	69503	70230	3691	25965	13352
5658	3638	18949	19198	2572	26950	9135
2106	49	-4235	-4122	359	4254	784
691	388	17721	17731	603	6798	2663
1		65	69	1	77	9
11141	1773	53575	59133	4571	31816	19727
366	47	772	845	46	1825	681
948	919	-940	-929		779	188
17	18	-255	-235		202	42
8706	1034	31560	32034	5344	25033	5188

货摊、无店铺及其他零售业

Stalls, Non-shop and Other Retails

地　区	Region	营业收入 Business Revenue	营业成本 Business Cost	税金及附加 Taxes and Other Charges	其他业务利润 Profits from Other Business	销售费用 Selling Expenses	管理费用 Administrative Expenses
全　国	**National Total**	**191394767**	**166994382**	**397158**	**609228**	**18223146**	**3956297**
北　京	Beijing	36009598	33760091	31803	143210	1889613	336851
天　津	Tianjin	4322601	3665786	8475	644	472949	117066
河　北	Hebei	4689284	4286392	6699	1213	319503	15209
山　西	Shanxi	810650	730786	1374	14765	24626	28618
内蒙古	Inner Mongolia	527178	373453	1460	-41	150103	5877
辽　宁	Liaoning	3959732	3604659	5352	713	290471	46754
吉　林	Jilin	340487	307779	584	141	26931	4939
黑龙江	Heilongjiang	510880	458856	793	8	42108	5735
上　海	Shanghai	20144349	16477918	37175	99922	2932139	733819
江　苏	Jiangsu	15031685	13202336	24691	34220	1192031	347493
浙　江	Zhejiang	16273205	13037684	47815	85051	2490631	484597
安　徽	Anhui	5078222	4190289	14001	11326	593813	123334
福　建	Fujian	12209919	10304051	33301	48676	1150687	349668
江　西	Jiangxi	2756526	2464865	7726	33405	133449	54101
山　东	Shandong	5489992	4706076	10569	24295	673085	75952
河　南	Henan	1973667	1625059	8891	865	162846	59259
湖　北	Hubei	7499907	6812687	14572	2380	454009	67863
湖　南	Hunan	3456884	2830844	27453	1915	352313	122777
广　东	Guangdong	28830104	24758221	71364	57479	3380564	650825
广　西	Guangxi	819918	716157	1910	4005	60954	23528
海　南	Hainan	628588	575461	633	1	47954	1448
重　庆	Chongqing	2953987	2700393	4779	21594	157874	41451
四　川	Sichuan	9150699	8310876	14579	8495	644585	127034
贵　州	Guizhou	1041205	919881	1581	7923	110850	11501
云　南	Yunnan	161966	135333	418	466	14670	7397
西　藏	Tibet	20548	16569	11	7	661	1745
陕　西	Shaanxi	6218810	5639463	12675	2069	411998	89392
甘　肃	Gansu	181105	152894	978	2050	8204	7302
青　海	Qinghai	29496	25666	4168	737	1416	1222
宁　夏	Ningxia	49930	38454	170	442	8562	3304
新　疆	Xinjiang	223645	165403	1158	1252	23547	10236

单位：万元

Unit: 10000 yuan

财务费用 Financial Expenses	#利息支出 Interest Expenses	营业利润 Operating Profits	利润总额 Total Profits	应交所得税 Income Tax Payable	应付职工薪酬 Payables to Employees	应交增值税 VAT Payable
262829	**136722**	**1214486**	**1489479**	**442296**	**3458276**	**1984091**
33235	27343	-128416	-149813	32587	485491	180615
2633	2246	70452	77605	9261	33282	50070
1631	1688	52668	57277	858	11704	35734
6479	4571	-1063	1788	1248	22100	4706
2858	2149	-3206	-2954	-894	5017	8060
3628	1118	7298	15085	2510	15954	30648
2369	1560	-2114	-2130	472	2765	4050
459	299	1616	2307	245	2979	3082
25152	12821	-53402	49622	71987	524536	255432
26544	9289	136538	149207	39199	229696	130069
21500	17543	218528	209166	66215	454258	306158
8177	3641	133885	141098	16730	120306	58925
21641	7362	333838	346666	34346	327922	105040
5324	2039	79976	83165	5751	40025	19012
4108	1392	39914	47821	22010	91776	84421
12990	2387	92965	96030	10258	57444	16431
6741	3542	63261	70993	7122	62029	61310
14976	4628	97872	105283	10430	107602	44312
46120	22453	-81424	-23203	81260	621085	330045
1046	779	14792	15852	1986	28228	10221
223	46	2702	2332	40	1586	5101
2290	1097	936	20691	1490	42800	18870
5354	1098	51262	65808	10666	72136	81581
1122	904	-4037	7594	1512	11730	10977
847	753	3493	4026	389	7070	1549
61	48	1501	1546	47	339	8
3688	1399	53793	63375	7521	50911	106281
1493	1022	10796	11115	2676	5472	15343
-307	9	1717	2584	369	1775	691
228	180	9	1034	376	4197	528
219	1316	18336	18509	3629	16061	4821

3-5-1 限额以上批发和零售业产业活动单位和个体经营户基本情况

Basic Conditions of Establishments and Getihus above Designated Size of Wholesale and Retail Trades

项　目	Item	单位数（个）Number of Units (unit)	年末从业人数（人）Engaged Persons the Year-end (person)
总　计	**Total**	**32815**	**473001**
一、批发业	**Wholesale Trade**	**2808**	**53615**
(一)按登记注册类型分	**by Type of Registration**		
1.内资企业	**Domestic Funded Enterprises**	**133**	**12914**
国有企业	State-owned Enterprises	28	2517
集体企业	Collective-owned Enterprises	NA	90
股份合作企业	Cooperative Enterprises	NA	102
联营企业	Joint Ownership Enterprises		
国有联营企业	State Joint Ownership Enterprises		
集体联营企业	Collective Joint Ownership Enterprises		
国有与集体联营企业	Joint State-collective Enterprises		
其他联营企业	Other Joint Ownership Enterprises		
有限责任公司	Limited Liability Corporations	49	4726
国有独资公司	State Sole Funded Corporations	5	158
其他有限责任公司	Other Limited Liability Corporations	44	4568
股份有限公司	Share-holding Corporations Ltd.	26	4334
私营企业	Private Enterprises	22	1065
私营独资企业	Private-funded Enterprises	NA	19
私营合伙企业	Private Partnership Enterprises		
私营有限责任公司	Private Limited Liability Corporations	20	1046
私营股份有限公司	Private Share-holding Corporations Ltd.		
其他内资企业	Other Domestic Funded Enterprises	4	80
2.港、澳、台商投资企业	**Enterprises with Funds from Hongkong, Macao and Taiwan**	**31**	**5978**
合资经营企业	Joint-venture Enterprises	9	644
合作经营企业	Cooperative Enterprises		
独资经营企业	Enterprises with Sole Investment	18	4317
投资股份有限公司	Share-holding Corporations Ltd. with Investment	NA	399
其他港澳台商投资企业	Other Enterprises with Funds from Hongkong, Macao and Taiwan	NA	618
3.外商投资企业	**Foreign Funded Enterprises**	**50**	**11048**
中外合资经营企业	Joint-venture Enterprises	13	848
中外合作经营企业	Cooperative Enterprises	NA	694
外资企业	Enterprises with Sole Foreign Investment	28	8492
外商投资股份有限公司	Share-holding Corporations Ltd. with Foreign Investment	4	533
其他外商投资企业	Other Foreign Funded Enterprises	NA	481
4.个体经营户	**Getihus**	**2594**	**23675**

项　目	Item	单位数（个）Number of Units (unit)	年末从业人数（人）Engaged Persons the Year-end (person)
（二）按国民经济行业分	**by Sector**		
农、林、牧、渔产品批发	Wholesale of Agricultural, Forestry, Livestock and Fishery Products	261	2732
食品、饮料及烟草制品批发	Wholesale of Food, Beverages and Tobaccos	1462	26403
#米、面制品及食用油批发	Wholesale of Rice, Flour and Edible Oil	132	1702
肉、禽、蛋、奶及水产品批发	Wholesale of Meal, Fowls, Eggs, Milk and Aquatic Products	308	4297
酒、饮料及茶叶批发	Wholesale of Wine, Beverages and Teas	180	7580
烟草制品批发	Wholesale of Tobaccos	5	396
纺织、服装及家庭用品批发	Wholesale of Textiles, Wearing Apparel and Household Articles	325	9187
#服装批发	Wholesale of Garments	39	1039
鞋帽批发	Wholesale of Shoes and Hats	9	529
日用家电批发	Wholesale of Household Electrical Appliances	22	2654
文化、体育用品及器材批发	Wholesale of Culture, Sports Appliances and Equipments	57	479
#文具用品批发	Wholesale of Stationeries	19	86
体育用品及器材批发	Wholesale of Sports Appliances and Equipments	7	76
图书批发	Wholesale of Books	6	87
医药及医疗器材批发	Wholesale of Medicines and Medical Appliances	10	769
#西药批发	Wholesale of Western Medicines	NA	282
中药批发	Wholesale of Chinese Traditional Medicines	5	447
矿产品、建材及化工产品批发	Wholesale of Mineral Products, Building Materials and Chemical Products	501	7686
#煤炭及制品批发	Wholesale of Coal and Related Products	13	385
石油及制品批发	Wholesale of Petroleum and Related Products	23	2036
金属及金属矿批发	Wholesale of Metal Materials	80	852
建材批发	Wholesale of Building Materials	290	3420
化肥批发	Wholesale of Chemical Fertilizer	70	740
农药批发	Wholesale of Pesticides	11	81
机械设备、五金产品及电子产品批发	Wholesale of Machinery, Hardware and Electronic Products	146	5635
#汽车及零配件批发	Wholesale of Motor Vehicles and Their Parts	26	1720
计算机、软件及辅助设备批发	Wholesale of Computer, Software and Assistant Appliances	7	517
通信设备批发	Wholesale of Communication Equipments	5	819
贸易经纪与代理	Trade Broker and Agency	NA	14
其他批发业	Other Wholesale not Classified Elsewhere	44	710

3-5-1 续表 2 Continued 2

项 目	Item	单位数（个）Number of Units (unit)	年末从业人数（人）Engaged Persons the Year-end (person)	零售业营业面积（平方米）Business Area of Retail Trade at the Year-end (m^2)
二、零售业	**Retail Trade**	**30007**	**419386**	**21603852**
（一）按登记注册类型分	**by Type of Registration**			
1.内资企业	**Domestic Funded Enterprises**	**538**	**32616**	**3003313**
国有企业	State-owned Enterprises	75	7018	187904
集体企业	Collective-owned Enterprises	28	455	26499
股份合作企业	Cooperative Enterprises			
联营企业	Joint Ownership Enterprises			
国有联营企业	State Joint Ownership Enterprises			
集体联营企业	Collective Joint Ownership Enterprises			
国有与集体联营企业	Joint State-collective Enterprises			
其他联营企业	Other Joint Ownership Enterprises			
有限责任公司	Limited Liability Corporations	195	11874	1171065
国有独资公司	State Sole Funded Corporations	15	1458	43445
其他有限责任公司	Other Limited Liability Corporations	180	10416	1127620
股份有限公司	Share-holding Corporations Ltd.	27	2139	375022
私营企业	Private Enterprises	189	9608	755915
私营独资企业	Private-funded Enterprises	13	2198	53782
私营合伙企业	Private Partnership Enterprises	NA	135	4100
私营有限责任公司	Private Limited Liability Corporations	162	6702	675831
私营股份有限公司	Private Share-holding Corporations Ltd.	11	573	22202
其他企业	Other Enterprises	24	1522	486908
2.港、澳、台商投资企业	**Enterprises with Funds from Hongkong, Macao and Taiwan**	**36**	**3187**	**252628**
合资经营企业	Joint-venture Enterprises	9	824	162238
合作经营企业	Cooperative Enterprises			
独资经营企业	Enterprises with Sole Investment	23	2107	84735
投资股份有限公司	Share-holding Corporations Ltd. with Investment	4	256	5655
其他港澳台商投资企业	Other Enterprises with Funds from Hongkong, Macao and Taiwan			
3.外商投资企业	**Foreign Funded Enterprises**	**69**	**15341**	**324425**
中外合资经营企业	Joint-venture Enterprises	15	1354	77327
中外合作经营企业	Cooperative Enterprises	5	9146	58209
外资企业	Enterprises with Sole Foreign Investment	45	4521	172606
外商投资股份有限公司	Share-holding Corporations Ltd. with Foreign Investment	NA	239	8376
其他外商投资企业	Other Foreign Funded Enterprises	NA	81	7907
4.个体经营户	**Getihus**	**29358**	**368163**	**18022576**

项　　目	Item	单位数(个) Number of Units (unit)	年末从业人数(人) Engaged Persons the Year-end (person)	零售业营业面积(平方米) Business Area of Retail Trade at the Year-end (㎡)
(二)按国民经济行业分	**by Sector**			
综合零售	Integrated Retail	10585	223476	12250474
#百货零售	Retail of General Merchandise	4821	91176	5781879
超级市场零售	Retail of Supermarkets	3569	93927	4963917
食品、饮料及烟草制品专门零售	Special Retail of Food, Beverages and Tobaccos	4375	37462	1054867
#粮油零售	Retail of Cereal and Oil	322	2900	111180
肉、禽、蛋、奶及水产品零售	Retail of Meat, Poultry, Eggs, Milk and Aquatic Products	1084	7766	149289
酒、饮料及茶叶零售	Retail of Wine, Beverages and Teas	1060	8035	270353
烟草制品零售	Retail of Tobaccos	199	1050	33230
纺织、服装及日用品专门零售	Special Retail of Textiles, Garments and Daily Consumer Articles	3590	45499	1876435
#服装零售	Retail of Garments	1891	27606	1250464
文化、体育用品及器材专门零售	Special Retail of Culture, Sports Appliances and Equipments	1461	18882	455443
#体育用品及器材零售	Retail of Sports Appliances and Equipments	40	313	11904
图书、报刊零售	Retail of Books, Newspapers and Magazines	107	5062	88724
医药及医疗器材专门零售	Special Retail of Medicines and Medical Appliances	373	4183	132213
#西药零售	Retail of Western Medicines	301	3478	106207
汽车、摩托车、零配件和燃料及其他动力销售	Retail of Motor Vehicles, Motorcycles, Parts, Fuel and Other Powers	1282	12818	913894
#汽车新车零售	Retail of New Motor Vehicles	110	1305	96631
机动车燃油零售	Retail of Fuel Oil of Motor Vehicles	445	5627	465554
家用电器及电子产品专门零售	Special Retail of Household Electric Appliances and Electronic Products	2642	24466	1024383
#日用家电零售	Retail of Household Electric Appliances	1631	14556	744256
计算机、软件及辅助设备零售	Retail of Computer, Software and Assistant Appliances	231	1937	44035
通信设备零售	Retail of Communication Equipments	471	5086	108421
五金、家具及室内装饰材料专门零售	Special Retail of Hardware, Furniture and Interior Decoration Materials	5337	48581	3711396
货摊、无店铺及其他零售业	Stalls, Non-shop and Other Retails	362	4019	184747
#互联网零售	Retail on the Internet	100	861	14783
(三)按零售业态分	**by Mode of Business Operation**			
有店铺零售	Store-based Retailing	29851	417295	21560521
#超市	Supermarket	8168	166958	8384898
大型超市	Hypermarket	120	12254	1233938
百货店	Department Store	2400	43047	2221203
专业店	Speciality Store	8578	85759	3704598
专卖店	Exclusive Shop	5036	51566	2298500
无店铺零售	Non-Store Selling	155	2084	43331

3-5-2 各地区限额以上批发和零售业产业活动单位和个体经营户基本情况

Basic Conditions of Establishments and Getihus above Designated Size of Wholesale and Retail Trades by Region

地区	Region	批发业 Wholesale Trade		零售业 Retail Trade	
		单位数（个） Number of Units (unit)	年末从业人数（人） Engaged Persons at the Year-end (person)	单位数（个） Number of Units (unit)	年末从业人数（人） Engaged Persons at the Year-end (person)
全国	**National Total**	**2808**	**53615**	**30007**	**419386**
北京	Beijing	17	2072	29	868
天津	Tianjin	4	257	20	1413
河北	Hebei	20	2455	375	7071
山西	Shanxi	14	275	1039	14934
内蒙古	Inner Mongolia	5	328	159	6047
辽宁	Liaoning	118	2840	701	9887
吉林	Jilin	54	946	312	6194
黑龙江	Heilongjiang	10	410	412	8938
上海	Shanghai	NA	1703	NA	8845
江苏	Jiangsu	614	5813	3507	36125
浙江	Zhejiang	228	3789	854	9823
安徽	Anhui	195	2933	3176	34317
福建	Fujian	92	2143	911	9408
江西	Jiangxi	140	2618	1431	21235
山东	Shandong	250	4753	2093	25842
河南	Henan	141	3036	3644	52081
湖北	Hubei	133	2294	1897	31227
湖南	Hunan	96	1322	1731	26618
广东	Guangdong	43	1880	335	4314
广西	Guangxi	155	2595	619	11295
海南	Hainan			14	430
重庆	Chongqing	150	1509	2806	26945
四川	Sichuan	86	1955	1630	28100
贵州	Guizhou	122	2288	498	8157
云南	Yunnan	26	516	597	9334
西藏	Tibet			10	116
陕西	Shaanxi	8	362	580	9618
甘肃	Gansu	15	207	87	2246
青海	Qinghai	NA	6	11	446
宁夏	Ningxia	21	101	68	1165
新疆	Xinjiang	48	2209	459	6347

3-5-3 限额以上批发和零售业产业活动单位和个体经营户商品购、销、存总额

Total Purchases, Sales and Inventory of Establishments and Getihus above Designated Size of Wholesale and Retail Trades

单位：万元

UnKt：10000 yuan

项　目	Item	商品购进额 Total Purchases Value	#进口 Imports	商品销售额 Total Sales Value	#出口 Exports	期末商品库存额 Inventory (year-end)
总　计	**Total**	**83052404**	**1101909**	**109353195**	**6964606**	**7913530**
一、批发业	**Wholesale Trade**	**46972218**	**1022600**	**51625133**	**6962794**	**2793815**
(一)按登记注册类型分	**by Type of Registration**					
1.内资企业	**Domestic Funded Enterprises**	**13813889**	**1001094**	**15668278**	**6525**	**887078**
国有企业	State-owned Enterprises	3155724	32450	4124638	6525	256241
集体企业	Collective-owned Enterprises	13190		19713		8113
股份合作企业	Cooperative Enterprises	3362		3758		100
联营企业	Joint Ownership Enterprises					
国有联营企业	State Joint Ownership Enterprises					
集体联营企业	Collective Joint Ownership Enterprises					
国有与集体联营企业	Joint State-collective Enterprises					
其他联营企业	Other Joint Ownership Enterprises					
有限责任公司	Limited Liability Corporations	4135685	968644	4502866		354421
国有独资公司	State Sole Funded Corporations	1048020		1084069		12950
其他有限责任公司	Other Limited Liability Corporations	3087665	968644	3418798		341472
股份有限公司	Share-holding Corporations Ltd.	5853023		6302125		123111
私营企业	Private Enterprises	443289		486753		35547
私营独资企业	Private-funded Enterprises	15941		22383		4
私营合伙企业	Private Partnership Enterprises					
私营有限责任公司	Private Limited Liability Corporations	427348		464370		35543
私营股份有限公司	Private Share-holding Corporations Ltd.					
其他企业	Other Enterprises	209613		228430		109546
2.港、澳、台商投资企业	**Enterprises with Funds from Hongkong, Macao and Taiwan**	**20787872**		**21573530**	**6942420**	**1301805**
合资经营企业	Joint-venture Enterprises	363875		419268		4518
合作经营企业	Cooperative Enterprises					
独资经营企业	Enterprises with Sole Investment	20359898		21077735	6942420	1286430
投资股份有限公司	Share-holding Corporations Ltd. with Investment	34446		35245		41
其他港澳台商投资企业	Other Enterprises with Funds from Hongkong, Macao and Taiwan	29651		41286		10818
3.外商投资企业	**Foreign Funded Enterprises**	**1933399**		**2656506**	**9675**	**70393**
中外合资经营企业	Joint-venture Enterprises	229019		259349		4963
中外合作经营企业	Cooperative Enterprises	60626		69885		4597
外资企业	Enterprises with Sole Foreign Investment	1440469		2081673	9675	51825
外商投资股份有限公司	Share-holding Corporations Ltd. with Foreign Investment	151412		180784		8874
其他外商投资企业	Other Foreign Funded Enterprises	51872		64817		132
4.个体经营户	**Getihus**	**10437064**	**21506**	**11726822**	**4174**	**534542**

3-5-3 续表 1 Continued 1

单位：万元

Unit: 10000 yuan

项 目	Item	商品购进额 Total Purchases Value	#进口 Imports	商品销售额 Total Sales Value	#出口 Exports	期末商品库存额 Inventory (year-end)
(二)按国民经济行业分	**by Sector**					
农、林、牧、渔产品批发	Wholesale of Agricultural, Forestry, Livestock and Fishery Products	1002080		1211414		145857
食品、饮料及烟草制品批发	Wholesale of Food, Beverages and Tobaccos	9858990	990100	11104017	4149	640812
#米、面制品及食用油批发	Wholesale of Rice, Flour and Edible Oil	970343		1077752		43641
肉、禽、蛋、奶及水产品批发	Wholesale of Meal, Fowls, Eggs, Milk and Aquatic Products	2631150	968644	2794336		346091
酒、饮料及茶叶批发	Wholesale of Wine, Beverages and Teas	1660147		2007242		82137
烟草制品批发	Wholesale of Tobaccos	55298		75400		2242
纺织、服装及家庭用品批发	Wholesale of Textiles, Wearing Apparel and Household Articles	1991095		2473350	9700	104716
#服装批发	Wholesale of Garments	134962		171037	25	19484
鞋帽批发	Wholesale of Shoes and Hats	30912		47922		9546
日用家电批发	Wholesale of Household Electrical Appliances	666911		834016		7345
文化、体育用品及器材批发	Wholesale of Culture, Sports Appliances and Equipments	421513		438595		20028
#文具用品批发	Wholesale of Stationeries	40923		48680		1970
体育用品及器材批发	Wholesale of Sports Appliances and Equipments	8534		10083		1336
图书批发	Wholesale of Books	193708		195098		13954
医药及医疗器材批发	Wholesale of Medicines and Medical Appliances	113814		126050		13017
#西药批发	Wholesale of Western Medicines	97359		97772		10998
中药批发	Wholesale of Chinese Traditional Medicines	8768		19680		1553
矿产品、建材及化工产品批发	Wholesale of Mineral Products, Building Materials and Chemical Products	7705889	32500	9068959	6525	432973
#煤炭及制品批发	Wholesale of Coal and Related Products	665570		1254493		150419
石油及制品批发	Wholesale of Petroleum and Related Products	2539714	32450	2798062	6525	61766
金属及金属矿批发	Wholesale of Metal Materials	1718448		1826019		90778
建材批发	Wholesale of Building Materials	1160690		1275400		72650
化肥批发	Wholesale of Chemical Fertilizer	249990		271656		24373
农药批发	Wholesale of Pesticides	31935	50	39335		3935
机械设备、五金产品及电子产品批	Wholesale of Machinery, Hardware and Electronic Products	25689941		27004209	6942420	1407520
#汽车及零配件批发	Wholesale of Motor Vehicles and Their Parts	4764119		5118732		71064
计算机、软件及辅助设备批发	Wholesale of Computer, Software and Assistant Appliances	651604		659941		15555
通讯设备批发	Wholesale of Communication Equipments	19512349		20256907	6942420	1274391
贸易经纪与代理	Trade Broker and Agency	23825		27337		912
其他批发业	Other Wholesale not Classified Elsewhere	165075		171214		27984

3-5-3 续表 2 Continued 2

单位：万元
Unit: 10000 yuan

项 目	Item	商品购进额 Total Purchases Value	#进口 Imports	商品销售额 Total Sales Value	#出口 Exports	期末商品库存额 Inventory (year-end)
二、零售业	**Retail Trade**	**36080188**	**79311**	**57728060**	**1812**	**5119719**
(一)按登记注册类型分	**by Type of Registration**					
1.内资企业	**Domestic Funded Enterprises**	**2842913**	**24315**	**18599316**	**1793**	**433470**
国有企业	State-owned Enterprises	389692	1780	728525	1793	31598
集体企业	Collective-owned Enterprises	53717		65539		9258
股份合作企业	Cooperative Enterprises					
联营企业	Joint Ownership Enterprises					
国有联营企业	State Joint Ownership Enterprises					
集体联营企业	Collective Joint Ownership Enterprises					
国有与集体联营企业	Joint State-collective Enterprises					
其他联营企业	Other Joint Ownership Enterprises					
有限责任公司	Limited Liability Corporations	1367200	22535	1906133		242589
国有独资公司	State Sole Funded Corporations	97147		162641		7715
其他有限责任公司	Other Limited Liability Corporations	1270053	22535	1743492		234877
股份有限公司	Share-holding Corporations Ltd.	173000		240566		47571
私营企业	Private Enterprises	695445		15461826		87139
私营独资企业	Private-funded Enterprises	77930		91259		17362
私营合伙企业	Private Partnership Enterprises	8326		11947		1182
私营有限责任公司	Private Limited Liability Corporations	537958		15281830		59128
私营股份有限公司	Private Share-holding Corporations Ltd.	71232		76792		9468
其他企业	Other Enterprises	163861		196733		15321
2.港、澳、台商投资企业	**Enterprises with Funds from Hongkong, Macao and Taiwan**	**220054**		**597828**		**124116**
合资经营企业	Joint-venture Enterprises	47992		272370		89710
合作经营企业	Cooperative Enterprises					
独资经营企业	Enterprises with Sole Investment	146511		294429		33170
投资股份有限公司	Share-holding Corporations Ltd. with Investment	25553		31030		1236
其他港澳台商投资企业	Other Enterprises with Funds from Hongkong, Macao and Taiwan					
3.外商投资企业	**Foreign Funded Enterprises**	**1118024**		**1396969**		**115939**
中外合资经营企业	Joint-venture Enterprises	216016		238135		29704
中外合作经营企业	Cooperative Enterprises	175387		188365		36481
外资企业	Enterprises with Sole Foreign Investment	699156		866336		44299
外商投资股份有限公司	Share-holding Corporations Ltd. with Foreign Investment	18501		95219		3666
其他外商投资企业	Other Foreign Funded Enterprises	8962		8914		1790
4.个体经营户	**Getihus**	**31896240**	**54996**	**37130516**	**19**	**4445389**

3-5-3 续表 3 Continued 3

单位：万元
Unit: 10000 yuan

项目	Item	商品购进额 Total Purchases Value	#进口 Imports	商品销售额 Total Sales Value	#出口 Exports	期末商品库存额 Inventory (year-end)
(二)按国民经济行业分	**by Sector**					
综合零售	Integrated Retail	12586297	12632	29680289	19	2070946
#百货零售	Retail of General Merchandise	5246163	9223	21306497	2	800132
超级市场零售	Retail of Supermarkets	5220633	2823	5966512	17	957166
食品、饮料及烟草制品专门零售	Special Retail of Food, Beverages and Tobaccos	5048859	1501	5948856		515781
#粮油零售	Retail of Cereal and Oil	371481	594	420219		46098
肉、禽、蛋、奶及水产品零售	Retail of Meat, Poultry, Eggs, Milk and Aquatic Products	1021093	503	1210627		65075
酒、饮料及茶叶零售	Retail of Wine, Beverages and Teas	1493433	128	1745921		201742
烟草制品零售	Retail of Tobaccos	208511		240117		16195
纺织、服装及日用品专门零售	Special Retail of Textiles, Garments and Daily Consumer Articles	3766877	32290	4871698		605125
#服装零售	Retail of Garments	1922104	30671	2628032		373715
文化、体育用品及器材专门零售	Special Retail of Culture, Sports Appliances and Equipments	1577874	2636	1881681		319634
#体育用品及器材零售	Retail of Sports Appliances and Equipments	40362		45150		4429
图书、报刊零售	Retail of Books, Newspapers and Magazines	170622	2636	201336	1793	22384
医药及医疗器材专门零售	Special Retail of Medicines and Medical Appliances	547787	449	642257		83139
#西药零售	Retail of Western Medicines	466713	2	546481		64687
汽车、摩托车、零配件和燃料及其他动力销售	Retail of Motor Vehicles, Motorcycles, Parts, Fuel and Other Powers	2370093	22531	2785064		264121
#汽车新车零售	Retail of New Motor Vehicles	291241	20143	318658		43590
机动车燃油零售	Retail of Fuel Oil of Motor Vehicles	729239	2352	865240		105923
家用电器及电子产品专门零售	Special Retail of Household Electric and Electronic Products	3225357	9	3768979		444947
#日用家电零售	Retail of Household Electric Appliances	1948366	9	2283970		292701
计算机、软件及辅助设备零售	Retail of Computer, Software and Assistant Appliances	285097		341733		27554
通信设备零售	Retail of Communication Equipments	507443		594252		59930
五金、家具及室内装饰材料专门零售	Special Retail of Hardware, Furniture and Interior Decoration Materials	6173664	6830	7238350		700740
货摊、无店铺及其他零售业	Stalls, Non-shop and Other Retails	783379	436	910882		115285
#互联网零售	Retail on the Internet	364517		426386		89160
(三)按零售业态分	**by Mode of Business Operation**					
有店铺零售	Store-based Retailing	35555779	79311	57069903	1812	5020303
#超市	Supermarket	9306121	9267	10634088	19	1602749
大型超市	Hypermarket	829042	58	1009005		124311
百货店	Department Store	2918782	1797	3737326		373860
专业店	Speciality Store	10166027	36220	12232181	1793	1181155
专卖店	Exclusive Shop	6612779	26863	7840725		1048345
无店铺零售	Non-Store Selling	523855		657472		99011

3-5-4 各地区限额以上批发业产业活动单位和个体经营户商品购、销、存情况

Total Purchases, Sales and Inventory of Establishments and Getihus above Designated Size of Wholesale Trade by Region

单位：万元

Unit: 10000 yuan

地区	Region	商品购进额 Total Purchases Value	#进口 Imports	商品销售额 Total Sales Value	#出口 Exports	期末商品库存额 Inventory (year-end)
全国	**National Total**	**46972218**	**1022600**	**51625133**	**6962794**	**2793815**
北京	Beijing	22173198	968644	22865676	6942420	1571735
天津	Tianjin	408976	5505	437093	6525	10622
河北	Hebei	4785262		5140567		85516
山西	Shanxi	225493		238856		6618
内蒙古	Inner Mongolia	1932140		2208084		29337
辽宁	Liaoning	362240		464754		26139
吉林	Jilin	42826		130884		12568
黑龙江	Heilongjiang	184843		205608		114736
上海	Shanghai	391779		555151		3983
江苏	Jiangsu	4428413		4902429		111054
浙江	Zhejiang	1557375	16409	2361616	25	90058
安徽	Anhui	680142		878277		25425
福建	Fujian	703046		774993		27113
江西	Jiangxi	750008		850312		84226
山东	Shandong	1265920	70	1494591	9675	102201
河南	Henan	1422171		1571800		111803
湖北	Hubei	641095		814602		57374
湖南	Hunan	300364		366812		23746
广东	Guangdong	374307		519640		6393
广西	Guangxi	1114233	5027	1183717	4149	33838
海南	Hainan					
重庆	Chongqing	372814		427611		30916
四川	Sichuan	800480	26945	979569		63993
贵州	Guizhou	668486		755358		17620
云南	Yunnan	143818		176969		9382
西藏	Tibet					
陕西	Shaanxi	31155		33928		5730
甘肃	Gansu	40079		47732		967
青海	Qinghai	2574		2103		493
宁夏	Ningxia	54332		52804		1329
新疆	Xinjiang	1114649		1183597		128900

3−5−5 各地区限额以上零售业产业活动单位和个体经营户商品购、销、存情况

Total Purchases, Sales and Inventory of Establishments and Getihus above Designated Size of Retail Trade by Region

单位：万元

Unit: 10000 yuan

地 区	Region	商品购进额 Total Purchases Value	#进 口 Imports	商品销售额 Total Sales Value	#出 口 Exports	期末商品库存额 Inventory (year-end)
全 国	**National Total**	**36080188**	**79311**	**57728060**	**1812**	**5119719**
北 京	Beijing	419341	19593	532133		106529
天 津	Tianjin	111474		356966		20785
河 北	Hebei	673846		743278		110981
山 西	Shanxi	1028662		1251453		202849
内 蒙 古	Inner Mongolia	222335	25	257591		109855
辽 宁	Liaoning	706051	1517	931436		74063
吉 林	Jilin	218063	50	492703		73547
黑 龙 江	Heilongjiang	464490	5	15148057		125002
上 海	Shanghai	64236		60242		30878
江 苏	Jiangsu	4806378	1272	5822826		192355
浙 江	Zhejiang	1285716	32526	1567887	1793	133958
安 徽	Anhui	3249952	371	3676691		220671
福 建	Fujian	1166696	1347	1360050		153953
江 西	Jiangxi	1633972	620	1913519		301305
山 东	Shandong	1939477	653	2369370		292622
河 南	Henan	3755989	2890	4467022		570423
湖 北	Hubei	3214734	4323	3698126	2	436004
湖 南	Hunan	2202547		2598802	17	318033
广 东	Guangdong	323702	1937	393013		24855
广 西	Guangxi	554925	5700	640432		157961
海 南	Hainan	19772		25700		5423
重 庆	Chongqing	2387015	3494	2844290		330465
四 川	Sichuan	2985075	1650	3362750		490331
贵 州	Guizhou	736273		889855		151667
云 南	Yunnan	568198	1210	659138		214491
西 藏	Tibet	7163	58	8099		5132
陕 西	Shaanxi	598668		804420		110965
甘 肃	Gansu	178171	54	174000		43971
青 海	Qinghai	10320	14	10657		3304
宁 夏	Ningxia	58880		65562		15151
新 疆	Xinjiang	488067	2	601992		92190

3-6-1 大中型批发和零售业企业基本情况

Basic Conditions of Large and Medium-sized Enterprises of Wholesale and Retail Trades

项 目	Item	法人单位数（个）Number of Corporation Enterprises (unit)	年末从业人数（人）Employed Persons at Year-end (person)
总 计	**Total**	**65063**	**9391963**
一、批发业	**Wholesale Trade**	**39704**	**4395303**
#国有控股	State-controlled Enterprises	5913	1042811
(一)按登记注册类型分	**by Type of Registration**		
1.内资企业	**Domestic Funded Enterprises**	**35850**	**3492205**
国有企业	State-owned Enterprises	1170	297859
集体企业	Collective-owned Enterprises	62	7562
股份合作企业	Cooperative Enterprises	40	2912
联营企业	Joint Ownership Enterprises	12	863
国有联营企业	State Joint Ownership Enterprises	NA	197
集体联营企业	Collective Joint Ownership Enterprises	NA	49
国有与集体联营企业	Joint State-collective Enterprises	NA	292
其他联营企业	Other Joint Ownership Enterprises	5	325
有限责任公司	Limited Liability Corporations	9857	1240223
国有独资公司	State Sole Funded Corporations	1099	140575
其他有限责任公司	Other Limited Liability Corporations	8758	1099648
股份有限公司	Share-holding Corporations Ltd.	1024	289575
私营企业	Private Enterprises	23570	1646572
私营独资企业	Private-funded Enterprises	182	13517
私营合伙企业	Private Partnership Enterprises	35	1447
私营有限责任公司	Private Limited Liability Corporations	22769	1566188
私营股份有限公司	Private Share-holding Corporations Ltd.	584	65420
其他企业	Other Enterprises	115	6639
2.港、澳、台商投资企业	**Enterprises with Funds from Hongkong, Macao and Taiwan**	**1507**	**397866**
合资经营企业	Joint-venture Enterprises	216	29165
合作经营企业	Cooperative Enterprises	7	1648
独资经营企业	Enterprises with Sole Investment	1220	339161
投资股份有限公司	Share-holding Corporations Ltd. with Investment	43	21567
其他港澳台商投资企业	Other Enterprises with Funds from Hongkong, Macao and Taiwan	21	6325
3.外商投资企业	**Foreign Funded Enterprises**	**2347**	**505232**
中外合资经营企业	Joint-venture Enterprises	339	62320
中外合作经营企业	Cooperative Enterprises	8	1173
外资企业	Enterprises with Sole Foreign Investment	1921	419530
外商投资股份有限公司	Share-holding Corporations Ltd. with Foreign Investment	52	18587
其他外商投资企业	Other Foreign Funded Enterprises	27	3622

注：NA表示小于或等于3(下表同)。
Note: NA refers to less than or equal to three. The same applies to the tables following.

项　　目	Item	法人单位数（个）Number of Corporation Enterprises (unit)	年末从业人数（人）Employed Persons at Year-end (person)
（二）按国民经济行业分	**by Sector**		
农、林、牧、渔产品批发	Wholesale of Agricultural, Forestry, Livestock and Fishery Products	1451	111504
食品、饮料及烟草制品批发	Wholesale of Food, Beverages and Tobaccos	5392	925822
#米、面制品及食用油批发	Wholesale of Rice, Flour and Edible Oil	770	95353
肉、禽、蛋、奶及水产品批发	Wholesale of Meal, Fowls, Eggs, Milk and Aquatic Products	861	121973
酒、饮料及茶叶批发	Wholesale of Wine, Beverages and Teas	1240	228683
烟草制品批发	Wholesale of Tobaccos	477	251538
纺织、服装及家庭用品批发	Wholesale of Textiles, Wearing Apparel and Household Articles	5212	744211
#服装批发	Wholesale of Garments	1257	241508
鞋帽批发	Wholesale of Shoes and Hats	319	57308
日用家电批发	Wholesale of Household Electrical Appliances	696	102316
文化、体育用品及器材批发	Wholesale of Culture, Sports Appliances and Equipments	1460	169532
#文具用品批发	Wholesale of Stationeries	406	28780
体育用品及器材批发	Wholesale of Sports Appliances and Equipments	132	13796
图书批发	Wholesale of Books	239	40976
医药及医疗器材批发	Wholesale of Medicines and Medical Appliances	6135	742523
#西药批发	Wholesale of Western Medicines	3101	424777
中药批发	Wholesale of Chinese Traditional Medicines	1054	143926
矿产品、建材及化工产品批发	Wholesale of Mineral Products, Building Materials and Chemical Products	10093	817534
#煤炭及制品批发	Wholesale of Coal and Related Products	1038	99381
石油及制品批发	Wholesale of Petroleum and Related Products	1589	249613
金属及金属矿批发	Wholesale of Metal Materials	2745	158406
建材批发	Wholesale of Building Materials	1600	113942
化肥批发	Wholesale of Chemical Fertilizer	355	26748
农药批发	Wholesale of Pesticides	172	16729
机械设备、五金产品及电子产品批发	Wholesale of Machinery, Hardware and Electronic Products	8644	772575
#汽车及零配件批发	Wholesale of Motor Vehicles and Their Parts	1682	136949
计算机、软件及辅助设备批发	Wholesale of Computer, Software and Assistant Appliances	834	77763
通讯设备批发	Wholesale of Communication Equipments	632	79318
贸易经纪与代理	Trade Broker and Agency	336	25000
其他批发业	Other Wholesale not Classified Elsewhere	981	86602

3-6-1 续表 2 Continued 2

项 目	Item	法人单位数(个) Number of Corporation Enterprises (unit)	年末从业人数(人) Employed Persons at Year-end (person)	年末零售营业面积(平方米) Business Area of Retail Trade at Year-end (sq.m)
二、零售业	**Retail Trade**	**25359**	**4996660**	**281630460**
#国有控股	State-controlled Enterprises	2268	660953	57439371
(一)按登记注册类型分	**by Type of Registration**			
1.内资企业	**Domestic Funded Enterprises**	**23325**	**4134170**	**227945618**
国有企业	State-owned Enterprises	289	59882	4128231
集体企业	Collective-owned Enterprises	97	16791	678656
股份合作企业	Cooperative Enterprises	27	5735	1164261
联营企业	Joint Ownership Enterprises	5	652	67045
国有联营企业	State Joint Ownership Enterprises	NA	292	65845
集体联营企业	Collective Joint Ownership Enterprises			
国有与集体联营企业	Joint State-collective Enterprises			
其他联营企业	Other Joint Ownership Enterprises	NA	360	1200
有限责任公司	Limited Liability Corporations	7130	1467597	87759693
国有独资公司	State Sole Funded Corporations	318	60586	3449390
其他有限责任公司	Other Limited Liability Corporations	6812	1407011	84310303
股份有限公司	Share-holding Corporations Ltd.	697	361543	38926962
私营企业	Private Enterprises	15045	2216973	94991669
私营独资企业	Private-funded Enterprises	275	28780	1114182
私营合伙企业	Private Partnership Enterprises	24	2101	148021
私营有限责任公司	Private Limited Liability Corporations	14511	2067796	89971008
私营股份有限公司	Private Share-holding Corporations Ltd.	235	118296	3758458
其他企业	Other Enterprises	35	4997	229101
2.港、澳、台商投资企业	**Enterprises with Funds from Hongkong, Macao and Taiwan**	**1121**	**442466**	**23228282**
合资经营企业	Joint-venture Enterprises	195	73120	5171486
合作经营企业	Cooperative Enterprises	19	5014	231467
独资经营企业	Enterprises with Sole Investment	874	350221	17355438
投资股份有限公司	Share-holding Corporations Ltd. with Investment	15	7992	329641
其他港澳台商投资企业	Other Enterprises with Funds from Hongkong, Macao and Taiwan	18	6119	140250
3.外商投资企业	**Foreign Funded Enterprises**	**913**	**420024**	**30456560**
中外合资经营企业	Joint-venture Enterprises	182	117063	10422214
中外合作经营企业	Cooperative Enterprises	16	4698	289375
外资企业	Enterprises with Sole Foreign Investment	649	262025	15867368
外商投资股份有限公司	Share-holding Corporations Ltd. with Foreign Investment	51	32733	3726990
其他外商投资企业	Other Foreign Funded Enterprises	15	3505	150613

3-6-1 续表 3 Continued 3

项 目	Item	法人单位数(个) Number of Corporation Enterprises (unit)	年末从业人数(人) Employed Persons at Year-end (person)	年末零售营业面积(平方米) Business Area of Retail Trade at Year-end (sq.m)
(二)按国民经济行业分	**by Sector**			
综合零售	Integrated Retail	5972	1886578	134166482
#百货零售	Retail of General Merchandise	2651	724865	75225049
超级市场零售	Retail of Supermarkets	2939	1078502	55405682
食品、饮料及烟草制品专门零售	Special Retail of Food, Beverages and Tobaccos	1241	235546	4638360
#粮油零售	Retail of Cereal and Oil	76	9877	376503
肉、禽、蛋、奶及水产品零售	Retail of Meat, Poultry, Eggs, Milk and Aquatic Products	200	40146	657797
酒、饮料及茶叶零售	Retail of Wine, Beverages and Teas	227	28022	342592
烟草制品零售	Retail of Tobaccos	68	8628	172246
纺织、服装及日用品专门零售	Special Retail of Textiles, Garments and Daily Consumer Articles	1528	456650	16018722
#服装零售	Retail of Garments	945	286034	12456635
文化、体育用品及器材专门零售	Special Retail of Culture, Sports Appliances and Equipments	909	170644	6013114
#体育用品及器材零售	Retail of Sports Appliances and Equipments	39	11482	997063
图书、报刊零售	Retail of Books, Newspapers and Magazines	426	89679	3127826
医药及医疗器材专门零售	Special Retail of Medicines and Medical Appliances	2566	661415	16546841
#西药零售	Retail of Western Medicines	2301	618091	15561000
汽车、摩托车、零配件和燃料及其他动力销售	Retail of Motor Vehicles, Motorcycles, Parts, Fuel and Other Powers	10150	1079269	84919541
#汽车新车零售	Retail of New Motor Vehicles	9142	804503	44853780
机动车燃油零售	Retail of Fuel Oil of Motor Vehicles	733	242692	37189791
家用电器及电子产品专门零售	Special Retail of Household Electric Appliances and Electronic Products	1252	195917	12229575
#日用家电零售	Retail of Household Electric Appliances	420	74693	7908586
计算机、软件及辅助设备零售	Retail of Computer, Software and Assistant Appliances	165	24502	272027
通信设备零售	Retail of Communication Equipments	383	55608	863801
五金、家具及室内装饰材料专门零售	Special Retail of Hardware, Furniture and Interior Decoration Materials	399	62644	4049721
货摊、无店铺及其他零售业	Stalls, Non-shop and Other Retails	1342	247997	3048104
#互联网零售	Retail on the Internet	1020	206317	1875427
(三)按零售业态分	**by Mode of Business Operation**			
有店铺零售	Store-based Retailing	23763	4706563	278830486
#超市	Supermarket	2611	405276	12810265
大型超市	Hypermarket	1947	1043639	67763908
百货店	Department Store	1902	576553	57873177
专业店	Speciality Store	7599	1369989	75012698
专卖店	Exclusive Shop	8803	1215958	56450567
无店铺零售	Non-Store Selling	2334	593491	20655016

3-6-2 各地区大中型批发和零售业企业基本情况
Basic Conditions of Large and Medium-sized Enterprises of Wholesale and Retail Trades by Region

地区	Region	批发业 Wholesale Trade		零售业 Retail Trade	
		法人单位数（个） Number of Corporation Enterprises (unit)	年末从业人数（人） Employed Persons at Year-end (person)	法人单位数（个） Number of Corporation Enterprises (unit)	年末从业人数（人） Employed Persons at Year-end (person)
全国	**National Total**	**39704**	**4395303**	**25359**	**4996660**
北京	Beijing	2700	369029	971	218441
天津	Tianjin	858	131875	309	59278
河北	Hebei	751	76732	944	220418
山西	Shanxi	597	70711	617	101912
内蒙古	Inner Mongolia	359	33373	327	57759
辽宁	Liaoning	733	63164	602	131294
吉林	Jilin	308	30154	350	63558
黑龙江	Heilongjiang	296	42260	374	68669
上海	Shanghai	4349	595332	1064	345794
江苏	Jiangsu	3584	383322	2024	377574
浙江	Zhejiang	3827	351393	1778	270531
安徽	Anhui	865	92441	951	177879
福建	Fujian	1993	153276	987	208191
江西	Jiangxi	485	67642	688	113081
山东	Shandong	2509	254558	1685	336838
河南	Henan	1135	133201	1629	275384
湖北	Hubei	1066	123769	985	217203
湖南	Hunan	838	91178	1011	209554
广东	Guangdong	7007	720260	2718	560211
广西	Guangxi	533	62223	660	97997
海南	Hainan	180	21921	172	29771
重庆	Chongqing	837	80200	591	146545
四川	Sichuan	1264	138868	1226	248925
贵州	Guizhou	347	50132	492	75171
云南	Yunnan	480	67067	522	97944
西藏	Tibet	38	6597	38	5051
陕西	Shaanxi	650	72033	862	153455
甘肃	Gansu	302	28997	275	49133
青海	Qinghai	70	9544	93	11834
宁夏	Ningxia	81	10267	105	17085
新疆	Xinjiang	662	63784	309	50180

3-7-1 大中型批发和零售业企业商品购、销、存情况

项　目	Item	商品购进额 Total Purchases Value	#进口 Imports
总　计	**Total**	**5001555022**	**425945963**
一、批发业	**Wholesale Trade**	**4209643052**	**397639833**
#国有控股	State-controlled Enterprises	1972071572	141584058
(一)按登记注册类型分	**by Type of Registration**		
1.内资企业	**Domestic Funded Enterprises**	**3428922542**	**216681850**
国有企业	State-owned Enterprises	249012703	4322212
集体企业	Collective-owned Enterprises	4970252	653170
股份合作企业	Cooperative Enterprises	2720518	110253
联营企业	Joint Ownership Enterprises	654894	
国有联营企业	State Joint Ownership Enterprises	21274	
集体联营企业	Collective Joint Ownership Enterprises	4755	
国有与集体联营企业	Joint State-collective Enterprises	120422	
其他联营企业	Other Joint Ownership Enterprises	508444	
有限责任公司	Limited Liability Corporations	1837913720	146681239
国有独资公司	State Sole Funded Corporations	330779782	29961565
其他有限责任公司	Other Limited Liability Corporations	1507133938	116719674
股份有限公司	Share-holding Corporations Ltd.	377512486	21322645
私营企业	Private Enterprises	953587878	43592332
私营独资企业	Private-funded Enterprises	4762893	52707
私营合伙企业	Private Partnership Enterprises	677430	13362
私营有限责任公司	Private Limited Liability Corporations	916477797	41081402
私营股份有限公司	Private Share-holding Corporations Ltd.	31669758	2444861
其他企业	Other Enterprises	2550091	
2.港、澳、台商投资企业	**Enterprises with Funds from Hongkong, Macao and Taiwan**	**259147671**	**41990716**
合资经营企业	Joint-venture Enterprises	37718357	5843841
合作经营企业	Cooperative Enterprises	2052470	
独资经营企业	Enterprises with Sole Investment	207267784	33104698
投资股份有限公司	Share-holding Corporations Ltd. with Investment	9973170	2515689
其他港澳台商投资企业	Other Enterprises with Funds from Hongkong, Macao and Taiwan	2135890	526488
3.外商投资企业	**Foreign Funded Enterprises**	**521572838**	**138967266**
中外合资经营企业	Joint-venture Enterprises	186816629	8539844
中外合作经营企业	Cooperative Enterprises	196342	8982
外资企业	Enterprises with Sole Foreign Investment	327742386	129633691
外商投资股份有限公司	Share-holding Corporations Ltd. with Foreign Investment	4953899	550525
其他外商投资企业	Other Foreign Funded Enterprises	1863583	234223

Total Purchases, Sales and Inventory of Large and Medium-sized Enterprises of Wholesale and Retail Trades

单位：万元

Unit: 10 000 yuan

商品销售额 Total Sales Value	#出 口 Exports	期末商品库存额 Inventory (year-end)
5491339350	**163088199**	**375600871**
4546164264	**162476828**	**291837171**
2074222775	43603553	110591562
3658213350	**124131765**	**231646918**
298224057	2892998	18196899
5725572	17547	100649
3232667	13800	106679
694130	6233	46885
22957	6233	971
6477		1000
126216		10051
538479		34862
1933220033	50112755	105575775
347306633	7704311	23734645
1585913400	42408444	81841130
382494144	13096279	44044158
1031852322	57958954	63504117
5239854	173891	1577315
772287	2044	39038
990514920	55873187	59179311
35325261	1909831	2708453
2770426	33200	71757
297972579	**5726784**	**25670794**
40013478	2144266	2680998
2194253		38123
241271896	3498891	22203861
12023867	27304	623837
2469085	56324	123975
589978334	**32618278**	**34519459**
187029104	4955084	4654629
243186	5593	12151
389042375	27618925	29014967
9418677	38676	663313
4244992	1	174400

项　目	Item	商品购进额 Total Purchases Value	#进 口 Imports
(二)按国民经济行业分	**by Sector**		
农、林、牧、渔产品批发	holesale of Agricultural, Forestry, Livestock and Fishery Products	108596060	19156019
食品、饮料及烟草制品批发	Wholesale of Food, Beverages and Tobaccos	385591874	25360640
#米、面制品及食用油批发	Wholesale of Rice, Flour and Edible Oil	68038331	10779122
肉、禽、蛋、奶及水产品批发	Wholesale of Meal, Fowls, Eggs and Aquatic Products	41209276	7228096
酒、饮料及茶叶批发	Wholesale of Wine, Beverages and Teas	63323227	894968
烟草制品批发	Wholesales of Tobaccos	136211402	270729
纺织、服装及家庭用品批发	Wholesale of Textiles, Wearing Apparel and Household Articles	326159978	24054776
#服装批发	Wholesale of Garments	56008227	5640029
鞋帽批发	Wholesale of Shoes and Hats	15829706	1926862
日用家电批发	Wholesale of Household Electrical Appliances	107618294	941674
文化、体育用品及器材批发	Wholesale of Culture, Sports Appliances and Equipments	88837829	4863904
#文具用品批发	Wholesale of Stationeries	21856599	695392
体育用品及器材批发	Wholesale of Sports Appliances and Equipments	11341045	388343
图书批发	Wholesale of Books	8064923	51828
医药及医疗器材批发	Wholesale of Medicines and Medical Appliances	289973454	18511809
#西药批发	Wholesale of Western Medicines	192094259	8466295
中药批发	Wholesale of Chinese Traditional Medicines	40829283	1163554
矿产品、建材及化工产品批发	Wholesale of Mineral Products, Building Materials and Chemical Products	2177988394	152793887
#煤炭及制品批发	Wholesale of Coal and Related Products	276129376	12451456
石油及制品批发	Wholesale of Petroleum and Related Products	480898717	29402867
金属及金属矿批发	Wholesale of Metal Materials	960336320	72440979
建材批发	Wholesale of Building Materials	128387927	6303992
化肥批发	Wholesale of Chemical Fertilizer	40738774	2510128
农药批发	Wholesale of Pesticides	5031483	154284
机械设备、五金产品及电子产品批发	Wholesale of Machinery, Hardware and Electronic Products	717238667	132766933
#汽车及零配件批发	Wholesale of Motor Vehicles and Their Parts	270029947	45114312
计算机、软件及辅助设备批发	Wholesale of Computer, Software and Assistant Appliances	77612895	34627715
通讯设备批发	Wholesale of Communication Equipments	97082884	2211916
贸易经纪与代理	Trade Broker and Agency	37682476	13704352
其他批发业	Other Wholesale not Classified Elsewhere	77574320	6427512

单位：万元
Unit: 10 000 yuan

商品销售额 Total Sales Value	#出口 Exports	期末商品库存额 Inventory (year-end)
110524795	735210	22301217
485794530	5927756	38743447
69521355	1163980	13576141
45592668	826935	3298162
86517190	191467	7265520
196146066	1300425	9627071
380068655	45771083	53142557
67280105	17728016	8317369
20467525	3525225	2249225
117499490	2208372	29278053
98434771	5098905	10827653
24081841	934494	1335826
12144164	830502	784281
9766431	20733	1772145
330222320	5393274	38660174
209995013	2372620	21358820
49118272	224454	9003945
2240989655	34236016	73925545
289901624	1039708	7681010
478427379	5497022	12151391
985118909	14768599	33895139
135145092	2928763	5334940
42788656	1347604	2999179
5545448	837946	553575
776981910	55268288	48902601
291959408	7287580	19896358
84128493	2307881	5049367
101411514	4938854	3304772
39507329	6127748	1522979
83640298	3918547	3810999

项　目	Item	商品购进额 Total Purchases Value	#进 口 Imports
二、零售业	**Retail Trade**	**791911970**	**28306130**
#国有控股	State-controlled Enterprises	132095343	5179044
(一)按登记注册类型分	**by Type of Registration**		
1.内资企业	**Domestic Funded Enterprises**	**636842125**	**18386160**
国有企业	State-owned Enterprises	8264615	356211
集体企业	Collective-owned Enterprises	1237846	74
股份合作企业	Cooperative Enterprises	1017811	
联营企业	Joint Ownership Enterprises	57206	
国有联营企业	State Joint Ownership Enterprises	35984	
集体联营企业	Collective Joint Ownership Enterprises		
国有与集体联营企业	Joint State-collective Enterprises		
其他联营企业	Other Joint Ownership Enterprises	21222	
有限责任公司	Limited Liability Corporations	270002908	9467584
国有独资公司	State Sole Funded Corporations	12684012	2328759
其他有限责任公司	Other Limited Liability Corporations	257318896	7138824
股份有限公司	Share-holding Corporations Ltd.	67027537	347286
私营企业	Private Enterprises	288632244	8215005
私营独资企业	Private-funded Enterprises	2026346	36381
私营合伙企业	Private Partnership Enterprises	122334	
私营有限责任公司	Private Limited Liability Corporations	277163699	8118081
私营股份有限公司	Private Share-holding Corporations Ltd.	9319865	60544
其他企业	Other Enterprises	601957	
2.港、澳、台商投资企业	**Enterprises with Funds from Hongkong, Macao and Taiwan**	**70441009**	**3950818**
合资经营企业	Joint-venture Enterprises	11438057	649540
合作经营企业	Cooperative Enterprises	1064821	
独资经营企业	Enterprises with Sole Investment	55145529	3240971
投资股份有限公司	Share-holding Corporations Ltd. with Investment	1977303	58627
其他港澳台商投资企业	Other Enterprises with Funds from Hongkong, Macao and Taiwan	815298	1679
3.外商投资企业	**Foreign Funded Enterprises**	**84628836**	**5969153**
中外合资经营企业	Joint-venture Enterprises	26719188	1777891
中外合作经营企业	Cooperative Enterprises	1332476	93703
外资企业	Enterprises with Sole Foreign Investment	47175585	3994884
外商投资股份有限公司	Share-holding Corporations Ltd. with Foreign Investment	8460696	56659
其他外商投资企业	Other Foreign Funded Enterprises	940891	46016

3−7−1　Continued 2

单位：万元
Unit: 10 000 yuan

商品销售额 Total Sales Value	#出　口 Exports	期末商品库存额 Inventory (year-end)
945175086	**611371**	**83763699**
176522809	19319	12335746
746740848	**548668**	**68501008**
12385433	4358	1155740
1405592	8428	161925
1309849		78986
62618		14602
47524		7973
15094		6629
312499489	177843	25486203
15855290	6387	1540713
296644199	171456	23945491
96936790	2817	6062447
321466229	355223	35487389
2167698	96	197930
175878		6739
307753308	348828	33829324
11369345	6300	1453396
674849		53716
85916884	**62278**	**7780407**
14489549	40723	1133864
1232294		30672
67074556	21306	5971326
1910821		552447
1209664	249	92099
112517355	**425**	**7482284**
32873205		1905061
1340417		208550
64462555	229	4717938
12804688		586847
1036490	196	63888

项 目	Item	商品购进额 Total Purchases Value	#进 口 Imports
(二)按国民经济行业分	**by Sector**		
综合零售	Integrated Retail	167235739	3854846
#百货零售	Retail of General Merchandise	71856413	3577488
超级市场零售	Retail of Supermarkets	89229081	148251
食品、饮料及烟草制品专门零售	Special Retail of Food, Beverages and Tobaccos	15596521	102659
#粮油零售	Retail of Cereal and Oil	691207	350
肉、禽、蛋、奶及水产品零售	Retail of Meat, Poultry, Eggs, Milk and Aquatic Products	2654080	
酒、饮料及茶叶零售	Retail of Wine, Beverages and Teas	3182397	4369
烟草制品零售	Retail of Tobaccos	905976	38716
纺织、服装及日用品专门零售	Special Retail of Textiles, Garments and Daily Consumer Articles	31408580	3029124
#服装零售	Retail of Garments	20512047	2745175
文化、体育用品及器材专门零售	Special Retail of Culture, Sports Appliances and Equipments	17163859	1414049
#体育用品及器材零售	Retail of Sports Appliances and Equipments	994334	602
图书、报刊零售	Retail of Books，Newspaper and Magazines	8704219	607303
医药及医疗器材专门零售	Special Retail of Medicines and Medical Appliances	34253332	224634
#西药零售	Retail of Western Medicines	32285150	163816
汽车、摩托车、零配件和燃料及其他动力销售	Retail of Motor Vehicles, Motorcycles, Parts, Fuel and Other Powers	372245654	18324062
#汽车新车零售	Retail of New Motor Vehicles	286301951	18096166
机动车燃油零售	Retail of Fuel Oil of Motor Vehicles	79109741	7544
家用电器及电子产品专门零售	Special Retail of Household Electric Appliances and Electronic Products	49831647	138093
#日用家电零售	Retail of Household Electric Appliances	25291706	33460
计算机、软件及辅助设备零售	Retail of Computer, Software and Assistant Appliances	8663517	5959
通信设备零售	Retail of Communication Equipments	7936955	29755
五金、家具及室内装饰材料专门零售	Special Retail of Hardware, Furniture and Interior Decoration Materials	5423067	128606
货摊、无店铺及其他零售业	Stall, Non-shop and Other Retails	98753571	1090058
#互联网零售	Retail on the Internet	94979228	963423
(三)按零售业态分	**by Mode of Business Operation**		
有店铺零售	Store-based Retailing	690155397	26837268
#超市	Supermarket	24767071	81397
大型超市	Hypermarket	85578670	179588
百货店	Department Store	62544996	3737446
专业店	Speciality Store	223423168	5832397
专卖店	Exclusive Shop	277850746	17240108
无店铺零售	Non-Store Selling	154290130	4475775

3-7-1 Continued 3

单位：万元

Unit: 10 000 yuan

商品销售额 Total Sales Value	#出口 Exports	期末商品库存额 Inventory (year-end)
202837377	250212	17628455
97078662	49	7219008
98117193	222073	9884595
19920496	6313	1632689
787487	16	69309
3321944		161749
3732631		624689
1064275		291626
50818938	25046	8899906
33954390	15265	6174615
21655545	58047	4868393
1455839	40547	231771
10225912	14019	1808478
42345137	48875	9584205
39612311	48840	9192506
426532751	24472	32382513
296870414	24472	28152642
120759126		3463996
56204279	1444	2792568
28417343		1241811
10161497	88	405627
8758710		649665
7405291	6031	706728
117455273	190933	5268241
112615915	190921	4907370
822267586	427830	77803512
30264280	7422	2530377
98324636	222073	10119784
84306310	30312	7001341
279088442	76507	26048373
312200378	73107	31810323
185731294	476033	11031708

3-7-2 各地区大中型批发业企业商品购、销、存情况
Total Purchases, Sales and Inventory of Large and Medium-sized Enterprises of Wholesale Trade by Region

单位：万元

Unit: 10 000 yuan

地区	Region	商品购进额 Total Purchases Value	#进口 Imports	商品销售额 Total Sales Value	#出口 Exports	期末商品库存额 Inventory (year-end)
全国	**National Total**	**4209643052**	**397639833**	**4546164264**	**162476828**	**291837171**
北京	Beijing	519158750	94319919	554818085	13421229	45688248
天津	Tianjin	140206934	7682027	148410472	4061044	7132397
河北	Hebei	69508820	537660	75267254	815432	8082348
山西	Shanxi	82312329	879743	87410117	75511	3098123
内蒙古	Inner Mongolia	32035708	903143	35431402	721593	2234095
辽宁	Liaoning	86210260	3977130	91931719	1284934	5348360
吉林	Jilin	18517902	49397	20807370	17016	2209000
黑龙江	Heilongjiang	30012637	7300116	33706814	174145	4091340
上海	Shanghai	757283141	122219402	823051333	34767987	46393587
江苏	Jiangsu	327324939	22870215	348055884	17923456	40279768
浙江	Zhejiang	369449001	27625892	388601005	32228359	17749601
安徽	Anhui	65266091	8073644	74242001	1812553	4563326
福建	Fujian	198634957	24303088	210259549	8593086	11965287
江西	Jiangxi	28154589	133042	34854792	2290550	1908547
山东	Shandong	190265922	8443843	209419312	7750427	10163120
河南	Henan	80058315	816183	88347399	547810	5002011
湖北	Hubei	77712606	760038	83700822	812730	6483012
湖南	Hunan	45339220	1515235	50700195	505837	3239173
广东	Guangdong	538472618	44780501	571055748	23622198	30828366
广西	Guangxi	58808198	1220420	66655839	134548	2216068
海南	Hainan	16480105	968190	17921193	290411	979367
重庆	Chongqing	71862236	2138309	80016425	2534015	3930521
四川	Sichuan	98374686	822934	107639677	869891	7276255
贵州	Guizhou	27892307	476	40314749	455185	2430653
云南	Yunnan	71024000	1150565	79860851	1610682	7692915
西藏	Tibet	1500103		2307819		275627
陕西	Shaanxi	95477562	4458201	102842100	4748936	3483289
甘肃	Gansu	38662394	32915	40960239	49821	1377455
青海	Qinghai	6079775	43913	7447823	37376	222623
宁夏	Ningxia	9340565	63070	8614526		320996
新疆	Xinjiang	58216382	9550620	61511749	320067	5171694

3-7-3 各地区大中型零售业企业商品购、销、存情况

Total Purchases, Sales and Inventory of Large and Medium-sized Enterprises of Retail Trade by Region

单位：万元

Unit: 10 000 yuan

地区	Region	商品购进额 Total Purchases Value	#进口 Imports	商品销售额 Total Sales Value	#出口 Exports	期末商品库存额 Inventory (year-end)
全国	**National Total**	**791911970**	**28306130**	**945175086**	**611371**	**83763699**
北京	Beijing	75641618	2120315	84851279	62541	7432608
天津	Tianjin	11815565	203233	12939140	123	915594
河北	Hebei	21874028	498756	25682579		2702351
山西	Shanxi	11103502	194106	14006878	2377	1302717
内蒙古	Inner Mongolia	7926032	84251	9198799		818501
辽宁	Liaoning	17941976	660778	22225672	3955	1479534
吉林	Jilin	6959217	223223	9735758		891264
黑龙江	Heilongjiang	8925670	185902	10889268	5	883650
上海	Shanghai	66177172	5496048	85321679	3395	8011273
江苏	Jiangsu	65779021	1619094	77956049	7489	6654778
浙江	Zhejiang	58833895	3233115	65916973	49080	5846317
安徽	Anhui	24555195	581739	31808966	89909	2133947
福建	Fujian	34823686	948010	37722695	68953	2830967
江西	Jiangxi	12804621	373254	15701773	3682	1741592
山东	Shandong	43994862	1017745	50829184	8494	5155518
河南	Henan	28623721	665902	34562683	3230	2707911
湖北	Hubei	25715091	761140	30804213		5938468
湖南	Hunan	22997678	536692	31780636	3710	2414228
广东	Guangdong	95568131	3271429	112885291	65531	8357777
广西	Guangxi	12546419	353793	13933103	2005	1553644
海南	Hainan	7764362	2201249	8564743		1484288
重庆	Chongqing	19489272	577545	23641821		1910065
四川	Sichuan	47427503	1107325	52838600	1566	3654073
贵州	Guizhou	11519405	336819	15967692	4717	1340762
云南	Yunnan	13176295	394944	17377602	230550	1399017
西藏	Tibet	898569	13650	1307497		72145
陕西	Shaanxi	20192064	346859	27347271	60	1937800
甘肃	Gansu	6308054	198627	7391881		639446
青海	Qinghai	1622253	14564	1804860		240145
宁夏	Ningxia	2010708	9900	2144177		248836
新疆	Xinjiang	6896387	76124	8036325		1064483

3-8-1 大中型批发和零售业企业年末资产负债

项　目	Item	流动资产合计 Total Current Assets	#存货 Stock
总　计	**Total**	**2081595962**	**329984801**
一、批发业	**Wholesale Trade**	**1735994076**	**255449339**
#国有控股	State-controlled Enterprises	718759956	107608223
(一)按登记注册类型分	**by Type of Registration**		
1.内资企业	**Domestic Funded Enterprises**	**1383442788**	**197248476**
国有企业	State-owned Enterprises	99416457	18598317
集体企业	Collective-owned Enterprises	2712175	117292
股份合作企业	Cooperative Enterprises	795566	119552
联营企业	Joint Ownership Enterprises	448228	47830
国有联营企业	State Joint Ownership Enterprises	14746	2755
集体联营企业	Collective Joint Ownership Enterprises	4011	1000
国有与集体联营企业	Joint State-collective Enterprises	229460	10144
其他联营企业	Other Joint Ownership Enterprises	200011	33931
有限责任公司	Limited Liability Corporations	727422172	102799735
国有独资公司	State Sole Funded Corporations	150037576	24635395
其他有限责任公司	Other Limited Liability Corporations	577384596	78164340
股份有限公司	Share-holding Corporations Ltd.	178123539	18423996
私营企业	Private Enterprises	373842662	57080762
私营独资企业	Private-funded Enterprises	1701151	234802
私营合伙企业	Private Partnership Enterprises	366737	52973
私营有限责任公司	Private Limited Liability Corporations	353414864	54043120
私营股份有限公司	Private Share-holding Corporations Ltd.	18359910	2749866
其他企业	Other Enterprises	681990	60993
2.港、澳、台商投资企业	**Enterprises with Funds from Hongkong, Macao and Taiwan**	**134014608**	**24360952**
合资经营企业	Joint-venture Enterprises	16840164	2819851
合作经营企业	Cooperative Enterprises	802947	39530
独资经营企业	Enterprises with Sole Investment	109061544	20733143
投资股份有限公司	Share-holding Corporations Ltd. with Investment	6478806	650487
其他港澳台商投资企业	Other Enterprises with Funds from Hongkong, Macao and Taiwan	831147	117941
3.外商投资企业	**Foreign Funded Enterprises**	**218536680**	**33839911**
中外合资经营企业	Joint-venture Enterprises	41892744	4774725
中外合作经营企业	Cooperative Enterprises	117105	16949
外资企业	Enterprises with Sole Foreign Investment	166631298	28030564
外商投资股份有限公司	Share-holding Corporations Ltd. with Foreign Investment	6615018	836322
其他外商投资企业	Other Foreign Funded Enterprises	3280516	181351

注：限额以上批发和零售业企业中，因包含视同法人单位，财务指标数据资产≠负债＋所有者权益(下表同)。

Assets and Liabilities of Large and Medium-sized Enterprises of Wholesale and Retail Trades at Year-end

单位：万元

Unit：10 000 yuan

固定资产原价 Original Value of Fixed Assets	累计折旧 Accumulated Depreciation	#本年折旧 Current Year Depreciation	资产总计 Total Assets	负债合计 Total Liabilities	所有者权益合计 Total Owners' Equities	实收资本 Paicl-up Capitals
224275579	**95998615**	**15205523**	**2851566926**	**1980017077**	**873219273**	**581977757**
124949026	**53266955**	**8263169**	**2346129632**	**1622449799**	**724354695**	**323253352**
61751175	27078691	3516929	1048726878	691855488	357504549	156612171
104378375	**42975913**	**6570477**	**1899756007**	**1320601350**	**579829519**	**267129403**
16931682	8675398	759246	126931160	53459638	73910788	12187680
378577	186122	17921	5236213	3809767	1426446	1098518
93252	42768	2853	928744	628109	300635	65441
28772	15631	2176	515379	353995	161384	118478
2993	1159	208	23764	15084	8681	2971
220	159	7	4073	3863	210	98
22181	12069	1712	267377	146062	121314	100009
3378	2244	249	220165	188986	31180	15400
41631497	16077049	2507591	1003276241	719273618	283957852	162477892
10639372	4063938	765296	263090516	170861438	92197244	49863496
30992125	12013111	1742295	740185725	548412180	191760608	112614396
17338614	7604757	1088608	291282697	188678249	102851350	30059464
27879044	10344812	2187461	470782814	353817584	116998695	61017854
100855	32152	8042	1991832	1612889	378943	246164
42656	11195	2811	411289	301157	110132	64011
26147153	9697043	2079282	434852636	335645268	99240832	56041364
1588380	604421	97326	33527058	16258270	17268788	4666316
96939	29375	4622	802759	580389	222370	104077
7529951	**3655583**	**548535**	**171602679**	**115895054**	**55707625**	**23489015**
1477774	788105	57097	23342779	15001754	8341026	3729796
12860	6091	891	932747	733519	199228	87250
5679344	2674439	459309	136566183	94539140	42027043	18262299
326173	172029	28940	9821223	4985498	4835725	1281566
33800	14919	2298	939746	635143	304603	128104
13040699	**6635459**	**1144156**	**274770946**	**185953394**	**88817552**	**32634933**
2654251	1338502	194259	52559365	42819773	9739592	5258172
31662	19137	1776	137651	124616	13035	97248
9203243	4798535	874973	206842151	131672292	75169859	25175352
1102154	464562	69137	11818420	8475607	3342813	1714975
49390	14723	4010	3413358	2861106	552253	389187

Note：For the financial data of Wholesale and Retail Trades enterprises above designated size, total assets may not equal to liabities plus total owner's equities, due to the fact that there are some establishments which are regarded as enterprises. The same applies to the tables following.

项　目	Item	流动资产合计 Total Current Assets	#存货 Stock
(二)按国民经济行业分	**by Sector**		
农、林、牧、渔产品批发	Wholesale of Agricultural, Forestry, Livestock and Fishery Products	72554389	21661906
食品、饮料及烟草制品批发	Wholesale of Food, Beverages and Tobaccos	209076456	39577848
#米、面制品及食用油批发	Wholesale of Rice, Flour and Edible Oil	38096443	14062426
肉、禽、蛋、奶及水产品批发	Wholesale of Meal, Fowls, Eggs, Milk and Aquatic Products	17224932	3337030
酒、饮料及茶叶批发	Wholesale of Wine, Beverages and Teas	55898661	7267278
烟草制品批发	Wholesale of Tobaccos	60235030	9997113
纺织、服装及家庭用品批发	Wholesale of Textiles, Wearing Apparel and Household Articles	184802579	31676838
#服装批发	Wholesale of Garments	33778923	7202005
鞋帽批发	Wholesale of Shoes and Hats	9378388	2117037
日用家电批发	Wholesale of Household Electrical Appliances	67518055	9579079
文化、体育用品及器材批发	Wholesale of Culture, Sports Appliances and Equipments	50437074	10555636
#文具用品批发	Wholesale of Stationeries	10072796	1204143
体育用品及器材批发	Wholesale of Sports Appliances and Equipments	5142394	781961
图书批发	Wholesale of Books	10632113	1786127
医药及医疗器材批发	Wholesale of Medicines and Medical Appliances	191278890	30009892
#西药批发	Wholesale of Western Medicines	122296029	17947141
中药批发	Wholesale of Chinese Traditional Medicines	26018117	4027983
矿产品、建材及化工产品批发	Wholesale of Mineral Products, Building Materials and Chemical Products	635332635	69716482
#煤炭及制品批发	Wholesale of Coal and Related Products	105300962	7565680
石油及制品批发	Wholesale of Petroleum and Related Products	96431471	14862957
金属及金属矿批发	Wholesale of Metal Materials	252166677	28759181
建材批发	Wholesale of Building Materials	69145518	5293028
化肥批发	Wholesale of Chemical Fertilizer	20193471	3019875
农药批发	Wholesale of Pesticides	3570340	542279
机械设备、五金产品及电子产品批发	Wholesale of Machinery, Hardware and Electronic Products	324320906	47140283
#汽车及零配件批发	Wholesale of Motor Vehicles and Their Parts	110631006	19072165
计算机、软件及辅助设备批发	Wholesale of Computer, Software and Assistant Appliances	28441995	5074544
通讯设备批发	Wholesale of Communication Equipments	30003406	3375914
贸易经纪与代理	Trade Broker and Agency	35064882	1435789
其他批发业	Other Wholesale not Classified Elsewhere	33126266	3674665

3-8-1 Continued 1

单位：万元

Unit：10 000 yuan

固定资产原价 Original Value of Fixed Assets	累计折旧 Accumulated Depreciation	#本年折旧 Current Year Depreciation	资产总计 Total Assets	负债合计 Total Liabilities	所有者权益合计 Total Owners' Equities	实收资本 Paicl-up Capitals
7234218	2496255	354699	98567881	72541290	26026280	12627723
26256973	12049752	1376178	262512004	142250848	120299041	27763237
4230586	1163890	168001	47416726	38538135	8886829	4252783
2220161	823698	138041	21889677	16496730	5392947	3113012
2806052	1093611	174317	66120639	40364525	25756135	8505522
12883223	7447781	645417	75903848	12779409	63145867	2355761
9813975	4346106	690043	227851845	167878448	59978962	20894736
3236211	1457212	265344	44353969	28665865	15688105	5016762
690410	355859	65221	10764227	7179179	3585049	872169
1469672	541725	79191	80220990	66541439	13679551	4742617
3510717	1739407	196222	65813817	42360591	23453226	9197422
1097832	711316	45657	12684406	9109871	3574536	1986753
263407	122482	31670	6372365	3921517	2450847	544845
1187385	421494	47569	15952213	9312101	6640112	1783272
11287743	4880919	901123	230659428	166347332	64301256	27791894
5569208	2026249	373984	149049331	109230606	39817613	17872347
1299401	485193	83059	29918918	23442510	6466681	3571634
50740742	20882529	3423326	969953600	679530835	291065596	166392442
7426828	2657772	889864	200998374	123342166	77655631	42061018
27116940	12044339	1682117	161257533	110571795	50914803	32927497
7866034	2945467	315933	350431775	263228695	87579668	54228425
2635198	781538	173837	87696985	66960279	20736705	13087757
863216	288946	46322	28281989	21174174	7107815	3852824
222388	99931	9585	5246652	3309814	1936838	648318
13657504	5987934	1173193	403566488	287706283	115859936	47403788
3110463	1369692	313123	135488797	104323363	31165165	15084850
718398	339168	65391	31441274	22407295	9033979	3302731
870491	457116	58956	35811803	27216299	8595504	4035470
708342	243337	34879	42840987	32649089	10191899	4287360
1738813	640717	113506	44363580	31185083	13178498	6894749

项 目	Item	流动资产合计 Total Current Assets	#存 货 Stock
二、零售业	**Retail Trade**	**345601886**	**74535462**
#国有控股	State-controlled Enterprises	61804065	11909819
(一)按登记注册类型分	**by Type of Registration**		
1.内资企业	**Domestic Funded Enterprises**	**266445521**	**60387924**
国有企业	State-owned Enterprises	6555785	1119136
集体企业	Collective-owned Enterprises	339842	59993
股份合作企业	Cooperative Enterprises	113872	66191
联营企业	Joint Ownership Enterprises	36646	13877
国有联营企业	State Joint Ownership Enterprises	15547	7973
集体联营企业	Collective Joint Ownership Enterprises		
国有与集体联营企业	Joint State-collective Enterprises		
其他联营企业	Other Joint Ownership Enterprises	21099	5904
有限责任公司	Limited Liability Corporations	112763075	23360477
国有独资公司	State Sole Funded Corporations	7574171	1503733
其他有限责任公司	Other Limited Liability Corporations	105188904	21856744
股份有限公司	Share-holding Corporations Ltd.	36042295	5573303
私营企业	Private Enterprises	110470632	30153621
私营独资企业	Private-funded Enterprises	574297	194411
私营合伙企业	Private Partnership Enterprises	40596	8617
私营有限责任公司	Private Limited Liability Corporations	103740070	28354662
私营股份有限公司	Private Share-holding Corporations Ltd.	6115668	1595932
其他企业	Other Enterprises	123375	41326
2.港、澳、台商投资企业	**Enterprises with Funds from Hongkong, Macao and Taiwan**	**33535364**	**6952781**
合资经营企业	Joint-venture Enterprises	7505314	1021842
合作经营企业	Cooperative Enterprises	875722	28199
独资经营企业	Enterprises with Sole Investment	23860427	5593596
投资股份有限公司	Share-holding Corporations Ltd. with Investment	910369	219193
其他港澳台商投资企业	Other Enterprises with Funds from Hongkong, Macao and Taiwan	383532	89951
3.外商投资企业	**Foreign Funded Enterprises**	**45621000**	**7194757**
中外合资经营企业	Joint-venture Enterprises	11190032	1651546
中外合作经营企业	Cooperative Enterprises	269428	52157
外资企业	Enterprises with Sole Foreign Investment	30628958	4818003
外商投资股份有限公司	Share-holding Corporations Ltd. with Foreign Investment	3309642	631050
其他外商投资企业	Other Foreign Funded Enterprises	222940	42001

3-8-1 Continued 2

单位：万元

Unit：10 000 yuan

固定资产原价 Original Value of Fixed Assets	累计折旧 Accumulated Depreciation	#本年折旧 Current Year Depreciation	资产总计 Total Assets	负债合计 Total Liabilities	所有者权益合计 Total Owners' Equities	实收资本 Paicl-up Capitals
99326553	**42731660**	**6942354**	**505437294**	**357567279**	**148864578**	**258724406**
28140321	12013230	1709899	113239316	63691930	50099306	14239320
75821711	**31623556**	**5297622**	**389383904**	**276934476**	**113258451**	**90063638**
2538075	1053891	138828	11759521	6661249	5859592	682792
192124	95840	7713	567887	275430	292457	54489
283629	119283	32320	528717	313479	214464	42256
27156	3362	1548	103488	112381	-8894	49818
6031	1999	292	21751	39858	-18107	3500
21125	1363	1257	81737	72523	9214	46318
27790180	11619867	1945464	156587667	116673688	39908228	39788085
2337395	907592	129203	12822604	7909953	4912650	2137817
25452785	10712275	1816261	143765064	108763734	34995578	37650269
18901564	8351059	1191109	73562443	37599338	36037269	6769242
26026989	10359563	1970297	146093523	115191013	30882574	42638813
167079	59701	10865	758888	588959	169929	143290
53433	5854	1447	112944	61449	51495	49638
23556891	9408973	1839143	135393586	108537813	26835838	41348114
2249585	885035	118843	9828105	6002793	3825312	1097772
61995	20691	10343	180659	107898	72761	38143
10490452	**5150309**	**827746**	**46906774**	**33232422**	**13674351**	**9533426**
2000188	912616	128573	10904447	6616898	4287549	1441579
166844	112864	3635	994416	715588	278828	139492
7990470	3973532	641979	33421857	24933718	8488140	7695712
290704	134320	49625	1163368	717167	446201	199671
42245	16978	3934	422685	249051	173633	56973
13014390	**5957796**	**816986**	**69146617**	**47400380**	**21931775**	**159127342**
4146072	1915729	235420	18927261	12133534	6793728	3291803
247540	170355	13863	535584	172287	363297	164083
6258943	2948757	442526	40803845	30583827	10220018	153730423
2281682	884238	121739	8540086	4393502	4332123	1893890
80152	38718	3438	339841	117230	222611	47143

项　目	Item	流动资产合计 Total Current Assets	#存货 Stock
(二)按国民经济行业分	**by Sector**		
综合零售	Integrated Retail	95496994	14998756
#百货零售	Retail of General Merchandise	56717164	6493774
超级市场零售	Retail of Supermarkets	35758789	8016236
食品、饮料及烟草制品专门零售	Special Retail of Food, Beverages and Tobaccos	10090117	1855414
#粮油零售	Retail of Cereal and Oil	420792	92732
肉、禽、蛋、奶及水产品零售	Retail of Meat, Poultry, Eggs, Milk and Aquatic Products	1334812	230196
酒、饮料及茶叶零售	Retail of Wine, Beverages and Teas	2421220	682041
烟草制品零售	Retail of Tobaccos	835894	266377
纺织、服装及日用品专门零售	Special Retail of Textiles, Garments and Daily Consumer Articles	26973538	8786274
#服装零售	Retail of Garments	19075004	6068837
文化、体育用品及器材专门零售	Special Retail of Culture, Sports Appliances and Equipments	16935863	4539045
#体育用品及器材零售	Retail of Sports Appliances and Equipments	543085	224101
图书、报刊零售	Retail of Books, Newspapers and Magazines	9864873	1521551
医药及医疗器材专门零售	Special Retail of Medicines and Medical Appliances	20283631	5866685
#西药零售	Retail of Western Medicines	18791681	5484659
汽车、摩托车、零配件和燃料及其他动力销售	Retail of Motor Vehicles, Motorcycles, Parts, Fuel and Other Powers	110848586	29804286
#汽车新车零售	Retail of New Motor Vehicles	85023334	25102415
机动车燃油零售	Retail of Fuel Oil of Motor Vehicles	23053488	4030027
家用电器及电子产品专门零售	Special Retail of Household Electric Appliances and Electronic Products	31819250	2664372
#日用家电零售	Retail of Household Electric Appliances	22423624	1110136
计算机、软件及辅助设备零售	Retail of Computer, Software and Assistant Appliances	2721959	407712
通信设备零售	Retail of Communication Equipments	2543626	604845
五金、家具及室内装饰材料专门零售	Special Retail of Hardware, Furniture and Interior Decoration Materials	2934942	750927
货摊、无店铺及其他零售业	Stalls, Non-shop and Other Retails	30218964	5269705
#互联网零售	Retail on the Internet	27455419	4919536
(三)按零售业态分	**by Mode of Business Operation**		
有店铺零售	Store-based Retailing	312764794	68573947
#超市	Supermarket	10194882	2589294
大型超市	Hypermarket	37858876	7958168
百货店	Department Store	52731154	6218546
专业店	Speciality Store	104182857	21814184
专卖店	Exclusive Shop	101831292	29746961
无店铺零售	Non-Store Selling	55285643	10739665

3-8-1 Continued 3

单位：万元
Unit：10 000 yuan

固定资产原价 Original Value of Fixed Assets	累计折旧 Accumulated Depreciation	#本年折旧 Current Year Depreciation	资产总计 Total Assets	负债合计 Total Liabilities	所有者权益合计 Total Owners' Equities	实收资本 Paicl-up Capitals
42462154	18683393	2627370	157460134	113845766	43622513	48108950
27077402	11307202	1534188	98149210	65297923	32860324	32659233
14629076	7023638	1012249	54945402	44099372	10845138	12544700
2162947	931406	167790	14151316	8635556	5515759	3630796
147966	63552	6045	676517	380050	296468	305659
342732	117992	30230	2108414	1290064	818350	370273
362885	162912	22654	3320750	2340306	980444	570309
168240	93005	9050	1149895	333258	816637	1227765
4458709	2186803	395168	34347835	23588131	10758577	7381384
3265284	1553877	273490	24831907	17310761	7520018	5248213
4160663	1744469	196830	23966274	13858088	10107541	3578543
338711	144493	19727	806073	526107	279966	235934
3011749	1199155	119779	14492938	7860502	6631790	2010297
2112046	903890	199701	25774208	18675313	7075955	3677852
1934682	826783	188004	23985782	17356338	6606504	3438297
37556355	15834334	2928653	172728965	115967993	57825123	182518126
17437396	7440043	1502417	107881460	82471656	25410312	26233834
18710544	7787578	1340991	60074842	30339633	30798853	154314398
1519918	696604	115678	35508280	28067678	7440602	3145686
776051	338612	47225	24402971	19920990	4481982	1720475
180518	108345	17472	3177565	1501731	1675834	335884
170857	95334	14946	3091566	2307883	783683	485413
2026813	651412	104206	5969556	4309588	1646998	1821960
2866948	1099347	206959	35530727	30619165	4871511	4861110
1256496	464928	120885	30632833	27637418	2994975	3906795
96826948	41726153	6726466	467068096	324508185	143596765	252958392
3994565	1637983	287410	15270088	10810548	4459448	5101357
17124490	8005985	1107989	61024455	48216454	12816254	20472478
21445456	9636278	1196165	87311334	57267272	30042933	13543513
29067490	12006487	2014316	155730526	102265333	54494811	174365462
21766271	9669368	1791313	135684010	94836807	40799263	26746785
6545563	2830211	515120	68924253	52252966	16606043	9357763

3-8-2 各地区大中型批发业企业年末资产负债

Assets and Liabilities of Large and Medium-sized Enterprises of Wholesale Trade by Region at Year-end

单位：万元

Unit: 10 000 yuan

地区	Region	资产总计 Total Assets	#流动资产合计 Total Current Assets	#固定资产净额 Net Value of Fixed Assets	负债合计 Total Liabilities	所有者权益合计 Total Owners' Equities
全国	**National Total**	**2346129632**	**1735994076**	**65570493**	**1622449799**	**724354695**
北京	Beijing	423044301	277175017	5682633	281049210	141995092
天津	Tianjin	59574212	47678654	1155295	48480858	11093354
河北	Hebei	40671649	31376486	1415000	27386123	13285526
山西	Shanxi	51338081	38675265	2044033	38134822	13203259
内蒙古	Inner Mongolia	26681710	14712171	1218342	18000520	8681190
辽宁	Liaoning	37293736	30438689	1641102	30620797	6481764
吉林	Jilin	11081543	9576370	578311	8699456	2308553
黑龙江	Heilongjiang	20862794	17832215	1047675	17068629	3793854
上海	Shanghai	331190562	260936817	5884829	219962612	111227950
江苏	Jiangsu	185138271	143512133	6502837	135046944	50510905
浙江	Zhejiang	172610146	124920931	4752874	119640897	52969249
安徽	Anhui	39288050	31037218	1303616	27352091	11935959
福建	Fujian	98547357	66631320	2248641	63898131	34648433
江西	Jiangxi	20110819	15856013	1314839	14469001	5626718
山东	Shandong	111273878	88739266	4339333	88135463	23098518
河南	Henan	41601829	33466402	1409818	30008012	11593817
湖北	Hubei	42647877	32838165	2049806	30513894	12132872
湖南	Hunan	24282868	18549551	1308149	16010380	8889854
广东	Guangdong	300567850	227792403	7838985	211185035	89378653
广西	Guangxi	29885977	20530947	1427182	19601074	10404770
海南	Hainan	10393858	7802647	512571	6277820	4116038
重庆	Chongqing	34733786	28212216	1276948	23780100	10934477
四川	Sichuan	55342576	43231101	1791133	41101305	14241271
贵州	Guizhou	28293399	24249727	713469	15993350	12669355
云南	Yunnan	41806774	27966963	1308720	21907687	19899087
西藏	Tibet	1560109	1332651	75343	726943	833166
陕西	Shaanxi	34768547	27531430	1066143	24156989	10587036
甘肃	Gansu	11264502	7459239	921263	6233421	5039909
青海	Qinghai	15855262	6173973	277292	7240421	8614842
宁夏	Ningxia	4208348	2588421	306458	2484488	1690646
新疆	Xinjiang	40208959	27169677	2157851	27283329	12468579

3-8-3 各地区大中型零售业企业年末资产负债

Assets and Liabilities of Large and Medium-sized Enterprises of Retail Trade by Region at Year-end

单位：万元

Unit: 10 000 yuan

地区	Region	资产总计 Total Assets	#流动资产合计 Total Current Assets	#固定资产净额 Net Value of Fixed Assets	负债合计 Total Liabilities	所有者权益合计 Total Owners' Equities
全国	**National Total**	**505437294**	**345601886**	**49278610**	**357567279**	**148864578**
北京	Beijing	48857990	39591591	2177297	38047121	10810869
天津	Tianjin	6885142	4314344	997418	6060574	824568
河北	Hebei	14489601	8890246	2313878	10728139	3520627
山西	Shanxi	8201909	4986573	1069161	7420881	811021
内蒙古	Inner Mongolia	4351397	2425689	963247	3548796	805609
辽宁	Liaoning	14898348	9568711	1687483	11255086	3615660
吉林	Jilin	8270885	4979291	1502427	5911134	2069084
黑龙江	Heilongjiang	5725576	3650294	821228	4622773	1102804
上海	Shanghai	44043806	33461908	3359958	30956867	13086939
江苏	Jiangsu	46959284	30808215	4744474	31114866	15851556
浙江	Zhejiang	30526422	21124718	3371097	22590736	7935686
安徽	Anhui	14763261	9874060	1685693	9653144	5040610
福建	Fujian	19865553	12919648	1438912	12867990	6984501
江西	Jiangxi	9889027	6170716	729708	6529953	3359057
山东	Shandong	29156769	20422356	3308399	23313003	6470107
河南	Henan	15684112	10565618	1466731	12453647	4001986
湖北	Hubei	16978776	10073561	2025197	11966553	5005223
湖南	Hunan	18080338	9314502	2402895	11160599	6919739
广东	Guangdong	59389241	45382501	3375129	36748588	22552952
广西	Guangxi	7042818	5372509	681403	4693857	2348961
海南	Hainan	4705298	3649287	434145	2981315	1723984
重庆	Chongqing	10754617	6427030	1383165	8111321	2579821
四川	Sichuan	20921999	13576556	2222955	13677670	7221377
贵州	Guizhou	10282001	6229803	842175	7479033	3224186
云南	Yunnan	8000741	4838776	953866	5238465	2762276
西藏	Tibet	689010	318644	125715	650401	93734
陕西	Shaanxi	13354679	8808054	1351678	9140104	4214575
甘肃	Gansu	3968647	2451069	533769	2784627	1087057
青海	Qinghai	1020468	703843	203423	816811	203657
宁夏	Ningxia	1643094	848115	230186	1008590	634505
新疆	Xinjiang	6036485	3843658	875798	4034637	2001848

3-9-1 大中型批发和零售业企业损益及分配

项　目	Item	营业收入 Business Revenue	营业成本 Business Cost
总　计	**Total**	**4944011200**	**4516889155**
一、批发业	**Wholesale Trade**	**4083911243**	**3776757656**
#国有控股	State-controlled Enterprises	1854591478	1746545920
(一)按登记注册类型分	**by Type of Registration**		
1.内资企业	**Domestic Funded Enterprises**	**3285929110**	**3077935273**
国有企业	State-owned Enterprises	278721807	233533555
集体企业	Collective-owned Enterprises	5279059	5073408
股份合作企业	Cooperative Enterprises	2853198	2712924
联营企业	Joint Ownership Enterprises	613025	576722
国有联营企业	State Joint Ownership Enterprises	20783	19264
集体联营企业	Collective Joint Ownership Enterprises	6351	5459
国有与集体联营企业	Joint State-collective Enterprises	107180	97295
其他联营企业	Other Joint Ownership Enterprises	478712	454704
有限责任公司	Limited Liability Corporations	1720095601	1638074023
国有独资公司	State Sole Funded Corporations	308579325	296433295
其他有限责任公司	Other Limited Liability Corporations	1411516276	1341640728
股份有限公司	Share-holding Corporations Ltd.	347249306	331421210
私营企业	Private Enterprises	928560249	864153946
私营独资企业	Private-funded Enterprises	4825730	4413595
私营合伙企业	Private Partnership Enterprises	696886	615643
私营有限责任公司	Private Limited Liability Corporations	890551864	830091079
私营股份有限公司	Private Share-holding Corporations Ltd.	32485769	29033629
其他企业	Other Enterprises	2556866	2389485
2.港、澳、台商投资企业	**Enterprises with Funds from Hongkong, Macao and Taiwan**	**271180489**	**235333373**
合资经营企业	Joint-venture Enterprises	35635962	33593217
合作经营企业	Cooperative Enterprises	1986218	1890340
独资经营企业	Enterprises with Sole Investment	220334920	188134850
投资股份有限公司	Share-holding Corporations Ltd. with Investment	10964423	9704707
其他港澳台商投资企业	Other Enterprises with Funds from Hongkong, Macao and Taiwan	2258966	2010259
3.外商投资企业	**Foreign Funded Enterprises**	**526801643**	**463489010**
中外合资经营企业	Joint-venture Enterprises	160109185	150500059
中外合作经营企业	Cooperative Enterprises	217144	186548
外资企业	Enterprises with Sole Foreign Investment	354157963	302752042
外商投资股份有限公司	Share-holding Corporations Ltd. with Foreign Investment	8363353	6539817
其他外商投资企业	Other Foreign Funded Enterprises	3953998	3510544

Income and Distribution of Large and Medium-sized Enterprises of Wholesale and Retail Trades

单位：万元
Unit: 10 000 yuan

税金及附加 Taxes and Other Charges	其他业务利润 Profits from Other Business	销售费用 Selling Expenses	管理费用 Administrative Expenses
28759295	**19764703**	**206212247**	**86242197**
25901945	**10927444**	**130890327**	**60436974**
22023763	4053310	30545489	16397572
24279443	**8264674**	**79277123**	**39047020**
17414621	400744	5733694	6350747
7836	24425	81336	71655
3016	6430	67732	29387
1057	843	11581	8533
27	7	722	1186
4		721	168
350	808	2748	4010
676	28	7391	3170
4917012	3809162	33788461	13872477
1492291	731131	4732308	2609124
3424721	3078031	29056153	11263352
395585	2187209	8581155	3235874
1534968	1835518	30967732	15452272
9290	5652	221105	89676
1218	1173	16830	19498
1456819	1767656	29432366	14654062
67640	61036	1297431	689037
5347	343	45432	26074
473380	**714838**	**17368009**	**10161081**
36886	77884	874914	703984
2175	2172	51096	22835
403817	616460	15656829	9133565
20630	13155	665672	252900
9872	5167	119498	47796
1149122	**1947933**	**34245195**	**11228873**
181781	125587	6115671	844997
491	403	20576	9117
942499	1801319	26452726	10097363
20166	16176	1312094	232360
4184	4449	344128	45036

项　目	Item	财务费用 Financial Expenses	#利息支出 Interest Expense
总　计	**Total**	**17485511**	**20295436**
一、批发业	**Wholesale Trade**	**13341284**	**17815533**
#国有控股	State-controlled Enterprises	5530197	9860229
(一)按登记注册类型分	**by Type of Registration**		
1.内资企业	**Domestic Funded Enterprises**	**13218751**	**16093504**
国有企业	State-owned Enterprises	-915495	552417
集体企业	Collective-owned Enterprises	142826	134585
股份合作企业	Cooperative Enterprises	4742	6434
联营企业	Joint Ownership Enterprises	6255	3279
国有联营企业	State Joint Ownership Enterprises	845	51
集体联营企业	Collective Joint Ownership Enterprises		
国有与集体联营企业	Joint State-collective Enterprises	-15	2030
其他联营企业	Other Joint Ownership Enterprises	5425	1198
有限责任公司	Limited Liability Corporations	7181857	9360236
国有独资公司	State Sole Funded Corporations	2002864	3084460
其他有限责任公司	Other Limited Liability Corporations	5178993	6275776
股份有限公司	Share-holding Corporations Ltd.	2175279	2703319
私营企业	Private Enterprises	4613424	3332594
私营独资企业	Private-funded Enterprises	9812	6685
私营合伙企业	Private Partnership Enterprises	1580	1230
私营有限责任公司	Private Limited Liability Corporations	4333717	3053481
私营股份有限公司	Private Share-holding Corporations Ltd.	268315	271197
其他企业	Other Enterprises	9862	641
2.港、澳、台商投资企业	**Enterprises with Funds from Hongkong, Macao and Taiwan**	**76708**	**690777**
合资经营企业	Joint-venture Enterprises	65814	170353
合作经营企业	Cooperative Enterprises	5426	9110
独资经营企业	Enterprises with Sole Investment	-25109	424059
投资股份有限公司	Share-holding Corporations Ltd. With Investment	23148	84150
其他港澳台商投资企业			
其他港澳台商投资企业	Other Enterprises with Funds from Hongkong, Macao and Taiwan	7430	3105
3.外商投资企业	**Foreign Funded Enterprises**	**45825**	**1031251**
中外合资经营企业	Joint-venture Enterprises	110211	233559
中外合作经营企业	Cooperative Enterprises	1600	1493
外资企业	Enterprises with Sole Foreign Investment	-116336	725829
外商投资股份有限公司	Share-holding Corporations Ltd. With Foreign Investment	43652	64177
其他外商投资企业	Other Foreign Funded Enterprises	6699	6194

3-9-1 Continued 1

单位：万元
Unit: 10 000 yuan

营业利润 Opreating Profits	利润总额 Total Profits	应交所得税 Income Tax Payable	应付职工薪酬 Payables to Employees	应交增值税 VAT Payable
121312662	**125607609**	**26662392**	**99363292**	**42857670**
107440314	**110742517**	**22551497**	**64250023**	**32591914**
47648653	48550514	10935781	20771307	14920457
74458750	**76248124**	**15785824**	**43487970**	**24766262**
18818991	18900826	4614747	6960764	6389156
-38515	-33586	3971	49390	20072
36488	41106	9104	25430	14668
10944	17075	3543	9225	6094
-1124	-1106	54	1240	235
-1	-1		212	36
4492	7685	841	3898	1256
7577	10497	2648	3876	4567
33065320	34089777	7065412	17590954	9528957
6931201	7445531	1163040	3069066	1591501
26134119	26644246	5902372	14521887	7937456
6796398	6832188	960951	4669983	1921643
15690968	16322308	3121778	14149105	6878302
83373	88958	14931	127878	36601
33034	34642	5326	13595	5035
13815578	14423834	2855187	13294441	6612235
1758983	1774874	246335	713192	224430
78155	78431	6318	33119	7370
12158039	**12782471**	**2001197**	**7172317**	**2567934**
753423	787588	127009	440659	188635
19990	20913	4657	32489	6213
10283540	10856712	1782463	6261888	2233388
1036765	1049901	72892	350505	124450
64320	67356	14175	86776	15247
20823525	**21711922**	**4764476**	**13589737**	**5257718**
3125975	3145253	756985	1146842	1273526
-1368	-1353	684	14051	2367
17373472	18239118	3909567	12031257	3844006
283875	284073	76469	345129	102173
41571	44831	20771	52458	35646

项　目	Item	营业收入 Business Revenue	营业成本 Business Cost
(二)按国民经济行业分	**by Sector**		
农、林、牧、渔产品批发	Wholesale of Agricultural, Forestry, Livestock and Fishery Products	103859133	99731874
食品、饮料及烟草制品批发	Wholesale of Food, Beverages and Tobaccos	441144577	354281404
#米、面制品及食用油批发	Wholesale of Rice, Flour and Edible Oil	64077963	59300807
肉、禽、蛋、奶及水产品批发	Wholesale of Meal, Fowls, Eggs, Milk and Aquatic Products	43336430	39407540
酒、饮料及茶叶批发	Wholesale of Wine, Beverages and Teas	76991262	55766443
烟草制品批发	Wholesale of Tobaccos	174933162	127645548
纺织、服装及家庭用品批发	Wholesale of Textiles, Wearing Apparel and Household Articles	346214827	293633658
#服装批发	Wholesale of Garments	62168088	50510361
鞋帽批发	Wholesale of Shoes and Hats	18436284	14239639
日用家电批发	Wholesale of Household Electrical Appliances	106921010	98091290
文化、体育用品及器材批发	Wholesale of Culture, Sports Appliances and Equipments	89810587	80365200
#文具用品批发	Wholesale of Stationeries	21314452	20048899
体育用品及器材批发	Wholesale of Sports Appliances and Equipments	11026667	9943387
图书批发	Wholesale of Books	9291496	7467246
医药及医疗器材批发	Wholesale of Medicines and Medical Appliances	299308308	260391565
#西药批发	Wholesale of Western Medicines	189190757	170257852
中药批发	Wholesale of Chinese Traditional Medicines	44580012	37939728
矿产品、建材及化工产品批发	Wholesale of Mineral Products, Building Materials and Chemical Products	1996730158	1943256566
#煤炭及制品批发	Wholesale of Coal and Related Products	260390439	252268582
石油及制品批发	Wholesale of Petroleum and Related Products	438434197	425002247
金属及金属矿批发	Wholesale of Metal Materials	858374412	846611802
建材批发	Wholesale of Building Materials	121518783	115288881
化肥批发	Wholesale of Chemical Fertilizer	39196090	37824637
农药批发	Wholesale of Pesticides	5477050	4844627
机械设备、五金产品及电子产品批发	Wholesale of Machinery, Hardware and Electronic Products	694635273	639297262
#汽车及零配件批发	Wholesale of Motor Vehicles and Their Parts	261406294	240671220
计算机、软件及辅助设备批发	Wholesale of Computer, Software and Assistant Appliances	76145239	70936312
通讯设备批发	Wholesale of Communication Equipments	78460987	75275562
贸易经纪与代理	Trade Broker and Agency	35566247	33608766
其他批发业	Other Wholesale not Classified Elsewhere	76642133	72191360

3-9-1 Continued 2

单位：万元
Unit: 10 000 yuan

税金及附加 Taxes and Other Charges	其他业务利润 Profits from Other Business	销售费用 Selling Expenses	管理费用 Administrative Expenses
139643	249233	1514956	1278504
20826777	1468499	22831444	12439371
88216	239139	3020093	981655
51667	77071	2227039	794030
378174	263085	8136081	2006719
20160729	219229	3994945	6358359
610394	2168702	30120472	12459609
141645	269337	6395236	2995529
50819	12996	1331693	1673740
92005	1522663	4352795	3655336
170589	357754	3642701	1979822
32781	217710	568299	300771
13806	14917	526991	324939
16060	40398	608694	529891
759085	1187285	21066411	7406942
404842	560230	9804271	3489965
182824	233636	4759049	934152
1791773	3103447	24332615	12019512
363331	232509	3190816	1702596
415270	1369732	8134094	2635446
486591	703682	4041782	3161138
173590	194142	2424579	1271020
29288	53848	790678	274944
7551	18696	361704	134462
1287789	1992857	24882842	11228074
706551	433323	11469509	2265824
77077	99960	1944586	801323
74274	220651	1536010	811297
33599	111442	543093	508481
282295	288227	1955793	1116660

项　目	Item	财务费用 Financial Expenses	#利息支出 Interest Expenses
(二)按国民经济行业分	by Sector		
农、林、牧、渔产品批发	Wholesale of Agricultural, Forestry, Livestock and Fishery Products	1095221	1303728
食品、饮料及烟草制品批发	Wholesale of Food, Beverages and Tobaccos	-693642	1186322
#米、面制品及食用油批发	Wholesale of Rice, Flour and Edible Oil	259524	516583
肉、禽、蛋、奶及水产品批发	Wholesale of Meal, Fowls, Eggs, Milk and Aquatic Products	176995	166653
酒、饮料及茶叶批发	Wholesale of Wine, Beverages and Teas	-37780	214031
烟草制品批发	Wholesale of Tobaccos	-1442154	11437
纺织、服装及家庭用品批发	Wholesale of Textiles, Wearing Apparel and Household Articles	861075	838060
#服装批发	Wholesale of Garments	278633	248682
鞋帽批发	Wholesale of Shoes and Hats	44733	15961
日用家电批发	Wholesale of Household Electrical Appliances	116485	114882
文化、体育用品及器材批发	Wholesale of Culture, Sports Appliances and Equipments	296179	375410
#文具用品批发	Wholesale of Stationeries	73530	69342
体育用品及器材批发	Wholesale of Sports Appliances and Equipments	20886	13960
图书批发	Wholesale of Books	-39946	49704
医药及医疗器材批发	Wholesale of Medicines and Medical Appliances	1762079	1901864
#西药批发	Wholesale of Western Medicines	1293752	1430381
中药批发	Wholesale of Chinese Traditional Medicines	231378	190606
矿产品、建材及化工产品批发	Wholesale of Mineral Products, Building Materials and Chemical Products	8138507	9777627
#煤炭及制品批发	Wholesale of Coal and Related Products	1789051	2154247
石油及制品批发	Wholesale of Petroleum and Related Products	1048781	1291037
金属及金属矿批发	Wholesale of Metal Materials	3434375	4095915
建材批发	Wholesale of Building Materials	650972	805733
化肥批发	Wholesale of Chemical Fertilizer	279817	313230
农药批发	Wholesale of Pesticides	62333	49327
机械设备、五金产品及电子产品批发	Wholesale of Machinery, Hardware and Electronic Products	1443193	1690525
#汽车及零配件批发	Wholesale of Motor Vehicles and Their Parts	91190	406833
计算机、软件及辅助设备批发	Wholesale of Computer, Software and Assistant Appliances	-19406	133839
通讯设备批发	Wholesale of Communication Equipments	332463	293233
贸易经纪与代理	Trade Broker and Agency	136852	417915
其他批发业	Other Wholesale not Classified Elsewhere	301819	324084

3-9-1 Continued 3

单位：万元
Unit: 10 000 yuan

营业利润 Opreating Profits	利润总额 Total Profits	应交所得税 Income Tax Payable	应付职工薪酬 Payables to Employees	应交增值税 VAT Payable
1917794	2366305	175886	1049998	95329
35457164	35858124	8371736	14268022	10320678
894759	1086316	193123	1181929	275213
613325	699383	105547	966580	220902
11938460	11992962	2741922	2793875	2256660
19645643	19561255	4866968	6938347	6837122
10893065	11620461	2611652	9628892	3493718
2325487	2530769	592932	2765491	766351
1190534	1351585	318314	619881	328383
1282711	1390057	140789	1614059	441274
3467198	3539426	409762	2397851	580370
397909	400621	74899	354385	129003
642136	657441	58742	313305	74943
814702	816429	48655	583979	12134
9855913	10114905	2088385	9180688	4205724
5341663	5483756	1002697	4410691	2207686
787144	818308	196996	1349786	738336
22910892	23458827	4340848	12645681	6816823
5625422	5920082	639247	1441990	1424150
3820414	3868137	1294516	3975745	2225285
4566682	4707201	1053307	2828217	1402043
3328460	3337376	431229	1274748	727385
179438	223839	48174	313102	45683
261567	259512	51286	222240	9411
20171266	20617350	4097944	13587591	5383997
7486181	7520534	1705062	2498667	2080231
2069845	2070587	493559	1512647	655595
510997	531053	121866	1173655	432095
1257026	1286107	179766	449653	126252
1509996	1881012	275517	1041646	1569023

项　　目	Item	营业收入 Business Revenue	营业成本 Business Cost
二、零售业	**Retail Trade**	**860099957**	**740131500**
#国有控股	State-controlled Enterprises	157494245	137897413
(一)按登记注册类型分	**by Type of Registration**		
1.内资企业	**Domestic Funded Enterprises**	**679024967**	**594497385**
国有企业	State-owned Enterprises	11417232	9900906
集体企业	Collective-owned Enterprises	1207752	993837
股份合作企业	Cooperative Enterprises	1224759	1069292
联营企业	Joint Ownership Enterprises	53115	54742
国有联营企业	State Joint Ownership Enterprises	39757	33262
集体联营企业	Collective Joint Ownership Enterprises		
国有与集体联营企业	Joint State-collective Enterprises		
其他联营企业	Other Joint Ownership Enterprises	13358	21481
有限责任公司	Limited Liability Corporations	285345615	251114671
国有独资公司	State Sole Funded Corporations	14634015	12554137
其他有限责任公司	Other Limited Liability Corporations	270711600	238560535
股份有限公司	Share-holding Corporations Ltd.	83016024	72578175
私营企业	Private Enterprises	296131189	258235538
私营独资企业	Private-funded Enterprises	1994194	1700795
私营合伙企业	Private Partnership Enterprises	143229	123078
私营有限责任公司	Private Limited Liability Corporations	283587296	247904286
私营股份有限公司	Private Share-holding Corporations Ltd.	10406470	8507380
其他企业	Other Enterprises	629280	550223
2.港、澳、台商投资企业	**Enterprises with Funds from Hongkong, Macao and Taiwan**	**79710958**	**62289416**
合资经营企业	Joint-venture Enterprises	12870082	10511225
合作经营企业	Cooperative Enterprises	1140210	985849
独资经营企业	Enterprises with Sole Investment	62818157	48812899
投资股份有限公司	Share-holding Corporations Ltd. with Investment	1766325	1242683
其他港澳台商投资企业	Other Enterprises with Funds from Hongkong, Macao and Taiwan	1116184	736760
3.外商投资企业	**Foreign Funded Enterprises**	**101364032**	**83344699**
中外合资经营企业	Joint-venture Enterprises	29268730	23932704
中外合作经营企业	Cooperative Enterprises	1220178	1066548
外资企业	Enterprises with Sole Foreign Investment	58218646	47137527
外商投资股份有限公司	Share-holding Corporations Ltd. with Foreign Investment	11651171	10352565
其他外商投资企业	Other Foreign Funded Enterprises	1005307	855355

单位：万元
Unit: 10 000 yuan

税金及附加 Taxes and Other Charges	其他业务利润 Profits from Other Business	销售费用 Selling Expenses	管理费用 Administrative Expenses
2857351	**8837259**	**75321920**	**25805223**
602579	1442649	11864148	3512148
2116494	**6579297**	**52776596**	**18835109**
47880	108160	715914	370111
9158	15793	76569	73860
8342	1509	69359	28516
153	90	13955	5988
142	90	5810	709
11		8145	5279
856123	3061744	21293635	7251422
106591	91247	940728	348758
749532	2970497	20352907	6902664
330182	856796	6688735	2081799
861844	2534035	23871171	9010444
7089	7734	146253	81736
1069	8	11360	9715
811855	2465497	22390837	8585844
41830	60797	1322722	333149
2813	1171	47257	12969
407589	**1257973**	**10912464**	**3339125**
71830	215593	1487278	505841
3847	10948	89958	33129
322918	1020931	8643840	2677650
5464	6504	389360	85956
3529	3997	302028	36549
333268	**999988**	**11632861**	**3630989**
91406	316368	3637904	801192
4123	20731	102120	35249
212032	615244	6847498	2514937
20915	38674	978091	244467
4791	8971	67247	35144

项　　目	Item	财务费用 Financial Expenses	#利息支出 Interest Expenses
二、零售业	**Retail Trade**	**4144227**	**2479903**
#国有控股	State-controlled Enterprises	522668	393227
(一)按登记注册类型分	**by Type of Registration**		
1.内资企业	**Domestic Funded Enterprises**	**3634163**	**2054920**
国有企业	State-owned Enterprises	34449	19956
集体企业	Collective-owned Enterprises	2558	757
股份合作企业	Cooperative Enterprises	8098	825
联营企业	Joint Ownership Enterprises	711	712
国有联营企业	State Joint Ownership Enterprises	442	403
集体联营企业	Collective Joint Ownership Enterprises		
国有与集体联营企业	Joint State-collective Enterprises		
其他联营企业	Other Joint Ownership Enterprises	269	309
有限责任公司	Limited Liability Corporations	1272829	750624
国有独资公司	State Sole Funded Corporations	10893	48344
其他有限责任公司	Other Limited Liability Corporations	1261936	702280
股份有限公司	Share-holding Corporations Ltd.	417365	338700
私营企业	Private Enterprises	1896363	942949
私营独资企业	Private-funded Enterprises	11358	4104
私营合伙企业	Private Partnership Enterprises	933	389
私营有限责任公司	Private Limited Liability Corporations	1808196	886810
私营股份有限公司	Private Share-holding Corporations Ltd.	75877	51646
其他企业	Other Enterprises	1789	397
2.港、澳、台商投资企业	**Enterprises with Funds from Hongkong, Macao and Taiwan**	**205934**	**135834**
合资经营企业	Joint-venture Enterprises	49214	60856
合作经营企业	Cooperative Enterprises	141	216
独资经营企业	Enterprises with Sole Investment	143773	73023
投资股份有限公司	Share-holding Corporations Ltd. with Investment	11299	1330
其他港澳台商投资企业	Other Enterprises with Funds from Hongkong, Macao and Taiwan	1506	409
3.外商投资企业	**Foreign Funded Enterprises**	**304131**	**289149**
中外合资经营企业	Joint-venture Enterprises	83886	96286
中外合作经营企业	Cooperative Enterprises	2020	-46
外资企业	Enterprises with Sole Foreign Investment	174380	177852
外商投资股份有限公司	Share-holding Corporations Ltd. with Foreign Investment	43578	14690
其他外商投资企业	Other Foreign Funded Enterprises	267	367

3-9-1 Continued 5

单位：万元
Unit: 10 000 yuan

营业利润 Opreating Profits	利润总额 Total Profits	应交所得税 Income Tax Payable	应付职工薪酬 Payables to Employees	应交增值税 VAT payable
13872348	**14865092**	**4110895**	**35113269**	**10265756**
3952282	4058782	741066	6442435	2028724
8093991	**8929317**	**2339960**	**27024263**	**7767817**
410784	433276	65320	539232	249951
18700	21155	3743	77014	18068
43631	41982	8740	33434	1926
-32286	-32225	-8144	13785	401
-517	-509	-271	2457	277
-31769	-31716	-7873	11328	124
4225405	4603413	1145283	10965537	3103952
947353	997372	133793	638715	240470
3278052	3606041	1011490	10326822	2863483
1563133	1579801	285335	3187310	1117352
1840203	2256256	834473	12182570	3272422
21484	18814	4741	111697	13433
939	1034	97	7639	3865
1641054	2044216	771154	11585968	3018737
176726	192192	58480	477266	236388
24423	25661	5210	25381	3744
2844117	**2901352**	**928602**	**4142760**	**1096372**
431990	449271	122561	714846	208441
30447	30172	8731	43409	13644
2322596	2353380	775807	3184334	831965
40880	48230	10470	147101	21381
18203	20300	11034	53071	20941
2934240	**3034422**	**842334**	**3946247**	**1401567**
984740	1001122	233614	1146275	441748
12742	13596	5439	43750	13281
1731696	1820026	575585	2403010	781868
161957	155634	20206	326679	153340
43106	44044	7489	26532	11330

项 目	Item	营业收入 Business Revenue	营业成本 Business Cost
(二)按国民经济行业分	**by Sector**		
综合零售	Integrated Retail	182272109	147963152
#百货零售	Retail of General Merchandise	81210577	64488866
超级市场零售	Retail of Supermarkets	93866218	77977164
食品、饮料及烟草制品专门零售	Special Retail of Food, Beverages and Tobaccos	18448325	14056081
#粮油零售	Retail of Cereal and Oil	730453	614019
肉、禽、蛋、奶及水产品零售	Retail of Meat, Poultry, Eggs, Milk and Aquatic Products	3206359	2584459
酒、饮料及茶叶零售	Retail of Wine, Beverages and Teas	3436634	2752611
烟草制品零售	Retail of Tobaccos	1006981	811226
纺织、服装及日用品专门零售	Special Retail of Textiles, Garments and Daily Consumer Articles	45372870	28504796
#服装零售	Retail of Garments	30050162	18846233
文化、体育用品及器材专门零售	Special Retail of Culture, Sports Appliances and Equipments	20495343	15145161
#体育用品及器材零售	Retail of Sports Appliances and Equipments	1329478	934950
图书、报刊零售	Retail of Books, Newspapers and Magazines	9924596	7338710
医药及医疗器材专门零售	Special Retail of Medicines and Medical Appliances	38967809	30551325
#西药零售	Retail of Western Medicines	36430608	28667608
汽车、摩托车、零配件和燃料及其他动力销售	Retail of Motor Vehicles, Motorcycles, Parts, Fuel and Other Powers	390172470	360700546
#汽车新车零售	Retail of New Motor Vehicles	275540947	256600826
机动车燃油零售	Retail of Fuel Oil of Motor Vehicles	106543476	96874741
家用电器及电子产品专门零售	Special Retail of Household Electric Appliances and Electronic Products	49103570	44462810
#日用家电零售	Retail of Household Electric Appliances	24512216	22598329
计算机、软件及辅助设备零售	Retail of Computer, Software and Assistant Appliances	8877775	7707634
通信设备零售	Retail of Communication Equipments	8118361	7336373
五金、家具及室内装饰材料专门零售	Special Retail of Hardware, Furniture and Interior Decoration Materials	6730878	5008583
货摊、无店铺及其他零售业	Stalls, Non-shop and Other Retails	108536583	93739047
#互联网零售	Retail on the Internet	103876193	90180438
(三)按零售业态分	**by Mode of Business Operation**		
有店铺零售	Store-based Retailing	746172163	642291005
#超市	Supermarket	27133722	22527201
大型超市	Hypermarket	92985826	76582595
百货店	Department Store	69509838	54359504
专业店	Speciality Store	251371907	221949273
专卖店	Exclusive Shop	286111200	250536440
无店铺零售	Non-Store Selling	169421551	144320606

3-9-1 Continued 6

单位：万元

Unit: 10 000 yuan

税金及附加 Taxes and Other Charges	其他业务利润 Profits from Other Business	销售费用 Selling Expenses	管理费用 Administrative Expenses
997949	4675366	21995855	8214280
712236	2164192	8493091	4717090
257935	2319408	12103682	2962740
68434	83353	2919534	864366
2473	11088	78305	27660
11269	12462	403530	112654
12647	8557	361565	117679
3950	4130	106049	58953
249513	373327	10101934	3327133
175399	188459	6671312	2394767
212358	252733	2797075	1403261
5588	1864	297934	89333
38921	202429	1144325	824622
121298	380071	5683586	1701134
112518	363667	5284368	1568828
858660	2400755	15625252	6321692
600372	2027420	8841999	5108845
240255	342525	6350292	1029963
77716	226464	3284317	1070372
32187	115606	1670884	510454
19028	7944	556098	138983
10708	75376	537039	202246
64461	33339	908336	582143
206962	411850	12006030	2320842
192311	347997	11301494	2075353
2634112	8424816	62464427	23176780
110617	317989	2985059	1196007
283864	2595210	12313406	3079882
644301	1814211	7854379	4038655
688193	1539833	17717931	6252219
844265	1926275	20022552	7581334
476355	892656	18299442	4358957

项　　目	Item	财务费用 Financial Expense	#利息支出 Interest Expenses
(二)按国民经济行业分	**by Sector**		
综合零售	Integrated Retail	1262263	768420
#百货零售	Retail of General Merchandise	751529	560504
超级市场零售	Retail of Supermarkets	477678	191237
食品、饮料及烟草制品专门零售	Special Retail of Food, Beverages and Tobaccos	79105	74929
#粮油零售	Retail of Cereal and Oil	2541	4454
肉、禽、蛋、奶及水产品零售	Retail of Meat, Poultry, Eggs, Milk and Aquatic Products	8889	6414
酒、饮料及茶叶零售	Retail of Wine, Beverages and Teas	39984	34224
烟草制品零售	Retail of Tobaccos	-7315	1933
纺织、服装及日用品专门零售	Special Retail of Textiles, Garments and Daily Consumer Articles	171121	97835
#服装零售	Retail of Garments	147251	79779
文化、体育用品及器材专门零售	Special Retail of Culture, Sports Appliances and Equipments	33322	40093
#体育用品及器材零售	Retail of Sports Appliances and Equipments	6184	1135
图书、报刊零售	Retail of Books, Newspapers and Magazines	-39119	4628
医药及医疗器材专门零售	Special Retail of Medicines and Medical Appliances	215491	136345
#西药零售	Retail of Western Medicines	199145	123224
汽车、摩托车、零配件和燃料及其他动力销售	Retail of Motor Vehicles, Motorcycles, Parts, Fuel and Other Powers	1953160	1116498
#汽车新车零售	Retail of New Motor Vehicles	1528812	875064
机动车燃油零售	Retail of Fuel Oil of Motor Vehicles	381963	217672
家用电器及电子产品专门零售	Special Retail of Household Electric Appliances and Electronic Products	191370	117306
#日用家电零售	Retail of Household Electric Appliances	78431	80402
计算机、软件及辅助设备零售	Retail of Computer, Software and Assistant Appliances	-11199	4519
通信设备零售	Retail of Communication Equipments	40959	17013
五金、家具及室内装饰材料专门零售	Special Retail of Hardware, Furniture and Interior Decoration Materials	100082	60653
货摊、无店铺及其他零售	Stalls, Non-shop and Other Retails	138314	67823
#互联网零售	Retail on the Internet	125724	53409
(三)按零售业态分	**by Mode of Business Operation**		
有店铺零售	Store-based Retailing	3900618	2372285
#超市	Supermarket	248463	57709
大型超市	Hypermarket	408591	220220
百货店	Department Store	611930	518425
专业店	Speciality Store	1131648	729299
专卖店	Exclusive Shop	1316303	793835
无店铺零售	Non-Store Selling	332969	196501

单位：万元

Unit: 10 000 yuan

营业利润 Opreating Profits	利润总额 Total Profits	应交所得税 Income Tax Payable	应付职工薪酬 Payables to Employees	应交增值税 VAT payable
3106890	3303975	926324	10623949	2476744
2692367	2724076	726592	4433401	1365161
803023	933179	189254	5666480	1010819
904848	992100	148236	1378477	301729
-538	-7227	2219	50920	9972
85282	96358	12473	207727	24181
343098	386656	42310	176894	61979
85845	97481	18133	102661	16734
3043304	3186649	954182	3758935	936702
1750618	1842664	604891	2468673	576836
1116481	1158580	125774	1858018	222268
-16434	-16919	-3466	103921	32587
804646	822336	34541	1118645	61063
964597	1039638	214465	3433951	727261
875771	944067	196182	3186541	676734
4787112	5149374	1312573	9434407	3777924
3129880	3484255	890105	6741639	2284210
1534575	1539917	400734	2424210	1403818
-133948	-118003	119347	1589762	512796
-345938	-344725	327	595536	227743
424665	430466	106531	377795	162110
15493	23455	5695	313346	66703
2923	-69950	23815	426916	133037
80142	222730	286181	2608853	1177295
-37061	73940	239977	2234364	1104315
13873157	14727885	3806985	32090830	9030519
205009	242036	25517	1809924	297754
983847	1093650	269491	5744329	1082861
2589447	2618896	683902	4018603	1243016
3849351	4190641	966370	10020106	3213330
6735574	7109188	1825633	10080773	3058823
1823957	2001746	763044	5311229	1851633

3-9-2 各地区大中型批发业企业损益及分配

地区	Region	营业收入 Business Revenue	营业成本 Business Cost	税金及附加 Taxes and Other Charges	其他业务利润 Profits from Other Business	销售费用 Selling Expenses	管理费用 Administr-ative Expenses
全国	**National Total**	**4083911243**	**3776757656**	**25901945**	**10927444**	**130890327**	**60436974**
北京	Beijing	481851744	446260413	978959	2384289	15276523	9909529
天津	Tianjin	131931799	125296690	693441	108903	3474413	1176669
河北	Hebei	67660424	63539009	829535	79374	1211700	719453
山西	Shanxi	78454458	74484016	590797	88842	1373103	886478
内蒙古	Inner Mongolia	31778872	29254343	426696	54927	1212655	456076
辽宁	Liaoning	83338941	80327465	641483	73196	1405646	696491
吉林	Jilin	18887680	17201051	342875	33764	855130	244486
黑龙江	Heilongjiang	31430590	29538092	392936	93977	1018937	366453
上海	Shanghai	727118442	661412582	1290835	1395225	34773041	13122357
江苏	Jiangsu	315284563	290048052	1708925	1219467	10325772	5421416
浙江	Zhejiang	358389030	336963120	1749098	673574	9737585	4213983
安徽	Anhui	66643938	60066264	930889	893189	3368277	933185
福建	Fujian	188888197	178683661	939642	357148	3579802	1906434
江西	Jiangxi	31469763	27357301	689710	166561	1566441	572764
山东	Shandong	190140580	179109141	1275293	923966	4641413	2351285
河南	Henan	80996337	74471989	1332414	67312	1767067	1233232
湖北	Hubei	75544503	68244151	963006	152812	2911085	1325858
湖南	Hunan	46365375	40456479	1217229	61531	1824037	990565
广东	Guangdong	522902905	484312563	2479718	1313118	17060697	7883820
广西	Guangxi	59091677	55716789	667104	86766	1015152	615735
海南	Hainan	16326315	15039425	229664	10521	464475	293466
重庆	Chongqing	72246062	65810006	1050009	143530	1962264	848278
四川	Sichuan	97322537	89309380	1262463	215811	2886621	1179016
贵州	Guizhou	36259548	25675246	678650	46692	1332272	685287
云南	Yunnan	72334116	66999669	911110	103120	1557946	704398
西藏	Tibet	2062297	1302262	111362	1051	478831	73416
陕西	Shaanxi	88279177	84042489	654293	46423	1749407	644807
甘肃	Gansu	39241706	37853732	326607	36844	560591	308709
青海	Qinghai	7776164	7173418	89379	11459	228684	101073
宁夏	Ningxia	7779465	7333240	101973	3662	198898	83519
新疆	Xinjiang	56114036	53475616	345849	80390	1071863	488736

Income and Distribution of Large and Medium-sized Enterprises of Wholesale Trade by Region

单位：万元
Unit: 10 000 yuan

财务费用 Financial Expenses	#利息支出 Interest Expenses	营业利润 Opreating Profits	利润总额 Total Profits	应交所得税 Income Tax Payable	应付职工薪酬 Payables to Employees	应交增值税 VAT Payable
13341284	**17815533**	**107440314**	**110742517**	**22551497**	**64250023**	**32591914**
1531150	3811356	16620023	16818055	2576951	9717517	3194494
541775	573987	1031375	1363940	357272	1727757	1362726
308196	325783	1209534	1232924	296445	700940	518586
215303	347571	1228592	1193320	212328	668486	670916
249586	269584	437407	487125	125131	438246	331997
399610	361714	611513	676050	266013	676321	421823
94923	79911	346485	345775	92981	321190	201188
63002	305196	373285	391372	123129	481243	234328
756952	1486193	20236020	21249523	4834361	13090507	4416393
1553841	1095092	8135329	8522298	1834346	5225834	2515057
1489376	1913240	8696442	9080122	1617636	4761451	2352591
70873	259783	1549817	1641669	368446	1168031	825956
732768	980966	3880034	3992265	649190	1763230	1042406
95323	118480	1258636	1281118	298000	632896	486320
872732	719383	2469116	2597281	611783	2537484	1066965
292986	296786	1859093	1875469	446233	1195682	747472
202750	351473	2416049	2421512	601328	1425778	878861
201618	211259	1992749	2019943	429026	935817	675407
1630078	1872584	13262074	13468766	2429191	9647843	3595434
292139	328447	879900	911362	185853	631199	532817
69227	61419	483210	507517	81741	261107	133833
193535	244004	2607270	2703706	410740	991669	1196392
402339	458994	2981619	3022474	642372	1534298	1014744
-24536	151656	7927882	7907016	1952989	775566	1425354
270470	354963	2593284	2589566	602168	1001112	1302113
-8137	2415	129836	144960	14432	114042	90109
238736	200852	1232940	1249841	229247	673538	638844
113378	110160	140460	138343	87095	402434	209306
136011	133677	114985	102768	18677	87872	90398
10953	12787	70729	75233	21357	106886	70132
344329	375819	664626	731201	135036	554049	348951

3-9-3 各地区大中型零售业企业损益及分配

地 区	Region	营业收入 Business Revenue	营业成本 Business Cost	税金及附加 Taxes and Other Charges	其他业务利润 Profits from Other Business	销售费用 Selling Expenses	管理费用 Administr-ative Expenses
全 国	**National Total**	**860099957**	**740131500**	**2857351**	**8837259**	**75321920**	**25805223**
北 京	Beijing	78215769	69447238	203788	1411859	6357475	1902943
天 津	Tianjin	12124425	10470779	33323	170766	1107780	434339
河 北	Hebei	23850875	20985789	90634	349557	1777336	728157
山 西	Shanxi	11887826	10939283	30818	115861	845295	389406
内蒙古	Inner Mongolia	8195620	7150139	31923	99761	726951	221832
辽 宁	Liaoning	19384817	16955399	71147	123831	1497554	709246
吉 林	Jilin	8538999	7426909	35833	82060	605161	382255
黑龙江	Heilongjiang	8944724	7853465	36405	121873	664951	285400
上 海	Shanghai	78747052	59375317	323667	626964	12087986	4078650
江 苏	Jiangsu	70980693	61155392	220309	760596	5586228	1952465
浙 江	Zhejiang	60787917	52507897	170956	709869	5295192	1694703
安 徽	Anhui	28555296	24914892	82718	131905	2081629	677314
福 建	Fujian	35224859	30742422	116313	268535	3057624	861522
江 西	Jiangxi	14642523	12765651	49112	113136	1030401	418783
山 东	Shandong	45605870	39932722	142722	554515	3548900	1393159
河 南	Henan	31329578	27209831	105618	303928	2058740	950516
湖 北	Hubei	28632302	24615232	98884	430683	2448871	877323
湖 南	Hunan	28562850	24488488	177688	184143	2225812	859218
广 东	Guangdong	103259698	88928283	282142	1085303	10505226	3086012
广 西	Guangxi	12751166	11164063	31654	181633	887621	331964
海 南	Hainan	7985180	6573217	105218	64718	462430	169393
重 庆	Chongqing	19844393	17048222	63715	137141	1726920	555152
四 川	Sichuan	48286763	42930825	135168	307247	3396314	981453
贵 州	Guizhou	14497152	12848566	27350	65924	882705	332998
云 南	Yunnan	15920032	14016183	35129	119837	1147393	314496
西 藏	Tibet	1247644	1104701	2310	2164	81311	15629
陕 西	Shaanxi	24556983	21422819	82974	191413	1930199	706432
甘 肃	Gansu	6756821	5982560	22454	43349	469022	146922
青 海	Qinghai	1606757	1324617	5559	16465	98859	44325
宁 夏	Ningxia	1831397	1543687	9518	13508	172187	62500
新 疆	Xinjiang	7343976	6306912	32303	48713	557849	240714

Income and Distribution of Large and Medium-sized Enterprises of Retail Trade by Region

单位：万元

Unit: 10 000 yuan

财务费用 Financial Expenses	#利息支出 Interest Expenses	营业利润 Opreating Profits	利润总额 Total Profits	应交所得税 Income Tax Payable	应付职工薪酬 Payables to Employees	应交增值税 VAT Payable
4144227	**2479903**	**13872348**	**14865092**	**4110895**	**35113269**	**10265756**
160824	227969	263716	293935	227001	2923160	725705
136646	43600	-230623	-206452	41720	531565	103444
198575	86920	124870	152003	78607	1071303	264020
104710	54437	-405593	-400749	26880	450285	52153
41434	18333	58273	65482	17681	375697	137906
115077	78592	34750	57127	56830	758462	182881
124423	86994	-10741	16481	17850	338438	207998
82067	49792	25971	20139	30518	334204	191924
172533	95431	3043780	3225606	1084646	3798147	1039695
360717	204902	1597916	1699295	319610	2888395	788289
289788	213228	1202345	1282028	335125	2428683	704034
127803	52089	461855	481515	74123	1033424	267770
126773	95370	680738	733767	147067	1383083	356412
70909	49660	329750	323270	56684	648488	1292
287416	155264	407829	464659	165531	1855745	598345
236630	103384	767460	774838	163652	1189168	319575
142173	80549	541805	584737	125304	1338458	314026
155542	95190	634030	634362	94995	1033496	569786
374917	212171	544248	733728	365109	4793350	1139727
51738	37590	252515	267266	48656	500887	139423
20770	18522	679364	682973	172330	225405	86353
176235	56483	424886	443518	58847	1023181	308232
166962	114328	846721	860964	143920	1573519	563858
95477	55643	479413	486089	41551	430621	286633
67446	48702	352929	359773	57161	548748	266883
3585	3034	45381	45940	1283	47303	49687
129807	62655	348599	396261	84376	853650	333170
34497	17432	169239	167800	30147	282964	95526
14941	10284	11613	17366	6423	59731	58582
19263	10532	21167	25287	5338	81574	15731
54552	40821	168142	176086	31932	312133	96699

3-10-1 按业态分连锁零售企业基本情况

Basic Conditions of Chain Retail Enterprises by Business Categories

业 态	Business Categories	门店总数 (个) Number of Stores (unit)	从业人员 (万人) Engaged Persons (10 000 persons)	营业面积 (万平方米) Operational Area (10 000 sq.m)	商品销售额 (亿元) Total Sales Value (100 million yuan)	#零售额 Retail Value
总 计	**Total**	**269345**	**220.2**	**18276.6**	**33903.9**	**27043.2**
便利店	Convenience Store	34778	9.8	385.4	640.2	585.0
折扣店	Discount Store	284	0.1	28.6	19.6	19.6
超市	Supermarket	24082	34.9	1939.9	3347.3	2918.7
大型超市	Hypermarket	5340	47.3	3817.0	4601.1	4185.2
仓储会员店	Warehouse Club	102	1.3	61.0	246.0	246.0
百货店	Department Store	5732	19.5	2742.2	3082.7	2508.0
专业店	Specialty Store	152404	80.4	8512.6	18245.4	13779.7
#加油站	Gas Station	37079	22.6	6164.0	11650.5	8635.5
专卖店	Franchised Store	38700	24.5	674.8	3313.9	2613.2
家居建材商店	Building Material Store	38	0.1	13.2	24.5	24.5
厂家直销中心	Factory Outlets Center	582	0.4	15.4	75.2	6.2
其他	Other Store	7303	2.2	86.7	308.0	157.1

3-10-2 按登记注册类型分连锁零售企业基本情况

Basic Conditions of Chain Retail Enterprises by Status of Registration

项目	Item	门店总数(个) Number of Stores (unit)	从业人员(万人) Employed Person (10 000 persons)	营业面积(万平方米) Operational Area (10 000 sq.m)	商品销售额(亿元) Total Sales Value (100 million yuan)	#零售额 Retail Value
总计	**Total**	**269345**	**220.2**	**18276.6**	**33903.9**	**27043.2**
内资企业	**Domestic Funded Enterprises**	**237413**	**167.7**	**13707.3**	**24461.4**	**18429.3**
国有企业	State-owned Enterprises	9727	8.2	892.0	2927.2	1713.3
集体企业	Collective-owned Enterprises	254	0.6	46.5	45.7	34.3
股份合作企业	Cooperative Enterprises	434	0.4	43.9	136.4	101.1
联营企业	Joint Ownership Enterprises	253	0.1	2.5	12.5	12.2
国有联营企业	State Joint Ownership Enterprises	204	0.1	1.7	9.9	9.9
集体联营企业	Collective Joint Ownership Enterprises					
国有与集体联营企业	Joint State-collective Enterprises	5	0.0	0.1	0.1	0.1
其他联营企业	Other Joint Ownership Enterprises	44	0.0	0.6	2.6	2.3
有限责任公司	Limited Liability Corporations	96199	68.9	3622.6	7813.0	6078.0
国有独资公司	State Sole Funded Corporations	1173	0.7	85.2	277.8	115.8
其他有限责任公司	Other Limited Liability Corporations	95026	68.2	3537.4	7535.2	5962.2
股份有限公司	Share-holding Corporations Ltd.	44802	46.1	7259.7	10430.8	7692.2
私营企业	Private Enterprises	83936	42.6	1815.1	3060.2	2762.7
私营独资企业	Private-funded Enterprises	1099	0.5	13.3	31.1	30.6
私营合伙企业	Private Partnership Enterprises	408	0.1	6.3	6.6	5.5
私营有限责任公司	Private Limited Liability Corporations	74005	38.5	1656.2	2807.1	2541.0
私营股份有限公司	Private Share-holding Corporations Ltd.	8424	3.6	139.3	215.4	185.7
其他企业	Other Enterprises	1808	0.8	25.1	35.7	35.5
港、澳、台商投资企业	**Enterprises with Funds from Hong Kong, Macao and Taiwan**	**15093**	**21.6**	**1514.2**	**2590.0**	**2428.6**
港、澳、台商合资经营企业	Joint-venture Enterprises	4245	2.8	501.5	294.4	288.9
港、澳、台商合作经营企业	Cooperative Enterprises	275	6.1	329.5	513.7	513.7
港、澳、台商独资经营企业	Enterprises with Sole Investment	10043	12.3	670.9	1759.5	1604.1
港、澳、台商投资股份有限公司	Share-holding Corporations Ltd. with Investment	334	0.3	11.4	19.9	19.6
其他港澳台商投资企业	Other Enterprises with Funds from Hongkong, Macao and Taiwan	196	0.1	0.9	2.6	2.3
外商投资企业	**Foreign Funded Enterprises**	**16839**	**31.0**	**3055.2**	**6852.5**	**6185.2**
中外合资经营企业	Joint-venture Enterprises	7960	9.6	1162.1	2803.9	2559.5
中外合作经营企业	Cooperative Enterprises	504	1.2	80.2	112.0	67.7
外资企业	Enterprises with Sole Foreign Investment	5307	11.7	574.9	2426.0	2131.6
外商投资股份有限公司	Share-holding Corporations Ltd. with Foreign Investment	2299	8.1	1112.2	1298.3	1249.6
其他外商投资企业	Other Foreign Funded Enterprises	769	0.4	125.7	212.3	176.8

3-10-3 按行业分连锁零售企业基本情况
Basic Conditions of Chain Retail Enterprises by Sector

项　目	Item	门店总数(个) Number of Stores (unit)	从业人员(万人) Employed Person (10 000 persons)	营业面积(万平方米) Operational Area (10 000 sq.m)
总　计	**Total**	**269345**	**220.2**	**18276.6**
一、批发业	**Wholesale Trade**	**34371**	**19.1**	**2761.1**
农、林、牧产品批发	Wholesale of Farm Produce and Livestock Products	968	0.2	17.4
食品、饮料及烟草制品专门批发	Wholesale of Food, Beverages and Tobaccos	4311	2.5	47.4
纺织、服装及家庭用品批发	Wholesale of Textiles, Garments and Daily Consumer Articles	1096	0.7	8.4
文化、体育用品及器材批发	Wholesale of Culture, Sports Appliances and Equipments	1743	1.9	67.7
医药及医疗器材批发	Wholesale of Medicines and Medical Appliances	2596	0.9	25.1
矿产品、建材及化工产品批发	Wholesale of Mineral Products, Building Materials and	23172	12.7	2579.9
机械设备、五金产品及电子产品批发	Wholesale of Machinery, Hardware and Electronic Equipment	124	0.2	14.7
贸易经纪及代理	Trade Broker and Agency			
其他批发业	Other Wholesale not Classified Elsewhere	361	0.1	0.5
二、零售业	**Retail Trade**	**234974**	**201.1**	**15515.5**
综合零售	Integrated Retail	72246	114.2	9109.9
食品、饮料及烟草制品专门零售	Retail of Food, Beverages and Tobaccos	14610	6.8	84.9
纺织、服装及日用品专门零售	Special Retail of Textiles, Garments and Daily	21731	13.8	425.5
文化、体育用品及器材专门零售	Retail of Culture, Sports Appliances and Equipments	3147	4.0	195.9
医药及医疗器材专门零售	Retail of Medicines and Medical Appliances	99247	43.1	1127.2
汽车、摩托车、燃料及零配件专门零售	Retail of Motor Vehicles, Motorcycles, Fuel	17848	11.6	3756.4
家用电器及电子产品专门零售	Special Retail of Household Electric Appliances and Electronic Products	5314	6.7	745.7
五金、家具及室内装饰材料专门零售	Special Retail of Hardware, Furniture and Decoration Materials	544	0.8	58.4
货摊、无店铺及其他零售业	Non-shop and Other Retails	287	0.2	11.6

3-10-3 续表 Continued

项 目	Item	商品销售额（亿元）Total Sales Value (100 million yuan)	#零售额 Retail Sales
总 计	**Total**	**33903.9**	**27043.2**
一、批发业	**Wholesale Trade**	**7926.5**	**4777.4**
农、林、牧产品批发	Wholesale of Farm Produce and Livestock Products	9.0	2.3
食品、饮料及烟草制品专门批发	Wholesale of Food, Beverages and Tobaccos	821.9	60.6
纺织、服装及家庭用品批发	Wholesale of Textiles, Garments and Daily Consumer Articles	54.8	23.3
文化、体育用品及器材批发	Wholesale of Culture, Sports Appliances and Equipments	298.8	152.5
医药及医疗器材批发	Wholesale of Medicines and Medical Appliances	61.7	26.3
矿产品、建材及化工产品批发	Wholesale of Mineral Products, Building Materials and	6604.8	4497.9
机械设备、五金产品及电子产品批发	Wholesale of Machinery, Hardware and Electronic Equipment	53.9	10.8
贸易经纪及代理	Trade Broker and Agency		
其他批发业	Other Wholesale not Classified Elsewhere	21.4	3.6
二、零售业	**Retail Trade**	**25977.4**	**22265.9**
综合零售	Integrated Retail	12240.2	10723.5
食品、饮料及烟草制品专门零售	Retail of Food, Beverages and Tobaccos	398.5	343.2
纺织、服装及日用品专门零售	Special Retail of Textiles, Garments and Daily	1338.2	1257.5
文化、体育用品及器材专门零售	Retail of Culture, Sports Appliances and Equipments	813.4	369.7
医药及医疗器材专门零售	Retail of Medicines and Medical Appliances	2466.1	2225.6
汽车、摩托车、燃料及零配件专门零售	Retail of Motor Vehicles, Motorcycles, Fuel	5476.9	4407.0
家用电器及电子产品专门零售	Special Retail of Household Electric Appliances and Electronic Products	3088.7	2837.1
五金、家具及室内装饰材料专门零售	Special Retail of Hardware, Furniture and Decoration Materials	136.2	84.2
货摊、无店铺及其他零售业	Non-shop and Other Retails	19.1	18.0

3-10-4 各地区连锁零售企业基本情况

Basic Conditions of Chain Retail Enterprises by Region

年份 Year	地区 Region	门店总数（个）Number of Stores (unit)	从业人数（万人）Employed Person (10 000 persons)	营业面积（万平方米）Operational Area (10 000 sq.m)	商品销售额（亿元）Total Sales Value (100 million yuan)	#零售额 Retail Sales
	2004	77631	128.2	7202.6	8393.6	6163.1
	2005	105684	160.1	8687.5	12587.8	8569.5
	2006	128924	187.1	8979.0	14952.2	10764.8
	2007	145366	186.2	10044.0	17754.3	13066.8
	2008	168502	197.1	10197.8	20466.5	14369.7
	2009	175677	210.9	11809.2	22240.0	15860.3
	2010	176792	225.2	12756.8	27385.4	19009.5
	2011	195779	249.1	13670.7	34510.7	23812.5
	2012	192870	256.3	14765.9	35462.1	24605.3
	2013	204090	255.9	15640.3	38006.9	26340.8
	2014	206415	250.2	16221.3	37340.6	27356.5
	2015	209812	248.1	16862.4	35400.4	25749.3
	2016	232444	245.0	17960.1	35922.9	26856.2
	2017	236103	234.9	17329.6	35629.1	27617.2
	2018	249711	239.0	17924.7	38012.7	28919.0
	2019	252656	226.6	18384.9	37256.9	29566.9
	2020	269345	220.2	18276.6	33903.9	27043.2
北京	Beijing	10307	13.3	873.9	3323.1	2923.5
天津	Tianjin	2610	2.5	203.6	446.9	325.9
河北	Hebei	8387	6.0	642.6	815.0	573.8
山西	Shanxi	5814	3.7	244.2	425.0	339.0
内蒙古	Inner Mongolia	2134	1.1	45.1	63.2	44.4
辽宁	Liaoning	7045	4.9	336.5	526.1	444.9
吉林	Jilin	3166	1.8	61.6	173.7	153.3
黑龙江	Heilongjiang	1715	1.3	42.5	189.9	136.7
上海	Shanghai	22548	25.6	1151.3	3938.6	3176.5
江苏	Jiangsu	21080	15.2	1269.7	2988.6	2632.4
浙江	Zhejiang	23495	10.5	1064.1	2117.0	1329.1
安徽	Anhui	8995	9.1	727.5	1509.3	1048.6
福建	Fujian	13113	14.6	1405.1	1721.7	1661.8
江西	Jiangxi	6676	4.5	391.1	1049.8	724.7
山东	Shandong	18534	18.5	3331.4	2346.9	1891.8
河南	Henan	7365	6.7	564.8	841.2	724.4
湖北	Hubei	10894	10.6	491.1	1327.0	1063.6
湖南	Hunan	10977	12.0	988.1	1305.7	1187.3
广东	Guangdong	28477	19.8	1620.5	3122.8	2563.7
广西	Guangxi	7767	4.0	492.4	757.0	492.4
海南	Hainan	930	0.4	24.9	176.3	101.7
重庆	Chongqing	6984	7.0	569.8	1021.1	835.2
四川	Sichuan	17065	11.6	504.3	1052.5	988.0
贵州	Guizhou	2020	1.3	61.4	102.5	95.3
云南	Yunnan	6828	3.3	143.7	453.7	390.3
西藏	Tibet	100	0.1	3.3	3.8	2.7
陕西	Shaanxi	5427	4.1	272.2	957.8	473.2
甘肃	Gansu	2358	1.6	137.7	222.7	205.0
青海	Qinghai	154	0.3	11.7	16.7	14.1
宁夏	Ningxia	1471	1.5	216.3	271.2	168.0
新疆	Xinjiang	4909	3.3	384.1	637.1	332.1

3-10-4 续表 Continued

年份 Year	地区 Region	商品购进总额(亿元) Total Purchases (100 million yuan)	统一配送商品购进额(亿元) Centralized Purchase and Delivery (100 million yuan)	自有配送中心配送商品购进额 Self Centralized Purchase and Delivery	非自有配送中心配送商品购进额 Non-self Centralized Purchase and Delivery
	2004	7130.1	5545.6	4481.7	1063.9
	2005	10734.6	8409.4	6696.1	1251.8
	2006	13447.4	10565.7	7729.7	1384.0
	2007	15917.0	12542.4	9057.0	1707.3
	2008	17193.1	13782.1	8654.9	3118.8
	2009	19343.7	14723.1	9616.9	2647.2
	2010	24044.6	17412.5	10910.3	3373.4
	2011	29653.0	22919.6	13458.8	3384.1
	2012	30825.5	23975.8	13932.9	3522.8
	2013	32258.7	25341.8	14598.7	4554.0
	2014	31298.5	24582.4	14637.3	4265.7
	2015	30556.8	23379.9	13656.3	3669.4
	2016	31036.9	24173.7	13989.2	4342.3
	2017	30520.8	23737.6	13994.0	3174.5
	2018	32133.0	24294.4	14979.0	3016.3
	2019	31358.0	23356.3	14294.1	2722.4
	2020	27830.2	20250.8	12339.6	2971.5
北京	Beijing	2873.1	1705.6	1207.5	317.1
天津	Tianjin	408.3	258.5	184.2	33.3
河北	Hebei	673.5	485.4	291.0	38.6
山西	Shanxi	305.0	176.4	108.2	0.3
内蒙古	Inner Mongolia	48.7	28.0	19.5	2.0
辽宁	Liaoning	473.4	307.0	76.6	6.1
吉林	Jilin	70.9	65.0	44.9	5.5
黑龙江	Heilongjiang	146.5	130.4	22.9	22.2
上海	Shanghai	3379.2	2551.7	1817.1	729.4
江苏	Jiangsu	2636.9	2502.5	2037.0	159.8
浙江	Zhejiang	1895.1	1591.8	1282.2	157.4
安徽	Anhui	1385.2	896.4	257.5	48.8
福建	Fujian	1490.0	381.0	115.1	40.5
江西	Jiangxi	536.6	451.7	300.3	63.8
山东	Shandong	1940.5	1456.9	975.8	208.1
河南	Henan	612.3	341.0	162.6	41.4
湖北	Hubei	1086.2	795.4	465.0	54.6
湖南	Hunan	800.7	684.2	445.6	105.9
广东	Guangdong	2372.6	1554.4	791.2	220.5
广西	Guangxi	678.2	584.2	131.9	188.5
海南	Hainan	146.6	140.7		
重庆	Chongqing	804.3	709.7	489.2	170.9
四川	Sichuan	885.7	611.0	265.6	62.3
贵州	Guizhou	94.4	79.4	51.5	0.2
云南	Yunnan	306.7	278.0	88.4	10.7
西藏	Tibet	3.3	2.1		
陕西	Shaanxi	747.3	616.7	311.0	47.0
甘肃	Gansu	183.4	143.7	28.3	3.0
青海	Qinghai	9.7	7.7	0.3	
宁夏	Ningxia	266.6	149.4	85.7	2.0
新疆	Xinjiang	569.5	565.1	283.6	231.6

住宿和餐饮业

HOTELS AND CATERING SERVICES

第4篇

4-1-1 限额以上住宿和餐饮业企业基本情况
Basic Conditions of Enterprises above Designated Size of Hotels and Catering Services

项目	Item	法人单位数(个) Number of Corporation Enterprises (unit)	年末从业人数(人) Engaged Persons at the Year-end (person)	年末餐饮营业面积(平方米) Business Area of Catering Services at the Year-end (m²)
总计	**Total**	**58182**	**4242810**	**167881963**
一、住宿业	**Hotels**	**25281**	**1666224**	**92261399**
#国有控股	State-controlled Enterprises	2924	404140	14820975
(一)按登记注册类型分	**by Type of Registration**			
1.内资企业	**Domestic Funded Enterprises**	**24407**	**1520582**	**86594070**
国有企业	State-owned Enterprises	1215	144216	5146349
集体企业	Collective-owned Enterprises	184	11502	444036
股份合作企业	Cooperative Enterprises	50	3110	84724
联营企业	Joint Ownership Enterprises	20	1833	134345
有限责任公司	Limited Liability Corporations	5377	531625	25756743
国有独资公司	State Sole Funded Corporations	529	77817	3241964
其他有限责任公司	Other Limited Liability Corporations	4848	453808	22514779
股份有限公司	Share-holding Corporations Ltd.	254	31753	1164883
私营企业	Private Enterprises	17285	795752	53786477
私营独资企业	Private-funded Enterprises	1152	38020	2589530
私营合伙企业	Private Partnership Enterprises	222	7558	507853
私营有限责任公司	Private Limited Liability Corporations	15744	739774	50033216
私营股份有限公司	Private Share-holding Corporations Ltd.	167	10400	655878
其他企业	Other Enterprises	22	791	76513
2.港、澳、台商投资企业	**Enterprises with Funds from Hongkong, Macao and Taiwan**	**531**	**94825**	**3749758**
合资经营企业	Joint-venture Enterprises	196	38816	1389937
合作经营企业	Cooperative Enterprises	39	8154	185692
独资经营企业	Enterprises with Sole Investment	282	46486	2093500
投资股份有限公司	Share-holding Corporations Ltd. with Investment	8	995	37513
其他港澳台商投资企业	Other Enterprises with Funds from Hongkong, Macao and Taiwan	6	374	43116
3.外商投资企业	**Foreign Funded Enterprises**	**343**	**50817**	**1917571**
中外合资经营企业	Joint-venture Enterprises	125	19534	644456
中外合作经营企业	Cooperative Enterprises	13	4230	68155
外资企业	Enterprises with Sole Foreign Investment	185	24881	1093098
外商投资股份有限公司	Share-holding Corporations Ltd. with Foreign Investment	9	1243	36588
其他外商投资企业	Other Foreign Funded Enterprises	11	929	75274
(二)按国民经济行业分	**by Sector**			
旅游饭店	Tourist Hotel	12538	1190223	60828208
一般旅馆	Fonda	11584	424873	27622617
民宿服务	Home Lodging Services	222	4826	374823
露营地服务	Campground Services	17	719	48097
其他住宿业	Others	920	45583	3387654

注：NA表示小于或等于3(下表同)。
Note: NA refers to less than or equal to three. The same applies to the tables following.

项 目	Item	法人单位数（个）Number of Corporation Enterprises (unit)	年末从业人数（人）Engaged Persons at the Year-end (person)	年末餐饮营业面积（平方米）Business Area of Catering Services at the Year-end (m²)
二、餐饮业	**Catering Services**	**32901**	**2576586**	**75620564**
#国有控股	State-controlled Enterprises	820	109171	3970381
(一)按登记注册类型分	**by Type of Registration**			
1.内资企业	**Domestic Funded Enterprises**	**31718**	**1826587**	**66419633**
国有企业	State-owned Enterprises	275	25444	1119223
集体企业	Collective-owned Enterprises	115	5147	254694
股份合作企业	Cooperative Enterprises	98	5738	181307
联营企业	Joint Ownership Enterprises	6	92	4365
有限责任公司	Limited Liability Corporations	4309	376816	12904206
国有独资公司	State Sole Funded Corporations	176	25611	965369
其他有限责任公司	Other Limited Liability Corporations	4133	351205	11938837
股份有限公司	Share-holding Corporations Ltd.	144	23673	748297
私营企业	Private Enterprises	26737	1388054	51162258
私营独资企业	Private-funded Enterprises	3202	84113	4050801
私营合伙企业	Private Partnership Enterprises	460	14656	633133
私营有限责任公司	Private Limited Liability Corporations	22845	1257119	45633510
私营股份有限公司	Private Share-holding Corporations Ltd.	230	32166	844814
其他企业	Other Enterprises	34	1623	45283
2.港、澳、台商投资企业	**Enterprises with Funds from Hongkong, Macao and Taiwan**	**697**	**326267**	**4283205**
合资经营企业	Joint-venture Enterprises	131	48757	628192
合作经营企业	Cooperative Enterprises	15	3653	78382
独资经营企业	Enterprises with Sole Investment	540	272381	3535174
投资股份有限公司	Share-holding Corporations Ltd. with Investment	8	1243	37926
其他港澳台商投资企业	Other Enterprises with Funds from Hongkong, Macao and Taiwan	NA	233	3531
3.外商投资企业	**Foreign Funded Enterprises**	**486**	**423732**	**4917726**
中外合资经营企业	Joint-venture Enterprises	87	86883	961865
中外合作经营企业	Cooperative Enterprises	6	5297	82064
外资企业	Enterprises with Sole Foreign Investment	361	322187	3739035
外商投资股份有限公司	Share-holding Corporations Ltd. with Foreign Investment	8	4425	4192
其他外商投资企业	Other Foreign Funded Enterprises	24	4940	130570
(二)按国民经济行业分	**by Sector**			
正餐服务	Dinner	29103	1628833	63349127
快餐服务	Snack	1448	606271	7350835
饮料及冷饮服务	Beverage and Cold Drinks	625	113872	1601856
餐饮配送及外卖送餐服务	Catering Distribution and Delivery Services	1102	114570	1723628
其他餐饮业	Others	623	113040	1595118

4-1-2 各地区限额以上住宿业企业基本情况

Basic Conditions of Enterprises above Designated Size of Hotels by Region

地　区	Region	住宿业 Hotels		#国有控股 State-controlled Enterprises	
		法人单位数 (个) Number of Corporation Enterprises (unit)	年末从业人数 (人) Engaged Persons at the Year-end (person)	法人单位数 (个) Number of Corporation Enterprises (unit)	年末从业人数 (人) Engaged Persons at the Year-end (person)
全　国	**National Total**	**25281**	**1666224**	**2924**	**404140**
北　京	Beijing	1164	96155	356	49222
天　津	Tianjin	315	15546	52	5379
河　北	Hebei	534	44102	118	13236
山　西	Shanxi	445	33645	66	11007
内蒙古	Inner Mongolia	311	18958	34	3510
辽　宁	Liaoning	486	29972	65	8100
吉　林	Jilin	197	14862	43	5417
黑龙江	Heilongjiang	181	12105	46	4491
上　海	Shanghai	1104	71323	154	27432
江　苏	Jiangsu	1362	96653	214	30884
浙　江	Zhejiang	1735	136471	158	21146
安　徽	Anhui	716	47037	49	9778
福　建	Fujian	1211	86656	120	19244
江　西	Jiangxi	798	41062	83	7952
山　东	Shandong	1183	83481	153	27152
河　南	Henan	1481	80440	105	12538
湖　北	Hubei	934	47565	64	6403
湖　南	Hunan	1102	65079	66	8664
广　东	Guangdong	3003	213780	221	36656
广　西	Guangxi	799	47993	62	9826
海　南	Hainan	344	48686	46	6788
重　庆	Chongqing	534	33973	53	7395
四　川	Sichuan	1512	83015	111	13649
贵　州	Guizhou	808	37691	85	7961
云　南	Yunnan	771	48041	82	11063
西　藏	Tibet	92	4816	21	1928
陕　西	Shaanxi	1188	68974	98	15764
甘　肃	Gansu	411	25072	70	7810
青　海	Qinghai	122	5979	20	1640
宁　夏	Ningxia	73	4550	8	1016
新　疆	Xinjiang	365	22542	101	11089

4-1-3 各地区限额以上住宿业企业基本情况(按登记注册类型分)

Basic Conditions of Enterprises above Designated Size of Hotels by Region and Type of Registration

地 区	Region	内资企业 Domestic Funded Enterprises		#国有企业 State-owned Enterprises	
		法人单位数 (个) Number of Corporation Enterprises (unit)	年末从业人数 (人) Engaged Persons at the Year-end (person)	法人单位数 (个) Number of Corporation Enterprises (unit)	年末从业人数 (人) Engaged Persons at the Year-end (person)
全 国	**National Total**	**24407**	**1520582**	**1215**	**144216**
北 京	Beijing	1102	80536	131	15228
天 津	Tianjin	302	13777	18	1560
河 北	Hebei	529	43428	76	7675
山 西	Shanxi	445	33645	37	6228
内 蒙 古	Inner Mongolia	306	18198	18	1514
辽 宁	Liaoning	448	26000	34	4001
吉 林	Jilin	193	14209	29	4223
黑 龙 江	Heilongjiang	174	10532	27	2430
上 海	Shanghai	1042	58549	27	5042
江 苏	Jiangsu	1307	88792	63	8254
浙 江	Zhejiang	1655	122922	48	6140
安 徽	Anhui	708	45267	14	1390
福 建	Fujian	1115	72136	34	2820
江 西	Jiangxi	786	39936	50	3234
山 东	Shandong	1159	80353	93	14848
河 南	Henan	1465	77887	64	7696
湖 北	Hubei	913	44299	23	1828
湖 南	Hunan	1090	63260	32	3276
广 东	Guangdong	2779	180409	105	13221
广 西	Guangxi	776	43220	28	5232
海 南	Hainan	317	40535	14	1202
重 庆	Chongqing	523	31329	10	1467
四 川	Sichuan	1490	80400	28	3268
贵 州	Guizhou	804	37580	19	1499
云 南	Yunnan	752	45844	34	4319
西 藏	Tibet	89	4380	13	1107
陕 西	Shaanxi	1172	65630	48	4866
甘 肃	Gansu	409	24626	36	3796
青 海	Qinghai	120	5870	9	1033
宁 夏	Ningxia	73	4550	NA	684
新 疆	Xinjiang	364	22483	50	5135

4-1-3 续表 1 Continued 1

地区	Region	集体企业 Collective-owned Enterprises 法人单位数（个）Number of Corporation Enterprises (unit)	集体企业 年末从业人数（人）Engaged Persons at the Year-end (person)	股份合作企业 Cooperative Enterprises 法人单位数（个）Number of Corporation Enterprises (unit)	股份合作企业 年末从业人数（人）Engaged Persons at the Year-end (person)
全国	**National Total**	**184**	**11502**	**50**	**3110**
北京	Beijing	31	2792	20	977
天津	Tianjin	NA	196	NA	93
河北	Hebei	5	337		
山西	Shanxi	7	109		
内蒙古	Inner Mongolia	NA	23	NA	65
辽宁	Liaoning	7	276		
吉林	Jilin			NA	15
黑龙江	Heilongjiang	NA	109		
上海	Shanghai	7	515	NA	401
江苏	Jiangsu	8	356	4	198
浙江	Zhejiang	13	851	5	431
安徽	Anhui	NA	61		
福建	Fujian	6	234		
江西	Jiangxi				
山东	Shandong	8	632	NA	200
河南	Henan	23	1561	NA	116
湖北	Hubei	10	713		
湖南	Hunan	4	318	NA	145
广东	Guangdong	21	895	4	144
广西	Guangxi	4	117	NA	28
海南	Hainan				
重庆	Chongqing	5	302		
四川	Sichuan	NA	281	NA	102
贵州	Guizhou	NA	174		
云南	Yunnan	NA	225		
西藏	Tibet	NA	46		
陕西	Shaanxi	5	241	NA	120
甘肃	Gansu	NA	138		
青海	Qinghai			NA	75
宁夏	Ningxia				
新疆	Xinjiang				

4-1-3 续表 2 Continued 2

地 区	Region	联营企业 Joint Ownership Enterprises 法人单位数(个) Number of Corporation Enterprises (unit)	联营企业 Joint Ownership Enterprises 年末从业人数(人) Engaged Persons at the Year-end (person)	有限责任公司 Limited Liability Corporations 法人单位数(个) Number of Corporation Enterprises (unit)	有限责任公司 Limited Liability Corporations 年末从业人数(人) Engaged Persons at the Year-end (person)
全 国	**National Total**	**20**	**1833**	**5377**	**531625**
北 京	Beijing	NA	192	414	43495
天 津	Tianjin	NA	344	83	5737
河 北	Hebei			118	15334
山 西	Shanxi			54	7683
内蒙古	Inner Mongolia			108	7027
辽 宁	Liaoning			118	9391
吉 林	Jilin			58	4419
黑龙江	Heilongjiang			53	3775
上 海	Shanghai	NA	31	331	30489
江 苏	Jiangsu	NA	124	288	35413
浙 江	Zhejiang	NA	331	270	31953
安 徽	Anhui	NA	83	174	18573
福 建	Fujian			127	19484
江 西	Jiangxi	NA	15	154	12565
山 东	Shandong			250	28704
河 南	Henan			227	17496
湖 北	Hubei	NA	143	185	13403
湖 南	Hunan			141	14098
广 东	Guangdong	NA	137	664	66931
广 西	Guangxi			128	9872
海 南	Hainan	NA	259	209	29384
重 庆	Chongqing			90	9831
四 川	Sichuan			348	29443
贵 州	Guizhou			135	11406
云 南	Yunnan	NA	96	139	13534
西 藏	Tibet			34	1913
陕 西	Shaanxi	NA	31	228	21826
甘 肃	Gansu			111	8405
青 海	Qinghai			21	840
宁 夏	Ningxia			13	1019
新 疆	Xinjiang	NA	47	104	8182

4-1-3 续表 3 Continued 3

地区	Region	股份有限公司 Share-holding Corporations Ltd. 法人单位数(个) Number of Corporation Enterprises (unit)	股份有限公司 Share-holding Corporations Ltd. 年末从业人数(人) Engaged Persons at the Year-end (person)	私营企业 Private Enterprises 法人单位数(个) Number of Corporation Enterprises (unit)	私营企业 Private Enterprises 年末从业人数(人) Engaged Persons at the Year-end (person)
全国	**National Total**	**254**	**31753**	**17285**	**795752**
北京	Beijing	5	235	498	17617
天津	Tianjin	6	302	188	5526
河北	Hebei	NA	477	327	19605
山西	Shanxi	NA	73	346	19552
内蒙古	Inner Mongolia	NA	25	175	9544
辽宁	Liaoning	5	319	283	11996
吉林	Jilin	NA	170	103	5382
黑龙江	Heilongjiang	4	650	87	3561
上海	Shanghai	10	804	663	21218
江苏	Jiangsu	28	3643	909	40737
浙江	Zhejiang	11	6632	1306	76584
安徽	Anhui	12	1651	504	23475
福建	Fujian	NA	61	947	49537
江西	Jiangxi	8	158	572	23912
山东	Shandong	14	837	791	35132
河南	Henan	11	847	1138	50136
湖北	Hubei	13	1208	679	26949
湖南	Hunan	9	1606	903	43817
广东	Guangdong	37	4712	1942	94138
广西	Guangxi	7	817	608	27154
海南	Hainan	12	3256	80	6318
重庆	Chongqing	NA	65	416	19664
四川	Sichuan	16	887	1092	46419
贵州	Guizhou	NA	21	644	24480
云南	Yunnan	6	744	569	26926
西藏	Tibet	NA	71	38	1243
陕西	Shaanxi	11	473	877	38073
甘肃	Gansu	6	413	252	11803
青海	Qinghai	NA	138	87	3784
宁夏	Ningxia			57	2847
新疆	Xinjiang	4	458	204	8623

4-1-3 续表 4 Continued 4

地 区	Region	港、澳、台商投资企业 Enterprises with Funds from Hongkong, Macao and Taiwan		外商投资企业 Foreign Funded Enterprises	
		法人单位数 (个) Number of Corporation Enterprises (unit)	年末从业人数 (人) Engaged Persons at the Year-end (person)	法人单位数 (个) Number of Corporation Enterprises (unit)	年末从业人数 (人) Engaged Persons at the Year-end (person)
全 国	**National Total**	**531**	**94825**	**343**	**50817**
北 京	Beijing	32	11008	30	4611
天 津	Tianjin	7	461	6	1308
河 北	Hebei	5	674		
山 西	Shanxi				
内蒙古	Inner Mongolia	NA	706	NA	54
辽 宁	Liaoning	19	2931	19	1041
吉 林	Jilin	NA	148	NA	505
黑龙江	Heilongjiang	5	998	NA	575
上 海	Shanghai	40	5837	22	6937
江 苏	Jiangsu	34	4771	21	3090
浙 江	Zhejiang	35	8544	45	5005
安 徽	Anhui	8	1770		
福 建	Fujian	61	9199	35	5321
江 西	Jiangxi	7	630	5	496
山 东	Shandong	13	2225	11	903
河 南	Henan	11	2017	5	536
湖 北	Hubei	13	2000	8	1266
湖 南	Hunan	9	1678	NA	141
广 东	Guangdong	158	23319	66	10052
广 西	Guangxi	16	3772	7	1001
海 南	Hainan	20	6788	7	1363
重 庆	Chongqing	NA	803	8	1841
四 川	Sichuan	8	1030	14	1585
贵 州	Guizhou	NA	38	NA	73
云 南	Yunnan	11	1507	8	690
西 藏	Tibet	NA	165	NA	271
陕 西	Shaanxi	6	1609	10	1735
甘 肃	Gansu	NA	138	NA	308
青 海	Qinghai			NA	109
宁 夏	Ningxia				
新 疆	Xinjiang	NA	59		

4-1-4 各地区限额以上住宿业企业基本情况(按国民经济行业分)

Basic Conditions of Enterprises above Designated Size of Hotels by Region and Sector

地区	Region	旅游饭店 Tourist Hotel		一般旅馆 Fonda		民宿服务 Home Lodging Services	
		法人单位数(个) Number of Corporation Enterprises (unit)	年末从业人数(人) Employed Persons at Year-end (person)	法人单位数(个) Number of Corporation Enterprises (unit)	年末从业人数(人) Employed Persons at Year-end (person)	法人单位数(个) Number of Corporation Enterprises (unit)	年末从业人数(人) Employed Persons at Year-end (person)
全　国	**National Total**	**12538**	**1190223**	**11584**	**424873**	**222**	**4826**
北　京	Beijing	536	69277	582	24494	NA	74
天　津	Tianjin	107	9539	182	5036	5	76
河　北	Hebei	287	28444	225	13476	NA	44
山　西	Shanxi	197	20330	237	12464	NA	30
内蒙古	Inner Mongolia	200	13780	106	5052		
辽　宁	Liaoning	265	22411	201	5959		
吉　林	Jilin	127	11660	58	2789		
黑龙江	Heilongjiang	100	8937	72	2787		
上　海	Shanghai	372	47166	699	23208	NA	60
江　苏	Jiangsu	623	71752	669	21297	10	236
浙　江	Zhejiang	952	110346	716	24772	62	1189
安　徽	Anhui	356	34781	327	10842	11	299
福　建	Fujian	694	67638	482	17399	10	442
江　西	Jiangxi	376	25389	340	11894	18	172
山　东	Shandong	609	62432	528	18786	9	241
河　南	Henan	576	44790	822	32140	14	419
湖　北	Hubei	394	29976	499	15587	NA	23
湖　南	Hunan	505	42069	509	19187	19	472
广　东	Guangdong	1515	158601	1352	49770	9	104
广　西	Guangxi	409	33070	365	13948	NA	66
海　南	Hainan	284	45735	42	2185	NA	9
重　庆	Chongqing	266	24598	239	8508	4	96
四　川	Sichuan	707	54766	752	25839	12	185
贵　州	Guizhou	458	26745	317	9515	6	206
云　南	Yunnan	371	30882	360	15229	10	268
西　藏	Tibet	77	4217	11	368		
陕　西	Shaanxi	556	46943	582	19862	8	97
甘　肃	Gansu	261	19326	134	5296	NA	
青　海	Qinghai	70	3887	43	1710		
宁　夏	Ningxia	53	3866	16	623	NA	18
新　疆	Xinjiang	235	16870	117	4851		

地 区	Region	露营地服务 Campground Services 法人单位数(个) Number of Corporation Enterprises (unit)	露营地服务 Campground Services 年末从业人数(人) Employed Persons at Year-end (person)	其他住宿业 Others 法人单位数(个) Number of Corporation Enterprises (unit)	其他住宿业 Others 年末从业人数(人) Employed Persons at Year-end (person)
全 国	**National Total**	**17**	**719**	**920**	**45583**
北 京	Beijing			44	2310
天 津	Tianjin			21	895
河 北	Hebei			21	2138
山 西	Shanxi	NA	83	9	738
内蒙古	Inner Mongolia			5	126
辽 宁	Liaoning			20	1602
吉 林	Jilin			12	413
黑龙江	Heilongjiang			9	381
上 海	Shanghai	NA	29	29	860
江 苏	Jiangsu	NA	32	58	3336
浙 江	Zhejiang			5	164
安 徽	Anhui	NA	107	20	1008
福 建	Fujian			25	1177
江 西	Jiangxi	NA	19	63	3588
山 东	Shandong	NA	10	36	2012
河 南	Henan	NA	10	68	3081
湖 北	Hubei			39	1979
湖 南	Hunan	NA	126	68	3225
广 东	Guangdong	NA	70	125	5235
广 西	Guangxi	NA	83	22	826
海 南	Hainan			17	757
重 庆	Chongqing			25	771
四 川	Sichuan	NA		40	2225
贵 州	Guizhou	NA	33	26	1192
云 南	Yunnan			30	1662
西 藏	Tibet			4	231
陕 西	Shaanxi	NA	117	40	1955
甘 肃	Gansu			15	450
青 海	Qinghai			9	382
宁 夏	Ningxia			NA	43
新 疆	Xinjiang			13	821

4-1-5 各地区限额以上餐饮业企业基本情况

Basic Conditions of Enterprises above Designated Size of Catering Services by Region

地区	Region	餐饮业 Catering Services		#国有控股 State-controlled Enterprises	
		法人单位数（个） Number of Corporation Enterprises (unit)	年末从业人数（人） Engaged Persons at the Year-end (person)	法人单位数（个） Number of Corporation Enterprises (unit)	年末从业人数（人） Engaged Persons at the Year-end (person)
全　国	**National Total**	**32901**	**2576586**	**820**	**109171**
北　京	Beijing	2009	255338	99	15014
天　津	Tianjin	515	56413	12	1036
河　北	Hebei	499	30615	21	1921
山　西	Shanxi	603	44798	30	4681
内蒙古	Inner Mongolia	227	20641	11	2290
辽　宁	Liaoning	347	36446	15	2390
吉　林	Jilin	155	8264	11	831
黑龙江	Heilongjiang	86	4748	7	319
上　海	Shanghai	2508	298170	64	9796
江　苏	Jiangsu	2510	234836	106	12298
浙　江	Zhejiang	2163	164265	37	10300
安　徽	Anhui	1359	89955	16	2203
福　建	Fujian	1411	88723	12	1269
江　西	Jiangxi	796	32914	25	1675
山　东	Shandong	1627	108085	88	9844
河　南	Henan	1184	54128	19	1714
湖　北	Hubei	1421	100311	10	830
湖　南	Hunan	1493	74012	18	1805
广　东	Guangdong	4868	435269	47	10846
广　西	Guangxi	531	36617	14	1789
海　南	Hainan	98	7819		
重　庆	Chongqing	1181	60568	12	627
四　川	Sichuan	1795	163984	34	2358
贵　州	Guizhou	645	23416	30	2250
云　南	Yunnan	770	30157	18	1907
西　藏	Tibet	17	800		
陕　西	Shaanxi	1419	75223	29	5726
甘　肃	Gansu	368	22233	15	955
青　海	Qinghai	56	3326		
宁　夏	Ningxia	59	3965	4	460
新　疆	Xinjiang	181	10547	16	2037

4-1-6 各地区限额以上餐饮业企业基本情况(按登记注册类型分)

Basic Conditions of Enterprises above Designated Size of Catering Services by Region and Type of Registration

地区	Region	内资企业 Domestic Funded Enterprises		#国有企业 State-owned Enterprises	
		法人单位数(个) Number of Corporation Enterprises (unit)	年末从业人数(人) Engaged Persons at the Year-end (person)	法人单位数(个) Number of Corporation Enterprises (unit)	年末从业人数(人) Engaged Persons at the Year-end (person)
全国	**National Total**	**31718**	**1826587**	**275**	**25444**
北京	Beijing	1874	131848	21	2678
天津	Tianjin	490	26301	4	408
河北	Hebei	494	30126	8	677
山西	Shanxi	600	39386	17	1101
内蒙古	Inner Mongolia	225	19802	NA	467
辽宁	Liaoning	322	16265	5	279
吉林	Jilin	154	8243	5	317
黑龙江	Heilongjiang	82	4260	5	227
上海	Shanghai	2180	138414	14	1047
江苏	Jiangsu	2427	170291	40	4175
浙江	Zhejiang	2119	133747	9	718
安徽	Anhui	1355	89619	NA	392
福建	Fujian	1365	54964	NA	111
江西	Jiangxi	786	28916	12	983
山东	Shandong	1599	97552	39	3998
河南	Henan	1179	49582	6	363
湖北	Hubei	1397	63735	7	406
湖南	Hunan	1486	59028	6	634
广东	Guangdong	4545	292143	18	2549
广西	Guangxi	525	31430	4	151
海南	Hainan	92	7313		
重庆	Chongqing	1169	47778	NA	183
四川	Sichuan	1766	136063	11	944
贵州	Guizhou	641	23186	5	353
云南	Yunnan	764	25174	4	265
西藏	Tibet	17	800		
陕西	Shaanxi	1405	63911	7	404
甘肃	Gansu	367	20305	9	627
青海	Qinghai	56	3326		
宁夏	Ningxia	59	3965	NA	190
新疆	Xinjiang	178	9114	7	797

4-1-6 续表 1 Continued 1

地 区	Region	集体企业 Collective-owned Enterprises		股份合作企业 Cooperative Enterprises	
		法人单位数 (个) Number of Corporation Enterprises (unit)	年末从业人数 (人) Engaged Persons at the Year-end (person)	法人单位数 (个) Number of Corporation Enterprises (unit)	年末从业人数 (人) Engaged Persons at the Year-end (person)
全 国	**National Total**	**115**	**5147**	**98**	**5738**
北 京	Beijing	18	928	23	847
天 津	Tianjin	NA	18		
河 北	Hebei	4	118	NA	213
山 西	Shanxi	NA	195	NA	42
内 蒙 古	Inner Mongolia			NA	62
辽 宁	Liaoning	NA	57		
吉 林	Jilin	NA	32		
黑 龙 江	Heilongjiang				
上 海	Shanghai	12	198	6	357
江 苏	Jiangsu	9	729	NA	423
浙 江	Zhejiang	NA	35	6	457
安 徽	Anhui	4	127		
福 建	Fujian	NA	163	NA	52
江 西	Jiangxi	NA	68	NA	72
山 东	Shandong	5	201	NA	148
河 南	Henan			NA	38
湖 北	Hubei	NA	207		
湖 南	Hunan				
广 东	Guangdong	21	904	41	1501
广 西	Guangxi	NA	79	NA	40
海 南	Hainan				
重 庆	Chongqing	7	449	NA	20
四 川	Sichuan	NA	84	5	1401
贵 州	Guizhou	7	154		
云 南	Yunnan	NA	266		
西 藏	Tibet				
陕 西	Shaanxi	NA	101	NA	47
甘 肃	Gansu	NA	34	NA	18
青 海	Qinghai				
宁 夏	Ningxia				
新 疆	Xinjiang				

4-1-6 续表 2 Continued 2

地 区	Region	联营企业 Joint Ownership Enterprises 法人单位数(个) Number of Corporation Enterprises (unit)	联营企业 Joint Ownership Enterprises 年末从业人数(人) Engaged Persons at the Year-end (person)	有限责任公司 Limited Liability Corporations 法人单位数(个) Number of Corporation Enterprises (unit)	有限责任公司 Limited Liability Corporations 年末从业人数(人) Engaged Persons at the Year-end (person)
全 国	**National Total**	**6**	**92**	**4309**	**376816**
北 京	Beijing			448	48575
天 津	Tianjin			119	8463
河 北	Hebei			83	6672
山 西	Shanxi			64	6609
内蒙古	Inner Mongolia	NA	23	85	7603
辽 宁	Liaoning			58	3408
吉 林	Jilin			26	2390
黑龙江	Heilongjiang			12	757
上 海	Shanghai	NA	3	355	36643
江 苏	Jiangsu	NA	27	276	32590
浙 江	Zhejiang			140	20849
安 徽	Anhui			214	19322
福 建	Fujian			36	1971
江 西	Jiangxi			117	4989
山 东	Shandong			273	24661
河 南	Henan			131	11515
湖 北	Hubei			192	11126
湖 南	Hunan			135	7983
广 东	Guangdong	NA	32	674	64752
广 西	Guangxi			58	5236
海 南	Hainan			52	2811
重 庆	Chongqing			79	3780
四 川	Sichuan			187	11849
贵 州	Guizhou			66	4696
云 南	Yunnan			73	4533
西 藏	Tibet			7	325
陕 西	Shaanxi	NA	7	231	14383
甘 肃	Gansu			81	5037
青 海	Qinghai			7	743
宁 夏	Ningxia			6	572
新 疆	Xinjiang			24	1973

4-1-6 续表 3 Continued 3

地 区	Region	股份有限公司 Share-holding Corporations Ltd. 法人单位数(个) Number of Corporation Enterprises (unit)	股份有限公司 Share-holding Corporations Ltd. 年末从业人数(人) Engaged Persons at the Year-end (person)	私营企业 Private Enterprises 法人单位数(个) Number of Corporation Enterprises (unit)	私营企业 Private Enterprises 年末从业人数(人) Engaged Persons at the Year-end (person)
全 国	**National Total**	**144**	**23673**	**26737**	**1388054**
北 京	Beijing	10	2493	1354	76327
天 津	Tianjin	NA	198	363	17157
河 北	Hebei	NA	132	395	22314
山 西	Shanxi	NA		514	31439
内蒙古	Inner Mongolia	4	1023	132	10624
辽 宁	Liaoning	NA	1076	254	11445
吉 林	Jilin	NA	178	119	5326
黑龙江	Heilongjiang			64	3263
上 海	Shanghai	8	2311	1779	97435
江 苏	Jiangsu	16	1838	2072	130004
浙 江	Zhejiang	5	929	1957	110759
安 徽	Anhui	5	358	1128	69390
福 建	Fujian			1321	52667
江 西	Jiangxi	4	58	650	22736
山 东	Shandong	10	972	1266	67278
河 南	Henan	NA	133	1039	37533
湖 北	Hubei	6	1595	1188	50371
湖 南	Hunan	5	179	1338	50201
广 东	Guangdong	25	3748	3764	218652
广 西	Guangxi			460	25924
海 南	Hainan	NA	156	38	4346
重 庆	Chongqing	NA	254	1075	43085
四 川	Sichuan	6	421	1554	121364
贵 州	Guizhou			563	17983
云 南	Yunnan	NA	17	680	19955
西 藏	Tibet	NA	18	9	457
陕 西	Shaanxi	9	5118	1149	43782
甘 肃	Gansu	5	271	270	14318
青 海	Qinghai	NA	65	47	2518
宁 夏	Ningxia			51	3203
新 疆	Xinjiang	NA	132	144	6198

4-1-6 续表 4 Continued 4

地 区	Region	港、澳、台商投资企业 Enterprises with Funds from Hongkong, Macao and Taiwan		外商投资企业 Foreign Funded Enterprises	
		法人单位数 (个) Number of Corporation Enterprises (unit)	年末从业人数 (人) Engaged Persons at the Year-end (person)	法人单位数 (个) Number of Corporation Enterprises (unit)	年末从业人数 (人) Engaged Persons at the Year-end (person)
全 国	**National Total**	**697**	**326267**	**486**	**423732**
北 京	Beijing	73	64181	62	59309
天 津	Tianjin	7	10091	18	20021
河 北	Hebei	NA	415	NA	74
山 西	Shanxi	NA	1179	NA	4233
内 蒙 古	Inner Mongolia	NA	145	NA	694
辽 宁	Liaoning	17	11141	8	9040
吉 林	Jilin			NA	21
黑 龙 江	Heilongjiang	NA	330	NA	158
上 海	Shanghai	190	67512	138	92244
江 苏	Jiangsu	44	24527	39	40018
浙 江	Zhejiang	17	12592	27	17926
安 徽	Anhui	NA	182	NA	154
福 建	Fujian	24	12733	22	21026
江 西	Jiangxi	4	123	6	3875
山 东	Shandong	13	4295	15	6238
河 南	Henan	NA	175	NA	4371
湖 北	Hubei	13	29317	11	7259
湖 南	Hunan	NA	3751	4	11233
广 东	Guangdong	245	61213	78	81913
广 西	Guangxi	4	362	NA	4825
海 南	Hainan	6	506		
重 庆	Chongqing	NA	6455	9	6335
四 川	Sichuan	13	10258	16	17663
贵 州	Guizhou	NA	173	NA	57
云 南	Yunnan	NA	878	4	4105
西 藏	Tibet				
陕 西	Shaanxi	5	3733	9	7579
甘 肃	Gansu			NA	1928
青 海	Qinghai				
宁 夏	Ningxia				
新 疆	Xinjiang			NA	1433

4-1-7 各地区限额以上餐饮业企业基本情况(按国民经济行业分)

Basic Conditions of Enterprises above Designated Size of Catering Services by Region and Sector

地区	Region	正餐服务 Dinner		快餐服务 Snack		饮料及冷饮服务 Beverage and Cold Drink	
		法人单位数(个) Number of Corporation Enterprises (unit)	年末从业人数(人) Employed Persons at Year-end (person)	法人单位数(个) Number of Corporation Enterprises (unit)	年末从业人数(人) Employed Persons at Year-end (person)	法人单位数(个) Number of Corporation Enterprises (unit)	年末从业人数(人) Employed Persons at Year-end (person)
全　国	**National Total**	**29103**	**1628833**	**1448**	**606271**	**625**	**113872**
北　京	Beijing	1674	142516	144	73629	48	15504
天　津	Tianjin	376	18671	39	30564	7	871
河　北	Hebei	481	29847	6	131	NA	22
山　西	Shanxi	585	38333	11	6263	NA	87
内蒙古	Inner Mongolia	222	18117	NA	1992		
辽　宁	Liaoning	280	12916	34	18893	9	1284
吉　林	Jilin	133	6062	5	584	NA	6
黑龙江	Heilongjiang	75	2884	6	1624	NA	83
上　海	Shanghai	2103	191419	155	48361	70	36969
江　苏	Jiangsu	2046	137692	173	71777	96	6456
浙　江	Zhejiang	1948	119121	88	34904	50	4423
安　徽	Anhui	1260	62241	57	21759	17	400
福　建	Fujian	1257	47558	62	32065	29	3160
江　西	Jiangxi	743	27218	22	4281	10	271
山　东	Shandong	1321	79270	169	17617	36	1359
河　南	Henan	1078	45745	54	5829	8	268
湖　北	Hubei	1355	63064	29	28681	13	4780
湖　南	Hunan	1378	55567	27	16801	55	662
广　东	Guangdong	4100	246816	212	121743	98	27234
广　西	Guangxi	459	23652	30	8671	9	486
海　南	Hainan	80	4588	6	2365	9	380
重　庆	Chongqing	1139	46477	20	11972	6	1046
四　川	Sichuan	1713	74257	31	24114	21	4424
贵　州	Guizhou	592	18875	9	169	5	357
云　南	Yunnan	733	22319	10	4917	8	754
西　藏	Tibet	15	635	NA	144	NA	21
陕　西	Shaanxi	1342	61241	27	10564	11	2420
甘　肃	Gansu	345	18478	10	3023	NA	145
青　海	Qinghai	55	3073				
宁　夏	Ningxia	57	3645				
新　疆	Xinjiang	158	6536	9	2834		

4-1-7 续表 Continued

地 区	Region	餐饮配送及外卖送餐服务 Catering Distribution and Delivery Service		其他餐饮业 Others	
		法人单位数（个） Number of Corporation Enterprises (unit)	年末从业人数（人） Employed Persons at Year-end (person)	法人单位数（个） Number of Corporation Enterprises (unit)	年末从业人数（人） Employed Persons at Year-end (person)
全 国	**National Total**	**1102**	**114570**	**623**	**113040**
北 京	Beijing	72	9887	71	13802
天 津	Tianjin	65	4750	28	1557
河 北	Hebei	9	567	NA	48
山 西	Shanxi	NA	26	NA	89
内 蒙 古	Inner Mongolia	NA	468	NA	64
辽 宁	Liaoning	20	3114	4	239
吉 林	Jilin	13	1494	NA	118
黑 龙 江	Heilongjiang	NA	137	NA	20
上 海	Shanghai	110	13731	70	7690
江 苏	Jiangsu	145	13286	50	5625
浙 江	Zhejiang	51	3377	26	2440
安 徽	Anhui	18	5135	7	420
福 建	Fujian	31	4191	32	1749
江 西	Jiangxi	10	756	11	388
山 东	Shandong	85	6809	16	3030
河 南	Henan	27	1991	17	295
湖 北	Hubei	16	3624	8	162
湖 南	Hunan	14	512	19	470
广 东	Guangdong	302	28969	156	10507
广 西	Guangxi	22	2888	11	920
海 南	Hainan			NA	486
重 庆	Chongqing	7	812	9	261
四 川	Sichuan	9	499	21	60690
贵 州	Guizhou	29	3394	10	621
云 南	Yunnan	11	1878	8	289
西 藏	Tibet				
陕 西	Shaanxi	13	514	26	484
甘 肃	Gansu	4	364	6	223
青 海	Qinghai			NA	253
宁 夏	Ningxia	NA	320		
新 疆	Xinjiang	11	1077	NA	100

4-2-1 限额以上住宿和餐饮业企业经营情况

项　目	Item	营业额 Business Revenue	客房收入 from Hotel Rooms
总　计	**Total**	**93670054**	**20132958**
一、住宿业	**Hotels**	**33297430**	**17778004**
#国有控股	State-controlled Enterprises	7466148	3030979
(一)按登记注册类型分	**by Type of Registration**		
1.内资企业	**Domestic Funded Enterprises**	**29686435**	**16138361**
国有企业	State-owned Enterprises	2325216	906801
集体企业	Collective-owned Enterprises	216133	91066
股份合作企业	Cooperative Enterprises	68707	31755
联营企业	Joint Ownership Enterprises	40940	22526
有限责任公司	Limited Liability Corporations	10450745	5162713
国有独资公司	State Sole Funded Corporations	1366024	541799
其他有限责任公司	Other Limited Liability Corporations	9084724	4620914
股份有限公司	Share-holding Corporations Ltd.	671888	314709
私营企业	Private Enterprises	15901490	9601005
私营独资企业	Private-funded Enterprises	803046	465850
私营合伙企业	Private Partnership Enterprises	162780	86465
私营有限责任公司	Private Limited Liability Corporations	14729774	8935159
私营股份有限公司	Private Share-holding Corporations Ltd.	205897	113534
其他企业	Other Enterprises	11325	7787
2.港、澳、台商投资企业	**Enterprises with Funds from Hongkong, Macao and Taiwan**	**2339690**	**1062762**
合资经营企业	Joint-venture Enterprises	908589	405627
合作经营企业	Cooperative Enterprises	177799	71682
独资经营企业	Enterprises with Sole Investment	1222627	568955
投资股份有限公司	Share-holding Corporations Ltd. with Investment	23208	12270
其他港澳台商投资企业	Other Enterprises with Funds from Hongkong, Macao and Taiwan	7463	4233
3.外商投资企业	**Foreign Funded Enterprises**	**1271308**	**576880**
中外合资经营企业	Joint-venture Enterprises	540492	219766
中外合作经营企业	Cooperative Enterprises	122300	50159
外资企业	Enterprises with Sole Foreign Investment	562863	280902
外商投资股份有限公司	Share-holding Corporations Ltd. with Foreign Investment	30142	17517
其他外商投资企业	Other Foreign Funded Enterprises	15510	8541
(二)按国民经济行业分	**by Sector**		
旅游饭店	Tourist Hotel	23428842	11105407
一般旅馆	Fonda	8846523	6064930
民宿服务	Home Lodging Services	107627	72488
露营地服务	Campground Services	12684	5014
其他住宿业	Others	901760	530166

注：部分数据合计数由于单位取舍不同而产生的计算误差，未做机械调整(下表同)。

Business of Enterprises above Designated Size of Hotels and Catering Services

单位：万元

Unit: 10000 yuan

餐费收入 from Meals	商品销售额 from Commodities	其他收入 Others	客房数 (间) Hotel Rooms (unit)	床位数 (个) Hotel Beds (unit)	餐位数 (位) Seats for Meal (unit)
65457186	**2882610**	**5197291**	**5178288**	**8289039**	**28083382**
10999930	**788799**	**3730692**	**4502192**	**7150635**	**7831819**
2596644	296632	1541899	577560	942220	1524118
9850950	**672725**	**3024389**	**4225512**	**6737185**	**7281453**
885347	82307	450758	200287	335774	574535
71053	5749	48266	19756	34536	46620
27019	461	9477	6449	11604	12314
13931	730	3753	4133	7003	9100
3547992	264481	1475544	1153290	1852793	2275023
501210	78110	244903	108941	176058	326391
3046781	186375	1230641	1044349	1676735	1948632
224192	18227	114761	53628	84977	106945
5079137	300082	921261	2785325	4406397	4254089
283188	25663	28348	138630	219159	221990
63664	4979	7672	20590	32321	44103
4665155	263010	866450	2602953	4117301	3935308
67137	6438	18793	23152	37616	52688
2280	682	578	2644	4101	2827
794446	**54752**	**427732**	**156968**	**230361**	**337158**
302842	15551	184579	53642	80003	120313
71579	12130	22411	9959	15415	23169
408494	26341	218845	90474	130753	187387
9111	722	1106	1811	2395	4419
2421	11	798	1082	1795	1870
354544	**61325**	**278565**	**119712**	**183089**	**213208**
150987	4008	165741	53742	88023	92288
20938	45254	5950	4064	6233	12159
172812	11191	97958	54551	76943	103180
4817	743	7067	5727	9625	3812
4991	131	1848	1628	2265	1769
8764321	607504	2951600	2569359	4123165	5895655
1946629	159883	675079	1707875	2636997	1702566
28368	2543	4230	16636	26596	30070
2432	4559	679	1315	3492	2196
258184	14310	99100	207007	360385	201332

Note: Statistical discrepancies on totals figures due to rounding are not adjusted. The same applies to the tables following.

项　　目	Item	营业额 Business Revenue	客房收入 from Hotel Rooms
二、餐饮业	**Catering Services**	**60372624**	**2354957**
#国有控股	State-controlled Enterprises	2291927	222020
(一)按登记注册类型分	**by Type of Registration**		
1.内资企业	**Domestic Funded Enterprises**	**43367247**	**2303009**
国有企业	State-owned Enterprises	442568	84067
集体企业	Collective-owned Enterprises	106630	11963
股份合作企业	Cooperative Enterprises	130653	4679
联营企业	Joint Ownership Enterprises	1931	50
有限责任公司	Limited Liability Corporations	9099374	565382
国有独资公司	State Sole Funded Corporations	528403	48169
其他有限责任公司	Other Limited Liability Corporations	8570969	517216
股份有限公司	Share-holding Corporations Ltd.	557854	18691
私营企业	Private Enterprises	32992380	1615270
私营独资企业	Private-funded Enterprises	2351271	123319
私营合伙企业	Private Partnership Enterprises	340532	18510
私营有限责任公司	Private Limited Liability Corporations	29421516	1451378
私营股份有限公司	Private Share-holding Corporations Ltd.	879059	22067
其他企业	Other Enterprises	35861	2902
2.港、澳、台商投资企业	**Enterprises with Funds from Hongkong, Macao and Taiwan**	**7554011**	**27904**
合资经营企业	Joint-venture Enterprises	1239172	11417
合作经营企业	Cooperative Enterprises	97373	312
独资经营企业	Enterprises with Sole Investment	6178029	13843
投资股份有限公司	Share-holding Corporations Ltd. with Investment	33024	2335
其他港澳台商投资企业	Other Enterprises with Funds from Hongkong, Macao and Taiwan	6414	
3.外商投资企业	**Foreign Funded Enterprises**	**9451374**	**24045**
中外合资经营企业	Joint-venture Enterprises	2006942	11722
中外合作经营企业	Cooperative Enterprises	133559	2889
外资企业	Enterprises with Sole Foreign Investment	7062341	8941
外商投资股份有限公司	Share-holding Corporations Ltd. with Foreign Investment	79067	
其他外商投资企业	Other Foreign Funded Enterprises	169466	494
(二)按国民经济行业分	**by Sector**		
正餐服务	Restaurant	37829972	2335914
快餐服务	Snack	13379512	4632
饮料及冷饮服务	Beverage and Cold Drink	3804366	812
餐饮配送及外卖送餐服务	Catering Distribution and Delivery Services	3062023	3628
其他餐饮业	Others	2296749	9969

4-2-1 Continued

单位：万元

Unit: 10000 yuan

餐费收入 from Meals	商品销售额 from Commodities	其他收入 Others	客房数 (间) Hotel Rooms (unit)	床位数 (个) Hotel Beds (unit)	餐位数 (位) Seats for Meal (unit)
54457254	**2093813**	**1466607**	**676096**	**1138404**	**20251563**
1656250	190942	222716	53276	90210	808650
38392016	**1529421**	**1142806**	**665313**	**1121156**	**17570518**
306608	13631	38268	20553	35716	158877
79572	7312	7785	3439	6099	61585
103655	17532	4789	1113	1934	43189
1479		402			1220
7762240	403475	368279	150238	249659	2953352
387394	37811	55033	11759	19400	227040
7374846	365664	313247	138479	230259	2726312
434569	74507	30088	4537	7372	136136
29675110	1010227	691765	484822	819382	14202799
2132210	77075	18666	31765	55562	1188303
314297	4465	3263	3572	6206	202351
26431584	901833	636724	442927	746703	12586884
797019	26857	33119	6558	10911	225261
28787	2742	1430	611	994	13360
7016621	**401190**	**108295**	**6392**	**10362**	**1234692**
1186887	9664	31208	2852	4590	184357
89851	3040	4169	165	317	11223
5707101	388171	68914	3129	5005	1032463
26588	274	3828	246	450	5539
6197	40	176			1110
9048621	**163206**	**215506**	**4391**	**6886**	**1446353**
1963093	7419	24712	1997	3174	273524
129383	242	1047	45	70	37067
6762943	153560	136900	2258	3473	1107863
26275		52792			1202
166930	1984	59	91	169	26697
33438711	1145891	909455	660153	1110419	15985895
12869942	300440	204499	4933	14851	2530529
3404298	290629	108633	211	326	419332
2634084	255474	168837	8484	8958	632589
2110220	101381	75182	2315	3850	683218

4-2-2 各地区限额以上住宿业企业经营情况
Business of Enterprises above Designated Size of Hotels by Region

单位：万元
Unit: 10000 yuan

地区	Region	营业额 Business Revenue	客房收入 from Hotel Rooms	餐费收入 from Meals	商品销售额 from Commodities	其他收入 Others
全国	**National Total**	**33297430**	**17778004**	**10999930**	**788799**	**3730692**
北京	Beijing	2563444	1260670	523871	32649	746255
天津	Tianjin	295432	185702	56196	4023	49510
河北	Hebei	647016	289485	271210	10026	76295
山西	Shanxi	402657	211465	143188	3992	44012
内蒙古	Inner Mongolia	277004	155127	102610	1786	17481
辽宁	Liaoning	459417	232254	134175	7145	85844
吉林	Jilin	190979	102726	63875	2300	22078
黑龙江	Heilongjiang	149779	87517	39599	6385	16279
上海	Shanghai	2258782	1272348	487274	57017	442145
江苏	Jiangsu	2058003	987675	858688	36797	174843
浙江	Zhejiang	3021064	1466174	1219236	33679	301975
安徽	Anhui	813138	377756	318887	60181	56315
福建	Fujian	2130055	942506	1025847	58367	103335
江西	Jiangxi	786150	435397	292272	19239	39242
山东	Shandong	1392799	696966	537627	22304	135902
河南	Henan	1201333	646212	444009	29525	81588
湖北	Hubei	965649	572246	307848	22516	63038
湖南	Hunan	1489937	801549	546603	64855	76931
广东	Guangdong	4271265	2358800	1166363	117503	628588
广西	Guangxi	762546	466352	201204	36396	58594
海南	Hainan	1064614	685507	267736	7605	103766
重庆	Chongqing	801656	454231	264129	23518	59779
四川	Sichuan	1637308	901904	582387	55006	98011
贵州	Guizhou	736317	490388	173902	24845	47183
云南	Yunnan	738915	481238	177181	15965	64530
西藏	Tibet	86655	57804	20030	59	8762
陕西	Shaanxi	1250417	646885	513793	23207	66531
甘肃	Gansu	363854	219333	120782	4357	19381
青海	Qinghai	82255	59533	18024	734	3964
宁夏	Ningxia	64809	35565	22281	1105	5859
新疆	Xinjiang	334181	196689	99103	5713	32676

4-2-2 续表 Continued

国有控股
State-controlled Enterprises

单位：万元
Unit: 10000 yuan

地 区	Region	营业额 Business Revenue	客房收入 from Hotel Rooms	餐费收入 from Meals	商品销售额 from Commodities	其他收入 Others
全 国	**National Total**	**7466148**	**3030979**	**2596644**	**296632**	**1541899**
北 京	Beijing	1265215	474950	308141	20923	461201
天 津	Tianjin	81805	33233	23356	2370	22846
河 北	Hebei	175365	64839	78494	1861	30171
山 西	Shanxi	119442	47394	48372	514	23162
内蒙古	Inner Mongolia	40639	14472	21727	202	4238
辽 宁	Liaoning	103940	34423	39276	2003	28239
吉 林	Jilin	55327	26731	19507	646	8444
黑龙江	Heilongjiang	43519	21227	12234	4710	5348
上 海	Shanghai	773795	324173	181176	51323	217123
江 苏	Jiangsu	607363	222481	280931	14121	89830
浙 江	Zhejiang	476358	199427	206472	4553	65906
安 徽	Anhui	154671	29360	60054	41993	23265
福 建	Fujian	376099	168345	160129	10327	37298
江 西	Jiangxi	113411	44258	54860	1193	13100
山 东	Shandong	409056	160473	179208	9219	60155
河 南	Henan	167659	64064	67649	4991	30956
湖 北	Hubei	108292	52438	36508	4521	14825
湖 南	Hunan	177678	67648	79108	8313	22609
广 东	Guangdong	752130	303756	233196	35220	179958
广 西	Guangxi	150092	47897	47187	29511	25498
海 南	Hainan	119209	77384	29016	545	12265
重 庆	Chongqing	128224	54939	51061	7906	14319
四 川	Sichuan	167735	75545	54925	8741	28525
贵 州	Guizhou	166582	83238	51068	11010	21266
云 南	Yunnan	157751	72107	47008	10164	28472
西 藏	Tibet	30992	16320	8373	4	6295
陕 西	Shaanxi	238340	94824	110211	3824	29482
甘 肃	Gansu	110123	58241	40110	2347	9424
青 海	Qinghai	23866	13082	7515	574	2694
宁 夏	Ningxia	15713	7956	4134	630	2993
新 疆	Xinjiang	155757	75754	55638	2373	21992

4-2-3 各地区限额以上住宿业企业经营情况(按登记注册类型分)

Business of Enterprises above Designated Size of Hotels by Region and Type of Registration

内资企业　　　　单位：万元

Domestic Funded Enterprises　　　　Unit: 10000 yuan

地　区	Region	营业额 Business Revenue	客房收入 from Hotel Rooms	餐费收入 from Meals	商品销售额 from Commodities	其他收入 Others
全　国	**National Total**	**29686435**	**16138361**	**9850950**	**672725**	**3024389**
北　京	Beijing	1945900	1013590	439777	24949	467584
天　津	Tianjin	259954	164850	52506	3968	38630
河　北	Hebei	634921	283234	266654	10007	75026
山　西	Shanxi	402657	211465	143188	3992	44012
内蒙古	Inner Mongolia	262366	148261	96386	1773	15946
辽　宁	Liaoning	385349	199537	111262	5485	69065
吉　林	Jilin	178655	98638	58687	2046	19285
黑龙江	Heilongjiang	127347	77062	30319	5325	14642
上　海	Shanghai	1787872	1073504	372860	10940	330567
江　苏	Jiangsu	1888383	915254	775381	33841	163907
浙　江	Zhejiang	2687434	1328798	1072235	30187	256214
安　徽	Anhui	782665	363226	305915	59715	53809
福　建	Fujian	1790377	799060	857925	50166	83226
江　西	Jiangxi	762139	422963	281317	18927	38931
山　东	Shandong	1333784	672989	513624	21518	125653
河　南	Henan	1160677	630297	425801	27354	77225
湖　北	Hubei	903677	535411	287608	20874	59784
湖　南	Hunan	1451247	780184	531331	64366	75367
广　东	Guangdong	3555880	2039274	938919	86790	490886
广　西	Guangxi	677222	427957	163180	33599	52485
海　南	Hainan	866287	548074	216016	6900	95296
重　庆	Chongqing	735758	418880	243213	21955	51711
四　川	Sichuan	1570576	865291	562897	54164	88224
贵　州	Guizhou	729011	486769	171516	23976	46750
云　南	Yunnan	705344	459860	167769	15800	61915
西　藏	Tibet	72983	48505	16022	59	8397
陕　西	Shaanxi	1191147	618202	491150	22430	59365
甘　肃	Gansu	358229	215921	118722	4357	19229
青　海	Qinghai	81445	59051	17771	734	3889
宁　夏	Ningxia	64809	35565	22281	1105	5859
新　疆	Xinjiang	332340	196689	98718	5423	31510

4-2-3 续表 1 Continued 1

国有企业
State-owned Enterprises

单位：万元
Unit: 10000 yuan

地区	Region	营业额 Business Revenue	客房收入 from Hotel Rooms	餐费收入 from Meals	商品销售额 from Commodities	其他收入 Others
全国	**National Total**	**2325216**	**906801**	**885347**	**82307**	**450758**
北京	Beijing	333959	121230	78556	13054	121120
天津	Tianjin	20449	6092	3389	1761	9207
河北	Hebei	90230	34844	43442	1187	10757
山西	Shanxi	66015	26118	31397	208	8292
内蒙古	Inner Mongolia	15953	6159	8895		898
辽宁	Liaoning	50600	15455	20243	756	14146
吉林	Jilin	44731	22202	16011	627	5892
黑龙江	Heilongjiang	23544	11559	7597	1427	2961
上海	Shanghai	141405	62921	29065	2253	47165
江苏	Jiangsu	142379	47974	79064	1930	13410
浙江	Zhejiang	144900	58898	64223	1418	20361
安徽	Anhui	20762	6074	10569	1666	2452
福建	Fujian	47830	23713	16355	430	7331
江西	Jiangxi	55878	22684	31478	537	1178
山东	Shandong	216030	80927	105319	5954	23830
河南	Henan	93033	34116	39030	3964	15924
湖北	Hubei	25802	11990	11798	115	1898
湖南	Hunan	73916	27557	37488	4512	4359
广东	Guangdong	233948	88116	75181	9652	60998
广西	Guangxi	77207	17394	18674	22786	18354
海南	Hainan	11267	6350	2812	131	1975
重庆	Chongqing	17995	8057	5697	2630	1611
四川	Sichuan	30374	12669	10945	831	5929
贵州	Guizhou	37326	22064	12452	96	2714
云南	Yunnan	58463	25438	17240	1305	14479
西藏	Tibet	16337	8474	4241	1	3621
陕西	Shaanxi	89758	29348	49731	1510	9169
甘肃	Gansu	53300	27075	20790	363	5072
青海	Qinghai	13641	6892	4666	574	1509
宁夏	Ningxia	8901	3763	2520	107	2512
新疆	Xinjiang	69283	30648	26479	522	11634

4-2-3 续表 2 Continued 2

集体企业
Collective-owned Enterprises

单位：万元
Unit: 10000 yuan

地 区	Region	营业额 Business Revenue	客房收入 from Hotel Rooms	餐费收入 from Meals	商品销售额 from Commodities	其他收入 Others
全 国	**National Total**	**216133**	**91066**	**71053**	**5749**	**48266**
北 京	Beijing	58380	27168	7308	188	23716
天 津	Tianjin	2138	996	384	4	754
河 北	Hebei	6484	1384	4440	69	591
山 西	Shanxi	1501	876	614		11
内蒙古	Inner Mongolia	306	298		8	
辽 宁	Liaoning	3149	1448	1100	3	598
吉 林	Jilin					
黑龙江	Heilongjiang	956	499	134	20	303
上 海	Shanghai	13416	2989	9477	4	946
江 苏	Jiangsu	5685	2080	2503	211	891
浙 江	Zhejiang	15391	7304	4580	71	3436
安 徽	Anhui	453	328	82		44
福 建	Fujian	11039	3273	7232		534
江 西	Jiangxi					
山 东	Shandong	7664	2417	3804	83	1360
河 南	Henan	18777	7912	8061	96	2707
湖 北	Hubei	13494	7145	5777	19	553
湖 南	Hunan	10595	3195	4114	2817	468
广 东	Guangdong	23422	8769	4905	1974	7775
广 西	Guangxi	1300	854	30	8	408
海 南	Hainan					
重 庆	Chongqing	4253	2551	1231	20	451
四 川	Sichuan	4802	2597	1196	70	939
贵 州	Guizhou	2522	1420	1102		
云 南	Yunnan	5027	2795	2152	2	78
西 藏	Tibet	999	574			426
陕 西	Shaanxi	3942	1818	800	82	1242
甘 肃	Gansu	438	376	27		35
青 海	Qinghai					
宁 夏	Ningxia					
新 疆	Xinjiang					

4-2-3 续表 3 Continued 3

股份合作企业
Cooperative Enterprises

单位：万元
Unit: 10000 yuan

地区	Region	营业额 Business Revenue	客房收入 from Hotel Rooms	餐费收入 from Meals	商品销售额 from Commodities	其他收入 Others
全国	**National Total**	**68707**	**31755**	**27019**	**461**	**9477**
北京	Beijing	18589	8516	2710	180	7184
天津	Tianjin	952	689	222	1	40
河北	Hebei					
山西	Shanxi					
内蒙古	Inner Mongolia	289	139	111		40
辽宁	Liaoning					
吉林	Jilin	211	35	176		
黑龙江	Heilongjiang					
上海	Shanghai	9472	4663	4407		403
江苏	Jiangsu	3991	2112	1668	24	187
浙江	Zhejiang	6612	3829	2435		348
安徽	Anhui					
福建	Fujian					
江西	Jiangxi					
山东	Shandong	3757	1160	2475	2	120
河南	Henan	1177	477	599	81	21
湖北	Hubei					
湖南	Hunan	6047	3780	1937		330
广东	Guangdong	1837	1163	429		245
广西	Guangxi	165	138		4	22
海南	Hainan					
重庆	Chongqing					
四川	Sichuan	2749	1798	246	169	537
贵州	Guizhou					
云南	Yunnan					
西藏	Tibet					
陕西	Shaanxi	12484	3047	9437		
甘肃	Gansu					
青海	Qinghai	375	209	167		
宁夏	Ningxia					
新疆	Xinjiang					

4-2-3 续表 4 Continued 4

联营企业
Joint Ownership Enterprises

单位：万元
Unit: 10000 yuan

地　区	Region	营业额 Business Revenue	客房收入 from Hotel Rooms	餐费收入 from Meals	商品销售额 from Commodities	其他收入 Others
全　国	**National Total**	**40940**	**22526**	**13931**	**730**	**3753**
北　京	Beijing	4175	2071	1550	13	541
天　津	Tianjin	7602	4162	3075		364
河　北	Hebei					
山　西	Shanxi					
内蒙古	Inner Mongolia					
辽　宁	Liaoning					
吉　林	Jilin					
黑龙江	Heilongjiang					
上　海	Shanghai	785	303	354		128
江　苏	Jiangsu	1825	884	325	63	553
浙　江	Zhejiang	6907	3337	3122	159	289
安　徽	Anhui	1301	888	276	62	75
福　建	Fujian					
江　西	Jiangxi	3797	1391	1924	343	139
山　东	Shandong					
河　南	Henan					
湖　北	Hubei	1425	676	686		63
湖　南	Hunan					
广　东	Guangdong	2050	1057	451		542
广　西	Guangxi					
海　南	Hainan	9260	6610	1566	90	994
重　庆	Chongqing					
四　川	Sichuan					
贵　州	Guizhou					
云　南	Yunnan	1018	603	359		56
西　藏	Tibet					
陕　西	Shaanxi	315	229	78		9
甘　肃	Gansu					
青　海	Qinghai					
宁　夏	Ningxia					
新　疆	Xinjiang	480	315	165		

4-2-3 续表 5 Continued 5

有限责任公司
Limited Liability Corporations

单位：万元
Unit: 10000 yuan

地 区	Region	营业额 Business Revenue	客房收入 from Hotel Rooms	餐费收入 from Meals	商品销售额 from Commodities	其他收入 Others
全 国	**National Total**	**10450745**	**5162713**	**3547992**	**264481**	**1475544**
北 京	Beijing	1063951	521279	269408	9122	264142
天 津	Tianjin	106795	58791	27609	1109	19287
河 北	Hebei	234405	99386	93369	5503	36148
山 西	Shanxi	90262	40097	32110	688	17367
内蒙古	Inner Mongolia	95447	52389	35660	514	6883
辽 宁	Liaoning	130066	63991	41455	1964	22657
吉 林	Jilin	54521	29360	19335	671	5155
黑龙江	Heilongjiang	40226	23639	8977	393	7217
上 海	Shanghai	898645	450599	215524	6409	226113
江 苏	Jiangsu	713860	305830	309013	13903	85113
浙 江	Zhejiang	718383	314092	305881	9536	88875
安 徽	Anhui	315023	117178	121870	44142	31833
福 建	Fujian	413601	178387	187590	11397	36227
江 西	Jiangxi	243559	115695	96723	7444	23697
山 东	Shandong	478894	213337	200978	9010	55568
河 南	Henan	280564	130842	114432	5022	30268
湖 北	Hubei	248377	133659	79288	7269	28160
湖 南	Hunan	316651	147926	116154	17548	35023
广 东	Guangdong	1411701	727659	417893	44355	221783
广 西	Guangxi	165685	94271	49685	7202	14526
海 南	Hainan	577755	365859	157081	3013	51802
重 庆	Chongqing	229217	121062	81042	6494	20619
四 川	Sichuan	534908	272444	203417	18710	40337
贵 州	Guizhou	223538	118800	66839	14460	23439
云 南	Yunnan	217828	122078	61178	9805	24767
西 藏	Tibet	33390	22228	7117	26	4019
陕 西	Shaanxi	343552	171994	139479	3849	28229
甘 肃	Gansu	118100	64841	41322	2278	9659
青 海	Qinghai	13489	9361	2781	21	1325
宁 夏	Ningxia	17460	8285	6512	701	1961
新 疆	Xinjiang	120892	67354	38270	1923	13345

4-2-3 续表 6 Continued 6

股份有限公司
Share-holding Corporations Ltd

单位：万元
Unit: 10000 yuan

地 区	Region	营业额 Business Revenue	客房收入 from Hotel Rooms	餐费收入 from Meals	商品销售额 from Commodities	其他收入 Others
全 国	**National Total**	**671888**	**314709**	**224192**	**18227**	**114761**
北 京	Beijing	5729	4582	783	1	363
天 津	Tianjin	4634	3082	641		911
河 北	Hebei	5713	1977	2156	89	1492
山 西	Shanxi	507	348	159		
内蒙古	Inner Mongolia	502	425	43	23	12
辽 宁	Liaoning	3946	2279	1503		164
吉 林	Jilin	3582	1967	406	10	1199
黑龙江	Heilongjiang	8654	2112	2356	2974	1212
上 海	Shanghai	26391	16033	7964	191	2202
江 苏	Jiangsu	99243	35729	38806	3685	21023
浙 江	Zhejiang	123839	45088	48048	2044	28659
安 徽	Anhui	23657	11477	8781	1539	1859
福 建	Fujian	627	626		1	
江 西	Jiangxi	3031	2413	466	132	20
山 东	Shandong	11011	5445	4696	225	645
河 南	Henan	16347	6368	8742	81	1156
湖 北	Hubei	18582	10687	6133	871	891
湖 南	Hunan	23580	11168	10533	47	1832
广 东	Guangdong	84970	36654	26555	3104	18657
广 西	Guangxi	8352	4749	2708	126	769
海 南	Hainan	139031	79884	28337	2755	28055
重 庆	Chongqing	2999	1318	1252	11	418
四 川	Sichuan	23968	12855	10123	77	913
贵 州	Guizhou	417	417			
云 南	Yunnan	8088	4755	1854	142	1336
西 藏	Tibet	1150	1081	67	3	
陕 西	Shaanxi	11086	3864	7100	72	50
甘 肃	Gansu	4661	3078	1467	1	115
青 海	Qinghai	1922	1079	795		48
宁 夏	Ningxia					
新 疆	Xinjiang	5669	3169	1718	23	760

4-2-3 续表 7 Continued 7

私营企业
Private Enterprises

单位：万元
Unit: 10000 yuan

地 区	Region	营业额 Business Revenue	客房收入 from Hotel Rooms	餐费收入 from Meals	商品销售额 from Commodities	其他收入 Others
全 国	**National Total**	**15901490**	**9601005**	**5079137**	**300082**	**921261**
北 京	Beijing	461117	328744	79463	2391	50519
天 津	Tianjin	116657	90456	17041	1094	8067
河 北	Hebei	298089	145643	123249	3158	26039
山 西	Shanxi	244372	144026	78908	3095	18342
内蒙古	Inner Mongolia	149869	88851	51678	1228	8113
辽 宁	Liaoning	197131	115908	46960	2762	31501
吉 林	Jilin	75609	45073	22759	738	7039
黑龙江	Heilongjiang	53598	38884	11254	510	2949
上 海	Shanghai	696962	535552	105910	2075	53425
江 苏	Jiangsu	920242	519815	343717	13988	42722
浙 江	Zhejiang	1671401	896250	643945	16959	114246
安 徽	Anhui	421040	226966	164236	12293	17545
福 建	Fujian	1317281	593061	646747	38337	39135
江 西	Jiangxi	455581	280635	150590	10458	13898
山 东	Shandong	616428	369703	196351	6243	44131
河 南	Henan	750305	450204	254842	18110	27150
湖 北	Hubei	594410	369896	183777	12582	28154
湖 南	Hunan	1020458	586557	361105	39442	33354
广 东	Guangdong	1795960	1174506	413119	27624	180710
广 西	Guangxi	424514	310550	92084	3474	18406
海 南	Hainan	127109	88236	25631	912	12330
重 庆	Chongqing	481294	285891	153992	12800	28612
四 川	Sichuan	973775	562929	336970	34307	39569
贵 州	Guizhou	465208	344068	91123	9420	20597
云 南	Yunnan	414920	304191	84985	4545	21198
西 藏	Tibet	21099	16142	4597	29	331
陕 西	Shaanxi	730011	407902	284525	16916	20667
甘 肃	Gansu	180923	120493	54882	1200	4348
青 海	Qinghai	52019	41511	9362	139	1007
宁 夏	Ningxia	38448	23516	13249	297	1386
新 疆	Xinjiang	135660	94846	32086	2956	5771

4-2-3 续表 8 Continued 8

其他企业 单位：万元

Other Enterprises Unit: 10000 yuan

地区	Region	营业额 Business Revenue	客房收入 from Hotel Rooms	餐费收入 from Meals	商品销售额 from Commodities	其他收入 Others
全国	**National Total**	**11325**	**7787**	**2280**	**682**	**578**
北京	Beijing					
天津	Tianjin	727	582	146		
河北	Hebei					
山西	Shanxi					
内蒙古	Inner Mongolia					
辽宁	Liaoning	456	456			
吉林	Jilin					
黑龙江	Heilongjiang	369	369			
上海	Shanghai	797	444	159	7	187
江苏	Jiangsu	1160	831	286	36	7
浙江	Zhejiang					
安徽	Anhui	431	317	100	13	1
福建	Fujian					
江西	Jiangxi	293	144	136	13	
山东	Shandong					
河南	Henan	475	379	96		
湖北	Hubei	1588	1358	148	17	65
湖南	Hunan					
广东	Guangdong	1993	1350	386	81	176
广西	Guangxi					
海南	Hainan	1866	1136	589		142
重庆	Chongqing					
四川	Sichuan					
贵州	Guizhou					
云南	Yunnan					
西藏	Tibet	7	7			
陕西	Shaanxi					
甘肃	Gansu	807	58	234	515	
青海	Qinghai					
宁夏	Ningxia					
新疆	Xinjiang	356	356			

港、澳、台商投资企业
Enterprises with Funds from Hong Kong, Macao and Taiwan

单位：万元
Unit: 10000 yuan

地 区	Region	营业额 Business Revenue	客房收入 from Hotel Rooms	餐费收入 from Meals	商品销售额 from Commodities	其他收入 Others
全 国	**National Total**	**2339690**	**1062762**	**794446**	**54752**	**427732**
北 京	Beijing	422632	191621	60495	7073	163442
天 津	Tianjin	10752	7839	2412	1	500
河 北	Hebei	12096	6252	4556	19	1269
山 西	Shanxi					
内蒙古	Inner Mongolia	13483	5906	6195	10	1373
辽 宁	Liaoning	54144	20367	18525	1596	13655
吉 林	Jilin	1365	479	826	15	45
黑龙江	Heilongjiang	11443	5152	4899	441	951
上 海	Shanghai	293954	115362	78531	2075	97986
江 苏	Jiangsu	89899	41259	42266	2003	4372
浙 江	Zhejiang	198064	72326	96757	1904	27078
安 徽	Anhui	30473	14529	12972	466	2506
福 建	Fujian	238804	89694	131277	7388	10446
江 西	Jiangxi	16109	7045	8855	74	134
山 东	Shandong	45094	15714	19717	685	8978
河 南	Henan	34286	12775	15392	1884	4235
湖 北	Hubei	36601	21792	11994	1255	1561
湖 南	Hunan	37601	20509	15054	489	1550
广 东	Guangdong	449364	204338	156198	23379	65448
广 西	Guangxi	67164	28630	31664	2329	4541
海 南	Hainan	167240	119576	41397	233	6034
重 庆	Chongqing	24230	14889	7358	196	1787
四 川	Sichuan	23126	13645	8010	1	1470
贵 州	Guizhou	2994	1352	943	699	
云 南	Yunnan	21270	13000	6129	141	1999
西 藏	Tibet	5668	4266	1269		133
陕 西	Shaanxi	27285	12323	9816	106	5040
甘 肃	Gansu	2708	2122	553		33
青 海	Qinghai					
宁 夏	Ningxia					
新 疆	Xinjiang	1841		386	290	1166

外商投资企业
Foreign Funded Enterprises

单位：万元
Unit: 10000 yuan

地 区	Region	营业额 Business Revenue	客房收入 from Hotel Rooms	餐费收入 from Meals	商品销售额 from Commodities	其他收入 Others
全 国	**National Total**	**1271308**	**576880**	**354544**	**61325**	**278565**
北 京	Beijing	194913	55459	23599	627	115228
天 津	Tianjin	24725	13012	1279	55	10380
河 北	Hebei					
山 西	Shanxi					
内蒙古	Inner Mongolia	1156	961	30	3	161
辽 宁	Liaoning	19924	12349	4389	63	3123
吉 林	Jilin	10959	3610	4363	239	2747
黑龙江	Heilongjiang	10990	5303	4381	620	686
上 海	Shanghai	176957	83482	35883	44002	13591
江 苏	Jiangsu	79720	31162	41041	954	6564
浙 江	Zhejiang	135566	65050	50244	1588	18683
安 徽	Anhui					
福 建	Fujian	100874	53753	36646	813	9663
江 西	Jiangxi	7902	5389	2100	237	177
山 东	Shandong	13922	8263	4287	101	1271
河 南	Henan	6370	3140	2816	287	128
湖 北	Hubei	25372	15043	8247	388	1694
湖 南	Hunan	1089	856	218		15
广 东	Guangdong	266021	115187	71247	7334	72253
广 西	Guangxi	18160	9765	6360	468	1568
海 南	Hainan	31086	17857	10322	471	2436
重 庆	Chongqing	41668	20462	13559	1367	6280
四 川	Sichuan	43606	22968	11481	841	8317
贵 州	Guizhou	4312	2267	1443	170	433
云 南	Yunnan	12302	8378	3282	25	616
西 藏	Tibet	8003	5032	2739		232
陕 西	Shaanxi	31985	16361	12827	672	2125
甘 肃	Gansu	2916	1290	1508		119
青 海	Qinghai	810	481	253		75
宁 夏	Ningxia					
新 疆	Xinjiang					

4-2-4 各地区限额以上住宿业企业经营情况(按国民经济行业分)

Business of Enterprises above Designated Size of Hotels by Region and Sector

旅游饭店
Tourist Hotel

单位：万元
Unit: 10000 yuan

地　区	Region	营业额 Business Revenue	客房收入 from Hotel Rooms	餐费收入 from Meals	商品销售额 from Commodities	其他收入 Others
全　国	**National Total**	**23428842**	**11105407**	**8764321**	**607504**	**2951600**
北　京	Beijing	1791459	773121	427702	27184	563451
天　津	Tianjin	158912	81574	38799	1071	37468
河　北	Hebei	425889	186201	183174	4988	51526
山　西	Shanxi	242061	113989	98426	2158	27488
内蒙古	Inner Mongolia	204769	109716	80822	1172	13059
辽　宁	Liaoning	328151	144519	107630	5791	70211
吉　林	Jilin	148255	75353	52675	1699	18528
黑龙江	Heilongjiang	101772	53601	28639	5907	13625
上　海	Shanghai	1505466	679670	415418	54060	356318
江　苏	Jiangsu	1493784	587036	727394	26710	152644
浙　江	Zhejiang	2402170	1035604	1089552	29501	247512
安　徽	Anhui	591216	231579	258542	53420	47676
福　建	Fujian	1641898	662029	849802	44171	85895
江　西	Jiangxi	468959	238284	193788	14370	22517
山　东	Shandong	1027288	439231	457759	17957	112342
河　南	Henan	642899	311913	263381	13467	54138
湖　北	Hubei	574120	310965	198478	11276	53401
湖　南	Hunan	906542	430514	378760	40745	56523
广　东	Guangdong	3107286	1517861	999858	97782	491773
广　西	Guangxi	522952	275901	161941	34655	50455
海　南	Hainan	1013146	650400	256962	6426	99358
重　庆	Chongqing	574708	298001	213813	18293	44602
四　川	Sichuan	1056965	524025	418371	37723	76846
贵　州	Guizhou	538086	334201	143465	20541	39880
云　南	Yunnan	472126	282495	127749	12169	49713
西　藏	Tibet	74410	48510	17375	53	8473
陕　西	Shaanxi	787531	359599	360312	14130	53490
甘　肃	Gansu	275271	152562	102344	3637	16728
青　海	Qinghai	53626	36329	14600	371	2326
宁　夏	Ningxia	55499	29530	19863	905	5201
新　疆	Xinjiang	241626	131094	76927	5172	28433

4-2-4 续表 1 Continued 1

一般旅馆
Fonda

单位：万元
Unit: 10000 yuan

地　区	Region	营业额 Business Revenue	客房收入 from Hotel Rooms	餐费收入 from Meals	商品销售额 from Commodities	其他收入 Others
全　国	**National Total**	**8846523**	**6064930**	**1946629**	**159883**	**675079**
北　京	Beijing	691352	451397	81701	5095	153159
天　津	Tianjin	107416	82530	13710	2881	8295
河　北	Hebei	190747	89828	79164	1667	20088
山　西	Shanxi	151355	91614	41744	1782	16214
内蒙古	Inner Mongolia	69860	43672	21521	606	4061
辽　宁	Liaoning	102856	74565	16373	1124	10794
吉　林	Jilin	35952	22714	9693	362	3183
黑龙江	Heilongjiang	43387	31182	10093	478	1634
上　海	Shanghai	715673	564310	67326	2954	81083
江　苏	Jiangsu	492632	362567	101678	9397	18991
浙　江	Zhejiang	580093	406429	117795	3649	52221
安　徽	Anhui	199589	130859	55549	6407	6774
福　建	Fujian	450210	256729	164303	12567	16610
江　西	Jiangxi	224432	152437	62922	3107	5967
山　东	Shandong	328911	235773	67765	4154	21217
河　南	Henan	516115	310614	165296	15084	25121
湖　北	Hubei	354377	239792	96135	10498	7952
湖　南	Hunan	485672	316331	136455	17797	15089
广　东	Guangdong	1052547	756628	149893	18457	127569
广　西	Guangxi	227411	180153	37729	1668	7862
海　南	Hainan	39404	28593	8450	59	2302
重　庆	Chongqing	208889	143849	45277	5090	14673
四　川	Sichuan	541052	353067	154346	16780	16858
贵　州	Guizhou	180597	143126	27262	4091	6117
云　南	Yunnan	239425	180797	43678	3759	11191
西　藏	Tibet	7458	6279	987	1	191
陕　西	Shaanxi	417142	264403	131951	8660	12128
甘　肃	Gansu	80841	62501	15185	623	2532
青　海	Qinghai	22954	18629	2492	363	1470
宁　夏	Ningxia	7860	4585	2418	199	658
新　疆	Xinjiang	80314	58977	17738	524	3075

4-2-4 续表 2 Continued 2

民宿服务 单位：万元

Home Lodging Services Unit: 10000 yuan

地　区	Region	营业额 Business Revenue	客房收入 from Hotel Rooms	餐费收入 from Meals	商品销售额 from Commodities	其他收入 Others
全　国	**National Total**	**107627**	**72488**	**28368**	**2543**	**4230**
北　京	Beijing	1497	1367	123		7
天　津	Tianjin	4224	3932	46	8	238
河　北	Hebei	1383	714	669		
山　西	Shanxi	485	370	76	40	
内蒙古	Inner Mongolia					
辽　宁	Liaoning					
吉　林	Jilin					
黑龙江	Heilongjiang					
上　海	Shanghai	2432	2157	127		148
江　苏	Jiangsu	6474	4652	1536	154	132
浙　江	Zhejiang	34945	22129	10634	519	1663
安　徽	Anhui	3952	2872	600	129	351
福　建	Fujian	8340	3998	2765	1296	281
江　西	Jiangxi	4079	2946	1059	47	27
山　东	Shandong	3949	2634	1218	13	85
河　南	Henan	5592	2981	2460	60	91
湖　北	Hubei	1831	1187	643	1	
湖　南	Hunan	10655	6799	3572	104	181
广　东	Guangdong	3608	3157	314	102	35
广　西	Guangxi	681	557	124		
海　南	Hainan	304	21	283		
重　庆	Chongqing	1743	937	654	8	144
四　川	Sichuan	2820	1791	752	35	242
贵　州	Guizhou	2731	2416	295	14	6
云　南	Yunnan	3469	2549	319	1	599
西　藏	Tibet					
陕　西	Shaanxi	1383	1273	99	11	
甘　肃	Gansu	163	163			
青　海	Qinghai					
宁　夏	Ningxia	887	886		1	
新　疆	Xinjiang					

4-2-4 续表 3 Continued 3

露营地服务
Campground Services

单位：万元
Unit: 10000 yuan

地 区	Region	营业额 Business Revenue	客房收入 from Hotel Rooms	餐费收入 from Meals	商品销售额 from Commodities	其他收入 Others
全 国	**National Total**	**12684**	**5014**	**2432**	**4559**	**679**
北 京	Beijing					
天 津	Tianjin					
河 北	Hebei					
山 西	Shanxi	957	564	343	12	38
内蒙古	Inner Mongolia					
辽 宁	Liaoning					
吉 林	Jilin					
黑龙江	Heilongjiang					
上 海	Shanghai	756	756			
江 苏	Jiangsu	330	206	75	14	35
浙 江	Zhejiang					
安 徽	Anhui	1429	544	455	113	317
福 建	Fujian					
江 西	Jiangxi	486	344	25	117	
山 东	Shandong	194	102	86		7
河 南	Henan	224	35	179	10	
湖 北	Hubei					
湖 南	Hunan	4640	444		4196	
广 东	Guangdong	1115	387	481		246
广 西	Guangxi	337	211	80	24	23
海 南	Hainan					
重 庆	Chongqing					
四 川	Sichuan					
贵 州	Guizhou	260	156	79	12	13
云 南	Yunnan					
西 藏	Tibet					
陕 西	Shaanxi	1956	1265	629	61	
甘 肃	Gansu					
青 海	Qinghai					
宁 夏	Ningxia					
新 疆	Xinjiang					

4-2-4 续表 4 Continued 4

其他住宿业 单位：万元
Others Unit: 10000 yuan

地 区	Region	营业额 Business Revenue	客房收入 from Hotel Rooms	餐费收入 from Meals	商品销售额 from Commodities	其他收入 Others
全 国	**National Total**	**901760**	**530166**	**258184**	**14310**	**99100**
北 京	Beijing	79136	34784	14345	370	29637
天 津	Tianjin	24880	17666	3642	63	3509
河 北	Hebei	28997	12743	8202	3371	4681
山 西	Shanxi	7800	4928	2600	1	272
内蒙古	Inner Mongolia	2375	1740	268	7	360
辽 宁	Liaoning	28410	13170	10172	230	4839
吉 林	Jilin	6772	4659	1507	239	367
黑龙江	Heilongjiang	4620	2734	867		1020
上 海	Shanghai	34456	25454	4403	3	4596
江 苏	Jiangsu	64782	33215	28005	521	3041
浙 江	Zhejiang	3855	2011	1255	10	578
安 徽	Anhui	16953	11903	3741	112	1197
福 建	Fujian	29608	19750	8977	333	549
江 西	Jiangxi	88193	41386	34478	1598	10731
山 东	Shandong	32458	19227	10800	180	2251
河 南	Henan	36504	20669	12694	904	2237
湖 北	Hubei	35321	20302	12592	742	1685
湖 南	Hunan	82428	47460	27816	2013	5139
广 东	Guangdong	106710	80766	15817	1162	8964
广 西	Guangxi	11164	9531	1330	50	254
海 南	Hainan	11760	6493	2041	1120	2106
重 庆	Chongqing	16316	11445	4386	126	359
四 川	Sichuan	36471	23020	8918	467	4066
贵 州	Guizhou	14643	10488	2800	187	1167
云 南	Yunnan	23895	15397	5435	36	3027
西 藏	Tibet	4787	3016	1667	5	98
陕 西	Shaanxi	42406	20345	20803	345	913
甘 肃	Gansu	7580	4107	3253	98	122
青 海	Qinghai	5675	4575	932		168
宁 夏	Ningxia	564	564			
新 疆	Xinjiang	12241	6618	4438	17	1167

4-2-5 各地区限额以上餐饮业企业经营情况

Business of Enterprises above Designated Size of Catering Services by Region

单位：万元

Unit: 10000 yuan

地　区	Region	营业额 Business Revenue	客房收入 from Hotel Rooms	餐费收入 from Meals	商品销售额 from Commodities	其他收入 Others
全　国	**National Total**	**60372624**	**2354957**	**54457254**	**2093813**	**1466607**
北　京	Beijing	6669988	32619	6113012	287359	236998
天　津	Tianjin	1166220	37864	1040549	24078	63730
河　北	Hebei	480445	63312	368366	10845	37923
山　西	Shanxi	638953	71553	531614	4652	31133
内蒙古	Inner Mongolia	325415	47583	262728	1934	13171
辽　宁	Liaoning	900167	22577	842409	21107	14074
吉　林	Jilin	181053	12799	157802	780	9673
黑龙江	Heilongjiang	82857	6600	73813	1310	1135
上　海	Shanghai	8896143	45380	8402914	317436	130413
江　苏	Jiangsu	5424980	374514	4779946	150537	119983
浙　江	Zhejiang	4311735	214264	3862351	117345	117774
安　徽	Anhui	1844793	129769	1632774	71195	11056
福　建	Fujian	2716011	60275	2489942	73683	92110
江　西	Jiangxi	662759	65974	571383	18886	6517
山　东	Shandong	2100817	212650	1741787	56368	90011
河　南	Henan	1020210	55649	918550	24397	21614
湖　北	Hubei	2298290	162859	2018217	84841	32373
湖　南	Hunan	1852512	145987	1613101	65041	28382
广　东	Guangdong	9388709	138773	8617472	419844	212619
广　西	Guangxi	677042	22688	594043	28416	31895
海　南	Hainan	151383	1768	139119	6413	4083
重　庆	Chongqing	1616527	85458	1444924	70398	15748
四　川	Sichuan	3198627	135221	2932782	82533	48091
贵　州	Guizhou	469151	12646	417690	29895	8920
云　南	Yunnan	645947	16926	587618	26145	15259
西　藏	Tibet	18930	747	16766	1355	63
陕　西	Shaanxi	1965235	117602	1711907	87988	47739
甘　肃	Gansu	343552	34547	297771	4388	6847
青　海	Qinghai	42479	7382	33454	522	1121
宁　夏	Ningxia	54604	8204	37067	739	8594
新　疆	Xinjiang	227090	10767	205383	3383	7558

4-2-5 续表 Continued

国有控股

State-controlled Enterprises

单位：万元

Unit: 10000 yuan

地 区	Region	营业额 Business Revenue	客房收入 from Hotel Rooms	餐费收入 from Meals	商品销售额 from Commodities	其他收入 Others
全 国	**National Total**	**2291927**	**222020**	**1656250**	**190942**	**222716**
北 京	Beijing	322297	5622	268436	20772	27468
天 津	Tianjin	16923	2526	10849	299	3249
河 北	Hebei	28575	6185	20148	365	1878
山 西	Shanxi	41749	8479	15864	37	17368
内蒙古	Inner Mongolia	26661	7259	16184	206	3012
辽 宁	Liaoning	36090	3567	31419	641	462
吉 林	Jilin	7314	1307	5719		289
黑龙江	Heilongjiang	3429	1005	2322	10	93
上 海	Shanghai	349771	8232	265074	54771	21695
江 苏	Jiangsu	244009	50699	161273	5243	26794
浙 江	Zhejiang	221040	11248	154644	27303	27845
安 徽	Anhui	44070	6037	33231	3720	1082
福 建	Fujian	25649	3403	17244	2088	2914
江 西	Jiangxi	30679	5948	23210	1285	235
山 东	Shandong	173487	34436	107415	5368	26268
河 南	Henan	40157	4316	32601	1835	1405
湖 北	Hubei	29059	1388	15606	11582	484
湖 南	Hunan	36342	9374	23782	1091	2094
广 东	Guangdong	271493	12847	200858	23558	34231
广 西	Guangxi	30295	2005	24676	2944	669
海 南	Hainan					
重 庆	Chongqing	12194	4018	7552	445	178
四 川	Sichuan	56804	11301	39709	3557	2237
贵 州	Guizhou	46843	1602	29339	12240	3661
云 南	Yunnan	40138	1218	28487	6994	3440
西 藏	Tibet					
陕 西	Shaanxi	94032	7881	72029	4250	9872
甘 肃	Gansu	13414	4690	6763	30	1932
青 海	Qinghai					
宁 夏	Ningxia	6308	1688	4118	4	498
新 疆	Xinjiang	43105	3739	37698	304	1363

4-2-6 各地区限额以上餐饮业企业经营情况(按登记注册类型分)

Business of Enterprises above Designated Size of Catering Services by Region and Type of Registration

内资企业
Domestic Funded Enterprises

单位：万元
Unit: 10000 yuan

地区	Region	营业额 Business Revenue	客房收入 from Hotel Rooms	餐费收入 from Meals	商品销售额 from Commodities	其他收入 Others
全国	**National Total**	**43367247**	**2303009**	**38392016**	**1529421**	**1142806**
北京	Beijing	3881175	32619	3656567	96959	95030
天津	Tianjin	701507	36881	593608	12504	58513
河北	Hebei	472138	60501	365215	10845	35578
山西	Shanxi	545925	71553	439726	4652	29993
内蒙古	Inner Mongolia	296670	47583	233982	1934	13171
辽宁	Liaoning	314746	22286	270852	11524	10084
吉林	Jilin	180842	12799	157591	780	9673
黑龙江	Heilongjiang	67603	6600	58558	1310	1135
上海	Shanghai	4653234	45350	4376819	136260	94805
江苏	Jiangsu	4013118	360806	3435904	109583	106825
浙江	Zhejiang	3371367	196380	2954284	115064	105639
安徽	Anhui	1834144	129236	1622745	71185	10978
福建	Fujian	2094798	58669	1928835	56447	50848
江西	Jiangxi	569341	64788	479789	18247	6517
山东	Shandong	1782689	210960	1430796	52854	88079
河南	Henan	912181	55649	818821	24338	13373
湖北	Hubei	1685930	161132	1429769	68652	26377
湖南	Hunan	1588606	145987	1350107	64775	27737
广东	Guangdong	6372499	130120	5718871	341129	182379
广西	Guangxi	584474	22688	503530	28416	29840
海南	Hainan	134941	1768	123146	6406	3621
重庆	Chongqing	1361479	85458	1190315	70362	15344
四川	Sichuan	2580279	135221	2319568	79280	46211
贵州	Guizhou	465464	12643	415067	28860	8894
云南	Yunnan	558902	16926	506599	25932	9446
西藏	Tibet	18930	747	16766	1355	63
陕西	Shaanxi	1724028	117209	1487497	80736	38586
甘肃	Gansu	311892	34547	266111	4388	6847
青海	Qinghai	42479	7382	33454	522	1121
宁夏	Ningxia	54604	8204	37067	739	8594
新疆	Xinjiang	191262	10317	170057	3383	7505

4-2-6 续表 1 Continued 1

国有企业
State-controlled Enterprises

单位：万元
Unit: 10000 yuan

地 区	Region	营业额 Business Revenue	客房收入 from Hotel Rooms	餐费收入 from Meals	商品销售额 from Commodities	其他收入 Others
全 国	**National Total**	**442568**	**84067**	**306608**	**13631**	**38268**
北 京	Beijing	54714	2213	47465	1684	3351
天 津	Tianjin	3774	1174	2150	40	410
河 北	Hebei	6563	1760	4149	23	631
山 西	Shanxi	8409	3240	4846	19	305
内蒙古	Inner Mongolia	5197	1891	3238		68
辽 宁	Liaoning	2314	934	732	311	337
吉 林	Jilin	2577	645	1831		102
黑龙江	Heilongjiang	2517	597	1913	7	
上 海	Shanghai	30234	1304	24896	943	3092
江 苏	Jiangsu	88828	18895	52474	2352	15107
浙 江	Zhejiang	16655	1633	14263	48	711
安 徽	Anhui	6404	2136	3877	27	365
福 建	Fujian	1844	778	1050	4	12
江 西	Jiangxi	13964	1751	11514	557	143
山 东	Shandong	52256	15257	31589	480	4930
河 南	Henan	5950	1965	3751	53	181
湖 北	Hubei	4074	1141	2587	110	237
湖 南	Hunan	15718	4624	10815	183	96
广 东	Guangdong	47109	5313	32635	2984	6177
广 西	Guangxi	4161	190	3672	226	73
海 南	Hainan					
重 庆	Chongqing	3074	633	2192	215	36
四 川	Sichuan	19218	7783	9576	1385	474
贵 州	Guizhou	4316	247	3101	896	72
云 南	Yunnan	4349	908	3397	44	
西 藏	Tibet					
陕 西	Shaanxi	14069	2837	9749	789	694
甘 肃	Gansu	5784	2002	3394		387
青 海	Qinghai					
宁 夏	Ningxia	2482	453	1897		132
新 疆	Xinjiang	16014	1763	13855	251	145

集体企业
Collective-owned Enterprises

单位：万元
Unit: 10000 yuan

地 区	Region	营业额 Business Revenue	客房收入 from Hotel Rooms	餐费收入 from Meals	商品销售额 from Commodities	其他收入 Others
全 国	**National Total**	**106630**	**11963**	**79572**	**7312**	**7785**
北 京	Beijing	15368	1338	12753	212	1065
天 津	Tianjin	352		352		
河 北	Hebei	645	129	494		22
山 西	Shanxi	2368	1146	1086		136
内 蒙 古	Inner Mongolia					
辽 宁	Liaoning	709	92	607		10
吉 林	Jilin	300	61	99		140
黑 龙 江	Heilongjiang					
上 海	Shanghai	4259	261	3761		237
江 苏	Jiangsu	16986	2799	13309	751	128
浙 江	Zhejiang	506	1	505	1	
安 徽	Anhui	2308	92	1940	274	3
福 建	Fujian	2862		1797	1066	
江 西	Jiangxi	589		589		
山 东	Shandong	4223	1060	2287	666	210
河 南	Henan					
湖 北	Hubei	3498	19	3457	21	
湖 南	Hunan					
广 东	Guangdong	27161	3532	14957	3102	5570
广 西	Guangxi	836		817	7	12
海 南	Hainan					
重 庆	Chongqing	11696		10564	1132	
四 川	Sichuan	1432		1373	59	
贵 州	Guizhou	2449		2449		
云 南	Yunnan	3221	1148	1876	1	195
西 藏	Tibet					
陕 西	Shaanxi	4651	271	4375	5	
甘 肃	Gansu	211	14	125	15	57
青 海	Qinghai					
宁 夏	Ningxia					
新 疆	Xinjiang					

4-2-6 续表 3 Continued 3

股份合作企业
Cooperative Enterprises

单位：万元
Unit: 10000 yuan

地 区	Region	营业额 Business Revenue	客房收入 from Hotel Rooms	餐费收入 from Meals	商品销售额 from Commodities	其他收入 Others
全 国	**National Total**	**130653**	**4679**	**103655**	**17532**	**4789**
北 京	Beijing	22466	912	21543		12
天 津	Tianjin					
河 北	Hebei	5264		5264		
山 西	Shanxi	368	100	208		60
内蒙古	Inner Mongolia	382	161	220		
辽 宁	Liaoning					
吉 林	Jilin					
黑龙江	Heilongjiang					
上 海	Shanghai	8618	30	7240		1347
江 苏	Jiangsu	6640		6640		
浙 江	Zhejiang	10867	376	10348	143	1
安 徽	Anhui					
福 建	Fujian	2245	69	2055		122
江 西	Jiangxi	574		408	30	136
山 东	Shandong	2709	520	987	17	1185
河 南	Henan	258		258		
湖 北	Hubei					
湖 南	Hunan					
广 东	Guangdong	30785		30737	40	9
广 西	Guangxi	927	7	877		43
海 南	Hainan					
重 庆	Chongqing	340		209	66	65
四 川	Sichuan	36911	2019	15853	17230	1809
贵 州	Guizhou					
云 南	Yunnan					
西 藏	Tibet					
陕 西	Shaanxi	1013	485	522	6	
甘 肃	Gansu	286		286		
青 海	Qinghai					
宁 夏	Ningxia					
新 疆	Xinjiang					

4-2-6 续表 4 Continued 4

联营企业
Joint Ownership Enterprises

单位：万元
Unit: 10000 yuan

地区	Region	营业额 Business Revenue	客房收入 from Hotel Rooms	餐费收入 from Meals	商品销售额 from Commodities	其他收入 Others
全 国	**National Total**	**1931**	**50**	**1479**		**402**
北 京	Beijing					
天 津	Tianjin					
河 北	Hebei					
山 西	Shanxi					
内蒙古	Inner Mongolia	235		235		
辽 宁	Liaoning					
吉 林	Jilin					
黑龙江	Heilongjiang					
上 海	Shanghai	345		7		338
江 苏	Jiangsu	735		735		
浙 江	Zhejiang					
安 徽	Anhui					
福 建	Fujian					
江 西	Jiangxi					
山 东	Shandong					
河 南	Henan					
湖 北	Hubei					
湖 南	Hunan					
广 东	Guangdong	333	50	219		64
广 西	Guangxi					
海 南	Hainan					
重 庆	Chongqing					
四 川	Sichuan					
贵 州	Guizhou					
云 南	Yunnan					
西 藏	Tibet					
陕 西	Shaanxi	283		283		
甘 肃	Gansu					
青 海	Qinghai					
宁 夏	Ningxia					
新 疆	Xinjiang					

4-2-6 续表 5 Continued 5

有限责任公司 单位：万元
Limited Liability Corporations Unit: 10000 yuan

地区	Region	营业额 Business Revenue	客房收入 from Hotel Rooms	餐费收入 from Meals	商品销售额 from Commodities	其他收入 Others
全国	**National Total**	**9099374**	**565382**	**7762240**	**403475**	**368279**
北京	Beijing	1474778	10519	1367313	51983	44962
天津	Tianjin	217563	20113	181049	3694	12707
河北	Hebei	105941	20381	79041	1432	5086
山西	Shanxi	89361	8531	60039	882	19909
内蒙古	Inner Mongolia	113205	23098	81557	810	7740
辽宁	Liaoning	68224	5796	56253	4664	1511
吉林	Jilin	44031	1589	36907	8	5528
黑龙江	Heilongjiang	13373	3449	8968	391	566
上海	Shanghai	1202030	10487	1125906	29409	36228
江苏	Jiangsu	708441	101384	542725	24592	39740
浙江	Zhejiang	518042	36832	365211	77937	38062
安徽	Anhui	316555	34392	267491	10327	4345
福建	Fujian	60119	2879	51251	2450	3540
江西	Jiangxi	115746	23619	85192	4011	2925
山东	Shandong	503018	66976	376050	20290	39702
河南	Henan	238631	7739	225834	2075	2983
湖北	Hubei	259259	24176	213950	14874	6258
湖南	Hunan	207240	23020	170421	5678	8120
广东	Guangdong	1425791	38944	1273261	72619	40968
广西	Guangxi	123549	5802	99336	12015	6396
海南	Hainan	58499	1246	54730	1032	1491
重庆	Chongqing	131598	5963	117098	5314	3223
四川	Sichuan	257673	26947	206446	10168	14113
贵州	Guizhou	102152	2021	77807	17027	5297
云南	Yunnan	81730	1814	68734	7507	3675
西藏	Tibet	7506		6105	1355	47
陕西	Shaanxi	502407	33725	440786	20171	7725
甘肃	Gansu	92620	16594	71560	426	4040
青海	Qinghai	11354	1577	9503	34	240
宁夏	Ningxia	6118	1711	3822	197	388
新疆	Xinjiang	42820	4058	37894	103	764

股份有限公司
Share-holding Corporations Ltd.

单位：万元
Unit: 10000 yuan

地 区	Region	营业额 Business Revenue	客房收入 from Hotel Rooms	餐费收入 from Meals	商品销售额 from Commodities	其他收入 Others
全 国	**National Total**	**557854**	**18691**	**434569**	**74507**	**30088**
北 京	Beijing	55804		50046	3446	2313
天 津	Tianjin	10787		4168	4762	1857
河 北	Hebei	1249	91	1156		2
山 西	Shanxi	119		119		
内 蒙 古	Inner Mongolia	23574	865	22285	2	422
辽 宁	Liaoning	19720		19720		
吉 林	Jilin	5076		5076		
黑 龙 江	Heilongjiang					
上 海	Shanghai	151050		108525	42134	391
江 苏	Jiangsu	40920	5637	33300	1475	508
浙 江	Zhejiang	19216	1128	17334	238	516
安 徽	Anhui	6218	1060	4731	224	203
福 建	Fujian					
江 西	Jiangxi	766		765		1
山 东	Shandong	12908	2860	8022	342	1685
河 南	Henan	4402		2717	1685	
湖 北	Hubei	16321	712	15144	464	
湖 南	Hunan	3527	33	2751	707	35
广 东	Guangdong	89882	1777	67907	13229	6970
广 西	Guangxi					
海 南	Hainan	2467		2467		
重 庆	Chongqing	6772	1961	4114		698
四 川	Sichuan	5417	631	4422	270	93
贵 州	Guizhou					
云 南	Yunnan	1755		1755		
西 藏	Tibet	659		659		
陕 西	Shaanxi	71867	1765	50823	5442	13836
甘 肃	Gansu	3686		3657	24	5
青 海	Qinghai	1177	171	984	23	
宁 夏	Ningxia					
新 疆	Xinjiang	2515		1922	40	553

4-2-6 续表 7 Continued 7

私营企业
Private Enterprises

单位：万元
Unit: 10000 yuan

地 区	Region	营业额 Business Revenue	客房收入 from Hotel Rooms	餐费收入 from Meals	商品销售额 from Commodities	其他收入 Others
全 国	**National Total**	**32992380**	**1615270**	**29675110**	**1010227**	**691765**
北 京	Beijing	2258046	17637	2157448	39634	43327
天 津	Tianjin	467710	15595	404567	4009	43539
河 北	Hebei	352478	38139	275111	9389	29837
山 西	Shanxi	445300	58536	373429	3751	9584
内蒙古	Inner Mongolia	154077	21567	126447	1122	4941
辽 宁	Liaoning	223779	15464	193539	6549	8227
吉 林	Jilin	128857	10503	113678	772	3904
黑龙江	Heilongjiang	51523	2553	47488	912	569
上 海	Shanghai	3246795	32836	3100317	61459	52184
江 苏	Jiangsu	3137222	231040	2774520	80397	51264
浙 江	Zhejiang	2806080	156410	2546623	36698	66349
安 徽	Anhui	1502228	91557	1344275	60334	6061
福 建	Fujian	2027727	54943	1872682	52928	47174
江 西	Jiangxi	437493	39418	381255	13508	3312
山 东	Shandong	1201422	123186	1007165	30939	40131
河 南	Henan	662940	45945	586261	20525	10209
湖 北	Hubei	1402498	135084	1194475	53183	19757
湖 南	Hunan	1361283	118309	1165331	58156	19487
广 东	Guangdong	4751176	80505	4298894	249156	122621
广 西	Guangxi	455001	16689	398828	16167	23316
海 南	Hainan	73975	522	65948	5375	2130
重 庆	Chongqing	1207657	76901	1055816	63618	11322
四 川	Sichuan	2259628	97840	2081899	50168	29721
贵 州	Guizhou	356547	10376	331709	10937	3524
云 南	Yunnan	466406	13056	429395	18380	5575
西 藏	Tibet	10765	747	10002		16
陕 西	Shaanxi	1128831	77806	980453	54241	16330
甘 肃	Gansu	209305	15936	187089	3923	2358
青 海	Qinghai	29948	5634	22967	465	881
宁 夏	Ningxia	46004	6040	31348	543	8073
新 疆	Xinjiang	129679	4496	116151	2989	6042

4-2-6 续表 8 Continued 8

其他企业 单位：万元

Other Enterprises Unit: 10000 yuan

地　区	Region	营业额 Business Revenue	客房收入 from Hotel Rooms	餐费收入 from Meals	商品销售额 from Commodities	其他收入 Others
全　国	**National Total**	**35861**	**2902**	**28787**	**2742**	**1430**
北　京	Beijing					
天　津	Tianjin	1323		1323		
河　北	Hebei					
山　西	Shanxi					
内蒙古	Inner Mongolia					
辽　宁	Liaoning					
吉　林	Jilin					
黑龙江	Heilongjiang	189		189		
上　海	Shanghai	9905	432	6167	2316	989
江　苏	Jiangsu	13346	1051	12201	16	79
浙　江	Zhejiang					
安　徽	Anhui	431		431		
福　建	Fujian					
江　西	Jiangxi	208		66	142	
山　东	Shandong	6153	1100	4697	119	237
河　南	Henan					
湖　北	Hubei	281		156		125
湖　南	Hunan	838		788	50	
广　东	Guangdong	262		262		
广　西	Guangxi					
海　南	Hainan					
重　庆	Chongqing	342		324	18	
四　川	Sichuan					
贵　州	Guizhou					
云　南	Yunnan	1442		1442		
西　藏	Tibet					
陕　西	Shaanxi	907	319	507	81	
甘　肃	Gansu					
青　海	Qinghai					
宁　夏	Ningxia					
新　疆	Xinjiang	234		234		

4-2-6 续表 9 Continued 9

港、澳、台商投资企业
Enterprises with Funds from Hongkong, Macao and Taiwan

单位：万元
Unit: 10000 yuan

地 区	Region	营业额 Business Revenue	客房收入 from Hotel Rooms	餐费收入 from Meals	商品销售额 from Commodities	其他收入 Others
全 国	**National Total**	**7554011**	**27904**	**7016621**	**401190**	**108295**
北 京	Beijing	1713907		1479038	181985	52884
天 津	Tianjin	139292	983	138208		101
河 北	Hebei	7633	2660	2628		2345
山 西	Shanxi	28037		26897		1140
内蒙古	Inner Mongolia	2805		2805		
辽 宁	Liaoning	188345	291	180673	6905	476
吉 林	Jilin					
黑龙江	Heilongjiang	11297		11297		
上 海	Shanghai	1981965	30	1886222	77523	18190
江 苏	Jiangsu	435019	11840	384518	37227	1434
浙 江	Zhejiang	218350	5498	211271	207	1373
安 徽	Anhui	8358		8358		
福 建	Fujian	220363	1110	201815	8551	8887
江 西	Jiangxi	1911	961	950		
山 东	Shandong	62362	1644	58051	769	1898
河 南	Henan	4288		4265	23	
湖 北	Hubei	510667	1306	488001	16147	5212
湖 南	Hunan	55708		55708		
广 东	Guangdong	1412149	1457	1335489	65140	10063
广 西	Guangxi	6453		6453		
海 南	Hainan	16442		15974	7	462
重 庆	Chongqing	159802		159802		
四 川	Sichuan	270379		270217	132	30
贵 州	Guizhou	3104		2047	1035	22
云 南	Yunnan	17125		14301		2824
西 藏	Tibet					
陕 西	Shaanxi	78250	124	71633	5539	954
甘 肃	Gansu					
青 海	Qinghai					
宁 夏	Ningxia					
新 疆	Xinjiang					

外商投资企业
Foreign Funded Enterprises

单位：万元
Unit: 10000 yuan

地区	Region	营业额 Business Revenue	客房收入 from Hotel Rooms	餐费收入 from Meals	商品销售额 from Commodities	其他收入 Others
全国	**National Total**	**9451374**	**24045**	**9048621**	**163206**	**215506**
北京	Beijing	1074906		977408	8415	89084
天津	Tianjin	325421		308732	11574	5115
河北	Hebei	674	151	523		
山西	Shanxi	64992		64992		
内蒙古	Inner Mongolia	25940		25940		
辽宁	Liaoning	397076		390885	2678	3513
吉林	Jilin	211		211		
黑龙江	Heilongjiang	3958		3958		
上海	Shanghai	2260944		2139873	103653	17418
江苏	Jiangsu	976843	1868	959524	3727	11724
浙江	Zhejiang	722018	12386	696796	2074	10762
安徽	Anhui	2291	533	1671	10	77
福建	Fujian	400851	497	359293	8685	32376
江西	Jiangxi	91507	225	90644	639	
山东	Shandong	255766	46	252940	2746	34
河南	Henan	103742		95464	37	8241
湖北	Hubei	101694	421	100447	42	784
湖南	Hunan	208199		207287	267	645
广东	Guangdong	1604062	7196	1563113	13576	20178
广西	Guangxi	86116		84060		2056
海南	Hainan					
重庆	Chongqing	95246		94806	36	404
四川	Sichuan	347968		342997	3121	1850
贵州	Guizhou	583	3	576		4
云南	Yunnan	69920		66718	213	2989
西藏	Tibet					
陕西	Shaanxi	162957	269	152777	1713	8199
甘肃	Gansu	31660		31660		
青海	Qinghai					
宁夏	Ningxia					
新疆	Xinjiang	35829	450	35326		53

4-2-7 各地区限额以上餐饮业企业经营情况(按国民经济行业分)

Business of Enterprises above Designated Size of Catering Services by Region and Sector

正餐服务 Dinner

单位：万元 Unit: 10000 yuan

地区	Region	营业额 Business Revenue	客房收入 from Hotel Rooms	餐费收入 from Meals	商品销售额 from Commodities	其他收入 Others
全国	**National Total**	**37829972**	**2335914**	**33438711**	**1145891**	**909455**
北京	Beijing	3498785	32619	3312919	65610	87638
天津	Tianjin	450928	34384	372518	17335	26690
河北	Hebei	468444	63312	356422	10792	37918
山西	Shanxi	526187	71134	421024	4601	29427
内蒙古	Inner Mongolia	295974	47583	235680	1934	10777
辽宁	Liaoning	234047	20621	203323	2099	8004
吉林	Jilin	132269	12799	114906	764	3801
黑龙江	Heilongjiang	46049	6600	37105	1263	1082
上海	Shanghai	5515433	45349	5220891	170202	78991
江苏	Jiangsu	3272426	372621	2727678	83617	88510
浙江	Zhejiang	2948491	212458	2577508	71029	87496
安徽	Anhui	1239098	129758	1034676	64735	9929
福建	Fujian	1760019	60275	1632005	41556	26183
江西	Jiangxi	533044	65146	445358	17043	5495
山东	Shandong	1380081	212450	1053673	33978	79980
河南	Henan	832834	55205	744281	22001	11348
湖北	Hubei	1570893	162859	1313501	67982	26550
湖南	Hunan	1495773	141878	1272542	54826	26526
广东	Guangdong	5104103	137194	4716292	127759	122858
广西	Guangxi	428502	22688	376408	14047	15360
海南	Hainan	91523	1714	81985	5879	1945
重庆	Chongqing	1314810	85425	1147608	68543	13234
四川	Sichuan	1674943	135219	1419711	76018	43995
贵州	Guizhou	364184	12646	331474	11826	8239
云南	Yunnan	494678	16840	447298	22330	8209
西藏	Tibet	12786	747	10621	1355	63
陕西	Shaanxi	1637588	117152	1402953	79046	38437
甘肃	Gansu	286889	34547	242087	3600	6655
青海	Qinghai	40010	6557	32286	488	679
宁夏	Ningxia	47774	8204	37067	739	1764
新疆	Xinjiang	131407	9930	116911	2894	1672

快餐服务
Snack

单位：万元
Unit: 10000 yuan

地　区	Region	营业额 Business Revenue	客房收入 from Hotel Rooms	餐费收入 from Meals	商品销售额 from Commodities	其他收入 Others
全　国	**National Total**	**13379512**	**4632**	**12869942**	**300440**	**204499**
北　京	Beijing	1913228		1682973	150622	79633
天　津	Tianjin	465976		458629	2007	5340
河　北	Hebei	3595		3591		4
山　西	Shanxi	108187	419	106098	51	1619
内蒙古	Inner Mongolia	23914		23526		388
辽　宁	Liaoning	557720		545899	6846	4974
吉　林	Jilin	18517		18517		
黑龙江	Heilongjiang	33692		33692		
上　海	Shanghai	1425271	30	1398159	13622	13460
江　苏	Jiangsu	1513437	643	1457583	40577	14635
浙　江	Zhejiang	1056610	1805	1003190	35634	15981
安　徽	Anhui	440799	11	434688	5893	207
福　建	Fujian	717666		693005	10680	13980
江　西	Jiangxi	97991		97795	152	44
山　东	Shandong	482761	200	467758	12224	2579
河　南	Henan	137594	222	127426	1634	8313
湖　北	Hubei	457798		454444	30	3324
湖　南	Hunan	301011	830	298648	313	1220
广　东	Guangdong	2309643	22	2271886	14608	23127
广　西	Guangxi	166017		160286	2787	2944
海　南	Hainan	43069		42391		679
重　庆	Chongqing	254314		253575	739	
四　川	Sichuan	436674		434698	1016	960
贵　州	Guizhou	3954		3465	139	350
云　南	Yunnan	93363		90566	24	2773
西　藏	Tibet	5961		5961		
陕　西	Shaanxi	206824		199232	505	7087
甘　肃	Gansu	45095		45090		5
青　海	Qinghai					
宁　夏	Ningxia					
新　疆	Xinjiang	58831	450	57171	337	873

4-2-7 续表 2 Continued 2

饮料及冷饮服务 单位：万元

Beverage and Cold Drink Unit: 10000 yuan

地区	Region	营业额 Business Revenue	客房收入 from Hotel Rooms	餐费收入 from Meals	商品销售额 from Commodities	其他收入 Others
全国	**National Total**	**3804366**	**812**	**3404298**	**290629**	**108633**
北京	Beijing	475120		408488	56258	10374
天津	Tianjin	20883		19597	811	475
河北	Hebei	684		684		
山西	Shanxi	2671		2671		
内蒙古	Inner Mongolia					
辽宁	Liaoning	38372		33099	4973	300
吉林	Jilin	238		238		
黑龙江	Heilongjiang	1161		1062	47	53
上海	Shanghai	1325479		1194162	110998	20319
江苏	Jiangsu	201586		189210	5991	6385
浙江	Zhejiang	136550		126121	3578	6851
安徽	Anhui	9683		9124	239	320
福建	Fujian	119580		78967	11013	29600
江西	Jiangxi	7920	265	7478	56	122
山东	Shandong	49510		45958	3252	300
河南	Henan	6821		6814		8
湖北	Hubei	186522		168604	16645	1273
湖南	Hunan	25814	220	22032	3537	26
广东	Guangdong	850263	271	757307	64186	28498
广西	Guangxi	10828		9872	77	879
海南	Hainan	11499	54	11265	69	113
重庆	Chongqing	24051		22033	761	1257
四川	Sichuan	185933	2	184851	884	197
贵州	Guizhou	11087		10503	355	229
云南	Yunnan	16167		15588	321	258
西藏	Tibet	183		183		
陕西	Shaanxi	80485		73268	6489	728
甘肃	Gansu	5276		5119	89	68
青海	Qinghai					
宁夏	Ningxia					
新疆	Xinjiang					

4-2-7 续表 3 Continued 3

餐饮配送与外卖送餐服务
Catering Distribution and Delivery Service

单位：万元
Unit: 10000 yuan

地区	Region	营业额 Business Revenue	客房收入 from Hotel Rooms	餐费收入 from Meals	商品销售额 from Commodities	其他收入 Others
全 国	**National Total**	**3062023**	**3628**	**2634084**	**255474**	**168837**
北 京	Beijing	405397		401906	2241	1250
天 津	Tianjin	164073		133428	398	30246
河 北	Hebei	6953		6940	13	
山 西	Shanxi	405		318		86
内蒙古	Inner Mongolia	4465		2458		2006
辽 宁	Liaoning	63846		56592	7080	175
吉 林	Jilin	28471		22583	16	5872
黑龙江	Heilongjiang	1636		1636		
上 海	Shanghai	411767	1	377734	17041	16991
江 苏	Jiangsu	306748	440	287970	9331	9008
浙 江	Zhejiang	95861		85755	2845	7261
安 徽	Anhui	146922		145994	328	600
福 建	Fujian	53780		30083	1497	22200
江 西	Jiangxi	11526	436	9511	723	855
山 东	Shandong	150508		138402	5887	6220
河 南	Henan	35115	222	32422	558	1913
湖 北	Hubei	78153		76784	152	1218
湖 南	Hunan	15137	1225	7885	5590	437
广 东	Guangdong	834322	831	619235	181219	33038
广 西	Guangxi	46965		30814	5120	11030
海 南	Hainan					
重 庆	Chongqing	15535		14234	45	1256
四 川	Sichuan	20036		18777	818	441
贵 州	Guizhou	68061		58362	9691	8
云 南	Yunnan	36901	85	29330	3467	4019
西 藏	Tibet					
陕 西	Shaanxi	14120		11993	1262	865
甘 肃	Gansu	3711		3711		
青 海	Qinghai					
宁 夏	Ningxia	6830				6829
新 疆	Xinjiang	34779	388	29227	152	5013

4-2-7 续表 4 Continued 4

其他餐饮业 单位：万元

Others Unit: 10000 yuan

地区	Region	营业额 Business Revenue	客房收入 from Hotel Rooms	餐费收入 from Meals	商品销售额 from Commodities	其他收入 Others
全国	**National Total**	**2296749**	**9969**	**2110220**	**101381**	**75182**
北京	Beijing	377458		306727	12628	58103
天津	Tianjin	64360	3480	56377	3526	978
河北	Hebei	769		728	40	
山西	Shanxi	1503		1503		
内蒙古	Inner Mongolia	1063		1063		
辽宁	Liaoning	6182	1955	3496	110	621
吉林	Jilin	1557		1557		
黑龙江	Heilongjiang	318		318		
上海	Shanghai	218193		211968	5573	652
江苏	Jiangsu	130782	810	117505	11021	1446
浙江	Zhejiang	74222		69777	4260	185
安徽	Anhui	8292		8292		
福建	Fujian	64966		55882	8937	147
江西	Jiangxi	12279	126	11240	911	1
山东	Shandong	37956		35996	1027	933
河南	Henan	7845		7608	204	33
湖北	Hubei	4925		4885	32	8
湖南	Hunan	14777	1834	11995	775	173
广东	Guangdong	290379	456	252753	32073	5098
广西	Guangxi	24730		16663	6385	1682
海南	Hainan	5290		3479	465	1346
重庆	Chongqing	7817	33	7474	311	
四川	Sichuan	881042		874746	3797	2499
贵州	Guizhou	21864		13886	7885	94
云南	Yunnan	4838		4835	3	
西藏	Tibet					
陕西	Shaanxi	26218	450	24461	686	622
甘肃	Gansu	2581		1764	698	119
青海	Qinghai	2469	825	1168	34	442
宁夏	Ningxia					
新疆	Xinjiang	2074		2074		

4-3-1 限额以上住宿和餐饮业企业年末资产负债

项 目	Item	流动资产合计 Total Working Capitals	#存货 Stock
总 计	**Total**	**99526532**	**5791097**
一、住宿业	**Hotels**	**68018049**	**3782292**
#国有控股	State-controlled Enterprises	13543068	422950
(一)按登记注册类型分	**by Type of Registration**		
1.内资企业	**Domestic Funded Enterprises**	**54552690**	**3281986**
国有企业	State-owned Enterprises	2891721	112184
集体企业	Collective-owned Enterprises	198275	7553
股份合作企业	Cooperative Enterprises	61419	1583
联营企业	Joint Ownership Enterprises	34447	592
有限责任公司	Limited Liability Corporations	25583278	1575873
国有独资公司	State Sole Funded Corporations	2851350	61506
其他有限责任公司	Other Limited Liability Corporations	22731928	1514362
股份有限公司	Share-holding Corporations Ltd.	2631721	48227
私营企业	Private Enterprises	23143912	1535563
私营独资企业	Private-funded Enterprises	450488	35251
私营合伙企业	Private Partnership Enterprises	100809	9171
私营有限责任公司	Private Limited Liability Corporations	22306962	1479146
私营股份有限公司	Private Share-holding Corporations Ltd.	285655	11998
其他企业	Other Enterprises	7923	417
2.港、澳、台商投资企业	**Enterprises with Funds from Hongkong, Macao and Taiwan**	**6215517**	**361397**
合资经营企业	Joint-venture Enterprises	2918124	119825
合作经营企业	Cooperative Enterprises	368867	7583
独资经营企业	Enterprises with Sole Investment	2895273	231537
投资股份有限公司	Share-holding Corporations Ltd. with Investment	19635	941
其他港澳台商投资企业	Other Enterprises with Funds from Hongkong, Macao and Taiwan	13615	1509
3.外商投资企业	**Foreign Funded Enterprises**	**7249847**	**138917**
中外合资经营企业	Joint-venture Enterprises	2768024	96430
中外合作经营企业	Cooperative Enterprises	235218	2187
外资企业	Enterprises with Sole Foreign Investment	4146941	39777
外商投资股份有限公司	Share-holding Corporations Ltd. with Foreign Investment	82456	311
其他外商投资企业	Other Foreign Funded Enterprises	17210	211
(二)按国民经济行业分	**by Sector**		
旅游饭店	Tourist Hotel	53352669	3296669
一般旅馆	Fonda	12113056	443655
民宿服务	Home Lodging Services	239953	4413
露营地服务	Campground Services	46172	245
其他住宿业	Others	2266200	37312

注：限额以上住宿和餐饮业企业中包含视同法人企业，部分视同法人企业资产不等于负债与所有者权益之和(下表同)。

Assets and Liabilities of Enterprises above Designated Size of Hotels and Catering Services at the Year-end

单位：万元
Unit: 10000 yuan

固定资产原价 Original Value of Fixed Assets	累计折旧 Accumulation Depreciation	#本年折旧 Current Year Depreciation	资产合计 Total Assets	负债合计 Total liabilities	所有者权益合计 Total Owners' Equities	实收资本 Paid-up Capitals
116575421	**50564421**	**5795011**	**221521431**	**168596544**	**52576726**	**70752077**
92305183	**40568102**	**4136689**	**159745651**	**123499806**	**36000803**	**53811683**
31916877	14456814	1186787	42382895	24552553	17674932	16931127
74043834	**31578232**	**3476811**	**129406194**	**101313044**	**27912695**	**42757875**
8404705	4067717	347932	9780503	4951066	4807994	3328865
585964	332603	19173	537198	400044	132481	196786
269325	141732	11288	287057	455401	-168342	88307
155113	56874	4987	167771	134747	33022	78726
36776024	15835804	1573188	61651748	46520225	14984639	22109719
5584871	2584861	237804	8424844	4927175	3491532	3257997
31191155	13250941	1335385	53226903	41593044	11493110	18851722
2014017	847334	84613	5055661	2904563	2150984	1334724
25832286	10292298	1432910	51910473	45930011	5973085	15617251
842299	324486	51858	1249517	769651	476124	833216
177759	73295	10733	255974	159930	93568	73504
24289687	9710301	1344083	49590891	44341737	5241629	14456690
522545	184212	26243	814092	658698	161773	253847
6398	3882	2722	15789	16996	-1169	3502
12186494	**6163458**	**435706**	**16786790**	**13026049**	**3746815**	**6338699**
4492014	2535873	132951	7087887	6425616	667906	1729792
834320	493760	19436	849194	506255	342938	444112
6786838	3091790	280974	8737632	5995279	2722789	4110655
49082	25978	1976	53046	44842	8204	28829
24244	16055	374	59034	54055	4980	25312
6074856	**2826412**	**224174**	**13552669**	**9160714**	**4341294**	**4715112**
2661716	1344986	95021	6537311	3550871	2949670	2769261
591330	219518	25823	642670	379405	263264	409761
2636199	1159156	95229	6138628	5092152	1046492	1465615
86233	51805	4424	160441	78761	67769	27647
99379	50949	3677	73626	59527	14098	42828
78528932	35189671	3384462	129023863	99698797	29148860	43107088
11700489	4697519	643507	25715801	19953897	5703747	8563284
115649	31602	7717	475384	212365	262834	269593
40761	7094	3209	116884	73939	53590	27561
1919354	642217	97791	4413717	3560813	831777	1844159

Note: For the financial data of Hotel and Catering Service enterprises above designated size, total assets may not equal to liabities plus total owner's equities, due to the fact that there are some establishments which are regarded as enterprises. The same applies to the tables following.

项目	Item	流动资产合计 Total Current Assets	#存货 Stock	固定资产原价 Original Value of Fixed Assets
二、餐饮业	**Catering Services**	**31508480**	**2008806**	**24270239**
#国有控股	State-controlled Enterprises	2581060	201601	2573466
(一)按登记注册类型分	**by Type of Registration**			
1.内资企业	**Domestic Funded Enterprises**	**24894206**	**1700018**	**19830687**
国有企业	State-owned Enterprises	486202	18133	642173
集体企业	Collective-owned Enterprises	116671	3517	71854
股份合作企业	Cooperative Enterprises	100473	27104	76710
联营企业	Joint Ownership Enterprises	1016	77	2191
有限责任公司	Limited Liability Corporations	6210413	423487	5969270
国有独资公司	State Sole Funded Corporations	440653	29547	705938
其他有限责任公司	Other Limited Liability Corporations	5769769	393937	5263333
股份有限公司	Share-holding Corporations Ltd.	698000	24896	386166
私营企业	Private Enterprises	17267335	1199353	12655307
私营独资企业	Private-funded Enterprises	682255	76127	936219
私营合伙企业	Private Partnership Enterprises	122355	9822	122769
私营有限责任公司	Private Limited Liability Corporations	16005211	1061583	11329075
私营股份有限公司	Private Share-holding Corporations Ltd.	457513	51826	267244
其他企业	Other Enterprises	14094	3451	27018
2.港、澳、台商投资企业	**Enterprises with Funds from Hongkong, Macao and Taiwan**	**3800319**	**159823**	**2315642**
合资经营企业	Joint-venture Enterprises	430745	20303	457103
合作经营企业	Cooperative Enterprises	80731	6285	39579
独资经营企业	Enterprises with Sole Investment	3179140	130839	1775328
投资股份有限公司	Share-holding Corporations Ltd. with Investment	107348	2286	42990
其他港澳台商投资企业	Other Enterprises with Funds from Hongkong, Macao and Taiwan	2357	108	640
3.外商投资企业	**Foreign Funded Enterprises**	**2813953**	**148971**	**2123910**
中外合资经营企业	Joint-venture Enterprises	302870	25596	534045
中外合作经营企业	Cooperative Enterprises	23451	3268	34015
外资企业	Enterprises with Sole Foreign Investment	2393889	103236	1525721
外商投资股份有限公司	Share-holding Corporations Ltd. with Foreign Investment	26046	481	3331
其他外商投资企业	Other Foreign Funded Enterprises	67702	16388	26803
(二)按国民经济行业分	**by Sector**			
正餐服务	Dinner	23308490	1585536	20266643
快餐服务	Snack	2880525	232371	2884368
饮料及冷饮服务	Beverage and Cold Drink	2595474	64022	523013
餐饮配送及外卖送餐服务	Catering Distribution and Delivery Services	1297022	71528	344655
其他餐饮业	Others	1426975	55354	251560

单位：万元
Unit:10000 yuan

累计折旧 Accumulation Depreciation	#本年折旧 Current Year Depreciation	资产合计 Total Assets	负债合计 Total liabilities	所有者权益合计 Total Owners' Equities	实收资本 Paid-up Capitals
9996322	**1658318**	**61775783**	**45096738**	**16575926**	**16940392**
954388	131034	5858981	3636718	2227046	1700336
7680668	**1270212**	**48577330**	**36578442**	**11882479**	**13716038**
267324	36760	1248415	749765	508261	270726
33254	3280	204625	126502	77390	47143
39561	4111	154226	113213	41014	15487
1814	74	2070	2574	-503	866
2219512	358708	12489131	10023857	2461906	3718187
209617	38429	1218037	750241	467764	310127
2009896	320279	11271095	9273615	1994147	3408057
161703	21046	1604151	703925	896839	371724
4948094	844855	32839872	24837479	7884369	9288997
320236	56522	1728300	822204	872269	492169
40183	8042	236711	136968	95652	69315
4476756	763613	29957306	23340238	6552355	8529201
110924	16681	917557	538074	364093	198311
9403	1385	34840	21128	13203	2917
1216552	**209474**	**7256695**	**4825907**	**2443467**	**1645127**
228095	25620	1117664	701776	417308	254204
29599	1304	104097	97696	6400	26358
935335	180807	5851321	3878681	1983899	1324521
23040	1596	177316	142267	35050	39657
486	151	6298	5487	812	389
1099104	**178633**	**5941756**	**3692390**	**2249981**	**1579232**
250194	22969	1039738	643905	394907	191309
17101	4537	48843	18587	30256	17504
815089	147962	4674354	2963554	1712352	1297263
1933	945	40960	22238	18722	15209
14787	2226	137860	44109	93743	57946
7971051	1278993	46808934	35309104	11410382	14138355
1487913	231608	7497988	4993268	2504590	1489123
283314	80990	3444504	2247802	1199385	327058
132423	30083	1670837	1073455	588670	446685
121622	36647	2353524	1473113	872906	539177

4-3-2 各地区限额以上住宿和餐饮业企业年末资产负债

Assets and Liabilities of Enterprises above Designated Size of Hotels and Catering Services by Region at the Year-end

单位：万元
Unit: 10000 yuan

地区	Region	资产总计 Total Assets	#流动资产合计 Total Working Capitals	#固定资产净额 Net Value of Fixed Assets	负债合计 Total Liabilities	所有者权益合计 Total Owners' Equities
全国	**National Total**	**221521431**	**99526532**	**57398420**	**168596544**	**52576726**
北京	Beijing	20637408	10126539	4988477	16027199	4594404
天津	Tianjin	3489582	1802519	914306	3172419	315295
河北	Hebei	4993331	2002421	1517352	4555356	449094
山西	Shanxi	2971227	1248714	947297	2820476	145755
内蒙古	Inner Mongolia	2007422	786907	784662	1754550	249373
辽宁	Liaoning	4423135	1640401	1289863	3943095	486457
吉林	Jilin	1723844	582615	658707	1431552	291390
黑龙江	Heilongjiang	1249524	346187	550145	878386	373069
上海	Shanghai	19189616	9975121	4231739	13755401	5491711
江苏	Jiangsu	16497917	6468809	5342213	11871399	4658596
浙江	Zhejiang	17441851	7290051	5060181	14261554	3180554
安徽	Anhui	5253220	2020097	1389553	3639548	1589010
福建	Fujian	10536850	4394411	2617335	6189297	4307810
江西	Jiangxi	4024322	1501784	1098483	2732272	1267713
山东	Shandong	8052241	3242270	2773204	6523084	1547010
河南	Henan	5557664	2317421	1279547	3811151	1679382
湖北	Hubei	5863487	2193159	1387523	4304621	1583749
湖南	Hunan	5922559	2344538	1453635	3917493	1948194
广东	Guangdong	29809275	17948305	5026328	25635417	4150168
广西	Guangxi	3764693	1596246	1123502	2896632	884180
海南	Hainan	10120474	3827208	3240831	7510837	2578173
重庆	Chongqing	4357267	1926132	1078651	3231937	1079271
四川	Sichuan	11506403	5081243	2367248	8492100	2966590
贵州	Guizhou	4208067	1961441	842744	2778512	1408934
云南	Yunnan	4316131	1755321	1281829	2962282	1337466
西藏	Tibet	689816	157168	255403	237756	451785
陕西	Shaanxi	6739671	2632508	2014682	5288484	1395079
甘肃	Gansu	2515864	1025821	697124	1600337	910956
青海	Qinghai	687593	275107	190956	401437	261720
宁夏	Ningxia	490504	218105	167379	448655	34098
新疆	Xinjiang	2480473	837963	827521	1523305	959740

4-3-3 各地区限额以上住宿业企业年末资产负债
Assets and Liabilities of Enterprises above Designated Size of Hotels by Region at the Year-end

单位：万元
Unit: 10000 yuan

地区	Region	资产总计 Total Assets	#流动资产合计 Total Current Assets	#固定资产净额 Net Value of Fixed Assets	负债合计 Total Liabilities	所有者权益合计 Total Owners' Equities
全国	**National Total**	**159745651**	**68018049**	**45484568**	**123499806**	**36000803**
北京	Beijing	15212955	6531491	4515570	11599239	3567221
天津	Tianjin	2191213	1084131	649264	2100649	84872
河北	Hebei	3954967	1524095	1280920	3627586	340427
山西	Shanxi	1798466	681081	639637	1668071	127483
内蒙古	Inner Mongolia	1127243	449831	477141	1010238	124593
辽宁	Liaoning	3117211	1120582	1025297	2741683	380177
吉林	Jilin	1441050	434796	607651	1167657	277419
黑龙江	Heilongjiang	1089334	257039	511871	749850	339839
上海	Shanghai	12684828	5750904	3492587	8923104	3783430
江苏	Jiangsu	9894685	3294460	3475146	7018298	2909129
浙江	Zhejiang	12788513	5252391	3954025	10427685	2381749
安徽	Anhui	2976282	1017160	946521	2359649	611252
福建	Fujian	9116614	3635197	2389460	5289589	3800198
江西	Jiangxi	3036808	1062043	849355	2105573	909043
山东	Shandong	4688815	1933948	1645037	3778017	915851
河南	Henan	4329956	1776613	1065900	3087136	1195346
湖北	Hubei	3205664	1000512	918663	2397506	799217
湖南	Hunan	4286183	1756127	1100589	3019768	1238219
广东	Guangdong	22089275	13538578	3991170	20028423	2035891
广西	Guangxi	3237972	1299264	1015088	2507948	746574
海南	Hainan	9954927	3725984	3228455	7389125	2544852
重庆	Chongqing	3146127	1395586	807900	2652698	462601
四川	Sichuan	6981615	2840828	1641216	5507683	1465011
贵州	Guizhou	3719951	1648936	794920	2459689	1243148
云南	Yunnan	3541510	1309174	1126753	2516605	1009085
西藏	Tibet	651524	134585	244991	220460	430789
陕西	Shaanxi	5075926	1889997	1694271	4315050	731869
甘肃	Gansu	1850264	746732	501822	1172888	675375
青海	Qinghai	525692	203541	144727	289917	214220
宁夏	Ningxia	349978	157622	120612	309665	31883
新疆	Xinjiang	1680103	564821	628009	1058357	624040

4-3-3 续表 Continued

国有控股 单位：万元

State-controlled Enterprises Unit: 10000 yuan

地区	Region	资产总计 Total Assets	#流动资产合计 Total Working Capitals	#固定资产净额 Net Value of Fixed Assets	负债合计 Total Liabilities	所有者权益合计 Total Owners' Equities
全国	**National Total**	**42382895**	**13543068**	**16045438**	**24552553**	**17674932**
北京	Beijing	7070515	2179795	2814077	4496155	2560401
天津	Tianjin	884302	297488	400816	780825	103153
河北	Hebei	955935	200151	535897	492689	462846
山西	Shanxi	533760	116468	322920	409290	124392
内蒙古	Inner Mongolia	194818	44630	114884	134539	61664
辽宁	Liaoning	627804	141672	289614	414961	214132
吉林	Jilin	498093	123628	236706	334071	164054
黑龙江	Heilongjiang	396393	47715	251978	185393	209893
上海	Shanghai	4316148	1617513	1427164	1940140	2364576
江苏	Jiangsu	4343572	1071089	1710564	2303394	2043968
浙江	Zhejiang	2645630	1013379	915925	1479178	1158878
安徽	Anhui	390582	113963	160026	221578	168534
福建	Fujian	1341725	500927	464032	542535	787380
江西	Jiangxi	742739	169512	222148	280174	451865
山东	Shandong	1483899	474050	641764	803923	677670
河南	Henan	853037	307765	343624	545679	272738
湖北	Hubei	703638	143216	256950	430434	273204
湖南	Hunan	1238296	747695	278397	816735	417520
广东	Guangdong	3384021	1550994	930757	1608199	1770973
广西	Guangxi	741023	170695	338422	457879	296634
海南	Hainan	1157094	123967	651192	613972	538262
重庆	Chongqing	1076433	350761	275313	909089	131978
四川	Sichuan	912804	261987	319665	524287	386240
贵州	Guizhou	1414428	688072	176918	835290	578632
云南	Yunnan	836904	241429	379363	706822	130082
西藏	Tibet	366291	63037	124654	74700	291592
陕西	Shaanxi	1471431	197087	646769	1281885	180512
甘肃	Gansu	778519	304679	248191	450862	327657
青海	Qinghai	138298	32456	82469	65042	67019
宁夏	Ningxia	110247	12771	83513	53201	43598
新疆	Xinjiang	774516	234477	400726	359632	414885

4-3-4 各地区限额以上住宿业企业年末资产负债(按登记注册类型分)

Assets and Liabilities of Enterprises above Designated Size of Hotels by Region and Type of Registration at the Year-end

内资企业
Domestic Funded Enterprises

单位：万元
Unit: 10000 yuan

地区	Region	资产总计 Total Assets	#流动资产合计 Total Current Assets	#固定资产净额 Net Value of Fixed Assets	负债合计 Total Liabilities	所有者权益合计 Total Owners' Equities
全　国	**National Total**	**129406194**	**54552690**	**36715711**	**101313044**	**27912695**
北　京	Beijing	10621554	4791982	3476252	8889442	1721056
天　津	Tianjin	1838382	821015	589408	1713370	119320
河　北	Hebei	3798693	1512372	1173750	3482157	329581
山　西	Shanxi	1798466	681081	639637	1668071	127483
内蒙古	Inner Mongolia	1017159	440334	379245	941430	83317
辽　宁	Liaoning	2483031	867954	708993	2170963	310778
吉　林	Jilin	1336774	420636	572232	1077916	262884
黑龙江	Heilongjiang	879936	216636	364789	601238	279054
上　海	Shanghai	8660145	4206617	2022443	6467809	2215080
江　苏	Jiangsu	8788440	2956030	2996862	6078600	2743167
浙　江	Zhejiang	10906122	4485209	3116133	8756296	2171480
安　徽	Anhui	2660452	970742	819724	2041984	613087
福　建	Fujian	4894388	1806731	1714274	3203917	1664086
江　西	Jiangxi	2944610	1039235	832922	2035897	886521
山　东	Shandong	4329397	1814354	1449588	3484506	849943
河　南	Henan	3974195	1592777	947898	2778475	1148680
湖　北	Hubei	2949391	939504	777926	2160740	779709
湖　南	Hunan	4054329	1693376	1048195	2877738	1147535
广　东	Guangdong	15348166	8728764	3002149	13729280	1591471
广　西	Guangxi	2652617	1140410	761606	2108237	560930
海　南	Hainan	7804205	3199939	2282081	5884238	1920411
重　庆	Chongqing	2847336	1244845	732937	2472128	344380
四　川	Sichuan	6670096	2777426	1511069	5259116	1402061
贵　州	Guizhou	3698354	1643818	786400	2457448	1223793
云　南	Yunnan	3269631	1223835	1043814	2397629	856181
西　藏	Tibet	586364	118921	195504	207630	378459
陕　西	Shaanxi	4352250	1564462	1386358	3587554	735689
甘　肃	Gansu	1831786	740360	490190	1158912	670872
青　海	Qinghai	486037	193266	144727	282679	195579
宁　夏	Ningxia	349978	157622	120612	309665	31883
新　疆	Xinjiang	1573910	562437	627993	1027979	548225

4-3-4 续表 1 Continued 1

国有企业 单位：万元

State-owned Enterprises Unit: 10000 yuan

地　区	Region	资产总计 Total Assets	#流动资产合计 Total Working Capitals	#固定资产净额 Net Value of Fixed Assets	负债合计 Total Liabilities	所有者权益合计 Total Owners' Equities
全　国	**National Total**	**9780503**	**2891721**	**3980520**	**4951066**	**4807994**
北　京	Beijing	1478979	557138	644681	752526	724647
天　津	Tianjin	67320	17155	33401	50093	16936
河　北	Hebei	320475	75136	139913	230252	89823
山　西	Shanxi	264278	77390	137971	176906	87294
内蒙古	Inner Mongolia	57105	15162	20912	39403	19087
辽　宁	Liaoning	258006	55902	91896	108372	150923
吉　林	Jilin	295154	61274	155546	143745	151409
黑龙江	Heilongjiang	279531	26213	212405	131471	146953
上　海	Shanghai	551967	272845	58620	182607	369360
江　苏	Jiangsu	710179	238701	263350	315583	388612
浙　江	Zhejiang	532874	130972	205851	229867	303007
安　徽	Anhui	74631	9950	36423	23199	52180
福　建	Fujian	212535	51179	91600	126482	85820
江　西	Jiangxi	232556	51586	81267	58858	162998
山　东	Shandong	921825	279606	354092	443174	476350
河　南	Henan	355529	93788	167795	230360	128735
湖　北	Hubei	94743	28507	52232	91531	3212
湖　南	Hunan	147595	68811	57477	106400	47050
广　东	Guangdong	652624	273322	196027	260856	392563
广　西	Guangxi	456493	96322	196186	242447	214046
海　南	Hainan	21596	10431	6129	34047	-12451
重　庆	Chongqing	125424	26187	58600	111704	8113
四　川	Sichuan	304423	49669	89919	218338	86157
贵　州	Guizhou	53071	29069	7354	39423	13648
云　南	Yunnan	203186	63294	72853	70523	132664
西　藏	Tibet	259148	29277	64668	33766	225382
陕　西	Shaanxi	260236	53919	126857	175074	84754
甘　肃	Gansu	194476	48712	101788	171885	22590
青　海	Qinghai	56609	16737	29341	13484	36888
宁　夏	Ningxia	85661	7736	77664	43987	41674
新　疆	Xinjiang	252274	75731	147702	94703	157570

4-3-4 续表 2 Continued 2

集体企业

Collective-owned Enterprises

单位：万元

Unit: 10000 yuan

地区	Region	资产总计 Total Assets	#流动资产合计 Total Current Assets	#固定资产净额 Net Value of Fixed Assets	负债合计 Total Liabilities	所有者权益合计 Total Owners' Equities
全国	**National Total**	**537198**	**198275**	**223562**	**400044**	**132481**
北京	Beijing	188501	48253	114769	131403	57098
天津	Tianjin	1157	951	186	2870	-1713
河北	Hebei	13604	6681	5307	7097	6507
山西	Shanxi	12792	2988	790	8317	-641
内蒙古	Inner Mongolia	168	160	8	14	154
辽宁	Liaoning	5663	2913	1954	11194	-5531
吉林	Jilin					
黑龙江	Heilongjiang	2266	667	751	796	1471
上海	Shanghai	28492	11035	13699	10793	18174
江苏	Jiangsu	11186	3651	6613	8944	2242
浙江	Zhejiang	32967	13081	13011	24119	8848
安徽	Anhui	203	159	10	328	-125
福建	Fujian	10913	4722	523	5815	5098
江西	Jiangxi					
山东	Shandong	18962	6257	11978	15813	3149
河南	Henan	49975	17963	11853	47725	2250
湖北	Hubei	57168	24885	22006	32406	24762
湖南	Hunan	14567	13071	788	5033	9534
广东	Guangdong	37080	13750	7119	40911	-3831
广西	Guangxi	3026	1504	842	1601	1425
海南	Hainan					
重庆	Chongqing	15474	4408	3265	9549	5925
四川	Sichuan	5567	4698	362	3637	1930
贵州	Guizhou	2095	1683	398	1791	304
云南	Yunnan	5810	2318	2422	2016	3794
西藏	Tibet	2881	944	1297	930	1952
陕西	Shaanxi	11763	9040	1228	21653	-9890
甘肃	Gansu	4918	2493	2383	5289	-405
青海	Qinghai					
宁夏	Ningxia					
新疆	Xinjiang					

4-3-4 续表 3 Continued 3

股份合作企业 单位：万元

Cooperative Enterprises Unit: 10000 yuan

地 区	Region	资产总计 Total Assets	#流动资产合计 Total Working Capitals	#固定资产净额 Net Value of Fixed Assets	负债合计 Total Liabilities	所有者权益合计 Total Owners' Equities
全 国	**National Total**	**287057**	**61419**	**125769**	**455401**	**-168342**
北 京	Beijing	70958	25903	16961	51639	19319
天 津	Tianjin	5124	485	2582	13175	-8051
河 北	Hebei					
山 西	Shanxi					
内蒙古	Inner Mongolia	529	357	172	347	182
辽 宁	Liaoning					
吉 林	Jilin	225	102	16	973	-748
黑龙江	Heilongjiang					
上 海	Shanghai	154740	6576	97054	346260	-191520
江 苏	Jiangsu	3033	1655	368	2457	577
浙 江	Zhejiang	17591	5862	3623	11511	6080
安 徽	Anhui					
福 建	Fujian					
江 西	Jiangxi					
山 东	Shandong	14643	8673	904	12767	1876
河 南	Henan	3658	792	2562	1033	2625
湖 北	Hubei					
湖 南	Hunan	487	184		83	404
广 东	Guangdong	8477	5379	433	8976	-499
广 西	Guangxi	682	265	417	850	-168
海 南	Hainan					
重 庆	Chongqing					
四 川	Sichuan	5018	4036	262	3914	1104
贵 州	Guizhou					
云 南	Yunnan					
西 藏	Tibet					
陕 西	Shaanxi	813	608	415	716	97
甘 肃	Gansu					
青 海	Qinghai	1079	542		700	380
宁 夏	Ningxia					
新 疆	Xinjiang					

4-3-4 续表 4 Continued 4

联营企业
Joint Ownership Enterprises

单位：万元
Unit: 10000 yuan

地区	Region	资产总计 Total Assets	#流动资产合计 Total Current Assets	#固定资产净额 Net Value of Fixed Assets	负债合计 Total Liabilities	所有者权益合计 Total Owners' Equities
全国	**National Total**	**167771**	**34447**	**98233**	**134747**	**33022**
北京	Beijing	8256	5868	563	6251	2005
天津	Tianjin	90322	4921	71653	54223	36099
河北	Hebei					
山西	Shanxi					
内蒙古	Inner Mongolia					
辽宁	Liaoning					
吉林	Jilin					
黑龙江	Heilongjiang					
上海	Shanghai	6167	257	4630	9940	-3774
江苏	Jiangsu	4932	751	177	5787	-856
浙江	Zhejiang	23117	4260	10994	19162	3955
安徽	Anhui	1124	794	50	291	833
福建	Fujian					
江西	Jiangxi	2362	231	2014	2151	211
山东	Shandong					
河南	Henan					
湖北	Hubei	6072	1277	216	8724	-2653
湖南	Hunan					
广东	Guangdong	9329	3623	5410	2232	7097
广西	Guangxi					
海南	Hainan	11506	11133	337	15108	-3602
重庆	Chongqing					
四川	Sichuan					
贵州	Guizhou					
云南	Yunnan	1661	567	198	318	1344
西藏	Tibet					
陕西	Shaanxi	1828	271	1390	9154	-7326
甘肃	Gansu					
青海	Qinghai					
宁夏	Ningxia					
新疆	Xinjiang	1095	494	601	1406	-311

4-3-4 续表 5 Continued 5

有限责任公司 单位：万元

Limited Liability Corporations Unit: 10000 yuan

地 区	Region	资产总计 Total Assets	#流动资产合计 Total Working Capitals	#固定资产净额 Net Value of Fixed Assets	负债合计 Total Liabilities	所有者权益合计 Total Owners' Equities
全 国	**National Total**	**61651748**	**25583278**	**18662744**	**46520225**	**14984639**
北 京	Beijing	7191473	3086064	2419860	6096076	1081619
天 津	Tianjin	1150695	519111	329606	1028251	121041
河 北	Hebei	1431117	423466	574766	1010215	429678
山 西	Shanxi	454164	147587	222693	414819	39345
内 蒙 古	Inner Mongolia	542584	251708	204304	465998	79557
辽 宁	Liaoning	971410	344384	335558	917647	45830
吉 林	Jilin	522604	184226	181569	480790	45591
黑 龙 江	Heilongjiang	261459	73215	77572	181706	79753
上 海	Shanghai	5451354	2655442	1334262	3480203	1978075
江 苏	Jiangsu	4505208	1444487	1638844	2898725	1604327
浙 江	Zhejiang	3719619	1571985	1266828	2666416	1045653
安 徽	Anhui	1074472	410399	371029	915726	154785
福 建	Fujian	1279594	456966	581549	729316	540551
江 西	Jiangxi	1190666	339259	322876	831159	358208
山 东	Shandong	1504987	617437	624975	1221658	290572
河 南	Henan	1414366	608743	419670	1111259	263827
湖 北	Hubei	1080261	324522	328286	761804	317166
湖 南	Hunan	1245857	353447	490530	908324	337287
广 东	Guangdong	8030577	4696991	1713018	6934560	1078493
广 西	Guangxi	626792	226786	237784	476750	164569
海 南	Hainan	5533161	1933889	1582268	3814841	1723072
重 庆	Chongqing	1474702	595309	358319	1257736	187253
四 川	Sichuan	3369134	1483959	727201	2552998	810169
贵 州	Guizhou	1966120	915659	338630	1118744	841148
云 南	Yunnan	1277612	417421	502863	1030562	231245
西 藏	Tibet	216694	57266	97730	109364	107330
陕 西	Shaanxi	2392730	738858	792409	2059098	317447
甘 肃	Gansu	866928	378179	228491	473973	391022
青 海	Qinghai	88487	21700	49553	74751	13390
宁 夏	Ningxia	47004	17254	8959	47443	-13887
新 疆	Xinjiang	769917	287559	300742	449313	320523

4-3-4 续表 6 Continued 6

股份有限公司 单位：万元

Share-holding Corporations Ltd. Unit: 10000 yuan

地 区	Region	资产总计 Total Assets	#流动资产合计 Total Working Capitals	#固定资产净额 Net Value of Fixed Assets	负债合计 Total Liabilities	所有者权益合计 Total Owners' Equities
全 国	**National Total**	**5055661**	**2631721**	**1022439**	**2904563**	**2150984**
北 京	Beijing	8043	7432	293	7802	240
天 津	Tianjin	35977	29654	2672	38391	-2414
河 北	Hebei	18384	12238	1915	11810	6574
山 西	Shanxi	5291	1197		7907	-2616
内蒙古	Inner Mongolia	675	355	130	476	143
辽 宁	Liaoning	10791	5258	1852	11797	-1006
吉 林	Jilin	20937	7464	79	10536	10402
黑龙江	Heilongjiang	59664	16522	7430	52287	7377
上 海	Shanghai	35418	18185	5098	61882	-25935
江 苏	Jiangsu	543490	126677	167504	182042	361448
浙 江	Zhejiang	599086	301407	55455	297754	301332
安 徽	Anhui	117252	49580	29727	54643	62609
福 建	Fujian	193766	131684	471	1819	191947
江 西	Jiangxi	12679	1847	4231	8346	3745
山 东	Shandong	46807	12826	30417	47396	-589
河 南	Henan	93014	51160	2094	59603	33412
湖 北	Hubei	126459	20973	26497	54981	71478
湖 南	Hunan	722016	554828	20637	427450	294566
广 东	Guangdong	567996	272792	116248	214379	353617
广 西	Guangxi	65663	19535	14678	55216	10447
海 南	Hainan	1457419	824026	486666	1057531	399889
重 庆	Chongqing	19365	3681	84	10819	8546
四 川	Sichuan	181485	129552	20371	174159	7326
贵 州	Guizhou	798	735		212	586
云 南	Yunnan	17239	4822	1603	5120	12120
西 藏	Tibet	1988	1163		1956	33
陕 西	Shaanxi	12629	3417	6459	12647	-20
甘 肃	Gansu	20038	17405	2131	15662	4376
青 海	Qinghai	21097	471	11169	3063	18033
宁 夏	Ningxia					
新 疆	Xinjiang	40195	4835	6528	16877	23318

私营企业 单位：万元

Private Enterprises Unit: 10000 yuan

地区	Region	资产总计 Total Assets	#流动资产合计 Total Current Assets	#固定资产净额 Net Value of Fixed Assets	负债合计 Total Liabilities	所有者权益合计 Total Owners' Equities
全国	**National Total**	**51910473**	**23143912**	**12600650**	**45930011**	**5973085**
北京	Beijing	1675346	1061324	279124	1843746	-163873
天津	Tianjin	486742	247773	149227	525148	-42404
河北	Hebei	2015113	994851	451848	2222783	-203000
山西	Shanxi	1061941	451920	278183	1060123	4101
内蒙古	Inner Mongolia	416099	172592	153719	435192	-15805
辽宁	Liaoning	1236936	459273	277732	1121227	121065
吉林	Jilin	497855	167570	235022	441872	56230
黑龙江	Heilongjiang	275815	98902	66633	233638	43639
上海	Shanghai	2431229	1241503	509076	2375626	70419
江苏	Jiangsu	3009103	1139531	919875	2664330	386241
浙江	Zhejiang	5980868	2457643	1560372	5507467	502605
安徽	Anhui	1391761	499695	382419	1047145	342448
福建	Fujian	3197580	1162179	1040132	2340485	840670
江西	Jiangxi	1505364	645329	422181	1135270	360487
山东	Shandong	1822174	889556	427222	1743698	78586
河南	Henan	2057003	820133	343433	1328475	717201
湖北	Hubei	1582210	539032	348469	1210316	364245
湖南	Hunan	1923808	703035	478763	1430447	458694
广东	Guangdong	6039345	3461311	963561	6264172	-235513
广西	Guangxi	1499961	795998	311700	1331374	170611
海南	Hainan	777819	420083	206682	955767	-182256
重庆	Chongqing	1212372	615261	312670	1082321	134542
四川	Sichuan	2804470	1105512	672954	2306070	495375
贵州	Guizhou	1676269	696672	440019	1297279	368106
云南	Yunnan	1764122	735413	463875	1289091	475016
西藏	Tibet	105345	29962	31808	61268	43763
陕西	Shaanxi	1672251	758348	457601	1309212	350628
甘肃	Gansu	745108	293284	155277	491913	253160
青海	Qinghai	318765	153816	54665	190681	126888
宁夏	Ningxia	217312	132632	33989	218235	4095
新疆	Xinjiang	510387	193779	172419	465640	47121

4-3-4 续表 8 Continued 8

其他企业
Other Enterprises

单位：万元
Unit: 10000 yuan

地 区	Region	资产总计 Total Assets	#流动资产合计 Total Working Capitals	#固定资产净额 Net Value of Fixed Assets	负债合计 Total Liabilities	所有者权益合计 Total Owners' Equities
全 国	**National Total**	**15789**	**7923**	**1802**	**16996**	**-1169**
北 京	Beijing					
天 津	Tianjin	1045	965	80	1220	-175
河 北	Hebei					
山 西	Shanxi					
内蒙古	Inner Mongolia					
辽 宁	Liaoning	225	224	1	727	-503
吉 林	Jilin					
黑龙江	Heilongjiang	1202	1117		1340	-138
上 海	Shanghai	778	774	4	498	280
江 苏	Jiangsu	1308	578	131	732	576
浙 江	Zhejiang					
安 徽	Anhui	1009	165	66	652	357
福 建	Fujian					
江 西	Jiangxi	984	984	353	113	871
山 东	Shandong					
河 南	Henan	650	200	491	20	630
湖 北	Hubei	2477	308	220	979	1499
湖 南	Hunan					
广 东	Guangdong	2739	1595	334	3195	-456
广 西	Guangxi					
海 南	Hainan	2704	377		6945	-4241
重 庆	Chongqing					
四 川	Sichuan					
贵 州	Guizhou					
云 南	Yunnan					
西 藏	Tibet	308	308		346	
陕 西	Shaanxi					
甘 肃	Gansu	318	287	121	190	128
青 海	Qinghai					
宁 夏	Ningxia					
新 疆	Xinjiang	42	41	1	39	3

4-3-4 续表 9 Continued 9

港、澳、台商投资企业
Enterprises with Funds from Hongkong, Macao and Taiwan

单位：万元
Unit: 10000 yuan

地 区	Region	资产总计 Total Assets	#流动资产合计 Total Working Capitals	#固定资产净额 Net Value of Fixed Assets	负债合计 Total Liabilities	所有者权益合计 Total Owners' Equities
全 国	**National Total**	**16786790**	**6215517**	**5730971**	**13026049**	**3746815**
北 京	Beijing	2958925	1276132	699687	2053000	886595
天 津	Tianjin	68513	8905	55632	111904	-43391
河 北	Hebei	156275	11723	107170	145429	10846
山 西	Shanxi					
内 蒙 古	Inner Mongolia	108487	8530	97829	67029	41458
辽 宁	Liaoning	507531	186313	280685	395853	117617
吉 林	Jilin	49735	10539	1282	59818	-10083
黑 龙 江	Heilongjiang	159935	17555	125854	137573	22362
上 海	Shanghai	2843507	1144952	774011	1682729	1160477
江 苏	Jiangsu	701303	260261	198474	641306	59412
浙 江	Zhejiang	1363817	591795	625995	1274495	89322
安 徽	Anhui	315830	46419	126798	317665	-1835
福 建	Fujian	963948	346315	317416	741418	222089
江 西	Jiangxi	71148	17002	14124	46135	25012
山 东	Shandong	273165	82917	164178	203654	69511
河 南	Henan	266599	167953	65004	248107	18492
湖 北	Hubei	102365	32170	23678	109643	-7278
湖 南	Hunan	218168	61761	45744	131694	86474
广 东	Guangdong	2562585	1118120	694744	2417429	145950
广 西	Guangxi	441520	148606	226603	357708	83811
海 南	Hainan	2072412	477728	928276	1419993	652419
重 庆	Chongqing	34916	11423	18363	59768	-24853
四 川	Sichuan	49586	27911	8403	140451	-90865
贵 州	Guizhou	5673	2689	2985	51	5623
云 南	Yunnan	192495	67401	44406	65844	126651
西 藏	Tibet	2581	2573		2407	174
陕 西	Shaanxi	183524	81391	81928	163543	19981
甘 肃	Gansu	6054	4050	1687	1025	5029
青 海	Qinghai					
宁 夏	Ningxia					
新 疆	Xinjiang	106193	2383	15	30378	75815

4-3-4 续表 10 Continued 10

外商投资企业 单位：万元

Foreign Funded Enterprises Unit: 10000 yuan

地 区	Region	资产总计 Total Assets	#流动资产合计 Total Working Capitals	#固定资产净额 Net Value of Fixed Assets	负债合计 Total Liabilities	所有者权益合计 Total Owners' Equities
全 国	**National Total**	**13552669**	**7249847**	**3037885**	**9160714**	**4341294**
北 京	Beijing	1632476	463377	339632	656797	959570
天 津	Tianjin	284318	254211	4224	275375	8943
河 北	Hebei					
山 西	Shanxi					
内蒙古	Inner Mongolia	1598	967	67	1780	-182
辽 宁	Liaoning	126650	66314	35618	174867	-48217
吉 林	Jilin	54541	3622	34137	29923	24619
黑龙江	Heilongjiang	49462	22848	21227	11039	38423
上 海	Shanghai	1181177	399335	696132	772565	407873
江 苏	Jiangsu	404942	78169	279810	298393	106550
浙 江	Zhejiang	518573	175387	211896	396895	120946
安 徽	Anhui					
福 建	Fujian	3258278	1482152	357770	1344255	1914024
江 西	Jiangxi	21050	5806	2309	23540	-2490
山 东	Shandong	86253	36677	31272	89857	-3604
河 南	Henan	89162	15883	52998	60555	28174
湖 北	Hubei	153909	28839	117059	127123	26786
湖 南	Hunan	13685	990	6650	10336	4210
广 东	Guangdong	4178524	3691695	294277	3881713	298470
广 西	Guangxi	143835	10248	26879	42002	101833
海 南	Hainan	78309	48317	18098	84893	-27977
重 庆	Chongqing	263875	139318	56600	120802	143074
四 川	Sichuan	261934	35491	121745	108117	153815
贵 州	Guizhou	15923	2430	5535	2190	13733
云 南	Yunnan	79384	17939	38534	53132	26252
西 藏	Tibet	62579	13092	49487	10423	52156
陕 西	Shaanxi	540153	244143	225985	563954	-23801
甘 肃	Gansu	12424	2322	9944	12951	-527
青 海	Qinghai	39655	10275		7237	18641
宁 夏	Ningxia					
新 疆	Xinjiang					

4-3-5 各地区限额以上住宿业企业年末资产负债(按国民经济行业分)
Assets and Liabilities of Enterprises above Designated Size of Hotels by Region and Sector at the Year-end

旅游饭店　　单位：万元

Tourist Hotel　　Unit: 10000 yuan

地区	Region	资产总计 Total Assets	#流动资产合计 Total Current Assets	#固定资产净额 Net Value of Fixed Assets	负债合计 Total Liabilities	所有者权益合计 Total Owners' Equities
全国	**National Total**	**129023863**	**53352669**	**38880074**	**99698797**	**29148860**
北京	Beijing	11432828	4745877	3842773	8916349	2472114
天津	Tianjin	1769895	817908	552300	1631662	132604
河北	Hebei	2782403	1032961	1029501	2603741	191643
山西	Shanxi	1192643	410977	520993	1225390	-29082
内蒙古	Inner Mongolia	900253	341101	428075	784481	123070
辽宁	Liaoning	2349430	774762	780190	2082114	265137
吉林	Jilin	1274382	374123	548980	1048084	230602
黑龙江	Heilongjiang	892818	188574	427996	574989	318413
上海	Shanghai	9829939	3847672	3063355	6440777	3377835
江苏	Jiangsu	8350946	2748664	2972631	5668236	2708756
浙江	Zhejiang	11489697	4719431	3595802	9367948	2146611
安徽	Anhui	2298760	747906	821000	1911488	384677
福建	Fujian	7881070	3100942	2086038	4579981	3283800
江西	Jiangxi	2302990	764146	717350	1670080	632019
山东	Shandong	3917638	1549215	1489727	3025490	890740
河南	Henan	2697277	1042809	659974	1953950	705017
湖北	Hubei	2341507	666229	706870	1802555	536966
湖南	Hunan	2638214	915521	850518	1968809	652549
广东	Guangdong	18416834	11207603	3428503	16863544	1526700
广西	Guangxi	2580862	971581	900019	1966753	630973
海南	Hainan	9697178	3656622	3090312	7089848	2591796
重庆	Chongqing	2611626	1106467	691446	2242019	336458
四川	Sichuan	5385485	2338583	1263234	4265403	1117346
贵州	Guizhou	3056434	1358210	665347	2023708	1024889
云南	Yunnan	2650346	962226	881543	1913052	721489
西藏	Tibet	590304	122360	233342	179106	410922
陕西	Shaanxi	4045923	1443264	1469165	3596467	428449
甘肃	Gansu	1546574	630628	413224	971884	572766
青海	Qinghai	386068	153507	118067	210498	174908
宁夏	Ningxia	316469	145081	117762	277656	30384
新疆	Xinjiang	1397070	467719	514037	842735	558309

4-3-5 续表 1 Continued 1

一般旅馆 | 单位：万元
Fonda | Unit: 10000 yuan

地 区	Region	资产总计 Total Assets	#流动资产合计 Total Current Assets	#固定资产净额 Net Value of Fixed Assets	负债合计 Total Liabilities	所有者权益合计 Total Owners' Equities
全 国	**National Total**	**25715801**	**12113056**	**5460624**	**19953897**	**5703747**
北 京	Beijing	2958782	1267159	565128	1938939	1019169
天 津	Tianjin	199077	132605	34378	214206	-15111
河 北	Hebei	1032254	431987	230672	915892	116427
山 西	Shanxi	580048	254960	113512	422805	150666
内蒙古	Inner Mongolia	217217	102440	48988	215857	1650
辽 宁	Liaoning	595914	302990	133547	522598	80149
吉 林	Jilin	139454	50863	50929	93803	45612
黑龙江	Heilongjiang	181754	65348	72531	169795	12035
上 海	Shanghai	2772444	1850200	417680	2393466	412597
江 苏	Jiangsu	1184480	470552	284000	973534	210784
浙 江	Zhejiang	1234106	503772	351696	1018867	211299
安 徽	Anhui	534718	212215	114383	365333	169768
福 建	Fujian	965926	376025	264238	673264	283125
江 西	Jiangxi	542548	217194	91450	328373	199877
山 东	Shandong	676695	342008	143862	670706	12609
河 南	Henan	1438197	625465	361943	962716	467068
湖 北	Hubei	711096	265938	189684	477279	226863
湖 南	Hunan	780489	231868	178385	509707	262351
广 东	Guangdong	3337138	2119256	488754	2874925	462797
广 西	Guangxi	591679	305857	89737	481264	109783
海 南	Hainan	163966	38549	94120	192843	-33466
重 庆	Chongqing	440885	244691	84973	344144	95713
四 川	Sichuan	1514887	467193	358218	1170719	338060
贵 州	Guizhou	575539	261358	105568	386111	180151
云 南	Yunnan	757577	300007	216285	496611	260814
西 藏	Tibet	28792	7304	11387	15904	12888
陕 西	Shaanxi	922695	421633	179564	666909	249711
甘 肃	Gansu	282438	111137	80750	187855	94918
青 海	Qinghai	109385	45714	24409	63686	25685
宁 夏	Ningxia	29701	10100	2689	30092	-391
新 疆	Xinjiang	215920	76668	77164	175694	40146

4-3-5 续表 2 Continued 2

民宿服务 单位：万元

Home Lodging Services Unit: 10000 yuan

地 区	Region	资产总计 Total Assets	#流动资产合计 Total Current Assets	#固定资产净额 Net Value of Fixed Assets	负债合计 Total Liabilities	所有者权益合计 Total Owners' Equities
全 国	**National Total**	**475384**	**239953**	**62410**	**212365**	**262834**
北 京	Beijing	7384	856	2035	9483	-2099
天 津	Tianjin	7708	2848	4630	20249	-12589
河 北	Hebei	1735	128		264	1471
山 西	Shanxi	123	67	56	13	110
内蒙古	Inner Mongolia					
辽 宁	Liaoning					
吉 林	Jilin					
黑龙江	Heilongjiang					
上 海	Shanghai	4812	2342	43	4775	36
江 苏	Jiangsu	15366	3125	1415	5543	9823
浙 江	Zhejiang	57981	25597	6309	38003	19978
安 徽	Anhui	10804	7405	389	10006	798
福 建	Fujian	218799	145665	12136	24926	193873
江 西	Jiangxi	9439	1346	2132	4792	4647
山 东	Shandong	32579	6203	3667	19930	12649
河 南	Henan	9748	3885	1201	4510	5238
湖 北	Hubei	1160	162	351	356	804
湖 南	Hunan	19784	7369	6104	12994	6791
广 东	Guangdong	1917	318	839	2513	-595
广 西	Guangxi	3739	639	16	934	2805
海 南	Hainan	265	229		259	7
重 庆	Chongqing	7913	713	2076	3300	4613
四 川	Sichuan	11462	8355	2198	7974	3488
贵 州	Guizhou	8018	1914	634	5823	2196
云 南	Yunnan	36035	17157	14054	27882	8153
西 藏	Tibet					
陕 西	Shaanxi	6789	3094	2052	6469	320
甘 肃	Gansu	990	20		850	
青 海	Qinghai					
宁 夏	Ningxia	834	516	73	517	317
新 疆	Xinjiang					

露营地服务 单位：万元

Campground Services Unit: 10000 yuan

地 区	Region	资产总计 Total Assets	#流动资产合计 Total Current Assets	#固定资产净额 Net Value of Fixed Assets	负债合计 Total Liabilities	所有者权益合计 Total Owners' Equities
全 国	**National Total**	**116884**	**46172**	**25177**	**73939**	**53590**
北 京	Beijing					
天 津	Tianjin					
河 北	Hebei					
山 西	Shanxi	11224	8498	401	6450	4775
内蒙古	Inner Mongolia					
辽 宁	Liaoning					
吉 林	Jilin					
黑龙江	Heilongjiang					
上 海	Shanghai	397	372	26	170	228
江 苏	Jiangsu	4434	2731	740	24268	-9113
浙 江	Zhejiang					
安 徽	Anhui	56569	20249	3956	14857	41713
福 建	Fujian					
江 西	Jiangxi	211	20	191	106	105
山 东	Shandong	202	60	110	200	2
河 南	Henan	3310	18	2940	3250	60
湖 北	Hubei					
湖 南	Hunan	6750	4527	1597	1863	4887
广 东	Guangdong	1191	113	273	636	555
广 西	Guangxi	18725	8632	8007	14245	4480
海 南	Hainan					
重 庆	Chongqing					
四 川	Sichuan	2361	70		2282	
贵 州	Guizhou	437	200	207	74	363
云 南	Yunnan					
西 藏	Tibet					
陕 西	Shaanxi	11073	682	6729	5538	5535
甘 肃	Gansu					
青 海	Qinghai					
宁 夏	Ningxia					
新 疆	Xinjiang					

其他住宿业
Others

单位：万元
Unit: 10000 yuan

地　区	Region	资产总计 Total Assets	#流动资产合计 Total Current Assets	#固定资产净额 Net Value of Fixed Assets	负债合计 Total Liabilities	所有者权益合计 Total Owners' Equities
全　国	**National Total**	**4413717**	**2266200**	**1056286**	**3560813**	**831777**
北　京	Beijing	813961	517599	105634	734468	78038
天　津	Tianjin	214533	130768	57957	234532	-20032
河　北	Hebei	138575	59020	20747	107689	30886
山　西	Shanxi	14428	6580	4675	13414	1014
内蒙古	Inner Mongolia	9773	6290	79	9900	-127
辽　宁	Liaoning	171867	42830	111560	136971	34891
吉　林	Jilin	27214	9810	7741	25770	1204
黑龙江	Heilongjiang	14762	3117	11344	5066	9391
上　海	Shanghai	77236	50318	11483	83916	-7265
江　苏	Jiangsu	339460	69389	216359	346718	-11122
浙　江	Zhejiang	6729	3592	218	2868	3862
安　徽	Anhui	75432	29385	6794	57965	14295
福　建	Fujian	50820	12566	27049	11418	39401
江　西	Jiangxi	181620	79337	38232	102222	72395
山　东	Shandong	61701	36461	7672	61691	-149
河　南	Henan	181424	104435	39842	162711	17963
湖　北	Hubei	151901	68183	21758	117317	34585
湖　南	Hunan	840945	596842	63985	526396	311642
广　东	Guangdong	332194	211287	72801	286805	46436
广　西	Guangxi	42966	12554	17309	44752	-1466
海　南	Hainan	93517	30585	44023	106176	-13485
重　庆	Chongqing	85702	43716	29405	63234	25817
四　川	Sichuan	67421	26628	17566	61305	6116
贵　州	Guizhou	79523	27254	23164	43974	35549
云　南	Yunnan	97553	29784	14871	79060	18629
西　藏	Tibet	32428	4920	262	25450	6978
陕　西	Shaanxi	89446	21324	36763	39666	47855
甘　肃	Gansu	20262	4946	7847	12298	7691
青　海	Qinghai	30238	4320	2251	15732	13627
宁　夏	Ningxia	2973	1926	88	1401	1573
新　疆	Xinjiang	67113	20434	36807	39928	25585

4-3-6 各地区限额以上餐饮业企业年末资产负债

Assets and Liabilitiest of Enterprises above Designated Size of Catering Services by Region at the Year-end

单位：万元

Unit: 10000 yuan

地 区	Region	资产总计 Total Assets	#流动资产合计 Total Current Assets	#固定资产净额 Net Value of Fixed Assets	负债合计 Total Liabilities	所有者权益合计 Total Owners' Equities
全 国	**National Total**	**61775783**	**31508480**	**11913857**	**45096738**	**16575926**
北 京	Beijing	5424453	3595048	472907	4427960	1027183
天 津	Tianjin	1298369	718388	265042	1071770	230424
河 北	Hebei	1038364	478326	236432	927770	108667
山 西	Shanxi	1172761	567633	307660	1152404	18272
内蒙古	Inner Mongolia	880179	337076	307520	744311	124780
辽 宁	Liaoning	1305924	519819	264566	1201412	106280
吉 林	Jilin	282794	147818	51057	263895	13972
黑龙江	Heilongjiang	160190	89148	38274	128536	33230
上 海	Shanghai	6504787	4224217	739153	4832297	1708281
江 苏	Jiangsu	6603232	3174349	1867068	4853101	1749467
浙 江	Zhejiang	4653338	2037660	1106157	3833868	798805
安 徽	Anhui	2276938	1002937	443032	1279900	977758
福 建	Fujian	1420236	759214	227875	899708	507611
江 西	Jiangxi	987514	439742	249128	626699	358670
山 东	Shandong	3363426	1308322	1128167	2745068	631159
河 南	Henan	1227709	540808	213647	724014	484037
湖 北	Hubei	2657823	1192647	468860	1907115	784532
湖 南	Hunan	1636377	588411	353046	897726	709975
广 东	Guangdong	7720000	4409727	1035159	5606994	2114277
广 西	Guangxi	526721	296982	108414	388684	137606
海 南	Hainan	165547	101224	12376	121712	33320
重 庆	Chongqing	1211140	530545	270751	579239	616670
四 川	Sichuan	4524788	2240414	726032	2984417	1501579
贵 州	Guizhou	488117	312504	47824	318823	165786
云 南	Yunnan	774621	446147	155076	445677	328382
西 藏	Tibet	38292	22583	10412	17296	20996
陕 西	Shaanxi	1663745	742511	320411	973434	663211
甘 肃	Gansu	665600	279089	195303	427450	235581
青 海	Qinghai	161902	71566	46229	111520	47500
宁 夏	Ningxia	140526	60483	46767	138990	2215
新 疆	Xinjiang	800370	273142	199512	464948	335700

4-3-6 续表 Continued

国有控股
State-controlled Enterprises

单位：万元
Unit: 10000 yuan

地区	Region	资产总计 Total Assets	#流动资产合计 Total Current Assets	#固定资产净额 Net Value of Fixed Assets	负债合计 Total Liabilities	所有者权益合计 Total Owners' Equities
全国	**National Total**	**5858981**	**2581060**	**1520962**	**3636718**	**2227046**
北京	Beijing	598749	330451	94552	292753	306102
天津	Tianjin	29731	15662	3836	33808	-4077
河北	Hebei	54164	19135	19929	40167	13998
山西	Shanxi	184487	41043	97225	180843	3644
内蒙古	Inner Mongolia	145863	31079	85563	51637	94226
辽宁	Liaoning	67356	25116	24931	61137	5089
吉林	Jilin	40030	29640	3128	35759	4272
黑龙江	Heilongjiang	7354	5307	960	3345	4010
上海	Shanghai	485045	268241	64237	269394	216108
江苏	Jiangsu	832066	485892	217988	661748	169438
浙江	Zhejiang	436691	234290	68698	301150	135541
安徽	Anhui	36118	17968	8782	29698	6686
福建	Fujian	20487	9663	2357	10843	9643
江西	Jiangxi	176600	96286	61857	139391	36873
山东	Shandong	609290	189965	266217	349906	268934
河南	Henan	79910	35390	6289	32577	47333
湖北	Hubei	34604	24438	4636	21131	13473
湖南	Hunan	69350	20784	31757	63710	5640
广东	Guangdong	706742	297012	149001	389043	318117
广西	Guangxi	21992	15463	2819	21625	367
海南	Hainan					
重庆	Chongqing	52218	9061	11440	12030	36451
四川	Sichuan	179710	84603	49767	132837	46811
贵州	Guizhou	92888	79751	3652	81511	11507
云南	Yunnan	60186	26754	18554	25030	35156
西藏	Tibet					
陕西	Shaanxi	301210	91983	31355	164461	136749
甘肃	Gansu	71565	8494	56940	22387	49178
青海	Qinghai					
宁夏	Ningxia	16754	7563	11502	28593	-11839
新疆	Xinjiang	447821	80026	122990	180204	267616

4-3-7 各地区限额以上餐饮业企业年末资产负债(按登记注册类型分)

Assets and Liabilities of Enterprises above Designated Size of Catering Services by Region and Type of Registration at the Year-end

内资企业
Domestic Funded Enterprises

单位：万元
Unit: 10000 yuan

地区	Region	资产总计 Total Assets	#流动资产合计 Total Current Assets	#固定资产净额 Net Value of Fixed Assets	负债合计 Total Liabilities	所有者权益合计 Total Owners' Equities
全国	**National Total**	**48577330**	**24894206**	**9941141**	**36578442**	**11882479**
北京	Beijing	3115949	2184350	277324	2783873	357535
天津	Tianjin	1055531	658097	212221	898479	160876
河北	Hebei	949575	442833	223557	874791	72857
山西	Shanxi	1119645	562265	293492	1113291	4270
内蒙古	Inner Mongolia	836130	311058	299684	709999	115044
辽宁	Liaoning	882245	354508	206343	822956	61056
吉林	Jilin	282491	147646	51057	263817	13747
黑龙江	Heilongjiang	135343	70681	37383	115253	21666
上海	Shanghai	3550447	2484104	339296	2913506	668337
江苏	Jiangsu	5771482	2868009	1666171	4356824	1413820
浙江	Zhejiang	3976267	1873469	829831	3272928	680549
安徽	Anhui	2225692	990757	413306	1248535	957877
福建	Fujian	1041764	599032	165761	572640	456208
江西	Jiangxi	940720	426981	236508	594676	343899
山东	Shandong	3132765	1232889	1061790	2504435	640052
河南	Henan	1177016	529119	200124	674180	483178
湖北	Hubei	2244327	1031373	422834	1629872	648280
湖南	Hunan	1514184	571025	314899	803092	682416
广东	Guangdong	5323794	3268508	698653	4299249	1026002
广西	Guangxi	494276	289626	99761	370182	123663
海南	Hainan	138185	79948	7898	106268	21402
重庆	Chongqing	1054557	440432	238405	526361	512965
四川	Sichuan	3125354	1375562	670853	2353552	732537
贵州	Guizhou	479289	308632	45191	318441	157340
云南	Yunnan	731843	420277	148348	419485	311796
西藏	Tibet	38292	22583	10412	17296	20996
陕西	Shaanxi	1511146	674584	295779	885386	598660
甘肃	Gansu	654297	275636	193025	422216	229511
青海	Qinghai	161902	71566	46229	111520	47500
宁夏	Ningxia	140526	60483	46767	138990	2215
新疆	Xinjiang	772296	268173	188239	456349	316225

4-3-7 续表 1 Continued 1

国有企业
State-owned Enterprises

单位：万元
Unit: 10000 yuan

地 区	Region	资产总计 Total Assets	#流动资产合计 Total Current Assets	#固定资产净额 Net Value of Fixed Assets	负债合计 Total Liabilities	所有者权益合计 Total Owners' Equities
全 国	**National Total**	**1248415**	**486202**	**334096**	**749765**	**508261**
北 京	Beijing	51447	31836	14485	30613	20889
天 津	Tianjin	14338	4292	1885	14723	-386
河 北	Hebei	20375	2504	15614	14018	6357
山 西	Shanxi	31735	7221	7874	25991	5744
内 蒙 古	Inner Mongolia	67030	8887	35029	31668	35362
辽 宁	Liaoning	12151	1408	942	21782	-9631
吉 林	Jilin	5547	2768	2510	1984	3562
黑 龙 江	Heilongjiang	2905	1036	949	442	2463
上 海	Shanghai	20699	14558	3681	7594	12747
江 苏	Jiangsu	273673	163885	65782	225252	47540
浙 江	Zhejiang	18191	11186	2458	11373	6818
安 徽	Anhui	2675	1044	255	2982	-369
福 建	Fujian	1909	798	359	696	1213
江 西	Jiangxi	26564	21328	3875	20896	5433
山 东	Shandong	129598	73898	38266	87469	52805
河 南	Henan	9174	5191	659	2096	7078
湖 北	Hubei	9365	5375	2231	2988	6378
湖 南	Hunan	5123	1441	1812	2995	2128
广 东	Guangdong	76821	26218	16018	46357	30882
广 西	Guangxi	6754	2982	1980	6913	-159
海 南	Hainan					
重 庆	Chongqing	2118	1056	1001	702	1416
四 川	Sichuan	39373	14640	18741	35670	3702
贵 州	Guizhou	4799	4403	379	1154	3645
云 南	Yunnan	3069	1719	1187	1653	1416
西 藏	Tibet					
陕 西	Shaanxi	11570	2901	6577	2885	8684
甘 肃	Gansu	17327	4392	9440	6967	10360
青 海	Qinghai					
宁 夏	Ningxia	1609	801	370	861	749
新 疆	Xinjiang	382476	68434	79737	141041	241435

集体企业
Collective-owned Enterprises

单位：万元
Unit: 10000 yuan

地 区	Region	资产总计 Total Assets	#流动资产合计 Total Current Assets	#固定资产净额 Net Value of Fixed Assets	负债合计 Total Liabilities	所有者权益合计 Total Owners' Equities
全 国	**National Total**	**204625**	**116671**	**36119**	**126502**	**77390**
北 京	Beijing	18631	8372	4177	18773	-142
天 津	Tianjin	133	105	29	85	48
河 北	Hebei	1046	297	62	140	906
山 西	Shanxi	7683	2278	5175	6374	1309
内蒙古	Inner Mongolia					
辽 宁	Liaoning	106	92	8	288	-182
吉 林	Jilin	320	270	50	822	-501
黑龙江	Heilongjiang					
上 海	Shanghai	14600	9522	4544	8518	4500
江 苏	Jiangsu	20330	6508	9330	7228	13102
浙 江	Zhejiang	274	71	117	212	62
安 徽	Anhui	681	448	31	1763	-100
福 建	Fujian	7985	6673	112	1100	6884
江 西	Jiangxi	480	182		81	399
山 东	Shandong	3216	1875	915	3086	130
河 南	Henan					
湖 北	Hubei	96700	66030	8430	64716	31984
湖 南	Hunan					
广 东	Guangdong	26411	11389	1248	8960	17319
广 西	Guangxi	129	125		33	96
海 南	Hainan					
重 庆	Chongqing	2182	783	119	371	1811
四 川	Sichuan	579	255	292	124	455
贵 州	Guizhou	101	22	26	85	16
云 南	Yunnan	1393	1236	139	1827	-434
西 藏	Tibet					
陕 西	Shaanxi	379	135	85	206	172
甘 肃	Gansu	1266	3	1230	1710	-444
青 海	Qinghai					
宁 夏	Ningxia					
新 疆	Xinjiang					

股份合作企业
Cooperative Enterprises

单位：万元
Unit: 10000 yuan

地区	Region	资产总计 Total Assets	#流动资产合计 Total Current Assets	#固定资产净额 Net Value of Fixed Assets	负债合计 Total Liabilities	所有者权益合计 Total Owners' Equities
全国	**National Total**	**154226**	**100473**	**36246**	**113213**	**41014**
北京	Beijing	22187	16299	1285	18436	3752
天津	Tianjin					
河北	Hebei	8506	514	6906	7827	679
山西	Shanxi	223	86	63	25	198
内蒙古	Inner Mongolia	245	51	194	36	209
辽宁	Liaoning					
吉林	Jilin					
黑龙江	Heilongjiang					
上海	Shanghai	10870	8912	465	3315	7556
江苏	Jiangsu	1431	1409	18	1704	-273
浙江	Zhejiang	8000	1598	6178	12936	-4936
安徽	Anhui					
福建	Fujian	446	46		46	400
江西	Jiangxi	2997	2952	44	4228	-1232
山东	Shandong	8448	4002	3350	6844	1604
河南	Henan	58	8	58	9	49
湖北	Hubei					
湖南	Hunan					
广东	Guangdong	13647	11719	818	10339	3308
广西	Guangxi	1212	272	776	1166	47
海南	Hainan					
重庆	Chongqing	113	99	14	181	-69
四川	Sichuan	74855	51662	16052	46023	28833
贵州	Guizhou					
云南	Yunnan					
西藏	Tibet					
陕西	Shaanxi	958	838		88	869
甘肃	Gansu	30	6	25	10	20
青海	Qinghai					
宁夏	Ningxia					
新疆	Xinjiang					

4-3-7 续表 4 Continued 4

联营企业
Joint Ownership Enterprises

单位：万元
Unit: 10000 yuan

地区	Region	资产总计 Total Assets	#流动资产合计 Total Current Assets	#固定资产净额 Net Value of Fixed Assets	负债合计 Total Liabilities	所有者权益合计 Total Owners' Equities
全国	**National Total**	**2070**	**1016**	**377**	**2574**	**-503**
北京	Beijing					
天津	Tianjin					
河北	Hebei					
山西	Shanxi					
内蒙古	Inner Mongolia	594	47	206	2326	-1732
辽宁	Liaoning					
吉林	Jilin					
黑龙江	Heilongjiang					
上海	Shanghai	637	571	38	122	515
江苏	Jiangsu	679	295	97	36	643
浙江	Zhejiang					
安徽	Anhui					
福建	Fujian					
江西	Jiangxi					
山东	Shandong					
河南	Henan					
湖北	Hubei					
湖南	Hunan					
广东	Guangdong	112	80	1	62	50
广西	Guangxi					
海南	Hainan					
重庆	Chongqing					
四川	Sichuan					
贵州	Guizhou					
云南	Yunnan					
西藏	Tibet					
陕西	Shaanxi	48	23	35	28	21
甘肃	Gansu					
青海	Qinghai					
宁夏	Ningxia					
新疆	Xinjiang					

4-3-7 续表 5 Continued 5

有限责任公司 单位：万元

Limited Liability Corporations Unit: 10000 yuan

地 区	Region	资产总计 Total Assets	#流动资产合计 Total Current Assets	#固定资产净额 Net Value of Fixed Assets	负债合计 Total Liabilities	所有者权益合计 Total Owners' Equities
全 国	**National Total**	**12489131**	**6210413**	**3479128**	**10023857**	**2461906**
北 京	Beijing	1154429	818248	103719	1017027	160531
天 津	Tianjin	247065	169571	16524	269689	-21646
河 北	Hebei	274861	88115	95183	259079	13737
山 西	Shanxi	276261	100375	115385	294612	-13540
内 蒙 古	Inner Mongolia	427072	143516	195577	412370	20923
辽 宁	Liaoning	114887	61762	27373	94502	23934
吉 林	Jilin	61162	48307	2523	57899	4328
黑 龙 江	Heilongjiang	39340	37415	1175	46318	-6978
上 海	Shanghai	799570	496766	92409	682364	123801
江 苏	Jiangsu	2117712	1097566	819767	1538260	579456
浙 江	Zhejiang	837199	393296	155100	687345	150270
安 徽	Anhui	355690	144638	110846	250446	99805
福 建	Fujian	40459	21409	3745	20436	19693
江 西	Jiangxi	324793	148977	85875	258879	65787
山 东	Shandong	1254499	361953	611915	797464	456667
河 南	Henan	224206	116500	38190	180192	43229
湖 北	Hubei	325716	160870	74857	257146	67639
湖 南	Hunan	190115	70020	59046	161620	20100
广 东	Guangdong	1296798	677098	335222	1173314	124597
广 西	Guangxi	137960	78945	34959	109408	28192
海 南	Hainan	56522	40567	3582	49445	6940
重 庆	Chongqing	102846	37236	19261	48004	50311
四 川	Sichuan	624041	354064	135234	522828	74727
贵 州	Guizhou	155204	121635	11693	131078	24165
云 南	Yunnan	95279	40854	24759	52997	42281
西 藏	Tibet	15535	12732	813	4227	11308
陕 西	Shaanxi	495053	191988	111270	344176	149271
甘 肃	Gansu	267266	118263	99567	165179	102411
青 海	Qinghai	60052	19432	30059	33727	26325
宁 夏	Ningxia	26034	13268	11235	43035	-17001
新 疆	Xinjiang	91505	25027	52265	60791	30643

4-3-7 续表 6 Continued 6

股份有限公司
Share-holding Corporations Ltd.

单位：万元
Unit: 10000 yuan

地 区	Region	资产总计 Total Assets	#流动资产合计 Total Current Assets	#固定资产净额 Net Value of Fixed Assets	负债合计 Total Liabilities	所有者权益合计 Total Owners' Equities
全 国	**National Total**	**1604151**	**698000**	**211013**	**703925**	**896839**
北 京	Beijing	231826	94498	26389	72420	159406
天 津	Tianjin	123412	40403	32832	56402	67010
河 北	Hebei	7910	394	3719	12656	-4746
山 西	Shanxi	23	23		71	
内 蒙 古	Inner Mongolia	48163	27071	13200	11953	36210
辽 宁	Liaoning	38086	10997	21130	31744	6342
吉 林	Jilin	3768	2521	114	3423	345
黑 龙 江	Heilongjiang					
上 海	Shanghai	230136	148786	668	115103	115033
江 苏	Jiangsu	79801	37286	2214	33035	46458
浙 江	Zhejiang	26023	18263	3148	16623	9400
安 徽	Anhui	7048	4918	379	5585	1462
福 建	Fujian					
江 西	Jiangxi	793	627		104	640
山 东	Shandong	30249	2740	12753	23079	6870
河 南	Henan	28601	2304	71	1585	27017
湖 北	Hubei	41002	18982	15447	14318	26685
湖 南	Hunan	5104	2120	2724	2819	2285
广 东	Guangdong	432870	180312	43715	176671	256199
广 西	Guangxi					
海 南	Hainan	2899	1486	528	1320	1579
重 庆	Chongqing	20026	2724	7909	9162	10864
四 川	Sichuan	16755	7068	4876	10116	6639
贵 州	Guizhou					
云 南	Yunnan	741	120		38	703
西 藏	Tibet	568	489	76	113	456
陕 西	Shaanxi	208526	86221	15187	97764	110761
甘 肃	Gansu	3474	1372	519	866	2608
青 海	Qinghai	8157	324	3316	2070	3308
宁 夏	Ningxia					
新 疆	Xinjiang	8190	5951	99	4885	3305

4-3-7 续表 7 Continued 7

私营企业 单位：万元

Private Enterprises Unit: 10000 yuan

地 区	Region	资产总计 Total Assets	#流动资产合计 Total Current Assets	#固定资产净额 Net Value of Fixed Assets	负债合计 Total Liabilities	所有者权益合计 Total Owners' Equities
全 国	**National Total**	**32839872**	**17267335**	**5827728**	**24837479**	**7884369**
北 京	Beijing	1637428	1215097	127268	1626605	13099
天 津	Tianjin	670350	443498	160952	557462	115734
河 北	Hebei	636877	351008	102073	581071	55925
山 西	Shanxi	803720	452282	164995	786217	10559
内 蒙 古	Inner Mongolia	293026	131486	55478	251647	24071
辽 宁	Liaoning	717014	280250	156890	674640	40592
吉 林	Jilin	211694	93779	45859	199688	6013
黑 龙 江	Heilongjiang	92849	32210	35218	68420	26005
上 海	Shanghai	2456608	1798098	228932	2088921	394428
江 苏	Jiangsu	3273345	1558571	768507	2548133	725558
浙 江	Zhejiang	3086581	1449055	662830	2544439	518935
安 徽	Anhui	1858995	839146	301755	986917	857317
福 建	Fujian	990965	570108	161545	550362	428017
江 西	Jiangxi	584777	252685	146637	310395	272649
山 东	Shandong	1699129	786472	389040	1578410	122433
河 南	Henan	914978	405116	161146	490298	405806
湖 北	Hubei	1770513	779986	320996	1290705	514564
湖 南	Hunan	1313175	497091	250991	635338	657558
广 东	Guangdong	3477010	2361587	301611	2883470	593597
广 西	Guangxi	348221	207302	62045	252662	95487
海 南	Hainan	78763	37895	3788	55503	12883
重 庆	Chongqing	927149	398421	210090	467941	448507
四 川	Sichuan	2369750	947873	495658	1738791	618181
贵 州	Guizhou	319186	182571	33094	186124	129514
云 南	Yunnan	631325	376312	122262	362946	267818
西 藏	Tibet	22189	9362	9524	12956	9232
陕 西	Shaanxi	792631	391501	162144	439489	328159
甘 肃	Gansu	364934	151600	82245	247484	114556
青 海	Qinghai	93693	51809	12855	75723	17868
宁 夏	Ningxia	112883	46414	35162	95094	18468
新 疆	Xinjiang	290114	168750	56138	249628	40836

4-3-7 续表 8 Continued 8

其他企业
Other Enterprises

单位：万元
Unit: 10000 yuan

地区	Region	资产总计 Total Assets	#流动资产合计 Total Current Assets	#固定资产净额 Net Value of Fixed Assets	负债合计 Total Liabilities	所有者权益合计 Total Owners' Equities
全国	**National Total**	**34840**	**14094**	**16436**	**21128**	**13203**
北京	Beijing					
天津	Tianjin	233	228		118	115
河北	Hebei					
山西	Shanxi					
内蒙古	Inner Mongolia					
辽宁	Liaoning					
吉林	Jilin					
黑龙江	Heilongjiang	250	21	41	74	177
上海	Shanghai	17326	6891	8559	7569	9757
江苏	Jiangsu	4512	2489	455	3176	1337
浙江	Zhejiang					
安徽	Anhui	603	563	39	842	-238
福建	Fujian					
江西	Jiangxi	315	229	77	93	222
山东	Shandong	7625	1950	5553	8083	-458
河南	Henan					
湖北	Hubei	1030	130	874		1030
湖南	Hunan	668	352	326	321	347
广东	Guangdong	125	105	20	76	49
广西	Guangxi					
海南	Hainan					
重庆	Chongqing	124	113	11		124
四川	Sichuan					
贵州	Guizhou					
云南	Yunnan	36	36		24	12
西藏	Tibet					
陕西	Shaanxi	1982	976	481	748	722
甘肃	Gansu					
青海	Qinghai					
宁夏	Ningxia					
新疆	Xinjiang	11	11		4	7

4-3-7 续表 9 Continued 9

港、澳、台商投资企业
Enterprises with Funds from Hongkong,Macao and Taiwan

单位：万元
Unit: 10000 yuan

地　区	Region	资产总计 Total Assets	#流动资产合计 Total Current Assets	#固定资产净额 Net Value of Fixed Assets	负债合计 Total Liabilities	所有者权益合计 Total Owners' Equities
全　国	**National Total**	**7256695**	**3800319**	**1019831**	**4825907**	**2443467**
北　京	Beijing	1834390	1155436	133795	1161624	677593
天　津	Tianjin	118657	17077	23370	76467	42190
河　北	Hebei	88377	35091	12874	52958	35419
山　西	Shanxi	30157	2260	7910	23593	6564
内蒙古	Inner Mongolia	1864	1095	218	652	1213
辽　宁	Liaoning	283080	131751	24909	281682	1397
吉　林	Jilin					
黑龙江	Heilongjiang	18504	12291	864	8903	9601
上　海	Shanghai	1424489	787477	223800	1028245	400805
江　苏	Jiangsu	428894	158385	114635	306986	121909
浙　江	Zhejiang	255826	57448	93604	231734	26218
安　徽	Anhui	3822	2809	270	1453	2369
福　建	Fujian	183627	53646	37026	151372	32255
江　西	Jiangxi	12860	3450	5119	12506	354
山　东	Shandong	128375	37691	44795	181140	-51758
河　南	Henan	5607	4829	586	4054	1552
湖　北	Hubei	340204	126800	39547	219976	120228
湖　南	Hunan	43767	5610	9029	38132	5634
广　东	Guangdong	1557566	931967	166905	823388	733863
广　西	Guangxi	4548	2439	1115	2952	1596
海　南	Hainan	27363	21275	4479	15444	11919
重　庆	Chongqing	102224	58241	23953	30184	72040
四　川	Sichuan	259987	140437	36038	121228	139231
贵　州	Guizhou	6144	1307	2516	245	5900
云　南	Yunnan	13308	11482	1508	5739	7569
西　藏	Tibet					
陕　西	Shaanxi	83055	40025	10966	45250	37806
甘　肃	Gansu					
青　海	Qinghai					
宁　夏	Ningxia					
新　疆	Xinjiang					

4-3-7 续表 10 Continued 10

外商投资企业 单位：万元

Foreign Funded Enterprises Unit: 10000 yuan

地 区	Region	资产总计 Total Assets	#流动资产合计 Total Current Assets	#固定资产净额 Net Value of Fixed Assets	负债合计 Total Liabilities	所有者权益合计 Total Owners' Equities
全 国	**National Total**	**5941756**	**2813953**	**952885**	**3692390**	**2249981**
北 京	Beijing	474114	255262	61788	482463	-7944
天 津	Tianjin	124181	43215	29450	96824	27358
河 北	Hebei	412	401		21	391
山 西	Shanxi	22959	3108	6258	15521	7438
内蒙古	Inner Mongolia	42184	24923	7618	33660	8524
辽 宁	Liaoning	140599	33561	33315	96773	43827
吉 林	Jilin	303	172		78	225
黑龙江	Heilongjiang	6343	6175	27	4380	1963
上 海	Shanghai	1529851	952635	176057	890546	639138
江 苏	Jiangsu	402855	147954	86262	189292	213738
浙 江	Zhejiang	421245	106744	182722	329206	92038
安 徽	Anhui	47424	9371	29456	29912	17513
福 建	Fujian	194845	106536	25088	175697	19148
江 西	Jiangxi	33934	9310	7501	19517	14417
山 东	Shandong	102286	37742	21581	59493	42864
河 南	Henan	45086	6860	12937	45780	-694
湖 北	Hubei	73292	34474	6479	57268	16024
湖 南	Hunan	78426	11776	29118	56501	21925
广 东	Guangdong	838640	209252	169601	484357	354412
广 西	Guangxi	27897	4917	7539	15550	12347
海 南	Hainan					
重 庆	Chongqing	54359	31873	8393	22694	31665
四 川	Sichuan	1139448	724415	19141	509637	629811
贵 州	Guizhou	2683	2565	117	137	2546
云 南	Yunnan	29470	14387	5221	20453	9017
西 藏	Tibet					
陕 西	Shaanxi	69543	27902	13666	42798	26745
甘 肃	Gansu	11303	3453	2277	5233	6070
青 海	Qinghai					
宁 夏	Ningxia					
新 疆	Xinjiang	28074	4970	11273	8599	19475

4-3-8 各地区限额以上餐饮业企业年末资产负债(按国民经济行业分)

Assets and Liabilities of Enterprises above Designated Size of Catering Services by Region and Sector at the Year-end

正餐服务 单位：万元

Dinner Unit: 10000 yuan

地区	Region	资产总计 Total Assets	#流动资产合计 Total Current Assets	#固定资产净额 Net Value of Fixed Assets	负债合计 Total Liabilities	所有者权益合计 Total Owners' Equities
全国	**National Total**	**46808934**	**23308490**	**10115645**	**35309104**	**11410382**
北京	Beijing	2957444	1983922	273870	2648328	339785
天津	Tianjin	909321	537901	202072	775412	135734
河北	Hebei	1027703	472560	234721	923838	101938
山西	Shanxi	1092970	542323	291114	1098976	-8090
内蒙古	Inner Mongolia	856698	326403	302529	731415	114196
辽宁	Liaoning	879081	360006	175093	847179	33669
吉林	Jilin	246758	127897	46707	241544	5632
黑龙江	Heilongjiang	132092	81376	27695	104538	29130
上海	Shanghai	4428145	2878492	522682	3452552	1010845
江苏	Jiangsu	5700956	2718666	1725627	4259918	1442311
浙江	Zhejiang	3970523	1740056	994410	3295406	654702
安徽	Anhui	1958044	814821	380323	1084273	854428
福建	Fujian	954053	521683	160159	565183	375911
江西	Jiangxi	913416	403213	235488	571162	340159
山东	Shandong	3001504	1110394	1071055	2481657	532700
河南	Henan	1099944	486550	184874	636645	444363
湖北	Hubei	2215196	993403	434885	1637800	611008
湖南	Hunan	1462090	549241	308343	783819	656092
广东	Guangdong	4692679	2779287	692856	3804878	888879
广西	Guangxi	396876	234743	84886	308433	88371
海南	Hainan	119884	78057	9591	97550	11819
重庆	Chongqing	1021901	416142	234631	490240	516663
四川	Sichuan	2560323	1193579	610605	1862627	659064
贵州	Guizhou	432752	268953	43577	289302	140458
云南	Yunnan	680245	393210	140716	388781	290902
西藏	Tibet	30134	17711	9502	15977	14157
陕西	Shaanxi	1466760	649817	287257	865567	574720
甘肃	Gansu	635851	266952	189478	410742	222540
青海	Qinghai	130042	56309	46060	82527	44634
宁夏	Ningxia	139756	59713	46767	138905	1530
新疆	Xinjiang	695793	245110	148072	413930	282132

4-3-8 续表 1 Continued 1

快餐服务 单位：万元

Snack Unit: 10000 yuan

地 区	Region	资产总计 Total Assets	#流动资产合计 Total Current Assets	#固定资产净额 Net Value of Fixed Assets	负债合计 Total Liabilities	所有者权益合计 Total Owners' Equities
全 国	**National Total**	**7497988**	**2880525**	**1264468**	**4993268**	**2504590**
北 京	Beijing	1257394	573871	148593	738432	519074
天 津	Tianjin	241249	57378	54907	172165	69016
河 北	Hebei	1817	1602	88	637	1180
山 西	Shanxi	77215	23428	16423	52412	24804
内 蒙 古	Inner Mongolia	18697	6279	4823	10597	8100
辽 宁	Liaoning	310090	98694	52389	293127	16962
吉 林	Jilin	10827	3305	2121	3876	6950
黑 龙 江	Heilongjiang	22517	5899	7500	20472	2044
上 海	Shanghai	816504	414727	111415	607848	208545
江 苏	Jiangsu	625663	271315	106846	412802	212441
浙 江	Zhejiang	544867	195746	99380	413602	131066
安 徽	Anhui	243686	130968	52168	139991	103694
福 建	Fujian	324277	139283	54663	224797	99379
江 西	Jiangxi	35333	7509	7318	20729	14554
山 东	Shandong	232733	96994	47993	181984	50356
河 南	Henan	75211	23193	18753	57315	17408
湖 北	Hubei	225267	54842	18464	184124	41090
湖 南	Hunan	136123	20850	39694	96600	41033
广 东	Guangdong	1568275	463805	266099	978425	590167
广 西	Guangxi	73756	24511	17968	47037	26719
海 南	Hainan	31189	14050	978	12743	18446
重 庆	Chongqing	164798	96813	34159	55343	109389
四 川	Sichuan	223939	72187	42721	144516	79423
贵 州	Guizhou	993	597	187	467	485
云 南	Yunnan	51063	25856	10844	29431	21632
西 藏	Tibet	7875	4850	910	1144	6731
陕 西	Shaanxi	106234	35697	22034	62674	43484
甘 肃	Gansu	19891	5767	4283	9886	10005
青 海	Qinghai					
宁 夏	Ningxia					
新 疆	Xinjiang	50505	10509	20747	20092	30413

饮料及冷饮服务 单位：万元

Beverage and Cold Drink Unit: 10000 yuan

地 区	Region	资产总计 Total Assets	#流动资产合计 Total Current Assets	#固定资产净额 Net Value of Fixed Assets	负债合计 Total Liabilities	所有者权益合计 Total Owners' Equities
全 国	**National Total**	**3444504**	**2595474**	**219051**	**2247802**	**1199385**
北 京	Beijing	869996	749740	29834	783128	87522
天 津	Tianjin	20303	11941	430	40893	-18350
河 北	Hebei	428	90	32	143	285
山 西	Shanxi	975	425	76	340	635
内 蒙 古	Inner Mongolia					
辽 宁	Liaoning	36515	26282	2165	11112	25404
吉 林	Jilin	83	43			82
黑 龙 江	Heilongjiang	472	348	1	1366	-894
上 海	Shanghai	903893	627716	85964	533607	370286
江 苏	Jiangsu	91500	53658	9214	71207	20293
浙 江	Zhejiang	51098	30737	6257	64337	-13238
安 徽	Anhui	4913	2996	205	6858	-1881
福 建	Fujian	73614	55762	2752	77466	-4070
江 西	Jiangxi	2854	1553	503	1045	1809
山 东	Shandong	31975	20982	2431	15424	16551
河 南	Henan	2254	945	389	1015	1239
湖 北	Hubei	153924	100015	10927	54554	99888
湖 南	Hunan	10753	7850	802	4340	6413
广 东	Guangdong	892896	707606	40580	457342	435554
广 西	Guangxi	12661	7383	3058	5456	7205
海 南	Hainan	12319	7133	1692	9962	2357
重 庆	Chongqing	14627	11047	799	28451	-13823
四 川	Sichuan	177038	122030	13557	40081	136798
贵 州	Guizhou	2493	1187	336	2318	174
云 南	Yunnan	6813	2501	897	6890	-77
西 藏	Tibet	284	22		175	109
陕 西	Shaanxi	68395	44926	5999	28773	39205
甘 肃	Gansu	1428	556	151	1519	-91
青 海	Qinghai					
宁 夏	Ningxia					
新 疆	Xinjiang					

4-3-8 续表 3 Continued 3

餐饮配送及外卖送餐服务
Catering Distribution and Delivery Service

单位：万元
Unit: 10000 yuan

地　区	Region	资产总计 Total Assets	#流动资产合计 Total Current Assets	#固定资产净额 Net Value of Fixed Assets	负债合计 Total Liabilities	所有者权益合计 Total Owners' Equities
全　国	**National Total**	**1670837**	**1297022**	**183558**	**1073455**	**588670**
北　京	Beijing	174127	152519	12546	109890	63539
天　津	Tianjin	89202	78410	5517	62055	27146
河　北	Hebei	7159	2936	1534	2532	4627
山　西	Shanxi	6	6		1	6
内蒙古	Inner Mongolia	4395	4005	169	2035	2360
辽　宁	Liaoning	64994	28124	27204	49011	15983
吉　林	Jilin	23632	15238	2114	17303	983
黑龙江	Heilongjiang	4830	1418	3077	1880	2950
上　海	Shanghai	239303	199122	14922	145031	94143
江　苏	Jiangsu	121698	101190	10435	78398	41310
浙　江	Zhejiang	48470	42253	3095	38984	9436
安　徽	Anhui	63125	50241	9902	47584	15540
福　建	Fujian	22481	17386	4040	13497	8947
江　西	Jiangxi	23445	20960	1246	18629	4816
山　东	Shandong	71272	55977	6027	45960	25653
河　南	Henan	44903	26411	9111	26572	18331
湖　北	Hubei	58966	43239	2660	27945	31021
湖　南	Hunan	9497	6596	1935	5888	3609
广　东	Guangdong	419579	338448	26983	273659	145920
广　西	Guangxi	29634	22150	1916	21982	7293
海　南	Hainan					
重　庆	Chongqing	6183	5270	1052	3415	2768
四　川	Sichuan	10318	7803	1448	6035	4283
贵　州	Guizhou	36603	28866	2877	20249	15880
云　南	Yunnan	29542	20392	2219	16468	13074
西　藏	Tibet					
陕　西	Shaanxi	7399	5546	411	3322	4077
甘　肃	Gansu	5961	4908	453	4659	1302
青　海	Qinghai					
宁　夏	Ningxia	770	769		85	686
新　疆	Xinjiang	53343	16839	30665	30386	22987

其他餐饮业
Others

单位：万元
Unit: 10000 yuan

地 区	Region	资产总计 Total Assets	#流动资产合计 Total Current Assets	#固定资产净额 Net Value of Fixed Assets
全 国	**National Total**	**2353524**	**1426975**	**131137**
北 京	Beijing	165492	134996	8064
天 津	Tianjin	38294	32759	2116
河 北	Hebei	1257	1139	57
山 西	Shanxi	1595	1451	47
内蒙古	Inner Mongolia	389	389	
辽 宁	Liaoning	15244	6713	7716
吉 林	Jilin	1495	1335	114
黑龙江	Heilongjiang	280	107	1
上 海	Shanghai	116943	104159	4169
江 苏	Jiangsu	63415	29520	14946
浙 江	Zhejiang	38380	28869	3014
安 徽	Anhui	7170	3911	435
福 建	Fujian	45811	25100	6261
江 西	Jiangxi	12467	6507	4573
山 东	Shandong	25941	23976	660
河 南	Henan	5396	3709	520
湖 北	Hubei	4470	1149	1925
湖 南	Hunan	17914	3874	2272
广 东	Guangdong	146571	120581	8641
广 西	Guangxi	13794	8196	587
海 南	Hainan	2156	1984	116
重 庆	Chongqing	3631	1274	110
四 川	Sichuan	1553170	844816	57701
贵 州	Guizhou	15276	12902	847
云 南	Yunnan	6958	4187	402
西 藏	Tibet			
陕 西	Shaanxi	14957	6526	4709
甘 肃	Gansu	2468	906	937
青 海	Qinghai	31860	15256	170
宁 夏	Ningxia			
新 疆	Xinjiang	730	684	27

其他餐饮业
Others

单位：万元
Unit: 10000 yuan

地　区	Region	负债合计 Total Liabilities	所有者权益合计 Total Owners' Equities
全　国	**National Total**	**1473113**	**872906**
北　京	Beijing	148182	17264
天　津	Tianjin	21245	16878
河　北	Hebei	620	636
山　西	Shanxi	677	918
内蒙古	Inner Mongolia	264	125
辽　宁	Liaoning	983	14261
吉　林	Jilin	1171	324
黑龙江	Heilongjiang	280	
上　海	Shanghai	93259	24462
江　苏	Jiangsu	30776	33112
浙　江	Zhejiang	21541	16839
安　徽	Anhui	1193	5977
福　建	Fujian	18765	27444
江　西	Jiangxi	15135	-2668
山　东	Shandong	20042	5899
河　南	Henan	2467	2696
湖　北	Hubei	2693	1527
湖　南	Hunan	7079	2829
广　东	Guangdong	92689	53758
广　西	Guangxi	5777	8018
海　南	Hainan	1457	699
重　庆	Chongqing	1790	1673
四　川	Sichuan	931158	622012
贵　州	Guizhou	6487	8789
云　南	Yunnan	4107	2851
西　藏	Tibet		
陕　西	Shaanxi	13098	1725
甘　肃	Gansu	644	1824
青　海	Qinghai	28994	2866
宁　夏	Ningxia		
新　疆	Xinjiang	540	168

4-4-1 限额以上住宿和餐饮业企业损益及分配

项　目	Item	营业收入 Business Revenue	营业成本 Business Cost
总　计	**Total**	**91450551**	**47254017**
一、住宿业	**Hotels**	**32925788**	**15016947**
#国有控股	State-controlled Enterprises	7439870	3349043
(一)按登记注册类型分	**by Type of Registration**		
1.内资企业	**Domestic Funded Enterprises**	**29290539**	**13547882**
国有企业	State-owned Enterprises	2275939	935302
集体企业	Collective-owned Enterprises	211648	79733
股份合作企业	Cooperative Enterprises	68670	44158
联营企业	Joint Ownership Enterprises	39541	12568
有限责任公司	Limited Liability Corporations	10554674	4682457
国有独资公司	State Sole Funded Corporations	1468103	740132
其他有限责任公司	Other Limited Liability Corporations	9086576	3942328
股份有限公司	Share-holding Corporations Ltd.	688825	272680
私营企业	Private Enterprises	15440016	7516026
私营独资企业	Private-funded Enterprises	776353	449667
私营合伙企业	Private Partnership Enterprises	158771	93597
私营有限责任公司	Private Limited Liability Corporations	14304304	6867771
私营股份有限公司	Private Share-holding Corporations Ltd.	200590	104994
其他企业	Other Enterprises	11227	4957
2.港、澳、台商投资企业	**Enterprises with Funds from Hongkong, Macao and Taiwan**	**2318431**	**922019**
合资经营企业	Joint-venture Enterprises	884228	309263
合作经营企业	Cooperative Enterprises	170312	78966
独资经营企业	Enterprises with Sole Investment	1232541	522854
投资股份有限公司	Share-holding Corporations Ltd. with Investment	23188	6361
其他港澳台商投资企业	Other Enterprises with Funds from Hongkong, Macao and Taiwan	8159	4579
3.外商投资企业	**Foreign Funded Enterprises**	**1316825**	**547052**
中外合资经营企业	Joint-venture Enterprises	536407	169918
中外合作经营企业	Cooperative Enterprises	134441	91999
外资企业	Enterprises with Sole Foreign Investment	601259	275690
外商投资股份有限公司	Share-holding Corporations Ltd. with Foreign Investment	29549	4339
其他外商投资企业	Other Foreign Funded Enterprises	15172	5108
(二)按国民经济行业分	**by Sector**		
旅游饭店	Tourist Hotel	23186621	9988766
一般旅馆	Fonda	8747945	4513551
民宿服务	Home Lodging Services	102349	63839
露营地服务	Campground Services	12521	6384
其他住宿业	Others	876351	444416

Income and Distribution of Enterprises above Designated Size of Hotels and Catering Services

单位：万元
Unit: 10000 yuan

税金及附加 Taxes and Other Charges	其他业务利润 Profits from Other Business	销售费用 Selling Expenses	管理费用 Administrative Expenses
758114	**860729**	**27658804**	**18130441**
565211	**492740**	**9506919**	**10941039**
191685	133153	2442535	2990631
436760	**433753**	**8484648**	**9460060**
41962	49438	835322	936844
2369	2065	77435	59640
2566	296	16165	28742
248	67	12697	20189
206487	175388	3264541	3825359
33042	28972	430539	575208
173444	146412	2833997	3250156
30083	45063	197555	201430
152746	161444	4078330	4384390
8359	2779	126872	125124
2287	394	24312	26986
139684	156502	3881929	4173533
2418	1770	45218	58754
304		2615	3467
91943	**47865**	**670419**	**962148**
35553	17663	250846	377087
4527	1398	50977	63765
51613	27507	359029	505657
85	127	7754	11455
162	1170	1816	4185
36510	**11120**	**351851**	**518831**
22306	4446	149582	222954
1114	1932	18791	42616
12007	4734	158734	234444
364	1	17845	12601
722	8	6898	6216
456876	392739	7029731	8240719
90471	93591	2233949	2408299
656	302	20026	29313
70	191	2017	3927
17148	5922	221196	258784

项 目	Item	财务费用 Financial Expenses	#利息支出 Interest Expenses
总 计	**Total**	**2748181**	**1748704**
一、住宿业	**Hotels**	**2104203**	**1426983**
#国有控股	State-controlled Enterprises	275348	274632
(一)按登记注册类型分	**by Type of Registration**		
1.内资企业	**Domestic Funded Enterprises**	**1725033**	**1119864**
国有企业	State-owned Enterprises	27835	32162
集体企业	Collective-owned Enterprises	3030	2085
股份合作企业	Cooperative Enterprises	33624	145
联营企业	Joint Ownership Enterprises	1832	91
有限责任公司	Limited Liability Corporations	756011	575617
国有独资公司	State Sole Funded Corporations	51851	35208
其他有限责任公司	Other Limited Liability Corporations	704160	540411
股份有限公司	Share-holding Corporations Ltd.	46358	14792
私营企业	Private Enterprises	856141	494797
私营独资企业	Private-funded Enterprises	17147	9904
私营合伙企业	Private Partnership Enterprises	2797	1617
私营有限责任公司	Private Limited Liability Corporations	819423	472277
私营股份有限公司	Private Share-holding Corporations Ltd.	16772	10998
其他企业	Other Enterprises	201	175
2.港、澳、台商投资企业	**Enterprises with Funds from Hongkong, Macao and Taiwan**	**284110**	**212449**
合资经营企业	Joint-venture Enterprises	148906	112601
合作经营企业	Cooperative Enterprises	6954	3918
独资经营企业	Enterprises with Sole Investment	128766	95622
投资股份有限公司	Share-holding Corporations Ltd. with Investment	-728	103
其他港澳台商投资企业	Other Enterprises with Funds from Hongkong, Macao and Taiwan	214	205
3.外商投资企业	**Foreign Funded Enterprises**	**95062**	**94674**
中外合资经营企业	Joint-venture Enterprises	56053	40533
中外合作经营企业	Cooperative Enterprises	2970	9248
外资企业	Enterprises with Sole Foreign Investment	38616	43860
外商投资股份有限公司	Share-holding Corporations Ltd. with Foreign Investment	893	1036
其他外商投资企业	Other Foreign Funded Enterprises	-3469	-3
(二)按国民经济行业分	**by Sector**		
旅游饭店	Tourist Hotel	1754440	1220321
一般旅馆	Fonda	278897	157062
民宿服务	Home Lodging Services	3031	1841
露营地服务	Campground Services	618	303
其他住宿业	Others	67220	47460

4-4-1 Continued 1

单位：万元
Unit: 10000 yuan

营业利润 Operating Profits	利润总额 Total Profits	应交所得税 Income Tax Payable	应付职工薪酬 Payables to Employees	应交增值税 VAT Payable
-4093111	**-3135676**	**583945**	**21841934**	**369101**
-4710005	**-4144978**	**142473**	**8972886**	**324221**
-1488890	-1294310	49054	2935480	98451
-4000845	**-3514304**	**114615**	**7902538**	**276400**
-453277	-352681	15576	930495	29105
-11016	-8349	1719	67836	3497
-53029	-51653	75	19265	286
-9186	-8245	54	12583	25
-1914051	-1718944	49721	3296503	111734
-305239	-281963	5349	532534	15555
-1608816	-1436982	44371	2763970	96183
-17140	-10620	4201	171403	8081
-1543011	-1363772	43218	3401469	123576
38631	40699	5546	136379	7831
8185	8620	700	31249	2090
-1558654	-1388798	36415	3192202	112824
-31171	-24291	559	41640	834
-136	-44	55	2993	97
-472433	**-412765**	**14942**	**710930**	**29705**
-169745	-142313	4348	294663	13978
-37756	-18936	2005	62244	2432
-260156	-246855	8476	343402	13172
-1802	-1677	91	6867	89
-2973	-2983	22	3761	38
-236729	**-217911**	**12916**	**359423**	**18115**
-113367	-105676	5449	157683	6772
-15624	-15024	-209	32576	2809
-101973	-91885	7651	156434	7521
-5928	-5591	25	8377	750
164	263	1	4354	267
-3866851	-3429347	102089	6776124	240922
-706223	-597336	36029	1956837	74058
-14910	-13075	367	24850	555
-675	1412	238	3745	168
-121355	-106638	3754	211332	8523

4-4-1 续表 2

项　　目	Item	营业收入 Business Revenue	营业成本 Business Cost
二、餐饮业	**Catering Services**	**58524763**	**32237068**
#国有控股	State-controlled Enterprises	2221326	1432427
(一)按登记注册类型分	**by Type of Registration**		
1.内资企业	**Domestic Funded Enterprises**	**42254188**	**24610713**
国有企业	State-owned Enterprises	433024	243562
集体企业	Collective-owned Enterprises	103411	70991
股份合作企业	Cooperative Enterprises	123972	67373
联营企业	Joint Ownership Enterprises	1880	1161
有限责任公司	Limited Liability Corporations	8899726	4904648
国有独资公司	State Sole Funded Corporations	511304	344852
其他有限责任公司	Other Limited Liability Corporations	8388425	4559794
股份有限公司	Share-holding Corporations Ltd.	481634	318584
私营企业	Private Enterprises	32176525	18985407
私营独资企业	Private-funded Enterprises	2242970	1543500
私营合伙企业	Private Partnership Enterprises	329384	196758
私营有限责任公司	Private Limited Liability Corporations	28753694	16708436
私营股份有限公司	Private Share-holding Corporations Ltd.	850484	536723
其他企业	Other Enterprises	34022	18986
2.港、澳、台商投资企业	**Enterprises with Funds from Hongkong, Macao and Taiwan**	**7201915**	**2946462**
合资经营企业	Joint-venture Enterprises	1171253	507910
合作经营企业	Cooperative Enterprises	94502	47776
独资经营企业	Enterprises with Sole Investment	5898151	2379172
投资股份有限公司	Share-holding Corporations Ltd. with Investment	31961	9649
其他港澳台商投资企业	Other Enterprises with Funds from Hongkong, Macao and Taiwan	6053	1957
3.外商投资企业	**Foreign Funded Enterprises**	**9068659**	**4679897**
中外合资经营企业	Joint-venture Enterprises	1899842	929179
中外合作经营企业	Cooperative Enterprises	116297	113172
外资企业	Enterprises with Sole Foreign Investment	6811739	3521990
外商投资股份有限公司	Share-holding Corporations Ltd. with Foreign Investment	76137	60318
其他外商投资企业	Other Foreign Funded Enterprises	164648	55238
(二)按国民经济行业分	**by Sector**		
正餐服务	Dinner	36851803	20545158
快餐服务	Snack	12762927	6652183
饮料及冷饮服务	Beverage and Cold Drink	3710051	1516154
餐饮配送及外卖送餐服务	Catering Distribution and Delivery Services	2991874	2331486
其他餐饮业	Others	2208111	1192094

单位：万元
Unit: 10000 yuan

税金及附加 Taxes and Other Charges	其他业务利润 Profits from Other Business	销售费用 Selling Expenses	管理费用 Administrative Expenses
192899	**367988**	**18151888**	**7189403**
15384	46936	565483	423782
181658	**285760**	**11440111**	**5697598**
3599	6763	124164	105011
804	133	18962	15155
637	870	40390	16852
6		417	225
35845	91598	2932943	1314273
2851	25577	120125	96520
32999	66018	2812815	1217755
4061	4187	153547	82832
136612	182026	8159305	4159120
18969	6033	284695	212680
2456	1794	75740	36362
112832	170289	7576529	3843918
2360	3915	222350	66161
93	183	10382	4133
5706	**65058**	**3536656**	**646115**
932	15929	510315	110755
172	5	37231	13230
4373	49111	2971459	516358
217	14	13743	4675
12		3910	1097
5541	**17170**	**3175123**	**845695**
1396	402	631227	162129
77		2433	3857
3565	16584	2433927	657701
385		3978	7333
117	184	103562	14676
171470	270780	10735061	5227461
10981	59913	4595284	1183086
1649	33036	1725002	291315
5405	2963	337209	322403
3394	1304	759340	165142

项　目	Item	财务费用 Financial Expenses	#利息支出 Interest Expenses
二、餐饮业	**Catering Services**	**643978**	**321716**
#国有控股	State-controlled Enterprises	27286	24316
(一)按登记注册类型分	**by Type of Registration**		
1.内资企业	**Domestic Funded Enterprises**	**555884**	**289840**
国有企业	State-owned Enterprises	3806	2382
集体企业	Collective-owned Enterprises	383	305
股份合作企业	Cooperative Enterprises	802	141
联营企业	Joint Ownership Enterprises	1	1
有限责任公司	Limited Liability Corporations	126298	71121
国有独资公司	State Sole Funded Corporations	6524	4473
其他有限责任公司	Other Limited Liability Corporations	119772	66648
股份有限公司	Share-holding Corporations Ltd.	5706	7479
私营企业	Private Enterprises	418406	208399
私营独资企业	Private-funded Enterprises	21519	8877
私营合伙企业	Private Partnership Enterprises	2583	1218
私营有限责任公司	Private Limited Liability Corporations	386747	192679
私营股份有限公司	Private Share-holding Corporations Ltd.	7554	5625
其他企业	Other Enterprises	490	18
2.港、澳、台商投资企业	**Enterprises with Funds from Hongkong, Macao and Taiwan**	**64084**	**18577**
合资经营企业	Joint-venture Enterprises	12231	4904
合作经营企业	Cooperative Enterprises	125	23
独资经营企业	Enterprises with Sole Investment	47251	10331
投资股份有限公司	Share-holding Corporations Ltd. with Investment	4477	3318
其他港澳台商投资企业	Other Enterprises with Funds from Hongkong, Macao and Taiwan	1	1
3.外商投资企业	**Foreign Funded Enterprises**	**24013**	**13300**
中外合资经营企业	Joint-venture Enterprises	12236	1655
中外合作经营企业	Cooperative Enterprises	202	1
外资企业	Enterprises with Sole Foreign Investment	11070	11478
外商投资股份有限公司	Share-holding Corporations Ltd. with Foreign Investment	257	103
其他外商投资企业	Other Foreign Funded Enterprises	250	66
(二)按国民经济行业分	**by Sector**		
正餐服务	Dinner	556030	291829
快餐服务	Snack	64857	13626
饮料及冷饮服务	Beverage and Cold Drink	2467	3748
餐饮配送及外卖送餐服务	Catering Distribution and Delivery Services	7915	4117
其他餐饮业	Others	12709	8395

4-4-1 Continued 3

单位：万元
Unit: 10000 yuan

营业利润 Operating Profits	利润总额 Total Profits	应交所得税 Income Tax Payable	应付职工薪酬 Payables to Employees	应交增值税 VAT Payable
616892	**1009300**	**441474**	**12869051**	**44880**
-58180	-17729	12292	721021	19214
-138082	**226650**	**209571**	**8424437**	**77353**
-46807	-27791	1201	140502	3860
-2862	-1524	320	25249	1501
-236	2192	530	29685	876
70	79	5	310	25
-330890	-240956	46005	2043229	35397
-11820	-1896	3375	165809	1043
-319071	-239057	42631	1877422	34359
11948	14706	44	155362	4321
230791	478377	161427	6023283	31278
146495	153999	12404	314271	21775
14526	16893	1186	56757	1879
47862	279834	140547	5518028	10425
21903	27649	7292	134229	-2800
-98	1560	38	6820	95
10172	**31960**	**71729**	**2222189**	**-18021**
30869	35261	14481	338120	2047
-3945	-3284	-83	26705	1045
-11187	4966	57322	1847944	-21189
-4981	-4117	7	6864	108
-586	-865	1	2560	-30
744804	**750690**	**160174**	**2222426**	**-14454**
167036	169682	47049	377672	-1101
-3377	879	693	17802	-1685
586076	584583	111615	1784853	-8272
3769	4150	806	25375	1654
-8701	-8607	10	16728	-5051
-326597	-5242	174068	7443898	38175
359615	380353	132485	3087522	-12984
229668	247118	100454	1252509	-917
2106	19290	9509	590027	14406
352109	367786	24956	495093	6197

4-4-2 各地区限额以上住宿和餐饮业企业损益及分配

地　区	Region	营业收入 Business Revenue	营业成本 Business Cost	税金及附加 Taxes and Other Charges	其他业务利润 Profits from Other Business	销售费用 Selling Expenses	管理费用 Administr-ative Expenses
全　国	**National Total**	**91450551**	**47254017**	**758114**	**860729**	**27658804**	**18130441**
北　京	Beijing	8891939	4026138	108880	100159	3598196	1936961
天　津	Tianjin	1455514	744520	7621	12234	471329	294449
河　北	Hebei	1104560	524668	17157	14647	396663	282778
山　西	Shanxi	1030822	512468	11518	20276	347201	249039
内蒙古	Inner Mongolia	588808	255893	3520	3305	211927	184382
辽　宁	Liaoning	1327047	681443	18356	22836	439293	330993
吉　林	Jilin	366827	190802	4600	5089	122348	119903
黑龙江	Heilongjiang	227954	98914	2755	1383	90340	101869
上　海	Shanghai	10937635	5194454	61058	139076	4165627	1963187
江　苏	Jiangsu	7254455	3715628	21833	41499	2154666	1486452
浙　江	Zhejiang	6984849	3331765	24749	133607	2267481	1546720
安　徽	Anhui	2589942	1432775	20649	18793	670216	433201
福　建	Fujian	4711481	2846029	49522	35447	1006985	778644
江　西	Jiangxi	1435765	810749	18257	19784	272595	268874
山　东	Shandong	3411173	1691707	12269	36449	1103036	795900
河　南	Henan	2190844	1137132	28712	15586	514467	422693
湖　北	Hubei	3137623	1757113	26892	10496	784766	436615
湖　南	Hunan	3244363	1995640	45542	16895	523544	503540
广　东	Guangdong	13441962	6816497	67617	70275	4476812	2679321
广　西	Guangxi	1407839	688561	10307	8920	423760	341095
海　南	Hainan	1332145	440516	63210	16069	330272	469812
重　庆	Chongqing	2347865	1512631	25147	11277	358011	332505
四　川	Sichuan	4686768	2454611	34411	38432	1368851	690236
贵　州	Guizhou	1275116	809089	11086	8898	187323	253675
云　南	Yunnan	1344132	783299	12430	16536	248218	313378
西　藏	Tibet	105072	44266	470	395	24513	39356
陕　西	Shaanxi	3112467	1895406	33960	27793	705427	536621
甘　肃	Gansu	703580	382685	7470	7209	187383	141962
青　海	Qinghai	124179	67944	1624	2129	34006	34475
宁　夏	Ningxia	117149	69075	719	875	35785	31450
新　疆	Xinjiang	560676	341599	5773	4360	137763	130355

Income and Distribution of Enterprises above Designated Size of Hotels and Catering Services by Region

单位：万元

Unit: 10000 yuan

财务费用 Financial Expenses	#利息支出 Interest Expenses	营业利润 Operating Profits	利润总额 Total Profits	应交所得税 Income Tax Payable	应付职工薪酬 Payables to Employees	应交增值税 VAT Payable
2748181	**1748704**	**-4093111**	**-3135676**	**583945**	**21841934**	**369101**
174749	195858	-963731	-897416	43932	2700734	32607
57026	42496	-108144	-88233	10676	374783	7398
106588	57163	-238690	-213994	3202	291094	1558
37852	24152	-123820	-101597	2971	261772	6436
11677	14707	-81312	-65952	1351	172564	2353
57863	36494	-195507	-184708	7980	340828	4848
30226	22808	-99127	-88711	233	85228	1874
11630	8633	-72669	-60838	212	55241	2280
213220	113272	-434974	-349969	105375	2649901	-6451
184339	100401	-249920	-155467	60632	1825788	24374
248990	185501	-363322	-260628	53955	1672434	-78413
70116	38958	-15226	3658	15853	562324	26442
113380	61921	-75317	-42988	24659	876761	24582
47409	30377	6257	18269	6098	251369	16889
101068	54542	-256329	-191079	15387	898938	20569
86201	34136	-11135	11539	10923	512758	23991
80473	47733	29349	51743	25692	621640	29780
89234	46521	78757	97311	20811	546244	30384
355491	214035	-685285	-554355	70324	3553526	69615
67950	47739	-112032	-84137	5366	328651	12569
145096	94997	-54970	-40958	8291	297321	14789
56106	33381	57522	68375	13365	417576	24635
140109	79981	296775	335039	45324	985606	27348
58237	27704	-44761	-31968	6432	235291	10036
46721	32528	-69825	-63332	4747	297020	10720
1272	1058	-3128	-740	11	33432	1181
84534	61113	-146557	-119454	15254	593724	22131
31869	22750	-50427	-38573	2954	182094	2926
18636	2395	-16550	-12202	-70	36469	1162
3620	2439	-17005	-17422	282	29949	751
16499	12911	-72008	-56889	1723	150874	-263

4-4-3 各地区限额以上住宿业企业损益及分配

地 区	Region	营业收入 Business Revenue	营业成本 Business Cost	税金及附加 Taxes and Other Charges	其他业务利润 Profits from Other Business	销售费用 Selling Expenses	管理费用 Administr-ative Expenses
全 国	**National Total**	**32925788**	**15016947**	**565211**	**492740**	**9506919**	**10941039**
北 京	Beijing	2469343	884613	102069	46106	911135	1104434
天 津	Tianjin	316027	118816	5139	4334	115882	144703
河 北	Hebei	632501	273726	14319	10172	243648	193454
山 西	Shanxi	409277	172941	8036	12721	142524	150819
内蒙古	Inner Mongolia	274206	106550	1820	1621	98865	106094
辽 宁	Liaoning	458097	199243	15135	4388	158750	208029
吉 林	Jilin	187934	78602	3895	2175	74645	94028
黑龙江	Heilongjiang	150027	59481	2482	1355	58554	85764
上 海	Shanghai	2278556	1049417	55309	63258	651438	935908
江 苏	Jiangsu	1978239	815001	9763	24884	642067	764471
浙 江	Zhejiang	2917991	1127030	17541	112573	1043648	1004017
安 徽	Anhui	786708	377780	11448	5795	229885	207981
福 建	Fujian	2094614	1087741	36165	27016	512732	529011
江 西	Jiangxi	779838	404541	12880	9350	162677	191647
山 东	Shandong	1352422	550424	5919	17653	517597	441284
河 南	Henan	1176984	569259	19952	9148	266215	306532
湖 北	Hubei	932238	449542	11630	6469	245305	240151
湖 南	Hunan	1450775	849115	26472	10342	224605	335158
广 东	Guangdong	4281771	1907167	53802	34587	1302844	1463738
广 西	Guangxi	739951	295105	8043	7453	243346	271837
海 南	Hainan	1188263	372065	63030	11322	274866	450015
重 庆	Chongqing	775068	426141	11033	4731	161792	208294
四 川	Sichuan	1600471	826622	20710	23063	378441	418993
贵 州	Guizhou	827462	492401	9450	7430	134286	197467
云 南	Yunnan	716898	373157	8189	12416	143657	244580
西 藏	Tibet	85489	32456	462	355	22434	36324
陕 西	Shaanxi	1225133	653917	18260	15840	328250	366088
甘 肃	Gansu	360939	186586	5722	1373	89844	96258
青 海	Qinghai	81775	44863	1330	484	21978	25835
宁 夏	Ningxia	63538	38570	406	699	18632	21780
新 疆	Xinjiang	333253	194075	4800	3627	86377	96345

Income and Distribution of Enterprises above Designated Size of Hotels by Region

单位：万元
Unit: 10000 yuan

财务费用 Financial Expenses	#利息支出 Interest Expenses	营业利润 Operating Profits	利润总额 Total Profits	应交所得税 Income Tax Payable	应付职工薪酬 Payables to Employees	应交增值税 VAT Payable
2104203	**1426983**	**-4710005**	**-4144978**	**142473**	**8972886**	**324221**
148405	175468	-707484	-678863	17283	963900	38438
41795	33831	-95160	-90099	832	103071	4559
86411	45063	-187631	-168454	1730	192135	1300
19846	10126	-81411	-67019	698	120802	3218
4794	10094	-44410	-36374	1118	86873	1065
30837	20492	-147420	-136791	255	127679	3701
26499	20117	-87874	-79470	66	57394	2382
8480	6512	-60550	-50981	147	42086	1883
162716	100239	-413924	-387992	24459	613244	16257
121499	75447	-332639	-298273	6204	597105	15546
179954	146104	-427428	-347669	9748	820819	14856
46617	28437	-71410	-67143	1201	189808	9749
97913	57716	-162894	-135264	7089	482736	15880
36876	24522	-29543	-22140	1887	156120	11690
56733	35415	-207665	-177126	3224	416029	11399
69894	27022	-55958	-43517	5763	300764	14947
50736	32577	-61351	-49135	4434	194788	10060
62663	35761	-38823	-25384	6619	261887	14581
291252	188624	-626259	-533878	17566	1318005	52452
61987	44320	-129491	-105076	601	204094	9813
143495	93749	-53313	-41844	7588	266184	15531
43408	26342	-65601	-56861	4382	176875	9114
96878	55104	-121830	-103493	8294	349406	16823
51194	24634	-55382	-42919	4385	160518	6471
41207	27283	-95349	-89871	1710	194237	5919
1287	1055	-5997	-3847	-294	28593	902
67046	52858	-210282	-191288	4203	297349	10045
24697	18056	-46359	-38135	642	103636	3216
16270	1114	-14236	-10713	-83	23473	838
2448	1442	-12595	-14395	259	15813	249
10366	7459	-59736	-50964	463	107463	1337

国有控股

State-controlled Enterprises

地区	Region	营业收入 Business Revenue	营业成本 Business Cost	税金及附加 Taxes and Other Charges	其他业务利润 Profits from Other Business	销售费用 Selling Expenses	管理费用 Administr-ative Expenses
全国	**National Total**	**7439870**	**3349043**	**191685**	**133153**	**2442535**	**2990631**
北京	Beijing	1225134	423247	72789	16730	407004	609987
天津	Tianjin	79812	42795	2580	668	22205	45983
河北	Hebei	170754	79250	5484	3101	77424	53697
山西	Shanxi	126190	55814	3914	8285	49403	58382
内蒙古	Inner Mongolia	41866	19012	656	16	18735	14992
辽宁	Liaoning	103096	52694	4555	951	35049	51128
吉林	Jilin	53807	20483	1550	242	23992	32934
黑龙江	Heilongjiang	42963	24189	1491	714	17167	31138
上海	Shanghai	784443	345700	19354	41708	243175	324400
江苏	Jiangsu	591253	206986	2994	6028	233421	281427
浙江	Zhejiang	465970	174909	6271	13114	170682	170957
安徽	Anhui	148432	67428	2256	863	65151	29587
福建	Fujian	361488	153778	4911	3604	141852	118463
江西	Jiangxi	124275	56422	2114	5823	39326	41579
山东	Shandong	396281	152714	2507	8264	180113	136204
河南	Henan	164890	70824	4431	2677	49018	57619
湖北	Hubei	104764	47517	2330	90	29353	32162
湖南	Hunan	171303	89238	4923	433	37040	71721
广东	Guangdong	734318	360223	14264	9170	208982	273400
广西	Guangxi	139097	67053	2155	2323	47677	48967
海南	Hainan	123848	51130	6532	-48	30187	70780
重庆	Chongqing	128535	64287	2366	107	38105	54164
四川	Sichuan	163355	85836	3448	5569	56542	65670
贵州	Guizhou	277217	205068	3512	1018	23708	48196
云南	Yunnan	155278	79491	1561	1116	39454	64552
西藏	Tibet	30884	8429	65	2	12057	15189
陕西	Shaanxi	229734	137920	5664	375	76223	102961
甘肃	Gansu	106729	64408	3216	177	25750	33496
青海	Qinghai	23614	19421	851	111	8021	6790
宁夏	Ningxia	15594	16836	177		672	3972
新疆	Xinjiang	154946	105941	2764	-78	35047	40134

4-4-3 Continued

单位：万元

Unit: 10000 yuan

财务费用 Financial Expenses	#利息支出 Interest Expenses	营业利润 Operating Profits	利润总额 Total Profits	应交所得税 Income Tax Payable	应付职工薪酬 Payables to Employees	应交增值税 VAT Payable
275348	**274632**	**-1488890**	**-1294310**	**49054**	**2935480**	**98451**
49236	64801	-272507	-255763	12133	581212	25502
11458	5904	-43632	-39298	185	41253	1084
10026	3126	-49236	-36661	1035	70136	2264
1585	671	-41028	-30360	232	49907	263
893	808	-12750	-8117	19	17613	415
1310	1674	-39586	-38900	38	43414	1588
8296	6883	-32468	-27829	26	23793	1193
1949	1591	-27812	-22784	9	19030	1110
7237	23831	-82874	-70010	17329	282802	10400
34323	30187	-136750	-119362	3443	237008	5156
19028	25189	-65143	-31515	2939	175328	3113
5053	5418	-20561	-17936	118	33862	1412
4315	4243	-48690	-46333	1071	145148	3109
195	296	-15786	-12517	342	38116	1695
1417	3724	-71647	-56407	944	157470	4420
10829	5597	-25331	-21087	646	56432	2541
17292	14324	-23506	-20841	221	30335	-479
7846	6469	-30239	-30570	215	45858	1540
1097	8566	-69423	-58482	3069	339261	11588
12403	13308	-37824	-35729	143	54063	2496
8049	8521	-34126	-31929	-67	40801	1660
13818	7459	-37558	-32651	352	53180	870
4999	3410	-46087	-43957	410	69369	2922
11543	4076	-11002	-7825	1437	45462	2541
13176	10418	-35795	-37424	1258	58047	2819
-109	-25	-3416	-1378	-376	13616	446
10683	8671	-99980	-96677	1317	98355	2966
6030	4845	-28343	-23577	138	38696	1307
116	81	-9858	-8183	-91	8277	665
58	3	-5746	-5758	213	4584	104
1197	563	-30186	-24450	306	63052	1741

4-4-4 各地区限额以上住宿业企业损益及分配(按登记注册类型分)

内资企业

Domestic Funded Enterprises

地 区	Region	营业收入 Business Revenue	营业成本 Business Cost	税金及附加 Taxes and Other Charges	其他业务利润 Profits from Other Business	销售费用 Selling Expenses	管理费用 Administr-ative Expenses
全 国	**National Total**	**29290539**	**13547882**	**436760**	**433753**	**8484648**	**9460060**
北 京	Beijing	1886433	709892	62793	28146	706286	888248
天 津	Tianjin	256845	104181	4502	4304	87058	113335
河 北	Hebei	621090	268670	13350	10167	241749	182852
山 西	Shanxi	409277	172941	8036	12721	142524	150819
内蒙古	Inner Mongolia	259823	96425	1774	1621	94870	101418
辽 宁	Liaoning	384394	161848	10210	4029	133312	173939
吉 林	Jilin	176271	73402	3409	2169	68609	90214
黑龙江	Heilongjiang	128219	53298	2272	1228	50649	68254
上 海	Shanghai	1772192	766668	29474	61875	586138	732686
江 苏	Jiangsu	1818917	751440	8948	22647	584592	703373
浙 江	Zhejiang	2584798	1030636	14768	103327	916296	869205
安 徽	Anhui	757426	369535	11260	5795	222430	184357
福 建	Fujian	1749061	944665	30581	17066	422801	406552
江 西	Jiangxi	756223	393725	12513	9350	157691	185008
山 东	Shandong	1296286	532974	5817	14389	498877	411491
河 南	Henan	1137706	553235	18808	7865	255006	285277
湖 北	Hubei	873403	431354	10454	6385	223538	211518
湖 南	Hunan	1410876	827369	25996	9689	222367	321115
广 东	Guangdong	3591990	1583965	43747	27824	1092579	1213465
广 西	Guangxi	653958	269060	5646	6610	221248	219412
海 南	Hainan	949566	297056	41277	11333	225286	334781
重 庆	Chongqing	716515	399186	9524	4420	149208	190601
四 川	Sichuan	1535401	796838	18013	20073	367334	395871
贵 州	Guizhou	820260	487921	9301	7430	133833	196262
云 南	Yunnan	684284	362352	7436	12162	134309	226555
西 藏	Tibet	72235	26728	456	355	21666	28489
陕 西	Shaanxi	1156017	620270	14683	15700	310975	339208
甘 肃	Gansu	355032	185445	5464	1373	87677	92954
青 海	Qinghai	80982	44760	1227	484	21109	24823
宁 夏	Ningxia	63538	38570	406	699	18632	21780
新 疆	Xinjiang	331521	193473	4615	2517	85999	96198

Income and Distribution of Enterprises above Designated Size of Hotels by Region and Type of Registration

单位：万元

Unit: 10000 yuan

财务费用 Financial Expenses	#利息支出 Interest Expenses	营业利润 Operating Profits	利润总额 Total Profits	应交所得税 Income Tax Payable	应付职工薪酬 Payables to Employees	应交增值税 VAT Payable
1725033	**1119864**	**-4000845**	**-3514304**	**114615**	**7902538**	**276400**
98364	112903	-629649	-601305	10135	760144	25839
41817	33826	-80258	-75398	398	86976	3626
86122	44764	-180324	-159958	1726	186995	1047
19846	10126	-81411	-67019	698	120802	3218
8592	9905	-43749	-36170	1118	80850	945
26347	15365	-116744	-107697	441	104873	2624
24853	18609	-82349	-74396	66	53966	2184
6763	3634	-48767	-39666	55	37888	1698
71347	29085	-312497	-293786	17046	496345	10354
105620	68029	-295716	-263912	5444	544303	16187
140862	123985	-358858	-282756	7592	724973	11601
43833	25322	-58454	-55100	1201	180311	8977
66258	39014	-109390	-93573	6799	392315	13230
34956	24180	-28359	-21217	1772	152300	11506
48859	29802	-190426	-161143	2891	396431	12343
67962	25266	-44055	-32595	5722	289121	14266
47076	28975	-48733	-37392	4404	177794	9384
59843	33359	-34696	-21505	6307	255312	14343
246162	157525	-494358	-423697	13984	1093917	42549
48521	37512	-105400	-96570	580	176344	6916
109278	65168	-25700	-17443	7164	204687	11306
40153	25038	-62334	-54213	2480	161448	8596
95817	54339	-118094	-100920	6269	329778	15984
51176	24631	-56279	-43859	4180	159940	6423
39978	26855	-88467	-84475	1692	182387	5243
1324	1055	-4953	-2837	-294	25356	851
39527	23521	-170556	-153398	3327	279878	9441
24694	18056	-45392	-37531	642	101263	3045
16268	1114	-12950	-9797	-83	22974	1140
2448	1442	-12595	-14395	259	15813	249
10367	7459	-59332	-50581	600	107054	1285

4-4-4 续表 1

国有企业

State-owned Enterprises

地 区	Region	营业收入 Business Revenue	营业成本 Business Cost	税金及附加 Taxes and Other Charges	其他业务利润 Profits from Other Business	销售费用 Selling Expenses	管理费用 Administr-ative Expenses
全 国	**National Total**	**2275939**	**935302**	**41962**	**49438**	**835322**	**936844**
北 京	Beijing	325349	82116	13229	3569	132979	179726
天 津	Tianjin	19783	8416	294	45	6025	7090
河 北	Hebei	86057	39486	1872	2000	38261	29799
山 西	Shanxi	71849	21478	1975	7664	25167	40485
内蒙古	Inner Mongolia	15579	9097	460		5216	6963
辽 宁	Liaoning	50804	24251	1395	175	18713	22988
吉 林	Jilin	43658	14362	485	161	18368	25415
黑龙江	Heilongjiang	21302	12737	639	95	11188	19988
上 海	Shanghai	136104	59280	1395	6333	43927	48810
江 苏	Jiangsu	136968	47719	386	1526	63408	65704
浙 江	Zhejiang	138964	48524	907	3461	51333	56007
安 徽	Anhui	20149	8958	266	13	8540	5692
福 建	Fujian	46584	20547	570	826	17821	19542
江 西	Jiangxi	56301	29264	948	2392	17046	15738
山 东	Shandong	214190	76555	1377	7286	101665	80165
河 南	Henan	92463	39627	2193	2518	28440	30730
湖 北	Hubei	25629	12519	171	-11	7824	6477
湖 南	Hunan	70879	40609	1238	351	16987	18951
广 东	Guangdong	232014	108498	3538	4870	72411	83560
广 西	Guangxi	68868	26697	1402	1448	27912	23555
海 南	Hainan	10869	2934	146	86	4779	4333
重 庆	Chongqing	22634	6178	325	46	9223	13142
四 川	Sichuan	30336	13300	984	4295	16733	17273
贵 州	Guizhou	35870	19705	194	5	4339	7084
云 南	Yunnan	57743	31133	563	291	17786	20713
西 藏	Tibet	16229	4390	40		6255	8425
陕 西	Shaanxi	86263	42140	1628	21	25839	32087
甘 肃	Gansu	50576	28592	1627	58	10747	19215
青 海	Qinghai	13441	8769	271		6356	4568
宁 夏	Ningxia	8815	10022	49		558	2858
新 疆	Xinjiang	69669	37399	1395	-86	19476	19761

4-4-4 Continued 1

单位：万元

Unit: 10000 yuan

财务费用 Financial Expenses	#利息支出 Interest Expenses	营业利润 Operating Profits	利润总额 Total Profits	应交所得税 Income Tax Payable	应付职工薪酬 Payables to Employees	应交增值税 VAT Payable
27835	**32162**	**-453277**	**-352681**	**15576**	**930495**	**29105**
-2884	3412	-77654	-67874	3032	170270	6307
13	-1	-1987	-1796	85	10784	347
1909	628	-26889	-14677	188	32315	1032
60	54	-16369	-8390	204	27574	1073
36		-6798	-3030	21	7756	105
309	473	-15848	-16360	23	21718	508
3934	2608	-18170	-13969	10	19008	1120
1894	1587	-23052	-19315	4	10978	400
-1529	460	24073	25477	7839	42595	576
-961	1149	-38821	-35416	157	57878	589
695	2320	-17950	-15669	453	53623	-277
-126	170	-3380	-2853	10	7766	352
189	193	-12168	-10967	154	15886	630
32	150	-7956	-5227	9	11907	583
-1383	793	-41427	-27888	611	89800	2548
4693	451	-12544	-8695	80	32246	1368
1954	1973	-3203	-2474	35	8431	394
832	287	-7024	-5411	76	14831	666
116	627	-31762	-23646	199	116170	3959
5076	5179	-16848	-14766	82	27547	1601
168	161	-1492	-1465	17	4103	197
2736	2486	-9240	-6822	96	11250	244
1333	399	-19006	-18022	8	14108	475
490	176	607	1444	85	7948	470
73	270	-9362	-8226	792	23991	1045
-98	3	-2757	-760	70	8155	280
2790	1614	-19280	-17438	744	28507	980
4953	4412	-16243	-12314	49	17400	596
72	77	-7198	-5527	-6	4106	474
56	2	-4676	-4680		3769	34
403	49	-8853	-5925	449	28075	429

4-4-4 续表 2

集体企业

Collective-owned Enterprises

地　区	Region	营业收入 Business Revenue	营业成本 Business Cost	税金及附加 Taxes and Other Charges	其他业务利润 Profits from Other Business	销售费用 Selling Expenses	管理费用 Administr-ative Expenses
全　国	**National Total**	**211648**	**79733**	**2369**	**2065**	**77435**	**59640**
北　京	Beijing	56297	11171	465	818	29195	21529
天　津	Tianjin	2099	352	5		843	1432
河　北	Hebei	6427	2262	96		3404	787
山　西	Shanxi	1214	554	8		433	647
内蒙古	Inner Mongolia	303	77	1		105	23
辽　宁	Liaoning	3109	1440	18		1331	1024
吉　林	Jilin						
黑龙江	Heilongjiang	943	142	6		530	351
上　海	Shanghai	13139	4993	170		4702	3476
江　苏	Jiangsu	5496	2208	6	624	2213	1480
浙　江	Zhejiang	14835	5429	52	56	6396	4077
安　徽	Anhui	490	407			138	11
福　建	Fujian	10720	8267	73		1174	768
江　西	Jiangxi						
山　东	Shandong	7480	2512	19	28	4872	2027
河　南	Henan	18118	9885	369	69	4691	2775
湖　北	Hubei	13998	4764	331		3675	4813
湖　南	Hunan	10537	2465	4		3526	3743
广　东	Guangdong	23565	12177	364	284	4225	4808
广　西	Guangxi	1288	277	11		649	440
海　南	Hainan						
重　庆	Chongqing	4145	1781	28	114	988	954
四　川	Sichuan	4575	1807	41	53	1717	723
贵　州	Guizhou	2302	758	1		1176	575
云　南	Yunnan	4867	2522	150	19	760	1382
西　藏	Tibet	999	477	3			382
陕　西	Shaanxi	3840	2733	62		447	872
甘　肃	Gansu	862	273	86		245	541
青　海	Qinghai						
宁　夏	Ningxia						
新　疆	Xinjiang						

4-4-4 Continued 2

单位：万元

Unit: 10000 yuan

财务费用 Financial Expenses	#利息支出 Interest Expenses	营业利润 Operating Profits	利润总额 Total Profits	应交所得税 Income Tax Payable	应付职工薪酬 Payables to Employees	应交增值税 VAT Payable
3030	**2085**	**-11016**	**-8349**	**1719**	**67836**	**3497**
-201	18	-5808	-5527	1099	27309	1314
-3		-528	-392		1211	26
43		-179	-173	6	1857	57
18		-419	-414		199	10
		96	107	6	79	9
77	76	-781	-680	1	1168	29
-1	2	-84	-70		454	16
-25		-53	224	4	3152	117
5		-417	-219	6	1631	28
9	1	-1071	-766	12	4834	212
		-53	-51		201	1
33	22	366	389	15	812	25
35	13	-1981	-1854	6	2205	72
1737	608	-1368	-1355	50	5995	384
589	608	-1294	-796	10	2895	262
17		782	852	211	1562	33
438	467	2148	2323	269	5059	571
-16		-72	-49	2	535	17
4	1	549	553		1438	67
5		-43	-35	2	1534	148
-4		-203	-153	1	823	6
43	46	-14	73	8	855	20
23	21	114	155	8	567	25
204	201	-420	-393	3	943	24
	1	-283	-98		518	24

4-4-4 续表 3

股份合作企业

Cooperative Enterprises

地区	Region	营业收入 Business Revenue	营业成本 Business Cost	税金及附加 Taxes and Other Charges	其他业务利润 Profits from Other Business	销售费用 Selling Expenses	管理费用 Administr-ative Expenses
全国	**National Total**	**68670**	**44158**	**2566**	**296**	**16165**	**28742**
北京	Beijing	17498	8030	602	79	5343	6762
天津	Tianjin	935	135	48		436	1141
河北	Hebei						
山西	Shanxi						
内蒙古	Inner Mongolia	287	167			39	81
辽宁	Liaoning						
吉林	Jilin	211	134	3		35	256
黑龙江	Heilongjiang						
上海	Shanghai	13422	12200	1041		803	13994
江苏	Jiangsu	3869	1367	5		1539	1646
浙江	Zhejiang	4713	2343	15	1	1781	1032
安徽	Anhui						
福建	Fujian						
江西	Jiangxi						
山东	Shandong	3640	1750	5		1097	956
河南	Henan	1193	416	49	216	564	301
湖北	Hubei						
湖南	Hunan	6044	4150	484		193	164
广东	Guangdong	1189	259	20		427	513
广西	Guangxi	165	8			101	165
海南	Hainan						
重庆	Chongqing						
四川	Sichuan	2645	1730	235		69	527
贵州	Guizhou						
云南	Yunnan						
西藏	Tibet						
陕西	Shaanxi	12484	11403	59		3738	941
甘肃	Gansu						
青海	Qinghai	375	66				263
宁夏	Ningxia						
新疆	Xinjiang						

4-4-4 Continued 3

单位：万元

Unit: 10000 yuan

财务费用 Financial Expenses	#利息支出 Interest Expenses	营业利润 Operating Profits	利润总额 Total Profits	应交所得税 Income Tax Payable	应付职工薪酬 Payables to Employees	应交增值税 VAT Payable
33624	**145**	**-53029**	**-51653**	**75**	**19265**	**286**
-31	115	-2876	-2141	49	7468	77
		-825	-876		340	6
		1	1		167	1
		-217	-215		69	2
33081		-47696	-47300		4913	
4		-696	-633	5	927	17
278		-562	-563	9	2020	26
15	-1	-229	-87		742	35
53		-190	-147		438	44
143		910	910		632	
32	31	-56	-48	1	585	17
2		-112	-111		83	1
19		193	228	7	360	53
28		-720	-720	4	374	7
		46	49		147	

4-4-4 续表 4

联营企业

Joint Ownership Enterprises

地区	Region	营业收入 Business Revenue	营业成本 Business Cost	税金及附加 Taxes and Other Charges	其他业务利润 Profits from Other Business	销售费用 Selling Expenses	管理费用 Administrative Expenses
全国	**National Total**	**39541**	**12568**	**248**	**67**	**12697**	**20189**
北京	Beijing	3952	846	77	77	2304	1696
天津	Tianjin	7602	859	5		2715	7832
河北	Hebei						
山西	Shanxi						
内蒙古	Inner Mongolia						
辽宁	Liaoning						
吉林	Jilin						
黑龙江	Heilongjiang						
上海	Shanghai	741	203	3		360	377
江苏	Jiangsu	1614	461	5		658	398
浙江	Zhejiang	6603	3648	35	-10	2230	2675
安徽	Anhui	1301	250	1		375	513
福建	Fujian						
江西	Jiangxi	3797	413	92		1407	1278
山东	Shandong						
河南	Henan						
湖北	Hubei	1348	1205	8		56	514
湖南	Hunan						
广东	Guangdong	1905	1133	4		263	988
广西	Guangxi						
海南	Hainan	8971	2916			1721	3326
重庆	Chongqing						
四川	Sichuan						
贵州	Guizhou						
云南	Yunnan	974	227	8		465	366
西藏	Tibet						
陕西	Shaanxi	314	86	7		143	79
甘肃	Gansu						
青海	Qinghai						
宁夏	Ningxia						
新疆	Xinjiang	419	321	3			147

4-4-4 Continued 4

单位：万元

Unit: 10000 yuan

财务费用 Financial Expenses	#利息支出 Interest Expenses	营业利润 Operating Profits	利润总额 Total Profits	应交所得税 Income Tax Payable	应付职工薪酬 Payables to Employees	应交增值税 VAT Payable
1832	**91**	**-9186**	**-8245**	**54**	**12583**	**25**
67	61	-964	-837	25	1621	-38
1671		-5438	-5361		3185	
1		-203	-154		197	19
1		15	33	1	601	9
8	5	-1955	-1950		2697	-245
	2	171	173	1	305	
156		453	453	45	62	114
-1	4	-434	-425		513	57
-96		-381	-191		863	45
5		-285	134		1813	12
1		-93	-51	1	525	50
19	19	-20	-19	-19	59	
		-52	-50		142	2

有限责任公司

Limited Liability Corporations

地　区	Region	营业收入 Business Revenue	营业成本 Business Cost	税金及附加 Taxes and Other Charges	其他业务利润 Profits from Other Business	销售费用 Selling Expenses	管理费用 Administrative Expenses
全　国	**National Total**	**10554674**	**4682457**	**206487**	**175388**	**3264541**	**3825359**
北　京	Beijing	1028121	429979	44895	19750	353602	493334
天　津	Tianjin	104523	54624	3104	921	33990	46244
河　北	Hebei	230812	96335	5469	1895	106740	64479
山　西	Shanxi	90290	50284	2189	651	36366	32682
内蒙古	Inner Mongolia	96415	33656	501	290	39336	37774
辽　宁	Liaoning	130090	54525	5180	1216	46799	70164
吉　林	Jilin	53421	25856	1649	120	22389	28790
黑龙江	Heilongjiang	42333	16362	981	941	16318	22234
上　海	Shanghai	902935	380746	22554	44191	294946	385147
江　苏	Jiangsu	692887	247123	3551	10236	255776	303704
浙　江	Zhejiang	704521	268892	7485	27286	261122	227221
安　徽	Anhui	304280	135360	5935	1645	102002	82101
福　建	Fujian	399518	186605	5825	4561	140602	112859
江　西	Jiangxi	255859	129658	6005	4039	56518	69004
山　东	Shandong	460897	182785	2387	1578	181821	150424
河　南	Henan	274040	115648	5147	1233	79163	90395
湖　北	Hubei	242374	108669	3762	4135	71294	70763
湖　南	Hunan	305034	154389	8814	4389	52602	114066
广　东	Guangdong	1510016	657814	26224	12277	453474	498573
广　西	Guangxi	160290	74152	1011	1234	47430	59523
海　南	Hainan	632545	189850	14421	9425	161689	250579
重　庆	Chongqing	219606	122685	3494	408	48988	70385
四　川	Sichuan	527537	257403	6700	3381	144103	162099
贵　州	Guizhou	336974	234615	5418	1144	33737	70613
云　南	Yunnan	210277	103563	2725	7758	40361	89593
西　藏	Tibet	33206	11469	258	12	10603	12822
陕　西	Shaanxi	336068	180405	6214	9176	110942	139399
甘　肃	Gansu	119548	64874	2313	547	30430	31458
青　海	Qinghai	13369	12739	508	327	1595	2930
宁　夏	Ningxia	16995	15078	182	287	4819	6301
新　疆	Xinjiang	119893	86314	1586	335	24984	29699

单位：万元

Unit: 10000 yuan

财务费用 Financial Expenses	#利息支出 Interest Expenses	营业利润 Operating Profits	利润总额 Total Profits	应交所得税 Income Tax Payable	应付职工薪酬 Payables to Employees	应交增值税 VAT Payable
756011	**575617**	**-1914051**	**-1718944**	**49721**	**3296503**	**111734**
77674	87210	-426343	-412913	4810	438977	14303
26466	21648	-46508	-42703	141	41000	1937
27805	14551	-61468	-57744	815	79858	636
3847	696	-34166	-30919	266	33734	3
3661	7202	-17844	-14925	356	30850	555
6388	2317	-50836	-47316	-43	41644	995
12608	10658	-38738	-36462	24	17155	557
1550	500	-11948	-10579	12	13562	708
18213	18785	-138217	-129411	10063	299771	9907
52918	32739	-147135	-127498	2348	242434	4995
53850	49357	-95558	-58677	4037	225628	3391
18610	14324	-29648	-26005	185	74060	2304
7533	6155	-38959	-38097	1399	143153	3276
13245	9408	-17970	-16114	642	56227	6219
19992	16206	-73736	-65481	1582	146715	3943
24784	14591	-43353	-39231	1376	75868	3670
22265	15818	-32271	-27598	516	57881	1510
15088	9826	-30179	-24146	2595	72722	3607
153135	100067	-203064	-165952	7922	468131	20700
16549	16232	-35525	-34585	187	47350	1029
57761	51586	-28157	-22619	4043	156613	8587
19720	10503	-39631	-38443	441	61642	1481
38587	26934	-50408	-42752	2956	132628	7619
17112	5864	-15398	-11467	2308	59219	3213
19266	13252	-40918	-42057	66	64999	1914
1055	761	-2443	-2328	-427	10622	318
18373	13528	-112872	-107762	1117	114826	2122
5140	3207	-18626	-16965	91	37798	1536
328	263	-3766	-3632	-138	4779	123
-13	7	-3569	-3489	218	2763	189
2501	1422	-24797	-21074	-187	43894	387

股份有限公司

Share-holding Corporations Ltd.

地区	Region	营业收入 Business Revenue	营业成本 Business Cost	税金及附加 Taxes and Other Charges	其他业务利润 Profits from Other Business	销售费用 Selling Expenses	管理费用 Administr-ative Expenses
全国	**National Total**	**688825**	**272680**	**30083**	**45063**	**197555**	**201430**
北京	Beijing	5466	533	1	30	4899	2494
天津	Tianjin	4614	1258	106	15	1599	2214
河北	Hebei	5548	1091	7		3042	2014
山西	Shanxi	508	214				823
内蒙古	Inner Mongolia	499	76	4		140	148
辽宁	Liaoning	7059	5240	115		440	1691
吉林	Jilin	3504	317	187		2468	459
黑龙江	Heilongjiang	10161	3803	360		2851	4536
上海	Shanghai	20999	9780	78	2	7501	12562
江苏	Jiangsu	95380	35265	646	614	25357	36511
浙江	Zhejiang	118107	25054	233	42608	69791	27111
安徽	Anhui	23300	11343	168	134	7499	6293
福建	Fujian	591	482	15	9		2289
江西	Jiangxi	2945	1601	60		344	776
山东	Shandong	11251	4757	49	410	4136	4365
河南	Henan	16151	7306	516	1	4969	5827
湖北	Hubei	17161	4988	397	1012	8912	5515
湖南	Hunan	22714	14274	698		2231	11672
广东	Guangdong	80696	42675	1596	224	19229	34530
广西	Guangxi	8258	3052	31		3451	3358
海南	Hainan	174180	64899	23574	7	13717	23685
重庆	Chongqing	2999	2224	67		253	1136
四川	Sichuan	24111	14539	504	-3	5827	3984
贵州	Guizhou	399				191	14
云南	Yunnan	8263	5270	66		1659	2399
西藏	Tibet	1150	162	66		652	565
陕西	Shaanxi	10661	6655	150		1959	883
甘肃	Gansu	4513	2137	27		801	942
青海	Qinghai	1840	471	173		1677	1199
宁夏	Ningxia						
新疆	Xinjiang	5797	3214	189		1960	1435

4-4-4 Continued 6

单位：万元

Unit: 10000 yuan

财务费用 Financial Expenses	#利息支出 Interest Expenses	营业利润 Operating Profits	利润总额 Total Profits	应交所得税 Income Tax Payable	应付职工薪酬 Payables to Employees	应交增值税 VAT Payable
46358	**14792**	**-17140**	**-10620**	**4201**	**171403**	**8081**
62	55	-2457	-2343	1	1549	153
6		-583	-461		1619	-20
-31	9	-563	-541	3	1652	1
134		-664	-664		162	21
1		132	132	6	93	2
100	97	-536	-490		1270	186
209	54	17	13		283	57
369	325	-1754	-1688	2	3169	394
1690	1654	-11201	-10260	-2368	3594	168
2087	1709	7590	8008	1520	32181	1963
-266	2683	632	2016	1407	35313	1766
813	523	-3682	-3451	4	7840	335
		-2204	-2228		1167	
18	1	132	158	6	404	1
319	224	-2375	-1964	2	3603	203
482	474	-2148	-1874	4	4351	149
745	1096	-2586	-2632	43	6105	52
3428	2146	-2318	-2974		8461	462
647	2326	-2014	-663	255	34071	1158
92	17	-1723	-1419		3102	80
33994	15	15229	16729	3116	8036	190
42	34	-655	-652		387	53
1003	650	-1315	-1762	32	4432	306
2		193	193		82	
23	1	-1892	-1833		2853	20
8		-142	-141		306	34
122		901	895	109	1026	212
-266	222	676	735		1522	68
42	5	-337	-244		739	
483	472	-1493	-1215	59	2031	67

私营企业

Private Enterprises

地 区	Region	营业收入 Business Revenue	营业成本 Business Cost	税金及附加 Taxes and Other Charges	其他业务利润 Profits from Other Business	销售费用 Selling Expenses	管理费用 Administrative Expenses
全 国	**National Total**	**15440016**	**7516026**	**152746**	**161444**	**4078330**	**4384390**
北 京	Beijing	449750	177217	3523	3823	177964	182707
天 津	Tianjin	116604	38422	938	3323	41180	47107
河 北	Hebei	292246	129496	5905	6272	90303	85773
山 西	Shanxi	245417	100410	3864	4406	80558	76183
内蒙古	Inner Mongolia	146740	53352	808	1331	50034	56430
辽 宁	Liaoning	192877	76221	3503	2638	65831	77994
吉 林	Jilin	75477	32733	1084	1888	25350	35294
黑龙江	Heilongjiang	53112	20254	286	192	19762	20776
上 海	Shanghai	684068	298904	4234	11349	233899	268196
江 苏	Jiangsu	881581	416854	4346	9647	235472	293572
浙 江	Zhejiang	1597057	676746	6042	29925	523644	551081
安 徽	Anhui	407482	212893	4886	4002	103868	89699
福 建	Fujian	1291648	728764	24099	11670	263205	271094
江 西	Jiangxi	437048	232707	5406	2919	82308	98173
山 东	Shandong	598828	264616	1981	5086	205288	173554
河 南	Henan	735266	380030	10527	3829	137171	155234
湖 北	Hubei	571305	298593	5784	1250	131064	123115
湖 南	Hunan	995669	611481	14758	4949	146829	172519
广 东	Guangdong	1740483	760147	12001	10169	542247	589539
广 西	Guangxi	415089	164874	3190	3928	141706	132371
海 南	Hainan	121240	36253	2852	1816	42606	52098
重 庆	Chongqing	467130	266318	5609	3852	89757	104985
四 川	Sichuan	946197	508057	9550	12348	198885	211264
贵 州	Guizhou	444715	232843	3689	6282	94391	117975
云 南	Yunnan	402160	219637	3925	4095	73277	112102
西 藏	Tibet	20643	10231	90	344	4151	6294
陕 西	Shaanxi	706387	376848	6563	6504	167906	164948
甘 肃	Gansu	178726	89060	1410	769	45364	40678
青 海	Qinghai	51957	22715	275	158	11482	15864
宁 夏	Ningxia	37728	13469	176	412	13254	12621
新 疆	Xinjiang	135386	65881	1442	2268	39574	45150

4-4-4 Continued 7

单位：万元

Unit: 10000 yuan

财务费用 Financial Expenses	#利息支出 Interest Expenses	营业利润 Operating Profits	利润总额 Total Profits	应交所得税 Income Tax Payable	应付职工薪酬 Payables to Employees	应交增值税 VAT Payable
856141	**494797**	**-1543011**	**-1363772**	**43218**	**3401469**	**123576**
23677	22034	-113548	-109671	1119	112951	3722
13659	12175	-24410	-23840	172	28776	1330
56397	29577	-91225	-86823	715	71313	-679
15787	9376	-29793	-26633	228	59132	2111
4894	2702	-19335	-18453	730	41905	272
19474	12401	-48752	-42862	457	39012	900
8102	5289	-25241	-23763	32	17452	448
2951	1221	-11926	-8014	37	9700	180
19915	8185	-139296	-132459	1503	141869	-436
51550	32432	-116395	-108333	1395	208338	8541
86288	69618	-242394	-207146	1674	400859	6728
24533	10302	-21901	-22952	1001	90030	5978
58503	32645	-56425	-42669	5231	231296	9299
21495	14613	-3088	-558	1070	83531	4582
29881	12567	-70679	-63870	690	153368	5542
36212	9142	15428	18588	4205	170198	8647
21514	9476	-8930	-3524	3801	101725	7109
40335	21099	3132	9264	3425	157106	9575
91730	53846	-258762	-235061	5315	467812	16096
26818	16084	-51121	-45639	309	97728	4188
17351	13403	-10840	-10066	-12	34017	2300
17652	12014	-13356	-8849	1942	86731	6752
54870	26356	-47515	-38577	3265	176717	7382
33576	18591	-41477	-33877	1786	91867	2735
20572	13286	-36187	-32381	825	89164	2194
336	270	275	237	56	5706	194
17991	8159	-38145	-27962	1368	134144	6096
14867	10215	-10921	-8894	498	43706	820
15826	770	-1695	-443	61	13203	544
2405	1434	-4349	-6225	41	9282	26
6980	5515	-24140	-22317	279	32831	400

其他企业

Other Enterprises

地 区	Region	营业收入 Business Revenue	营业成本 Business Cost	税金及附加 Taxes and Other Charges	其他业务利润 Profits from Other Business	销售费用 Selling Expenses	管理费用 Administr-ative Expenses
全 国	**National Total**	**11227**	**4957**	**304**		**2615**	**3467**
北 京	Beijing						
天 津	Tianjin	685	115	1		270	274
河 北	Hebei						
山 西	Shanxi						
内蒙古	Inner Mongolia						
辽 宁	Liaoning	456	172	1		198	77
吉 林	Jilin						
黑龙江	Heilongjiang	368					370
上 海	Shanghai	785	563			1	125
江 苏	Jiangsu	1121	443	3		169	357
浙 江	Zhejiang						
安 徽	Anhui	424	324	4		8	48
福 建	Fujian						
江 西	Jiangxi	272	82	2		68	41
山 东	Shandong						
河 南	Henan	475	324	7		8	16
湖 北	Hubei	1588	615	1		712	320
湖 南	Hunan						
广 东	Guangdong	2122	1263	1		305	953
广 西	Guangxi						
海 南	Hainan	1761	205	284		774	760
重 庆	Chongqing						
四 川	Sichuan						
贵 州	Guizhou						
云 南	Yunnan						
西 藏	Tibet	7				7	
陕 西	Shaanxi						
甘 肃	Gansu	807	508			90	120
青 海	Qinghai						
宁 夏	Ningxia						
新 疆	Xinjiang	356	343			5	6

4-4-4 Continued 8

单位：万元
Unit: 10000 yuan

财务费用 Financial Expenses	#利息支出 Interest Expenses	营业利润 Operating Profits	利润总额 Total Profits	应交所得税 Income Tax Payable	应付职工薪酬 Payables to Employees	应交增值税 VAT Payable
201	**175**	**-136**	**-44**	**55**	**2993**	**97**
4	4	20	29		63	
		9	11	3	61	6
		-2	-1		25	
		96	96	5	254	2
16		142	145	13	312	45
2		39	38		108	7
8	8	72	72		168	8
2		120	120	7	25	4
9		-15	56		244	
161	160	-468	-459	22	1226	3
-1	3	-156	-156		105	21
		5	5	5	320	1
		2			82	

4-4-4 续表 9

港、澳、台商投资企业
Enterprises with Funds from Hongkong, Macao and Taiwan

地 区	Region	营业收入 Business Revenue	营业成本 Business Cost	税金及附加 Taxes and Other Charges	其他业务利润 Profits from Other Business	销售费用 Selling Expenses	管理费用 Administr-ative Expenses
全 国	**National Total**	**2318431**	**922019**	**91943**	**47865**	**670419**	**962148**
北 京	Beijing	400376	131245	23215	17751	148790	147060
天 津	Tianjin	10152	9206	407	30	1337	5254
河 北	Hebei	11411	5056	969	5	1899	10602
山 西	Shanxi						
内蒙古	Inner Mongolia	13243	9992	42		3115	4446
辽 宁	Liaoning	54079	29314	4801	254	18450	27046
吉 林	Jilin	1359	440	112	6	464	1598
黑龙江	Heilongjiang	11470	3294	202	127	4982	11961
上 海	Shanghai	294027	168867	22434	1246	37148	101544
江 苏	Jiangsu	85870	31610	330	383	33507	36804
浙 江	Zhejiang	198325	53081	1940	8447	76444	75260
安 徽	Anhui	29282	8245	187		7455	23625
福 建	Fujian	237285	103043	3143	6109	62286	83834
江 西	Jiangxi	15641	7694	326		2998	2995
山 东	Shandong	42922	13493	70	3007	10660	24252
河 南	Henan	32989	13074	891	1282	9838	14105
湖 北	Hubei	34722	12593	380	84	12035	18255
湖 南	Hunan	38810	20932	411	653	1911	13291
广 东	Guangdong	428984	176742	6610	4309	148023	172383
广 西	Guangxi	68876	18341	2228	843	20755	42572
海 南	Hainan	208513	63905	21217	-12	42311	106065
重 庆	Chongqing	18242	8165	20		3954	7394
四 川	Sichuan	22307	11784	258	2180	5348	5206
贵 州	Guizhou	2994	2169	19		91	108
云 南	Yunnan	20302	4711	369	51	7465	12641
西 藏	Tibet	5668	2243			261	1324
陕 西	Shaanxi	26296	11835	1125		7733	10611
甘 肃	Gansu	2553	343	52		781	1764
青 海	Qinghai						
宁 夏	Ningxia						
新 疆	Xinjiang	1733	602	185	1110	378	148

4-4-4 Continued 9

单位：万元
Unit: 10000 yuan

财务费用 Financial Expenses	#利息支出 Interest Expenses	营业利润 Operating Profits	利润总额 Total Profits	应交所得税 Income Tax Payable	应付职工薪酬 Payables to Employees	应交增值税 VAT Payable
284110	**212449**	**-472433**	**-412765**	**14942**	**710930**	**29705**
43075	52568	-53355	-53825	2946	141504	6062
-281	5	-7189	-7171	118	5578	220
289	299	-7307	-8497	4	5141	253
-3799	189	-554	-101		5750	105
4118	4742	-28353	-27012	3	18165	850
1868	994	-3000	-2636		322	33
2895	2878	-11930	-11490		2074	42
64569	48157	-58364	-52564	4466	70799	1217
12114	2858	-26117	-25587	561	30267	-1140
32894	18487	-42681	-38100	1765	60242	3145
2784	3116	-12956	-12043		9496	772
19675	10611	-27181	-19171	292	61974	2140
1328	45	305	424	113	1986	155
5392	3188	-10759	-10071	332	14870	677
1392	1219	-5930	-5360	40	9207	581
1706	2102	-9468	-8865	30	10687	185
2634	2219	-3072	-2859	312	6135	186
35355	19676	-96951	-79619	2518	148067	5979
13019	6526	-19663	-4079	21	22216	2887
37729	28581	-33238	-30963	424	52408	4046
2786	54	-4083	-3654	360	6175	180
276	166	-956	-833	202	7723	3
12		594	594	163	130	2
642	423	-5066	-4503	3	8499	603
2		1838	1428		238	24
1631	3346	-6201	-5758	406	10277	291
6		-392	-68		590	154
-1		-404	-382	-137	410	53

4-4-4 续表 10

外商投资企业

Foreign Funded Enterprises

地 区	Region	营业收入 Business Revenue	营业成本 Business Cost	税金及附加 Taxes and Other Charges	其他业务利润 Profits from Other Business	销售费用 Selling Expenses	管理费用 Administrative Expenses
全 国	**National Total**	**1316825**	**547052**	**36510**	**11120**	**351851**	**518831**
北 京	Beijing	182535	43476	16061	210	56059	69125
天 津	Tianjin	49030	5430	231		27488	26114
河 北	Hebei						
山 西	Shanxi						
内 蒙 古	Inner Mongolia	1141	133	5		880	230
辽 宁	Liaoning	19625	8081	123	105	6988	7044
吉 林	Jilin	10304	4761	375		5571	2215
黑 龙 江	Heilongjiang	10339	2889	8		2923	5549
上 海	Shanghai	212337	113882	3401	136	28152	101677
江 苏	Jiangsu	73452	31950	485	1854	23968	24294
浙 江	Zhejiang	134868	43314	833	799	50908	59552
安 徽	Anhui						
福 建	Fujian	108267	40034	2441	3841	27645	38625
江 西	Jiangxi	7974	3122	41		1987	3644
山 东	Shandong	13214	3958	33	257	8060	5540
河 南	Henan	6289	2950	253		1370	7150
湖 北	Hubei	24114	5594	796		9732	10379
湖 南	Hunan	1089	814	65		328	751
广 东	Guangdong	260797	146460	3445	2455	62242	77891
广 西	Guangxi	17118	7704	169		1342	9853
海 南	Hainan	30183	11104	536		7270	9168
重 庆	Chongqing	40311	18790	1489	311	8631	10299
四 川	Sichuan	42763	18001	2439	810	5759	17916
贵 州	Guizhou	4208	2311	130		362	1097
云 南	Yunnan	12313	6095	384	203	1882	5384
西 藏	Tibet	7586	3485	6		507	6511
陕 西	Shaanxi	42821	21812	2452	139	9542	16270
甘 肃	Gansu	3354	799	206		1386	1541
青 海	Qinghai	793	103	103		869	1012
宁 夏	Ningxia						
新 疆	Xinjiang						

4-4-4 Continued 10

单位：万元

Unit: 10000 yuan

财务费用 Financial Expenses	#利息支出 Interest Expenses	营业利润 Operating Profits	利润总额 Total Profits	应交 所得税 Income Tax Payable	应付职工 薪酬 Payables to Employees	应交 增值税 VAT Payable
95062	**94674**	**-236729**	**-217911**	**12916**	**359423**	**18115**
6966	9997	-24481	-23734	4202	62252	6537
259		-7713	-7530	316	10517	712
1		-107	-104		273	16
371	386	-2322	-2082	-188	4641	227
-222	514	-2525	-2438		3106	165
-1178		147	174	92	2124	142
26799	22998	-43063	-41642	2947	46100	4686
3765	4560	-10806	-8774	198	22535	499
6198	3632	-25889	-26813	392	35604	109
11981	8091	-26322	-22521	-3	28448	510
592	297	-1489	-1348	2	1835	29
2482	2426	-6481	-5911		4727	-1621
540	537	-5973	-5562	1	2436	101
1954	1500	-3150	-2879		6306	490
186	184	-1055	-1020		441	53
9735	11423	-34949	-30562	1064	76021	3924
447	281	-4428	-4426		5535	10
-3512		5625	6563		9089	179
470	1250	815	1006	1543	9252	337
786	599	-2780	-1740	1823	11905	836
6	3	303	346	42	449	45
588	6	-1816	-893	15	3352	73
-39		-2883	-2438		2999	27
25888	25990	-33526	-32132	470	7194	314
-3		-575	-535		1783	17
2		-1286	-916		499	-302

4-4-5 各地区限额以上住宿业企业损益及分配(按国民经济行业分)

旅游饭店

Tourist Hotel

地　区	Region	营业收入 Business Revenue	营业成本 Business Cost	税金及附加 Taxes and Other Charges	其他业务利润 Profits from Other Business	销售费用 Selling Expenses	管理费用 Administrative Expenses
全　国	**National Total**	**23186621**	**9988766**	**456876**	**392739**	**7029731**	**8240719**
北　京	Beijing	1718267	566746	81950	29519	627151	848977
天　津	Tianjin	178491	60034	3856	3948	73769	92607
河　北	Hebei	415044	173487	11312	6762	166456	137747
山　西	Shanxi	255715	110535	6200	11284	88136	94399
内蒙古	Inner Mongolia	202971	80253	1211	884	71057	80979
辽　宁	Liaoning	330278	142876	12470	3974	114468	160016
吉　林	Jilin	145706	60436	3388	1763	60799	75606
黑龙江	Heilongjiang	103827	37472	1776	1006	46794	65729
上　海	Shanghai	1511347	693345	50082	50401	425887	660169
江　苏	Jiangsu	1438213	540863	7574	19768	501210	592408
浙　江	Zhejiang	2328711	855155	15297	102946	854439	809367
安　徽	Anhui	568839	253768	9130	5278	189623	156964
福　建	Fujian	1618801	804663	30622	19466	424163	426200
江　西	Jiangxi	474987	236959	4881	7106	112948	132129
山　东	Shandong	993546	394449	4732	17139	383468	341877
河　南	Henan	629057	276397	9774	6043	165175	197197
湖　北	Hubei	556083	251380	8203	4732	158563	165295
湖　南	Hunan	885819	491460	16670	6539	152943	236080
广　东	Guangdong	3150803	1348985	46980	26890	999581	1081103
广　西	Guangxi	504438	189817	6853	4970	172857	197732
海　南	Hainan	1138827	349326	62246	11207	257303	434050
重　庆	Chongqing	559552	298831	8771	3664	123182	153204
四　川	Sichuan	1034512	505944	14218	17741	262839	287967
贵　州	Guizhou	520865	265345	7759	6146	101537	150583
云　南	Yunnan	453876	229063	5494	9869	98807	175584
西　藏	Tibet	73999	27456	372	349	20737	33015
陕　西	Shaanxi	775172	402736	14674	8771	212003	268570
甘　肃	Gansu	271929	141130	5144	1244	65476	78744
青　海	Qinghai	53397	26509	944	155	15821	17657
宁　夏	Ningxia	54056	34816	379	591	15886	18735
新　疆	Xinjiang	239493	138530	3914	2584	66653	70029

Income and Distribution of Enterprises above Designated Size of Hotels by Region and Sector

单位：万元

Unit: 10000 yuan

财务费用 Financial Expenses	#利息支出 Interest Expenses	营业利润 Operating Profits	利润总额 Total Profits	应交所得税 Income Tax Payable	应付职工薪酬 Payables to Employees	应交增值税 VAT Payable
1754440	**1220321**	**-3866851**	**-3429347**	**102089**	**6776124**	**240922**
99928	128179	-582545	-557865	12538	732415	28675
35468	32466	-71852	-71086	129	61970	2940
58980	24707	-139246	-126143	1166	131823	1741
15421	7559	-58285	-48511	101	79202	2336
2451	8675	-32183	-26879	884	65292	648
24636	17681	-118599	-111975	15	99472	2924
23113	17830	-76619	-68712	46	45200	1922
6947	5899	-50601	-43811	86	31743	1521
147175	92298	-347513	-330165	12215	469421	17809
104127	65973	-272339	-244979	5151	466095	10852
164188	134830	-342092	-269902	8373	676946	11804
40470	24573	-70670	-68265	1173	142902	7469
83964	51882	-146514	-123641	5210	384165	11308
27893	19384	-39484	-34022	1261	103782	5200
46122	29272	-167251	-139623	2822	324422	8161
43291	20927	-64594	-58139	2548	176329	7299
39000	26147	-57360	-48149	2636	127165	6218
48422	28568	-54417	-47610	3331	176989	8807
262418	169034	-470769	-403710	15511	1012515	40160
52851	38606	-102971	-81010	328	146522	8503
139468	91005	-41031	-29234	7573	255365	15116
39610	24961	-56918	-50088	3542	135757	6590
69654	43564	-83901	-72003	6140	243085	9461
43155	21905	-43195	-33470	3414	119783	4139
33134	22528	-78755	-75291	2172	133646	5917
1036	836	-6637	-4508	-336	26076	888
57610	49220	-180204	-164439	3229	216073	6148
20458	15240	-41310	-33963	412	82120	2773
15364	817	-8976	-6795	-52	14524	957
1998	1349	-12065	-14031	232	14043	151
6088	4406	-47955	-41328	239	81282	2485

一般旅馆

Fonda

地　区	Region	营业收入 Business Revenue	营业成本 Business Cost	税金及附加 Taxes and Other Charges	其他业务利润 Profits from Other Business	销售费用 Selling Expenses	管理费用 Administr-ative Expenses
全　国	**National Total**	**8747945**	**4513551**	**90471**	**93591**	**2233949**	**2408299**
北　京	Beijing	673898	286680	16747	15404	267823	226604
天　津	Tianjin	105709	43189	563	73	35135	36327
河　北	Hebei	188028	88137	2797	3235	67375	46311
山　西	Shanxi	144352	59320	1672	1437	50293	54114
内蒙古	Inner Mongolia	68844	25187	595	737	26924	24428
辽　宁	Liaoning	100965	47424	1208	198	31453	36258
吉　林	Jilin	35501	15021	493	412	11895	15539
黑龙江	Heilongjiang	41665	18999	685	347	10779	18425
上　海	Shanghai	730056	333997	5156	12832	209458	266078
江　苏	Jiangsu	472119	243616	1744	5403	120426	143223
浙　江	Zhejiang	553185	254955	2194	9130	181075	182798
安　徽	Anhui	195984	110158	1862	383	36645	45224
福　建	Fujian	438989	256990	5249	7375	82365	94023
江　西	Jiangxi	215027	116571	3345	1304	39670	41701
山　东	Shandong	323314	142873	1140	514	117551	89663
河　南	Henan	506236	270936	9086	3033	93189	100247
湖　北	Hubei	339802	179984	2965	1467	77881	65707
湖　南	Hunan	470051	296057	8689	3664	61817	78388
广　东	Guangdong	1022845	500760	5916	7202	271031	351574
广　西	Guangxi	223594	99793	1096	2483	67247	70965
海　南	Hainan	37641	17705	378	115	12211	13376
重　庆	Chongqing	198226	117688	1929	954	36158	49767
四　川	Sichuan	527088	295960	6048	5305	109540	120267
贵　州	Guizhou	291321	218702	1501	1160	29664	42273
云　南	Yunnan	236197	130315	2597	2360	38209	60762
西　藏	Tibet	6703	2167	89		1178	1984
陕　西	Shaanxi	406902	232199	3103	5612	98591	85336
甘　肃	Gansu	81502	40324	509	129	23912	15688
青　海	Qinghai	22748	15659	360	330	5221	5938
宁　夏	Ningxia	8045	3082	23	107	2736	2503
新　疆	Xinjiang	81408	49103	732	886	16497	22808

4-4-5 Continued 1

单位：万元

Unit: 10000 yuan

财务费用 Financial Expenses	#利息支出 Interest Expenses	营业利润 Operating Profits	利润总额 Total Profits	应交所得税 Income Tax Payable	应付职工薪酬 Payables to Employees	应交增值税 VAT Payable
278897	**157062**	**-706223**	**-597336**	**36029**	**1956837**	**74058**
27281	23363	-102050	-98622	3962	207750	8183
470	208	-9226	-8650	326	30591	1154
24201	19032	-43125	-37257	501	52299	562
4143	2292	-22400	-18084	592	39992	853
2213	1291	-11791	-9099	227	20808	362
4303	2107	-19062	-15991	223	21587	706
2632	1544	-9923	-9354	11	11060	384
1529	611	-8859	-7035	54	8798	325
14719	7842	-56244	-48162	12213	137418	-1604
14207	8387	-44737	-41225	952	111987	3848
14882	10441	-83330	-76292	1317	137278	2804
5637	3384	-4491	-2819	-2	42051	2084
13783	5731	-12209	-7650	1806	88150	4070
5818	3472	4942	6812	477	39227	2991
9370	5153	-35453	-32885	392	82142	3409
23283	6007	10512	15525	2904	113132	7030
9666	5182	-1568	1166	1716	60133	3502
9260	4374	16326	18522	1801	68588	4749
21258	12654	-134386	-108012	1878	272523	10657
7913	5072	-24798	-22371	271	54755	1243
1799	1441	-8059	-7902	8	7832	327
3638	1359	-8634	-6750	662	37138	2322
26152	10640	-32462	-27142	2091	96334	7070
7422	2641	-9365	-7245	921	36231	2148
6537	4467	-12770	-10937	-646	54046	1860
118	108	699	722	37	1309	9
8477	3006	-24017	-20871	929	72631	3942
4092	2732	-4850	-4060	201	19717	341
693	223	-4781	-3556	-31	7574	-132
442	93	-730	-572	13	1610	89
2959	2205	-9382	-7540	223	22146	-1230

民宿服务

Home Lodging Services

地 区	Region	营业收入 Business Revenue	营业成本 Business Cost	税金及附加 Taxes and Other Charges	其他业务利润 Profits from Other Business	销售费用 Selling Expenses	管理费用 Administr-ative Expenses
全 国	**National Total**	**102349**	**63839**	**656**	**302**	**20026**	**29313**
北 京	Beijing	1433	942	1		189	937
天 津	Tianjin	4082	6328	66		438	473
河 北	Hebei	741	324	5		187	154
山 西	Shanxi	485	360			60	55
内蒙古	Inner Mongolia						
辽 宁	Liaoning						
吉 林	Jilin						
黑龙江	Heilongjiang						
上 海	Shanghai	2505	2580	1		172	334
江 苏	Jiangsu	6592	4043	46	-334	819	1971
浙 江	Zhejiang	32319	15726	50	489	6296	10907
安 徽	Anhui	3814	1847	14		645	1345
福 建	Fujian	8121	7742	117	60	527	3163
江 西	Jiangxi	3912	2061	21		153	1148
山 东	Shandong	3891	1681	20		2068	975
河 南	Henan	5584	3372	71		1220	591
湖 北	Hubei	1800	1358	31		80	225
湖 南	Hunan	9647	5426	54		1050	2239
广 东	Guangdong	3562	1171	23		2288	443
广 西	Guangxi	662	461			30	123
海 南	Hainan	304	157				54
重 庆	Chongqing	1731	1282	20	76	11	543
四 川	Sichuan	2666	3669	5		780	605
贵 州	Guizhou	2725	814	3		891	788
云 南	Yunnan	3407	1219	13	11	1686	1898
西 藏	Tibet						
陕 西	Shaanxi	1375	740	94		426	205
甘 肃	Gansu	112	75			1	15
青 海	Qinghai						
宁 夏	Ningxia	879	461	1		9	122
新 疆	Xinjiang						

4-4-5 Continued 2

单位：万元

Unit: 10000 yuan

财务费用 Financial Expenses	#利息支出 Interest Expenses	营业利润 Operating Profits	利润总额 Total Profits	应交所得税 Income Tax Payable	应付职工薪酬 Payables to Employees	应交增值税 VAT Payable
3031	**1841**	**-14910**	**-13075**	**367**	**24850**	**555**
9	7	-645	-570		489	8
52	4	-4670	-4531	57	2759	3
48	50	24	19		165	15
		10	10	1	54	
17	1	-597	-590		423	2
109	76	-87	-28	55	1448	106
868	824	-1826	-1295	61	5796	246
286	264	-318	-250	2	1214	7
46	48	-2981	-2959	19	3712	193
43	1	370	242	49	738	17
320	197	-1133	-1038		759	-316
192		275	239	13	1504	45
21		126	126	4	102	19
217	54	786	802	36	1490	99
8	4	-349	-253	14	607	25
44		19	19		190	
		-35	-6		3	
28		-109	-109	1	455	8
72	26	-2244	-1616	5	638	26
33	11	197	205	30	862	6
343	68	-1810	-1592	2	1037	36
268	206	-213	-208	2	324	4
		21	21	1		2
7		279	287	15	81	4

露营地服务

Campground Services

地区	Region	营业收入 Business Revenue	营业成本 Business Cost	税金及附加 Taxes and Other Charges	其他业务利润 Profits from Other Business	销售费用 Selling Expenses	管理费用 Administr-ative Expenses
全国	**National Total**	**12521**	**6384**	**70**	**191**	**2017**	**3927**
北京	Beijing						
天津	Tianjin						
河北	Hebei						
山西	Shanxi	941	231	1		120	429
内蒙古	Inner Mongolia						
辽宁	Liaoning						
吉林	Jilin						
黑龙江	Heilongjiang						
上海	Shanghai	756	1130		44		
江苏	Jiangsu	540	100	5	6	457	495
浙江	Zhejiang						
安徽	Anhui	1429	1351	14	134	230	577
福建	Fujian						
江西	Jiangxi	486	278			56	79
山东	Shandong	192	224	4		1	158
河南	Henan	224	125	9	7		46
湖北	Hubei						
湖南	Hunan	4333	1127	22		291	1138
广东	Guangdong	1113	518	4		416	253
广西	Guangxi	328	210	10		83	18
海南	Hainan						
重庆	Chongqing						
四川	Sichuan						
贵州	Guizhou	260	190				72
云南	Yunnan						
西藏	Tibet						
陕西	Shaanxi	1919	900	1		363	662
甘肃	Gansu						
青海	Qinghai						
宁夏	Ningxia						
新疆	Xinjiang						

4-4-5 Continued 3

单位：万元

Unit: 10000 yuan

财务费用 Financial Expenses	#利息支出 Interest Expenses	营业利润 Operating Profits	利润总额 Total Profits	应交所得税 Income Tax Payable	应付职工薪酬 Payables to Employees	应交增值税 VAT Payable
618	**303**	**-675**	**1412**	**238**	**3745**	**168**
261	259	-100	150		31	-31
9		-340	-335		266	
222		-701	1069		173	
-178		-802	-789		894	2
1		72	72	2	138	5
1		-192	-191		119	
5		32	32	3	30	
38	41	1717	1758	232	786	191
12	2	-88	-89	1	324	1
84		-78	-75		341	
4		-4	-4		72	
159	1	-191	-186		571	

4-4-5 续表 4

其他住宿业

Others

地 区	Region	营业收入 Business Revenue	营业成本 Business Cost	税金及附加 Taxes and Other Charges	其他业务利 润 Profits from Other Business	销售费用 Selling Expenses	管理费用 Administr-ative Expenses
全 国	**National Total**	**876351**	**444416**	**17148**	**5922**	**221196**	**258784**
北 京	Beijing	75745	30246	3371	1184	15973	27915
天 津	Tianjin	27745	9266	654	313	6540	15297
河 北	Hebei	28687	11778	205	176	9631	9243
山 西	Shanxi	7783	2496	163		3916	1822
内蒙古	Inner Mongolia	2391	1111	14		883	687
辽 宁	Liaoning	26854	8944	1457	216	12829	11755
吉 林	Jilin	6728	3145	14		1951	2884
黑龙江	Heilongjiang	4534	3011	21	2	981	1610
上 海	Shanghai	33892	18365	71	-20	15920	9327
江 苏	Jiangsu	60774	26379	395	41	19155	26375
浙 江	Zhejiang	3777	1194	1	8	1839	945
安 徽	Anhui	16643	10658	429		2742	3871
福 建	Fujian	28703	18346	177	116	5676	5625
江 西	Jiangxi	85427	48672	4633	939	9850	16590
山 东	Shandong	31479	11197	23		14509	8610
河 南	Henan	35884	18429	1012	65	6631	8451
湖 北	Hubei	34554	16819	431	271	8781	8925
湖 南	Hunan	80925	55046	1038	138	8504	17313
广 东	Guangdong	103446	55735	880	495	29528	30366
广 西	Guangxi	10930	4824	84		3129	2999
海 南	Hainan	11490	4877	406		5352	2534
重 庆	Chongqing	15559	8340	313	38	2442	4779
四 川	Sichuan	36204	21048	438	18	5282	10154
贵 州	Guizhou	12290	7349	187	124	2193	3750
云 南	Yunnan	23418	12561	86	177	4955	6336
西 藏	Tibet	4787	2833	2	6	519	1325
陕 西	Shaanxi	39765	17342	389	1457	16866	11316
甘 肃	Gansu	7396	5057	70		455	1811
青 海	Qinghai	5631	2695	26		936	2240
宁 夏	Ningxia	557	211	3	1	1	420
新 疆	Xinjiang	12353	6442	155	157	3227	3509

4-4-5 Continued 4

单位：万元

Unit: 10000 yuan

财务费用 Financial Expenses	#利息支出 Interest Expenses	营业利润 Operating Profits	利润总额 Total Profits	应交所得税 Income Tax Payable	应付职工薪酬 Payables to Employees	应交增值税 VAT Payable
67220	**47460**	**-121355**	**-106638**	**3754**	**211332**	**8523**
21187	23919	-22245	-21807	783	23246	1572
5805	1154	-9412	-5832	320	7751	462
3182	1274	-5285	-5074	63	7849	-1019
22	16	-636	-584	4	1523	61
131	128	-436	-397	7	773	55
1898	704	-9759	-8826	18	6620	71
754	743	-1332	-1404	9	1135	76
3	2	-1091	-135	7	1545	37
796	98	-9230	-8740	30	5716	50
2833	1011	-14774	-13109	46	17402	741
16	10	-180	-180	-3	798	2
402	217	4871	4979	27	2747	187
120	56	-1189	-1015	54	6709	310
3121	1666	4557	4756	98	12235	3477
920	794	-3636	-3389	11	8587	146
3124	87	-2184	-1174	296	9768	573
2049	1248	-2549	-2278	78	7388	320
4725	2725	-3236	1144	1220	14035	735
7557	6930	-20667	-21814	162	32037	1610
1095	641	-1663	-1639	3	2285	68
2229	1303	-4189	-4702	7	2984	88
132	22	60	87	177	3524	194
1000	874	-3223	-2732	58	9349	266
579	77	-3015	-2406	20	3571	177
1193	220	-2014	-2052	182	5508	-1894
133	111	-60	-62	5	1209	5
533	425	-5658	-5584	43	7750	-48
147	84	-221	-132	28	1799	100
213	74	-480	-363		1375	13
1		-79	-78		79	5
1320	847	-2400	-2096	1	4035	83

4-4-6 各地区限额以上餐饮业企业损益及分配

地 区	Region	营业收入 Business Revenue	营业成本 Business Cost	税金及附加 Taxes and Other Charges	其他业务利 润 Profits from Other Business	销售费用 Selling Expenses	管理费用 Administr-ative Expenses
全 国	**National Total**	**58524763**	**32237068**	**192899**	**367988**	**18151888**	**7189403**
北 京	Beijing	6422595	3141525	6811	54053	2687061	832528
天 津	Tianjin	1139488	625704	2482	7900	355446	149745
河 北	Hebei	472060	250942	2838	4475	153015	89324
山 西	Shanxi	621545	339526	3482	7555	204677	98220
内 蒙 古	Inner Mongolia	314602	149343	1699	1684	113063	78288
辽 宁	Liaoning	868950	482200	3221	18448	280544	122964
吉 林	Jilin	178893	112200	705	2914	47704	25875
黑 龙 江	Heilongjiang	77927	39433	273	28	31785	16104
上 海	Shanghai	8659079	4145037	5749	75818	3514190	1027280
江 苏	Jiangsu	5276216	2900627	12069	16614	1512599	721980
浙 江	Zhejiang	4066858	2204735	7208	21034	1223833	542702
安 徽	Anhui	1803234	1054994	9201	12998	440331	225220
福 建	Fujian	2616867	1758288	13357	8431	494253	249633
江 西	Jiangxi	655926	406208	5377	10434	109919	77227
山 东	Shandong	2058751	1141283	6349	18796	585438	354617
河 南	Henan	1013860	567873	8761	6439	248253	116161
湖 北	Hubei	2205384	1307571	15262	4027	539461	196463
湖 南	Hunan	1793588	1146525	19070	6553	298938	168382
广 东	Guangdong	9160191	4909329	13814	35688	3173968	1215583
广 西	Guangxi	667888	393456	2264	1467	180414	69259
海 南	Hainan	143882	68451	180	4747	55406	19797
重 庆	Chongqing	1572797	1086490	14114	6545	196219	124211
四 川	Sichuan	3086298	1627990	13701	15369	990411	271244
贵 州	Guizhou	447654	316688	1636	1468	53036	56209
云 南	Yunnan	627234	410142	4241	4120	104561	68798
西 藏	Tibet	19583	11810	8	40	2079	3033
陕 西	Shaanxi	1887333	1241489	15700	11954	377176	170532
甘 肃	Gansu	342641	196099	1748	5835	97539	45704
青 海	Qinghai	42404	23081	294	1645	12029	8640
宁 夏	Ningxia	53612	30505	312	176	17154	9670
新 疆	Xinjiang	227423	147524	973	733	51386	34010

Income and Distribution of Enterprises above Designated Size of Catering Services by Region

单位：万元
Unit: 10000 yuan

财务费用 Financial Expenses	#利息支出 Interest Expenses	营业利润 Operating Profits	利润总额 Total Profits	应交所得税 Income Tax Payable	应付职工薪酬 Payables to Employees	应交增值税 VAT Payable
643978	**321716**	**616892**	**1009300**	**441474**	**12869051**	**44880**
26343	20389	-256247	-218553	26649	1736834	-5831
15231	8665	-12983	1866	9844	271711	2839
20177	12100	-51059	-45540	1472	98958	258
18006	14026	-42409	-34578	2273	140970	3218
6883	4613	-36902	-29577	233	85691	1287
27027	16001	-48087	-47917	7724	213149	1148
3727	2691	-11254	-9242	168	27834	-507
3150	2121	-12119	-9857	65	13156	397
50504	13032	-21050	38023	80917	2036657	-22709
62841	24954	82719	142806	54428	1228683	8828
69037	39397	64107	87042	44206	851615	-93269
23500	10520	56184	70801	14652	372517	16693
15466	4205	87577	92276	17571	394025	8702
10533	5856	35800	40409	4211	95249	5199
44335	19127	-48664	-13953	12164	482910	9169
16307	7114	44823	55056	5160	211994	9044
29736	15156	90700	100878	21258	426853	19720
26571	10759	117580	122695	14192	284356	15802
64239	25411	-59026	-20477	52758	2235521	17163
5963	3420	17459	20938	4765	124557	2756
1601	1248	-1658	886	703	31138	-742
12698	7039	123123	125236	8983	240702	15522
43231	24876	418605	438532	37030	636200	10525
7043	3069	10620	10951	2047	74773	3565
5514	5245	25524	26539	3038	102783	4802
-15	3	2869	3107	305	4840	280
17488	8255	63725	71833	11051	296375	12085
7171	4694	-4068	-439	2311	78457	-290
2366	1281	-2314	-1489	13	12996	324
1172	997	-4411	-3027	23	14136	502
6133	5452	-12272	-5925	1260	43411	-1600

4-4-6 续表

国有控股

State-controlled Enterprises

地　区	Region	营业收入 Business Revenue	营业成本 Business Cost	税金及附加 Taxes and Other Charges	其他业务利润 Profits from Other Business	销售费用 Selling Expenses	管理费用 Administr-ative Expenses
全　国	**National Total**	**2221326**	**1432427**	**15384**	**46936**	**565483**	**423782**
北　京	Beijing	363176	220912	3212	13162	123995	50690
天　津	Tianjin	25133	17580	137	451	4517	4639
河　北	Hebei	26998	15706	76	1492	8248	9784
山　西	Shanxi	40180	29065	979	668	7810	12025
内蒙古	Inner Mongolia	24965	16593	90		10176	7315
辽　宁	Liaoning	35479	49546	625		1078	7805
吉　林	Jilin	7201	4955	95		2510	2797
黑龙江	Heilongjiang	3404	2121	9		775	827
上　海	Shanghai	287168	155404	2120	22862	81586	51742
江　苏	Jiangsu	235165	117741	-1149	975	83777	70510
浙　江	Zhejiang	213183	138864	288	667	57980	29631
安　徽	Anhui	41475	29175	328	1513	5738	8296
福　建	Fujian	24910	14295	144	137	5852	3815
江　西	Jiangxi	30679	22513	734	4	3401	4299
山　东	Shandong	169653	94272	1491	2003	49618	46578
河　南	Henan	39220	22349	366		5607	9864
湖　北	Hubei	28144	22145	82	41	2480	4076
湖　南	Hunan	35308	20683	737	90	8031	10492
广　东	Guangdong	257865	202574	1023	1853	42179	43153
广　西	Guangxi	29769	16270	22	4	9279	3352
海　南	Hainan						
重　庆	Chongqing	12026	7391	162	21	1506	1880
四　川	Sichuan	56515	37431	768	170	10737	8626
贵　州	Guizhou	41622	34151	167	174	892	5721
云　南	Yunnan	38607	32695	263	691	2278	4722
西　藏	Tibet						
陕　西	Shaanxi	91686	63907	1504	19	22275	12166
甘　肃	Gansu	13010	6662	408	99	6197	2741
青　海	Qinghai						
宁　夏	Ningxia	6274	4445	83		1385	894
新　疆	Xinjiang	42511	32982	620	-160	5576	5342

4-4-6　Continued

单位：万元

Unit: 10000 yuan

财务费用 Financial Expenses	#利息支出 Interest Expenses	营业利润 Operating Profits	利润总额 Total Profits	应交所得税 Income Tax Payable	应付职工薪酬 Payables to Employees	应交增值税 VAT Payable
27286	**24316**	**-58180**	**-17729**	**12292**	**721021**	**19214**
869	2162	-20851	-16773	2904	160112	4626
316	145	-1512	-620	7	6100	80
275	260	-7192	-3600	17	7923	-813
4052	4278	-13397	-11225	6	14864	387
52	28	-9158	-7179	18	10005	331
988	80	-24180	-25671	-254	15270	519
537	214	-3549	-3340		3539	-310
150	154	-543	-200	1	1160	29
2009	2415	18016	20854	2039	77529	2321
3640	2815	-30417	-24275	414	75224	2470
131	602	23975	26896	2047	75649	700
360	90	-2259	-1411	241	11624	-26
12	14	919	1014	528	6978	703
412	361	-4705	-4178	-60	3918	616
2868	2957	12237	19879	1079	53509	1272
380	164	707	1735	216	8752	328
-217	7	239	316	172	6594	99
1984	2	-6048	-3917	47	9749	362
1464	3080	17525	20670	1080	91660	1988
138	32	754	830	212	8089	135
207	183	1368	1420	56	2675	76
598	388	-1257	-512	262	10515	1059
2022	50	-1363	-4779	710	9947	1121
-63	3	-789	-333	95	9891	720
1834	1686	82	341	320	26308	967
141	38	-2721	-1414	-2	4398	144
16	5	-193	-91		1868	281
2111	2103	-3868	-2166	137	7171	-971

4-4-7 各地区限额以上餐饮业企业损益及分配(按登记注册类型分)

内资企业
Domestic Funded Enterprises

地 区	Region	营业收入 Business Revenue	营业成本 Business Cost	税金及附加 Taxes and Other Charges	其他业务利润 Profits from Other Business	销售费用 Selling Expenses	管理费用 Administrative Expenses
全 国	**National Total**	**42254188**	**24610713**	**181658**	**285760**	**11440111**	**5697598**
北 京	Beijing	3855131	1985075	5442	42594	1472007	576335
天 津	Tianjin	693929	413297	2227	4871	183730	108194
河 北	Hebei	463645	249238	2799	4298	150591	86318
山 西	Shanxi	530181	295164	3423	7555	170586	91759
内蒙古	Inner Mongolia	287021	133233	1578	1684	106446	72303
辽 宁	Liaoning	314162	207482	2947	6343	74258	68518
吉 林	Jilin	178684	112130	702	2914	47702	25802
黑龙江	Heilongjiang	63241	32802	268	39	23040	14828
上 海	Shanghai	4522764	2393162	4367	51814	1584525	638207
江 苏	Jiangsu	3917066	2204875	10058	15011	1095756	591337
浙 江	Zhejiang	3181424	1771112	6246	17926	947064	458808
安 徽	Anhui	1792710	1049105	9035	12998	436918	222849
福 建	Fujian	2014450	1452533	12873	4181	257834	206711
江 西	Jiangxi	567441	359790	5292	10434	85531	69201
山 东	Shandong	1748284	985571	6168	17210	481527	325059
河 南	Henan	904567	509648	8704	6426	214814	101790
湖 北	Hubei	1624216	1044371	14977	3974	297567	146982
湖 南	Hunan	1545077	1024904	18712	6553	215035	147606
广 东	Guangdong	6252931	3566068	11801	23158	1847146	966579
广 西	Guangxi	580448	348707	2235	1467	156853	62234
海 南	Hainan	129126	63735	132	2271	48635	15264
重 庆	Chongqing	1319380	897004	13854	3097	157656	112832
四 川	Sichuan	2499598	1336815	13411	13121	781038	229406
贵 州	Guizhou	444145	315044	1623	1464	52451	54941
云 南	Yunnan	545530	358641	4109	4120	86572	60309
西 藏	Tibet	19583	11810	8	40	2079	3033
陕 西	Shaanxi	1659470	1125883	15370	11954	299137	151411
甘 肃	Gansu	311116	179964	1741	5835	90024	43221
青 海	Qinghai	42404	23081	294	1645	12029	8640
宁 夏	Ningxia	53612	30505	312	176	17154	9670
新 疆	Xinjiang	192852	129964	950	587	44406	27451

Income and Distribution of Enterprises above Designated Size of Catering Services by Region and Type of Registration

单位：万元
Unit: 10000 yuan

财务费用 Financial Expenses	#利息支出 Interest Expenses	营业利润 Operating Profits	利润总额 Total Profits	应交所得税 Income Tax Payable	应付职工薪酬 Payables to Employees	应交增值税 VAT Payable
555884	**289840**	**-138082**	**226650**	**209571**	**8424437**	**77353**
18948	12708	-180580	-153334	14176	904019	5460
12326	8560	-25573	-10816	5204	146669	2782
19099	12100	-47077	-41892	1472	97217	243
17328	14026	-47592	-39438	1071	119326	3167
6909	4613	-34514	-27652	233	80244	1455
22928	15878	-61500	-59367	264	60163	907
3726	2691	-11314	-9302	167	27726	-509
2766	2121	-10360	-8385	74	11867	327
34146	8408	-104626	-63340	14959	792104	-1860
56196	23473	-26537	29507	22935	867446	5055
62873	36851	-21965	2698	18796	639779	-94527
18980	10518	57510	72105	14651	367682	16626
12194	3529	72422	76580	9619	243302	12264
10459	5787	26494	31116	1932	92381	5198
39062	16010	-64731	-32419	6458	416565	8802
15573	6292	43436	55041	5017	187833	8771
27341	15111	70430	81684	15625	261456	19090
24315	10549	98982	104009	9835	233390	14459
48035	21981	-131514	-91323	22875	1492706	17603
6030	3405	5340	8985	1821	108867	2756
1660	1227	-404	1880	746	27864	-799
12450	6906	110208	116557	7295	194550	15266
35756	18116	94158	109919	22508	498882	15689
7044	3069	10634	10805	2022	73805	3562
5737	5245	21622	23384	1990	88705	3954
-15	3	2869	3107	305	4840	280
17163	8240	48225	56629	6258	246303	11385
7190	4694	-9540	-5741	974	74167	-290
2366	1281	-2314	-1489	13	12996	324
1172	997	-4411	-3027	23	14136	502
6127	5451	-15860	-9831	253	37447	-589

国有企业

State-owned Enterprises

地　区	Region	营业收入 Business Revenue	营业成本 Business Cost	税金及附加 Taxes and Other Charges	其他业务利润 Profits from Other Business	销售费用 Selling Expenses	管理费用 Administr-ative Expenses
全　国	**National Total**	**433024**	**243562**	**3599**	**6763**	**124164**	**105011**
北　京	Beijing	54698	25086	664	2842	18658	10046
天　津	Tianjin	3675	1141	104		1956	1992
河　北	Hebei	5918	3851	47	490	1095	2131
山　西	Shanxi	7530	4160	53	520	1917	3665
内蒙古	Inner Mongolia	4902	1366	5		6276	1789
辽　宁	Liaoning	2174	1600	5		8	1114
吉　林	Jilin	2515	1275	70		1280	930
黑龙江	Heilongjiang	2517	1852	3		447	667
上　海	Shanghai	29685	19054	40	135	7882	5303
江　苏	Jiangsu	85075	46805	632	313	29159	22513
浙　江	Zhejiang	16086	9447	35		1669	5188
安　徽	Anhui	6079	1652	11		3034	1871
福　建	Fujian	1778	1059	3	84	348	357
江　西	Jiangxi	13952	6418	39	4	2456	1245
山　东	Shandong	53144	25101	201	448	19434	17258
河　南	Henan	5921	3801	247		1073	223
湖　北	Hubei	4014	1931	14	41	876	1096
湖　南	Hunan	15481	10451	144	90	3265	3028
广　东	Guangdong	45522	28903	382	1731	9456	12807
广　西	Guangxi	3724	2904	10	4	341	432
海　南	Hainan						
重　庆	Chongqing	3072	2057	31	21	410	309
四　川	Sichuan	18889	11521	349	109	4456	3628
贵　州	Guizhou	4266	3186	6	72	243	751
云　南	Yunnan	4009	3027	2		395	773
西　藏	Tibet						
陕　西	Shaanxi	13826	8446	112	18	2224	1278
甘　肃	Gansu	5762	3805	85	1	1825	1615
青　海	Qinghai						
宁　夏	Ningxia	2469	1528	18		952	218
新　疆	Xinjiang	16341	12135	287	-160	3029	2784

4-4-7 Continued 1

单位：万元
Unit: 10000 yuan

财务费用 Financial Expenses	#利息支出 Interest Expenses	营业利润 Operating Profits	利润总额 Total Profits	应交所得税 Income Tax Payable	应付职工薪酬 Payables to Employees	应交增值税 VAT Payable
3806	**2382**	**-46807**	**-27791**	**1201**	**140502**	**3860**
3	90	855	1754	616	23913	635
21		-1267	-497		2266	17
8	1	-725	-697	2	1473	82
51	7	-2246	-416	2	3500	95
-31		-4504	-4363		2641	117
926		-1474	-1448	3	697	37
-4		-1026	-956		1080	135
4	4	-527	-205		847	5
-11		-2004	-1880	-276	9126	143
434	484	-12456	-8007	145	27211	1747
36	3	-352	-279	41	4204	88
12		-501	-263	5	2182	-101
3		91	135	12	410	22
12	2	-243	-96	20	1905	52
371	107	-8410	-3068	398	20484	387
63	3	515	525		1318	17
12	7	144	129	17	1354	48
132	4	-1546	191	33	2851	91
99	47	-5927	-5361	74	20094	853
1		36	46		557	9
3	4	240	257	35	702	19
102	71	-981	-587	33	3038	315
-2		82	-194	2	810	51
1		-189	-104		834	6
51	45	80	103	41	1456	332
49	43	-1317	-55	-2	2278	19
12		-5	86		576	1
1448	1460	-3150	-2541		2695	-1362

4-4-7 续表 2

集体企业

Collective-owned Enterprises

地　区	Region	营业收入 Business Revenue	营业成本 Business Cost	税金及附加 Taxes and Other Charges	其他业务利润 Profits from Other Business	销售费用 Selling Expenses	管理费用 Administrative Expenses
全　国	**National Total**	**103411**	**70991**	**804**	**133**	**18962**	**15155**
北　京	Beijing	14922	8938	36	22	4845	2738
天　津	Tianjin	352	199			115	30
河　北	Hebei	788	383	32		219	74
山　西	Shanxi	1959	522	31		1013	506
内蒙古	Inner Mongolia						
辽　宁	Liaoning	706	403	1		130	250
吉　林	Jilin	263	154	1	6	145	
黑龙江	Heilongjiang						
上　海	Shanghai	4087	1987	10		1525	899
江　苏	Jiangsu	16536	10003	46	3	3434	2451
浙　江	Zhejiang	492	292			198	48
安　徽	Anhui	2278	1454	3		885	279
福　建	Fujian	2573	1231	91		980	758
江　西	Jiangxi	589	338	14		168	51
山　东	Shandong	4060	3332	7	16	384	763
河　南	Henan						
湖　北	Hubei	3422	3779	4		112	1470
湖　南	Hunan						
广　东	Guangdong	26215	18678	361	18	2945	2889
广　西	Guangxi	815	562	3		215	87
海　南	Hainan						
重　庆	Chongqing	11612	10906	119		182	137
四　川	Sichuan	1432	881	2		326	80
贵　州	Guizhou	2449	1773				474
云　南	Yunnan	3094	1138	19	68	926	842
西　藏	Tibet						
陕　西	Shaanxi	4556	3921	22		130	22
甘　肃	Gansu	211	117	2		85	307
青　海	Qinghai						
宁　夏	Ningxia						
新　疆	Xinjiang						

4-4-7 Continued 2

单位：万元

Unit: 10000 yuan

财务费用 Financial Expenses	#利息支出 Interest Expenses	营业利润 Operating Profits	利润总额 Total Profits	应交所得税 Income Tax Payable	应付职工薪酬 Payables to Employees	应交增值税 VAT Payable
383	**305**	**-2862**	**-1524**	**320**	**25249**	**1501**
35	16	-1876	-1127	7	5255	189
		8	10	1	100	
18		69	69		439	2
1		-114	-73	1	553	82
		-78	-65		221	8
9	9	-39	10		98	4
13	12	-410	-335	15	1130	51
69		528	704	37	3720	117
3	3	-50	-3		270	
7	7	-350	-282		500	
27		-514	-448	16	1071	178
1		16	16		122	
131	130	-511	-507	1	1270	38
14	17	-1957	-1957	6	826	17
-4	74	1350	1369	195	4812	640
		-2	-2	1	348	
17		418	419	15	1757	51
1		144	144	5	254	
1		201	201	10	487	
3	3	167	193		1459	76
7	4	467	467	10	390	47
30	30	-329	-327		167	1

股份合作企业

Cooperative Enterprises

地　区	Region	营业收入 Business Revenue	营业成本 Business Cost	税金及附加 Taxes and Other Charges	其他业务利润 Profits from Other Business	销售费用 Selling Expenses	管理费用 Administrative Expenses
全　国	**National Total**	**123972**	**67373**	**637**	**870**	**40390**	**16852**
北　京	Beijing	22454	11804	56	73	7391	3565
天　津	Tianjin						
河　北	Hebei	4966	2823			1664	609
山　西	Shanxi	362	157	6		155	25
内蒙古	Inner Mongolia	417	218			217	21
辽　宁	Liaoning						
吉　林	Jilin						
黑龙江	Heilongjiang						
上　海	Shanghai	8540	3889	26		2691	2784
江　苏	Jiangsu	6635	3134			2748	108
浙　江	Zhejiang	5573	3494	3		1416	1195
安　徽	Anhui						
福　建	Fujian	2164	1331	101		23	160
江　西	Jiangxi	564	183	4		423	1
山　东	Shandong	2644	563	8	694	1390	495
河　南	Henan	258	162			2	91
湖　北	Hubei						
湖　南	Hunan						
广　东	Guangdong	30660	15889	4	24	11600	3934
广　西	Guangxi	927	607	1		2	180
海　南	Hainan						
重　庆	Chongqing	336	308			7	15
四　川	Sichuan	36172	21812	420	79	10505	3598
贵　州	Guizhou						
云　南	Yunnan						
西　藏	Tibet						
陕　西	Shaanxi	1013	857	8		16	66
甘　肃	Gansu	287	142			140	5
青　海	Qinghai						
宁　夏	Ningxia						
新　疆	Xinjiang						

4-4-7 Continued 3

单位：万元
Unit: 10000 yuan

财务费用 Financial Expenses	#利息支出 Interest Expenses	营业利润 Operating Profits	利润总额 Total Profits	应交所得税 Income Tax Payable	应付职工薪酬 Payables to Employees	应交增值税 VAT Payable
802	**141**	**-236**	**2192**	**530**	**29685**	**876**
55	2	-325	-253	136	4688	-150
246		-376	-182		1076	
		18	23	1	123	6
5	5	-45	-44		162	
15		647	2370	268	2616	72
		645	661		1229	2
-2		-533	-552	4	1732	
		549	549		460	119
2		-76	-49		218	32
273		-74	6	2	651	82
3					130	1
276		-1026	-773	114	8169	19
6	6	131	104	2	178	2
1	1	3	3		66	
-85	127	180	283		7949	688
7		46	46	3	139	3
					99	

联营企业
Joint Ownership Enterprises

地 区	Region	营业收入 Business Revenue	营业成本 Business Cost	税金及附加 Taxes and Other Charges	其他业务利润 Profits from Other Business	销售费用 Selling Expenses	管理费用 Administr-ative Expenses
全 国	**National Total**	**1880**	**1161**	**6**		**417**	**225**
北 京	Beijing						
天 津	Tianjin						
河 北	Hebei						
山 西	Shanxi						
内蒙古	Inner Mongolia	235	114			111	49
辽 宁	Liaoning						
吉 林	Jilin						
黑龙江	Heilongjiang						
上 海	Shanghai	341	183	3			115
江 苏	Jiangsu	704	545	2		68	30
浙 江	Zhejiang						
安 徽	Anhui						
福 建	Fujian						
江 西	Jiangxi						
山 东	Shandong						
河 南	Henan						
湖 北	Hubei						
湖 南	Hunan						
广 东	Guangdong	333	123			215	
广 西	Guangxi						
海 南	Hainan						
重 庆	Chongqing						
四 川	Sichuan						
贵 州	Guizhou						
云 南	Yunnan						
西 藏	Tibet						
陕 西	Shaanxi	267	196	1		23	31
甘 肃	Gansu						
青 海	Qinghai						
宁 夏	Ningxia						
新 疆	Xinjiang						

单位：万元
Unit: 10000 yuan

财务费用 Financial Expenses	#利息支出 Interest Expenses	营业利润 Operating Profits	利润总额 Total Profits	应交所得税 Income Tax Payable	应付职工薪酬 Payables to Employees	应交增值税 VAT Payable
1	**1**	**70**	**79**	**5**	**310**	**25**
		-40	-39		87	
-2		43	43	3	26	17
1		58	62	2	118	5
1	1	-5	-1		47	2
1		14	14		32	1

有限责任公司

Limited Liability Corporations

地区	Region	营业收入 Business Revenue	营业成本 Business Cost	税金及附加 Taxes and Other Charges	其他业务利润 Profits from Other Business	销售费用 Selling Expenses	管理费用 Administr-ative Expenses
全国	**National Total**	**8899726**	**4904648**	**35845**	**91598**	**2932943**	**1314273**
北京	Beijing	1488296	708438	2768	19045	664379	206359
天津	Tianjin	218841	116136	352	556	86650	28523
河北	Hebei	103863	53131	871	1601	37955	27946
山西	Shanxi	86461	49263	1508	4133	30818	15138
内蒙古	Inner Mongolia	110048	52281	1149	1123	34666	35417
辽宁	Liaoning	67423	41399	340	29	16909	12122
吉林	Jilin	44557	34665	105	8	6354	6086
黑龙江	Heilongjiang	11211	6474	82	1	2766	4055
上海	Shanghai	1154851	583974	1574	33750	457766	156636
江苏	Jiangsu	682830	333890	29	2601	253040	134598
浙江	Zhejiang	495313	285003	940	1500	157695	69100
安徽	Anhui	311083	176790	1980	2294	86926	35728
福建	Fujian	58614	39469	315	53	9466	8001
江西	Jiangxi	120262	89960	1441		12846	13133
山东	Shandong	489406	264377	3579	4384	143128	98905
河南	Henan	236139	113334	813	752	91792	26389
湖北	Hubei	252294	163237	991	2016	53882	29616
湖南	Hunan	206564	122317	2502	48	49115	21705
广东	Guangdong	1388699	784259	4124	4104	439960	208315
广西	Guangxi	120260	67334	412	382	39840	10643
海南	Hainan	56692	28697	44	1339	21534	7442
重庆	Chongqing	125815	91849	1598	170	15879	9712
四川	Sichuan	254372	135407	1443	1351	73827	54383
贵州	Guizhou	92015	68087	283	137	9072	13270
云南	Yunnan	79884	57453	359	1002	10927	11717
西藏	Tibet	7509	4391	1	40	1007	1467
陕西	Shaanxi	482191	342229	4786	5791	81755	44412
甘肃	Gansu	94797	49154	855	3265	31268	13836
青海	Qinghai	11199	5651	139		3819	3305
宁夏	Ningxia	6071	4805	69	123	594	1423
新疆	Xinjiang	42166	31194	393		7308	4891

4-4-7 Continued 5

单位：万元

Unit: 10000 yuan

财务费用 Financial Expenses	#利息支出 Interest Expenses	营业利润 Operating Profits	利润总额 Total Profits	应交所得税 Income Tax Payable	应付职工薪酬 Payables to Employees	应交增值税 VAT Payable
126298	**71121**	**-330890**	**-240956**	**46005**	**2043229**	**35397**
4721	3733	-89788	-80369	6252	399029	2780
1365	708	-8840	-7622	1637	57745	-25
10566	6836	-29628	-23462	254	28629	-809
6450	6031	-16154	-15035	289	22451	735
3816	3605	-18814	-13503		32668	278
1849	964	-6631	-4735	160	12312	281
840	507	-3325	-2859	110	7422	-413
1816	1812	-3905	-3398	5	1402	164
3606	638	-43307	-36900	4201	235072	6717
14860	6293	-53064	-41223	3015	173130	-6069
5961	6710	15123	19415	3429	128580	-1335
4797	2980	4301	6402	3067	67967	6854
112	34	1506	1446	604	9927	795
1738	529	190	3540	267	15301	1374
12223	4311	-1644	9127	2754	115020	3472
3297	853	-4203	2928	2320	58497	1430
4242	3300	-4647	-2654	1043	46101	1761
4728	2030	8006	9211	2262	36675	1200
14523	7804	-55994	-49803	9327	359455	5716
1896	1376	1079	1871	748	23617	785
364	25	-1147	801	340	11804	241
757	466	6661	6890	620	17088	1723
7542	3525	-17517	-13934	1322	52598	1518
3165	555	-1958	-4393	644	20271	1559
480	168	-852	-1332	218	16894	986
-28	2	870	1059	111	2272	274
6060	2382	24	3031	813	55583	1964
2510	1641	-2373	-1775	158	22434	797
683	3	-1105	-946		3484	106
268	269	-1119	-1115		2206	318
1091	1031	-2635	-1619	35	7595	220

4-4-7 续表 6

股份有限公司

Share-holding Corporations Ltd.

地 区	Region	营业收入 Business Revenue	营业成本 Business Cost	税金及附加 Taxes and Other Charges	其他业务利润 Profits from Other Business	销售费用 Selling Expenses	管理费用 Administr-ative Expenses
全 国	**National Total**	**481634**	**318584**	**4061**	**4187**	**153547**	**82832**
北 京	Beijing	53376	36055	613	656	22453	11968
天 津	Tianjin	10297	7002	272	188	1703	987
河 北	Hebei	1195	612	29		681	114
山 西	Shanxi	119	91	3		3	27
内 蒙 古	Inner Mongolia	20896	11358	85		9937	2178
辽 宁	Liaoning	19720	36901	542		295	3727
吉 林	Jilin	5074	2789	3		2373	1119
黑 龙 江	Heilongjiang						
上 海	Shanghai	90556	54269	882		22455	11802
江 苏	Jiangsu	38689	22960	33	195	10188	9227
浙 江	Zhejiang	19166	12093	9	268	6910	2835
安 徽	Anhui	5958	4767	38	2	434	935
福 建	Fujian						
江 西	Jiangxi	748	596	4		28	181
山 东	Shandong	12245	5397	14	2523	3997	4508
河 南	Henan	4369	2428	11		1395	794
湖 北	Hubei	15165	11534	20		6047	1973
湖 南	Hunan	3521	2367	53	54	480	384
广 东	Guangdong	85339	51197	415	1	29183	17558
广 西	Guangxi						
海 南	Hainan	2340	1111	10		849	285
重 庆	Chongqing	6764	4663	215	300	301	1659
四 川	Sichuan	5727	3867	79		1789	863
贵 州	Guizhou						
云 南	Yunnan	1754	1391	17		82	57
西 藏	Tibet	726	485			36	90
陕 西	Shaanxi	70671	41078	692		29082	9084
甘 肃	Gansu	3668	1961	2		1371	317
青 海	Qinghai	966	654	17		278	113
宁 夏	Ningxia						
新 疆	Xinjiang	2585	958	3		1197	47

4-4-7 Continued 6

单位：万元

Unit: 10000 yuan

财务费用 Financial Expenses	#利息支出 Interest Expenses	营业利润 Operating Profits	利润总额 Total Profits	应交所得税 Income Tax Payable	应付职工薪酬 Payables to Employees	应交增值税 VAT Payable
5706	**7479**	**11948**	**14706**	**44**	**155362**	**4321**
509	710	-11217	-10201	33	30954	312
1288	2111	2615	3004		1471	828
98	95	-340	-341		402	
		-5	-5			
1108	17	-3485	-3411	97	3203	267
-34		-21400	-24146	-263	11132	134
-1	-1	-132	-82	1	522	
1746	2237	17675	17866	453	13346	198
140	55	-1644	-1052	72	7522	-46
135	8	-2778	-2633	69	8095	42
11	1	11	131	2	1353	46
6		-118	159	4	155	2
57	1	-1684	-450	28	3838	-134
151	151	-411	-289	1	584	11
163	107	-1958	-1947		9466	28
110	107	118	122	14	904	14
-1204	268	35810	35674	-646	30623	496
8		76	306	42	599	2
18	6	288	292	3	1409	23
30	2	-1039	-1020	15	1551	51
3		205	205	14	57	24
2		113	113	4	97	
1289	1548	1051	2159	-25	26424	1816
3	1	23	33	3	1042	
14		-112	-94			
56	55	286	313	123	613	207

4-4-7 续表 7

私营企业

Private Enterprises

地 区	Region	营业收入 Business Revenue	营业成本 Business Cost	税金及附加 Taxes and Other Charges	其他业务利 润 Profits from Other Business	销售费用 Selling Expenses	管理费用 Administr-ative Expenses
全 国	**National Total**	**32176525**	**18985407**	**136612**	**182026**	**8159305**	**4159120**
北 京	Beijing	2221385	1194755	1305	19957	754279	341660
天 津	Tianjin	459441	288091	1499	4127	92838	76526
河 北	Hebei	346917	188437	1819	2207	108977	55443
山 西	Shanxi	433751	240971	1821	2902	136681	72399
内 蒙 古	Inner Mongolia	150524	67896	339	561	55239	32849
辽 宁	Liaoning	224140	127179	2058	6314	56916	51304
吉 林	Jilin	126275	73247	523	2900	37549	17667
黑 龙 江	Heilongjiang	49324	24393	183	38	19750	10083
上 海	Shanghai	3224824	1723745	1829	17929	1089208	459795
江 苏	Jiangsu	3074071	1781258	9278	11798	793024	420245
浙 江	Zhejiang	2644794	1460782	5260	16158	779176	380442
安 徽	Anhui	1466889	864238	7003	10702	345362	184037
福 建	Fujian	1949321	1409442	12363	4044	247017	197436
江 西	Jiangxi	431118	262175	3788	10429	69608	54554
山 东	Shandong	1181447	684590	2359	9064	311053	202549
河 南	Henan	657880	389923	7633	5674	120552	74293
湖 北	Hubei	1349041	863640	13947	1916	236643	112824
湖 南	Hunan	1318730	889127	15968	6361	162152	122475
广 东	Guangdong	4675901	2666891	6515	17279	1353568	721075
广 西	Guangxi	454722	277299	1808	1081	116455	50892
海 南	Hainan	70094	33927	78	932	26252	7537
重 庆	Chongqing	1171459	786945	11890	2605	140868	100971
四 川	Sichuan	2183006	1163327	11119	11583	690134	166854
贵 州	Guizhou	345416	241999	1334	1255	43137	40446
云 南	Yunnan	455348	294350	3712	3051	74231	46779
西 藏	Tibet	11348	6934	7		1036	1475
陕 西	Shaanxi	1086130	728669	9744	6145	185853	96389
甘 肃	Gansu	206391	124785	798	2569	55335	27141
青 海	Qinghai	30239	16775	138	1645	7932	5222
宁 夏	Ningxia	45072	24171	226	53	15608	8029
新 疆	Xinjiang	131527	85446	268	747	32872	19729

4-4-7 Continued 7

单位：万元
Unit: 10000 yuan

财务费用 Financial Expenses	#利息支出 Interest Expenses	营业利润 Operating Profits	利润总额 Total Profits	应交所得税 Income Tax Payable	应付职工薪酬 Payables to Employees	应交增值税 VAT Payable
418406	**208399**	**230791**	**478377**	**161427**	**6023283**	**31278**
13623	8157	-78228	-63138	7132	440180	1695
9647	5741	-18073	-5695	3566	84788	1962
8164	5169	-16077	-17280	1216	65198	968
10825	7989	-29091	-23932	778	92699	2250
2011	986	-7626	-6292	136	41483	793
20187	14914	-31917	-28973	364	35802	446
2882	2176	-6792	-5416	56	18603	-236
946	305	-5933	-4788	68	9577	158
28688	5499	-77157	-45671	10293	528819	-9070
40690	16677	39371	78028	19648	652242	9253
56741	30127	-33375	-13250	15252	496898	-93321
14126	7504	54134	66205	11578	295551	9818
12052	3495	70789	74897	8987	231434	11151
8700	5256	26677	27497	1639	74608	3737
25695	11461	-52420	-37609	3276	274248	4958
12059	5285	47534	51876	2695	127305	7312
22911	11680	78828	88093	14558	203602	17235
19344	8409	92357	94439	7515	192876	13134
34345	13787	-105636	-72343	13811	1069490	9878
4128	2023	4096	6966	1069	84167	1959
1288	1202	666	772	364	15461	-1042
11654	6430	102588	108686	6622	173498	13449
28166	14390	113371	125034	21133	433493	13118
3880	2514	12309	15192	1366	52237	1951
5250	5074	22300	24429	1758	69027	2861
11	1	1886	1935	189	2470	5
9702	4258	46498	50763	5411	162039	7214
4598	2979	-5544	-3617	816	48147	-1107
1670	1279	-1097	-449	13	9512	218
891	728	-3286	-1998	23	11354	184
3532	2904	-10361	-5984	95	26475	347

其他企业

Other Enterprises

地区	Region	营业收入 Business Revenue	营业成本 Business Cost	税金及附加 Taxes and Other Charges	其他业务利润 Profits from Other Business	销售费用 Selling Expenses	管理费用 Administr-ative Expenses
全国	**National Total**	**34022**	**18986**	**93**	**183**	**10382**	**4133**
北京	Beijing						
天津	Tianjin	1323	728			468	137
河北	Hebei						
山西	Shanxi						
内蒙古	Inner Mongolia						
辽宁	Liaoning						
吉林	Jilin						
黑龙江	Heilongjiang	189	83			77	24
上海	Shanghai	9879	6062	2		2997	872
江苏	Jiangsu	12526	6280	39	101	4095	2165
浙江	Zhejiang						
安徽	Anhui	422	203			278	
福建	Fujian						
江西	Jiangxi	208	121	2		2	35
山东	Shandong	5338	2212	1	82	2142	581
河南	Henan						
湖北	Hubei	281	251			6	5
湖南	Hunan	780	641	45		24	14
广东	Guangdong	262	128			219	1
广西	Guangxi						
海南	Hainan						
重庆	Chongqing	322	275			9	29
四川	Sichuan						
贵州	Guizhou						
云南	Yunnan	1442	1283			11	142
西藏	Tibet						
陕西	Shaanxi	816	487	4		54	127
甘肃	Gansu						
青海	Qinghai						
宁夏	Ningxia						
新疆	Xinjiang	234	232				1

4-4-7 Continued 8

单位：万元
Unit: 10000 yuan

财务费用 Financial Expenses	#利息支出 Interest Expenses	营业利润 Operating Profits	利润总额 Total Profits	应交所得税 Income Tax Payable	应付职工薪酬 Payables to Employees	应交增值税 VAT Payable
490	**18**	**-98**	**1560**	**38**	**6820**	**95**
6		-17	-17		299	
		6	6		41	
91	22	-113	1167	3	1968	13
2	-35	25	333	17	2273	46
27	27	-86	-88		129	9
1		48	48	1	72	
314		13	82		1056	-1
		19	19	1	106	
1		48	48	11	85	19
		-86	-86		16	
		9	9		30	1
		-10	-7		435	
47	4	45	45	5	241	8
1		1	1		69	

4-4-7 续表 9

港、澳、台商投资企业

Enterprises with Funds from Hongkong, Macao and Taiwan

地 区	Region	营业收入 Business Revenue	营业成本 Business Cost	税金及附加 Taxes and Other Charges	其他业务利润 Profits from Other Business	销售费用 Selling Expenses	管理费用 Administr-ative Expenses
全 国	**National Total**	**7201915**	**2946462**	**5706**	**65058**	**3536656**	**646115**
北 京	Beijing	1545923	570409	702	7637	853184	142360
天 津	Tianjin	131571	44940	76		75599	7936
河 北	Hebei	7743	1282	39	177	2350	2836
山 西	Shanxi	26372	8677	24		15637	1087
内蒙古	Inner Mongolia	2633	1020			1554	165
辽 宁	Liaoning	180577	68602	62	12105	101479	15587
吉 林	Jilin						
黑龙江	Heilongjiang	10728	4205	5	-11	7184	486
上 海	Shanghai	1938494	875116	890	22003	901111	202092
江 苏	Jiangsu	423139	186382	1465	1524	192313	43861
浙 江	Zhejiang	201636	69851	81	109	113097	16677
安 徽	Anhui	8299	4665	1		2650	899
福 建	Fujian	212958	81470	184	2023	107297	13017
江 西	Jiangxi	2033	681	43		747	617
山 东	Shandong	59198	25437	116	1586	30092	5273
河 南	Henan	4057	1542		12	1962	213
湖 北	Hubei	483965	219359	276	53	193871	43234
湖 南	Hunan	52412	16537	27		33072	2948
广 东	Guangdong	1372672	500225	1155	11961	705723	116439
广 西	Guangxi	6347	3141	1		2859	472
海 南	Hainan	14756	4716	49	2477	6771	4533
重 庆	Chongqing	161298	139579	208	3398	7140	5117
四 川	Sichuan	263688	81476	148		137504	14021
贵 州	Guizhou	2926	1540	2	4	495	1118
云 南	Yunnan	14630	12519	89		1590	2002
西 藏	Tibet						
陕 西	Shaanxi	73860	23091	63		41375	3125
甘 肃	Gansu						
青 海	Qinghai						
宁 夏	Ningxia						
新 疆	Xinjiang						

4-4-7 Continued 9

单位：万元
Unit: 10000 yuan

财务费用 Financial Expenses	#利息支出 Interest Expenses	营业利润 Operating Profits	利润总额 Total Profits	应交所得税 Income Tax Payable	应付职工薪酬 Payables to Employees	应交增值税 VAT Payable
64084	**18577**	**10172**	**31960**	**71729**	**2222189**	**-18021**
5694	5758	-25291	-17703	8263	589559	-11589
2465	18	17	414	71	61132	-72
1078		-3987	-3655		1523	12
669		211	54	-17	11481	51
-16		-89	-84		637	-117
4044	116	-9191	-10830	1635	78793	-184
346		-1514	-1396		808	69
12990	2692	-44426	-35810	20561	448150	-12003
7075	1299	-7757	-6367	1652	168992	1806
6411	2445	-3727	-5198	143	87534	19
2		82	101	1	4270	2
2592	235	8218	8256	2591	73244	664
50	50	-96	-66		202	1
5435	3117	-5900	-3235	117	23388	23
448	501	-58	-63	139	1099	-65
2407	34	21172	19683	5057	141894	324
2117	3	-2565	-2559	-924	12719	19
9043	2140	43496	50418	21207	390257	1246
17	15	-150	-150	1	1380	
-59	20	-1253	-994	-43	3274	57
277	154	8359	6887	1025	20971	256
561	-19	30150	29833	8996	73543	415
		-243	-123	4	827	3
-81		-1401	-1442	-368	2467	588
519	-1	6115	5989	1618	24045	454

外商投资企业

Foreign Funded Enterprises

地　区	Region	营业收入 Business Revenue	营业成本 Business Cost	税金及附加 Taxes and Other Charges	其他业务利润 Profits from Other Business	销售费用 Selling Expenses	管理费用 Administr-ative Expenses
全　国	**National Total**	**9068659**	**4679897**	**5541**	**17170**	**3175123**	**845695**
北　京	Beijing	1021541	586041	667	3822	361870	113833
天　津	Tianjin	313988	167467	179	3028	96118	33615
河　北	Hebei	671	422			73	170
山　西	Shanxi	64992	35686	36		18454	5375
内蒙古	Inner Mongolia	24947	15089	121		5063	5821
辽　宁	Liaoning	374211	206117	212		104807	38859
吉　林	Jilin	208	70	3		2	73
黑龙江	Heilongjiang	3957	2426			1561	790
上　海	Shanghai	2197821	876760	493	2001	1028553	186981
江　苏	Jiangsu	936011	509369	547	80	224530	86782
浙　江	Zhejiang	683798	363773	881	2999	163672	67218
安　徽	Anhui	2226	1225	165		762	1471
福　建	Fujian	389459	224285	300	2227	129122	29905
江　西	Jiangxi	86453	45738	43		23641	7409
山　东	Shandong	251269	130275	66		73820	24285
河　南	Henan	105235	56683	56		31477	14158
湖　北	Hubei	97204	43841	8		48024	6247
湖　南	Hunan	196099	105083	331		50831	17829
广　东	Guangdong	1534589	843037	859	568	621099	132565
广　西	Guangxi	81094	41608	28		20703	6554
海　南	Hainan						
重　庆	Chongqing	92119	49907	53	51	31423	6262
四　川	Sichuan	323012	209699	142	2248	71869	27817
贵　州	Guizhou	583	103	11		90	150
云　南	Yunnan	67074	38982	42		16400	6488
西　藏	Tibet						
陕　西	Shaanxi	154003	92516	268		36664	15996
甘　肃	Gansu	31525	16135	7		7515	2483
青　海	Qinghai						
宁　夏	Ningxia						
新　疆	Xinjiang	34570	17560	23	146	6980	6559

4-4-7 Continued 10

单位：万元
Unit: 10000 yuan

财务费用 Financial Expenses	#利息支出 Interest Expenses	营业利润 Operating Profits	利润总额 Total Profits	应交所得税 Income Tax Payable	应付职工薪酬 Payables to Employees	应交增值税 VAT Payable
24013	**13300**	**744804**	**750690**	**160174**	**2222426**	**-14454**
1702	1923	-50377	-47515	4210	243256	298
440	87	12573	12269	4569	63910	129
		5	7		218	3
9		4973	4806	1219	10164	
-10		-2299	-1842		4811	-51
54	7	22604	22280	5826	74193	424
1		60	60	1	109	2
38		-245	-75	-9	481	
3369	1933	128002	137173	45397	796403	-8845
-430	182	117013	119666	29841	192246	1967
-246	102	89798	89542	25268	124302	1239
4518	2	-1408	-1405		565	66
680	441	6937	7440	5361	77478	-4227
24	19	9402	9360	2279	2666	
-162		21968	21701	5588	42956	344
287	320	1444	78	3	23062	337
-12	11	-902	-488	576	23503	306
140	207	21163	21244	5281	38247	1324
7161	1290	28991	20428	8677	352558	-1686
-84		12269	12103	2943	14310	
-30	-21	4556	1792	663	25181	
6914	6780	294297	298779	5526	63774	-5579
		229	268	22	140	
-142		5304	4596	1415	11610	260
-195	15	9386	9215	3174	26027	246
-19		5473	5302	1337	4291	
6	2	3588	3906	1007	5965	-1011

4-4-8 各地区限额以上餐饮业企业损益及分配(按国民经济行业分)

正餐服务

Dinner

地 区	Region	营业收入 Business Revenue	营业成本 Business Cost	税金及附加 Taxes and Other Charges	其他业务利 润 Profits from Other Business	销售费用 Selling Expenses	管理费用 Administr-ative Expenses
全 国	**National Total**	**36851803**	**20545158**	**171470**	**270780**	**10735061**	**5227461**
北 京	Beijing	3464179	1646797	4910	32322	1446860	538836
天 津	Tianjin	446446	243776	1997	4894	141916	76649
河 北	Hebei	461107	244839	2822	4467	150387	87502
山 西	Shanxi	511121	284408	3399	6372	164857	90048
内 蒙 古	Inner Mongolia	286793	136746	1645	1684	98942	75536
辽 宁	Liaoning	237816	126347	2354	6209	74110	53390
吉 林	Jilin	131257	79908	658	2716	37015	21354
黑 龙 江	Heilongjiang	43181	25787	254	23	12337	10653
上 海	Shanghai	5335103	2551691	4657	53373	2176975	713885
江 苏	Jiangsu	3203172	1700878	9368	12349	965682	531799
浙 江	Zhejiang	2774135	1517039	6692	15849	831902	429499
安 徽	Anhui	1210293	716627	8238	11956	248651	166018
福 建	Fujian	1697249	1150421	11521	5868	277495	177454
江 西	Jiangxi	531641	338475	4979	9463	80442	67055
山 东	Shandong	1355740	720786	5172	18351	407667	294073
河 南	Henan	826663	459391	8271	6437	203175	89508
湖 北	Hubei	1510561	923994	14886	4021	311284	136820
湖 南	Hunan	1451680	955842	17439	6328	200803	142926
广 东	Guangdong	5014688	2613583	10924	24707	1735862	800060
广 西	Guangxi	424720	252686	1664	933	113687	50243
海 南	Hainan	86548	46510	167	4502	30775	13343
重 庆	Chongqing	1273808	854969	13785	3079	153404	108102
四 川	Sichuan	1644096	993150	12860	13120	337030	222916
贵 州	Guizhou	353107	246526	1441	1468	43738	48642
云 南	Yunnan	483482	324940	3963	4120	66936	55719
西 藏	Tibet	12859	7564	7	40	1839	2460
陕 西	Shaanxi	1574134	1076558	14531	8368	281151	142315
甘 肃	Gansu	287077	167855	1733	5835	80136	41784
青 海	Qinghai	39936	20951	294	1645	12029	8307
宁 夏	Ningxia	46788	25137	312	176	17000	8352
新 疆	Xinjiang	132423	90977	527	105	30974	22213

Income and Distribution of Enterprises above Designated Size of Catering Services by Region and Sector

单位：万元

Unit: 10000 yuan

财务费用 Financial Expenses	#利息支出 Interest Expenses	营业利润 Operating Profits	利润总额 Total Profits	应交所得税 Income Tax Payable	应付职工薪酬 Payables to Employees	应交增值税 VAT Payable
556030	**291829**	**-326597**	**-5242**	**174068**	**7443898**	**38175**
19561	15445	-182176	-160510	10646	856569	2502
12572	8509	-19864	-16551	2590	105403	1544
20144	12088	-50831	-45365	1460	96401	217
17228	13924	-48422	-40528	889	116352	3146
6513	4613	-34816	-27601	233	76581	1187
22726	15793	-40067	-35484	443	42642	342
2980	2201	-10612	-8730	142	22709	-602
2656	2121	-7825	-5946	65	6769	328
36930	9669	-162687	-123586	22861	976860	-20658
58023	23848	-47198	2831	20491	726161	4649
63927	38455	-31536	-10920	16569	573173	-90699
22404	9817	50345	63176	11181	227527	13030
11643	3420	64467	67541	9496	220453	11233
10309	5806	22548	27789	1738	88196	5140
41784	18708	-75530	-45240	3901	341801	7135
15410	6598	39966	50949	4709	173664	7910
27551	14853	69070	79289	14439	248303	18700
24034	10564	92856	99375	9305	218776	13860
44487	19508	-137010	-100005	16878	1260641	10686
4392	2808	2552	5593	1318	86052	2175
1275	989	-5499	-2762	247	18094	-692
12211	6674	115950	117632	6995	187097	15100
33808	18073	35171	49717	8038	282871	14535
6691	2958	4312	3574	864	59314	2241
5646	5192	18217	19680	1466	78039	3732
-22	3	1212	1448	116	3888	277
15856	8229	43558	51844	6058	230622	11151
6793	4358	-9188	-5568	829	68519	275
2028	943	-1972	-1168	13	11921	324
1172	997	-4422	-3051	22	12179	496
5298	4665	-17166	-12665	66	26321	-1089

4-4-8 续表 1

快餐服务

Snack

地 区	Region	营业收入 Business Revenue	营业成本 Business Cost	税金及附加 Taxes and Other Charges	其他业务利润 Profits from Other Business	销售费用 Selling Expenses	管理费用 Administr-ative Expenses
全 国	**National Total**	**12762927**	**6652183**	**10981**	**59913**	**4595284**	**1183086**
北 京	Beijing	1732513	745397	861	19964	861983	164693
天 津	Tianjin	448248	219685	230	2939	165348	44208
河 北	Hebei	2653	1024	4		1003	618
山 西	Shanxi	105997	52959	78	1183	38161	7892
内 蒙 古	Inner Mongolia	22629	8197	23		14007	1567
辽 宁	Liaoning	525021	266310	226	-27	186889	52052
吉 林	Jilin	17730	7461	5		9332	865
黑 龙 江	Heilongjiang	31702	10695	5	5	19301	4842
上 海	Shanghai	1384938	660781	468	4980	576754	146130
江 苏	Jiangsu	1453423	785598	1821	3245	406560	138617
浙 江	Zhejiang	996849	490189	364	4185	318616	83466
安 徽	Anhui	435555	233198	812	1042	161370	37604
福 建	Fujian	693032	451121	1279	2332	163441	51895
江 西	Jiangxi	93141	51834	104	1	23460	7674
山 东	Shandong	470567	253620	1024	344	144395	39232
河 南	Henan	138338	79001	257		35700	18185
湖 北	Hubei	436475	257458	161	3	137364	43924
湖 南	Hunan	286074	157097	598		85555	21697
广 东	Guangdong	2226529	1172110	1602	9805	900154	220731
广 西	Guangxi	158771	81857	45		50127	12703
海 南	Hainan	40922	15447	1		18011	5074
重 庆	Chongqing	253768	194814	276	3449	35703	11795
四 川	Sichuan	410823	251729	220	2248	118381	29288
贵 州	Guizhou	3939	2851	19		86	521
云 南	Yunnan	89173	43287	46		31238	7178
西 藏	Tibet	6540	4121	1		213	563
陕 西	Shaanxi	196723	107186	340	3586	59428	18695
甘 肃	Gansu	44382	21080	9		14603	3008
青 海	Qinghai						
宁 夏	Ningxia						
新 疆	Xinjiang	56472	26076	102	629	18101	8369

4-4-8 Continued 1

单位：万元
Unit: 10000 yuan

财务费用 Financial Expenses	#利息支出 Interest Expenses	营业利润 Operating Profits	利润总额 Total Profits	应交所得税 Income Tax Payable	应付职工薪酬 Payables to Employees	应交增值税 VAT Payable
64857	**13626**	**359615**	**380353**	**132485**	**3087522**	**-12984**
7679	3964	-43347	-29899	2161	489066	-7818
2586	83	12109	12600	4171	125347	94
4	3	18	38	4	569	16
776	102	5599	5445	1338	23756	66
371		-1536	-1453		5892	-101
4213	22	12827	10958	6415	133183	425
141		-73	-51	11	2534	
490		-3569	-3179		5745	69
7382	1209	-5522	1013	11687	351684	-1765
3960	806	118750	122768	31114	381583	3346
4551	608	99370	100107	25605	222132	-4023
672	688	6247	7530	3172	91193	3380
3692	693	23030	22754	6159	126554	-3685
124	45	9724	9704	2262	3586	-16
2051	196	22668	23921	6346	89456	1014
595	376	4113	2660	166	28232	525
2394	209	-6226	-7716	-1684	127582	313
2288	129	19406	18068	4398	58552	1369
17118	3616	18096	12997	11942	573590	-584
843	22	12377	12198	2963	26439	84
69	7	2349	1940	242	8769	-61
324	200	10294	10468	1778	41974	263
1640	245	13411	18534	5479	93786	-5379
9	8	451	480	9	423	27
-139	5	7574	7049	1595	16967	316
7		1636	1638	185	813	
615	15	10990	10215	2506	40625	468
296	274	5194	5175	1338	6673	-521
106	101	3655	4391	1123	10817	-806

饮料及冷饮服务
Beverage and Cold Drink

地 区	Region	营业收入 Business Revenue	营业成本 Business Cost	税金及附加 Taxes and Other Charges	其他业务利润 Profits from Other Business	销售费用 Selling Expenses	管理费用 Administr-ative Expenses
全 国	**National Total**	**3710051**	**1516154**	**1649**	**33036**	**1725002**	**291315**
北 京	Beijing	459659	192181	228	1136	251856	54362
天 津	Tianjin	20178	16557	5		5125	3682
河 北	Hebei	645	217			422	
山 西	Shanxi	2520	732	4		1333	98
内 蒙 古	Inner Mongolia						
辽 宁	Liaoning	37373	15822	3	12128	17634	2415
吉 林	Jilin	228	144	6		29	
黑 龙 江	Heilongjiang	1093	1609			2	216
上 海	Shanghai	1324075	481289	256	17927	653129	91925
江 苏	Jiangsu	192108	98711	231	59	76735	11975
浙 江	Zhejiang	130864	83294	56	1000	38958	13965
安 徽	Anhui	9255	7098	7		3033	768
福 建	Fujian	113303	82098	170	117	30674	8559
江 西	Jiangxi	7682	2603	2		3262	894
山 东	Shandong	47782	20306	8		21988	2391
河 南	Henan	6718	2225	2	1	4161	158
湖 北	Hubei	177974	62786	103		81656	8995
湖 南	Hunan	25240	10141	29	150	11104	919
广 东	Guangdong	822142	311040	279	31	380049	71672
广 西	Guangxi	10474	3721	42	469	5917	391
海 南	Hainan	11189	3549	7		5297	931
重 庆	Chongqing	22800	19444	9	18	5837	1505
四 川	Sichuan	181750	50592	119		86936	8792
贵 州	Guizhou	7306	2962	6		2284	933
云 南	Yunnan	15553	10431	16		3682	1176
西 藏	Tibet	183	125	1		27	10
陕 西	Shaanxi	76917	33198	58		32561	4220
甘 肃	Gansu	5040	3279	2		1311	363
青 海	Qinghai						
宁 夏	Ningxia						
新 疆	Xinjiang						

4-4-8 Continued 2

单位：万元
Unit: 10000 yuan

财务费用 Financial Expenses	#利息支出 Interest Expenses	营业利润 Operating Profits	利润总额 Total Profits	应交所得税 Income Tax Payable	应付职工薪酬 Payables to Employees	应交增值税 VAT Payable
2467	**3748**	**229668**	**247118**	**100454**	**1252509**	**-917**
-1618	59	-37512	-38798	8763	233641	-3674
-16	1	-5400	-5297	190	7220	6
		45	47		183	
		393	460	45	445	3
-119	3	1581	1592	1077	17617	-47
6		27	27		19	6
		-735	-749		218	
4536	1603	150525	160680	44550	580675	-278
306	-7	5571	9817	2075	39707	-750
214	73	-4581	-3879	1500	28564	874
21	16	-1884	-1615	8	1838	-26
168	17	-9402	-9048	616	16160	237
13		1159	1313	147	1612	-2
-44	2	2566	3376	897	15476	16
12	12	227	525	12	1162	8
-366	53	24777	25015	7019	30264	429
47	5	3053	2956	238	4031	251
-612	1312	57316	57630	20705	195969	1256
234	223	372	490	162	2300	15
252	246	1356	1566	214	2427	-30
80	114	-4065	-3935	89	6803	-22
-537	6	35797	36054	8991	44978	817
12		1178	1217	267	2186	12
22		171	173	333	2593	23
		21	21	3	139	2
-151	10	7034	7403	2413	15388	-49
7		78	77	140	894	6

4-4-8 续表 3

餐饮配送及外卖送餐服务

Catering Distribution and Delivery Service

地　区	Region	营业收入 Business Revenue	营业成本 Business Cost	税金及附加 Taxes and Other Charges	其他业务利润 Profits from Other Business	销售费用 Selling Expenses	管理费用 Administrative Expenses
全　国	**National Total**	**2991874**	**2331486**	**5405**	**2963**	**337209**	**322403**
北　京	Beijing	396467	279259	382	330	75042	32643
天　津	Tianjin	160610	108104	199	52	32900	18460
河　北	Hebei	6889	4485	11	9	1018	961
山　西	Shanxi	405	300				102
内蒙古	Inner Mongolia	4117	3325	30		114	1185
辽　宁	Liaoning	63291	69689	623	13	1575	14110
吉　林	Jilin	28120	23612	34	77	1001	3359
黑龙江	Heilongjiang	1636	1191	13		32	388
上　海	Shanghai	401210	337879	273	-513	36878	43929
江　苏	Jiangsu	304039	244494	423	734	17352	32513
浙　江	Zhejiang	94607	72993	64		11258	10780
安　徽	Anhui	139851	92342	124		25895	19851
福　建	Fujian	51734	41375	82	8	3480	6861
江　西	Jiangxi	11472	5783	22	962	268	873
山　东	Shandong	147481	121242	120	101	7906	14645
河　南	Henan	34241	22844	200		4626	7423
湖　北	Hubei	75504	60614	94	3	7555	6138
湖　南	Hunan	16114	14068	608	73	416	958
广　东	Guangdong	811670	633982	781	1114	91333	84607
广　西	Guangxi	50634	40673	501		5301	4093
海　南	Hainan						
重　庆	Chongqing	14614	11722	28		492	2099
四　川	Sichuan	18667	15455	226		1251	1529
贵　州	Guizhou	63195	49395	57		6433	4791
云　南	Yunnan	34193	28580	142		1761	4333
西　藏	Tibet						
陕　西	Shaanxi	14069	10316	36		1189	762
甘　肃	Gansu	3682	2945	2		416	347
青　海	Qinghai						
宁　夏	Ningxia	6823	5369	1		154	1318
新　疆	Xinjiang	36539	29450	329		1563	3345

4-4-8 Continued 3

单位：万元
Unit: 10000 yuan

财务费用 Financial Expenses	#利息支出 Interest Expenses	营业利润 Operating Profits	利润总额 Total Profits	应交所得税 Income Tax Payable	应付职工薪酬 Payables to Employees	应交增值税 VAT Payable
7915	**4117**	**2106**	**19290**	**9509**	**590027**	**14406**
277	298	9015	10816	3338	72998	378
14	30	833	1625	245	25412	1188
28	10	-250	-227	7	1672	25
		2	2		73	
-1		-535	-529		2931	210
208	183	-22545	-25115	-216	18205	303
525	490	-455	-397	15	2405	87
4		-32	-29	1	352	
1383	393	-2540	167	938	76585	940
356	226	7005	7771	665	56545	1048
205	138	-746	56	74	14755	384
346		1362	1505	283	50895	302
75	18	1156	2288	24	19391	602
4	1	769	672	26	644	39
429	84	1381	3561	725	26310	811
230	127	-1272	-892	70	7840	495
139	32	3261	4286	1480	20221	245
73	39	706	739	26	1221	155
2233	869	470	5855	1762	151088	4621
317	263	762	1278	41	4661	480
67	42	209	308	72	3551	144
9	3	489	515	25	2522	367
245	69	1546	2446	202	8129	508
-36	48	-905	-911	-359	4087	708
13	5	1374	1401	1	8047	115
68	63	-113	-90	4	1631	-50
		12	24	1	1956	6
704	686	1147	2165	59	5900	295

其他餐饮业

Others

地 区	Region	营业收入 Business Revenue	营业成本 Business Cost	税金及附加 Taxes and Other Charges	其他业务利润 Profits from Other Business	销售费用 Selling Expenses	管理费用 Administr-ative Expenses
全 国	**National Total**	**2208111**	**1192094**	**3394**	**1304**	**759340**	**165142**
北 京	Beijing	369778	277891	430	301	51320	41993
天 津	Tianjin	64005	37582	50	15	10157	6746
河 北	Hebei	765	376	1		186	242
山 西	Shanxi	1503	1128	1		327	81
内蒙古	Inner Mongolia	1063	1075	1			1
辽 宁	Liaoning	5449	4033	15	126	335	998
吉 林	Jilin	1557	1076	1	121	327	297
黑龙江	Heilongjiang	314	151			114	5
上 海	Shanghai	213754	113398	95	52	70453	31411
江 苏	Jiangsu	123475	70946	227	228	46270	7077
浙 江	Zhejiang	70404	41220	31		23100	4992
安 徽	Anhui	8281	5729	20		1381	979
福 建	Fujian	61550	33273	306	107	19164	4864
江 西	Jiangxi	11990	7514	270	8	2487	731
山 东	Shandong	37180	25329	25		3482	4276
河 南	Henan	7900	4411	31		592	887
湖 北	Hubei	4870	2719	18		1603	587
湖 南	Hunan	14480	9376	395	3	1060	1882
广 东	Guangdong	285163	178614	228	31	66570	38513
广 西	Guangxi	23290	14519	12	65	5383	1828
海 南	Hainan	5224	2946	6	246	1324	450
重 庆	Chongqing	7807	5541	17		783	711
四 川	Sichuan	830962	317065	275	1	446813	8719
贵 州	Guizhou	20107	14953	113		495	1321
云 南	Yunnan	4832	2904	73		945	392
西 藏	Tibet						
陕 西	Shaanxi	25491	14232	736		2847	4541
甘 肃	Gansu	2460	940	2		1074	201
青 海	Qinghai	2469	2130				333
宁 夏	Ningxia						
新 疆	Xinjiang	1988	1023	15		748	84

4-4-8 Continued 4

单位：万元

Unit: 10000 yuan

财务费用 Financial Expenses	#利息支出 Interest Expenses	营业利润 Operating Profits	利润总额 Total Profits	应交所得税 Income Tax Payable	应付职工薪酬 Payables to Employees	应交增值税 VAT Payable
12709	**8395**	**352109**	**367786**	**24956**	**495093**	**6197**
445	624	-2227	-162	1742	84560	2782
75	42	-662	9489	2648	8329	6
		-41	-34	1	133	
1		19	44	1	345	2
		-14	6		287	-9
-2		117	132	6	1502	124
75		-140	-90		167	2
		43	46		72	
274	157	-826	-252	880	50854	-948
196	80	-1409	-381	82	24687	534
139	122	1601	1677	459	12991	195
58		115	205	7	1065	8
-112	57	8326	8743	1275	11468	314
83	3	1599	931	38	1210	39
115	136	251	429	294	9866	193
60	1	1789	1814	203	1095	106
18	9	-182	4	4	482	34
130	21	1560	1558	225	1776	167
1013	106	2103	3045	1471	54234	1183
177	104	1397	1380	280	5105	2
5	6	137	142		1848	41
16	8	735	763	48	1277	37
8311	6550	333736	333712	14497	212043	184
86	34	3133	3234	705	4721	777
21	1	467	549	4	1096	24
1155	-4	770	971	73	1692	400
6		-38	-33		740	
338	338	-342	-321		1075	
26		92	185	13	373	

4-5-1 限额以上住宿和餐饮业产业活动单位和个体经营户基本情况

Basic Conditions of Establishments and Getihus above Designated Size of Hotels and Catering Services

项　目	Item	单位数（个）Number of Units (unit)	年末从业人数（人）Engaged Persons at the Year-end (person)
总　计	**Total**	**41658**	**1024328**
一、住宿业	**Hotels**	**6046**	**305195**
(一)按登记注册类型分	**by Type of Registration**		
1.内资企业	**Domestic Funded Enterprises**	**1309**	**186924**
国有企业	State-owned Enterprises	182	20271
集体企业	Collective-owned Enterprises	13	858
股份合作企业	Cooperative Enterprises	5	1119
联营企业	Joint Ownership Enterprises	NA	191
有限责任公司	Limited Liability Corporations	595	95748
国有独资公司	State Sole Funded Corporations	25	3616
其他有限责任公司	Other Limited Liability Corporations	570	92132
股份有限公司	Share-holding Corporations Ltd.	64	9377
私营企业	Private Enterprises	405	53195
私营独资企业	Private-funded Enterprises	27	2263
私营合伙企业	Private Partnership Enterprises	NA	134
私营有限责任公司	Private Limited Liability Corporations	362	49023
私营股份有限公司	Private Share-holding Corporations Ltd.	13	1775
其他内资企业	Other Domestic Funded Enterprises	43	6165
2.港、澳、台商投资企业	**Enterprises with Funds from Hongkong, Macao and Taiwan**	**64**	**19905**
合资经营企业	Joint-venture Enterprises	20	8395
合作经营企业	Cooperative Enterprises	NA	851
独资经营企业	Enterprises with Sole Investment	32	8553
投资股份有限公司	Share-holding Corporations Ltd. with Investment	5	1391
其他港澳台商投资企业	Other Enterprises with Funds from Hongkong, Macao and Taiwan	4	715
3.外商投资企业	**Foreign Funded Enterprises**	**71**	**17318**
中外合资经营企业	Joint-venture Enterprises	17	4563
中外合作经营企业	Cooperative Enterprises	6	1890
外资企业	Enterprises with Sole Foreign Investment	33	7140
外商投资股份有限公司	Share-holding Corporations Ltd. With Foreign Investment	7	1532
其他外商投资企业	Other Foreign Funded Enterprises	8	2193
4.个体经营户	**Getihus**	**4602**	**81048**
(二)按国民经济行业分	**by Sector**		
旅游饭店	Tourist Hotel	2218	221948
一般旅馆	Fonda	3286	68644
民宿服务	Home Lodging Services	252	2593
其他住宿业	Others	290	12010

4-5-1 续表 Continued

项 目	Item	法人单位数(个) Number of Units (unit)	年末从业人数(人) Employed Persons at Year-end (person)	年末餐饮营业面积(平方米) Business Area of Catering Services at Year-end (sq.m)
二、餐饮业	**Catering Services**	**35612**	**719133**	**26737037**
(一)按登记注册类型分	**by Type of Registration**			
1.内资企业	**Domestic Funded Enterprises**	**531**	**55361**	**2164882**
国有企业	State-owned Enterprises	73	8273	246584
集体企业	Collective-owned Enterprises	13	913	26868
股份合作企业	Cooperative Enterprises	NA	18	300
联营企业	Joint Ownership Enterprises	NA	106	1800
有限责任公司	Limited Liability Corporations	188	22942	874657
国有独资公司	State Sole Funded Corporations	13	1083	60155
其他有限责任公司	Other Limited Liability Corporations	175	21859	814502
股份有限公司	Share-holding Corporations Ltd.	24	3749	97021
私营企业	Private Enterprises	187	16783	760142
私营独资企业	Private-funded Enterprises	19	1433	67245
私营合伙企业	Private Partnership Enterprises	4	203	8496
私营有限责任公司	Private Limited Liability Corporations	156	13875	635201
私营股份有限公司	Private Share-holding Corporations Ltd.	8	1272	49200
其他企业	Other Enterprises	43	2577	157510
2.港、澳、台商投资企业	**Enterprises with Funds from Hongkong, Macao and Taiwan**	**16**	**2754**	**51079**
合资经营企业	Joint-venture Enterprises	5	946	4700
合作经营企业	Cooperative Enterprises			
独资经营企业	Enterprises with Sole Investment	9	1518	42538
投资股份有限公司	Share-holding Corporations Ltd. with Investment			
其他港澳台商投资企业	Other Enterprises with Funds from Hongkong, Macao and Taiwan	NA	290	3841
3.外商投资企业	**Foreign Funded Enterprises**	**26**	**15629**	**197626**
中外合资经营企业	Joint-venture Enterprises	NA	303	8215
中外合作经营企业	Cooperative Enterprises	NA	8958	53080
外资企业	Enterprises with Sole Foreign Investment	18	6023	116741
外商投资股份有限公司	Share-holding Corporations Ltd. with Foreign Investment	NA	323	10220
其他外商投资企业	Other Foreign Funded Enterprises	NA	22	9370
4.个体经营户	**Getihus**	**35039**	**645389**	**24323450**
(二)按国民经济行业分	**by Sector**			
正餐服务	Dinner	33605	674350	25674542
快餐服务	Snack	1108	30186	587148
饮料及冷饮服务	Beverage and Cold Drink	186	4315	166346
餐饮配送及外卖送餐服务	Catering Distribution and Delivery Service	30	1634	22894
其他餐饮业	Others	683	8648	286107

4-5-2 各地区限额以上住宿和餐饮业产业活动单位和个体经营户基本情况

Basic Conditions of Establishments and Getihus above Designated Size of Hotels and Catering Services by Region

地 区	Region	住宿业 Hotels	
		单位数 (个) Number of Units (unit)	年末从业人数 (人) Engaged Persons at the Year-end (person)
全 国	**National Total**	**6046**	**305195**
北 京	Beijing	105	18224
天 津	Tianjin	16	2733
河 北	Hebei	73	6376
山 西	Shanxi	89	5765
内蒙古	Inner Mongolia	66	3167
辽 宁	Liaoning	156	14339
吉 林	Jilin	65	4288
黑龙江	Heilongjiang	104	3154
上 海	Shanghai	45	11096
江 苏	Jiangsu	363	24202
浙 江	Zhejiang	324	17734
安 徽	Anhui	277	13761
福 建	Fujian	116	6676
江 西	Jiangxi	215	8642
山 东	Shandong	297	11318
河 南	Henan	634	14227
湖 北	Hubei	319	8594
湖 南	Hunan	315	10109
广 东	Guangdong	227	19127
广 西	Guangxi	233	7323
海 南	Hainan	70	10421
重 庆	Chongqing	410	12004
四 川	Sichuan	426	27038
贵 州	Guizhou	238	7894
云 南	Yunnan	372	10618
西 藏	Tibet	12	462
陕 西	Shaanxi	130	11124
甘 肃	Gansu	38	2126
青 海	Qinghai	21	1611
宁 夏	Ningxia	20	1778
新 疆	Xinjiang	270	9264

4-5-2 续表 continued

地 区	Region	餐饮业 Catering Services 单位数（个） Number of Units (unit)	年末从业人数（人） Engaged Persons at the Year-end (person)
全 国	**National Total**	**35612**	**719133**
北 京	Beijing	60	3120
天 津	Tianjin	34	1351
河 北	Hebei	343	11280
山 西	Shanxi	626	15522
内 蒙 古	Inner Mongolia	397	12605
辽 宁	Liaoning	1225	23586
吉 林	Jilin	330	6415
黑 龙 江	Heilongjiang	428	8493
上 海	Shanghai	3	9112
江 苏	Jiangsu	3432	67936
浙 江	Zhejiang	1770	35293
安 徽	Anhui	2698	46829
福 建	Fujian	1091	17874
江 西	Jiangxi	1435	30752
山 东	Shandong	2270	34885
河 南	Henan	3561	59306
湖 北	Hubei	2198	39391
湖 南	Hunan	1682	37498
广 东	Guangdong	1153	35672
广 西	Guangxi	1064	26511
海 南	Hainan	164	6689
重 庆	Chongqing	4013	58922
四 川	Sichuan	2345	56540
贵 州	Guizhou	753	17184
云 南	Yunnan	919	16172
西 藏	Tibet	22	580
陕 西	Shaanxi	485	11494
甘 肃	Gansu	173	6011
青 海	Qinghai	12	809
宁 夏	Ningxia	139	3477
新 疆	Xinjiang	787	17824

4-5-3 限额以上住宿和餐饮业产业活动单位和个体经营户经营情况

项　目	Item	营业额 Business Revenue	客房收入 from Hotel Rooms
总　计	**Total**	**24802545**	**4629168**
一、住宿业	**Hotels**	**6768550**	**4015299**
(一)按登记注册类型分	**by Type of Registration**		
1.内资企业	**Domestic Funded Enterprises**	**3818765**	**1988750**
国有企业	State-owned Enterprises	378005	183221
集体企业	Collective-owned Enterprises	13162	4536
股份合作企业	Cooperative Enterprises	20734	9623
联营企业	Joint Ownership Enterprises	4864	1978
有限责任公司	Limited Liability Corporations	2032596	1074387
国有独资公司	State Sole Funded Corporations	67208	35227
其他有限责任公司	Other Limited Liability Corporations	1965390	1039161
股份有限公司	Share-holding Corporations Ltd.	174244	81619
私营企业	Private Enterprises	1062610	565145
私营独资企业	Private-funded Enterprises	34270	18934
私营合伙企业	Private Partnership Enterprises	2479	1779
私营有限责任公司	Private Limited Liability Corporations	990339	525381
私营股份有限公司	Private Share-holding Corporations Ltd.	35525	19051
其他企业	Other Enterprises	132556	68245
2.港、澳、台商投资企业	**Enterprises with Funds from Hongkong, Macao and Taiwan**	**431137**	**211538**
合资经营企业	Joint-venture Enterprises	118102	50087
合作经营企业	Cooperative Enterprises	21895	11998
独资经营企业	Enterprises with Sole Investment	245221	125226
投资股份有限公司	Share-holding Corporations Ltd. with Investment	22074	9821
其他港澳台商投资企业	Other Enterprises with Funds from Hongkong, Macao and Taiwan	23851	14407
3.外商投资企业	**Foreign Funded Enterprises**	**446298**	**232649**
中外合资经营企业	Joint-venture Enterprises	110290	50214
中外合作经营企业	Cooperative Enterprises	51654	27166
外资企业	Enterprises with Sole Foreign Investment	195102	110159
外商投资股份有限公司	Share-holding Corporations Ltd. With Foreign Investment	37058	21209
其他外商投资企业	Other Foreign Funded Enterprises	52196	23902
4.个体经营户	**Getihus**	**2072353**	**1582368**
(二)按国民经济行业分	**by Sector**		
旅游饭店	Tourist Hotel	4790847	2558374
一般旅馆	Fonda	1615611	1216359
民宿服务	Home Lodging Services	79552	55000
其他住宿业	Others	282544	185568

Business of Establishments and Getihus above Designated Size of Hotels and Catering Services

单位：万元
Unit: 10000 yuan

餐费收入 from Meals	商品销售额 from Commodities	其他收入 Others	客房数 (间) Hotel Rooms (unit)	床位数 (个) Hotel Beds (unit)	餐位数 (位) Seats for Meal (unit)
18850578	**858682**	**464120**	**832368**	**1382695**	**9014854**
2264229	**158734**	**330294**	**703760**	**1160847**	**1279291**
1488449	**76622**	**264946**	**380224**	**617877**	**875218**
128654	21400	44733	31687	51993	74978
7647	14	965	1163	1855	4501
9866		1246	1048	1680	3088
1857	5	1025	511	784	338
793201	24895	140115	212364	348479	509780
26938	513	4528	5515	8660	11663
766264	24382	135585	206849	339819	498117
53470	16898	22263	13957	24899	26722
434702	11119	51645	102060	157837	232113
11409	1746	2182	4331	7726	9546
501	3	195	427	576	344
408065	8915	47974	94862	146023	217624
14728	455	1292	2440	3512	4599
59057	2300	2957	17434	30350	23698
187409	**7635**	**24560**	**19144**	**27179**	**35455**
52991	5350	9676	6075	8136	11708
8662	110	1125	1318	1976	1404
105970	1450	12574	9392	13565	17555
11338	588	328	1234	1730	3000
8450	137	856	1125	1772	1788
182205	**10936**	**20509**	**20774**	**29369**	**42348**
43138	8568	8370	5525	7882	8837
22174	252	2063	1923	2535	4458
77781	1312	5852	8878	12547	20166
13616	445	1789	2244	3045	4008
25497	360	2438	2204	3360	4879
406161	**63546**	**20283**	**283618**	**486422**	**326270**
1834177	108367	289930	451447	731160	976386
330252	40246	28757	218772	370821	243978
22011	2300	245	7418	14535	14966
77791	7830	11361	26123	44331	43961

项 目	Item	营业额 Business Revenue	客房收入 from Hotel Rooms
二、餐饮业	Catering Services	18033993	613873
(一)按登记注册类型分	by Type of Registration		
1.内资企业	Domestic Funded Enterprises	1064274	256016
国有企业	State-owned Enterprises	132040	19592
集体企业	Collective-owned Enterprises	32616	8986
股份合作企业	Cooperative Enterprises	642	256
联营企业	Joint Ownership Enterprises	603	145
有限责任公司	Limited Liability Corporations	383750	116395
国有独资公司	State Sole Funded Corporations	16680	2683
其他有限责任公司	Other Limited Liability Corporations	367070	113714
股份有限公司	Share-holding Corporations Ltd.	105426	11043
私营企业	Private Enterprises	311154	77250
私营独资企业	Private-funded Enterprises	37972	6148
私营合伙企业	Private Partnership Enterprises	2355	466
私营有限责任公司	Private Limited Liability Corporations	248095	63580
私营股份有限公司	Private Share-holding Corporations Ltd.	22731	7057
其他内资企业	Other Domestic Funded Enterprises	98045	22349
2.港、澳、台商投资企业	Enterprises with Funds from Hongkong, Macao and Taiwan	59344	21107
合资经营企业	Joint-venture Enterprises	28412	12824
合作经营企业	Cooperative Enterprises		
独资经营企业	Enterprises with Sole Investment	25764	6213
投资股份有限公司	Share-holding Corporations Ltd. with Investment		
其他港澳台商投资企业	Other Enterprises with Funds from Hongkong, Macao and Taiwan	5168	2070
3.外商投资企业	Foreign Funded Enterprises	220945	6055
中外合资经营企业	Joint-venture Enterprises	6349	1682
中外合作经营企业	Cooperative Enterprises	51111	
外资企业	Enterprises with Sole Foreign Investment	159492	4070
外商投资股份有限公司	Share-holding Corporations Ltd. With Foreign Investment	3506	
其他外商投资企业	Other Foreign Funded Enterprises	487	303
4.个体经营户	Getihus	16689435	330695
(二)按国民经济行业分	by Sector		
正餐服务	Restaurant	16968170	606286
快餐服务	Snack Counter	594015	4209
饮料及冷饮服务	Beverage and Cold Drink	112406	298
餐饮配送及外卖送餐服务	Catering Distribution and Delivery Service	67082	
其他餐饮业	Others	292332	3080

单位：万元
Unit: 10000 yuan

餐费收入 from Meals	商品销售额 from Commodities	其他收入 Others	客房数（间） Hotel Rooms (unit)	床位数（个） Hotel Beds (unit)	餐位数（位） Seats for Meal (unit)
16586351	**699949**	**133825**	**128608**	**221848**	**7735563**
714391	**41992**	**51880**	**44356**	**73056**	**364882**
92191	11039	9222	4259	6359	85937
22685	425	520	1371	2375	7540
381	5		50	110	300
458			90	170	520
239568	9602	18188	21284	35481	110695
12610	892	495	659	1039	4215
226958	8710	17693	20625	34442	106480
77892	6455	10035	1557	2614	15616
216089	5603	12216	13133	21567	109885
29095	1784	949	1063	1834	8835
1827	32	30	125	212	743
171342	3071	10101	11011	18109	91342
13824	717	1136	934	1412	8965
65135	8865	1700	2612	4380	34389
34931	**496**	**2812**	**2505**	**3832**	**8134**
13560	482	1546	843	1360	2610
18477	13	1061	1262	1872	4854
2892	1	205	400	600	670
201647	**12442**	**801**	**582**	**896**	**30771**
4332		335	172	337	1103
51111					6412
142641	12426	355	360	478	21805
3401		105			1301
162	16	6	50	81	150
15635384	**645021**	**78337**	**81165**	**144064**	**7331776**
15590834	651619	119429	127597	220087	7434658
564681	22093	3032	339	698	196149
103317	8398	393	237	356	23526
52647	5062	9373			5451
274876	12776	1602	435	707	75779

4-5-4 各地区限额以上住宿业产业活动单位和个体经营户经营情况

Business of Establishments and Getihus above Designated Size of Hotels by Region

单位：万元

Unit: 10000 yuan

地区	Region	营业额 Business Revenue	客房收入 from Hotel Rooms	餐费收入 from Meals	商品销售额 from Commodities	其他收入 Others
全国	**National Total**	**6768550**	**4015299**	**2264229**	**158734**	**330294**
北京	Beijing	450928	239859	151293	2911	56865
天津	Tianjin	59831	35918	20308	219	3387
河北	Hebei	100414	44486	41467	6750	7711
山西	Shanxi	74456	38121	31046	869	4420
内蒙古	Inner Mongolia	48123	29860	17081	56	1127
辽宁	Liaoning	228791	117210	83672	14344	13566
吉林	Jilin	51739	32347	14026	135	5231
黑龙江	Heilongjiang	59238	38346	15500	2894	2498
上海	Shanghai	341171	182031	137087	2273	19780
江苏	Jiangsu	634132	354124	239753	15015	25240
浙江	Zhejiang	462487	242737	182898	3435	33417
安徽	Anhui	255116	145820	96607	3611	9078
福建	Fujian	157293	79214	68884	2017	7179
江西	Jiangxi	229729	139685	79025	4944	6075
山东	Shandong	269584	162872	91973	4621	10118
河南	Henan	425409	301198	106033	13104	5073
湖北	Hubei	228044	145738	64557	8386	9363
湖南	Hunan	263041	161733	84063	9147	8099
广东	Guangdong	431637	254600	149072	6979	20986
广西	Guangxi	91168	73734	15750	743	941
海南	Hainan	241846	157085	70933	975	12853
重庆	Chongqing	259894	194506	56676	4222	4490
四川	Sichuan	593292	338071	197634	30640	26947
贵州	Guizhou	143552	103479	33394	2474	4206
云南	Yunnan	196189	149189	39470	2565	4966
西藏	Tibet	9138	5622	3130	5	381
陕西	Shaanxi	232030	108489	101698	11846	9997
甘肃	Gansu	27888	16791	10045	273	778
青海	Qinghai	31407	17480	10897	35	2996
宁夏	Ningxia	29487	15536	11029	431	2491
新疆	Xinjiang	141496	89418	39228	2815	10035

4-5-5 各地区限额以上餐饮业产业活动单位和个体经营户经营情况

Business of Establishments and Getihus above Designated Size of Catering Services by Region

单位：万元

Unit: 10000 yuan

地区	Region	营业额 Business Revenue	客房收入 from Hotel Rooms	餐费收入 from Meals	商品销售额 from Commodities	其他收入 Others
全国	**National Total**	**18033993**	**613873**	**16586351**	**699949**	**133825**
北京	Beijing	64828	40	59204	4875	709
天津	Tianjin	17015	502	11477	357	4679
河北	Hebei	203905	17605	177835	4977	3488
山西	Shanxi	263718	21545	226448	7210	8515
内蒙古	Inner Mongolia	158956	17734	138474	732	2016
辽宁	Liaoning	420977	10616	396330	12482	1549
吉林	Jilin	102188	7549	89296	4525	817
黑龙江	Heilongjiang	179300	4632	155818	17971	879
上海	Shanghai	46810	299	45772	238	501
江苏	Jiangsu	2497963	108535	2252875	124323	12230
浙江	Zhejiang	813800	49519	735632	21861	6789
安徽	Anhui	1098980	27990	1026728	38361	5900
福建	Fujian	748698	6709	729711	9576	2702
江西	Jiangxi	698510	16221	625625	52498	4165
山东	Shandong	978731	37379	897154	38444	5754
河南	Henan	1849988	31780	1746533	65431	6245
湖北	Hubei	1175362	72093	1025110	68170	9990
湖南	Hunan	953287	54527	850336	40713	7711
广东	Guangdong	616394	19758	575412	5153	16071
广西	Guangxi	403117	5881	390553	4044	2639
海南	Hainan	97109	4281	90790	1366	672
重庆	Chongqing	1737669	24777	1657496	49423	5973
四川	Sichuan	1540645	39509	1389083	96215	15838
贵州	Guizhou	324900	2145	318318	3503	935
云南	Yunnan	335050	2673	323935	7626	816
西藏	Tibet	8865	531	7767	567	1
陕西	Shaanxi	222123	5490	207650	7919	1065
甘肃	Gansu	85784	3480	79262	1611	1432
青海	Qinghai	12772	28	12445	231	68
宁夏	Ningxia	49130	53	46790	1169	1119
新疆	Xinjiang	327419	19992	296492	8378	2557

4-6-1 大中型住宿和餐饮业企业基本情况

Basic Conditions of Large and Medium-sized Enterprises Hotels and Catering Services above Designated Size

项　目	Item	法人单位数（个）Number of Corporation Enterprises (unit)	年末从业人数（人）Employed Persons at Year-end (person)	年末餐饮营业面积（平方米）Business Area of Catering Services at Year-end (sq.m)
总　计	**Total**	**5849**	**2386523**	**56353403**
一、住宿业	**Hotels**	**3003**	**783291**	**27704325**
#国有控股	State-controlled Enterprises	895	268426	7442552
(一)按登记注册类型分	**by Type of Registration**			
1.内资企业	**Domestic Funded Enterprises**	**2625**	**666168**	**23860174**
国有企业	State-owned Enterprises	259	80283	1912008
集体企业	Collective-owned Enterprises	19	4201	100012
股份合作企业	Cooperative Enterprises	7	1367	14967
联营企业	Joint Ownership Enterprises	5	1049	68499
有限责任公司	Limited Liability Corporations	1231	326354	11076486
国有独资公司	State Sole Funded Corporations	174	52353	1737819
其他有限责任公司	Other Limited Liability Corporations	1057	274001	9338667
股份有限公司	Share-holding Corporations Ltd.	58	22189	588941
私营企业	Private Enterprises	1046	230725	10099261
私营独资企业	Private-funded Enterprises	28	5805	311022
私营合伙企业	Private Partnership Enterprises	NA	550	25514
私营有限责任公司	Private Limited Liability Corporations	996	219697	9574505
私营股份有限公司	Private Share-holding Corporations Ltd.	20	4673	188220
其他企业	Other Enterprises			
2.港、澳、台商投资企业	**Enterprises with Funds from Hongkong, Macao and Taiwan**	**251**	**77505**	**2694835**
合资经营企业	Joint-venture Enterprises	98	32264	1042107
合作经营企业	Cooperative Enterprises	22	6888	110733
独资经营企业	Enterprises with Sole Investment	127	37258	1515054
投资股份有限公司	Share-holding Corporations Ltd. with Investment	NA	872	22741
其他港澳台商投资企业	Other Enterprises with Funds from Hongkong, Macao and Taiwan	NA	223	4200
3.外商投资企业	**Foreign Funded Enterprises**	**127**	**39618**	**1149316**
中外合资经营企业	Joint-venture Enterprises	53	15209	407872
中外合作经营企业	Cooperative Enterprises	7	3927	54104
外资企业	Enterprises with Sole Foreign Investment	61	18770	635937
外商投资股份有限公司	Share-holding Corporations Ltd. with Foreign Investment	NA	1020	2820
其他外商投资企业	Other Foreign Funded Enterprises	NA	692	48583
(二)按国民经济行业分	**by Sector**			
旅游饭店	Tourist Hotel	2545	677656	23315582
一般旅馆	Fonda	398	91806	3560849
民宿服务	Home Lodging Services	NA	257	18350
露营地服务	Campground Services	NA	126	1800
其他住宿业	Others	58	13446	807744

4-6-1 续表 Continued

项 目	Item	法人单位数(个) Number of Corporation Enterprises (unit)	年末从业人数(人) Employed Persons at Year-end (person)	年末餐饮营业面积(平方米) Business Area of Catering Services at the Year-end (sq.m)
二、餐饮业	**Catering Services**	**2846**	**1603232**	**28649078**
#国有控股	State-controlled Enterprises	205	75038	1915372
(一)按登记注册类型分	**by Type of Registration**			
1.内资企业	**Domestic Funded Enterprises**	**2428**	**882650**	**20301017**
国有企业	State-owned Enterprises	50	12838	408127
集体企业	Collective-owned Enterprises	9	1662	78692
股份合作企业	Cooperative Enterprises	9	2939	54998
联营企业	Joint Ownership Enterprises			
有限责任公司	Limited Liability Corporations	609	228638	5223887
国有独资公司	State Sole Funded Corporations	48	18783	554793
其他有限责任公司	Other Limited Liability Corporations	561	209855	4669094
股份有限公司	Share-holding Corporations Ltd.	33	19021	452397
私营企业	Private Enterprises	1715	616917	14067916
私营独资企业	Private-funded Enterprises	41	7759	171586
私营合伙企业	Private Partnership Enterprises	8	1677	35861
私营有限责任公司	Private Limited Liability Corporations	1634	582104	13367057
私营股份有限公司	Private Share-holding Corporations Ltd.	32	25377	493412
其他企业	Other Enterprises	NA	635	15000
2.港、澳、台商投资企业	**Enterprises with Funds from Hongkong, Macao and Taiwan**	**258**	**308723**	**3758485**
合资经营企业	Joint-venture Enterprises	44	45287	489258
合作经营企业	Cooperative Enterprises	7	3231	68755
独资经营企业	Enterprises with Sole Investment	204	259146	3164494
投资股份有限公司	Share-holding Corporations Ltd. with Investment	NA	894	33007
其他港澳台商投资企业	Other Enterprises with Funds from Hongkong, Macao and Taiwan	NA	165	2971
3.外商投资企业	**Foreign Funded Enterprises**	**160**	**411859**	**4589576**
中外合资经营企业	Joint-venture Enterprises	25	84943	908043
中外合作经营企业	Cooperative Enterprises	3	5212	77780
外资企业	Enterprises with Sole Foreign Investment	123	313039	3483049
外商投资股份有限公司	Share-holding Corporations Ltd. with Foreign Investment	NA	4175	
其他外商投资企业	Other Foreign Funded Enterprises	8	4490	120704
(二)按国民经济行业分	**by Sector**			
正餐服务	Dinner	2151	757578	18907865
快餐服务	Snack	325	568342	6297614
饮料及冷饮服务	Beverage and Cold Drink	102	99836	1354076
餐饮配送及外卖送餐服务	Catering Distribution and Delivery Service	190	80998	1118940
其他餐饮业	Others	78	96478	970583

4-6-2 各地区大中型住宿业企业基本情况

Basic Conditions of Large and Medium-sized Enterprises of Hotels and Catering Services by Region

地区	Region	住宿业 Hotels		餐饮业 Catering Services	
		法人单位数（个） Number of Corporation Enterprises (unit)	年末从业人数（人） Employed Persons at Year-end (person)	法人单位数（个） Number of Corporation Enterprises (unit)	年末从业人数（人） Employed Persons at Year-end (person)
全国	**National Total**	**3003**	**783291**	**2846**	**1603232**
北京	Beijing	233	63116	231	201780
天津	Tianjin	24	6166	55	43058
河北	Hebei	66	19936	30	8772
山西	Shanxi	40	13026	49	19878
内蒙古	Inner Mongolia	31	6313	31	10396
辽宁	Liaoning	41	11361	35	25437
吉林	Jilin	16	4938	11	2907
黑龙江	Heilongjiang	14	3663	NA	1805
上海	Shanghai	159	46304	331	236457
江苏	Jiangsu	225	53342	332	156042
浙江	Zhejiang	328	83746	230	99545
安徽	Anhui	77	21185	86	48812
福建	Fujian	178	44630	101	52504
江西	Jiangxi	61	12752	31	10815
山东	Shandong	150	40344	157	52556
河南	Henan	100	24034	37	16702
湖北	Hubei	80	16994	90	60386
湖南	Hunan	120	27023	76	35093
广东	Guangdong	409	115291	509	285691
广西	Guangxi	65	17420	53	20195
海南	Hainan	90	33108	11	3985
重庆	Chongqing	74	16907	61	32416
四川	Sichuan	116	27609	106	107706
贵州	Guizhou	46	9304	36	8592
云南	Yunnan	64	17181	26	10617
西藏	Tibet	6	1159	NA	300
陕西	Shaanxi	111	27664	80	36250
甘肃	Gansu	32	7687	26	8135
青海	Qinghai	6	1315	NA	682
宁夏	Ningxia	6	1545	6	1173
新疆	Xinjiang	35	8228	11	4545

4-7-1 大中型住宿和餐饮业企业经营情况

Business of Large and Medium-sized Enterprises of Hotels and Catering Services

单位：万元

Unit: 10 000 yuan

项　目	Item	营业额 Business Revenue	客房收入 from Hotel Rooms
总　计	**Total**	**53586658**	**8189094**
一、住宿业	**Hotels**	**17107995**	**7184373**
#国有控股	State-controlled Enterprises	5491973	2084528
(一)按登记注册类型分	**by Type of Registration**		
1.内资企业	**Domestic Funded Enterprises**	**14045857**	**5880177**
国有企业	State-owned Enterprises	1475523	517795
集体企业	Collective-owned Enterprises	98738	34826
股份合作企业	Cooperative Enterprises	42904	15557
联营企业	Joint Ownership Enterprises	25987	14906
有限责任公司	Limited Liability Corporations	6895580	2998352
国有独资公司	State Sole Funded Corporations	990785	364354
其他有限责任公司	Other Limited Liability Corporations	5904794	2633998
股份有限公司	Share-holding Corporations Ltd.	519092	216406
私营企业	Private Enterprises	4988034	2082335
私营独资企业	Private-funded Enterprises	121129	47868
私营合伙企业	Private Partnership Enterprises	8532	2126
私营有限责任公司	Private Limited Liability Corporations	4758770	1992136
私营股份有限公司	Private Share-holding Corporations Ltd.	99604	40205
其他内资企业	Other Enterprises		
2.港、澳、台商投资企业	**Enterprises with Funds from Hongkong, Macao and Taiwan**	**2022606**	**886251**
合资经营企业	Joint-venture Enterprises	791954	346248
合作经营企业	Cooperative Enterprises	165717	65423
独资经营企业	Enterprises with Sole Investment	1041949	462861
投资股份有限公司	Share-holding Corporations Ltd. with Investment	19945	10598
其他港澳台商投资企业	Other Enterprises with Funds from Hongkong, Macao and Taiwan	3042	1121
3.外商投资企业	**Foreign Funded Enterprises**	**1039531**	**417945**
中外合资经营企业	Joint-venture Enterprises	460527	163868
中外合作经营企业	Cooperative Enterprises	113737	43808
外资企业	Enterprises with Sole Foreign Investment	427252	189836
外商投资股份有限公司	Share-holding Corporations Ltd. with Foreign Investment	25955	14917
其他外商投资企业	Other Foreign Funded Enterprises	12061	5517
(二)按国民经济行业分	**by Sector**		
旅游饭店	Tourist Hotel	14819918	6113496
一般旅馆	Fonda	1987577	944792
民宿服务	Home Lodging Services	8197	4585
露营地服务	Campground Services	4640	444
其他住宿业	Others	287664	121055

注：部分数据合计数由于单位取舍不同而产生的计算误差，未做机械调整(下表同)。

Note: Statistical discrepancies on total figures due to rounding are not adjusted. The same applies to the tables following.

项　目	Item	餐费收入 from Meals	商品销售额 from Commodities
总　计	**Total**	**40065933**	**1765203**
一、住宿业	**Hotels**	**6849336**	**497041**
#国有控股	State-controlled Enterprises	1949352	249597
(一)按登记注册类型分	**by Type of Registration**		
1.内资企业	**Domestic Funded Enterprises**	**5828723**	**391849**
国有企业	State-owned Enterprises	559183	66465
集体企业	Collective-owned Enterprises	38444	3014
股份合作企业	Cooperative Enterprises	20969	182
联营企业	Joint Ownership Enterprises	9175	249
有限责任公司	Limited Liability Corporations	2642078	200028
国有独资公司	State Sole Funded Corporations	391105	68479
其他有限责任公司	Other Limited Liability Corporations	2250973	131549
股份有限公司	Share-holding Corporations Ltd.	180961	16796
私营企业	Private Enterprises	2377914	105116
私营独资企业	Private-funded Enterprises	56502	5903
私营合伙企业	Private Partnership Enterprises	6132	115
私营有限责任公司	Private Limited Liability Corporations	2273326	94021
私营股份有限公司	Private Share-holding Corporations Ltd.	41953	5078
其他企业	Other Enterprises		
2.港、澳、台商投资企业	**Enterprises with Funds from Hongkong, Macao and Taiwan**	**713471**	**45319**
合资经营企业	Joint-venture Enterprises	262854	13987
合作经营企业	Cooperative Enterprises	68415	11730
独资经营企业	Enterprises with Sole Investment	372641	19414
投资股份有限公司	Share-holding Corporations Ltd. with Investment	8178	188
其他港澳台商投资企业	Other Enterprises with Funds from Hongkong, Macao and Taiwan	1383	
3.外商投资企业	**Foreign Funded Enterprises**	**307142**	**59874**
中外合资经营企业	Joint-venture Enterprises	135017	3099
中外合作经营企业	Cooperative Enterprises	19682	45254
外资企业	Enterprises with Sole Foreign Investment	144301	10740
外商投资股份有限公司	Share-holding Corporations Ltd. with Foreign Investment	3510	668
其他外商投资企业	Other Foreign Funded Enterprises	4632	113
(二)按国民经济行业分	**by Sector**		
旅游饭店	Tourist Hotel	6054717	449356
一般旅馆	Fonda	686063	37545
民宿服务	Home Lodging Services	2325	2
露营地服务	Campground Services		4196
其他住宿业	Others	106230	5942

4-7-1 Continued 1

单位：万元
Unit: 10 000 yuan

其他收入 Others	客房数（间） Hotel Rooms (unit)	床位数（个） Hotel Beds (unit)	餐位数（位） Seats for Meal (unit)
3566427	**1226052**	**1926194**	**11105057**
2577245	**1048745**	**1633241**	**3044232**
1208495	311559	489167	881694
1945109	**882855**	**1395942**	**2644422**
332080	85752	136821	240855
22454	4375	7384	15279
6196	1810	3414	4157
1657	2087	3367	4920
1055122	426892	675302	1199119
166848	55278	87201	211798
888274	371614	588101	987321
104930	27369	42664	65240
422670	334570	526990	1114852
10856	7519	11742	25512
159	330	469	780
399287	321630	506287	1067793
12368	5091	8492	20767
377566	**104814**	**152773**	**264486**
168865	38643	56908	93801
20150	7339	11381	17354
187032	57517	82647	149932
981	1157	1521	3099
538	158	316	300
254570	**61076**	**84526**	**135324**
158542	22674	31021	41356
4993	3161	4962	11791
82375	31669	43658	78690
6860	2713	3728	2044
1800	859	1157	1443
2202348	863483	1353654	2679049
319176	168333	253244	317643
1285	260	432	188
	35	40	
54437	16634	25871	47352

项　目	Item	营业额 Business Revenue	客房收入 from Hotel Rooms
二、餐饮业	**Catering Services**	**36478663**	**1004721**
#国有控股	State-controlled Enterprises	1566248	129028
(一)按登记注册类型分	**by Type of Registration**		
1.内资企业	**Domestic Funded Enterprises**	**20462869**	**969088**
国有企业	State-owned Enterprises	230051	37728
集体企业	Collective-owned Enterprises	32180	3813
股份合作企业	Cooperative Enterprises	78205	2446
联营企业	Joint Ownership Enterprises		
有限责任公司	Limited Liability Corporations	5726896	310378
国有独资公司	State Sole Funded Corporations	402323	32721
其他有限责任公司	Other Limited Liability Corporations	5324573	277656
股份有限公司	Share-holding Corporations Ltd.	394976	10471
私营企业	Private Enterprises	13987565	601952
私营独资企业	Private-funded Enterprises	197958	8400
私营合伙企业	Private Partnership Enterprises	33315	1054
私营有限责任公司	Private Limited Liability Corporations	13032178	581506
私营股份有限公司	Private Share-holding Corporations Ltd.	724113	10992
其他内资企业	Other Enterprises	12996	2301
2.港、澳、台商投资企业	**Enterprises with Funds from Hongkong, Macao and Taiwan**	**6970179**	**18323**
合资经营企业	Joint-venture Enterprises	1138813	9412
合作经营企业	Cooperative Enterprises	83743	132
独资经营企业	Enterprises with Sole Investment	5716500	6445
投资股份有限公司	Share-holding Corporations Ltd. with Investment	25760	2335
其他港澳台商投资企业	Other Enterprises with Funds from Hongkong, Macao and Taiwan	5363	
3.外商投资企业	**Foreign Funded Enterprises**	**9045615**	**17310**
中外合资经营企业	Joint-venture Enterprises	1943354	11014
中外合作经营企业	Cooperative Enterprises	128718	2889
外资企业	Enterprises with Sole Foreign Investment	6744999	3407
外商投资股份有限公司	Share-holding Corporations Ltd. with Foreign Investment	66625	
其他外商投资企业	Other Foreign Funded Enterprises	161920	
(二)按国民经济行业分	**by Sector**		
正餐服务	Restaurant	17131434	995978
快餐服务	Snack	12335673	2161
饮料及冷饮服务	Beverage and Cold Drink	3334722	
餐饮配送及外卖送餐服务	Catering Distribution and Delivery Service	1900442	1305
其他餐饮业	Others	1776393	5278

4-7-1 Continued 2

单位：万元

Unit: 10 000 yuan

			客房数 (间) Hotel Rooms (unit)	床位数 (个) Hotel Beds (unit)	餐位数 (位) Seats for Meal (unit)
餐费收入 from Meals	商品销售额 from Commodities	其他收入 Others			
33216597	**1268162**	**989183**	**177307**	**292953**	**8060825**
1142504	127703	167014	24904	40821	432564
18054597	**740017**	**699167**	**171535**	**283650**	**5594297**
166234	6910	19179	7785	13167	58504
24943	10	3415	1027	1716	17536
55811	17180	2768	308	576	14337
4854833	297199	264486	53937	87360	1204933
290833	33729	45040	6079	9397	115590
4564000	263470	219446	47858	77963	1089343
325565	30692	28247	2227	3391	86617
12617322	387591	380700	105749	176635	4208708
179047	7304	3208	2462	4217	58421
31960	250	51	57	113	10282
11744678	359309	346686	101215	169085	3992305
661637	20729	30755	2015	3220	147700
9888	435	372	502	805	3662
6469545	**383366**	**98945**	**3390**	**5577**	**1122732**
1093737	7402	28262	1920	3126	160974
78539	3040	2032	136	230	9442
5272617	372650	64789	1088	1771	947364
19391	274	3760	246	450	3884
5260		102			1068
8692456	**144779**	**191070**	**2382**	**3726**	**1343796**
1903790	4263	24287	1702	2757	262205
124622	242	966	45	70	36140
6486268	139393	115930	635	899	1021820
16742		49882			
161034	881	5			23631
15023792	556493	555171	173482	280504	4728564
11912079	250322	171111	2683	10511	2127008
2977218	265631	91873			358301
1668489	121278	109371	286	495	436933
1635020	74438	61657	856	1443	410019

4-7-2 各地区大中型住宿业企业经营情况

Business of Large and Medium-sized Enterprises of Hotels by Region

单位：万元

Unit: 10 000 yuan

地　区	Region	营业额 Business Revenue	客房收入 from Hotel Rooms	餐费收入 from Meals	商品销售额 from Commodities	其他收入 Others
全　国	**National Total**	**17107995**	**7184373**	**6849336**	**497041**	**2577245**
北　京	Beijing	1734583	703379	413128	24614	593462
天　津	Tianjin	102636	44795	28647	667	28527
河　北	Hebei	328092	125651	145896	7146	49398
山　西	Shanxi	167073	63409	79951	1204	22510
内蒙古	Inner Mongolia	106252	42969	53930	806	8546
辽　宁	Liaoning	178463	58046	65486	4199	50731
吉　林	Jilin	74100	33734	27056	895	12415
黑龙江	Heilongjiang	52608	24851	15069	5316	7372
上　海	Shanghai	1416272	613674	410414	54099	338084
江　苏	Jiangsu	1182575	423419	614109	18150	126897
浙　江	Zhejiang	1933868	744252	957658	23227	208732
安　徽	Anhui	395915	123121	183021	51032	38741
福　建	Fujian	1158955	404033	656516	29809	68597
江　西	Jiangxi	267084	108618	123390	9089	25986
山　东	Shandong	713389	273515	332095	14361	93419
河　南	Henan	428672	172499	190547	15211	50416
湖　北	Hubei	331780	161836	124289	4472	41183
湖　南	Hunan	601372	250278	273998	29425	47671
广　东	Guangdong	2501122	1078917	894526	95036	432644
广　西	Guangxi	319086	132087	123449	33073	30477
海　南	Hainan	844865	543243	220879	5696	75048
重　庆	Chongqing	366601	175180	146806	10984	33631
四　川	Sichuan	586223	256826	252270	24075	53052
贵　州	Guizhou	223832	111414	74174	11965	26279
云　南	Yunnan	284338	153856	84323	10545	35615
西　藏	Tibet	27979	17395	8122		2462
陕　西	Shaanxi	492408	202078	239751	6866	43713
甘　肃	Gansu	121493	60150	49879	2070	9395
青　海	Qinghai	17468	7541	7818	574	1535
宁　夏	Ningxia	24251	11207	9689	495	2860
新　疆	Xinjiang	124639	62402	42448	1942	17847

4-7-3 各地区大中型餐饮业企业经营情况

Business of Large and Medium-sized Enterprises of Catering Services by Region

单位：万元

Unit: 10 000 yuan

地 区	Region	营业额 Business Revenue	客房收入 from Hotel Rooms	餐费收入 from Meals	商品销售额 from Commodities	其他收入 Others
全 国	**National Total**	**36478663**	**1004721**	**33216597**	**1268162**	**989183**
北 京	Beijing	4856161	14583	4404252	250183	187143
天 津	Tianjin	795390	25796	699217	19229	51148
河 北	Hebei	179904	18462	126590	7828	27024
山 西	Shanxi	303018	19836	259655	1904	21623
内蒙古	Inner Mongolia	184497	18813	161669	357	3657
辽 宁	Liaoning	685592	9564	655761	12069	8198
吉 林	Jilin	77675	4280	66864	542	5990
黑龙江	Heilongjiang	31617		31617		
上 海	Shanghai	6354760	26990	6017112	236489	74168
江 苏	Jiangsu	3512768	220192	3130390	81406	80780
浙 江	Zhejiang	2635533	138438	2321215	90019	85861
安 徽	Anhui	991341	54878	897138	34468	4859
福 建	Fujian	1292156	19255	1169631	35608	67662
江 西	Jiangxi	219319	16098	198240	3109	1873
山 东	Shandong	1102740	105122	913799	28493	55326
河 南	Henan	389729	12774	359795	4244	12915
湖 北	Hubei	1213057	45966	1116390	33024	17677
湖 南	Hunan	738346	50257	655155	15877	17057
广 东	Guangdong	6252324	66426	5786292	257449	142156
广 西	Guangxi	385531	6802	335719	16707	26303
海 南	Hainan	76427	345	69286	5800	997
重 庆	Chongqing	666643	25115	606026	31829	3673
四 川	Sichuan	1937336	43135	1833570	30790	29840
贵 州	Guizhou	142856	3958	121851	12458	4589
云 南	Yunnan	231046	5573	202555	15137	7782
西 藏	Tibet	10472		9134	1338	
陕 西	Shaanxi	932113	30207	827238	39987	34681
甘 肃	Gansu	143365	15421	123842	988	3114
青 海	Qinghai	8246	2377	5135	65	670
宁 夏	Ningxia	22241	2501	12836		6904
新 疆	Xinjiang	106462	1557	98625	767	5513

4-8-1 大中型住宿和餐饮业企业年末资产负债

项　目	Item	流动资产合　计 Total Current Assets	#存货 Stock
总　计	**Total**	**59197891**	**3595459**
一、住宿业	**Hotels**	**42380883**	**2639959**
#国有控股	State-controlled Enterprises	9773809	313069
(一)按登记注册类型分	**by Type of Registration**		
1.内资企业	**Domestic Funded Enterprises**	**30432315**	**2189478**
国有企业	State-owned Enterprises	1889689	67157
集体企业	Collective-owned Enterprises	92936	2945
股份合作企业	Cooperative Enterprises	27177	517
联营企业	Joint Ownership Enterprises	21610	229
有限责任公司	Limited Liability Corporations	17410653	1300008
国有独资公司	State Sole Funded Corporations	2044600	40981
其他有限责任公司	Other Limited Liability Corporations	15366053	1259026
股份有限公司	Share-holding Corporations Ltd.	2262654	35352
私营企业	Private Enterprises	8727596	783270
私营独资企业	Private-funded Enterprises	61659	4408
私营合伙企业	Private Partnership Enterprises	8776	580
私营有限责任公司	Private Limited Liability Corporations	8517482	774849
私营股份有限公司	Private Share-holding Corporations Ltd.	139679	3434
其他企业	Other Enterprises		
2.港、澳、台商投资企业	**Enterprises with Funds from Hongkong, Macao and Taiwan**	**5300470**	**342464**
合资经营企业	Joint-venture Enterprises	2586314	110877
合作经营企业	Cooperative Enterprises	333809	6983
独资经营企业	Enterprises with Sole Investment	2367545	223206
投资股份有限公司	Share-holding Corporations Ltd. with Investment	9880	235
其他港澳台商投资企业	Other Enterprises with Funds from Hongkong, Macao and Taiwan	2921	1164
3.外商投资企业	**Foreign Funded Enterprises**	**6648099**	**108016**
中外合资经营企业	Joint-venture Enterprises	2506458	72500
中外合作经营企业	Cooperative Enterprises	219717	2120
外资企业	Enterprises with Sole Foreign Investment	3860566	32997
外商投资股份有限公司	Share-holding Corporations Ltd. with Foreign Investment	50797	244
其他外商投资企业	Other Foreign Funded Enterprises	10561	156
(二)按国民经济行业分	**by Sector**		
旅游饭店	Tourist Hotel	36258465	2515072
一般旅馆	Fonda	4803109	114386
民宿服务	Home Lodging Services	6005	129
露营地服务	Campground Services	4527	1
其他住宿业	Others	1308778	10370

注：限额以上住宿和餐饮业中，因包含了视同法人单位，财务指标数据存在资产≠负债+所有者权益的问题(下表同)。

Assets and Liabilities of Large and Medium-sized of Enterprises of Hotels and Catering Services at Year-end

单位：万元

Unit: 10 000 yuan

固定资产原价 Original Value of Fixed Assets	累计折旧 Accumulated Depreciation	#本年折旧 Current Year Depreciation	资产合计 Total Assets	负债合计 Total Liabilities	所有者权益合计 Total Owners' Equities	实收资本 Paid-up Capitals
72566544	**32213641**	**3371146**	**133095350**	**98730298**	**34368413**	**37443016**
59310545	**26395027**	**2406458**	**98500106**	**74500486**	**23999904**	**30003548**
23411300	10862525	875877	30073329	17214056	12859273	12556750
43646606	**18897143**	**1849695**	**71986616**	**55751021**	**16236309**	**20690225**
5496030	2776068	225488	6282662	2916297	3366366	1943228
319065	174435	8505	283270	172899	110371	33935
201864	94103	9077	215579	392425	-176846	68048
120315	37272	4270	126475	90942	35533	67833
25473606	11054752	1049302	40751459	30547720	10204452	13702907
4005459	1906531	176116	6036381	3297006	2739375	2423394
21468147	9148222	873186	34715078	27250714	7465078	11279513
1486066	577279	60543	4154106	2373637	1780469	855849
10549659	4183233	492510	20173066	19257102	915964	4018424
156300	78347	7157	226933	187098	39835	60521
10038	2793	476	13335	3636	9699	1481
10103332	3995399	475650	19501946	18749936	752010	3846677
279990	106694	9227	430852	316432	114420	109744
10731099	**5292428**	**381920**	**14465300**	**10789997**	**3675303**	**5301001**
3936134	2166403	120083	6202600	5509649	692951	1404023
756862	437072	17657	782494	416134	366360	419136
6005234	2668788	242933	7443333	4805441	2637892	3457041
28981	17944	1041	24387	31705	-7318	16801
3888	2221	206	12487	27068	-14581	4000
4932841	**2205457**	**174843**	**12048189**	**7959468**	**4088292**	**4012322**
2277007	1107957	79091	5952135	3073477	2878228	2579898
531744	179844	24636	600794	340271	260523	381062
1985873	844673	66510	5326316	4439714	886602	1003045
53490	28257	1640	113099	53213	59885	26947
84727	44726	2966	55846	52792	3054	21369
54520025	24383663	2218266	86661000	65325335	21335949	26618189
3882216	1710991	161645	9506793	7259903	2246890	2024440
1108	564	143	7448	14772	-7324	800
2867	1270	488	6750	1863	4887	2000
904330	298540	25916	2318115	1898612	419502	1358119

Note: Of enterprises above designated size of Hotel and Catering Services,the finicial data have the problem of total assets ≠ liabilities+total owners' equities, because some of them are regarded as entities. The same applies to the tables following.

项 目	Item	流动资产合 计 Total Current Assets	#存 货 Stock
二、餐饮业	**Catering Services**	**16817007**	**955500**
#国有控股	State-controlled Enterprises	1637439	123738
(一)按登记注册类型分	**by Type of Registration**		
1.内资企业	**Domestic Funded Enterprises**	**10963082**	**682046**
国有企业	State-owned Enterprises	210957	6574
集体企业	Collective-owned Enterprises	29342	703
股份合作企业	Cooperative Enterprises	73085	25076
联营企业	Joint Ownership Enterprises		
有限责任公司	Limited Liability Corporations	3193198	212651
国有独资公司	State Sole Funded Corporations	268041	20570
其他有限责任公司	Other Limited Liability Corporations	2925157	192082
股份有限公司	Share-holding Corporations Ltd.	569557	20441
私营企业	Private Enterprises	6880680	414947
私营独资企业	Private-funded Enterprises	73964	8761
私营合伙企业	Private Partnership Enterprises	15234	2074
私营有限责任公司	Private Limited Liability Corporations	6460077	363053
私营股份有限公司	Private Share-holding Corporations Ltd.	331404	41059
其他企业	Other Enterprises	6265	1654
2.港、澳、台商投资企业	**Enterprises with Funds from Hongkong, Macao and Taiwan**	**3298248**	**138665**
合资经营企业	Joint-venture Enterprises	347367	15368
合作经营企业	Cooperative Enterprises	73102	5771
独资经营企业	Enterprises with Sole Investment	2780892	115465
投资股份有限公司	Share-holding Corporations Ltd. with Investment	95870	1963
其他港澳台商投资企业	Other Enterprises with Funds from Hongkong, Macao and Taiwan	1016	99
3.外商投资企业	**Foreign Funded Enterprises**	**2555678**	**134789**
中外合资经营企业	Joint-venture Enterprises	257664	21932
中外合作经营企业	Cooperative Enterprises	20486	3139
外资企业	Enterprises with Sole Foreign Investment	2199522	93318
外商投资股份有限公司	Share-holding Corporations Ltd. with Foreign Investment	15902	181
其他外商投资企业	Other Foreign Funded Enterprises	62104	16219
(二)按国民经济行业分	**by Sector**		
正餐服务	Dinner	10340305	645494
快餐服务	Snack	2327928	193527
饮料及冷饮服务	Beverage and Cold Drink	2294607	51844
餐饮配送及外卖送餐服务	Catering Distribution and Delivery Service	714497	31612
其他餐饮业	Others	1139670	33024

4-8-1 Continued 1

单位：万元
Unit: 10 000 yuan

固定资产原　价 Original Value of Fixed Assets	累计折旧 Accumulation Depreciation	#本年折旧 Current Year Depreciation	资产合计 Total Assets	负债合计 Total liabilities	所有者权益合　计 Total Owners' Equities	实收资本 Paid-up Capitals
						5
13255998	**5818614**	**964688**	**34595244**	**24229812**	**10368509**	**7439468**
1600514	638224	84299	3701059	2122509	1578549	1031603
9294263	**3733490**	**608142**	**22665742**	**16803250**	**5865570**	**4976183**
295555	142106	20531	466472	311611	154860	103868
40406	20186	1792	67808	25808	42001	17060
47211	22860	2037	106217	63878	42339	8106
3566518	1300727	212671	6928269	5201887	1730110	1845446
498917	148869	29969	808824	458862	349963	212950
3067601	1151858	182701	6119445	4743025	1380147	1632496
312240	139156	17203	1331119	516694	814425	326784
5018754	2101684	353040	13751837	10669417	3081770	2674619
140851	63154	6799	341197	177735	163462	137330
11606	8715	974	20799	14941	5858	5900
4686466	1956837	332694	12710890	10125381	2584859	2395741
179832	72977	12573	678951	351361	327591	135648
13579	6771	870	14021	13956	65	300
2033541	**1071957**	**188728**	**6472933**	**4190089**	**2282843**	**1274389**
395066	192599	20421	983364	609667	373697	172155
36240	27679	994	92886	80761	12125	20272
1560809	829626	165775	5228967	3365916	1863051	1042862
41134	21855	1483	163834	130265	33569	39000
292	198	55	3883	3480	402	100
1928195	**1013167**	**167818**	**5456569**	**3236473**	**2220096**	**1188896**
520132	239890	21897	979848	568050	411799	140406
33514	16728	4513	45697	16210	29487	16866
1348621	741353	138626	4286787	2601223	1685565	973287
1781	1308	770	17364	16191	1173	5148
24148	13888	2012	126873	34800	92073	53189
9728320	4015438	633223	21910377	16176712	5737393	5339714
2684954	1388943	213045	6739823	4392842	2346981	1211177
465018	250703	73570	3044286	1849600	1194686	226207
216932	90501	19694	942653	604828	337175	234460
160775	73030	25155	1958104	1205830	752274	427910

4-8-2 各地区大中型住宿和餐饮业企业年末资产负债

Assets and Liabilities of Large and Medium-sized of Enterprises of Hotels and Catering Services by Region at Year-end

单位：万元
Unit: 10 000 yuan

地区	Region	资产总计 Total Assets	#流动资产合计 Total Current Assets	#固定资产净额 Net Value of Fixed Assets	负债合计 Total Liabilities	所有者权益合计 Total Owners' Equities
全国	**National Total**	**133095350**	**59197891**	**37493355**	**98730298**	**34368413**
北京	Beijing	15466551	7067040	4084586	10857033	4609517
天津	Tianjin	2019666	939797	625631	1817333	202333
河北	Hebei	2376912	859904	791044	2056044	320868
山西	Shanxi	1057263	378377	429061	1035014	22249
内蒙古	Inner Mongolia	738920	231251	343758	561964	176956
辽宁	Liaoning	1684627	535863	590996	1312622	375733
吉林	Jilin	651928	190719	292786	447750	204178
黑龙江	Heilongjiang	355189	82999	141347	206511	148679
上海	Shanghai	14548817	7156362	3593141	9682492	4866325
江苏	Jiangsu	10036489	3547094	3949861	7118036	2917803
浙江	Zhejiang	12069047	4715450	3872090	9460165	2608452
安徽	Anhui	2556502	919227	730435	1923408	633094
福建	Fujian	7603217	3007394	2090459	4508266	3094952
江西	Jiangxi	1594386	519578	430324	1102807	491578
山东	Shandong	4531944	1639504	1761847	3229779	1302165
河南	Henan	2135651	845638	615184	1604598	531054
湖北	Hubei	2299229	809610	549576	1735504	563725
湖南	Hunan	3255449	1388389	887880	2408806	846642
广东	Guangdong	21412918	13193062	3598787	17712912	3700720
广西	Guangxi	1863007	735024	666117	1225647	637360
海南	Hainan	7567595	2878179	2910587	5750463	1817132
重庆	Chongqing	2580422	1136765	667430	2021431	558991
四川	Sichuan	6300866	3149801	978394	4685905	1614961
贵州	Guizhou	1089106	488958	332837	793905	295201
云南	Yunnan	1861510	734949	646087	1282528	578982
西藏	Tibet	187146	39499	101113	37480	149666
陕西	Shaanxi	3666088	1372920	1341668	3129788	536300
甘肃	Gansu	636819	270833	109021	470694	166125
青海	Qinghai	148605	69276	34151	92876	55730
宁夏	Ningxia	139972	28490	97036	109160	30812
新疆	Xinjiang	659513	265938	230124	349382	310131

4-8-3 各地区大中型住宿业企业年末资产负债
Assets and Liabilities of Large and Medium-sized Enterprises of Hotels by Region at Year-end

单位：万元
Unit: 10000 yuan

地区	Region	资产总计 Total Assets	#流动资产合计 Total Current Assets	#固定资产净额 Net Value of Fixed Assets	负债合计 Total Liabilities	所有者权益合计 Total Owners' Equities
全国	**National Total**	**98500106**	**42380883**	**30698044**	**74500486**	**23999904**
北京	Beijing	11645431	4683988	3723572	8222394	3423037
天津	Tianjin	1080851	476060	387545	1071272	9579
河北	Hebei	2098837	726363	746913	1799680	299157
山西	Shanxi	730911	252878	329232	685324	45587
内蒙古	Inner Mongolia	408329	109498	247603	368688	39641
辽宁	Liaoning	986784	274013	462622	674624	312160
吉林	Jilin	560035	153828	274625	365167	194868
黑龙江	Heilongjiang	317308	65431	134444	179528	137781
上海	Shanghai	10105078	4485622	2992349	6749300	3355778
江苏	Jiangsu	6261833	2072297	2610958	4499049	1762784
浙江	Zhejiang	8973942	3498568	3058975	6968377	2005135
安徽	Anhui	1501795	453070	584392	1268126	233669
福建	Fujian	6872261	2648971	1963260	3960669	2911593
江西	Jiangxi	1327526	414135	377716	945304	382221
山东	Shandong	2685754	1083925	1024680	1917135	768619
河南	Henan	1692802	666271	550054	1264350	428453
湖北	Hubei	1278955	332477	370683	987692	291263
湖南	Hunan	2643539	1182144	737900	1871234	772304
广东	Guangdong	16257316	10548836	2834310	14421076	1836954
广西	Guangxi	1657347	612980	637074	1060188	597159
海南	Hainan	7513994	2847034	2909036	5717134	1796860
重庆	Chongqing	2015211	879412	542909	1704643	310568
四川	Sichuan	3346517	1566823	655290	2746029	600488
贵州	Guizhou	955021	403159	312880	701531	253490
云南	Yunnan	1455990	452782	572949	1034342	421648
西藏	Tibet	168752	26466	99411	34277	134475
陕西	Shaanxi	2837404	1017117	1210555	2607922	229482
甘肃	Gansu	394229	147598	67751	284485	109743
青海	Qinghai	107327	52570	28277	63190	44138
宁夏	Ningxia	94795	14633	78028	71713	23082
新疆	Xinjiang	524234	231934	172054	256045	268189

4-8-4 各地区大中型餐饮业企业年末资产负债
Assets and Liabilities of Large and Medium-sized Enterprises of Catering Services by Region at Year-end

单位：万元
Unit: 10 000 yuan

地　区	Region	资产总计 Total Assets	#流动资产合计 Total Current Assets	#固定资产净额 Net Value of Fixed Assets	负债合计 Total Liabilities	所有者权益合计 Total Owners' Equities
全　国	**National Total**	**34595244**	**16817007**	**6795311**	**24229812**	**10368509**
北　京	Beijing	3821120	2383052	361014	2634639	1186480
天　津	Tianjin	938815	463737	238086	746061	192754
河　北	Hebei	278075	133541	44131	256364	21711
山　西	Shanxi	326352	125499	99829	349690	-23338
内蒙古	Inner Mongolia	330591	121753	96155	193276	137315
辽　宁	Liaoning	697843	261850	128374	637998	63573
吉　林	Jilin	91893	36891	18161	82583	9310
黑龙江	Heilongjiang	37881	17568	6903	26983	10898
上　海	Shanghai	4443739	2670740	600792	2933192	1510547
江　苏	Jiangsu	3774656	1474797	1338903	2618987	1155019
浙　江	Zhejiang	3095105	1216882	813115	2491788	603317
安　徽	Anhui	1054707	466157	146043	655282	399425
福　建	Fujian	730956	358423	127199	547597	183359
江　西	Jiangxi	266860	105443	52608	157503	109357
山　东	Shandong	1846190	555579	737167	1312644	533546
河　南	Henan	442849	179367	65130	340248	102601
湖　北	Hubei	1020274	477133	178893	747812	272462
湖　南	Hunan	611910	206245	149980	537572	74338
广　东	Guangdong	5155602	2644226	764477	3291836	1863766
广　西	Guangxi	205660	122044	29043	165459	40201
海　南	Hainan	53601	31145	1551	33329	20272
重　庆	Chongqing	565211	257353	124521	316788	248423
四　川	Sichuan	2954349	1582978	323104	1939876	1014473
贵　州	Guizhou	134085	85799	19957	92374	41711
云　南	Yunnan	405520	282167	73138	248186	157334
西　藏	Tibet	18394	13033	1702	3203	15191
陕　西	Shaanxi	828684	355803	131113	521866	306818
甘　肃	Gansu	242590	123235	41270	186209	56382
青　海	Qinghai	41278	16706	5874	29686	11592
宁　夏	Ningxia	45177	13857	19008	37447	7730
新　疆	Xinjiang	135279	34004	58070	93337	41942

4-9-1 大中型住宿和餐饮业企业损益及分配

Income and Distribution of Large and Medium-sized Enterprises of Hotels and Catering Services

单位：万元

Unit: 10 000 yuan

项　目	Item	营业收入 Business Revenue	营业成本 Business Cost
总　计	**Total**	**52343198**	**24828362**
一、住宿业	**Hotels**	**17048052**	**6906849**
#国有控股	State-controlled Enterprises	5389577	2177727
(一)按登记注册类型分	**by Type of Registration**		
1.内资企业	**Domestic Funded Enterprises**	**13951350**	**5681915**
国有企业	State-owned Enterprises	1453010	520815
集体企业	Collective-owned Enterprises	96050	27293
股份合作企业	Cooperative Enterprises	46048	32541
联营企业	Joint Ownership Enterprises	25268	8145
有限责任公司	Limited Liability Corporations	6940656	2834289
国有独资公司	State Sole Funded Corporations	972756	408896
其他有限责任公司	Other Limited Liability Corporations	5967900	2425393
股份有限公司	Share-holding Corporations Ltd.	543256	211076
私营企业	Private Enterprises	4847063	2047755
私营独资企业	Private-funded Enterprises	117665	50940
私营合伙企业	Private Partnership Enterprises	8156	4148
私营有限责任公司	Private Limited Liability Corporations	4625871	1939852
私营股份有限公司	Private Share-holding Corporations Ltd.	95370	52815
其他企业	Other Enterprises		
2 港、澳、台商投资企业	**Enterprises with Funds from Hongkong, Macao and Taiwan**	**2010441**	**782560**
合资经营企业	Joint-venture Enterprises	773211	247391
合作经营企业	Cooperative Enterprises	158678	73425
独资经营企业	Enterprises with Sole Investment	1055908	455147
投资股份有限公司	Share-holding Corporations Ltd. with Investment	19620	4747
其他港澳台商投资企业	Other Enterprises with Funds from Hongkong, Macao and Taiwan	3024	1851
3.外商投资企业	**Foreign Funded Enterprises**	**1086261**	**442374**
中外合资经营企业	Joint-venture Enterprises	456328	143395
中外合作经营企业	Cooperative Enterprises	126130	90611
外资企业	Enterprises with Sole Foreign Investment	467209	202425
外商投资股份有限公司	Share-holding Corporations Ltd. with Foreign Investment	25131	2899
其他外商投资企业	Other Foreign Funded Enterprises	11463	3045
(二)按国民经济行业分	**by Sector**		
旅游饭店	Tourist Hotel	14779966	5931267
一般旅馆	Fonda	1977981	853818
民宿服务	Home Lodging Services	7085	931
露营地服务	Campground Services	4333	1127
其他住宿业	Others	278688	119705

项　目	Item	税金及附加 Taxes and Other Charges
总　计	**Total**	**454302**
一、住宿业	**Hotels**	**384674**
#国有控股	State-controlled Enterprises	145187
(一)按登记注册类型分	**by Type of Registration**	
1.内资企业	**Domestic Funded Enterprises**	**266783**
国有企业	State-owned Enterprises	28127
集体企业	Collective-owned Enterprises	1012
股份合作企业	Cooperative Enterprises	1854
联营企业	Joint Ownership Enterprises	40
有限责任公司	Limited Liability Corporations	148076
国有独资公司	State Sole Funded Corporations	21897
其他有限责任公司	Other Limited Liability Corporations	126179
股份有限公司	Share-holding Corporations Ltd.	28162
私营企业	Private Enterprises	59512
私营独资企业	Private-funded Enterprises	542
私营合伙企业	Private Partnership Enterprises	8
私营有限责任公司	Private Limited Liability Corporations	57514
私营股份有限公司	Private Share-holding Corporations Ltd.	1449
其他企业	Other Enterprises	
2.港、澳、台商投资企业	**Enterprises with Funds from Hongkong, Macao and Taiwan**	**85437**
合资经营企业	Joint-venture Enterprises	32707
合作经营企业	Cooperative Enterprises	4313
独资经营企业	Enterprises with Sole Investment	48375
投资股份有限公司	Share-holding Corporations Ltd. with Investment	39
其他港澳台商投资企业	Other Enterprises with Funds from Hongkong, Macao and Taiwan	3
3.外商投资企业	**Foreign Funded Enterprises**	**32454**
中外合资经营企业	Joint-venture Enterprises	21263
中外合作经营企业	Cooperative Enterprises	704
外资企业	Enterprises with Sole Foreign Investment	9707
外商投资股份有限公司	Share-holding Corporations Ltd. with Foreign Investment	232
其他外商投资企业	Other Foreign Funded Enterprises	548
(二)按国民经济行业分	**by Sector**	
旅游饭店	Tourist Hotel	342421
一般旅馆	Fonda	30905
民宿服务	Home Lodging Services	13
露营地服务	Campground Services	22
其他住宿业	Others	11314

4-9-1 Continued 1

单位：万元
Unit: 10 000 yuan

其他业务利润 Profits from Other Business	销售费用 Selling Expenses	管理费用 Administrative Expenses	财务费用 Financial Expenses	#利息支出 Interest Expenses
543987	**18259999**	**9906232**	**1724425**	**1151498**
319695	**5206074**	**6140583**	**1369702**	**972580**
100808	1830499	2196987	220879	230498
271880	**4382770**	**4892972**	**1028007**	**697038**
37156	551011	619554	9504	16557
323	40640	28056	1259	1281
73	9226	20261	33376	108
-10	8021	14336	1690	5
123328	2162379	2552437	551776	430341
19155	326573	405098	37931	26115
104172	1835807	2147338	513845	404227
43061	141116	153490	40659	10964
67948	1470377	1504839	389744	237782
1516	34595	25275	3230	2509
	1218	1763	251	246
66030	1415856	1449694	377324	228588
403	18709	28107	8939	6439
39377	**564687**	**825258**	**251239**	**187345**
15768	221823	331299	134699	99632
1188	46089	58244	4444	3899
21251	289348	424107	112931	83814
	7291	9245	-842	
1170	136	2364	7	
8438	**258616**	**422352**	**90456**	**88196**
3703	112521	183998	51941	36045
1931	13231	38336	4314	9248
2805	110571	187309	36758	41890
	16231	7991	1031	1016
	6063	4718	-3588	-3
272105	4513429	5408605	1229707	884233
44458	611433	633665	103237	57586
1	2807	5445	507	559
	291	1138	38	41
3130	78113	91731	36213	30161

项　目	Item	营业利润 Business Profits
总　计	**Total**	**-1728962**
一、住宿业	**Hotels**	**-2447321**
#国有控股	State-controlled Enterprises	-919363
(一)按登记注册类型分	**by Type of Registration**	
1.内资企业	**Domestic Funded Enterprises**	**-1925191**
国有企业	State-owned Enterprises	-227845
集体企业	Collective-owned Enterprises	-3183
股份合作企业	Cooperative Enterprises	-48213
联营企业	Joint Ownership Enterprises	-8171
有限责任公司	Limited Liability Corporations	-1042539
国有独资公司	State Sole Funded Corporations	-189790
其他有限责任公司	Other Limited Liability Corporations	-852749
股份有限公司	Share-holding Corporations Ltd.	11169
私营企业	Private Enterprises	-606410
私营独资企业	Private-funded Enterprises	1862
私营合伙企业	Private Partnership Enterprises	715
私营有限责任公司	Private Limited Liability Corporations	-590865
私营股份有限公司	Private Share-holding Corporations Ltd.	-18122
其他企业	Other Enterprises	
2.港、澳、台商投资企业	**Enterprises with Funds from Hongkong, Macao and Taiwan**	**-357217**
合资经营企业	Joint-venture Enterprises	-125919
合作经营企业	Cooperative Enterprises	-30059
独资经营企业	Enterprises with Sole Investment	-199042
投资股份有限公司	Share-holding Corporations Ltd. with Investment	-860
其他港澳台商投资企业	Other Enterprises with Funds from Hongkong, Macao and Taiwan	-1337
3.外商投资企业	**Foreign Funded Enterprises**	**-164913**
中外合资经营企业	Joint-venture Enterprises	-83867
中外合作经营企业	Cooperative Enterprises	-13644
外资企业	Enterprises with Sole Foreign Investment	-64747
外商投资股份有限公司	Share-holding Corporations Ltd. with Foreign Investment	-3406
其他外商投资企业	Other Foreign Funded Enterprises	751
(二)按国民经济行业分	**by Sector**	
旅游饭店	Tourist Hotel	-2222697
一般旅馆	Fonda	-179082
民宿服务	Home Lodging Services	-2617
露营地服务	Campground Services	1717
其他住宿业	Others	-44642

4-9-1 Continued 2

单位：万元
Unit: 10 000 yuan

利润总额 Total Profits	应交所得税 Income Tax Payable	应付职工薪酬 Payables to Employees	应交增值税 VAT Payable
-1248004	**443891**	**13892757**	**206294**
-2157484	**89379**	**5120879**	**184552**
-814690	38990	2148503	75818
-1675746	**64285**	**4210774**	**140627**
-185414	12988	595576	18226
-2274	960	30482	1569
-47109	25	10715	-60
-7560		8316	-304
-917876	33467	2248730	85493
-174420	4342	378230	11124
-743456	29125	1870500	74369
16004	3928	128706	5702
-531517	12916	1188250	30001
2045	1452	28081	1010
717	27	2230	8
-521815	11314	1137623	28704
-12463	123	20316	279
-331901	**13607**	**618403**	**25884**
-115095	4177	259545	12877
-25951	1990	55510	2282
-188763	7440	295554	10672
-769		6364	30
-1324		1431	22
-149838	**11487**	**291702**	**18041**
-78339	5151	131022	8226
-13099	-209	30119	2702
-56059	6526	119815	6201
-3182	19	7080	745
841		3665	167
-1972443	73956	4498446	163120
-143437	14392	544772	16958
-2476		1565	125
1758	232	786	191
-40886	799	75309	4157

4-9-1 续表 3

项　目	Item	营业收入 Business Revenue	营业成本 Business Cost
二、餐饮业	**Catering Services**	**35295146**	**17921513**
#国有控股	State-controlled Enterprises	1537373	995965
(一)按登记注册类型分	**by Type of Registration**		
1.内资企业	**Domestic Funded Enterprises**	**19989519**	**10751784**
国有企业	State-owned Enterprises	225169	122406
集体企业	Collective-owned Enterprises	31323	22809
股份合作企业	Cooperative Enterprises	77155	42002
联营企业	Joint Ownership Enterprises		
有限责任公司	Limited Liability Corporations	5591935	3021457
国有独资公司	State Sole Funded Corporations	389114	256389
其他有限责任公司	Other Limited Liability Corporations	5202822	2765068
股份有限公司	Share-holding Corporations Ltd.	353010	241649
私营企业	Private Enterprises	13699059	7296299
私营独资企业	Private-funded Enterprises	193842	114461
私营合伙企业	Private Partnership Enterprises	32198	18703
私营有限责任公司	Private Limited Liability Corporations	12774614	6719400
私营股份有限公司	Private Share-holding Corporations Ltd.	698405	443734
其他企业	Other Enterprises	11868	5163
2.港、澳、台商投资企业	**Enterprises with Funds from Hongkong, Macao and Taiwan**	**6631548**	**2698413**
合资经营企业	Joint-venture Enterprises	1074966	461861
合作经营企业	Cooperative Enterprises	81395	40649
独资经营企业	Enterprises with Sole Investment	5445460	2187465
投资股份有限公司	Share-holding Corporations Ltd. with Investment	24725	6851
其他港澳台商投资企业	Other Enterprises with Funds from Hongkong, Macao and Taiwan	5002	1587
3.外商投资企业	**Foreign Funded Enterprises**	**8674078**	**4471316**
中外合资经营企业	Joint-venture Enterprises	1838243	904029
中外合作经营企业	Cooperative Enterprises	111489	110868
外资企业	Enterprises with Sole Foreign Investment	6503250	3350506
外商投资股份有限公司	Share-holding Corporations Ltd. with Foreign Investment	63801	54987
其他外商投资企业	Other Foreign Funded Enterprises	157296	50927
(二)按国民经济行业分	**by Sector**		
正餐服务	Dinner	16757020	8363701
快餐服务	Snack	11734816	6010315
饮料及冷饮服务	Beverage and Cold Drink	3258488	1286579
餐饮配送及外卖送餐服务	Catering Distribution and Delivery Service	1847945	1406544
其他餐饮业	Others	1696877	854374

4-9-1 Continued 3

单位：万元
Unit: 10 000 yuan

税金及附加 Taxes and Other Charges	其他业务利润 Profits from Other Business	销售费用 Selling Expenses	管理费用 Administrative Expenses
69628	**224292**	**13053925**	**3765649**
11697	38994	393881	268468
60279	**152094**	**6747761**	**2454388**
1388	3192	61737	48829
127	92	4725	6067
474	24	25264	9024
20566	64881	1975383	745516
2233	23903	97090	66972
18333	40977	1878293	678544
2824	4069	122681	59618
34895	79657	4553355	1583263
762	79	51615	25777
40	1514	7395	4755
32755	76445	4305077	1511189
1338	1619	189268	41543
5	179	4617	2072
4690	**57795**	**3282449**	**539985**
642	13414	472487	94849
153	5	31554	11134
3668	44368	2765247	429744
217	9	9733	3581
10		3429	677
4659	**14404**	**3023715**	**771275**
1361	368	606927	151142
77		948	2871
2899	13863	2314947	598510
209			5544
112	173	100893	13208
54997	139147	6210288	2220034
8683	51136	4361762	1021934
933	31498	1545868	243599
3873	1726	259923	182250
1143	786	676085	97832

项　　目	Item	财务费用 Financial Expenses	#利息支出 Interest Expenses
二、餐饮业	**Catering Services**	**354723**	**178918**
#国有控股	State-controlled Enterprises	12969	14258
(一)按登记注册类型分	**by Type of Registration**		
1.内资企业	**Domestic Funded Enterprises**	**280404**	**153812**
国有企业	State-owned Enterprises	165	421
集体企业	Collective-owned Enterprises	-93	3
股份合作企业	Cooperative Enterprises	400	98
联营企业	Joint Ownership Enterprises		
有限责任公司	Limited Liability Corporations	76295	40761
国有独资公司	State Sole Funded Corporations	3768	3857
其他有限责任公司	Other Limited Liability Corporations	72526	36904
股份有限公司	Share-holding Corporations Ltd.	2952	4823
私营企业	Private Enterprises	200332	107685
私营独资企业	Private-funded Enterprises	3290	2771
私营合伙企业	Private Partnership Enterprises	823	689
私营有限责任公司	Private Limited Liability Corporations	191172	99999
私营股份有限公司	Private Share-holding Corporations Ltd.	5047	4226
其他企业	Other Enterprises	354	21
2.港、澳、台商投资企业	**Enterprises with Funds from Hongkong, Macao and Taiwan**	**58625**	**15090**
合资经营企业	Joint-venture Enterprises	11815	4744
合作经营企业	Cooperative Enterprises	88	
独资经营企业	Enterprises with Sole Investment	42324	7062
投资股份有限公司	Share-holding Corporations Ltd. with Investment	4397	3284
其他港澳台商投资企业	Other Enterprises with Funds from Hongkong, Macao and Taiwan	1	1
3.外商投资企业	**Foreign Funded Enterprises**	**15694**	**10015**
中外合资经营企业	Joint-venture Enterprises	6134	395
中外合作经营企业	Cooperative Enterprises	194	
外资企业	Enterprises with Sole Foreign Investment	9021	9476
外商投资股份有限公司	Share-holding Corporations Ltd. with Foreign Investment	127	95
其他外商投资企业	Other Foreign Funded Enterprises	220	49
(二)按国民经济行业分	**by Sector**		
正餐服务	Dinner	282956	156416
快餐服务	Snack	60049	10741
饮料及冷饮服务	Beverage and Cold Drink	-1462	1710
餐饮配送及外卖送餐服务	Catering Distribution and Delivery Service	3638	2243
其他餐饮业	Others	9541	7808

单位：万元

Unit: 10 000 yuan

营业利润 Opreating Profits	利润总额 Total Profits	应交所得税 Income Tax Payable	应付职工薪酬 Payables to Employees	应交增值税 VAT Payable
718359	**909479**	**354512**	**8771878**	**21743**
22284	38917	9869	539761	14729
-126623	**37029**	**128027**	**4520308**	**48197**
-11523	-6257	883	80212	3074
-2294	-1601		9502	464
253	2227	490	17423	580
-161964	-113354	33991	1364465	19176
5196	11478	3227	132155	802
-167160	-124832	30764	1232309	18373
8851	10556	-261	137630	3961
40299	145353	92924	2908385	20894
-2121	806	435	31526	2235
457	716	82	7664	75
23977	121874	85937	2763047	21914
17985	21958	6469	106149	-3330
-245	106		2692	48
55620	**78186**	**68388**	**2105385**	**-13156**
34727	36799	13068	318074	2437
-2095	-1640	-140	24581	865
27930	47556	55458	1755458	-16551
-4241	-3507		5095	93
-701	-1022	1	2176	
789363	**794265**	**158097**	**2146186**	**-13298**
167477	168574	45876	363103	-723
-3402	821	668	17101	-1684
630005	629456	110748	1727331	-7491
2848	3066	801	24137	1642
-7566	-7652	4	14514	-5043
-238370	-83261	100331	3832175	26123
379660	395402	129732	2916190	-16538
240710	249917	96650	1175317	-1641
-7374	590	7182	435174	9580
343733	346831	20616	413022	4219

4-9-2 各地区大中型住宿和餐饮业企业损益及分配

地　区	Region	营业收入 Business Revenue	营业成本 Business Cost	税金及附加 Taxes and Other Charges	其他业务利润 Profits from Other Business	销售费用 Selling Expenses
全　国	**National Total**	**52343198**	**24828362**	**454302**	**543987**	**18259999**
北　京	Beijing	6318468	2711236	90435	61584	2638078
天　津	Tianjin	887196	435641	4595	7309	321600
河　北	Hebei	498260	204656	8894	5831	200469
山　西	Shanxi	476707	226192	5742	13383	168048
内蒙古	Inner Mongolia	283342	125351	1186	639	111634
辽　宁	Liaoning	838593	443815	8819	18030	279560
吉　林	Jilin	148370	81205	1925	1386	43967
黑龙江	Heilongjiang	82023	31702	941	-16	34202
上　海	Shanghai	7607819	3488508	50982	109538	3012770
江　苏	Jiangsu	4570225	2144733	12337	21253	1513823
浙　江	Zhejiang	4390618	1934785	16043	109861	1548353
安　徽	Anhui	1356502	672314	9273	4750	453658
福　建	Fujian	2402173	1301881	32192	27132	667130
江　西	Jiangxi	489794	235107	8128	11467	115751
山　东	Shandong	1762338	812562	7130	20506	629201
河　南	Henan	805841	346104	10833	8600	270593
湖　北	Hubei	1490387	747383	8028	7359	501995
湖　南	Hunan	1298791	715339	14894	7353	298464
广　东	Guangdong	8631505	4193572	47513	40610	3137609
广　西	Guangxi	673368	307631	5117	1560	222575
海　南	Hainan	1048516	335747	57917	8170	227132
重　庆	Chongqing	1002695	620298	8308	3198	197958
四　川	Sichuan	2415182	1105267	11451	18458	930528
贵　州	Guizhou	359422	194830	4823	5589	67984
云　南	Yunnan	504518	254646	5692	6472	124450
西　藏	Tibet	38616	16285	29	43	6416
陕　西	Shaanxi	1398626	824088	16778	19449	380688
甘　肃	Gansu	264427	128124	1999	3995	79091
青　海	Qinghai	26254	12041	245		9965
宁　夏	Ningxia	45815	36027	216	12	11564
新　疆	Xinjiang	226811	141293	1833	466	54746

Income and Distribution of Large and Medium-sized Enterprises of Hotels and Catering Services by Region

单位：万元

Unit: 10 000 yuan

管理费用 Administr-ative Expenses	财务费用 Financial Expenses	#利息支出 Interest Expenses	营业利润 Operating Profits	利润总额 Total Profits	应交所得税 Income Tax Payable	应付职工薪酬 Payables to Employees	应交增值税 VAT Payable
9906232	**1724425**	**1151498**	**-1728962**	**-1248004**	**443891**	**13892757**	**206294**
1311997	127773	151171	-490441	-457892	35633	2112691	29027
159268	37374	24738	-63394	-57417	6609	248152	3674
111084	52255	24596	-97308	-84664	2012	133387	-726
99906	14293	8917	-36318	-24273	2090	124902	3759
73477	2811	2556	-32362	-27848	367	80592	672
155012	24050	16700	-71578	-74400	7245	231921	2628
42670	10472	9466	-29598	-24428	116	31609	804
36406	3418	3068	-22231	-21096	98	19623	1108
1237003	183961	99343	-188558	-138817	90045	2115161	-2329
899272	129744	75890	-97735	-40872	52263	1226845	7170
893453	175200	132387	-119396	-50433	47685	1103095	8067
228133	35437	26991	-24365	-7279	11089	318214	15886
428828	85895	47933	-112094	-88920	15266	521471	3943
101220	23277	17474	3182	10787	3323	82190	7318
380268	61351	32633	-84172	-52100	12196	484038	12402
187095	34662	18436	-47123	-34276	4534	205188	8755
206713	41543	27198	-9517	1365	11526	353414	6759
250625	47477	30269	-8506	-2400	11325	273026	10377
1518709	255424	156431	-250318	-192437	58847	2371052	40794
154891	35877	22179	-44637	-39043	4401	164638	7257
357179	126767	81638	6435	17693	7886	217354	12037
163415	32880	19230	-18006	-10458	5955	228584	5746
290085	70700	33859	327072	344625	35806	570369	2605
84074	22439	15092	-12308	-10685	2542	81433	4535
134789	20308	17906	-36680	-34707	3387	119407	3408
17086	-34		-908	-319	294	11950	427
265321	57595	48452	-132790	-121254	8210	310210	7879
57987	7323	4068	-11047	-6428	1690	66720	1177
9019	650	370	-4601	-3801	32	9060	696
10706	453	337	-6163	-5569	223	11385	452
40542	3049	2167	-13498	-10658	1198	65077	-9

4-9-3 各地区大中型住宿业企业损益及分配

地区	Region	营业收入 Business Revenue	营业成本 Business Cost	税金及附加 Taxes and Other Charges	其他业务利润 Profits from Other Business	销售费用 Selling Expenses
全国	**National Total**	**17048052**	**6906849**	**384674**	**319695**	**5206074**
北京	Beijing	1673158	527951	85234	22749	600739
天津	Tianjin	121233	39939	2779	243	50748
河北	Hebei	320672	119537	8263	4962	132154
山西	Shanxi	180665	62734	4600	9972	66102
内蒙古	Inner Mongolia	105778	42216	587	134	38555
辽宁	Liaoning	180363	84618	7046	272	58763
吉林	Jilin	72647	27861	1779	1292	26938
黑龙江	Heilongjiang	51805	20302	941		17096
上海	Shanghai	1447534	650640	47867	55591	354793
江苏	Jiangsu	1137005	396704	5770	12775	390991
浙江	Zhejiang	1876583	678564	12528	97308	704502
安徽	Anhui	384224	157354	6464	2112	137616
福建	Fujian	1147100	526455	26543	21140	330721
江西	Jiangxi	271606	121750	6322	4626	61678
山东	Shandong	688168	254156	3286	11092	288168
河南	Henan	420459	167155	9225	4201	113969
湖北	Hubei	321580	122752	5244	2733	101789
湖南	Hunan	582577	309732	11142	4621	106042
广东	Guangdong	2560656	1091158	40061	24250	764749
广西	Guangxi	301163	104559	4312	1057	102966
海南	Hainan	976171	305005	57875	4600	194120
重庆	Chongqing	353116	172457	5613	1787	83865
四川	Sichuan	562567	263295	8854	11089	151095
贵州	Guizhou	221492	105495	4588	5449	41587
云南	Yunnan	281009	125237	3738	5843	64431
西藏	Tibet	27562	9447	28	3	5917
陕西	Shaanxi	494964	256092	10621	9567	140801
甘肃	Gansu	119773	53111	1644	150	35267
青海	Qinghai	18340	8062	243		6737
宁夏	Ningxia	23916	22181	80	12	5418
新疆	Xinjiang	124167	80331	1395	64	27760

Income and Distribution of Large and Medium-sized Enterprises of Hotels by Region

单位：万元
Unit: 10 000 yuan

管理费用 Administr-ative Expenses	财务费用 Financial Expenses	#利息支出 Interest Expenses	营业利润 Operating Profits	利润总额 Total Profits	应交所得税 Income Tax Payable	应付职工薪酬 Payables to Employees	应交增值税 VAT Payable
6140583	**1369702**	**972580**	**-2447321**	**-2157484**	**89379**	**5120879**	**184552**
778800	111805	137482	-373953	-366734	13474	705989	32139
67135	24374	16894	-60447	-56443	125	44224	1646
85612	45971	23716	-82607	-74439	1286	102006	-33
68172	7646	3573	-27598	-18610	510	58191	2641
40203	179	1318	-15145	-12056	140	35804	-5
76157	7767	7358	-51067	-49869	9	56050	1823
36047	9745	8987	-27561	-23304	7	22854	1256
31304	2539	3068	-17945	-17478	91	13868	1108
634004	149431	92776	-248949	-232932	16553	439494	11681
468900	92490	60284	-195487	-173202	4378	367168	8203
609084	124538	105249	-238697	-176480	7079	544740	11771
106501	28086	22289	-41876	-36566	364	92181	5350
328792	78564	45627	-140630	-119434	3198	288105	5483
75752	18623	14226	-11310	-7224	526	58152	5515
216227	33386	20973	-98737	-80131	1977	231442	7583
140926	29519	14558	-41952	-36142	1409	116445	6508
105807	28707	18518	-33029	-27444	2010	76323	2290
180948	33550	24206	-41911	-38675	2705	129674	6775
878105	214935	141317	-316513	-272935	12991	820776	33924
124965	32882	20410	-61688	-56937	171	91815	5931
349711	126760	81614	5880	16551	7479	201782	11760
112666	27787	14983	-41834	-36021	2732	99392	3563
163817	43975	17272	-39087	-33592	4390	133230	5178
67627	20995	14324	-15586	-12454	1721	53305	3110
109419	18491	13978	-41993	-40535	1746	81352	1726
15979	2		-3712	-3124		9534	158
187411	49715	43778	-144835	-138090	1760	151116	4609
38457	4806	2515	-15604	-11768	120	38243	1223
5944	296	32	-3110	-2359	32	5828	660
7463	55	7	-5298	-5212	213	5828	183
28649	2082	1249	-15044	-13846	185	45967	794

4-9-4 各地区大中型餐饮业企业损益及分配

地区	Region	营业收入 Business Revenue	营业成本 Business Cost	税金及附加 Taxes and Other Charges	其他业务利润 Profits from Other Business	销售费用 Selling Expenses
全国	**National Total**	**35295146**	**17921513**	**69628**	**224292**	**13053925**
北京	Beijing	4645310	2183285	5201	38835	2037339
天津	Tianjin	765963	395702	1816	7066	270852
河北	Hebei	177588	85119	631	869	68315
山西	Shanxi	296042	163458	1142	3411	101946
内蒙古	Inner Mongolia	177564	83135	599	505	73079
辽宁	Liaoning	658230	359197	1773	17758	220797
吉林	Jilin	75723	53344	146	94	17029
黑龙江	Heilongjiang	30218	11400		-16	17106
上海	Shanghai	6160285	2837868	3115	53947	2657977
江苏	Jiangsu	3433220	1748029	6567	8478	1122832
浙江	Zhejiang	2514035	1256221	3515	12553	843851
安徽	Anhui	972278	514960	2809	2638	316042
福建	Fujian	1255073	775426	5649	5992	336409
江西	Jiangxi	218188	113357	1806	6841	54073
山东	Shandong	1074170	558406	3844	9414	341033
河南	Henan	385382	178949	1608	4399	156624
湖北	Hubei	1168807	624631	2784	4626	400206
湖南	Hunan	716214	405607	3752	2732	192422
广东	Guangdong	6070849	3102414	7452	16360	2372860
广西	Guangxi	372205	203072	805	503	119609
海南	Hainan	72345	30742	42	3570	33012
重庆	Chongqing	649579	447841	2695	1411	114093
四川	Sichuan	1852615	841972	2597	7369	779433
贵州	Guizhou	137930	89335	235	140	26397
云南	Yunnan	223509	129409	1954	629	60019
西藏	Tibet	11054	6838	1	40	499
陕西	Shaanxi	903662	567996	6157	9882	239887
甘肃	Gansu	144654	75013	355	3845	43824
青海	Qinghai	7914	3979	2		3228
宁夏	Ningxia	21899	13846	136		6146
新疆	Xinjiang	102644	60962	438	402	26986

Income and Distribution of Large and Medium-sized Enterprises of Catering Services by Region

单位：万元
Unit: 10 000 yuan

管理费用 Administr-ative Expenses	财务费用 Financial Expenses	#利息支出 Interest Expenses	营业利润 Operating Profits	利润总额 Total Profits	应交所得税 Income Tax Payable	应付职工薪酬 Payables to Employees	应交增值税 VAT Payable
3765649	**354723**	**178918**	**718359**	**909479**	**354512**	**8771878**	**21743**
533197	15968	13689	-116488	-91158	22159	1406702	-3112
92133	13000	7844	-2947	-974	6484	203928	2028
25472	6284	880	-14701	-10225	726	31381	-693
31734	6647	5344	-8720	-5663	1580	66711	1118
33274	2632	1238	-17217	-15792	227	44788	677
78855	16283	9342	-20511	-24531	7236	175871	805
6623	727	479	-2037	-1124	109	8755	-452
5102	879		-4286	-3618	7	5755	
602999	34530	6567	60391	94115	73492	1675667	-14010
430372	37254	15606	97752	132330	47885	859677	-1033
284369	50662	27138	119301	126047	40606	558355	-3704
121632	7351	4702	17511	29287	10725	226033	10536
100036	7331	2306	28536	30514	12068	233366	-1540
25468	4654	3248	14492	18011	2797	24038	1803
164041	27965	11660	14565	28031	10219	252596	4819
46169	5143	3878	-5171	1866	3125	88743	2247
100906	12836	8680	23512	28809	9516	277091	4469
69677	13927	6063	33405	36275	8620	143352	3602
640604	40489	15114	66195	80498	45856	1550276	6870
29926	2995	1769	17051	17894	4230	72823	1326
7468	7	24	555	1142	407	15572	277
50749	5093	4247	23828	25563	3223	129192	2183
126268	26725	16587	366159	378217	31416	437139	-2573
16447	1444	768	3278	1769	821	28128	1425
25370	1817	3928	5313	5828	1641	38055	1682
1107	-36		2804	2805	294	2416	269
77910	7880	4674	12045	16836	6450	159094	3270
19530	2517	1553	4557	5340	1570	28477	-46
3075	354	338	-1491	-1442		3232	36
3243	398	330	-865	-357	10	5557	269
11893	967	918	1546	3188	1013	19110	-803

4-10-1 按登记注册类型分连锁餐饮企业基本情况

Basic Conditions of Chain Catering Enterprises by Status of Registration

项　目	Item	门店总数 (个) Number of Stores (unit)	从业人员 (万人) Employed Person (10 000 persons)	营业面积 (万平方米) Operational Area (10 000 sq.m)
总　计	**Total**	**37217**	**97.2**	**1216.2**
内资企业	**Domestic Funded Enterprises**	**11092**	**28.1**	**452.6**
国有企业	State-owned Enterprises	132	0.2	2.9
集体企业	Collective-owned Enterprises	2	0.0	1.2
股份合作企业	Cooperative Enterprises	8	0.0	0.9
联营企业	Joint Ownership Enterprises	23	0.0	1.2
国有联营企业	State Joint Ownership Enterprises	23	0.0	1.2
集体联营企业	Collective Joint Ownership Enterprises			
国有与集体联营企业	Joint State-collective Enterprises			
其他联营企业	Other Joint Ownership Enterprises			
有限责任公司	Limited Liability Corporations	5481	13.3	171.1
国有独资公司	State Sole Funded Corporations			
其他有限责任公司	Other Limited Liability Corporations	5481	13.3	171.1
股份有限公司	Share-holding Corporations Ltd.	927	4.4	97.7
私营企业	Private Enterprises	4515	10.1	177.2
私营独资企业	Private-funded Enterprises	85	0.2	5.4
私营合伙企业	Private Partnership Enterprises			
私营有限责任公司	Private Limited Liability Corporations	4421	9.9	170.8
私营股份有限公司	Private Share-holding Corporations Ltd.	9	0.0	1.1
其他企业	Other Enterprises	4	0.0	0.3
港、澳、台商投资企业	**Enterprises with Funds from Hong Kong, Macao and Taiwan**	**10592**	**24.6**	**284.3**
港、澳、台商合资经营企业	Joint-venture Enterprises	1294	3.7	35.2
港、澳、台商合作经营企业	Cooperative Enterprises	21	0.1	2.6
港、澳、台商独资经营企业	Enterprises with Sole Investment	9249	20.7	243.0
港、澳、台商投资股份有限公司	Share-holding Corporations Ltd. with Investment	22	0.1	3.4
其他港澳台商投资企业	Other Enterprises with Funds from Hongkong, Macao and Taiwan	6	0.0	0.1
外商投资企业	**Foreign Funded Enterprises**	**15533**	**44.4**	**479.3**
中外合资经营企业	Joint-venture Enterprises	2418	8.4	80.8
中外合作经营企业	Cooperative Enterprises			
外资企业	Enterprises with Sole Foreign Investment	12400	33.1	345.4
外商投资股份有限公司	Share-holding Corporations Ltd. With Foreign Investment	106	1.0	12.7
其他外商投资企业	Other Foreign Funded Enterprises	609	1.9	40.5

项　目	Item	餐位数(万个) Number of Dining-seats (10 000 units)	营业额(亿元) Business Revenue (100 million yuan)	#餐费及商品销售收入 From Meals and Commodities
总　计	**Total**	**381.2**	**2019.3**	**1985.5**
内资企业	**Domestic Funded Enterprises**	**146.1**	**622.1**	**605.0**
国有企业	State-owned Enterprises	1.0	7.5	7.5
集体企业	Collective-owned Enterprises	0.2	0.8	0.7
股份合作企业	Cooperative Enterprises	0.3	0.6	0.6
联营企业	Joint Ownership Enterprises	0.4	0.4	0.4
国有联营企业	State Joint Ownership Enterprises	0.4	0.4	0.4
集体联营企业	Collective Joint Ownership Enterprises			
国有与集体联营企业	Joint State-collective Enterprises			
其他联营企业	Other Joint Ownership Enterprises			
有限责任公司	Limited Liability Corporations	72.2	275.0	270.2
国有独资公司	State Sole Funded Corporations			
其他有限责任公司	Other Limited Liability Corporations	72.2	275.0	270.2
股份有限公司	Share-holding Corporations Ltd.	18.3	86.0	78.7
私营企业	Private Enterprises	53.6	251.5	246.6
私营独资企业	Private-funded Enterprises	1.1	4.0	3.9
私营合伙企业	Private Partnership Enterprises			
私营有限责任公司	Private Limited Liability Corporations	52.3	247.3	242.5
私营股份有限公司	Private Share-holding Corporations Ltd.	0.2	0.3	0.3
其他企业	Other Enterprises	0.2	0.4	0.3
港、澳、台商投资企业	**Enterprises with Funds from Hong Kong, Macao and Taiwan**	**90.7**	**525.8**	**518.5**
港、澳、台商合资经营企业	Joint-venture Enterprises	11.6	95.9	93.7
港、澳、台商合作经营企业	Cooperative Enterprises	0.4	4.5	4.5
港、澳、台商独资经营企业	Enterprises with Sole Investment	78.1	423.0	418.0
港、澳、台商投资股份有限公司	Share-holding Corporations Ltd. with Investment	0.6	2.3	2.2
其他港、澳、台商投资企业	Other Enterprises with Funds from Hongkong, Macao and Taiwan	0.1	0.1	0.1
外商投资企业	**Foreign Funded Enterprises**	**144.4**	**871.3**	**862.0**
中外合资经营企业	Joint-venture Enterprises	24.1	182.7	180.9
中外合作经营企业	Cooperative Enterprises			
外资企业	Enterprises with Sole Foreign Investment	102.4	629.7	622.2
外商投资股份有限公司	Share-holding Corporations Ltd. with Foreign Investment	3.8	27.3	27.3
其他外商投资企业	Other Foreign Funded Enterprises	14.1	31.6	31.6

4-10-2 按行业分连锁餐饮企业基本情况
Basic Conditions of Chain Catering Enterprises by Sector

行业	Sector	门店总数(个) Number of Stores (unit)	从业人数(万人) Engaged Persons (10 000 persons)	营业面积(万平方米) Operational Area (10 000 sq.m)
总计	**Total**	**37217**	**97.2**	**1216.2**
正餐服务	Restaurant	7727	28.6	462.0
快餐服务	Snack Counter	20504	55.9	576.5
饮料及冷饮服务	Beverages and Cold Drinks	7975	7.1	123.4
餐饮配送及外卖送餐服务	Catering Distribution and Delivery Service	23	0.0	1.2
其他餐饮业	Others	988	5.5	53.0

4-10-2 续表 Continued

行业	sector	餐位数(万个) Number of Dining-seats (10 000 units)	营业额(亿元) Business Revenue (100 million yuan)	#餐费及商品销售收入 From Meals and Commodities
总计	**Total**	**381.2**	**2019.3**	**1985.5**
正餐服务	Restaurant	138.5	560.6	545.6
快餐服务	Snack Counter	186.7	1102.3	1090.1
饮料及冷饮服务	Beverages and Cold Drinks	36.4	264.9	258.7
餐饮配送及外卖送餐服务	Catering Distribution and Delivery Service	0.4	0.4	0.4
其他餐饮业	Others	19.3	91.2	90.7

4-10-3 各地区连锁餐饮企业基本情况
Basic Conditions of Chain Catering Enterprises by Region

年 份 Year	地 区 Region	门店总数（个）Number of Stores (unit)	从业人数（万人）Employed Person (10 000 persons)	营业面积（万平方米）Operational Area (10 000 sq.m)	餐位数（万个）Number of dining-seat (10 000 units)	营业额（亿元）Business Revenue (100 million yuan)
	2004	7578	37.9	352.6	180.1	348.2
	2005	9748	50.1	478.1	245.8	454.4
	2006	11360	55.7	588.2	274.8	563.8
	2007	12743	62.6	629.2	280.0	640.0
	2008	12561	66.1	651.9	253.1	806.9
	2009	13739	65.2	691.6	248.9	879.3
	2010	15333	70.6	742.6	263.8	955.4
	2011	16285	83.3	821.4	277.1	1120.4
	2012	18153	80.6	869.2	286.5	1283.3
	2013	20554	80.3	937.1	319.5	1319.6
	2014	22494	78.0	1020.0	338.6	1391.0
	2015	23721	71.4	970.9	333.6	1526.6
	2016	25634	75.6	1036.9	341.1	1635.1
	2017	27478	78.0	1075.4	337.9	1735.5
	2018	31001	89.3	1075.0	332.6	1950.0
	2019	34356	93.5	1151.5	346.6	2234.5
	2020	37217	97.2	1216.2	381.2	2019.3
北 京	Beijing	6141	15.3	226.9	66.8	355.4
天 津	Tianjin	862	2.9	28.4	8.4	42.8
河 北	Hebei	29	0.1	5.7	0.9	2.7
山 西	Shanxi	169	0.6	5.6	1.7	9.4
内蒙古	Inner Mongolia	111	0.4	6.1	1.9	5.5
辽 宁	Liaoning	1104	4.5	43.1	13.5	55.6
吉 林	Jilin	11	0.0	0.5	0.2	0.3
黑龙江	Heilongjiang	126	0.2	3.6	1.1	3.8
上 海	Shanghai	7378	14.7	179.5	50.6	367.1
江 苏	Jiangsu	1835	5.7	49.1	16.0	119.7
浙 江	Zhejiang	2241	5.2	69.8	24.2	141.5
安 徽	Anhui	1135	2.8	31.9	15.1	51.4
福 建	Fujian	1057	3.2	28.6	8.2	50.4
江 西	Jiangxi	196	0.5	5.7	1.9	10.8
山 东	Shandong	813	2.1	43.2	11.6	51.9
河 南	Henan	286	0.6	9.2	4.0	13.2
湖 北	Hubei	1836	4.1	54.3	15.9	72.3
湖 南	Hunan	1107	4.0	59.3	23.0	55.3
广 东	Guangdong	5953	14.8	174.8	51.6	323.7
广 西	Guangxi	443	0.8	5.8	2.7	15.2
海 南	Hainan	8	0.0	0.3	0.1	0.8
重 庆	Chongqing	1177	3.6	59.9	15.2	66.6
四 川	Sichuan	1955	8.1	90.2	33.3	147.2
贵 州	Guizhou	15	0.0	1.7	0.3	0.6
云 南	Yunnan	278	0.7	6.0	2.8	13.1
西 藏	Tibet	6	0.0	0.1	0.1	0.6
陕 西	Shaanxi	711	1.6	21.0	8.5	32.8
甘 肃	Gansu	78	0.3	2.4	0.7	4.2
青 海	Qinghai					
宁 夏	Ningxia					
新 疆	Xinjiang	156	0.3	3.5	1.1	5.3

年 份 Year	地 区 Region	#餐费收入及商品销售额 From Meals and Commodities	商品购进总额(亿元) Total Purchases Value (100 million yuan)	统一配送商品购进额(亿元) Centralized Purchase and Delivery (100 million yuan)	#自有配送中心配送商品购进额(亿元) Self Centralized Purchase and Delivery	#非自有配送中心配送商品购进额(亿元) Non-self Centralized Purchase and Delivery
	2004	345.3	124.6	89.3	64.7	24.6
	2005	447.2	171.5	109.1	77.9	31.0
	2006	563.2	201.2	127.5	93.6	33.7
	2007	639.3	274.9	168.8	110.0	30.9
	2008	796.2	271.6	192.5	118.7	35.3
	2009	878.5	362.0	239.8	138.0	50.7
	2010	952.9	455.8	298.8	159.5	51.4
	2011	1098.7	518.9	343.1	190.0	65.1
	2012	1280.3	561.4	388.5	202.3	86.0
	2013	1316.0	571.2	400.7	183.0	80.8
	2014	1387.0	583.4	413.9	193.4	68.8
	2015	1505.2	577.0	462.5	212.1	68.2
	2016	1625.1	612.4	494.1	202.6	78.8
	2017	1722.8	613.3	489.5	206.0	76.2
	2018	1901.2	674.0	504.1	200.1	86.9
	2019	2208.6	774.3	563.6	257.3	122.8
	2020	1985.5	655.9	464.9	184.0	162.4
北 京	Beijing	343.1	120.8	106.5	43.7	55.7
天 津	Tianjin	42.8	17.3	2.8		0.2
河 北	Hebei	2.7	1.4	0.1		0.0
山 西	Shanxi	9.3	4.1	3.6	3.6	0.0
内蒙古	Inner Mongolia	5.5	1.9	1.9	0.1	0.7
辽 宁	Liaoning	55.2	17.0	13.9	11.1	0.5
吉 林	Jilin	0.3	0.1	0.1		
黑龙江	Heilongjiang	3.8	1.5	1.2	0.1	0.8
上 海	Shanghai	365.9	103.1	64.0	7.5	52.0
江 苏	Jiangsu	118.5	51.8	23.4	4.4	14.0
浙 江	Zhejiang	140.8	48.8	37.9	31.9	3.6
安 徽	Anhui	49.0	17.7	13.8	0.5	8.6
福 建	Fujian	46.4	15.8	9.3	3.3	0.3
江 西	Jiangxi	10.8	5.4	5.3		
山 东	Shandong	46.8	15.4	13.8	9.4	0.5
河 南	Henan	13.2	4.7	3.4		
湖 北	Hubei	71.3	33.0	12.0	0.6	5.9
湖 南	Hunan	54.9	18.4	16.6	12.6	3.5
广 东	Guangdong	319.8	108.1	87.5	30.8	6.6
广 西	Guangxi	14.8	4.7	4.6	2.7	0.1
海 南	Hainan	0.8	0.3	0.3		0.3
重 庆	Chongqing	66.6	21.4	10.9	6.5	3.4
四 川	Sichuan	146.9	20.8	13.1	3.8	0.5
贵 州	Guizhou	0.6	0.2	0.2		
云 南	Yunnan	13.1	4.3	2.5		1.7
西 藏	Tibet	0.6	0.1	0.1		0.1
陕 西	Shaanxi	32.6	13.6	12.0	7.4	3.6
甘 肃	Gansu	4.2	2.0	2.0	1.6	0.0
青 海	Qinghai					
宁 夏	Ningxia					
新 疆	Xinjiang	5.3	2.3	2.3	2.3	

国际收支

BALANCE OF PAYMENTS

第5篇

5−1 国际收支概况
Brief Table of BOP of China

单位：亿美元

Unit: USD 100 million

年 份 Year	经常账户差额 Current Account Balance	资本和金融账户差额 Capital and Financial Account Balance	净误差与遗漏 Net Errors and Omissions
1982	56.74	-59.53	2.79
1983	42.40	-40.67	-1.73
1984	20.30	-32.21	11.91
1985	-114.17	139.07	-24.90
1986	-70.35	82.67	-12.32
1987	3.00	10.71	-13.71
1988	-38.03	48.14	-10.11
1989	-43.18	42.26	0.92
1990	119.97	-88.63	-31.34
1991	132.71	-65.10	-67.61
1992	64.01	18.51	-82.52
1993	-119.04	217.07	-98.03
1994	76.58	21.17	-97.75
1995	16.18	162.12	-178.30
1996	72.42	83.05	-155.47
1997	369.63	-146.67	-222.96
1998	314.71	-127.35	-187.36
1999	211.14	-33.26	-177.88
2000	204.32	-86.26	-118.05
2001	174.05	-125.50	-48.56
2002	354.22	-432.16	77.94
2003	430.52	-512.75	82.24
2004	689.41	-819.08	129.67
2005	1323.78	-1553.00	229.21
2006	2318.43	-2354.71	36.28
2007	3531.83	-3664.73	132.90
2008	4205.69	-4394.13	188.44
2009	2432.57	-2018.74	-413.83
2010	2378.10	-1848.74	-529.36
2011	1360.97	-1223.31	-137.66
2012	2153.92	-1283.17	-870.74
2013	1482.04	-852.79	-629.25
2014	2360.47	-1691.74	-668.73
2015	3041.64	-912.07	-2018.16
2016	1913.37	272.50	-2185.87
2017	1886.76	179.30	-2066.06
2018	241.31	1532.27	-1773.58
2019	1029.10	262.71	-1291.81
2020	2739.80	-1058.42	-1681.38

注：根据《国际收支和国际投资头寸手册》(第六版)编制，资本和金融账户中包含储备资产。

Note：The table is compiled according to BPM6. Reserve asstes are included in capital and financial account.

5-2 国际收支平衡表

Balance of Payments

单位：万美元

Unit: USD 10000

项　目	Item	2019	2020
1．经常账户	**Current account**	**10290988**	**27398040**
贷方	Credit	293042093	301165301
借方	Debit	-282751106	-273767261
1.A货物和服务	Goods and services	13184430	36967280
贷方	Credit	263099924	273236508
借方	Debit	-249915494	-236269228
1.A.a 货物	Goods	39299333	51500021
贷方	Credit	238664008	249715605
借方	Debit	-199364675	-198215583
1.A.b 服务	Services	-26114903	-14532741
贷方	Credit	24435916	23520904
借方	Debit	-50550819	-38053645
1.A.b.1 加工服务	Manufacturing services on physical inputs owned by others	1536210	1270573
贷方	Credit	1574294	1320667
借方	Debit	-38084	-50094
1.A.b.2 维护和维修服务	Maintenance and repair services n.i.e	647328	430037
贷方	Credit	1017750	766603
借方	Debit	-370422	-336567
1.A.b.3 运输	Transport	-5898109	-3806023
贷方	Credit	4617314	5664133
借方	Debit	-10515422	-9470156
1.A.b.4 旅行	Travel	-21878878	-11627051
贷方	Credit	3583180	1423333
借方	Debit	-25462058	-13050385
1.A.b.5 建设	Construction	510024	458813
贷方	Credit	1443160	1264710
借方	Debit	-933136	-805897
1.A.b.6 保险和养老金服务	Insurance and pension services	-622290	-696137
贷方	Credit	480017	538135
借方	Debit	-1102307	-1234273
1.A.b.7 金融服务	Financial services	150821	96177
贷方	Credit	390705	427331
借方	Debit	-239884	-331154
1.A.b.8 知识产权使用费	Charges for the use of intellectual property	-2776576	-2922727
贷方	Credit	660471	855446

注：1.根据《国际收支和国际投资头寸手册》(第六版)编制。
2."贷方"按正值列示，"借方"按负值列示，差额等于"贷方"加上"借方"，本表除标注"贷方"和"借方"的项目外，其他项目均指差额。

Note: 1. The table is compiled according to BPM6.
2. "Credit" is presented as positive value while "debit" as negative value; the difference is the sum of the "Credit" and the "Debit"; all items here in refer to difference, unless marked with "Credit" or "Debit".

5-2 续表 1 continued 1

单位：万美元

Unit: USD 10000

项 目	Item	2019	2020
借方	Debit	-3437047	-3778173
1.A.b.9 电信、计算机和信息服务	Telecommunications, computer, and information services	799183	590356
贷方	Credit	3494751	3886524
借方	Debit	-2695568	-3296168
1.A.b.10 其他商业服务	Other business services	1940364	1978231
贷方	Credit	6920071	7022428
借方	Debit	-4979707	-5044197
1.A.b.11 个人、文化和娱乐服务	Personal, cultural, and recreational services	-313563	-199697
贷方	Credit	95517	100898
借方	Debit	-409080	-300595
1.A.b.12 别处未提及的政府服务	Government goods and services n.i.e	-209418	-105291
贷方	Credit	158685	250695
借方	Debit	-368103	-355986
1.B 初次收入	Primary income	-3918446	-10517264
贷方	Credit	27351430	24168087
借方	Debit	-31269875	-34685351
1.B.1 雇员报酬	Compensation of employees	310115	37637
贷方	Credit	1425778	1473590
借方	Debit	-1115663	-1435953
1.B.2 投资收益	Investment income	-4335556	-10711480
贷方	Credit	25746445	22439297
借方	Debit	-30082001	-33150778
1.B.3 其他初次收入	Other primary income	106995	156579
贷方	Credit	179206	255199
借方	Debit	-72211	-98620
1.C 二次收入	Secondary income	1025004	948024
贷方	Credit	2590740	3760706
借方	Debit	-1565736	-2812682
2. 资本和金融账户	**Capital and financial account**	**2627107**	**-10584214**
2.1 资本账户	Capital account	-32730	-7682
贷方	Credit	21803	16615
借方	Debit	-54533	-24297
2.2 金融账户	Financial account	2659837	-10576532
资产	Assets	-26053164	-62632854
负债	Liabilities	28713001	52056321
2.2.1 非储备性质的金融账户	Financial account excluding reserve assets	730752	-7775945
资产	Financial assets excluding reserve assets	-27982249	-59832266
负债	Liabilities	28713001	52056321
2.2.1.1 直接投资	Direct investment	5025982	10255389
2.2.1.1.1 资产	Assets	-13691000	-10992181

5-2 续表 2 continued 2

单位：万美元
Unit: USD 10000

项目	Item	2019	2020
2.2.1.1.1.1 股权	Equity and investment fund shares	-1912045	-2145500
2.2.1.1.1.2 关联企业债务	Debt instruments	164335	144894
2.2.1.1.2负债	Liabilities	18716982	21247570
2.2.1.1.2.1 股权	Equity and investment fund shares	16225290	17002208
2.2.1.1.2.2 关联企业债务	Debt instruments	2491692	4245362
2.2.1.2 证券投资	Portfolio investment	5794765	8732908
2.2.1.2.1 资产	Assets	-8941885	-16733322
2.2.1.2.1.1 股权	Equity and investment fund shares	-2933224	-13099553
2.2.1.2.1.2 债券	Debt securities	-6008661	-3633769
2.2.1.2.2 负债	Liabilities	14736650	25466229
2.2.1.2.2.1 股权	Equity and investment fund shares	4490605	6413775
2.2.1.2.2.2 债券	Debt securities	10246045	19052455
2.2.1.3 金融衍生工具	Financial derivatives (other than reserves) and employee stock options	-235496	-1140884
2.2.1.3.1 资产	Assets	139266	-690123
2.2.1.3.2 负债	Liabilities	-374762	-450761
2.2.1.4 其他投资	Other investment	-9854499	-25623357
2.2.1.4.1 资产	Assets	-5488630	-31416640
2.2.1.4.1.1 其他股权	Other equity	-149100	-48400
2.2.1.4.1.2 货币和存款	Currency and deposits	-10174970	-13039706
2.2.1.4.1.3 贷款	Loans	2596229	-12817746
2.2.1.4.1.4 保险和养老金	Insurance, pension, and standardized guarantee schemes	-116804	-333024
2.2.1.4.1.5 贸易信贷	Trade credit and advances	3680000	-3690000
2.2.1.4.1.6 其他	Other accounts receivable	-1323985	-1487764
2.2.1.4.2 负债	Liabilities	-4365869	5793283
2.2.1.4.2.1 其他股权	Other equity		
2.2.1.4.2.2 货币和存款	Currency and deposits	-5573426	7743686
2.2.1.4.2.3 贷款	Loans	4253977	-3544186
2.2.1.4.2.4 保险和养老金	Insurance, pension, and standardized guarantee schemes	180274	327491
2.2.1.4.2.5 贸易信贷	Trade credit and advances	-2875000	755000
2.2.1.4.2.6 其他	Other accounts payable	-351695	511291
2.2.1.4.2.7 特别提款权	Special drawing rights		
2.2.2 储备资产	Reserve assets	1929085	-2800588
2.2.2.1 货币黄金	Monetary gold		
2.2.2.2 特别提款权	Special drawing rights	-49573	8791
2.2.2.3 在国际货币基金组织的储备头寸	Reserve position in the IMF	-1065	-190706
2.2.2.4 外汇储备	Foreign exchange reserves	1979722	-2618673
2.2.2.5 其他储备资产	Other reserve assets		
3.净误差与遗漏	**Net errors and omissions**	**-12918094**	**-16813825**

5-3 外债概况

Notes of China's External Debt at the Year-end

单位：亿美元

Unit: USD 100 million

年 份 Year	合 计 Outstanding Debt	中长期外债 Long-term Debt	短期外债 Short-term Debt
1985	158.3	94.1	64.2
1986	214.8	167.1	47.7
1987	302.0	244.8	57.2
1988	400.0	326.9	73.1
1989	413.0	370.3	42.7
1990	525.5	457.8	67.7
1991	605.6	502.6	103.0
1992	693.2	584.7	108.5
1993	835.7	700.2	135.5
1994	928.1	823.9	104.2
1995	1065.9	946.8	119.1
1996	1162.8	1021.7	141.1
1997	1309.6	1128.2	181.4
1998	1460.4	1287.0	173.4
1999	1518.3	1366.5	151.8
2000	1457.3	1326.5	130.8
2001	2033.0	1195.3	837.7
2002	2026.3	1155.5	870.8
2003	2193.6	1165.9	1027.7
2004	2629.9	1242.9	1387.1
2005	2965.4	1249.0	1716.4
2006	3385.9	1393.6	1992.3
2007	3892.2	1535.3	2356.8
2008	3901.6	1638.8	2262.8
2009	4286.5	1693.9	2592.6
2010	5489.4	1732.4	3757.0
2011	6950.0	1941.0	5009.0
2012	7369.9	1960.6	5409.3
2013	8631.7	1865.4	6766.3
2014	17799.0	4817.0	12982.0
2015	13829.8	4955.7	8874.1
2016	14158.0	5497.6	8660.4
2017	17579.6	6127.2	11452.4
2018	19827.5	6936.0	12891.5
2019	20708.1	8519.7	12188.4
2020	24008.1	10844.4	13163.7

注：2015年，中国按照国际货币基金组织的数据公布特殊标准(SDDS)调整了外债统计口径并对外公布全口径外债统计口径并对外公布全口径外债数据，将人民币外债纳入统计，并按签约期限划分中长期和短期外债。为保证数据的可比性，将2014年末外债数据相应调整为全口径外债数据(下同)。

Note: In accordance with the Special Data Dissemination Standard(SDDS) of the IMF, China adjusted the statistical coverage of external debt and disseminatied the full-scale data on China's external debt in 2015, including RMB-denominated external debt, which was classified into medium-and long-term external debt and short-term external debt by contract term. To ensure data's comparability, the external debt data at the end of 2014 have been adjusted to the full-scale data.

5-3 续表 continued

单位：亿美元

Unit: USD 100 million

年 份 Year	合 计 Outstanding Debt	中长期外债 Long-term Debt	短期外债 Short-term Debt
构成 Proportion (%)			
1985	100.0	59.4	40.6
1986	100.0	77.8	22.2
1987	100.0	81.1	18.9
1988	100.0	81.7	18.3
1989	100.0	89.7	10.3
1990	100.0	87.1	12.9
1991	100.0	83.0	17.0
1992	100.0	84.3	15.7
1993	100.0	83.8	16.2
1994	100.0	88.8	11.2
1995	100.0	88.8	11.2
1996	100.0	87.9	12.1
1997	100.0	86.1	13.9
1998	100.0	88.1	11.9
1999	100.0	90.0	10.0
2000	100.0	91.0	9.0
2001	100.0	58.8	41.2
2002	100.0	57.0	43.0
2003	100.0	53.2	46.8
2004	100.0	47.3	52.7
2005	100.0	42.1	57.9
2006	100.0	41.2	58.8
2007	100.0	39.4	60.6
2008	100.0	42.0	58.0
2009	100.0	39.5	60.5
2010	100.0	31.6	68.4
2011	100.0	27.9	72.1
2012	100.0	26.6	73.4
2013	100.0	21.6	78.4
2014	100.0	27.1	72.9
2015	100.0	35.8	64.2
2016	100.0	38.8	61.2
2017	100.0	34.9	65.1
2018	100.0	35.0	65.0
2019	100.0	41.1	58.9
2020	100.0	45.2	54.8

5-4 外债风险指标

Risk Indicators on Foreign Debts

单位：%

Unit: %

年 份 Year	偿债率 Debt Servicing Ratio	负债率 External Debt/GDP Ratio	债务率 External Debt/Foreign Exchange Income Ratio
1985	2.7	5.1	56.0
1986	15.4	7.1	72.1
1987	9.0	9.2	77.1
1988	6.5	9.8	87.1
1989	8.3	9.1	86.4
1990	8.7	13.3	91.6
1991	8.5	14.6	91.9
1992	7.1	14.1	87.9
1993	10.2	13.5	96.5
1994	9.1	16.4	78.0
1995	7.6	14.5	72.4
1996	6.0	13.5	67.7
1997	7.3	13.6	63.2
1998	10.9	14.2	70.4
1999	11.2	13.9	68.7
2000	9.2	12.0	52.1
2001	7.5	15.2	67.9
2002	7.9	13.8	55.5
2003	6.9	13.2	45.2
2004	3.2	13.4	40.2
2005	3.1	13.0	35.4
2006	2.1	12.3	31.9
2007	2.0	11.0	29.0
2008	1.8	8.5	24.7
2009	2.9	8.4	32.2
2010	1.6	9.0	29.2
2011	1.7	9.2	33.3
2012	1.6	8.6	32.8
2013	1.6	9.0	35.6
2014	2.6	17.0	69.9
2015	5.0	12.5	58.6
2016	6.1	12.6	64.4
2017	5.5	14.3	72.6
2018	5.5	14.3	74.8
2019	6.7	14.5	78.3
2020	6.5	16.3	87.9

注：1.偿债率指当年外债还本付息额与当年国际收支口径的货物与服务贸易出口收入的比率。
2.负债率指年末外债余额与当年国内生产总值的比率。
3.债务率指年末外债余额与当年国际收支口径的货物与服务贸易出口收入的比率。

Note: a) Debt Servicing Ratio refers to the ratio of the repayment amount of the external debt principal and interest to the export revenue from trade in goods and services for the year in the balance of payments.
b) External Debt/GDP Ratio refers to the ratio of outstanding external debt as of the end of the year to the GDP for the year.
c) External Debt/Foreign Exchange Income Ratio refers to the ratio of outstanding external debt as of the end of the year to the export revenue from trade in goods and services for the year in the balance of payments.

5-5 人民币市场汇率(年平均汇价)
Reference Exchange Rate of Renminbi(Period Average)

单位：人民币元
Unit: RMB yuan

年 份 Year	美 元 US Dollar (100)	欧 元 EURO (100)	日 元 Japanese Yen (100)	港 币 Hong Kong Dollar (100)	英 镑 Pound (100)
1981	170.50		0.77	30.41	
1982	189.25		0.76	31.15	
1983	197.57		0.83	27.36	
1984	232.70		0.98	29.71	
1985	293.66		1.25	37.57	
1986	345.28		2.07	44.22	
1987	372.21		2.58	47.74	
1988	372.21		2.91	47.70	
1989	376.51		2.74	48.28	
1990	478.32		3.32	61.39	
1991	532.33		3.96	68.45	
1992	551.46		4.36	71.24	
1993	576.20		5.20	74.41	
1994	861.87		8.44	111.53	
1995	835.10		8.92	107.96	
1996	831.42		7.64	107.51	
1997	828.98		6.86	107.09	
1998	827.91		6.35	106.88	
1999	827.83		7.29	106.66	
2000	827.84		7.69	106.18	
2001	827.70		6.81	106.08	
2002	827.70	800.58	6.62	106.07	
2003	827.70	936.13	7.15	106.24	
2004	827.68	1029.00	7.66	106.23	
2005	819.17	1019.53	7.45	105.30	
2006	797.18	1001.90	6.86	102.62	
2007	760.40	1041.75	6.46	97.46	1522.13
2008	694.51	1022.27	6.74	89.19	1286.64
2009	683.10	952.70	7.30	88.12	1071.97
2010	676.95	897.25	7.73	87.13	1045.72
2011	645.88	900.11	8.11	82.97	1036.39
2012	631.25	810.67	7.90	81.38	1000.12
2013	619.32	822.19	6.33	79.85	967.93
2014	614.28	816.51	5.82	79.22	1012.91
2015	622.84	691.41	5.15	80.34	953.44
2016	664.23	734.26	6.12	85.58	898.55
2017	675.18	763.03	6.02	86.64	869.88
2018	661.74	780.16	5.99	84.43	881.87
2019	689.85	772.55	6.33	88.05	881.08
2020	689.76	787.55	6.46	88.93	912.90

5-6 人民币市场汇率(年末价)
Reference Exchange Rate of Renminbi(End of Period)

单位：人民币元
Unit: RMB yuan

年份 Year	美元 US Dollar (100)	欧元 EURO (100)	日元 Japanese Yen (100)	港币 Hong Kong Dollar (100)	英镑 Pound (100)
1981	174.55		0.79	30.80	
1982	192.27		0.82	29.80	
1983	198.09		0.85	25.30	
1984	257.55		1.13	35.90	
1985	320.15		1.59	40.79	
1986	372.21		2.33	47.68	
1987	372.21		3.01	47.90	
1988	372.21		2.98	47.61	
1989	472.21		3.29	60.48	
1990	522.21		3.87	67.00	
1991	543.42		4.32	69.42	
1992	575.18		4.61	74.31	
1993	580.00		5.21	75.09	
1994	844.62		8.48	109.14	
1995	831.74		8.05	107.96	
1996	829.84		7.20	107.24	
1997	827.96		6.35	106.99	
1998	827.87		7.17	106.78	
1999	827.93		8.09	106.51	
2000	827.81		7.24	106.06	
2001	827.66		6.30	106.06	
2002	827.73	863.60	6.90	106.11	
2003	827.67	1033.83	7.73	106.57	
2004	827.65	1126.27	7.97	106.37	
2005	807.02	957.97	6.87	104.03	
2006	780.87	1026.65	6.56	100.47	
2007	730.46	1066.69	6.11	93.64	1458.07
2008	683.46	965.90	7.57	88.19	987.98
2009	682.82	979.71	7.38	88.05	1097.80
2010	662.27	880.65	8.13	85.09	1021.82
2011	630.09	816.25	8.11	81.07	971.16
2012	628.55	831.76	7.30	81.09	1016.11
2013	609.69	841.89	5.78	78.62	1005.56
2014	611.90	745.56	5.14	78.89	954.37
2015	649.36	709.52	5.39	83.78	961.59
2016	693.70	730.68	5.96	89.45	850.94
2017	653.42	780.23	5.79	83.59	877.92
2018	686.32	784.73	6.19	87.62	867.62
2019	697.62	781.55	6.41	89.58	915.01
2020	652.49	802.5	6.32	84.16	889.03

5-7 国家外汇储备和外债余额
Foreign Exchange Reserves and Outstanding External Debt

年 份 Year	黄金储备 (万盎司) Gold Reserves (10000 Ounces)	外汇储备 (亿美元) Foreign Exchange Reserves (USD 100 million)	外债余额 (亿美元) Outstanding External Debt (USD 100 million)
1979	1280	8.4	
1980	1280	-13.0	
1981	1267	27.1	
1982	1267	69.9	
1983	1267	89.0	
1984	1267	82.2	
1985	1267	26.4	158.3
1986	1267	20.7	214.8
1987	1267	29.2	302.0
1988	1267	33.7	400.0
1989	1267	55.5	413.0
1990	1267	110.9	525.5
1991	1267	217.1	605.6
1992	1267	194.4	693.2
1993	1267	212.0	835.7
1994	1267	516.2	928.1
1995	1267	736.0	1065.9
1996	1267	1050.3	1162.8
1997	1267	1398.9	1309.6
1998	1267	1449.6	1460.4
1999	1267	1546.8	1518.3
2000	1267	1655.7	1457.3
2001	1608	2121.7	2033.0
2002	1929	2864.1	2026.3
2003	1929	4032.5	2193.6
2004	1929	6099.3	2629.9
2005	1929	8188.7	2965.4
2006	1929	10663.4	3385.9
2007	1929	15282.5	3892.2
2008	1929	19460.3	3901.6
2009	3389	23991.5	4286.5
2010	3389	28473.4	5489.4
2011	3389	31811.5	6950.0
2012	3389	33115.9	7369.9
2013	3389	38213.2	8631.7
2014	3389	38430.2	17799.0
2015	5666	33303.6	13829.8
2016	5924	30105.2	14158.0
2017	5924	31399.5	17579.6
2018	5956	30727.1	19827.5
2019	6264	31079.2	20708.1
2020	6264	32165.2	24008.1

对外贸易

FOREIGN TRADE

第6篇

6-1 进出口额(按人民币计算)
Total Value of Imports and Exports by RMB

单位：亿元人民币
Unit: RMB 100 million

年 份 Year	进出口总额 Total	出口额 Exports	进口额 Imports	差额(+顺差,-逆差) Balance
1950	41.5	20.2	21.4	-1.2
1951	59.5	24.2	35.3	-11.1
1952	64.6	27.1	37.5	-10.3
1953	80.9	34.8	46.1	-11.3
1954	84.7	40.0	44.7	-4.7
1955	109.8	48.7	61.1	-12.4
1956	108.7	55.7	53.0	2.7
1957	104.5	54.5	50.0	4.6
1958	128.7	67.1	61.7	5.4
1959	149.3	78.1	71.2	6.8
1960	128.5	63.3	65.2	-1.8
1961	90.7	47.8	43.0	4.8
1962	80.9	47.1	33.8	13.3
1963	85.8	50.0	35.7	14.3
1964	97.5	55.4	42.1	13.4
1965	118.4	63.1	55.3	7.8
1966	127.1	66.0	61.1	5.0
1967	112.2	58.8	53.4	5.4
1968	108.5	57.6	50.9	6.7
1969	107.0	59.8	47.2	12.6
1970	112.9	56.8	56.1	0.7
1971	121.0	68.5	52.4	16.1
1972	147.0	82.9	64.0	18.9
1973	220.5	116.9	103.6	13.3
1974	292.2	139.4	152.8	-13.4
1975	290.4	143.0	147.4	-4.4
1976	264.1	134.8	129.3	5.4
1977	272.5	139.7	132.8	6.9
1978	355.0	167.7	187.4	-19.7
1979	454.6	211.7	242.9	-31.3
1980	570.0	271.2	298.8	-27.6
1981	735.3	367.6	367.7	-0.1
1982	771.4	413.8	357.5	56.3
1983	860.2	438.3	421.8	16.5
1984	1201.0	580.6	620.5	-39.9
1985	2066.7	808.9	1257.9	-449.0
1986	2580.4	1082.1	1498.3	-416.2
1987	3084.2	1470.0	1614.2	-144.3
1988	3821.8	1766.7	2055.1	-288.4
1989	4155.9	1956.1	2199.9	-243.8
1990	5560.1	2985.8	2574.3	411.6
1991	7225.8	3827.1	3398.7	428.5
1992	9119.6	4676.3	4443.3	233.0
1993	11271.0	5284.8	5986.2	-701.4
1994	20381.9	10421.8	9960.1	461.8
1995	23499.9	12451.8	11048.1	1403.7
1996	24133.9	12576.4	11557.4	1019.0
1997	26967.2	15160.7	11806.6	3354.1
1998	26849.7	15223.5	11626.1	3597.4
1999	29896.2	16159.8	13736.5	2423.3
2000	39273.3	20634.4	18638.8	1995.6
2001	42183.6	22024.4	20159.2	1865.3
2002	51378.2	26947.9	24430.3	2517.6
2003	70483.5	36287.9	34195.6	2092.3
2004	95539.1	49103.3	46435.8	2667.6
2005	116921.8	62648.1	54273.7	8374.4
2006	140974.7	77597.9	63376.9	14221.0
2007	166924.1	93627.1	73296.9	20330.2
2008	179921.5	100394.9	79526.5	20868.4
2009	150648.1	82029.7	68618.4	13411.3
2010	201722.3	107022.8	94699.5	12323.3
2011	236402.0	123240.6	113161.4	10079.2
2012	244160.2	129359.3	114801.0	14558.3
2013	258168.9	137131.4	121037.5	16094.0
2014	264241.8	143883.8	120358.0	23525.7
2015	245502.9	141166.8	104336.1	36830.7
2016	243386.5	138419.3	104967.2	33452.1
2017	278099.2	153309.4	124789.8	28519.6
2018	305008.1	164127.8	140880.3	23247.5
2019	315627.3	172373.6	143253.7	29119.9
2020	322215.2	179278.8	142936.4	36342.4

注：1.本表1979年以前为外贸业务统计数，1980年以后为海关进出口统计数。以下诸表同。
2.进出口差额负数为入超。

Note: a) Figures before 1980 are recorded by the Ministry of Foreign Trade and figures since 1980 are recorded by General Administration of Customs. The same to the following tables.
b) Negative figures in balance refer to unfavourable positions.

6-2 进出口额(按美元计算)
Total Value of Imports and Exports By USD

单位：亿美元
Unit: USD 100 million

年 份 Year	进出口总额 Total	出口额 Exports	进口额 Imports	差额(+顺差,−逆差) Balance
1950	11.4	5.5	5.8	-0.3
1951	19.6	7.6	12.0	-4.4
1952	19.4	8.2	11.2	-3.0
1953	23.7	10.2	13.5	-3.2
1954	24.3	11.5	12.9	-1.4
1955	31.5	14.1	17.3	-3.2
1956	32.1	16.5	15.6	0.8
1957	31.0	16.0	15.1	0.9
1958	38.7	19.8	18.9	0.9
1959	43.8	22.6	21.2	1.4
1960	38.1	18.6	19.5	-1.0
1961	29.4	14.9	14.5	0.5
1962	26.6	14.9	11.7	3.2
1963	29.2	16.5	12.7	3.8
1964	34.6	19.2	15.5	3.7
1965	42.5	22.3	20.2	2.1
1966	46.1	23.7	22.5	1.2
1967	41.6	21.4	20.2	1.2
1968	40.5	21.0	19.5	1.6
1969	40.3	22.0	18.3	3.8
1970	45.9	22.6	23.3	-0.7
1971	48.4	26.4	22.1	4.3
1972	63.0	34.4	28.6	5.9
1973	109.8	58.2	51.6	6.6
1974	145.7	69.5	76.2	-6.7
1975	147.5	72.6	74.9	-2.2
1976	134.3	68.6	65.8	2.8
1977	148.0	75.9	72.1	3.8
1978	206.4	97.5	108.9	-11.5
1979	293.3	136.6	156.8	-20.2
1980	381.4	181.2	200.2	-19.0
1981	440.2	220.1	220.2	-0.1
1982	416.1	223.2	192.9	30.4
1983	436.2	222.3	213.9	8.4
1984	535.5	261.4	274.1	-12.7
1985	696.0	273.5	422.5	-149.0
1986	738.5	309.4	429.0	-119.6
1987	826.5	394.4	432.2	-37.8
1988	1027.8	475.2	552.7	-77.5
1989	1116.8	525.4	591.4	-66.0
1990	1154.4	620.9	533.5	87.5
1991	1356.3	718.4	637.9	80.5
1992	1655.3	849.4	805.9	43.6
1993	1957.0	917.4	1039.6	-122.2
1994	2366.2	1210.1	1156.2	53.9
1995	2808.6	1487.8	1320.8	167.0
1996	2898.8	1510.5	1388.3	122.2
1997	3251.6	1827.9	1423.7	404.2
1998	3239.5	1837.1	1402.4	434.8
1999	3606.3	1949.3	1657.0	292.3
2000	4743.0	2492.0	2250.9	241.1
2001	5096.5	2661.0	2435.5	225.5
2002	6207.7	3256.0	2951.7	304.3
2003	8509.9	4382.3	4127.6	254.7
2004	11545.5	5933.3	5612.3	321.0
2005	14219.1	7619.5	6599.5	1020.0
2006	17604.4	9689.8	7914.6	1775.2
2007	21761.8	12200.6	9561.2	2639.4
2008	25632.6	14306.9	11325.6	2981.3
2009	22075.4	12016.1	10059.2	1956.9
2010	29740.0	15777.5	13962.5	1815.1
2011	36418.6	18983.8	17434.8	1549.0
2012	38671.2	20487.1	18184.1	2303.1
2013	41589.9	22090.0	19499.9	2590.2
2014	43015.3	23422.9	19592.4	3830.6
2015	39530.3	22734.7	16795.6	5939.0
2016	36855.6	20976.3	15879.3	5097.1
2017	41071.4	22633.5	18437.9	4195.5
2018	46224.2	24866.8	21357.3	3509.5
2019	45778.9	24994.8	20784.1	4210.7
2020	46559.1	25899.5	20659.6	5239.9

6-3 进出口额指数(按美元计算)

Indices of Total Value of Imports and Exports by USD

(1980年=100) (Year of 1980 =100)

年 份 Year	进出口总额 Total	出口额 Exports	进口额 Imports
1980	100.00	100.00	100.00
1981	115.43	121.46	109.98
1982	109.10	123.19	96.34
1983	114.37	122.67	106.86
1984	140.42	144.26	136.93
1985	182.51	150.95	211.08
1986	193.64	170.77	214.34
1987	216.73	217.66	215.90
1988	269.52	262.24	276.11
1989	292.84	289.96	295.45
1990	302.70	342.68	266.50
1991	355.66	396.51	318.68
1992	434.04	468.79	402.58
1993	513.17	506.34	519.35
1994	620.47	667.84	577.58
1995	736.48	821.13	659.86
1996	760.12	833.64	693.58
1997	852.64	1008.84	711.25
1998	849.46	1013.92	700.59
1999	945.64	1075.84	827.79
2000	1243.70	1375.37	1124.51
2001	1336.40	1468.61	1216.73
2002	1627.77	1796.99	1474.60
2003	2231.46	2418.61	2062.05
2004	3027.46	3274.61	2803.76
2005	3728.51	4205.27	3296.96
2006	4616.21	5347.86	3953.94
2007	5706.35	6733.59	4776.51
2008	6721.35	7896.09	5658.00
2009	5788.59	6631.78	5025.34
2010	7798.41	8707.73	6975.31
2011	9549.67	10477.29	8710.02
2012	10140.34	11306.99	9084.30
2013	10905.69	12191.64	9741.66
2014	11279.44	12927.28	9787.86
2015	10365.62	12547.43	8390.69
2016	9664.25	11576.97	7932.89
2017	10769.71	12491.56	9211.14
2018	12120.87	13724.17	10669.60
2019	12004.12	13794.81	10383.22
2020	12208.71	14294.12	10321.03

6-4 进出口额同比增速(按美元计算)
Growth Rates of Import and Export Value by USD

年 份 Year	进出口总额 Total (%)	出口额 Exports (%)	进口额 Imports (%)
1980	30.0	32.7	27.7
1981	15.4	21.5	10.0
1982	-5.5	1.4	-12.4
1983	4.8	-0.4	10.9
1984	22.8	17.6	28.1
1985	30.0	4.6	54.1
1986	6.1	13.1	1.5
1987	11.9	27.5	0.7
1988	24.4	20.5	27.9
1989	8.7	10.6	7.0
1990	3.4	18.2	-9.8
1991	17.5	15.7	19.6
1992	22.0	18.2	26.3
1993	18.2	8.0	29.0
1994	20.9	31.9	11.2
1995	18.7	23.0	14.2
1996	3.2	1.5	5.1
1997	12.2	21.0	2.5
1998	-0.4	0.5	-1.5
1999	11.3	6.1	18.2
2000	31.5	27.8	35.8
2001	7.5	6.8	8.2
2002	21.8	22.4	21.2
2003	37.1	34.6	39.8
2004	35.7	35.4	36.0
2005	23.2	28.4	17.6
2006	23.8	27.2	19.9
2007	23.6	25.9	20.8
2008	17.8	17.3	18.5
2009	-13.9	-16.0	-11.2
2010	34.7	31.3	38.8
2011	22.5	20.3	24.9
2012	6.2	7.9	4.3
2013	7.5	7.8	7.2
2014	3.4	6.0	0.5
2015	-8.1	-2.9	-14.3
2016	-6.8	-7.7	-5.5
2017	11.4	7.9	16.1
2018	12.5	9.9	15.8
2019	-1.0	0.5	-2.7
2020	1.7	3.6	-0.6

6–5 中国出口额占国内生产总值的比重
China's Export Proportion in GDP

单位：亿元人民币
Unit: RMB 100 million

年 份 Year	国内生产总值 GDP	出 口 额 Exports	出口额占国内生产总值的比重(%) Exports Proportion(%)
1980	4587.6	271.2	5.9
1981	4935.8	367.6	7.4
1982	5373.4	413.8	7.7
1983	6020.9	438.3	7.3
1984	7278.5	580.6	8.0
1985	9098.9	808.9	8.9
1986	10376.2	1082.1	10.4
1987	12174.6	1470.0	12.1
1988	15180.4	1766.7	11.6
1989	17179.7	1956.1	11.4
1990	18872.9	2985.8	15.8
1991	22005.6	3827.1	17.4
1992	27194.5	4676.3	17.2
1993	35673.2	5284.8	14.8
1994	48637.5	10421.8	21.4
1995	61339.9	12451.8	20.3
1996	71813.6	12576.4	17.5
1997	79715.0	15160.7	19.0
1998	85195.5	15223.5	17.9
1999	90564.4	16159.8	17.8
2000	100280.1	20634.4	20.6
2001	110863.1	22024.4	19.9
2002	121717.4	26947.9	22.1
2003	137422.0	36287.9	26.4
2004	161840.2	49103.3	30.3
2005	187318.9	62648.1	33.4
2006	219438.5	77597.9	35.4
2007	270092.3	93627.1	34.7
2008	319244.6	100394.9	31.4
2009	348517.7	82029.7	23.5
2010	412119.3	107022.8	26.0
2011	487940.2	123240.6	25.3
2012	538580.0	129359.3	24.0
2013	592963.2	137131.4	23.1
2014	643563.1	143883.8	22.4
2015	688858.2	141166.8	20.5
2016	746395.1	138419.3	18.5
2017	832035.9	153309.4	18.4
2018	919281.1	164127.8	17.9
2019	986515.2	172373.6	17.5
2020	1015986.2	179278.8	17.6

6-6 中国出口额占世界出口总额的比重和位次

China's Export Share and Ranking in the World

单位：亿美元
Unit: USD 100 million

年 份 Year	世界出口总额 World Exports	中国出口额 China Exports	中国出口额占世界出口总额的比重(%) China's Share (%)	位 次 Ranking
1980	20361	181	0.9	26
1981	20144	220	1.1	19
1982	18858	223	1.2	17
1983	18460	222	1.2	17
1984	19557	261	1.3	18
1985	19529	274	1.4	17
1986	21385	309	1.4	16
1987	25155	394	1.6	16
1988	28689	475	1.7	16
1989	30989	525	1.7	14
1990	34897	621	1.8	15
1991	35114	718	2.0	13
1992	37792	849	2.2	11
1993	37947	917	2.4	11
1994	43283	1210	2.8	11
1995	51676	1488	2.9	11
1996	54061	1510	2.8	11
1997	55923	1828	3.3	10
1998	55031	1837	3.3	9
1999	57194	1949	3.4	9
2000	64540	2492	3.9	7
2001	61964	2661	4.3	6
2002	65007	3256	5.0	5
2003	75908	4382	5.8	4
2004	92226	5933	6.4	3
2005	105103	7620	7.3	3
2006	121314	9690	8.0	3
2007	140320	12201	8.7	2
2008	161705	14307	8.9	2
2009	125651	12016	9.6	1
2010	153040	15778	10.3	1
2011	183436	18984	10.4	1
2012	185145	20487	11.1	1
2013	189699	22090	11.7	1
2014	190111	23423	12.3	1
2015	165581	22735	13.8	1
2016	160452	20976	13.1	1
2017	177429	22633	12.8	1
2018	195504	24867	12.8	1
2019	190147	24995	13.2	1
2020	175829	25900	14.7	1

注：根据WTO网站最新公布的数据对历年“世界出口总额”进行了调整。
Note: "World Exports" from 2007 to 2019 is adjusted according to the statistics from WTO website.

6-7 分贸易方式进出口总额
Imports and Exports by Customs Regime

单位：万美元

Unit: USD 10000

贸易方式	Customs Regime	2019		2020	
		出口 Exports	进口 Imports	出口 Exports	进口 Imports
总　计	**Total**	**249948209**	**207840898**	**258995161**	**206596155**
一般贸易	Ordinary Trade	144440668	125777347	153692884	125219397
国家间、国际组织无偿援助和赠送的物资	Aid or Donation between Governments or by International Organizations	70416	118	56579	1333
其他捐赠物资	Other Donation	865	1546	36422	38996
来料加工装配贸易	Processing and Assembling with Materials Provided Abroad	7803384	8976349	6773401	7667625
进料加工贸易	Processing with Imported Materials	65740220	32752861	63468663	32723423
边境小额贸易	Border Trade	3184850	918169	2771599	806377
加工贸易进口设备	Equipment Imported for Processing and Assembling		39409		41320
对外承包工程出口货物	Contracting Projects	1416407		1055156	
租赁贸易	Goods on Lease	57466	413998	16344	225597
外商投资企业作为投资进口的设备、物品	Equipment or Materials Invested by Foreign-invested Enterprises		530363		289151
出料加工贸易	Outward Processing	23685	28517	30292	35827
免税外汇商品	Duty-free Commodities on Payment of Foreign Currency		4030		4775
免税品	Duty-free Commodities		326188		397022
保税监管场所进出境货物	Customs Trade through Bonded Supervision Areas	5056834	14399403	5330349	13633041
海关特殊监管区域物流货物	Logistics Goods By Customs Special Control Area	12754054	20996145	14287328	23033718
海关特殊监管区域进口设备	Equipment Imported Into Customs Special Control Area		913116		1011444
其他	Others	9399359	1763338	11476144	1467108

6-8 一般贸易与加工贸易进出口额
Imports and Exports by Ordinary Trade and Processing Trade

单位：亿美元
Unit: USD 100 million

年 份 Year	一般贸易 Ordinary Trade		加工贸易 Processing Trade		其他贸易 Other Trade Forms	
	出 口 Exports	进 口 Imports	出 口 Exports	进 口 Imports	出 口 Exports	进 口 Imports
1981	208.00	203.66	11.31	15.04	0.79	1.50
1982	206.69	170.17	15.77	21.28	0.74	1.45
1983	201.60	187.68	20.01	24.01	0.69	2.21
1984	231.62	238.49	29.29	31.47	0.49	4.14
1985	237.30	372.72	33.16	42.74	3.04	7.04
1986	250.95	352.07	51.41	63.90	7.04	13.13
1987	296.43	287.72	81.38	95.02	16.59	49.36
1988	325.96	352.08	128.33	137.46	20.91	63.16
1989	315.52	356.14	188.04	156.78	21.84	78.48
1990	354.60	262.00	254.20	187.60	12.10	83.90
1991	381.20	295.40	324.30	250.30	13.60	92.20
1992	436.80	336.20	396.07	315.14	16.53	154.56
1993	432.00	380.45	442.36	363.60	43.04	295.55
1994	615.60	355.20	569.80	475.70	24.70	325.20
1995	713.61	433.81	737.18	583.59	37.01	303.40
1996	628.24	393.63	843.27	622.75	38.99	371.92
1997	779.74	390.30	996.02	702.06	52.14	331.34
1998	742.35	436.80	1044.54	685.99	50.22	279.58
1999	791.35	670.40	1108.82	735.78	49.14	250.81
2000	1051.81	1000.79	1376.52	925.58	63.70	324.57
2001	1118.81	1134.56	1474.34	939.74	67.83	361.23
2002	1361.87	1291.11	1799.27	1222.00	94.82	438.59
2003	1820.34	1877.00	2418.49	1629.35	143.45	621.22
2004	2436.06	2481.45	3279.70	2216.95	217.50	913.89
2005	3150.63	2796.33	4164.67	2740.12	304.23	1063.08
2006	4162.33	3330.74	5103.55	3214.72	423.81	1369.15
2007	5393.55	4286.64	6175.60	3684.74	623.20	1590.20
2008	6628.62	5720.93	6751.14	3783.77	927.17	1820.92
2009	5298.12	5344.70	5868.62	3222.91	849.37	1491.62
2010	7206.12	7692.76	7402.79	4174.82	1168.63	2094.86
2011	9170.34	10076.21	8352.84	4697.56	1460.64	2661.07
2012	9878.99	10223.86	8626.77	4812.75	1981.38	3147.43
2013	10873.26	11098.59	8600.40	4966.62	2616.38	3434.68
2014	12033.91	11089.40	8842.18	5240.85	2546.84	3262.09
2015	12147.92	9224.02	7975.30	4466.10	2611.47	3105.53
2016	11313.69	9006.40	7153.31	3964.38	2509.32	2908.47
2017	12300.20	10853.65	7587.68	4312.77	2745.83	3271.50
2018	14004.10	12741.22	7970.43	4700.84	2892.29	3915.28
2019	14444.07	12577.73	7354.36	4172.92	3196.39	4033.43
2020	15369.29	12521.94	7024.21	4039.10	3506.02	4098.57

6–9 一般贸易与加工贸易进出口同比增速
Growth Rates of Imports and Exports by Ordinary Trade and Processing Trade

年 份 Year	一般贸易 Ordinary Trade		加工贸易 Processing Trade		其他贸易 Other Trade Forms	
	出 口(%) Exports	进 口(%) Imports	出 口(%) Exports	进 口(%) Imports	出 口(%) Exports	进 口(%) Imports
1982	-0.6	-16.4	39.4	41.5	-6.3	-3.3
1983	-2.5	10.3	26.9	12.8	-6.8	52.4
1984	14.9	27.1	46.4	31.1	-29.0	87.3
1985	2.5	56.3	13.2	35.8	520.4	70.0
1986	5.8	-5.5	55.0	49.5	131.6	86.5
1987	18.1	-18.3	58.3	48.7	135.7	275.9
1988	10.0	22.4	57.7	44.7	26.0	28.0
1989	-3.2	1.2	46.5	14.1	4.4	24.3
1990	12.4	-26.4	35.2	19.7	-44.6	6.9
1991	7.5	12.7	27.6	33.4	12.4	9.9
1992	14.6	13.8	22.1	25.9	21.5	67.6
1993	-1.1	13.2	11.7	15.4	160.4	91.2
1994	42.5	-6.6	28.8	30.8	-42.6	10.0
1995	15.9	22.1	29.4	22.7	49.8	-6.7
1996	-12.0	-9.3	14.4	6.7	5.3	22.6
1997	24.1	-0.8	18.1	12.7	33.7	-10.9
1998	-4.8	11.9	4.9	-2.3	-3.7	-15.6
1999	6.6	53.5	6.2	7.3	-2.2	-10.3
2000	32.9	49.3	24.1	25.8	29.6	29.4
2001	6.4	13.4	7.1	1.5	6.5	11.3
2002	21.7	13.8	22.0	30.0	39.8	21.4
2003	33.7	45.4	34.4	33.3	51.3	41.6
2004	33.8	32.2	35.6	36.1	51.6	47.1
2005	29.3	12.7	27.0	23.6	39.9	16.3
2006	32.1	19.1	22.5	17.3	39.3	28.8
2007	29.6	28.7	21.0	14.6	47.0	16.1
2008	22.9	33.5	9.3	2.7	48.8	14.6
2009	-20.1	-6.6	-13.1	-14.8	-8.4	-18.1
2010	36.0	43.9	26.1	29.5	37.6	40.4
2011	27.3	31.0	12.8	12.5	25.0	27.0
2012	7.7	1.5	3.3	2.5	35.7	18.3
2013	10.1	8.6	-0.3	3.2	32.0	9.1
2014	10.7	-0.1	2.8	5.5	-2.7	-5.0
2015	0.9	-16.8	-9.8	-14.8	2.5	-4.8
2016	-6.9	-2.4	-10.3	-11.2	-3.9	-6.3
2017	8.7	20.5	6.1	8.8	9.4	12.5
2018	13.9	17.4	5.0	9.0	5.3	19.7
2019	3.1	-1.3	-7.7	-11.2	10.5	3.0
2020	6.4	-0.4	-4.5	-3.2	9.7	1.6

6-10 我国同各国(地区)海关进出口总额

China's Foreign Trade with Related Countries and Territories

单位：万美元

Unit: USD 10000

国别（地区）	Country/Region	2019		2020	
		出口总额 Exports	进口总额 Imports	出口总额 Exports	进口总额 Imports
总　计	**Total**	**249948209**	**207840898**	**258995161**	**206596155**
亚洲	**Asia**	**122067538**	**114658230**	**123074964**	**115700939**
阿富汗	Afghanistan	59980	2928	50068	5451
巴林	Bahrain	148415	19533	112026	14631
孟加拉国	Bangladesh	1732329	103653	1507570	79975
不丹	Bhutan	1091	5	1356	3
文莱	Brunei	64987	45288	46622	147599
缅甸	Myanmar	1231099	638806	1254752	634680
柬埔寨	Cambodia	798153	144432	805449	149749
塞浦路斯	Cyprus	58081	5528	89311	2517
朝鲜	Korea DPR	257379	21524	49097	4795
中国香港	Hong Kong, China	27915249	906716	27257541	698278
印度	India	7482530	1798588	6671971	2097731
印度尼西亚	Indonesia	4564874	3411387	4098123	3748185
伊朗	Iran	958999	1344563	849184	644156
伊拉克	Iraq	946132	2392734	1092298	1930376
以色列	Israel	961496	515419	1125361	628560
日本	Japan	14324452	17176870	14261864	17466136
约旦	Jordan	367792	43406	318151	42573
科威特	Kuwait	383632	1344747	354783	1073510
老挝	Laos	176245	215700	149128	208829
黎巴嫩	Lebanon	167960	2601	94562	3180
中国澳门	Macao, China	304487	6708	222853	6314
马来西亚	Malaysia	5214178	7190998	5630131	7517442
马尔代夫	Maldives	34799	3372	27570	577
蒙古	Mongolia	182659	633436	161807	512456
尼泊尔	Nepal	148248	3354	116748	1626
阿曼	Oman	302094	1965016	307647	1565946
巴基斯坦	Pakistan	1616692	180613	1535767	212487
巴勒斯坦	Palestine	8214	14	10046	1
菲律宾	Philippines	4076385	2019939	4188171	1933547
卡塔尔	Qatar	240968	871311	263117	830510
沙特阿拉伯	Saudi Arabia	2387651	5419594	2809529	3906986
新加坡	Singapore	5479849	3523782	5762612	3161807
韩国	Korea Rep.	11097441	17355903	11247683	17310391
斯里兰卡	Sri Lanka	409061	39701	384273	31776
叙利亚	Syria	131381	141	83352	133
泰国	Thailand	4558484	4616165	5051424	4813974
土耳其	Turkey	1732370	349682	2034648	373141
阿联酋	United Arab Emirates	3341289	1533674	3231035	1705482
也门共和国	Republic of Yemen	281903	86663	288134	67402
越南	Vietnam	9786888	6411667	11381566	7847443
中华人民共和国	P. R. China		12979220		12526628
中国台湾	Taiwan, China	5510931	17301276	6011743	20049793
东帝汶	Timor Leste	14295	2456	19128	121
哈萨克斯坦	Kazakhstan	1272910	927367	1170313	980510
吉尔吉斯斯坦	Kirghizia	628052	6604	286537	3480

6-10 续表 1 Continued 1

单位：万美元
Unit: USD 10000

国 别 (地 区)	Country/Region	2019		2020	
		出口总额 Exports	进口总额 Imports	出口总额 Exports	进口总额 Imports
塔吉克斯坦	Tadzhikistan	159007	8462	101684	4529
土库曼斯坦	Turkmenistan	43085	868602	44349	607188
乌兹别克斯坦	Uzbekistan	503209	218078	513872	148331
亚洲其他国家(地区)	Other Countries (Regions) in Asia	134	7	11	3
非洲	**Africa**	**11321443**	**9580159**	**11422062**	**7372210**
阿尔及利亚	Algeria	694178	114125	559637	99706
安哥拉	Angola	205573	2383740	174815	1475773
贝宁	Benin	215252	15436	98839	5825
博茨瓦那	Botswana	30146	1713	23544	8749
布隆迪	Burundi	6639	1295	7397	764
喀麦隆	Cameroon	167017	100968	202247	76133
加那利群岛	Canary Is.	176	3	161	6
佛得角	Cape Verde	6417	3	7784	121
中非	Central Africa	2566	3620	2796	5708
塞卜泰(休达)	Ceuta	26	5	36	1
乍得	Chad	27911	45275	29832	42147
科摩罗	Comoros	7368	3	5054	12
刚果(布)	Congo	43510	610222	59631	337185
吉布提	Djibouti	220639	2004	231013	4625
埃及	Egypt	1220071	100072	1362784	92348
赤道几内亚	Eq. Guinea	11320	172306	12212	118255
埃塞俄比亚	Ethiopia	232350	34395	223332	33877
加蓬	Gabon	37726	464666	41545	324407
冈比亚	Gambia	51248	7144	53567	2990
加纳	Ghana	490326	257641	675628	177450
几内亚	Guinea	171743	245609	191170	243885
几内亚比绍	Guinea-Bissau	3194	840	5143	1
科特迪瓦共和国	Cote d'lvoire	204157	45567	233357	58047
肯尼亚	Kenya	500927	17891	540967	15059
利比里亚	Liberia	390225	12385	340141	9734
利比亚	Libya	245159	481650	188045	82707
马达加斯加	Madagascar	107255	20436	99765	13865
马拉维	Malawi	26005	1571	21849	1233
马里	Mali	43510	16030	46844	16865
毛里塔尼亚	Mauritania	102592	92781	74009	127705
毛里求斯	Mauritius	80639	3888	69996	2649
摩洛哥	Morocco	403454	63335	417358	59561
莫桑比克	Mozambique	195770	71324	200009	57950
纳米比亚	Namibia	19817	51128	22311	56289
尼日尔	Niger	28734	22387	30313	22470
尼日利亚	Nigeria	1662262	265637	1678751	248536
留尼汪	Reunion	17463	2	18623	2
卢旺达	Rwanda	26507	3501	28252	3821
圣多美和普林西比	Sao Tome & Principe	892	1	2031	5
塞内加尔	Senegal	221102	30079	256401	31509
塞舌尔	Seychelles	6565	7	5767	4
塞拉利昂	Sierra Leone	31354	19389	37137	15849
索马里	Somalia	73138	1870	89258	787
南非	South Africa	1654294	2594886	1523887	2082480
西撒哈拉	Western Sahara	7	0.01	146	

6–10 续表 2 Continued 2

单位：万美元
Unit: USD 10000

国 别（地 区）	Country/Region	2019		2020	
		出口总额 Exports	进口总额 Imports	出口总额 Exports	进口总额 Imports
苏丹	Sudan	228968	74355	251145	76630
坦桑尼亚	Tanzania	381142	35973	417437	41112
多哥	Togo	213075	18044	245918	16420
突尼斯	Tunisia	136420	20910	142769	22272
乌干达	Uganda	74065	4159	79029	3969
布基纳法索	Burkina Faso	26161	5986	32252	7996
刚果(金)	Congo DR	207680	442919	201343	708373
赞比亚	Zambia	97035	326454	68135	350604
津巴布韦	Zimbabwe	36880	97393	52471	87272
莱索托	Lesotho	7203	3127	5938	1226
梅利利亚	Melilla	215	0.9	67	1
斯威士兰	Swaziland	4248	77	3989	48
厄立特里亚	Eritrea	4854	20606	7049	30863
马约特岛	Mayotte	3917	1	5310	2
南苏丹共和国	Republic of South Sudan	12224	153320	15608	68324
非洲其他国家(地区)	Other Countries (Regions) in Africa	132	1	215	3
欧洲	**Europe**	**49974865**	**37708316**	**53568103**	**37256702**
比利时	Belgium	1823432	686591	2075208	782811
丹麦	Denmark	674986	495764	746427	601130
英国	United Kingdom	6242502	2393124	7256176	1987216
德国	Germany	7978909	10508709	8680817	10511067
法国	France	3299103	3258178	3695592	2969529
爱尔兰	Ireland	329417	1345344	399590	1404521
意大利	Italy	3351978	2142435	3291471	2224955
卢森堡	Luxembourg	155020	28220	94947	27593
荷兰	Netherlands	7397880	1120223	7900633	1278932
希腊	Greece	774012	72525	703659	77389
葡萄牙	Portugal	436644	232231	418059	277249
西班牙	Spain	2689761	860379	2751653	1038792
阿尔巴尼亚	Albania	60109	10272	57123	8112
安道尔	Andorra	255	21	340	43
奥地利	Austria	304777	762330	340637	663981
保加利亚	Bulgaria	155479	116414	154709	137098
芬兰	Finland	304449	465519	294977	419632
直布罗陀	Gibraltar	445	0.2	298	0.1
匈牙利	Hungary	647286	374502	740372	428290
冰岛	Iceland	11487	14269	10088	10465
列支敦士登	Liechtenstein	5308	13047	4931	11445
马耳他	Malta	115983	35862	136780	38761
摩纳哥	Monaco	3028	957	3999	1702
挪威	Norway	344882	390996	353399	736784
波兰	Poland	2388011	394149	2673075	432043
罗马尼亚	Romania	457344	232565	512640	263840
圣马力诺	San Marino	386	329	665	286
瑞典	Sweden	853776	914431	836817	951827
瑞士	Switzerland	454465	2727180	504245	1738025
爱沙尼亚	Estonia	92232	29872	86388	28140
拉脱维亚	Latvia	109359	19569	105234	20039
立陶宛	Lithuania	169764	43650	180761	48761
格鲁吉亚	Georgia	140175	8105	127569	10087

6-10 续表 3 Continued 3

单位：万美元

Unit: USD 10000

国别（地区）	Country/Region	2019		2020	
		出口总额 Exports	进口总额 Imports	出口总额 Exports	进口总额 Imports
亚美尼亚	Armenia	22309	53130	22279	79449
阿塞拜疆	Azerbaijan	61639	86923	61787	69878
白俄罗斯	Byelorussia	179907	91486	211323	88869
摩尔多瓦	Moldavia	12931	4681	14580	6047
俄罗斯	Russia	4974849	6119171	5050447	5768468
乌克兰	Ukraine	739957	450901	687801	800175
斯洛文尼亚	Slovenia	341152	51647	345219	50868
克罗地亚	Croatia	139682	14498	156674	13759
捷克	Czech	1297304	462821	1373769	513354
斯洛伐克	Slovak	292382	596878	303155	643108
北马其顿	North Macedonia	13483	14706	15679	22713
波黑	Bosnia & Herzegovina	11516	7688	12010	7268
梵蒂冈城国	Vatican City State	15	3	73	10
法罗群岛	Faroe Islands	415	15594	135	6611
塞尔维亚	Serbia	103297	36061	162434	49818
黑山	Montenegro	11382	4331	11316	5738
欧洲其他国家(地区)	Other Countries (Regions) in Europe	0.7	33	141	23
拉丁美洲	**Latin America**	**15198283**	**16564023**	**15070870**	**16941172**
安提瓜和巴布达	Antigua and Barbuda	7194	7	9132	3
阿根廷	Argentina	688415	739098	708381	681446
阿鲁巴岛	Aruba	3899	5	3578	9
巴哈马	Bahamas	35547	7859	27783	7293
巴巴多斯	Barbados	15614	2026	7910	1516
伯利兹	Belize	11683	15	10386	44
玻利维亚	Bolivia	85415	32215	68778	29121
博内尔	Bonaire	1	0.04	0.41	0.10
巴西	Brazil	3553906	7996255	3495378	8551722
开曼群岛	Cayman Is.	3831	8	3658	1
智利	Chile	1471184	2622920	1533653	2993201
哥伦比亚	Colombia	923415	640828	932052	433602
多米尼克	Dominica	3375	48	2106	60
哥斯达黎加	Costa Rica	152133	72256	153568	66861
古巴	Cuba	79093	49271	48329	47001
库腊索岛	Curacao	4180	0.49	3530	2
多米尼加共和国	Dominica Rep.	239043	45433	249396	29930
厄瓜多尔	Ecuador	362857	364223	325233	432076
法属圭亚那	French Guyana	1746	5	2384	1
格林纳达	Granada	1459	0.25	1541	4
瓜德罗普岛	Guadeloupe	4612	1	4397	1
危地马拉	Guatemala	239967	19806	247251	26710
圭亚那	Guyana	27291	4599	26547	30886
海地	Haiti	56083	449	70927	303
洪都拉斯	Honduras	94046	3179	92287	4595
牙买加	Jamaica	67070	2958	63046	3193
马提尼克岛	Martinique	2660	25	2726	12
墨西哥	Mexico	4638216	1433454	4482790	1621758
蒙特塞拉特	Montserrat	42	0.29	40	0.24
尼加拉瓜	Nicaragua	50207	4555	48644	1896
巴拿马	Panama	794450	45203	879365	46942
巴拉圭	Paraguay	143212	1635	121693	1391
秘鲁	Peru	851308	1519560	886574	1473547
波多黎各	Puerto Rico	65876	89597	76687	108993
萨巴	Saba	1	0.0044	1	

6-10 续表 4 Continued 4

单位：万美元
Unit: USD 10000

国 别（地 区）	Country/Region	2018		2019	
		出口总额 Exports	进口总额 Imports	出口总额 Exports	进口总额 Imports
圣卢西亚	Saint Lucia	2156	19	2335	6
圣马丁岛	Saint Martin Is.	658	0.59	533	8
圣文森特和格林纳丁斯	Saint Vincent & Grenadines	2129	0.14	1019	1
萨尔瓦多	El Salvador	100125	11331	93825	17178
苏里南	Surinam	23453	5351	22133	6110
特立尼达和多巴哥	Trinidad and Tobago	36350	66917	34120	33483
特克斯和凯科斯群岛	Turks & Caicos Is.	302	0.59	331	6
乌拉圭	Uruguay	194899	296771	170305	236732
委内瑞拉	Venezuela	154008	486033	151884	53424
英属维尔京群岛	Virgin Is. (E)	1036	35	891	27
圣其茨-尼维斯	St. Kitts-Nevis	971	36	1348	42
圣皮埃尔和密克隆	St. Pierre and Miquelon	7	0.23	39	0.09
荷属安地列斯群岛	Andreas Is. (N)	1716	1	1497	0.27
拉美其他国家(地区)	Other Countries (Regions)in Latin America	1441	34	859	33
北美洲	**North America**	**45563628**	**15132204**	**49386185**	**15757401**
加拿大	Canada	3693196	2815209	4209457	2206337
美国	United States	41866408	12289620	45172903	13525065
格陵兰	Greenland	101	27371	160	25999
百慕大群岛	Bermuda	3689	1	3559	0.36
北美洲其他国家(地区)	Other Countries (Regions) in North America	234	3	107	0.28
大洋洲及太平洋群岛	**Oceanic and Pacific Islands**	**5821535**	**13851782**	**6472973**	**13362009**
澳大利亚	Australia	4822955	12128967	5346848	11769378
库克群岛	Cook Islands	4265	176	549	264
斐济	Fiji	35029	1442	32218	2354
盖比群岛	Gambier Is.	2	1	1	0.03
马克萨斯群岛	Marquesas Islands	1	0.37	0.04	0.01
瑙鲁	Nauru	123	3	194	8
新喀里多尼亚	New Caledonia (Fr)	15606	108781	12194	116931
瓦努阿图	Vanuatu	7725	1457	7241	794
新西兰	New Zealand	573630	1255798	605303	1207612
诺福克岛	Norfolk Islands	49	0.03	197	0.61
巴布亚新几内亚	Papua New Guinea	80043	302393	92282	227090
社会群岛	Society Is.	86	0.004	51	0.01
所罗门群岛	Solomon Is.	9826	46112	11660	35524
汤加	Tonga	2944	13	3372	24
土阿莫土群岛	Tuamotu Archipelago	0.3	0.01	0.05	0.01
土布艾群岛	Tubuai Is.	14	0.004	0.06	0.01
萨摩亚	Samoa	8785	44	8731	58
基里巴斯	Kiribati	2016	94	2441	22
图瓦卢	Tuvalu	2174	3	1614	1
密克罗尼西亚联邦	Micronesia Commonwealth	1865	1257	2087	726
马绍尔群岛共和国	Marshall. Is.	238334	4469	328462	768
帕劳共和国	Republic of Palau	1863	6	2408	1
法属波利尼西亚	Polynesia (F)	9864	680	9967	415
瓦利斯和浮图纳	Wallis and Futuna	71	0.02	88	0.11
大洋洲其他国家(地区)	Other Countries (Regions)in Oceania	4265	85	5066	39
国别（地区)不详	**Others**	**915.4**	**346185**	**4**	**205723**
东南亚国家联盟	**ASEAN**	**35951142**	**28218165**	**38367978**	**30163255**
欧洲联盟	**EU**	**42880704**	**27663959**	**39088574**	**25849988**
亚太经济合作组织	**APEC**	**155565507**	**133426301**	**162317736**	**138013678**

6-11 按国际贸易标准分类的进出口简表
Brief Table of Imports and Exports by SITC

单位：亿美元
Unit: USD 100 million

年份 Year	初级产品 Primary Goods		工业制品 Manufactured Goods	
	出口 Exports	进口 Imports	出口 Exports	进口 Imports
1980	91.14	69.59	90.05	130.58
1981	102.48	80.44	117.59	139.71
1982	100.50	76.34	122.71	116.51
1983	96.20	58.08	126.06	155.82
1984	119.34	52.08	142.05	222.02
1985	138.28	52.89	135.22	369.63
1986	112.72	56.49	196.70	372.55
1987	132.31	69.15	262.06	363.01
1988	144.06	100.68	331.10	452.07
1989	150.78	117.54	374.60	473.86
1990	158.86	98.53	462.05	434.92
1991	161.45	108.34	556.98	529.57
1992	170.04	132.55	679.36	673.30
1993	166.66	142.10	750.78	897.49
1994	197.08	164.86	1012.98	991.28
1995	214.85	244.17	1272.95	1076.67
1996	219.25	254.41	1291.23	1133.92
1997	239.53	286.20	1588.39	1137.50
1998	204.89	229.49	1632.20	1172.88
1999	199.41	268.46	1749.90	1388.53
2000	254.60	467.39	2237.43	1783.55
2001	263.38	457.43	2397.60	1978.10
2002	285.40	492.71	2970.56	2458.99
2003	348.12	727.63	4034.16	3399.96
2004	405.49	1172.67	5527.77	4439.62
2005	490.37	1477.14	7129.16	5122.39
2006	529.19	1871.29	9160.17	6043.32
2007	615.09	2430.85	11562.67	7128.65
2008	779.57	3623.95	13527.36	7701.67
2009	631.12	2898.04	11384.83	7161.19
2010	816.86	4338.50	14960.69	9623.94
2011	1005.45	6042.69	17978.36	11392.15
2012	1005.58	6349.34	19481.56	11834.71
2013	1072.68	6580.81	21017.36	12919.09
2014	1126.92	6469.40	22296.01	13122.95
2015	1039.27	4720.57	21695.41	12075.07
2016	1051.87	4410.55	19924.44	11468.71
2017	1177.33	5796.38	21456.38	12641.55
2018	1349.93	7017.44	23516.89	14339.90
2019	1339.70	7299.52	23655.13	13484.57
2020	1156.29	6869.07	24743.22	13790.54

6–12 按国际贸易标准分类的进出口同比增速

Growth Rates of Imports and Exports by SITC

年 份 Year	初级产品 Primary Goods		工业制成品 Manufactured Goods	
	出 口 Exports (%)	进 口 Imports (%)	出 口 Exports (%)	进 口 Imports (%)
1981	12.4	15.6	30.6	7.0
1982	-1.9	-5.1	4.4	-16.6
1983	-4.3	-23.9	2.7	33.7
1984	24.1	-10.3	12.7	42.5
1985	15.9	1.6	-4.8	66.5
1986	-18.5	6.8	45.5	0.8
1987	17.4	22.4	33.2	-2.6
1988	8.9	45.6	26.3	24.5
1989	4.7	16.7	13.1	4.8
1990	5.4	-16.2	23.3	-8.2
1991	1.6	10.0	20.5	21.8
1992	5.3	22.3	22.0	27.1
1993	-2.0	7.2	10.5	33.3
1994	18.3	16.0	34.9	10.5
1995	9.0	48.1	25.7	8.6
1996	2.0	4.2	1.4	5.3
1997	9.2	12.5	23.0	0.3
1998	-14.5	-19.8	2.8	3.1
1999	-2.7	17.0	7.2	18.4
2000	27.7	74.1	27.9	28.4
2001	3.4	-2.1	7.2	10.9
2002	8.4	7.7	23.9	24.3
2003	22.0	47.7	35.8	38.3
2004	16.5	61.2	37.0	30.6
2005	20.9	26.0	29.0	15.4
2006	7.9	26.7	28.5	18.0
2007	16.2	29.9	26.2	18.0
2008	26.7	49.1	17.0	8.0
2009	-19.0	-20.0	-15.8	-7.0
2010	29.4	49.7	31.4	34.4
2011	23.1	39.3	20.2	18.4
2012	0.0	5.1	8.4	3.9
2013	6.7	3.6	7.9	9.2
2014	5.1	-1.7	6.1	1.6
2015	-7.8	-27.0	-2.7	-8.0
2016	1.2	-6.6	-8.2	-5.0
2017	11.9	31.4	7.7	10.2
2018	14.7	21.1	9.6	13.4
2019	-0.8	4.0	0.6	-6.0
2020	-13.7	-5.9	4.6	2.3

6−13 按国际贸易标准分出口商品金额
Value of Exports by SITC

单位：亿美元

Unit: USD 100 million

商品分类	Category	2018	2019	2020
总　额	**Total**	**24866.82**	**24994.82**	**25899.52**
一、初级产品	**Primary Goods**	**1349.93**	**1339.70**	**1156.29**
食品及活动物	Food and Live Animals	654.71	650.00	635.32
饮料及烟类	Beverages and Tobacco	37.13	34.68	25.28
非食用原料(燃料除外)	Crude Materials, Inedible(Except Fuels)	180.21	172.24	159.17
矿物燃料、润滑油及有关原料	Mineral Fuels，Lubricants and Related Materials	467.22	471.23	322.48
动植物油、脂及蜡	Animal and Vegetable Oils，Fats and Waxes	10.65	11.54	14.05
二、工业制成品	**Manufactured Goods**	**23516.89**	**23655.13**	**24743.22**
化学成品及有关产品	Chemicals and Related Products	1674.66	1617.65	1691.33
按原料分类的制成品	Manufactured Goods Classified Chiefly by Material	4046.59	4067.33	4340.70
机械及运输设备	Machinery and Transport Equipment	12077.88	11954.44	12578.91
杂项制品	Miscellaneous Manufactured Articles	5656.06	5835.02	5846.79
未分类的其他商品	Products Not Classified Elsewhere	61.71	180.69	285.50

6−14 按国际贸易标准分进口商品金额
Value of Imports by SITC

单位：亿美元

Unit: USD 100 million

商品分类	Category	2018	2019	2020
总　额	**Total**	**21357.34**	**20784.09**	**20659.62**
一、初级产品	**Primary Goods**	**7017.44**	**7299.52**	**6869.07**
食品及活动物	Food and Live Animals	648.01	807.35	982.54
饮料及烟类	Beverages and Tobacco	76.65	76.61	62.04
非食用原料(燃料除外)	Crude Materials, Inedible(Except Fuels)	2721.44	2849.41	3017.26
矿物燃料、润滑油及有关原料	Mineral Fuels，Lubricants and Related Materials	3493.56	3472.33	2700.69
动植物油、脂及蜡	Animal and Vegetable Oils，Fats and Waxes	77.78	93.83	106.55
二、工业制成品	**Manufactured Goods**	**14339.90**	**13484.57**	**13790.54**
化学成品及有关产品	Chemicals and Related Products	2236.36	2187.33	2134.64
按原料分类的制成品	Manufactured Goods Classified Chiefly by Material	1513.51	1400.42	1687.57
机械及运输设备	Machinery and Transport Equipment	8396.56	7866.38	8285.37
杂项制品	Miscellaneous Manufactured Articles	1437.40	1442.12	1459.73
未分类的其他商品	Products Not Classified Elsewhere	756.07	588.31	223.23

6-15 按国际贸易标准分出口商品构成
Composition of Exports by SITC

单位：%
Unit: %

商品分类	Category	2018	2019	2020
总　额	**Total**	**100.00**	**100.00**	**100.00**
一、初级产品	**Primary Goods**	**5.43**	**5.36**	**4.46**
食品及活动物	Food and Live Animals	2.63	2.60	2.45
饮料及烟类	Beverages and Tobacco	0.15	0.14	0.10
非食用原料(燃料除外)	Crude Materials, Inedible(Except Fuels)	0.72	0.69	0.61
矿物燃料、润滑油及有关原料	Mineral Fuels，Lubricants and Related Materials	1.88	1.89	1.25
动植物油、脂及蜡	Animal and Vegetable Oils，Fats and Waxes	0.04	0.05	0.05
二、工业制成品	**Manufactured Goods**	**94.57**	**94.64**	**95.54**
化学成品及有关产品	Chemicals and Related Products	6.73	6.47	6.53
按原料分类的制成品	Manufactured Goods Classified Chiefly by Material	16.27	16.27	16.76
机械及运输设备	Machinery and Transport Equipment	48.57	47.83	48.57
杂项制品	Miscellaneous Manufactured Articles	22.75	23.34	22.57
未分类的其他商品	Products Not Classified Elsewhere	0.25	0.72	1.10

6-16 按国际贸易标准分进口商品构成
Composition of Imports by SITC

单位：%
Unit: %

商品分类	Category	2018	2019	2020
总　额	**Total**	**100.00**	**100.00**	**100.00**
一、初级产品	**Primary Goods**	**32.86**	**35.12**	**33.25**
食品及活动物	Food and Live Animals	3.03	3.88	4.76
饮料及烟类	Beverages and Tobacco	0.36	0.37	0.30
非食用原料(燃料除外)	Crude Materials, Inedible(Except Fuels)	12.74	13.71	14.60
矿物燃料、润滑油及有关原料	Mineral Fuels，Lubricants and Related Materials	16.36	16.71	13.07
动植物油、脂及蜡	Animal and Vegetable Oils，Fats and Waxes	0.36	0.45	0.52
二、工业制成品	**Manufactured Goods**	**67.14**	**64.88**	**66.75**
化学成品及有关产品	Chemicals and Related Products	10.47	10.52	10.33
按原料分类的制成品	Manufactured Goods Classified Chiefly by Material	7.09	6.74	8.17
机械及运输设备	Machinery and Transport Equipment	39.31	37.85	40.10
杂项制品	Miscellaneous Manufactured Articles	6.73	6.94	7.07
未分类的其他商品	Products Not Classified Elsewhere	3.54	2.83	1.08

6-17 按商品类章分出口商品金额

Value of Exports of Goods by HS Section and Division

商品分类	HS Section and Division	2019		2020	
		亿 元 人民币 RMB 100 million	亿美元 USD 100 million	亿 元 人民币 RMB 100 million	亿美元 USD 100 million
总 额	**Total**	**172373.63**	**24994.82**	**179278.83**	**25899.52**
第一类 活动物；动物产品	**LIVE ANIMALS；ANIMAL PRODUCTS**	**1156.14**	**167.72**	**998.73**	**144.24**
01章 活动物	Live animals	35.20	5.10	41.52	6.00
02章 肉及食用杂碎	Meat and edible meat offal	57.97	8.41	49.21	7.11
03章 鱼、甲壳动物、软体动物及其他水生无脊椎动物	Fish and crustaceans molluscs and other aquatic invertebrates	859.66	124.67	741.25	107.11
04章 乳品；蛋品；天然蜂蜜；其他食用动物产品	Dairy produce；birds' eggs；natural honey；edible products of animal origin，not elsewhere specified or included	38.66	5.61	39.97	5.76
05章 其他动物产品	Products of animal origin，not elsewhere specified or included	164.65	23.94	126.79	18.27
第二类 植物产品	**VEGETABLE PRODUCTS**	**1874.71**	**271.40**	**1907.16**	**275.64**
06章 活树及其他活植物；鳞茎、根及类似品；插花及装饰用簇叶	Live tree and other plants；bulbs，roots and the like；cut flowers and ornamental foliage	29.79	4.32	32.66	4.73
07章 食用蔬菜、根及块茎	Edible vegetables and certain roots and tubers	712.40	103.27	670.21	96.72
08章 食用水果及坚果；甜瓜或柑桔属水果的果皮	Edible fruit and nuts； peel of citrus fruit or melons	432.85	62.27	486.29	70.64
09章 咖啡、茶、马黛茶及调味香料	Coffee，tea，mate and spices	250.33	36.33	280.12	40.35
10章 谷物	Cereals	77.03	11.21	66.83	9.60
11章 制粉工业产品；麦芽；淀粉；菊粉；面筋	Products of the milling industry；malt；starches；inulin；wheat gluten	57.81	8.39	48.10	6.93
12章 含油子仁及果实；杂项子仁及果实；工业用或药用植物；稻草、秸秆及饲料	Oil seeds and oleaginous fruits；miscellaneous grains，seeds and fruit；industrial or medicinal plants；straw and fodder	198.41	28.75	198.55	28.75
13章 虫胶；树胶、树脂及其他植物液、汁	Lac；gums，resins and other vegetable saps and extracts	107.14	15.56	113.54	16.36
14章 编结用植物材料；其他植物产品	Vegetable plaiting materials；vegetable products not elsewhere specified or included	8.94	1.30	10.86	1.57
第三类 动、植物油、脂及其分解产品；精制的食用油脂；动、植物蜡	**ANIMAL OR VEGETABLE FATS AND OILS AND THEIR CLEAVAGE PRODUCTS；PREPARED EDIBLE FATS；ANIMAL OR VEGETABLE WAXES**	**81.95**	**11.88**	**100.15**	**14.39**
15章 动、植物油、脂及其分解产品；精制的食用油脂；动、植物蜡	Animal or vegetable fats and oils and their cleavage products；prepared edible fats；animal or vegetable waxes	81.95	11.88	100.15	14.39
第四类 食品；饮料、酒及醋；烟草、烟草及烟草代用品的制品	**PREPARED FOODSTUFFS；BEVERAGES, SPIRITS AND VINEGAR；TOBACCO AND MANUFACTURED TOBACCO SUBSTITUTES**	**2195.91**	**318.51**	**2155.78**	**310.99**
16章 肉、鱼、甲壳动物、软体动物及其他水生无脊椎动物的制品	Preparations of meat，of fish or of crustaceans，molluscs or other aquatic invertebrates	636.89	92.41	634.25	91.65
17章 糖及糖食	Sugars and sugar confectionery	128.40	18.61	117.96	17.03
18章 可可及可可制品	Cocoa and cocoa preparations	27.62	3.99	22.59	3.27
19章 谷物、粮食粉、淀粉或乳的制品；糕饼点心	Preparations of cereals，flour，starch or milk；pastry-cooks' products	152.84	22.16	139.36	20.10

6-17 续表 1 Continued 1

商品分类		HS Section and Division	2019		2020	
			亿 元 人民币 RMB 100 million	亿美元 USD 100 million	亿 元 人民币 RMB 100 million	亿美元 USD 100 million
20章	蔬菜、水果、坚果或植物其他部分的制品	Preparations of vegetables，fruit，nuts or other parts of plants	540.46	78.37	527.83	76.11
21章	杂项食品	Miscellaneous edible preparations	274.85	39.85	316.48	45.60
22章	饮料、酒及醋	Beverages，spirits and vinegar	143.48	20.81	140.51	20.23
23章	食品工业的残渣及废料；配制的动物饲料	Residues and waste from the food industries；prepared animal fodder	193.33	28.09	202.79	29.22
24章	烟草及烟草代用品的制品	Tobacco and manufactured tobacco substitutes	98.03	14.20	53.99	7.79
第五类	**矿产品**	**MINERAL PRODUCTS**	**3590.61**	**521.73**	**2590.03**	**372.94**
25章	盐；硫磺；泥土及石料；石膏料、石灰及水泥	Salt；sulphur；earths and stone；plastering materials，lime and cement	227.39	33.02	214.82	31.02
26章	矿砂、矿渣及矿灰	Ores，slag and ash	120.38	17.47	134.39	19.42
27章	矿物燃料、矿物油及其蒸馏产品；沥青物质；矿物蜡	Mineral fuels，mineral oils and products of their distillation; bituminous substances; mineral waxes	3242.83	471.25	2240.83	322.49
第六类	**化学工业及其相关工业的产品**	**PRODUCTS OF THE CHEMICAL OR INDUSTRIES ALLIED**	**8969.93**	**1302.92**	**9523.39**	**1374.28**
28章	无机化学品；贵金属、稀土金属、放射性元素及其同位素的有机及无机化合物	Inorganic chemicals；organic or inorganic compounds of precious metals，of rare- earth metals, of radioactive elements or of isotopes	1159.39	168.39	1052.30	152.04
29章	有机化学品	Organic chemicals	3907.36	567.80	3948.67	569.54
30章	药品	Pharmaceutical products	631.71	91.68	912.12	132.08
31章	肥料	Fertilizers	492.64	71.64	455.62	65.67
32章	鞣料浸膏及染料浸膏；鞣酸及其衍生物；染料、颜料及其他着色料；油漆及清漆；油灰及其他类似胶粘剂；墨水、油墨	Tanning or dyeing extracts；tannins and their derivatives；dyes，pigments and other colouring matter；paints and varnishes；putty and other mastics；inks	531.57	77.20	542.45	78.32
33章	精油及香膏； 芳香料制品及化妆盥洗品	Essential oils and retinoid；perfumery，cosmetic or toilet preparations	406.30	58.94	359.93	51.88
34章	肥皂、有机表面活性剂、洗涤剂、润滑剂、人造蜡、调制蜡、光洁剂、蜡烛及类似品、塑型用膏、“牙科用蜡”及牙科用熟石膏制剂	Soap，organic surface-active agents，washing preparations，lubricating preparations，artificial waxes，prepared waxes，polishing or scouring preparations，candles and similar articles，modelling pastes，“dental waxes” and dental preparations with a basis of plast	304.98	44.24	364.09	52.52
35章	蛋白类物质；改性淀粉；胶；酶	Albuminoidal substances；modified starches；glues；enzymes	222.49	32.28	236.28	34.12
36章	炸药；烟火制品；火柴；引火合金；易燃材料制品	Explosives；pyrotechnic products；matches；pyrophoric alloys；certain combustible preparations	61.63	8.96	50.57	7.26
37章	照相及电影用品	Photographic or cinematographic goods	76.15	11.06	64.59	9.33
38章	杂项化学产品	Miscellaneous chemical products	1175.71	170.73	1536.77	221.52
第七类	**塑料及其制品，橡胶及其制品**	**PLASTICS AND ARTICLES THEREOF RUBBER AND ARTICLES THEREOF**	**7326.52**	**1062.97**	**8229.53**	**1189.09**
39章	塑料及其制品	Plastics and articles thereof	5801.62	841.57	6670.43	963.78
40章	橡胶及其制品	Rubber and articles thereof	1524.90	221.40	1559.11	225.31
第八类	**生皮、皮革、毛皮及其制品；鞍具及挽具；旅行用品、手提包及类似品；动物肠线(蚕胶丝除外)制品**	**RAW HIDES AND SKINS，LEATHER，FUR SKINS AND ARTICLES THEREOF；SADDLERY AND HARNESS；TRAVEL GOODS，HANDBAGS AND SIMILAR CONTAINERS；ARTICLES OF ANIMAL GUT(OTHER THAN SILK-WORM GUT)**	**2432.25**	**352.33**	**1839.46**	**266.05**
41章	生皮(毛皮除外)及皮革	Raw hides and skins(other than fur skins) and leather	48.49	7.04	44.55	6.44

商品分类	HS Section and Division	2019 亿元人民币 RMB 100 million	2019 亿美元 USD 100 million	2020 亿元人民币 RMB 100 million	2020 亿美元 USD 100 million
42章　皮革制品；鞍具及挽具；旅行用品、手提包及类似容器；动物肠线(蚕胶丝除外)制品	Articles of leather；saddlery and harness；travel goods, hand bags and similar containers；articles of animal gut (other than silk-worm gut)	2030.65	294.42	1569.25	226.70
43章　毛皮、人造毛皮及其制品	Fur skins and artificial fur；manufactures thereof	353.11	50.87	225.66	32.91
第九类　木及木制品；木炭；软木及软木制品；稻草，秸秆、针茅或其他编结材料制品；篮筐及柳条编结品	**WOOD AND ARTICLES OF WOOD；WOOD CHAR-COAL；CORK AND ARTICLES OF CORK；MANUFACTURES OF STRAW，OF ESPARTO OR OF OTHER PLAITING MATERIALS；BASKET WARE AND WICKERWORK**	**1038.90**	**150.71**	**1054.64**	**152.27**
44章　木及木制品；木炭	Wood and articles of wood；wood charcoal	922.89	133.87	937.86	135.41
45章　软木及软木制品	Cork and articles of cork	1.77	0.26	1.96	0.28
46章　稻草、秸秆、针茅或其他编结材料制品；篮筐及柳条编结品	Manufactures of straw，of esparto or of other plaiting Materials；basket ware and wickerwork	114.24	16.58	114.82	16.58
第十类　木浆及其他纤维状纤维素浆；纸及纸板的废碎品；纸、纸板及其制品	**PULP OF WOOD OR OF OTHER FIBROUS CELLULOSIC MATERIAL；WASTE AND SCRAP OF PAPER OR PAPERBOARD；PAPER AND PAPERBOARD AND ARTICLES THEREOF**	**1790.97**	**259.77**	**1697.26**	**244.85**
47章　木浆及其他纤维状纤维素浆；纸及纸板的废碎品	Pulp of wood or of other fibrous cellulosic material；waste and scrap of paper or paperboard	9.21	1.34	7.98	1.15
48章　纸及纸板；纸浆、纸或纸板制品	Paper and paperboard；articles of paper pulp，of paper or paperboard	1507.72	218.68	1447.40	208.81
49章　书籍、报纸、印刷图画及其他印制品；手稿、打字稿及设计图纸	Printed books，newspapers，pictures and other products of the printing industry；manuscripts，typescripts and plans	274.04	39.75	241.88	34.89
第十一类　纺织原料及纺织制品	**TEXTILES AND TEXTILE ARTICLES**	**17946.32**	**2602.41**	**19481.32**	**2805.61**
50章　蚕丝	Silk	68.74	9.96	35.44	5.11
51章　羊毛、动物细毛或粗毛；马毛纱线及其机织物	Wool，fine or coarse animal hair；horsehair yarn and woven fabric	162.16	23.60	107.09	15.45
52章　棉花	Cotton	973.32	141.36	761.45	109.99
53章　其他植物纺织纤维；纸纱线及其机织物	Other vegetable textile fibres；paper yarn and woven fabrics of paper yarn	94.66	13.68	63.23	9.19
54章　化学纤维长丝	Man-made filaments	1529.33	221.92	1258.58	181.91
55章　化学纤维短纤	Man-made short fibres	852.76	123.80	696.58	100.61
56章　絮胎、毡呢及无纺织物；特种纱线；线、绳、索、缆及其制品	Wadding，felt and nonwoven；special yarns；twine，cordage，ropes and cables and articles thereof	417.22	60.53	566.29	81.70
57章　地毯及纺织材料的其他铺地制品	Carpets and other textile floor coverings	201.38	29.19	204.97	29.64
58章　特种机织物；簇绒织物；花边；装饰毯；装饰带；刺绣品	Special woven fabrics；tufted textile fabrics；lace；tapestries；trimmings；embroidery	365.68	53.12	283.18	40.93
59章　浸渍、涂布、包覆或层压的纺织物；工业用纺织制品	Impregnated，coated，covered or laminated textile fabrics；textile articles of a kind suitable for industrial use	548.36	79.59	464.79	67.12
60章　针织物及钩编织物	Knitted or crocheted fabrics	1285.75	186.58	1126.52	162.69
61章　针织或钩编的服装及衣着附件	Articles of apparel and clothing accessories，knitted or crocheted	4924.29	713.53	4308.87	622.28
62章　非针织或非钩编的服装及衣着附件	Articles of apparel and clothing accessories，not knitted or crocheted	4599.54	666.63	4323.49	622.76

6-17 续表 3 Continued 3

商品分类	HS Section and Division	2019		2020	
		亿 元 人民币 RMB 100 million	亿美元 USD 100 million	亿 元 人民币 RMB 100 million	亿美元 USD 100 million
63章 其他纺织制成品；成套物品；旧衣着及旧纺织品；碎织物	Other made up textile articles；sets；worn clothing and worn textile articles；rags articles；rags	1923.15	278.90	5280.86	756.25
第十二类 鞋、帽、伞、杖、鞭及其零件；已加工的羽毛及其制品；人造花；人发制品	**FOOTWEAR，HEADGEAR，UMBRELLAS，SUN UMBRELLAS，WALKING-STICKS，SEAT-STICKS，WHIPS，RIDING-CROPS AND PARTS THEREOF；PREPARED FEATHERS AND ARTICLES MADE THEREWITH；ARTIFICIAL FLOWERS；ARTICLES OF HUMAN HAIR**	**4389.20**	**636.28**	**3673.31**	**530.77**
64章 鞋靴、护腿和类似品及其零件	Footwear，gaiters and the like；parts of such articles	3290.17	477.00	2638.61	381.11
65章 帽类及其零件	Headgear and parts thereof	319.92	46.40	278.98	40.26
66章 雨伞、阳伞、手杖、鞭子、马鞭及其零件	Umbrellas，sun umbrellas，walking-sticks，seat-sticks，whips，riding-crops and parts thereof	196.89	28.58	166.05	23.97
67章 已加工羽毛、羽绒及其制品；人造花；人发制品	Prepared feathers and down and articles made of feathers or of down；artificial flowers；articles of human hair	582.22	84.29	589.66	85.43
第十三类 石料、石膏、水泥、石棉、云母及类似材料的制品；陶瓷产品；玻璃及其制品	**ARTICLES OF STONE，PLASTER，CEMENT，ASBESTOS，MICA OR SIMILAR MATERIALS；CERAMIC PRODUCTS；GLASS AND GLASSWARE**	**3757.49**	**544.49**	**3878.51**	**560.75**
68章 石料、石膏、水泥、石棉、云母及类似材料的制品	Articles of stone，plaster，cement，asbestos，mica or similar materials；ceramic products；glass and glassware	791.37	114.77	873.61	126.21
69章 陶瓷产品	Ceramic products	1735.10	251.20	1736.31	251.13
70章 玻璃及其制品	Glass and glassware	1231.02	178.53	1268.59	183.41
第十四类 天然或养殖珍珠、宝石或半宝石、贵金属、包贵金属及其制品；仿首饰；硬币	**NATURAL OR CULTURED PEARLS，PRECIOUS OR SEMI-PRECIOUS STONES，PRECIOUS METALS，METALS CLAD WITH PRECIOUS METAL AND STONES，PRECIOUS METALS，METALS CLAD WITH PRECIOUS METAL AND ARTICLES THEREOF；IMITATION JEWELLERY；COIN**	**1421.91**	**206.01**	**1268.23**	**184.39**
71章 天然或养殖珍珠、宝石或半宝石、贵金属、包贵金属及其制品；仿首饰；硬币	Natural or cultured pearls，precious or semi-precious stones，precious metals，metals clad with precious metal and articles thereof；imitation jewellery；coin	1421.91	206.01	1268.23	184.39
第十五类 贱金属及其制品	**BASE METALS AND ARTICLES OF BASE METAL**	**12583.38**	**1826.26**	**12201.12**	**1762.05**
72章 钢铁	Iron and steel	2711.07	394.14	2313.04	333.96
73章 钢铁制品	Articles of iron or steel	4774.88	692.62	4919.19	710.17
74章 铜及其制品	Copper and articles thereof	466.58	67.81	427.02	61.72
75章 镍及其制品	Nickel and articles thereof	63.78	9.15	37.95	5.48
76章 铝及其制品	Aluminium and articles thereof	1796.62	260.78	1702.60	245.90
78章 铅及其制品	Lead and articles thereof	4.43	0.64	2.93	0.42
79章 锌及其制品	Zinc and articles thereof	22.91	3.31	16.77	2.42
80章 锡及其制品	Tin and articles thereof	7.66	1.12	8.76	1.27
81章 其他贱金属、金属陶瓷及其制品	Other base metals；cermets；articles thereof	242.75	35.26	189.50	27.36
82章 贱金属工具、器具、利口器、餐匙、餐叉及其零件	Tools，implements，cutlery，spoons and forks，of base metal；parts thereof of base metal	1145.72	166.22	1188.24	171.64
83章 贱金属杂项制品	Miscellaneous articles of base metal	1346.97	195.21	1395.12	201.71

6-17 续表 4 Continued 4

商品分类	HS Section and Division	2019 亿元人民币 RMB 100 million	2019 亿美元 USD 100 million	2020 亿元人民币 RMB 100 million	2020 亿美元 USD 100 million
第十六类 机器、机械器具、电气设备及其零件；录音机及放声机、电视图像、声音的录制和重放设备及其零件、附件	**MACHINERY AND MECHANICAL APPLIANCES；ELECTRICAL EQUIPMENT；PARTS THEREOF；SOUND RECORDERS AND REPRODUCERS，TELEVISION IMAGE AND SOUND RECORDERS AND REPRODUCERS；AND PARTS AND ACCESSORIES OF RECORDERS AND REPRODUCERS；AND PARTS AND ACCESSORIES OF SUCH ARTICLES**	**74984.37**	**10870.84**	**79542.14**	**11499.54**
84章 核反应堆、锅炉、机器、机械器具及其零件	Nuclear reactors，boilers，machinery and mechanical appliances；parts thereof	28710.20	4166.36	30475.56	4400.21
85章 电机、电气设备及其零件；录音机及放声机、电视图像、声音的录制和重放设备及其零件、附件	Electrical machinery and equipment and parts thereof；sound recorders and reproducers，television image and sound recorders and reproducers，and parts and accessories of such articles	46274.16	6704.48	49066.58	7099.33
第十七类 车辆、航空器、船舶及有关运输设备	**VEHICLES，AIRCRAFT，VESSELS AND ASSOCIATED TRANSPORT EQUIPMENT**	**7709.52**	**1118.39**	**7624.17**	**1102.09**
86章 铁道及电车道机车、车辆及其零件；铁道及电车轨道固定装置及其零件、附件；各种机械（包括电动机械)交通信号设备	Railway or tramway locomotives，rolling-stock and parts thereof；railway or tramway track fixtures and fittings and parts thereof；mechanical(including electro-mechanical) traffic signalling equipment of all kinds	628.28	91.32	674.84	97.87
87章 车辆及其零件、附件，但铁道及电车道车辆除外	Vehicles other than railway or tramway rolling-stock，and parts and accessories thereof	5121.29	743.06	5273.19	762.24
88章 航空器、航天器及其零件	Aircraft，spacecraft，and parts thereof	269.80	39.01	170.12	24.57
89章 船舶及浮动结构体	Ships，boats and floating structures	1690.14	245.00	1506.02	217.40
第十八类 光学、照相、电影、计量、检验、医疗或外科用仪器及设备、精密仪器及设备；钟表；乐器；上述物品的零件、附件	**OPTICAL，PHOTOGRAPHIC，CINEMATOGRAPHIC，MEASURING，CHECKING，PRECISION，MEDICAL OR SURGICAL INSTRUMENTS AND APPARATUS；CLOCKS AND WATCHES；MUSICAL INSTRUMENTS；PARTS AND ACCESSORIES THEREOF**	**5487.71**	**796.07**	**5937.92**	**857.43**
90章 光学、照相、电影、计量、检验、医疗或外科用仪器及设备、精密仪器及设备；上述物品的零件、附件	Optical，photographic，cinematographic，measuring，checking，precision medical or surgical instruments and apparatus；parts and accessories thereof	5027.71	729.39	5556.34	802.27
91章 钟表及其零件	Clocks and watches and parts thereof	339.98	49.29	251.19	36.33
92章 乐器及其零件、附件	Musical instruments；parts and accessories of such articles	120.02	17.39	130.38	18.84
第十九类 武器、弹药及其零件、附件	**ARMS AND AMMUNITION；PARTS AND ACCESSORIES THEREOF**	**9.82**	**1.42**	**12.77**	**1.85**
93章 武器、弹药及其零件、附件	Arms and ammunition；parts and accessories thereof	9.82	1.42	12.77	1.85
第二十类 杂项制品	**MISCELLANEOUS MANUFACTURED ARTICLES**	**12382.69**	**1794.64**	**13791.82**	**1993.50**
94章 家具；寝具、褥垫、弹簧床垫、软坐垫及类似的填充制品；未列名灯具及照明装置；发光标志、发光名牌及类似品；活动房屋	Furniture；bedding，mattresses，mattress supports，cushions and similar stuffed furnishings；lamps and lighting fittings，not elsewhere specified or included；illuminated signs，illuminated	6832.61	990.63	7564.75	1093.67
95章 玩具、游戏品、运动用品及其零件、附件	Toys，games and sports requisites；parts and accessories thereof	4311.56	624.45	4948.74	715.24
96章 杂项制品	Miscellaneous manufactured articles	1238.51	179.56	1278.34	184.59
第二十一类 艺术品、收藏品及古物	**WORKS OF ART，COLLECTORS' PIECES AND ANTIQUES**	**51.60**	**7.43**	**46.90**	**6.84**
97章 艺术品、收藏品及古物	Works of art，collectors' pieces and antiques	51.60	7.43	46.90	6.84
第二十二类 特殊交易品及未分类商品	**COMMODITIES AND TRANSACTIONS NOT CLASSIFIED ACCORDING TO KIND**	**1191.75**	**170.66**	**1724.51**	**249.96**
98章 特殊交易品及未分类商品	Commodities and transactions not classified according to kind	1191.75	170.66	1679.31	243.38

6-18 按商品类章分进口商品金额
Value of Imports of Goods by HS Section and Division

商品分类	HS Section and Division	2019		2020	
		亿元人民币 RMB 100 million	亿美元 USD 100 million	亿元人民币 RMB 100 million	亿美元 USD 100 million
总　额	**Total**	**143253.69**	**20784.09**	**142936.40**	**20659.62**
第一类　活动物；动物产品	**LIVE ANIMALS；ANIMAL PRODUCTS**	**2896.13**	**419.50**	**3557.73**	**513.20**
01章　活动物	Live animals	34.32	4.98	43.92	6.35
02章　肉及食用杂碎	Meat and edible meat offal	1301.42	188.32	2099.26	302.69
03章　鱼、甲壳动物、软体动物及其他水生无脊椎动物	Fish and crustaceans molluscs and other aquatic invertebrates	1063.61	154.14		
04章　乳品；蛋品；天然蜂蜜；其他食用动物产品	Dairy produce；birds' eggs；natural honey；edible products of animal origin，not elsewhere specified or included	437.92	63.50	504.32	72.89
05章　其他动物产品	Products of animal origin，not elsewhere specified or included	58.87	8.56	52.79	7.62
第二类　植物产品	**VEGETABLE PRODUCTS**	**4235.04**	**614.69**	**4974.80**	**717.73**
06章　活树及其他活植物；鳞茎、根及类似品；插花及装饰用簇叶	Live tree and other plants；bulbs，roots and the like; cut flowers and ornamental foliage	18.61	2.70	16.83	2.44
07章　食用蔬菜、根及块茎	Edible vegetables and certain roots and tubers	107.55	15.66	135.59	19.57
08章　食用水果及坚果；甜瓜或柑桔属水果的果皮	Edible fruit and nuts； peel of citrus fruit or melons	802.41	116.65	838.86	120.98
09章　咖啡、茶、马黛茶及调味香料	Coffee，tea，mate and spices	65.58	9.52	85.44	12.37
10章　谷物	Cereals	348.17	50.55	643.33	93.17
11章　制粉工业产品；麦芽；淀粉；菊粉；面筋	Products of the milling industry；malt；starches；inulin；wheat gluten	90.98	13.22	99.60	14.40
12章　含油子仁及果实；杂项子仁及果实；工业用或药用植物；稻草、秸秆及饲料	Oil seeds and oleaginous fruits；miscellaneous grains，seeds and fruit；industrial or medicinal plants；straw and fodder	2763.47	400.82	3120.50	449.81
13章　虫胶；树胶、树脂及其他植物液、汁	Lac；gums，resins and other vegetable saps and extracts	28.39	4.12	25.72	3.71
14章　编结用植物材料；其他植物产品	Vegetable plaiting materials；vegetable products not elsewhere specified or included	9.87	1.44	8.92	1.29
第三类　动、植物油、脂及其分解产品；精制的食用油脂；动、植物蜡	**ANIMAL OR VEGETABLE FATS AND OILS AND THEIR CLEAVAGE PRODUCTS；PREPARED EDIBLE FATS；ANIMAL OR VEGETABLE WAXES**	**685.83**	**99.33**	**778.80**	**112.60**
15章　动、植物油、脂及其分解产品；精制的食用油脂；动、植物蜡	Animal or vegetable fats and oils and their cleavage products；prepared edible fats；animal or vegetable waxes	685.83	99.33	778.80	112.60
第四类　食品；饮料、酒及醋；烟草、烟草及烟草代用品的制品	**PREPARED FOODSTUFFS；BEVERAGES, SPIRITS AND VINEGAR；TOBACCO AND MANUFACTURED TOBACCO SUBSTITUTES**	**1854.06**	**268.98**	**1932.37**	**279.49**
16章　肉、鱼、甲壳动物、软体动物及其他水生无脊椎动物的制品	Preparations of meat，of fish or of crustaceans，molluscs or other aquatic invertebrates	27.24	3.94	24.73	3.59
17章　糖及糖食	Sugars and sugar confectionery	110.70	16.03	180.77	26.30
18章　可可及可可制品	Cocoa and cocoa preparations	56.12	8.11	54.16	7.88
19章　谷物、粮食粉、淀粉或乳的制品；糕饼点心	Preparations of cereals，flour，starch or milk；pastry-cooks' products	496.91	72.10	507.69	73.32

6-18 续表 1 Continued 1

商品分类	HS Section and Division	2019 亿元人民币 RMB 100 million	2019 亿美元 USD 100 million	2020 亿元人民币 RMB 100 million	2020 亿美元 USD 100 million
20章 蔬菜、水果、坚果或植物其他部分的制品	Preparations of vegetables, fruit, nuts or other parts of plants	103.31	14.96	92.67	13.44
21章 杂项食品	Miscellaneous edible preparations	254.60	36.89	308.67	44.60
22章 饮料、酒及醋	Beverages, spirits and vinegar	401.33	58.17	350.50	50.80
23章 食品工业的残渣及废料；配制的动物饲料	Residues and waste from the food industries；prepared animal fodder	273.11	39.72	331.99	47.91
24章 烟草及烟草代用品的制品	Tobacco and manufactured tobacco substitutes	130.72	19.05	81.20	11.66
第五类 矿产品	**MINERAL PRODUCTS**	**35853.96**	**5203.52**	**32134.99**	**4641.73**
25章 盐；硫磺；泥土及石料；石膏料、石灰及水泥	Salt；sulphur；earths and stone；plastering materials, lime and cement	561.12	81.46	476.11	68.90
26章 矿砂、矿渣及矿灰	Ores, slag and ash	11372.67	1649.58	12945.57	1871.93
27章 矿物燃料、矿物油及其蒸馏产品；沥青物质；矿物蜡	Mineral fuels, mineral oils and products of their distillation; bituminous substances; mineral waxes	23920.18	3472.49	18713.30	2700.90
第六类 化学工业及其相关工业的产品	**PRODUCTS OF THE CHEMICAL OR INDUSTRIES ALLIED**	**10671.33**	**1549.20**	**10432.11**	**1506.11**
28章 无机化学品；贵金属、稀土金属、放射性元素及其同位素的有机及无机化合物	Inorganic chemicals；organic or inorganic compounds of precious metals, of rare- earth metals, of radioactive elements or of isotopes	715.00	103.66	762.80	110.21
29章 有机化学品	Organic chemicals	3956.58	575.07	3164.02	456.41
30章 药品	Pharmaceutical products	2316.66	336.05	2422.17	349.15
31章 肥料	Fertilizers	243.34	35.44	201.59	29.06
32章 鞣料浸膏及染料浸膏；鞣酸及其衍生物；染料、颜料及其他着色料；油漆及清漆；油灰及其他类似胶粘剂；墨水、油墨	Tanning or dyeing extracts；tannins and their derivatives；dyes, pigments and other colouring matter；paints and varnishes；putty and other mastics；inks	346.61	50.29	333.55	48.26
33章 精油及香膏；芳香料制品及化妆盥洗品	Essential oils and retinoid；perfumery, cosmetic or toilet preparations	1111.19	161.12	1416.31	204.77
34章 肥皂、有机表面活性剂、洗涤剂、润滑剂、人造蜡、调制蜡、光洁剂、蜡烛及类似品、塑型用膏、“牙科用蜡”及牙科用熟石膏制剂	Soap, organic surface-active agents, washing preparations, lubricating preparations, artificial waxes, prepared waxes, polishing or scouring preparations, candles and similar articles, modelling pastes, “dental waxes” and dental preparations with a basis of plast	327.60	47.51	348.27	50.40
35章 蛋白类物质；改性淀粉；胶；酶	Albuminoidal substances；modified starches；glues；enzymes	253.83	36.82	271.44	39.23
36章 炸药；烟火制品；火柴；引火合金；易燃材料制品	Explosives；pyrotechnic products；matches；pyrophoric alloys；certain combustible preparations	7.81	1.13	6.42	0.93
37章 照相及电影用品	Photographic or cinematographic goods	186.81	27.10	200.67	28.98
38章 杂项化学产品	Miscellaneous chemical products	1205.91	175.00	1304.87	188.68
第七类 塑料及其制品，橡胶及其制品	**PLASTICS AND ARTICLES THEREOF RUBBER AND ARTICLES THEREOF**	**5991.55**	**869.60**	**6031.58**	**872.15**
39章 塑料及其制品	Plastics and articles thereof	4932.30	715.94	4917.26	710.85
40章 橡胶及其制品	Rubber and articles thereof	1059.26	153.66	1114.32	161.30
第八类 生皮、皮革、毛皮及其制品；鞍具及挽具；旅行用品、手提包及类似品；动物肠线(蚕胶丝除外)制品	**RAW HIDES AND SKINS, LEATHER, FUR SKINS AND ARTICLES THEREOF；SADDLERY AND HARNESS；TRAVEL GOODS, HANDBAGS AND SIMILAR CONTAINERS；ARTICLES OF ANIMAL GUT(OTHER THAN SILK-WORM GUT)**	**597.04**	**86.67**	**558.36**	**80.87**
41章 生皮(毛皮除外)及皮革	Raw hides and skins(other than fur skins) and leather	251.73	36.60	188.44	27.28

商品分类	HS Section and Division	2019 亿元人民币 RMB 100 million	2019 亿美元 USD 100 million	2020 亿元人民币 RMB 100 million	2020 亿美元 USD 100 million
42章 皮革制品；鞍具及挽具；旅行用品、手提包及类似容器；动物肠线(蚕胶丝除外)制品	Articles of leather；saddlery and harness；travel goods，hand bags and similar containers；articles of animal gut (other than silk-worm gut)	274.97	39.86	332.70	48.16
43章 毛皮、人造毛皮及其制品	Fur skins and artificial fur；manufactures thereof	70.34	10.20	37.22	5.44
第九类 木及木制品；木炭；软木及软木制品；稻草，秸秆、针茅或其他编结材料制品；篮筐及柳条编结品	**WOOD AND ARTICLES OF WOOD；WOOD CHAR-COAL；CORK AND ARTICLES OF CORK；MANUFACTURES OF STRAW，OF ESPARTO OR OF OTHER PLAITING MATERIALS；BASKET WARE AND WICKERWORK**	**1516.43**	**220.41**	**1402.83**	**202.42**
44章 木及木制品；木炭	Wood and articles of wood；wood charcoal	1512.36	219.82	1399.28	201.90
45章 软木及软木制品	Cork and articles of cork	2.79	0.41	2.42	0.35
46章 稻草、秸秆、针茅或其他编结材料制品；篮筐及柳条编结品	Manufactures of straw，of esparto or of other plaiting Materials；basket ware and wickerwork	1.28	0.19	1.13	0.16
第十类 木浆及其他纤维状纤维素浆；纸及纸板的废碎品；纸、纸板及其制品	**PULP OF WOOD OR OF OTHER FIBROUS CELLULOSIC MATERIAL；WASTE AND SCRAP OF PAPER OR PAPERBOARD；PAPER AND PAPERBOARD AND ARTICLES THEREOF**	**1837.47**	**266.91**	**1828.21**	**264.02**
47章 木浆及其他纤维状纤维素浆；纸及纸板的废碎品	Pulp of wood or of other fibrous cellulosic material；waste and scrap of paper or paperboard	1311.14	190.56	1168.17	168.60
48章 纸及纸板；纸浆、纸或纸板制品	Paper and paperboard；articles of paper pulp，of paper or paperboard	363.26	52.72	507.37	73.36
49章 书籍、报纸、印刷图画及其他印制品；手稿、打字稿及设计图纸	Printed books，newspapers，pictures and other products of the printing industry；manuscripts，typescripts and plans	163.07	23.63	152.68	22.07
第十一类 纺织原料及纺织制品	**TEXTILES AND TEXTILE ARTICLES**	**2214.18**	**321.76**	**2028.75**	**293.41**
50章 蚕丝	Silk	3.91	0.57	3.33	0.48
51章 羊毛、动物细毛或粗毛；马毛纱线及其机织物	Wool，fine or coarse animal hair；horsehair yarn and woven fabric	221.07	32.23	159.01	22.93
52章 棉花	Cotton	633.61	92.28	571.39	82.79
53章 其他植物纺织纤维；纸纱线及其机织物	Other vegetable textile fibres；paper yarn and woven fabrics of paper yarn	72.76	10.58	56.07	8.11
54章 化学纤维长丝	Man-made filaments	197.69	28.69	153.11	22.16
55章 化学纤维短纤	Man-made short fibres	155.37	22.56	112.66	16.27
56章 絮胎、毡呢及无纺织物；特种纱线；线、绳、索、缆及其制品	Wadding，felt and nonwoven；special yarns；twine，cordage，ropes and cables and articles thereof	85.55	12.42	102.89	14.85
57章 地毯及纺织材料的其他铺地制品	Carpets and other textile floor coverings	8.24	1.20	5.50	0.79
58章 特种机织物；簇绒织物；花边；装饰毯；装饰带；刺绣品	Special woven fabrics；tufted textile fabrics；lace；tapestries；trimmings；embroidery	31.27	4.54	22.79	3.30
59章 浸渍、涂布、包覆或层压的纺织物；工业用纺织制品	Impregnated，coated，covered or laminated textile fabrics；textile articles of a kind suitable for industrial use	116.34	16.90	101.42	14.67
60章 针织物及钩编织物	Knitted or crocheted fabrics	94.38	13.71	70.39	10.18
61章 针织或钩编的服装及衣着附件	Articles of apparel and clothing accessories，knitted or crocheted	252.01	36.54	243.19	35.14
62章 非针织或非钩编的服装及衣着附件	Articles of apparel and clothing accessories，not knitted or crocheted	309.10	44.78	328.12	47.45

6-18 续表 3 Continued 3

商品分类	HS Section and Division	2019		2020	
		亿 元 人民币 RMB 100 million	亿美元 USD 100 million	亿 元 人民币 RMB 100 million	亿美元 USD 100 million
63章 其他纺织制成品；成套物品；旧衣着及旧纺织品；碎织物	Other made up textile articles；sets；worn clothing and worn textile articles；rags articles；rags	32.88	4.77	98.88	14.29
第十二类 鞋、帽、伞、杖、鞭及其零件；已加工的羽毛及其制品；人造花；人发制品	**FOOTWEAR，HEADGEAR，UMBRELLAS，SUN UMBRELLAS，WALKING-STICKS，SEAT-STICKS，WHIPS，RIDING-CROPS AND PARTS THEREOF；PREPARED FEATHERS AND ARTICLES MADE THEREWITH；ARTIFICIAL FLOWERS；ARTICLES OF HUMAN HAIR**	**420.89**	**61.02**	**449.54**	**64.88**
64章 鞋靴、护腿和类似品及其零件	Footwear，gaiters and the like；parts of such articles	388.74	56.36	414.06	59.72
65章 帽类及其零件	Headgear and parts thereof	8.99	1.30	13.15	1.91
66章 雨伞、阳伞、手杖、鞭子、马鞭及其零件	Umbrellas，sun umbrellas，walking-sticks，seat-sticks，whips，riding-crops and parts thereof	1.08	0.16	0.62	0.09
67章 已加工羽毛、羽绒及其制品；人造花；人发制品	Prepared feathers and down and articles made of feathers or of down；artificial flowers；articles of human hair	22.09	3.20	21.72	3.15
第十三类 石料、石膏、水泥、石棉、云母及类似材料的制品；陶瓷产品；玻璃及其制品	**ARTICLES OF STONE，PLASTER，CEMENT，ASBESTOS，MICA OR SIMILAR MATERIALS；CERAMIC PRODUCTS；GLASS AND GLASSWARE**	**733.03**	**106.38**	**763.33**	**110.36**
68章 石料、石膏、水泥、石棉、云母及类似材料的制品	Articles of stone，plaster，cement，asbestos，mica or similar materials；ceramic products；glass and glassware	122.17	17.72	126.66	18.34
69章 陶瓷产品	Ceramic products	88.16	12.79	92.98	13.46
70章 玻璃及其制品	Glass and glassware	522.71	75.87	543.68	78.56
第十四类 天然或养殖珍珠、宝石或半宝石、贵金属、包贵金属及其制品；仿首饰；硬币	**NATURAL OR CULTURED PEARLS，PRECIOUS OR SEMI-PRECIOUS STONES，PRECIOUS METALS，METALS CLAD WITH PRECIOUS METAL AND STONES，PRECIOUS METALS，METALS CLAD WITH PRECIOUS METAL AND ARTICLES THEREOF；IMITATION JEWELLERY；COIN**	**4158.59**	**604.64**	**2191.51**	**317.35**
71章 天然或养殖珍珠、宝石或半宝石、贵金属、包贵金属及其制品；仿首饰；硬币	Natural or cultured pearls，precious or semi-precious stones，precious metals，metals clad with precious metal and articles thereof；imitation jewellery；coin	4158.59	604.64	2191.51	317.35
第十三类 贱金属及其制品	**BASE METALS AND ARTICLES OF BASE METAL**	**6644.65**	**964.11**	**8205.46**	**1186.11**
72章 钢铁	Iron and steel	1615.14	234.10	2553.95	369.01
73章 钢铁制品	Articles of iron or steel	679.46	98.60	655.38	94.77
74章 铜及其制品	Copper and articles thereof	2799.58	406.26	3383.93	489.14
75章 镍及其制品	Nickel and articles thereof	383.86	55.72	295.33	42.74
76章 铝及其制品	Aluminium and articles thereof	398.78	57.97	564.09	81.48
78章 铅及其制品	Lead and articles thereof	25.36	3.70	8.38	1.21
79章 锌及其制品	Zinc and articles thereof	143.87	20.92	137.64	19.97
80章 锡及其制品	Tin and articles thereof	10.98	1.59	28.46	4.11
81章 其他贱金属、金属陶瓷及其制品	Other base metals；cermets；articles thereof	214.73	31.13	237.02	34.35
82章 贱金属工具、器具、利口器、餐匙、餐叉及其零件	Tools，implements，cutlery，spoons and forks，of base metal；parts thereof of base metal	241.54	35.09	215.78	31.18
83章 贱金属杂项制品	Miscellaneous articles of base metal	131.36	19.05	125.50	18.17

6-18 续表 4 Continued 4

商品分类	HS Section and Division	2019 亿元人民币 RMB 100 million	2019 亿美元 USD 100 million	2020 亿元人民币 RMB 100 million	2020 亿美元 USD 100 million
第十六类 机器、机械器具、电气设备及其零件；录音机及放声机、电视图像、声音的录制和重放设备及其零件、附件	**MACHINERY AND MECHANICAL APPLIANCES；ELECTRICAL EQUIPMENT；PARTS THEREOF；SOUND RECORDERS AND REPRODUCERS，TELEVISION IMAGE AND SOUND RECORDERS AND REPRODUCERS；AND PARTS AND ACCESSORIES OF RECORDERS AND REPRODUCERS；AND PARTS AND ACCESSORIES OF SUCH ARTICLES**	**47441.24**	**6878.20**	**51191.73**	**7404.67**
84章 核反应堆、锅炉、机器、机械器具及其零件	Nuclear reactors，boilers，machinery and mechanical appliances；parts thereof	13118.03	1904.00	13287.31	1920.47
85章 电机、电气设备及其零件；录音机及放声机、电视图像、声音的录制和重放设备及其零件、附件	Electrical machinery and equipment and parts thereof；sound recorders and reproducers，television image and sound recorders and reproducers，and parts and accessories of such articles	34323.21	4974.20	37904.41	5484.20
第十七类 车辆、航空器、船舶及有关运输设备	**VEHICLES，AIRCRAFT，VESSELS AND ASSOCIATED TRANSPORT EQUIPMENT**	**6706.00**	**973.91**	**5993.72**	**865.81**
86章 铁道及电车道机车、车辆及其零件；铁道及电车轨道固定装置及其零件、附件；各种机械(包括电动机械)交通信号设备	Railway or tramway locomotives，rolling-stock and parts thereof；railway or tramway track fixtures and fittings and parts thereof；mechanical(including electro-mechanical) traffic signalling equipment of all kinds	49.20	7.15	49.70	7.17
87章 车辆及其零件、附件，但铁道及电车道车辆除外	Vehicles other than railway or tramway rolling-stock，and parts and accessories thereof	5176.07	751.37	5130.28	739.85
88章 航空器、航天器及其零件	Aircraft，spacecraft，and parts thereof	1330.18	193.33	640.81	94.01
89章 船舶及浮动结构体	Ships，boats and floating structures	150.55	22.06	172.93	24.77
第十八类 光学、照相、电影、计量、检验、医疗或外科用仪器及设备、精密仪器及设备；钟表；乐器；上述物品的零件、附件	**OPTICAL，PHOTOGRAPHIC，CINEMATOGRAPHIC，MEASURING，CHECKING，PRECISION，MEDICAL OR SURGICAL INSTRUMENTS AND APPARATUS；CLOCKS AND WATCHES；MUSICAL INSTRUMENTS；PARTS AND ACCESSORIES THEREOF**	**7125.31**	**1033.52**	**7187.82**	**1039.80**
90章 光学、照相、电影、计量、检验、医疗或外科用仪器及设备、精密仪器及设备；上述物品的零件、附件	Optical，photographic，cinematographic，measuring，checking，precision medical or surgical instruments and apparatus；parts and accessories thereof	6804.93	987.09	6849.03	990.67
91章 钟表及其零件	Clocks and watches and parts thereof	283.94	41.14	308.22	44.69
92章 乐器及其零件、附件	Musical instruments；parts and accessories of such articles	36.44	5.28	30.56	4.44
第十九类 武器、弹药及其零件、附件	**ARMS AND AMMUNITION；PARTS AND ACCESSORIES THEREOF**	**0.70**	**0.10**	**0.74**	**0.11**
93章 武器、弹药及其零件、附件	Arms and ammunition；parts and accessories thereof	0.70	0.10	0.74	0.11
第二十类 杂项制品	**MISCELLANEOUS MANUFACTURED ARTICLES**	**579.82**	**84.11**	**491.10**	**71.04**
94章 家具；寝具、褥垫、弹簧床垫、软坐垫及类似的填充制品；未列名灯具及照明装置；发光标志、发光名牌及类似品；活动房屋	Furniture；bedding，mattresses，mattress supports，cushions and similar stuffed furnishings；lamps and lighting fittings，not elsewhere specified or included；illuminated signs，illuminated	242.75	35.22	200.28	29.00
95章 玩具、游戏品、运动用品及其零件、附件	Toys，games and sports requisites；parts and accessories thereof	174.31	25.28	159.27	23.05
96章 杂项制品	Miscellaneous manufactured articles	162.75	23.60	131.56	18.99
第二十一类 艺术品、收藏品及古物	**WORKS OF ART，COLLECTORS' PIECES AND ANTIQUES**	**58.45**	**8.41**	**45.97**	**6.69**
97章 艺术品、收藏品及古物	Works of art，collectors' pieces and antiques	58.45	8.41	45.97	6.69
第二十二类 特殊交易品及未分类商品	**COMMODITIES AND TRANSACTIONS NOT CLASSIFIED ACCORDING TO KIND**	**1031.98**	**149.12**	**754.96**	**109.07**
98章 特殊交易品及未分类商品	Commodities and transactions not classified according to kind	1031.98	149.12	754.96	109.07

6-19 按商品类章分一般贸易进出口金额(2020年)

Value of Imports and Exports in Ordinary by HS(2020)

商品分类	HS Section and Division	出口 Exports 亿元人民币 RMB 100 million	出口 Exports 亿美元 USD 100 million	进口 Imports 亿元人民币 RMB 100 million	进口 Imports 亿美元 USD 100 million
总　额	**Total**	**106430.02**	**15369.29**	**86720.99**	**12521.94**
第一类　活动物；动物产品	**LIVE ANIMALS；ANIMAL PRODUCTS**	**701.54**	**101.38**	**3153.68**	**454.97**
01章　活动物	Live animals	41.18	5.95	43.70	6.31
02章　肉及食用杂碎	Meat and edible meat offal	48.60	7.02	1987.77	286.61
03章　鱼、甲壳动物、软体动物及其他水生无脊椎动物	Fish and crustaceans molluscs and other aquatic invertebrates	473.47	68.49	630.13	90.91
04章　乳品；蛋品；天然蜂蜜；其他食用动物产品	Dairy produce；birds' eggs；natural honey；edible products of animal origin，not elsewhere specified or included	38.96	5.62	459.01	66.36
05章　其他动物产品	Products of animal origin，not elsewhere specified or included	99.33	14.31	33.07	4.78
第二类　植物产品	**VEGETABLE PRODUCTS**	**1732.26**	**250.39**	**4535.47**	**654.03**
06章　活树及其他活植物；鳞茎、根及类似品；插花及装饰用簇叶	Live tree and other plants；bulbs，roots and the like；cut flowers and ornamental foliage	30.83	4.46	16.79	2.43
07章　食用蔬菜、根及块茎	Edible vegetables and certain roots and tubers	591.77	85.39	126.34	18.22
08章　食用水果及坚果；甜瓜或柑桔属水果的果皮	Edible fruit and nuts；peel of citrus fruit or melons	453.41	65.90	748.77	107.79
09章　咖啡、茶、马黛茶及调味香料	Coffee，tea，mate and spices	253.13	36.46	65.10	9.43
10章　谷物	Cereals	64.53	9.26	572.95	82.99
11章　制粉工业产品；麦芽；淀粉；菊粉；面筋	Products of the milling industry；malt；starches；inulin；wheat gluten	38.06	5.48	90.10	13.03
12章　含油子仁及果实；杂项子仁及果实；工业用或药用植物；稻草、秸秆及饲料	Oil seeds and oleaginous fruits；miscellaneous grains，seeds and fruit；industrial or medicinal plants；straw and fodder	191.89	27.78	2885.20	415.77
13章　虫胶；树胶、树脂及其他植物液、汁	Lac；gums，resins and other vegetable saps and extracts	98.27	14.16	22.24	3.21
14章　编结用植物材料；其他植物产品	Vegetable plaiting materials；vegetable products not elsewhere specified or included	10.36	1.50	7.99	1.15
第三类　动、植物油、脂及其分解产品；精制的食用油脂；动、植物蜡	**ANIMAL OR VEGETABLE FATS AND OILS AND THEIR CLEAVAGE PRODUCTS；PREPARED EDIBLE FATS；ANIMAL OR VEGETABLE WAXES**	**79.86**	**11.47**	**686.62**	**99.30**
15章　动、植物油、脂及其分解产品；精制的食用油脂；动、植物蜡	Animal or vegetable fats and oils and their cleavage products；prepared edible fats；animal or vegetable waxes	79.86	11.47	686.62	99.30
第四类　食品；饮料、酒及醋；烟草、烟草及烟草代用品的制品	**PREPARED FOODSTUFFS；BEVERAGES, SPIRITS AND VINEGAR; TOBACCO AND MANUFACTURED TOBACCO SUBSTITUTES**	**1843.69**	**265.99**	**1523.25**	**220.06**
16章　肉、鱼、甲壳动物、软体动物及其他水生无脊椎动物的制品	Preparations of meat，of fish or of crustaceans，molluscs or other aquatic invertebrates	544.85	78.75	18.87	2.73
17章　糖及糖食	Sugars and sugar confectionery	95.02	13.72	124.95	18.11
18章　可可及可可制品	Cocoa and cocoa preparations	14.84	2.14	42.33	6.15
19章　谷物、粮食粉、淀粉或乳的制品；糕饼点心	Preparations of cereals，flour，starch or milk；pastry-cooks' products	107.95	15.56	419.93	60.60

6-19 续表 1 Continued 1

商品分类	HS Section and Division	出口 Exports 亿元人民币 RMB 100 million	亿美元 USD 100 million	进口 Imports 亿元人民币 RMB 100 million	亿美元 USD 100 million
20章 蔬菜、水果、坚果或植物其他部分的制品	Preparations of vegetables, fruit, nuts or other parts of plants	457.86	66.03	80.33	11.66
21章 杂项食品	Miscellaneous edible preparations	278.00	40.05	274.04	39.59
22章 饮料、酒及醋	Beverages, spirits and vinegar	127.01	18.28	184.87	26.73
23章 食品工业的残渣及废料；配制的动物饲料	Residues and waste from the food industries; prepared animal fodder	173.28	24.97	319.53	46.11
24章 烟草及烟草代用品的制品	Tobacco and manufactured tobacco substitutes	44.88	6.48	58.41	8.38
第五类 矿产品	**MINERAL PRODUCTS**	**1709.00**	**245.93**	**25896.95**	**3740.00**
25章 盐；硫磺；泥土及石料；石膏料、石灰及水泥	Salt; sulphur; earths and stone; plastering materials, lime and cement	205.03	29.61	449.81	65.09
26章 矿砂、矿渣及矿灰	Ores, slag and ash	15.39	2.22	10875.67	1572.03
27章 矿物燃料、矿物油及其蒸馏产品；沥青物质；矿物蜡	Mineral fuels, mineral oils and products of their distillation; bituminous substances; mineral waxes	1488.58	214.11	14571.48	2102.88
第六类 化学工业及其相关工业的产品	**PRODUCTS OF THE CHEMICAL OR INDUSTRIES ALLIED**	**8331.08**	**1202.29**	**6599.98**	**952.27**
28章 无机化学品；贵金属、稀土金属、放射性元素及其同位素的有机及无机化合物	Inorganic chemicals; organic or inorganic compounds of precious metals, of rare- earth metals, of radioactive elements or of isotopes	971.77	140.41	555.93	80.28
29章 有机化学品	Organic chemicals	3567.61	514.55	2390.87	344.75
30章 药品	Pharmaceutical products	637.78	92.51	1005.76	144.68
31章 肥料	Fertilizers	433.52	62.50	126.54	18.27
32章 鞣料浸膏及染料浸膏；鞣酸及其衍生物；染料、颜料及其他着色料；油漆及清漆；油灰及其他类似胶粘剂；墨水、油墨	Tanning or dyeing extracts; tannins and their derivatives; dyes, pigments and other colouring matter; paints and varnishes; putty and other mastics; inks	503.76	72.73	253.19	36.63
33章 精油及香膏； 芳香料制品及化妆盥洗品	Essential oils and retinoid; perfumery, cosmetic or toilet preparations	239.96	34.61	753.55	108.82
34章 肥皂、有机表面活性剂、洗涤剂、润滑剂、人造蜡、调制蜡、光洁剂、蜡烛及类似品、塑型用膏、"牙科用蜡"及牙科用熟石膏制剂	Soap, organic surface-active agents, washing preparations, lubricating preparations, artificial waxes, prepared waxes, polishing or scouring preparations, candles and similar articles, modelling pastes, "dental waxes" and dental preparations with a basis of plast	294.87	42.53	287.64	41.61
35章 蛋白类物质；改性淀粉；胶；酶	Albuminoidal substances; modified starches; glues; enzymes	196.03	28.32	198.23	28.64
36章 炸药；烟火制品；火柴；引火合金；易燃材料制品	Explosives; pyrotechnic products; matches; pyrophoric alloys; certain combustible preparations	49.95	7.17	4.42	0.64
37章 照相及电影用品	Photographic or cinematographic goods	46.90	6.77	119.22	17.20
38章 杂项化学产品	Miscellaneous chemical products	1388.93	200.20	904.62	130.74
第七类 塑料及其制品，橡胶及其制品	**PLASTICS AND ARTICLES THEREOF RUBBER AND ARTICLES THEREOF**	**5352.34**	**773.71**	**4244.40**	**613.48**
39章 塑料及其制品	Plastics and articles thereof	4605.98	665.75	3440.26	497.17
40章 橡胶及其制品	Rubber and articles thereof	746.35	107.97	804.15	116.32
第八类 生皮、皮革、毛皮及其制品；鞍具及挽具；旅行用品、手提包及类似品；动物肠线(蚕胶丝除外)制品	**RAW HIDES AND SKINS, LEATHER, FUR SKINS AND ARTICLES THEREOF; SADDLERY AND HARNESS; TRAVEL GOODS, HANDBAGS AND SIMILAR CONTAINERS; ARTICLES OF ANIMAL GUT(OTHER THAN SILK-WORM GUT)**	**1371.57**	**198.49**	**406.69**	**58.87**
41章 生皮(毛皮除外)及皮革	Raw hides and skins(other than fur skins) and leather	12.72	1.84	103.25	14.94

6-19 续表 2 Continued 2

商品分类	HS Section and Division	出口 Exports 亿元人民币 RMB 100 million	出口 Exports 亿美元 USD 100 million	进口 Imports 亿元人民币 RMB 100 million	进口 Imports 亿美元 USD 100 million
42章 皮革制品；鞍具及挽具；旅行用品、手提包及类似容器；动物肠线(蚕胶丝除外)制品	Articles of leather；saddlery and harness；travel goods，hand bags and similar containers；articles of animal gut (other than silk-worm gut)	1149.23	166.07	269.60	38.98
43章 毛皮、人造毛皮及其制品	Fur skins and artificial fur；manufactures thereof	209.62	30.59	33.85	4.95
第九类 木及木制品；木炭；软木及软木制品；稻草，秸秆、针茅或其他编结材料制品；篮筐及柳条编结品	**WOOD AND ARTICLES OF WOOD；WOOD CHAR-COAL；CORK AND ARTICLES OF CORK；MANUFACTURES OF STRAW，OF ESPARTO OR OF OTHER PLAITING MATERIALS；BASKET WARE AND WICKERWORK**	**935.86**	**135.14**	**1229.57**	**177.48**
44章 木及木制品；木炭	Wood and articles of wood；wood charcoal	829.95	119.83	1226.77	177.08
45章 软木及软木制品	Cork and articles of cork	1.83	0.26	2.24	0.32
46章 稻草、秸秆、针茅或其他编结材料制品；篮筐及柳条编结品	Manufactures of straw，of esparto or of other plaiting Materials；basket ware and wickerwork	104.09	15.04	0.56	0.08
第十类 木浆及其他纤维状纤维素浆；纸及纸板的废碎品；纸、纸板及其制品	**PULP OF WOOD OR OF OTHER FIBROUS CELLULOSIC MATERIAL；WASTE AND SCRAP OF PAPER OR PAPERBOARD；PAPER AND PAPERBOARD AND ARTICLES THEREOF**	**1091.75**	**157.61**	**1439.45**	**207.92**
47章 木浆及其他纤维状纤维素浆；纸及纸板的废碎品	Pulp of wood or of other fibrous cellulosic material；waste and scrap of paper or paperboard	6.46	0.93	891.30	128.68
48章 纸及纸板；纸浆、纸或纸板制品	Paper and paperboard；articles of paper pulp，of paper or paperboard	934.97	134.98	434.39	62.80
49章 书籍、报纸、印刷图画及其他印制品；手稿、打字稿及设计图纸	Printed books，newspapers，pictures and other products of the printing industry；manuscripts，typescripts and plans	150.32	21.70	113.76	16.44
第十一类 纺织原料及纺织制品	**TEXTILES AND TEXTILE ARTICLES**	**16336.80**	**2352.06**	**1393.86**	**201.47**
50章 蚕丝	Silk	34.96	5.05	2.20	0.32
51章 羊毛、动物细毛或粗毛；马毛纱线及其机织物	Wool，fine or coarse animal hair；horsehair yarn and woven fabric	75.02	10.81	107.36	15.50
52章 棉花	Cotton	672.59	97.16	403.98	58.46
53章 其他植物纺织纤维；纸纱线及其机织物	Other vegetable textile fibres；paper yarn and woven fabrics of paper yarn	60.46	8.78	43.58	6.30
54章 化学纤维长丝	Man-made filaments	1118.12	161.60	85.79	12.42
55章 化学纤维短纤	Man-made short fibres	591.62	85.45	68.50	9.86
56章 絮胎、毡呢及无纺织物；特种纱线；线、绳、索、缆及其制品	Wadding，felt and nonwoven；special yarns；twine，cordage，ropes and cables and articles thereof	476.14	68.72	69.31	9.99
57章 地毯及纺织材料的其他铺地制品	Carpets and other textile floor coverings	172.45	24.93	2.97	0.43
58章 特种机织物；簇绒织物；花边；装饰毯；装饰带；刺绣品	Special woven fabrics；tufted textile fabrics；lace；tapestries；trimmings；embroidery	241.74	34.94	8.60	1.24
59章 浸渍、涂布、包覆或层压的纺织物；工业用纺织制品	Impregnated，coated，covered or laminated textile fabrics；textile articles of a kind suitable for industrial use	400.84	57.88	56.84	8.22
60章 针织物及钩编织物	Knitted or crocheted fabrics	928.97	134.15	19.37	2.80
61章 针织或钩编的服装及衣着附件	Articles of apparel and clothing accessories，Knitted or crocheted	3411.59	492.75	204.81	29.58
62章 非针织或非钩编的服装及衣着附件	Articles of apparel and clothing accessories，not knitted or crocheted	3309.24	476.61	261.90	37.85

商品分类	HS Section and Division	出口 Exports		进口 Imports	
		亿元人民币 RMB 100 million	亿美元 USD 100 million	亿元人民币 RMB 100 million	亿美元 USD 100 million
63章 其他纺织制成品；成套物品；旧衣着及旧纺织品；碎织物	Other made up textile articles；sets；worn clothing and worn textile articles；rags articles；rags	4843.06	693.23	58.66	8.48
第十二类 鞋、帽、伞、杖、鞭及其零件；已加工的羽毛及其制品；人造花；人发制品	**FOOTWEAR，HEADGEAR，UMBRELLAS，SUN UMBRELLAS，WALKING-STICKS，SEAT-STICKS，WHIPS，RIDING-CROPS AND PARTS THEREOF；PREPARED FEATHERS AND ARTICLES MADE THEREWITH；ARTIFICIAL FLOWERS；ARTICLES OF HUMAN HAIR**	**2503.61**	**362.02**	**382.92**	**55.22**
64章 鞋靴、护腿和类似品及其零件	Footwear，gaiters and the like；parts of such articles	1736.25	250.91	369.90	53.33
65章 帽类及其零件	Headgear and parts thereof	199.54	28.80	10.89	1.58
66章 雨伞、阳伞、手杖、鞭子、马鞭及其零件	Umbrellas，sun umbrellas，walking-sticks，seat-sticks，whips，riding-crops and parts thereof	117.38	16.95	0.50	0.07
67章 已加工羽毛、羽绒及其制品；人造花；人发制品	Prepared feathers and down and articles made of feathers or of down；artificial flowers；articles of human hair	450.44	65.36	1.64	0.24
第十三类 石料、石膏、水泥、石棉、云母及类似材料的制品；陶瓷产品；玻璃及其制品	**ARTICLES OF STONE，PLASTER，CEMENT，ASBESTOS，MICA OR SIMILAR MATERIALS；CERAMIC PRODUCTS；GLASS AND GLASSWARE**	**2851.24**	**412.55**	**376.74**	**54.46**
68章 石料、石膏、水泥、石棉、云母及类似材料的制品	Articles of stone，plaster，cement，asbestos，mica or similar materials；ceramic products；glass and glassware	620.52	89.74	79.03	11.45
69章 陶瓷产品	Ceramic products	1283.08	185.73	66.81	9.67
70章 玻璃及其制品	Glass and glassware	947.64	137.08	230.90	33.34
第十四类 天然或养殖珍珠、宝石或半宝石、贵金属、包贵金属及其制品；仿首饰；硬币	**NATURAL OR CULTURED PEARLS，PRECIOUS OR SEMI-PRECIOUS STONES，PRECIOUS METALS，METALS CLAD WITH PRECIOUS METAL AND STONES，PRECIOUS METALS，METALS CLAD WITH PRECIOUS METAL AND ARTICLES THEREOF；IMITATION JEWELLERY；COIN**	**225.74**	**33.09**	**1071.31**	**154.73**
71章 天然或养殖珍珠、宝石或半宝石、贵金属、包贵金属及其制品；仿首饰；硬币	Natural or cultured pearls，precious or semi-precious stones，precious metals，metals clad with precious metal and articles thereof；imitation jewellery；coin	225.74	33.09	1071.31	154.73
第十五类 贱金属及其制品	**BASE METALS AND ARTICLES OF BASE METAL**	**9729.25**	**1405.45**	**6255.12**	**903.71**
72章 钢铁	Iron and steel	2138.01	308.73	2287.08	330.40
73章 钢铁制品	Articles of iron or steel	3841.44	554.78	430.35	62.21
74章 铜及其制品	Copper and articles thereof	189.36	27.36	2447.79	353.42
75章 镍及其制品	Nickel and articles thereof	15.20	2.20	195.64	28.35
76章 铝及其制品	Aluminium and articles thereof	1505.36	217.42	392.52	56.69
78章 铅及其制品	Lead and articles thereof	2.57	0.37	7.08	1.02
79章 锌及其制品	Zinc and articles thereof	9.10	1.32	89.68	13.02
80章 锡及其制品	Tin and articles thereof	1.06	0.16	18.27	2.63
81章 其他贱金属、金属陶瓷及其制品	Other base metals；cermets；articles thereof	177.65	25.65	150.83	21.86
82章 贱金属工具、器具、利口器、餐匙、餐叉及其零件	Tools，implements，cutlery，spoons and forks，of base metal；parts thereof of base metal	859.94	124.28	146.18	21.12
83章 贱金属杂项制品	Miscellaneous articles of base metal	989.55	143.18	89.70	12.97

6-19 续表 4 Continued 4

商品分类	HS Section and Division	出口 Exports 亿元人民币 RMB 100 million	出口 Exports 亿美元 USD 100 million	进口 Imports 亿元人民币 RMB 100 million	进口 Imports 亿美元 USD 100 million
第十六类 机器、机械器具、电气设备及其零件；录音机及放声机、电视图像、声音的录制和重放设备及其零件、附件	**MACHINERY AND MECHANICAL APPLIANCES; ELECTRICAL EQUIPMENT; PARTS THEREOF; SOUND RECORDERS AND REPRODUCERS, TELEVISION IMAGE AND SOUND RECORDERS AND REPRODUCERS; AND PARTS AND ACCESSORIES OF RECORDERS AND REPRODUCERS; AND PARTS AND ACCESSORIES OF SUCH ARTICLES**	**33266.91**	**4805.76**	**18924.63**	**2731.96**
84章 核反应堆、锅炉、机器、机械器具及其零件	Nuclear reactors, boilers, machinery and mechanical appliances; parts thereof	12778.32	1844.56	7624.64	1101.74
85章 电机、电气设备及其零件；录音机及放声机、电视图像、声音的录制和重放设备及其零件、附件	Electrical machinery and equipment and parts thereof; sound recorders and reproducers, television image and sound recorders and reproducers, and parts and accessories of such articles	20488.59	2961.20	11299.99	1630.22
第十七类 车辆、航空器、船舶及有关运输设备	**VEHICLES, AIRCRAFT, VESSELS AND ASSOCIATED TRANSPORT EQUIPMENT**	**4540.98**	**656.80**	**4766.88**	**687.47**
86章 铁道及电车道机车、车辆及其零件；铁道及电车轨道固定装置及其零件、附件；各种机械(包括电动机械)交通信号设备	Railway or tramway locomotives, rolling-stock and parts thereof; railway or tramway track fixtures and fittings and parts thereof; mechanical(including electro-mechanical) traffic signalling equipment of all kinds	404.67	58.74	34.83	5.04
87章 车辆及其零件、附件，但铁道及电车道车辆除外	Vehicles other than railway or tramway rolling-stock, and parts and accessories thereof	4041.43	584.42	4629.37	667.51
88章 航空器、航天器及其零件	Aircraft, spacecraft, and parts thereof	34.34	4.95	78.75	11.46
89章 船舶及浮动结构体	Ships, boats and floating structures	60.53	8.68	23.94	3.47
第十八类 光学、照相、电影、计量、检验、医疗或外科用仪器及设备、精密仪器及设备；钟表；乐器；上述物品的零件、附件	**OPTICAL, PHOTOGRAPHIC, CINEMATOGRAPHIC, MEASURING, CHECKING, PRECISION, MEDICAL OR SURGICAL INSTRUMENTS AND APPARATUS; CLOCKS AND WATCHES; MUSICAL INSTRUMENTS; PARTS AND ACCESSORIES THEREOF**	**3012.66**	**434.63**	**3486.01**	**504.26**
90章 光学、照相、电影、计量、检验、医疗或外科用仪器及设备、精密仪器及设备；上述物品的零件、附件	Optical, photographic, cinematographic, measuring, checking, precision medical or surgical instruments and apparatus; parts and accessories thereof	2833.71	408.73	3291.47	476.11
91章 钟表及其零件	Clocks and watches and parts thereof	99.79	14.45	171.10	24.76
92章 乐器及其零件、附件	Musical instruments; parts and accessories of such articles	79.16	11.44	23.43	3.40
第十九类 武器、弹药及其零件、附件	**ARMS AND AMMUNITION; PARTS AND ACCESSORIES THEREOF**	**12.62**	**1.82**	**0.69**	**0.10**
93章 武器、弹药及其零件、附件	Arms and ammunition; parts and accessories thereof	12.62	1.82	0.69	0.10
第二十类 杂项制品	**MISCELLANEOUS MANUFACTURED ARTICLES**	**9890.16**	**1430.14**	**341.43**	**49.40**
94章 家具；寝具、褥垫、弹簧床垫、软坐垫及类似的填充制品；未列名灯具及照明装置；发光标志、发光名牌及类似品；活动房屋	Furniture; bedding, mattresses, mattress supports, cushions and similar stuffed furnishings; lamps and lighting fittings, not elsewhere specified or included; illuminated signs, illuminated	6203.57	897.36	139.23	20.19
95章 玩具、游戏品、运动用品及其零件、附件	Toys, games and sports requisites; parts and accessories thereof	2757.19	398.52	98.74	14.28
96章 杂项制品	Miscellaneous manufactured articles	929.40	134.26	103.45	14.93
第二十一类 艺术品、收藏品及古物	**WORKS OF ART, COLLECTORS' PIECES AND ANTIQUES**	**11.87**	**1.72**	**4.82**	**0.70**
97章 艺术品、收藏品及古物	Works of art, collectors' pieces and antiques	11.87	1.72	4.82	0.70
第二十二类 特殊交易品及未分类商品	**COMMODITIES AND TRANSACTIONS NOT CLASSIFIED ACCORDING TO KIND**	**899.25**	**130.85**	**0.50**	**0.07**
98章 特殊交易品及未分类商品	Commodities and transactions not classified according to kind	854.05	124.26	0.50	0.07
99章 跨境电商B2B简化申报商品	Simplified Declaration of Cross-border E-commerce B2B Commodities	45.20	6.58		

6-20 按商品类章分加工贸易进出口金额(2020年)
Value of Imports and Exports in Processing Trade by HS(2020)

商品分类	HS Section and Division	出口 Exports 亿元人民币 RMB 100 million	出口 Exports 亿美元 USD 100 million	进口 Imports 亿元人民币 RMB 100 million	进口 Imports 亿美元 USD 100 million
总　额	**Total**	**48584.55**	**7024.21**	**27888.56**	**4039.10**
第一类　活动物；动物产品	**LIVE ANIMALS；ANIMAL PRODUCTS**	**283.05**	**40.83**	**156.33**	**22.52**
01章　活动物	Live animals				
02章　肉及食用杂碎	Meat and edible meat offal	0.23	0.03	4.41	0.63
03章　鱼、甲壳动物、软体动物及其他水生无脊椎动物	Fish and crustaceans molluscs and other aquatic invertebrates	255.97	36.92	132.52	19.08
04章　乳品；蛋品；天然蜂蜜；其他食用动物产品	Dairy produce；birds' eggs；natural honey；edible products of animal origin，not elsewhere specified or included	0.08	0.01	0.69	0.10
05章　其他动物产品	Products of animal origin，not elsewhere specified or included	26.77	3.86	18.72	2.70
第二类　植物产品	**VEGETABLE PRODUCTS**	**42.95**	**6.20**	**141.20**	**20.41**
06章　活树及其他活植物；鳞茎、根及类似品；插花及装饰用簇叶	Live tree and other plants；bulbs，roots and the like；cut flowers and ornamental foliage	0.28	0.04	0.00	0.00
07章　食用蔬菜、根及块茎	Edible vegetables and certain roots and tubers	1.10	0.16	0.89	0.13
08章　食用水果及坚果；甜瓜或柑桔属水果的果皮	Edible fruit and nuts；peel of citrus fruit or melons	17.14	2.47	40.82	5.98
09章　咖啡、茶、马黛茶及调味香料	Coffee，tea，mate and spices	3.14	0.45	3.42	0.49
10章　谷物	Cereals			26.71	3.82
11章　制粉工业产品；麦芽；淀粉；菊粉；面筋	Products of the milling industry；malt；starches；inulin；wheat gluten	6.98	1.01	4.36	0.63
12章　含油子仁及果实；杂项子仁及果实；工业用或药用植物；稻草、秸秆及饲料	Oil seeds and oleaginous fruits；miscellaneous grains，seeds and fruit；industrial or medicinal plants；straw and fodder	2.97	0.43	63.35	9.12
13章　虫胶；树胶、树脂及其他植物液、汁	Lac；gums，resins and other vegetable saps and extracts	11.02	1.59	1.12	0.16
14章　编结用植物材料；其他植物产品	Vegetable plaiting materials；vegetable products not elsewhere specified or included	0.30	0.04	0.53	0.08
第三类　动、植物油、脂及其分解产品；精制的食用油脂；动、植物蜡	**ANIMAL OR VEGETABLE FATS AND OILS AND THEIR CLEAVAGE PRODUCTS；PREPARED EDIBLE FATS；ANIMAL OR VEGETABLE WAXES**	**12.83**	**1.85**	**14.63**	**2.12**
15章　动、植物油、脂及其分解产品；精制的食用油脂；动、植物蜡	Animal or vegetable fats and oils and their cleavage products；prepared edible fats；animal or vegetable waxes	12.83	1.85	14.63	2.12
第四类　食品；饮料、酒及醋；烟草、烟草及烟草代用品的制品	**PREPARED FOODSTUFFS；BEVERAGES, SPIRITS AND VINEGAR；TOBACCO AND MANUFACTURED TOBACCO SUBSTITUTES**	**231.40**	**33.37**	**20.34**	**2.96**
16章　肉、鱼、甲壳动物、软体动物及其他水生无脊椎动物的制品	Preparations of meat，of fish or of crustaceans，molluscs or other aquatic invertebrates	77.99	11.25	1.54	0.22
17章　糖及糖食	Sugars and sugar confectionery	17.04	2.46	7.23	1.06
18章　可可及可可制品	Cocoa and cocoa preparations	6.49	0.95	2.97	0.43
19章　谷物、粮食粉、淀粉或乳的制品；糕饼点心	Preparations of cereals，flour，starch or milk；pastry-cooks' products	19.66	2.83	0.69	0.10

6–20 续表 1 Continued 1

商品分类	HS Section and Division	出口 Exports 亿元人民币 RMB 100 million	出口 Exports 亿美元 USD 100 million	进口 Imports 亿元人民币 RMB 100 million	进口 Imports 亿美元 USD 100 million
20章 蔬菜、水果、坚果或植物其他部分的制品	Preparations of vegetables, fruit, nuts or other parts of plants	57.06	8.23	2.30	0.33
21章 杂项食品	Miscellaneous edible preparations	23.63	3.41	1.82	0.26
22章 饮料、酒及醋	Beverages, spirits and vinegar	1.58	0.23	0.92	0.13
23章 食品工业的残渣及废料；配制的动物饲料	Residues and waste from the food industries; prepared animal fodder	27.95	4.02	2.87	0.42
24章 烟草及烟草代用品的制品	Tobacco and manufactured tobacco substitutes				
第五类 矿产品	**MINERAL PRODUCTS**	**56.76**	**8.16**	**1330.71**	**192.22**
25章 盐；硫磺；泥土及石料；石膏料、石灰及水泥	Salt; sulphur; earths and stone; plastering materials, lime and cement	0.00	0.00	3.57	0.52
26章 矿砂、矿渣及矿灰	Ores, slag and ash	8.21	1.17	640.35	92.69
27章 矿物燃料、矿物油及其蒸馏产品；沥青物质；矿物蜡	Mineral fuels, mineral oils and products of their distillation; bituminous substances; mineral waxes	48.56	6.98	686.80	99.02
第六类 化学工业及其相关工业的产品	**PRODUCTS OF THE CHEMICAL OR INDUSTRIES ALLIED**	**787.47**	**113.59**	**1034.68**	**149.61**
28章 无机化学品；贵金属、稀土金属、放射性元素及其同位素的有机及无机化合物	Inorganic chemicals; organic or inorganic compounds of precious metals, of rare- earth metals, of radioactive elements or of isotopes	41.33	5.97	127.93	18.52
29章 有机化学品	Organic chemicals	304.28	43.91	436.41	63.06
30章 药品	Pharmaceutical products	242.91	35.02	48.29	6.95
31章 肥料	Fertilizers			0.00	0.00
32章 鞣料浸膏及染料浸膏；鞣酸及其衍生物；染料、颜料及其他着色料；油漆及清漆；油灰及其他类似胶粘剂；墨水、油墨	Tanning or dyeing extracts; tannins and their derivatives; dyes, pigments and other colouring matter; paints and varnishes; putty and other mastics; inks	3.59	0.52	53.31	7.72
33章 精油及香膏；芳香料制品及化妆盥洗品	Essential oils and retinoid; perfumery, cosmetic or toilet preparations	51.53	7.42	15.90	2.29
34章 肥皂、有机表面活性剂、洗涤剂、润滑剂、人造蜡、调制蜡、光洁剂、蜡烛及类似品、塑型用膏、"牙科用蜡"及牙科用熟石膏制剂	Soap, organic surface-active agents, washing preparations, lubricating preparations, artificial waxes, prepared waxes, polishing or scouring preparations, candles and similar articles, modelling pastes, "dental waxes" and dental preparations with a basis of plast	21.51	3.10	22.51	3.26
35章 蛋白类物质；改性淀粉；胶；酶	Albuminoidal substances; modified starches; glues; enzymes	14.95	2.16	46.74	6.76
36章 炸药；烟火制品；火柴；引火合金；易燃材料制品	Explosives; pyrotechnic products; matches; pyrophoric alloys; certain combustible preparations	0.54	0.08	1.99	0.29
37章 照相及电影用品	Photographic or cinematographic goods	9.91	1.43	74.78	10.82
38章 杂项化学产品	Miscellaneous chemical products	96.91	13.98	206.81	29.93
第七类 塑料及其制品，橡胶及其制品	**PLASTICS AND ARTICLES THEREOF RUBBER AND ARTICLES THEREOF**	**1789.00**	**258.37**	**1236.73**	**179.00**
39章 塑料及其制品	Plastics and articles thereof	1077.04	155.57	1061.86	153.62
40章 橡胶及其制品	Rubber and articles thereof	711.95	102.80	174.87	25.38
第八类 生皮、皮革、毛皮及其制品；鞍具及挽具；旅行用品、手提包及类似品；动物肠线(蚕胶丝除外)制品	**RAW HIDES AND SKINS, LEATHER, FUR SKINS AND ARTICLES THEREOF; SADDLERY AND HARNESS; TRAVEL GOODS, HANDBAGS AND SIMILAR CONTAINERS; ARTICLES OF ANIMAL GUT(OTHER THAN SILK-WORM GUT)**	**130.14**	**18.84**	**85.48**	**12.38**
41章 生皮(毛皮除外)及皮革	Raw hides and skins(other than fur skins) and leather	28.55	4.13	77.43	11.22

6–20 续表 2 Continued 2

商品分类	HS Section and Division	出口 Exports 亿元人民币 RMB 100 million	出口 Exports 亿美元 USD 100 million	进口 Imports 亿元人民币 RMB 100 million	进口 Imports 亿美元 USD 100 million
42章 皮革制品；鞍具及挽具；旅行用品、手提包及类似容器；动物肠线(蚕胶丝除外)制品	Articles of leather；saddlery and harness；travel goods, hand bags and similar containers；articles of animal gut (other than silk-worm gut)	90.86	13.16	6.20	0.90
43章 毛皮、人造毛皮及其制品	Fur skins and artificial fur；manufactures thereof	10.74	1.55	1.85	0.27
第九类 木及木制品；木炭；软木及软木制品；稻草，秸秆、针茅或其他编结材料制品；篮筐及柳条编结品	**WOOD AND ARTICLES OF WOOD；WOOD CHAR-COAL；CORK AND ARTICLES OF CORK；MANUFACTURES OF STRAW, OF ESPARTO OR OF OTHER PLAITING MATERIALS；BASKET WARE AND WICKERWORK**	**62.64**	**9.03**	**24.71**	**3.58**
44章 木及木制品；木炭	Wood and articles of wood；wood charcoal	61.45	8.86	24.63	3.57
45章 软木及软木制品	Cork and articles of cork			0.06	0.01
46章 稻草、秸秆、针茅或其他编结材料制品；篮筐及柳条编结品	Manufactures of straw, of esparto or of other plaiting Materials；basket ware and wickerwork	1.19	0.17	0.02	0.00
第十类 木浆及其他纤维状纤维素浆；纸及纸板的废碎品；纸、纸板及其制品	**PULP OF WOOD OR OF OTHER FIBROUS CELLULOSIC MATERIAL；WASTE AND SCRAP OF PAPER OR PAPERBOARD；PAPER AND PAPERBOARD AND ARTICLES THEREOF**	**381.92**	**55.04**	**173.86**	**25.09**
47章 木浆及其他纤维状纤维素浆；纸及纸板的废碎品	Pulp of wood or of other fibrous cellulosic material；waste and scrap of paper or paperboard			111.79	16.11
48章 纸及纸板；纸浆、纸或纸板制品	Paper and paperboard；articles of paper pulp, of paper or paperboard	319.04	45.98	51.00	7.38
49章 书籍、报纸、印刷图画及其他印制品；手稿、打字稿及设计图纸	Printed books, newspapers, pictures and other products of the printing industry；manuscripts, typescripts and plans	62.88	9.06	11.07	1.60
第十一类 纺织原料及纺织制品	**TEXTILES AND TEXTILE ARTICLES**	**1029.06**	**148.32**	**345.15**	**49.94**
50章 蚕丝	Silk	0.26	0.04	0.98	0.14
51章 羊毛、动物细毛或粗毛；马毛纱线及其机织物	Wool, fine or coarse animal hair；horsehair yarn and woven fabric	28.44	4.11	35.39	5.09
52章 棉花	Cotton	49.51	7.14	68.74	9.99
53章 其他植物纺织纤维；纸纱线及其机织物	Other vegetable textile fibres；paper yarn and woven fabrics of paper yarn	2.15	0.31	3.68	0.53
54章 化学纤维长丝	Man-made filaments	65.98	9.55	57.50	8.33
55章 化学纤维短纤	Man-made short fibres	30.52	4.40	32.67	4.73
56章 絮胎、毡呢及无纺织物；特种纱线；线、绳、索、缆及其制品	Wadding, felt and nonwoven；special yarns；twine, cordage, ropes and cables and articles thereof	27.93	4.03	27.13	3.93
57章 地毯及纺织材料的其他铺地制品	Carpets and other textile floor coverings	6.57	0.95	0.31	0.04
58章 特种机织物；簇绒织物；花边；装饰毯；装饰带；刺绣品	Special woven fabrics；tufted textile fabrics；lace；tapestries；trimmings；embroidery	13.00	1.88	13.37	1.94
59章 浸渍、涂布、包覆或层压的纺织物；工业用纺织制品	Impregnated, coated, covered or laminated textile fabrics；textile articles of a kind suitable for industrial use	35.89	5.18	39.25	5.67
60章 针织物及钩编织物	Knitted or crocheted fabrics	116.01	16.74	50.00	7.23
61章 针织或钩编的服装及衣着附件	Articles of apparel and clothing accessories, Knitted or crocheted	197.74	28.48	2.28	0.33
62章 非针织或非钩编的服装及衣着附件	Articles of apparel and clothing accessories, not knitted or crocheted	330.64	47.59	3.56	0.51

6-20 续表 3 Continued 3

商品分类	HS Section and Division	出口 Exports 亿元人民币 RMB 100 million	出口 Exports 亿美元 USD 100 million	进口 Imports 亿元人民币 RMB 100 million	进口 Imports 亿美元 USD 100 million
63章 其他纺织制成品；成套物品；旧衣着及旧纺织品；碎织物	Other made up textile articles；sets；worn clothing and worn textile articles；rags articles；rags	124.41	17.92	10.29	1.48
第十二类 鞋、帽、伞、杖、鞭及其零件；已加工的羽毛及其制品；人造花；人发制品	**FOOTWEAR，HEADGEAR，UMBRELLAS，SUN UMBRELLAS，WALKING-STICKS，SEAT-STICKS，WHIPS，RIDING-CROPS AND PARTS THEREOF；PREPARED FEATHERS AND ARTICLES MADE THEREWITH；ARTIFICIAL FLOWERS；ARTICLES OF HUMAN HAIR**	**382.63**	**55.16**	**43.44**	**6.29**
64章 鞋靴、护腿和类似品及其零件	Footwear，gaiters and the like；parts of such articles	291.63	42.01	23.82	3.44
65章 帽类及其零件	Headgear and parts thereof	37.03	5.34	0.78	0.11
66章 雨伞、阳伞、手杖、鞭子、马鞭及其零件	Umbrellas，sun umbrellas，walking-sticks，seat-sticks，whips，riding-crops and parts thereof	7.46	1.08	0.00	0.00
67章 已加工羽毛、羽绒及其制品；人造花；人发制品	Prepared feathers and down and articles made of feathers or of down；artificial flowers；articles of human hair	46.50	6.73	18.84	2.74
第十三类 石料、石膏、水泥、石棉、云母及类似材料的制品；陶瓷产品；玻璃及其制品	**ARTICLES OF STONE，PLASTER，CEMENT，ASBESTOS，MICA OR SIMILAR MATERIALS；CERAMIC PRODUCTS；GLASS AND GLASSWARE**	**119.03**	**17.18**	**271.29**	**39.23**
68章 石料、石膏、水泥、石棉、云母及类似材料的制品	Articles of stone，plaster，cement，asbestos，mica or similar materials；ceramic products；glass and glassware	20.02	2.89	34.19	4.95
69章 陶瓷产品	Ceramic products	10.74	1.55	9.14	1.32
70章 玻璃及其制品	Glass and glassware	88.27	12.74	227.96	32.96
第十四类 天然或养殖珍珠、宝石或半宝石、贵金属、包贵金属及其制品；仿首饰；硬币	**NATURAL OR CULTURED PEARLS，PRECIOUS OR SEMI-PRECIOUS STONES，PRECIOUS METALS，METALS CLAD WITH PRECIOUS METAL AND STONES，PRECIOUS METALS，METALS CLAD WITH PRECIOUS METAL AND ARTICLES THEREOF；IMITATION JEWELLERY；COIN**	**778.96**	**113.26**	**626.67**	**91.32**
71章 天然或养殖珍珠、宝石或半宝石、贵金属、包贵金属及其制品；仿首饰；硬币	Natural or cultured pearls，precious or semi-precious stones，precious metals，metals clad with precious metal and articles thereof；imitation jewellery；coin	778.96	113.26	626.67	91.32
第十五类 贱金属及其制品	**BASE METALS AND ARTICLES OF BASE METAL**	**755.11**	**109.01**	**1013.61**	**146.85**
72章 钢铁	Iron and steel	38.28	5.52	181.36	26.22
73章 钢铁制品	Articles of iron or steel	234.86	33.87	154.60	22.38
74章 铜及其制品	Copper and articles thereof	214.70	31.04	432.90	62.88
75章 镍及其制品	Nickel and articles thereof	10.57	1.52	22.76	3.28
76章 铝及其制品	Aluminium and articles thereof	89.53	12.94	122.24	17.66
78章 铅及其制品	Lead and articles thereof	0.01	0.00	0.37	0.05
79章 锌及其制品	Zinc and articles thereof	1.19	0.17	12.10	1.75
80章 锡及其制品	Tin and articles thereof	2.36	0.35	5.10	0.74
81章 其他贱金属、金属陶瓷及其制品	Other base metals；cermets；articles thereof	6.04	0.86	40.01	5.79
82章 贱金属工具、器具、利口器、餐匙、餐叉及其零件	Tools，implements，cutlery，spoons and forks，of base metal；parts thereof of base metal	81.39	11.74	20.98	3.03
83章 贱金属杂项制品	Miscellaneous articles of base metal	76.18	11.00	21.20	3.07

商品分类	HS Section and Division	出口 Exports 亿元人民币 RMB 100 million	出口 Exports 亿美元 USD 100 million	进口 Imports 亿元人民币 RMB 100 million	进口 Imports 亿美元 USD 100 million
第十六类 机器、机械器具、电气设备及其零件；录音机及放声机、电视图像、声音的录制和重放设备及其零件、附件	**MACHINERY AND MECHANICAL APPLIANCES; ELECTRICAL EQUIPMENT; PARTS THEREOF; SOUND RECORDERS AND REPRODUCERS, TELEVISION IMAGE AND SOUND RECORDERS AND REPRODUCERS; AND PARTS AND ACCESSORIES OF RECORDERS AND REPRODUCERS; AND PARTS AND ACCESSORIES OF SUCH ARTICLES**	**35391.35**	**5118.17**	**18873.10**	**2734.38**
84章 核反应堆、锅炉、机器、机械器具及其零件	Nuclear reactors, boilers, machinery and mechanical appliances; parts thereof	13332.78	1924.72	1972.52	285.33
85章 电机、电气设备及其零件；录音机及放声机、电视图像、声音的录制和重放设备及其零件、附件	Electrical machinery and equipment and parts thereof; sound recorders and reproducers, television image and sound recorders and reproducers, and parts and accessories of such articles	22058.57	3193.44	16900.58	2449.05
第十七类 车辆、航空器、船舶及有关运输设备	**VEHICLES, AIRCRAFT, VESSELS AND ASSOCIATED TRANSPORT EQUIPMENT**	**2408.39**	**347.92**	**319.50**	**46.36**
86章 铁道及电车道机车、车辆及其零件；铁道及电车轨道固定装置及其零件、附件；各种机械(包括电动机械)交通信号设备	Railway or tramway locomotives, rolling-stock and parts thereof; railway or tramway track fixtures and fittings and parts thereof; mechanical(including electro-mechanical) traffic signalling equipment of all kinds	251.93	36.49	7.61	1.10
87章 车辆及其零件、附件，但铁道及电车道车辆除外	Vehicles other than railway or tramway rolling-stock, and parts and accessories thereof	786.19	113.52	138.92	20.17
88章 航空器、航天器及其零件	Aircraft, spacecraft, and parts thereof	65.51	9.45	171.67	24.89
89章 船舶及浮动结构体	Ships, boats and floating structures	1304.75	188.46	1.31	0.19
第十八类 光学、照相、电影、计量、检验、医疗或外科用仪器及设备、精密仪器及设备；钟表；乐器；上述物品的零件、附件	**OPTICAL, PHOTOGRAPHIC, CINEMATOGRAPHIC, MEASURING, CHECKING, PRECISION, MEDICAL OR SURGICAL INSTRUMENTS AND APPARATUS; CLOCKS AND WATCHES; MUSICAL INSTRUMENTS; PARTS AND ACCESSORIES THEREOF**	**2194.70**	**317.03**	**2101.32**	**303.88**
90章 光学、照相、电影、计量、检验、医疗或外科用仪器及设备、精密仪器及设备；上述物品的零件、附件	Optical, photographic, cinematographic, measuring, checking, precision medical or surgical instruments and apparatus; parts and accessories thereof	2078.92	300.31	2066.58	298.86
91章 钟表及其零件	Clocks and watches and parts thereof	83.16	12.01	32.47	4.69
92章 乐器及其零件、附件	Musical instruments; parts and accessories of such articles	32.62	4.71	2.27	0.33
第十九类 武器、弹药及其零件、附件	**ARMS AND AMMUNITION; PARTS AND ACCESSORIES THEREOF**				
93章 武器、弹药及其零件、附件	Arms and ammunition; parts and accessories thereof				
第二十类 杂项制品	**MISCELLANEOUS MANUFACTURED ARTICLES**	**1747.16**	**252.88**	**75.55**	**10.93**
94章 家具；寝具、褥垫、弹簧床垫、软坐垫及类似的填充制品；未列名灯具及照明装置；发光标志、发光名牌及类似品；活动房屋	Furniture; bedding, mattresses, mattress supports, cushions and similar stuffed furnishings; lamps and lighting fittings, not elsewhere specified or included; illuminated signs, illuminated	390.14	56.26	14.39	2.08
95章 玩具、游戏品、运动用品及其零件、附件	Toys, games and sports requisites; parts and accessories thereof	1236.97	179.32	46.01	6.66
96章 杂项制品	Miscellaneous manufactured articles	120.04	17.30	15.15	2.19
第二十一类 艺术品、收藏品及古物	**WORKS OF ART, COLLECTORS' PIECES AND ANTIQUES**			**0.00**	**0.00**
97章 艺术品、收藏品及古物	Works of art, collectors' pieces and antiques			0.00	0.00
第二十二类 特殊交易品及未分类商品	**COMMODITIES AND TRANSACTIONS NOT CLASSIFIED ACCORDING TO KIND**	**0.01**	**0.00**	**0.23**	**0.03**
98章 特殊交易品及未分类商品	Commodities and transactions not classified according to kind	0.01	0.00	0.23	0.03

6-21 对欧洲联盟进出口商品分类金额

Value of Exports to and Imports from EU by HS

单位：亿美元

Unit: USD 100 million

商品分类	HS Section and Division	2019		2020	
		出口 Exports	进口 Imports	出口 Exports	进口 Imports
总　额	**Total**	**4288.07**	**2766.40**	**3908.86**	**2585.00**
第一类　活动物；动物产品	**LIVE ANIMALS；ANIMAL PRODUCTS**	**31.07**	**68.44**	**20.44**	**108.22**
01章　活动物	Live animals	0.01	0.46	0.00	0.69
02章　肉及食用杂碎	Meat and edible meat offal	0.19	44.80	0.16	85.04
03章　鱼、甲壳动物、软体动物及其他水生无脊椎动物	Fish and crustaceans molluscs and other aquatic invertebrates	22.46	4.92	13.67	2.92
04章　乳品；蛋品；天然蜂蜜；其他食用动物产品	Dairy produce；birds' eggs；natural honey；edible products of animal origin，not elsewhere specified or included	1.49	15.75	0.92	17.80
05章　其他动物产品	Products of animal origin，not elsewhere specified or included	6.92	2.50	5.69	1.77
第二类　植物产品	**VEGETABLE PRODUCTS**	**22.90**	**12.06**	**22.08**	**18.48**
06章　活树及其他活植物；鳞茎、根及类似品；插花及装饰用簇叶	Live tree and other plants；bulbs，roots and the like; cut flowers and ornamental foliage	0.63	1.37	0.72	1.18
07章　食用蔬菜、根及块茎	Edible vegetables and certain roots and tubers	5.63	0.10	4.59	0.19
08章　食用水果及坚果；甜瓜或柑桔属水果的果皮	Edible fruit and nuts；peel of citrus fruit or melons	3.64	1.44	3.52	0.86
09章　咖啡、茶、马黛茶及调味香料	Coffee，tea，mate and spices	4.92	0.55	4.85	0.55
10章　谷物	Cereals	0.17	4.71	0.20	11.88
11章　制粉工业产品；麦芽；淀粉；菊粉；面筋	Products of the milling industry；malt；starches；inulin；wheat gluten	0.44	0.59	0.44	0.85
12章　含油子仁及果实；杂项子仁及果实；工业用或药用植物；稻草、秸秆及饲料	Oil seeds and oleaginous fruits；miscellaneous grains，seeds and fruit；industrial or medicinal plants；straw and fodder	3.82	2.40	4.03	2.08
13章　虫胶；树胶、树脂及其他植物液、汁	Lac；gums，resins and other vegetable saps and extracts	3.13	0.89	3.14	0.86
14章　编结用植物材料；其他植物产品	Vegetable plaiting materials；vegetable products not elsewhere specified or included	0.52	0.01	0.59	0.02
第三类　动、植物油、脂及其分解产品；精制的食用油脂；动、植物蜡	**ANIMAL OR VEGETABLE FATS AND OILS AND THEIR CLEAVAGE PRODUCTS；PREPARED EDIBLE FATS；ANIMAL OR VEGETABLE WAXES**	**4.65**	**3.34**	**6.09**	**3.80**
15章　动、植物油、脂及其分解产品；精制的食用油脂；动、植物蜡	Animal or vegetable fats and oils and their cleavage products；prepared edible fats；animal or vegetable waxes	4.65	3.34	6.09	3.80
第四类　食品；饮料、酒及醋；烟草、烟草及烟草代用品的制品	**PREPARED FOODSTUFFS；BEVERAGES, SPIRITS AND VINEGAR；TOBACCO AND MANUFACTURED TOBACCO SUBSTITUTES**	**31.59**	**84.81**	**24.43**	**80.27**
16章　肉、鱼、甲壳动物、软体动物及其他水生无脊椎动物的制品	Preparations of meat，of fish or of crustaceans，molluscs or other aquatic invertebrates	5.00	0.17	3.57	0.15
17章　糖及糖食	Sugars and sugar confectionery	0.93	0.95	0.62	1.20
18章　可可及可可制品	Cocoa and cocoa preparations	0.35	2.33	0.33	2.29
19章　谷物、粮食粉、淀粉或乳的制品；糕饼点心	Preparations of cereals，flour，starch or milk；pastry-cooks' products	1.86	39.78	1.08	39.24

6-21 续表 1 Continued 1

单位：亿美元
Unit: USD 100 million

商品分类	HS Section and Division	2019		2020	
		出口 Exports	进口 Imports	出口 Exports	进口 Imports
20章 蔬菜、水果、坚果或植物其他部分的制品	Preparations of vegetables, fruit，nuts or other parts of plants	8.33	1.70	6.95	1.61
21章 杂项食品	Miscellaneous edible preparations	3.99	6.89	3.51	7.32
22章 饮料、酒及醋	Beverages，spirits and vinegar	1.66	31.17	1.22	25.56
23章 食品工业的残渣及废料；配制的动物饲料	Residues and waste from the food industries；prepared animal fodder	7.57	1.58	5.77	2.69
24章 烟草及烟草代用品的制品	Tobacco and manufactured tobacco substitutes	1.89	0.22	1.37	0.23
第五类 矿产品	**MINERAL PRODUCTS**	**32.56**	**106.89**	**17.11**	**37.64**
25章 盐；硫磺；泥土及石料；石膏料、石灰及水泥	Salt；sulphur；earths and stone；plastering materials, lime and cement	3.87	8.45	2.88	6.57
26章 矿砂、矿渣及矿灰	Ores，slag and ash	0.26	16.34	0.18	18.52
27章 矿物燃料、矿物油及其蒸馏产品；沥青物质；矿物蜡	Mineral fuels，mineral oils and products of their distillation; bituminous substances; mineral waxes	28.43	82.10	14.05	12.55
第六类 化学工业及其相关工业的产品	**PRODUCTS OF THE CHEMICAL OR INDUSTRIES ALLIED**	**212.81**	**441.44**	**212.20**	**431.40**
28章 无机化学品；贵金属、稀土金属、放射性元素及其同位素的有机及无机化合物	Inorganic chemicals；organic or inorganic compounds of precious metals，of rare- earth metals, of radioactive elements or of isotopes	15.03	12.85	11.62	14.44
29章 有机化学品	Organic chemicals	121.04	68.81	114.00	60.90
30章 药品	Pharmaceutical products	21.37	226.98	29.88	220.40
31章 肥料	Fertilizers	0.51	3.27	0.60	2.93
32章 鞣料浸膏及染料浸膏；鞣酸及其衍生物；染料、颜料及其他着色料；油漆及清漆；油灰及其他类似胶粘剂；墨水、油墨	Tanning or dyeing extracts；tannins and their derivatives；dyes，pigments and other colouring matter；paints and varnishes；putty and other mastics；inks	11.68	12.27	10.24	10.25
33章 精油及香膏；芳香料制品及化妆盥洗品	Essential oils and retinoid；perfumery，cosmetic or toilet preparations	10.17	56.80	5.73	63.54
34章 肥皂、有机表面活性剂、洗涤剂、润滑剂、人造蜡、调制蜡、光洁剂、蜡烛及类似品、塑型用膏、“牙科用蜡”及牙科用熟石膏制剂	Soap，organic surface-active agents，washing preparations，lubricating preparations，artificial waxes，prepared waxes，polishing or scouring preparations，candles and similar articles，modelling pastes，“dental waxes” and dental preparations with a basis of plast	5.42	13.49	3.87	13.28
35章 蛋白类物质；改性淀粉；胶；酶	Albuminoidal substances；modified starches；glues；enzymes	3.39	8.08	3.23	9.20
36章 炸药；烟火制品；火柴；引火合金；易燃材料制品	Explosives；pyrotechnic products；matches；pyrophoric alloys；certain combustible preparations	2.80	0.32	1.98	0.29
37章 照相及电影用品	Photographic or cinematographic goods	1.40	1.18	1.33	1.14
38章 杂项化学产品	Miscellaneous chemical products	20.01	37.39	29.71	35.01
第七类 塑料及其制品，橡胶及其制品	**PLASTICS AND ARTICLES THEREOF RUBBER AND ARTICLES THEREOF**	**160.96**	**100.79**	**140.55**	**97.51**
39章 塑料及其制品	Plastics and articles thereof	123.78	78.13	109.11	76.44
40章 橡胶及其制品	Rubber and articles thereof	37.18	22.66	31.44	21.07
第八类 生皮、皮革、毛皮及其制品；鞍具及挽具；旅行用品、手提包及类似品；动物肠线(蚕胶丝除外)制品	**RAW HIDES AND SKINS，LEATHER，FUR SKINS AND ARTICLES THEREOF；SADDLERY AND HARNESS；TRAVEL GOODS，HANDBAGS AND SIMILAR CONTAINERS；ARTICLES OF ANIMAL GUT(OTHER THAN SILK-WORM GUT)**	**77.33**	**36.94**	**47.92**	**43.17**
41章 生皮(毛皮除外)及皮革	Raw hides and skins(other than fur skins) and leather	0.37	7.24	0.28	5.28

6-21 续表 2 Continued 2

单位：亿美元
Unit: USD 100 million

商品分类	HS Section and Division	2019		2020	
		出口 Exports	进口 Imports	出口 Exports	进口 Imports
42章 皮革制品；鞍具及挽具；旅行用品、手提包及类似容器；动物肠线(蚕胶丝除外)制品	Articles of leather；saddlery and harness；travel goods，hand bags and similar containers；articles of animal gut (other than silk-worm gut)	75.61	26.08	46.82	35.55
43章 毛皮、人造毛皮及其制品	Fur skins and artificial fur；manufactures thereof	1.35	3.63	0.82	2.34
第九类 木及木制品；木炭；软木及软木制品；稻草，秸秆、针茅或其他编结材料制品；篮筐及柳条编结品	**WOOD AND ARTICLES OF WOOD；WOOD CHAR-COAL；CORK AND ARTICLES OF CORK；MANUFACTURES OF STRAW，OF ESPARTO OR OF OTHER PLAITING MATERIALS；BASKET WARE AND WICKERWORK**	**33.15**	**27.38**	**24.64**	**34.00**
44章 木及木制品；木炭	Wood and articles of wood；wood charcoal	26.36	26.95	19.36	33.64
45章 软木及软木制品	Cork and articles of cork	0.07	0.37	0.08	0.32
46章 稻草、秸秆、针茅或其他编结材料制品；篮筐及柳条编结品	Manufactures of straw，of esparto or of other plaiting Materials；basket ware and wickerwork	6.72	0.06	5.20	0.05
第十类 木浆及其他纤维状纤维素浆；纸及纸板的废碎品；纸、纸板及其制品	**PULP OF WOOD OR OF OTHER FIBROUS CELLULOSIC MATERIAL；WASTE AND SCRAP OF PAPER OR PAPERBOARD；PAPER AND PAPERBOARD AND ARTICLES THEREOF**	**37.07**	**47.12**	**24.03**	**39.59**
47章 木浆及其他纤维状纤维素浆；纸及纸板的废碎品	Pulp of wood or of other fibrous cellulosic material；waste and scrap of paper or paperboard	0.39	26.91	0.29	20.67
48章 纸及纸板；纸浆、纸或纸板制品	Paper and paperboard；articles of paper pulp，of paper or paperboard	29.03	13.34	19.92	15.34
49章 书籍、报纸、印刷图画及其他印制品；手稿、打字稿及设计图纸	Printed books，newspapers，pictures and other products of the printing industry；manuscripts，typescripts and plans	7.65	6.87	3.81	3.58
第十一类 纺织原料及纺织制品	**TEXTILES AND TEXTILE ARTICLES**	**456.37**	**54.04**	**516.82**	**49.47**
50章 蚕丝	Silk	2.70	0.16	1.69	0.08
51章 羊毛、动物细毛或粗毛；马毛纱线及其机织物	Wool，fine or coarse animal hair；horsehair yarn and woven fabric	5.86	4.02	3.36	2.21
52章 棉花	Cotton	5.07	1.22	3.69	0.73
53章 其他植物纺织纤维；纸纱线及其机织物	Other vegetable textile fibres；paper yarn and woven fabrics of paper yarn	2.62	6.57	1.74	4.41
54章 化学纤维长丝	Man-made filaments	22.05	3.86	15.10	2.81
55章 化学纤维短纤	Man-made short fibres	9.19	6.12	5.95	3.62
56章 絮胎、毡呢及无纺织物；特种纱线；线、绳、索、缆及其制品	Wadding，felt and nonwoven；special yarns；twine，cordage，ropes and cables and articles thereof	8.21	2.70	9.70	2.93
57章 地毯及纺织材料的其他铺地制品	Carpets and other textile floor coverings	5.34	0.23	4.29	0.17
58章 特种机织物；簇绒织物；花边；装饰毯；装饰带；刺绣品	Special woven fabrics；tufted textile fabrics；lace；tapestries；trimmings；embroidery	5.16	0.55	3.58	0.43
59章 浸渍、涂布、包覆或层压的纺织物；工业用纺织制品	Impregnated，coated，covered or laminated textile fabrics；textile articles of a kind suitable for industrial use	8.50	4.46	6.58	3.71
60章 针织物及钩编织物	Knitted or crocheted fabrics	9.14	1.03	6.40	0.84
61章 针织或钩编的服装及衣着附件	Articles of apparel and clothing accessories，Knitted or crocheted	155.36	7.83	112.49	9.07
62章 非针织或非钩编的服装及衣着附件	Articles of apparel and clothing accessories，not knitted or crocheted	162.00	14.39	137.55	16.77

6-21 续表 3 Continued 3

单位：亿美元
Unit: USD 100 million

商品分类	HS Section and Division	2019 出口 Exports	2019 进口 Imports	2020 出口 Exports	2020 进口 Imports
63章 其他纺织制成品；成套物品；旧衣着及旧纺织品；碎织物	Other made up textile articles；sets；worn clothing and worn textile articles；rags articles；rags	55.17	0.91	204.71	1.70
第十二类 鞋、帽、伞、杖、鞭及其零件；已加工的羽毛及其制品；人造花；人发制品	**FOOTWEAR，HEADGEAR，UMBRELLAS，SUN UMBRELLAS，WALKING-STICKS，SEAT-STICKS，WHIPS，RIDING-CROPS AND PARTS THEREOF；PREPARED FEATHERS AND ARTICLES MADE THEREWITH；ARTIFICIAL FLOWERS；ARTICLES OF HUMAN HAIR**	**140.44**	**11.51**	**91.95**	**12.27**
64章 鞋靴、护腿和类似品及其零件	Footwear，gaiters and the like；parts of such articles	102.47	11.04	65.27	11.64
65章 帽类及其零件	Headgear and parts thereof	13.22	0.40	9.51	0.58
66章 雨伞、阳伞、手杖、鞭子、马鞭及其零件	Umbrellas，sun umbrellas，walking-sticks，seat-sticks，whips，riding-crops and parts thereof	7.17	0.02	5.44	0.01
67章 已加工羽毛、羽绒及其制品；人造花；人发制品	Prepared feathers and down and articles made of feathers or of down；artificial flowers；articles of human hair	17.58	0.06	11.73	0.04
第十三类 石料、石膏、水泥、石棉、云母及类似材料的制品；陶瓷产品；玻璃及其制品	**ARTICLES OF STONE，PLASTER，CEMENT，ASBESTOS，MICA OR SIMILAR MATERIALS；CERAMIC PRODUCTS；GLASS AND GLASSWARE**	**87.68**	**19.53**	**63.23**	**17.41**
68章 石料、石膏、水泥、石棉、云母及类似材料的制品	Articles of stone，plaster，cement，asbestos，mica or similar materials；ceramic products；glass and glassware	20.74	4.62	14.50	4.22
69章 陶瓷产品	Ceramic products	41.00	4.37	27.97	4.05
70章 玻璃及其制品	Glass and glassware	25.94	10.54	20.76	9.14
第十四类 天然或养殖珍珠、宝石或半宝石、贵金属、包贵金属及其制品；仿首饰；硬币	**NATURAL OR CULTURED PEARLS，PRECIOUS OR SEMI-PRECIOUS STONES，PRECIOUS METALS，METALS CLAD WITH PRECIOUS METAL AND STONES，PRECIOUS METALS，METALS CLAD WITH PRECIOUS METAL AND ARTICLES THEREOF；IMITATION JEWELLERY；COIN**	**12.82**	**34.88**	**10.67**	**50.67**
71章 天然或养殖珍珠、宝石或半宝石、贵金属、包贵金属及其制品；仿首饰；硬币	Natural or cultured pearls，precious or semi-precious stones，precious metals，metals clad with precious metal and articles thereof；imitation jewellery；coin	12.82	34.88	10.67	50.67
第十五类 贱金属及其制品	**BASE METALS AND ARTICLES OF BASE METAL**	**272.69**	**145.40**	**212.14**	**127.63**
72章 钢铁	Iron and steel	27.35	23.60	14.72	21.37
73章 钢铁制品	Articles of iron or steel	104.97	33.02	86.61	30.63
74章 铜及其制品	Copper and articles thereof	7.62	42.57	6.28	39.76
75章 镍及其制品	Nickel and articles thereof	0.63	8.86	1.25	4.56
76章 铝及其制品	Aluminium and articles thereof	42.54	12.60	32.97	9.58
78章 铅及其制品	Lead and articles thereof	0.01	0.11	0.00	0.06
79章 锌及其制品	Zinc and articles thereof	0.37	2.15	0.25	1.37
80章 锡及其制品	Tin and articles thereof	0.26	0.05	0.14	0.04
81章 其他贱金属、金属陶瓷及其制品	Other base metals；cermets；articles thereof	11.41	2.76	7.61	2.04
82章 贱金属工具、器具、利口器、餐匙、餐叉及其零件	Tools，implements，cutlery，spoons and forks，of base metal；parts thereof of base metal	39.68	10.71	33.79	9.39
83章 贱金属杂项制品	Miscellaneous articles of base metal	37.86	8.97	28.51	8.83

6-21 续表 4 Continued 4

单位：亿美元
Unit: USD 100 million

商品分类	HS Section and Division	2019 出口 Exports	2019 进口 Imports	2020 出口 Exports	2020 进口 Imports
第十六类 机器、机械器具、电气设备及其零件；录音机及放声机、电视图像、声音的录制和重放设备及其零件、附件	**MACHINERY AND MECHANICAL APPLIANCES；ELECTRICAL EQUIPMENT；PARTS THEREOF；SOUND RECORDERS AND REPRODUCERS，TELEVISION IMAGE AND SOUND RECORDERS AND REPRODUCERS；AND PARTS AND CCESSORIES OF RECORDERS AND EPRODUCERS；AND PARTS AND ACCESSORIES OF SUCH ARTICLES**	**1877.25**	**811.21**	**1771.04**	**786.94**
84章 核反应堆、锅炉、机器、机械器具及其零件	Nuclear reactors，boilers，machinery and mechanical appliances；parts thereof	843.38	476.52	779.48	436.29
85章 电机、电气设备及其零件；录音机及放声机、电视图像、声音的录制和重放设备及其零件、附件	Electrical machinery and equipment and parts thereof；sound recorders and reproducers，television image and sound recorders and reproducers，and parts and accessories of such articles	1033.87	334.69	991.56	350.64
第十七类 车辆、航空器、船舶及有关运输设备	**VEHICLES，AIRCRAFT，VESSELS AND ASSOCIATED TRANSPORT EQUIPMENT**	**178.34**	**517.94**	**167.23**	**424.53**
86章 铁道及电车道机车、车辆及其零件；铁道及电车轨道固定装置及其零件、附件；各种机械(包括电动机械)交通信号设备	Railway or tramway locomotives，rolling-stock and parts thereof；railway or tramway track fixtures and fittings and parts thereof；mechanical(including electro- mechanical) traffic signalling equipment of all kinds	21.93	5.30	16.78	5.35
87章 车辆及其零件、附件，但铁道及电车道车辆除外	Vehicles other than railway or tramway rolling-stock，and parts and accessories thereof	121.36	398.36	119.88	359.31
88章 航空器、航天器及其零件	Aircraft，spacecraft，and parts thereof	11.62	113.67	5.89	59.65
89章 船舶及浮动结构体	Ships，boats and floating structures	23.43	0.61	24.68	0.22
第十八类 光学、照相、电影、计量、检验、医疗或外科用仪器及设备、精密仪器及设备；钟表；乐器；上述物品的零件、附件	**OPTICAL，PHOTOGRAPHIC，CINEMATOGRAPHIC，MEASURING，CHECKING，PRECISION，MEDICAL OR SURGICAL INSTRUMENTS AND APPARATUS；CLOCKS AND WATCHES；MUSICAL INSTRUMENTS；PARTS AND ACCESSORIES THEREOF**	**152.14**	**209.93**	**146.70**	**194.87**
90章 光学、照相、电影、计量、检验、医疗或外科用仪器及设备、精密仪器及设备；上述物品的零件、附件	Optical，photographic，cinematographic，measuring，checking，precision medical or surgical instruments and apparatus；parts and accessories thereof	141.93	208.16	138.90	193.06
91章 钟表及其零件	Clocks and watches and parts thereof	5.69	0.81	3.79	0.87
92章 乐器及其零件、附件	Musical instruments；parts and accessories of such articles	4.52	0.96	4.01	0.94
第十九类 武器、弹药及其零件、附件	**ARMS AND AMMUNITION；PARTS AND ACCESSORIES THEREOF**	**0.28**	**0.06**	**0.30**	**0.07**
93章 武器、弹药及其零件、附件	Arms and ammunition；parts and accessories thereof	0.28	0.06	0.30	0.07
第二十类 杂项制品	**MISCELLANEOUS MANUFACTURED ARTICLES**	**425.42**	**27.29**	**341.71**	**23.21**
94章 家具；寝具、褥垫、弹簧床垫、软坐垫及类似的填充制品；未列名灯具及照明装置；发光标志、发光名牌及类似品；活动房屋	Furniture；bedding，mattresses，mattress supports，cushions and similar stuffed furnishings；lamps and lighting fittings，not elsewhere specified or included；illuminated signs，illuminated	232.30	19.18	188.28	15.64
95章 玩具、游戏品、运动用品及其零件、附件	Toys，games and sports requisites；parts and accessories thereof	162.68	4.95	129.08	4.82
96章 杂项制品	Miscellaneous manufactured articles	30.44	3.16	24.35	2.75
第二十一类 艺术品、收藏品及古物	**WORKS OF ART，COLLECTORS' PIECES AND ANTIQUES**	**0.80**	**1.91**	**0.74**	**1.28**
97章 艺术品、收藏品及古物	Works of art，collectors' pieces and antiques	0.80	1.91	0.74	1.28
第二十二类 特殊交易品及未分类商品	**COMMODITIES AND TRANSACTIONS NOT CLASSIFIED ACCORDING TO KIND**	**39.76**	**3.47**	**46.84**	**2.55**
98章 特殊交易品及未分类商品	Commodities and transactions not classified according to kind	39.76	3.47	45.33	2.55
99章 跨境电商B2B简化申报商品	Simplified Declaration of Cross-border E-commerce B2B Commodities			1.50	

6-22 对美国进出口商品分类金额

Value of Exports and Imports from United States by HS

单位：亿美元

Unit: USD 100 million

商品分类	HS Section and Division	2019		2020	
		出口 Exports	进口 Imports	出口 Exports	进口 Imports
总　额	**Total**	**4186.64**	**1228.96**	**4517.29**	**1352.51**
第一类　活动物；动物产品	**LIVE ANIMALS；ANIMAL PRODUCTS**	**16.19**	**21.24**	**13.14**	**44.72**
01章　活动物	Live animals	0.33	0.06	0.03	0.17
02章　肉及食用杂碎	Meat and edible meat offal	0.03	8.67	0.03	31.30
03章　鱼、甲壳动物、软体动物及其他水生无脊椎动物	Fish and crustaceans molluscs and other aquatic invertebrates	13.34	9.12	10.89	7.77
04章　乳品；蛋品；天然蜂蜜；其他食用动物产品	Dairy produce；birds' eggs；natural honey；edible products of animal origin，not elsewhere specified or included	0.13	1.78	0.16	3.13
05章　其他动物产品	Products of animal origin，not elsewhere specified or included	2.37	1.61	2.03	2.35
第二类　植物产品	**VEGETABLE PRODUCTS**	**13.28**	**85.49**	**15.32**	**147.10**
06章　活树及其他活植物；鳞茎、根及类似品；插花及装饰用簇叶	Live tree and other plants；bulbs，roots and the like; cut flowers and ornamental foliage	0.56	0.06	0.52	0.07
07章　食用蔬菜、根及块茎	Edible vegetables and certain roots and tubers	4.95	0.32	5.45	0.61
08章　食用水果及坚果；甜瓜或柑桔属水果的果皮	Edible fruit and nuts；peel of citrus fruit or melons	1.56	9.66	1.88	7.26
09章　咖啡、茶、马黛茶及调味香料	Coffee，tea，mate and spices	2.13	0.17	2.16	0.15
10章　谷物	Cereals	0.02	2.75	0.02	24.48
11章　制粉工业产品；麦芽；淀粉；菊粉；面筋	Products of the milling industry；malt；starches；inulin；wheat gluten	0.08	0.10	0.14	0.10
12章　含油子仁及果实；杂项子仁及果实；工业用或药用植物；稻草、秸秆及饲料	Oil seeds and oleaginous fruits；miscellaneous grains，seeds and fruit；industrial or medicinal plants；straw and fodder	1.15	72.22	1.28	114.19
13章　虫胶；树胶、树脂及其他植物液、汁	Lac；gums，resins and other vegetable saps and extracts	2.74	0.20	3.74	0.18
14章　编结用植物材料；其他植物产品	Vegetable plaiting materials；vegetable products not elsewhere specified or included	0.10	0.02	0.13	0.06
第三类　动、植物油、脂及其分解产品；精制的食用油脂；动、植物蜡	**ANIMAL OR VEGETABLE FATS AND OILS AND THEIR CLEAVAGE PRODUCTS；PREPARED EDIBLE FATS；ANIMAL OR VEGETABLE WAXES**	**0.87**	**0.97**	**0.92**	**1.33**
15章　动、植物油、脂及其分解产品；精制的食用油脂；动、植物蜡	Animal or vegetable fats and oils and their cleavage products；prepared edible fats；animal or vegetable waxes	0.87	0.97	0.92	1.33
第四类　食品；饮料、酒及醋；烟草、烟草及烟草代用品的制品	**PREPARED FOODSTUFFS；BEVERAGES, SPIRITS AND VINEGAR；TOBACCO AND MANUFACTURED TOBACCO SUBSTITUTES**	**32.43**	**19.01**	**33.17**	**21.13**
16章　肉、鱼、甲壳动物、软体动物及其他水生无脊椎动物的制品	Preparations of meat，of fish or of crustaceans，molluscs or other aquatic invertebrates	10.80	0.03	9.60	0.02
17章　糖及糖食	Sugars and sugar confectionery	2.04	0.93	2.00	1.02
18章　可可及可可制品	Cocoa and cocoa preparations	0.44	0.33	0.17	0.29
19章　谷物、粮食粉、淀粉或乳的制品；糕饼点心	Preparations of cereals，flour，starch or milk；pastry-cooks' products	1.94	1.48	2.20	1.36

6-22 续表 1 Continued 1

单位：亿美元
Unit: USD 100 million

商品分类	HS Section and Division	2019 出口 Exports	2019 进口 Imports	2020 出口 Exports	2020 进口 Imports
20章 蔬菜、水果、坚果或植物其他部分的制品	Preparations of vegetables, fruit, nuts or other parts of plants	7.85	2.80	9.37	2.26
21章 杂项食品	Miscellaneous edible preparations	5.24	7.60	6.20	8.73
22章 饮料、酒及醋	Beverages, spirits and vinegar	0.68	1.56	0.34	1.61
23章 食品工业的残渣及废料；配制的动物饲料	Residues and waste from the food industries; prepared animal fodder	3.32	4.26	3.25	5.83
24章 烟草及烟草代用品的制品	Tobacco and manufactured tobacco substitutes	0.13	0.01	0.04	0.00
第五类 矿产品	**MINERAL PRODUCTS**	**12.52**	**46.55**	**4.76**	**112.51**
25章 盐；硫磺；泥土及石料；石膏料、石灰及水泥	Salt; sulphur; earths and stone; plastering materials, lime and cement	3.48	3.25	1.67	3.59
26章 矿砂、矿渣及矿灰	Ores, slag and ash	0.12	2.13	0.07	8.80
27章 矿物燃料、矿物油及其蒸馏产品；沥青物质；矿物蜡	Mineral fuels, mineral oils and products of their distillation; bituminous substances; mineral waxes	8.93	41.18	3.02	100.12
第六类 化学工业及其相关工业的产品	**PRODUCTS OF THE CHEMICAL OR INDUSTRIES ALLIED**	**138.63**	**152.80**	**158.72**	**171.80**
28章 无机化学品；贵金属、稀土金属、放射性元素及其同位素的有机及无机化合物	Inorganic chemicals; organic or inorganic compounds of precious metals, of rare- earth metals, of radioactive elements or of isotopes	9.85	8.53	7.99	8.14
29章 有机化学品	Organic chemicals	74.05	29.03	73.53	31.76
30章 药品	Pharmaceutical products	18.26	42.45	24.10	49.35
31章 肥料	Fertilizers	0.10	0.50	0.12	0.35
32章 鞣料浸膏及染料浸膏；鞣酸及其衍生物；染料、颜料及其他着色料；油漆及清漆；油灰及其他类似胶粘剂；墨水、油墨	Tanning or dyeing extracts; tannins and their derivatives; dyes, pigments and other colouring matter; paints and varnishes; putty and other mastics; inks	3.51	4.16	4.03	3.45
33章 精油及香膏； 芳香料制品及化妆盥洗品	Essential oils and retinoid; perfumery, cosmetic or toilet preparations	11.87	17.22	11.14	22.90
34章 肥皂、有机表面活性剂、洗涤剂、润滑剂、人造蜡、调制蜡、光洁剂、蜡烛及类似品、塑型用膏、"牙科用蜡"及牙科用熟石膏制剂	Soap, organic surface-active agents, washing preparations, lubricating preparations, artificial waxes, prepared waxes, polishing or scouring preparations, candles and similar articles, modelling pastes, "dental waxes" and dental preparations with a basis of plast	4.00	7.46	8.33	7.69
35章 蛋白类物质；改性淀粉；胶；酶	Albuminoidal substances; modified starches; glues; enzymes	2.51	4.56	2.98	4.83
36章 炸药；烟火制品；火柴；引火合金；易燃材料制品	Explosives; pyrotechnic products; matches; pyrophoric alloys; certain combustible preparations	2.85	0.34	2.86	0.27
37章 照相及电影用品	Photographic or cinematographic goods	0.21	5.08	0.10	5.12
38章 杂项化学产品	Miscellaneous chemical products	11.42	33.47	23.52	37.94
第七类 塑料及其制品，橡胶及其制品	**PLASTICS AND ARTICLES THEREOF RUBBER AND ARTICLES THEREOF**	**194.14**	**70.45**	**244.20**	**72.42**
39章 塑料及其制品	Plastics and articles thereof	170.90	62.46	217.79	65.08
40章 橡胶及其制品	Rubber and articles thereof	23.24	7.99	26.41	7.34
第八类 生皮、皮革、毛皮及其制品；鞍具及挽具；旅行用品、手提包及类似品；动物肠线(蚕胶丝除外)制品	**RAW HIDES AND SKINS, LEATHER, FUR SKINS AND ARTICLES THEREOF; SADDLERY AND HARNESS; TRAVEL GOODS, HANDBAGS AND SIMILAR CONTAINERS; ARTICLES OF ANIMAL GUT(OTHER THAN SILK-WORM GUT)**	**53.70**	**6.66**	**40.47**	**5.55**
41章 生皮(毛皮除外)及皮革	Raw hides and skins(other than fur skins) and leather	0.12	5.64	0.10	4.99

单位：亿美元
Unit: USD 100 million

商品分类	HS Section and Division	2019 出口 Exports	2019 进口 Imports	2020 出口 Exports	2020 进口 Imports
42章 皮革制品；鞍具及挽具；旅行用品、手提包及类似容器；动物肠线(蚕胶丝除外)制品	Articles of leather；saddlery and harness；travel goods, hand bags and similar containers；articles of animal gut (other than silk-worm gut)	53.23	0.98	40.14	0.55
43章 毛皮、人造毛皮及其制品	Fur skins and artificial fur；manufactures thereof	0.35	0.05	0.23	0.02
第九类 木及木制品；木炭；软木及软木制品；稻草，秸秆、针茅或其他编结材料制品；篮筐及柳条编结品	**WOOD AND ARTICLES OF WOOD；WOOD CHAR-COAL；CORK AND ARTICLES OF CORK；MANUFACTURES OF STRAW，OF ESPARTO OR OF OTHER PLAITING MATERIALS；BASKET WARE AND WICKERWORK**	**33.02**	**15.80**	**32.88**	**14.55**
44章 木及木制品；木炭	Wood and articles of wood；wood charcoal	29.25	15.80	28.96	14.55
45章 软木及软木制品	Cork and articles of cork	0.06	0.00	0.05	0.00
46章 稻草、秸秆、针茅或其他编结材料制品；篮筐及柳条编结品	Manufactures of straw，of esparto or of other plaiting Materials；basket ware and wickerwork	3.72	0.00	3.87	0.00
第十类 木浆及其他纤维状纤维素浆；纸及纸板的废碎品；纸、纸板及其制品	**PULP OF WOOD OR OF OTHER FIBROUS CELLULOSIC MATERIAL；WASTE AND SCRAP OF PAPER OR PAPERBOARD；PAPER AND PAPERBOARD AND ARTICLES THEREOF**	**45.72**	**36.81**	**41.66**	**35.16**
47章 木浆及其他纤维状纤维素浆；纸及纸板的废碎品	Pulp of wood or of other fibrous cellulosic material；waste and scrap of paper or paperboard	0.04	23.52	0.03	21.04
48章 纸及纸板；纸浆、纸或纸板制品	Paper and paperboard；articles of paper pulp，of paper or paperboard	30.64	7.77	29.03	8.65
49章 书籍、报纸、印刷图画及其他印制品；手稿、打字稿及设计图纸	Printed books，newspapers，pictures and other products of the printing industry；manuscripts，typescripts and plans	15.04	5.53	12.60	5.47
第十一类 纺织原料及纺织制品	**TEXTILES AND TEXTILE ARTICLES**	**426.22**	**13.68**	**505.94**	**22.34**
50章 蚕丝	Silk	0.26	0.00	0.13	0.00
51章 羊毛、动物细毛或粗毛；马毛纱线及其机织物	Wool，fine or coarse animal hair；horsehair yarn and woven fabric	0.17	0.07	0.52	0.03
52章 棉花	Cotton	2.59	7.36	2.12	16.06
53章 其他植物纺织纤维；纸纱线及其机织物	Other vegetable textile fibres；paper yarn and woven fabrics of paper yarn	0.24	0.00	0.17	0.00
54章 化学纤维长丝	Man-made filaments	5.58	1.15	4.25	0.94
55章 化学纤维短纤	Man-made short fibres	3.48	0.82	2.61	0.63
56章 絮胎、毡呢及无纺织物；特种纱线；线、绳、索、缆及其制品	Wadding，felt and nonwoven；special yarns；twine，cordage，ropes and cables and articles thereof	6.20	1.49	8.96	2.00
57章 地毯及纺织材料的其他铺地制品	Carpets and other textile floor coverings	5.21	0.20	5.56	0.05
58章 特种机织物；簇绒织物；花边；装饰毯；装饰带；刺绣品	Special woven fabrics；tufted textile fabrics；lace；tapestries；trimmings；embroidery	3.26	0.21	2.83	0.13
59章 浸渍、涂布、包覆或层压的纺织物；工业用纺织制品	Impregnated，coated，covered or laminated textile fabrics；textile articles of a kind suitable for industrial use	4.52	0.93	4.08	0.76
60章 针织物及钩编织物	Knitted or crocheted fabrics	5.11	0.13	4.34	0.08
61章 针织或钩编的服装及衣着附件	Articles of apparel and clothing accessories，Knitted or crocheted	170.35	0.54	141.39	0.36
62章 非针织或非钩编的服装及衣着附件	Articles of apparel and clothing accessories，not knitted or crocheted	131.32	0.48	112.01	0.56

6–22 续表 3 Continued 3

单位：亿美元
Unit: USD 100 million

商品分类	HS Section and Division	2019		2020	
		出 口 Exports	进 口 Imports	出 口 Exports	进 口 Imports
63章 其他纺织制成品；成套物品；旧衣着及旧纺织品；碎织物	Other made up textile articles；sets；worn clothing and worn textile articles；rags articles；rags	87.94	0.29	216.98	0.74
第十二类 鞋、帽、伞、杖、鞭及其零件；已加工的羽毛及其制品；人造花；人发制品	**FOOTWEAR，HEADGEAR，UMBRELLAS，SUN UMBRELLAS，WALKING-STICKS，SEAT-STICKS，WHIPS，RIDING-CROPS AND PARTS THEREOF；PREPARED FEATHERS AND ARTICLES MADE THEREWITH；ARTIFICIAL FLOWERS；ARTICLES OF HUMAN HAIR**	**161.59**	**2.63**	**123.72**	**1.59**
64章 鞋靴、护腿和类似品及其零件	Footwear，gaiters and the like；parts of such articles	114.98	2.46	77.47	1.46
65章 帽类及其零件	Headgear and parts thereof	12.04	0.07	10.50	0.06
66章 雨伞、阳伞、手杖、鞭子、马鞭及其零件	Umbrellas，sun umbrellas，walking-sticks，seat-sticks，whips，riding-crops and parts thereof	5.33	0.00	4.82	0.00
67章 已加工羽毛、羽绒及其制品；人造花；人发制品	Prepared feathers and down and articles made of feathers or of down；artificial flowers；articles of human hair	29.24	0.10	30.93	0.08
第十三类 石料、石膏、水泥、石棉、云母及类似材料的制品；陶瓷产品；玻璃及其制品	**ARTICLES OF STONE，PLASTER，CEMENT，ASBESTOS，MICA OR SIMILAR MATERIALS；CERAMIC PRODUCTS；GLASS AND GLASSWARE**	**70.84**	**14.56**	**73.18**	**13.00**
68章 石料、石膏、水泥、石棉、云母及类似材料的制品	Articles of stone，plaster，cement，asbestos，mica or similar materials；ceramic products；glass and glassware	11.99	2.44	13.09	2.45
69章 陶瓷产品	Ceramic products	30.79	1.96	30.34	2.05
70章 玻璃及其制品	Glass and glassware	28.06	10.16	29.75	8.50
第十四类 天然或养殖珍珠、宝石或半宝石、贵金属、包贵金属及其制品；仿首饰；硬币	**NATURAL OR CULTURED PEARLS，PRECIOUS OR SEMI-PRECIOUS STONES，PRECIOUS METALS，METALS CLAD WITH PRECIOUS METAL AND STONES，PRECIOUS METALS，METALS CLAD WITH PRECIOUS METAL AND ARTICLES THEREOF；IMITATION JEWELLERY；COIN**	**22.93**	**6.51**	**14.23**	**7.14**
71章 天然或养殖珍珠、宝石或半宝石、贵金属、包贵金属及其制品；仿首饰；硬币	Natural or cultured pearls，precious or semi-precious stones，precious metals，metals clad with precious metal and articles thereof；imitation jewellery；coin	22.93	6.51	14.23	7.14
第十五类 贱金属及其制品	**BASE METALS AND ARTICLES OF BASE METAL**	**211.19**	**42.97**	**229.81**	**37.13**
72章 钢铁	Iron and steel	5.01	2.77	3.94	4.15
73章 钢铁制品	Articles of iron or steel	99.39	10.82	110.32	9.54
74章 铜及其制品	Copper and articles thereof	3.61	7.53	3.40	7.67
75章 镍及其制品	Nickel and articles thereof	0.18	4.49	0.11	3.31
76章 铝及其制品	Aluminium and articles thereof	27.11	9.49	29.63	5.50
78章 铅及其制品	Lead and articles thereof	0.02	0.03	0.01	0.03
79章 锌及其制品	Zinc and articles thereof	0.36	0.31	0.35	0.29
80章 锡及其制品	Tin and articles thereof	0.00	0.03	0.01	0.02
81章 其他贱金属、金属陶瓷及其制品	Other base metals；cermets；articles thereof	4.32	3.21	3.14	2.98
82章 贱金属工具、器具、利口器、餐匙、餐叉及其零件	Tools，implements，cutlery，spoons and forks，of base metal；parts thereof of base metal	35.58	2.63	39.33	2.12
83章 贱金属杂项制品	Miscellaneous articles of base metal	35.60	1.67	39.57	1.53

6-22 续表 4 Continued 4

单位：亿美元
Unit: USD 100 million

商品分类	HS Section and Division	2019		2020	
		出口 Exports	进口 Imports	出口 Exports	进口 Imports
第十六类 机器、机械器具、电气设备及其零件；录音机及放声机、电视图像、声音的录制和重放设备及其零件、附件	**MACHINERY AND MECHANICAL APPLIANCES；ELECTRICAL EQUIPMENT；PARTS THEREOF；SOUND RECORDERS AND REPRODUCERS，TELEVISION IMAGE AND SOUND RECORDERS AND REPRODUCERS；AND PARTS AND CCESSORIES OF RECORDERS AND EPRODUCERS；AND PARTS AND ACCESSORIES OF SUCH ARTICLES**	**1926.03**	**377.63**	**2066.10**	**379.07**
84章 核反应堆、锅炉、机器、机械器具及其零件	Nuclear reactors，boilers，machinery and mechanical appliances；parts thereof	864.62	175.32	950.63	169.78
85章 电机、电气设备及其零件；录音机及放声机、电视图像、声音的录制和重放设备及其零件、附件	Electrical machinery and equipment and parts thereof；sound recorders and reproducers，television image and sound recorders and reproducers，and parts and accessories of such articles	1061.41	202.32	1115.47	209.29
第十七类 车辆、航空器、船舶及有关运输设备	**VEHICLES，AIRCRAFT，VESSELS AND ASSOCIATED TRANSPORT EQUIPMENT**	**174.06**	**178.61**	**170.57**	**136.60**
86章 铁道及电车道机车、车辆及其零件；铁道及电车轨道固定装置及其零件、附件；各种机械(包括电动机械)交通信号设备	Railway or tramway locomotives，rolling-stock and parts thereof；railway or tramway track fixtures and fittings and parts thereof；mechanical(including electro-mechanical) traffic signalling equipment of all kinds	17.46	0.36	24.14	0.19
87章 车辆及其零件、附件，但铁道及电车道车辆除外	Vehicles other than railway or tramway rolling-stock，and parts and accessories thereof	142.97	106.84	140.12	108.88
88章 航空器、航天器及其零件	Aircraft，spacecraft，and parts thereof	11.61	71.28	4.60	27.43
89章 船舶及浮动结构体	Ships，boats and floating structures	2.01	0.13	1.71	0.11
第十八类 光学、照相、电影、计量、检验、医疗或外科用仪器及设备、精密仪器及设备；钟表；乐器；上述物品的零件、附件	**OPTICAL，PHOTOGRAPHIC，CINEMATOGRAPHIC，MEASURING，CHECKING，PRECISION，MEDICAL OR SURGICAL INSTRUMENTS AND APPARATUS；CLOCKS AND WATCHES；MUSICAL INSTRUMENTS；PARTS AND ACCESSORIES THEREOF**	**107.91**	**123.82**	**119.44**	**118.28**
90章 光学、照相、电影、计量、检验、医疗或外科用仪器及设备、精密仪器及设备；上述物品的零件、附件	Optical，photographic，cinematographic，measuring，checking，precision medical or surgical instruments and apparatus；parts and accessories thereof	97.67	123.42	109.61	117.93
91章 钟表及其零件	Clocks and watches and parts thereof	5.19	0.15	4.49	0.12
92章 乐器及其零件、附件	Musical instruments；parts and accessories of such articles	5.05	0.26	5.33	0.23
第十九类 武器、弹药及其零件、附件	**ARMS AND AMMUNITION；PARTS AND ACCESSORIES THEREOF**	**0.83**	**0.00**	**1.19**	**0.00**
93章 武器、弹药及其零件、附件	Arms and ammunition；parts and accessories thereof	0.83	0.00	1.19	0.00
第二十类 杂项制品	**MISCELLANEOUS MANUFACTURED ARTICLES**	**505.56**	**5.69**	**569.82**	**4.57**
94章 家具；寝具、褥垫、弹簧床垫、软坐垫及类似的填充制品；未列名灯具及照明装置；发光标志、发光名牌及类似品；活动房屋	Furniture；bedding，mattresses，mattress supports，cushions and similar stuffed furnishings；lamps and lighting fittings，not elsewhere specified or included；illuminated signs，illuminated	275.33	2.59	294.33	1.82
95章 玩具、游戏品、运动用品及其零件、附件	Toys，games and sports requisites；parts and accessories thereof	190.49	2.05	232.72	1.82
96章 杂项制品	Miscellaneous manufactured articles	39.73	1.04	42.77	1.00
第二十一类 艺术品、收藏品及古物	**WORKS OF ART，COLLECTORS' PIECES AND ANTIQUES**	**0.76**	**0.63**	**0.68**	**0.45**
97章 艺术品、收藏品及古物	Works of art，collectors' pieces and antiques	0.76	0.63	0.68	0.45
第二十二类 特殊交易品及未分类商品	**COMMODITIES AND TRANSACTIONS NOT CLASSIFIED ACCORDING TO KIND**	**38.22**	**6.42**	**57.38**	**6.05**
98章 特殊交易品及未分类商品	Commodities and transactions not classified according to kind	38.22	6.42	56.72	6.05
99章 跨境电商B2B简化申报商品	Simplified Declaration of Cross-border E-commerce B2B Commodities			0.66	

6-23 对日本进出口商品分类金额

Value of Exports and Imports from Japan by HS

单位：亿美元

Unit: USD 100 million

商品分类	HS Section and Division	2019 出口 Exports	2019 进口 Imports	2020 出口 Exports	2020 进口 Imports
总 额	**Total**	**1432.45**	**1717.69**	**1426.19**	**1746.61**
第一类 活动物；动物产品	**LIVE ANIMALS；ANIMAL PRODUCTS**	**23.39**	**3.55**	**20.20**	**2.29**
01章 活动物	Live animals	0.04	0.13	0.01	0.04
02章 肉及食用杂碎	Meat and edible meat offal	0.02		0.02	
03章 鱼、甲壳动物、软体动物及其他水生无脊椎动物	Fish and crustaceans molluscs and other aquatic invertebrates	20.41	3.30	17.23	2.16
04章 乳品；蛋品；天然蜂蜜；其他食用动物产品	Dairy produce；birds' eggs；natural honey；edible products of animal origin，not elsewhere specified or included	0.89	0.01	0.98	0.01
05章 其他动物产品	Products of animal origin，not elsewhere specified or included	2.02	0.11	1.96	0.09
第二类 植物产品	**VEGETABLE PRODUCTS**	**23.30**	**1.57**	**22.17**	**1.75**
06章 活树及其他活植物；鳞茎、根及类似品；插花及装饰用簇叶	Live tree and other plants；bulbs，roots and the like；cut flowers and ornamental foliage	1.10	0.49	1.17	0.65
07章 食用蔬菜、根及块茎	Edible vegetables and certain roots and tubers	12.76	0.00	11.86	0.00
08章 食用水果及坚果；甜瓜或柑桔属水果的果皮	Edible fruit and nuts；peel of citrus fruit or melons	1.43	0.02	1.17	0.02
09章 咖啡、茶、马黛茶及调味香料	Coffee，tea，mate and spices	1.73	0.10	1.78	0.19
10章 谷物	Cereals	0.35	0.04	0.62	0.03
11章 制粉工业产品；麦芽；淀粉；菊粉；面筋	Products of the milling industry；malt；starches；inulin；wheat gluten	0.31	0.14	0.32	0.16
12章 含油子仁及果实；杂项子仁及果实；工业用或药用植物；稻草、秸秆及饲料	Oil seeds and oleaginous fruits；miscellaneous grains，seeds and fruit；industrial or medicinal plants；straw and fodder	3.41	0.74	3.19	0.65
13章 虫胶；树胶、树脂及其他植物液、汁	Lac；gums，resins and other vegetable saps and extracts	1.99	0.05	1.85	0.05
14章 编结用植物材料；其他植物产品	Vegetable plaiting materials；vegetable products not elsewhere specified or included	0.22	0.00	0.19	0.00
第三类 动、植物油、脂及其分解产品；精制的食用油脂；动、植物蜡	**ANIMAL OR VEGETABLE FATS AND OILS AND THEIR CLEAVAGE PRODUCTS；PREPARED EDIBLE FATS；ANIMAL OR VEGETABLE WAXES**	**0.40**	**0.08**	**0.34**	**0.08**
15章 动、植物油、脂及其分解产品；精制的食用油脂；动、植物蜡	Animal or vegetable fats and oils and their cleavage products；prepared edible fats；animal or vegetable waxes	0.40	0.08	0.34	0.08
第四类 食品；饮料、酒及醋；烟草、烟草及烟草代用品的制品	**PREPARED FOODSTUFFS；BEVERAGES, SPIRITS AND VINEGAR；TOBACCO AND MANUFACTURED TOBACCO SUBSTITUTES**	**55.08**	**7.31**	**52.49**	**8.44**
16章 肉、鱼、甲壳动物、软体动物及其他水生无脊椎动物的制品	Preparations of meat，of fish or of crustaceans，molluscs or other aquatic invertebrates	28.48	0.35	25.17	0.35
17章 糖及糖食	Sugars and sugar confectionery	0.16	0.38	0.16	0.40
18章 可可及可可制品	Cocoa and cocoa preparations	0.23	0.11	0.19	0.17
19章 谷物、粮食粉、淀粉或乳的制品；糕饼点心	Preparations of cereals，flour，starch or milk；pastry-cooks' products	2.28	1.30	2.21	1.65

6-23 续表 1 Continued 1

单位：亿美元
Unit: USD 100 million

商品分类	HS Section and Division	2019 出口 Exports	2019 进口 Imports	2020 出口 Exports	2020 进口 Imports
20章 蔬菜、水果、坚果或植物其他部分的制品	Preparations of vegetables, fruit, nuts or other parts of plants	16.79	0.09	16.14	0.14
21章 杂项食品	Miscellaneous edible preparations	2.18	2.65	2.25	3.26
22章 饮料、酒及醋	Beverages, spirits and vinegar	0.44	1.54	0.50	1.95
23章 食品工业的残渣及废料；配制的动物饲料	Residues and waste from the food industries；prepared animal fodder	4.35	0.11	5.76	0.17
24章 烟草及烟草代用品的制品	Tobacco and manufactured tobacco substitutes	0.17	0.78	0.11	0.34
第五类 矿产品	**MINERAL PRODUCTS**	**29.60**	**18.39**	**22.96**	**14.18**
25章 盐；硫磺；泥土及石料；石膏料、石灰及水泥	Salt；sulphur；earths and stone；plastering materials, lime and cement	5.44	2.19	4.48	2.49
26章 矿砂、矿渣及矿灰	Ores, slag and ash	11.07	0.00	9.84	0.00
27章 矿物燃料、矿物油及其蒸馏产品；沥青物质；矿物蜡	Mineral fuels, mineral oils and products of their distillation; bituminous substances; mineral waxes	13.09	16.20	8.64	11.70
第六类 化学工业及其相关工业的产品	**PRODUCTS OF THE CHEMICAL OR INDUSTRIES ALLIED**	**83.53**	**206.95**	**76.02**	**205.06**
28章 无机化学品；贵金属、稀土金属、放射性元素及其同位素的有机及无机化合物	Inorganic chemicals；organic or inorganic compounds of precious metals, of rare- earth metals, of radioactive elements or of isotopes	24.52	10.75	19.16	9.21
29章 有机化学品	Organic chemicals	33.56	64.88	30.45	45.61
30章 药品	Pharmaceutical products	2.51	13.30	2.98	13.11
31章 肥料	Fertilizers	3.15	0.09	2.82	0.11
32章 鞣料浸膏及染料浸膏；鞣酸及其衍生物；染料、颜料及其他着色料；油漆及清漆；油灰及其他类似胶粘剂；墨水、油墨	Tanning or dyeing extracts；tannins and their derivatives；dyes, pigments and other colouring matter；paints and varnishes；putty and other mastics；inks	2.68	12.98	2.27	13.81
33章 精油及香膏；芳香料制品及化妆盥洗品	Essential oils and retinoid；perfumery, cosmetic or toilet preparations	3.87	36.91	3.77	48.80
34章 肥皂、有机表面活性剂、洗涤剂、润滑剂、人造蜡、调制蜡、光洁剂、蜡烛及类似品、塑型用膏、"牙科用蜡"及牙科用熟石膏制剂	Soap, organic surface-active agents, washing preparations, lubricating preparations, artificial waxes, prepared waxes, polishing or scouring preparations, candles and similar articles, modelling pastes, "dental waxes" and dental preparations with a basis of plast	2.77	12.29	3.26	13.64
35章 蛋白类物质；改性淀粉；胶；酶	Albuminoidal substances；modified starches；glues；enzymes	1.60	8.64	1.52	9.08
36章 炸药；烟火制品；火柴；引火合金；易燃材料制品	Explosives；pyrotechnic products；matches；pyrophoric alloys；certain combustible preparations	0.24	0.08	0.17	0.08
37章 照相及电影用品	Photographic or cinematographic goods	0.65	12.41	0.66	13.08
38章 杂项化学产品	Miscellaneous chemical products	7.97	34.61	8.97	38.51
第七类 塑料及其制品，橡胶及其制品	**PLASTICS AND ARTICLES THEREOF RUBBER AND ARTICLES THEREOF**	**52.64**	**111.62**	**58.91**	**114.52**
39章 塑料及其制品	Plastics and articles thereof	44.75	96.67	50.85	101.11
40章 橡胶及其制品	Rubber and articles thereof	7.89	14.96	8.06	13.41
第八类 生皮、皮革、毛皮及其制品；鞍具及挽具；旅行用品、手提包及类似品；动物肠线(蚕胶丝除外)制品	**RAW HIDES AND SKINS, LEATHER, FUR SKINS AND ARTICLES THEREOF；SADDLERY AND HARNESS；TRAVEL GOODS, HANDBAGS AND SIMILAR CONTAINERS；ARTICLES OF ANIMAL GUT(OTHER THAN SILK-WORM GUT)**	**21.41**	**0.45**	**20.29**	**0.38**
41章 生皮(毛皮除外)及皮革	Raw hides and skins(other than fur skins) and leather	0.10	0.28	0.08	0.17

单位：亿美元
Unit: USD 100 million

商品分类	HS Section and Division	2019		2020	
		出口 Exports	进口 Imports	出口 Exports	进口 Imports
42章 皮革制品；鞍具及挽具；旅行用品、手提包及类似容器；动物肠线(蚕胶丝除外)制品	Articles of leather；saddlery and harness；travel goods，hand bags and similar containers；articles of animal gut (other than silk-worm gut)	21.06	0.17	20.07	0.21
43章 毛皮、人造毛皮及其制品	Fur skins and artificial fur；manufactures thereof	0.25	0.00	0.14	0.00
第九类 木及木制品；木炭；软木及软木制品；稻草，秸秆、针茅或其他编结材料制品；篮筐及柳条编结品	**WOOD AND ARTICLES OF WOOD；WOOD CHAR-COAL；CORK AND ARTICLES OF CORK；MANUFACTURES OF STRAW，OF ESPARTO OR OF OTHER PLAITING MATERIALS；BASKET WARE AND WICKERWORK**	**14.10**	**1.65**	**12.81**	**1.79**
44章 木及木制品；木炭	Wood and articles of wood；wood charcoal	12.18	1.63	11.01	1.78
45章 软木及软木制品	Cork and articles of cork	0.02	0.01	0.01	0.00
46章 稻草、秸秆、针茅或其他编结材料制品；篮筐及柳条编结品	Manufactures of straw，of esparto or of other plaiting Materials；basket ware and wickerwork	1.91	0.01	1.78	0.01
第十类 木浆及其他纤维状纤维素浆；纸及纸板的废碎品；纸、纸板及其制品	**PULP OF WOOD OR OF OTHER FIBROUS CELLULOSIC MATERIAL；WASTE AND SCRAP OF PAPER OR PAPERBOARD；PAPER AND PAPERBOARD AND ARTICLES THEREOF**	**15.48**	**11.56**	**13.66**	**11.52**
47章 木浆及其他纤维状纤维素浆；纸及纸板的废碎品	Pulp of wood or of other fibrous cellulosic material；waste and scrap of paper or paperboard	0.13	4.74	0.11	3.42
48章 纸及纸板；纸浆、纸或纸板制品	Paper and paperboard；articles of paper pulp，of paper or paperboard	14.16	5.74	12.39	7.03
49章 书籍、报纸、印刷图画及其他印制品；手稿、打字稿及设计图纸	Printed books，newspapers，pictures and other products of the printing industry；manuscripts，typescripts and plans	1.20	1.09	1.15	1.07
第十一类 纺织原料及纺织制品	**TEXTILES AND TEXTILE ARTICLES**	**192.69**	**25.66**	**207.66**	**21.97**
50章 蚕丝	Silk	0.68	0.03	0.37	0.04
51章 羊毛、动物细毛或粗毛；马毛纱线及其机织物	Wool，fine or coarse animal hair；horsehair yarn and woven fabric	2.04	1.25	1.16	0.67
52章 棉花	Cotton	0.91	1.55	0.90	1.15
53章 其他植物纺织纤维；纸纱线及其机织物	Other vegetable textile fibres；paper yarn and woven fabrics of paper yarn	0.69	0.10	0.30	0.07
54章 化学纤维长丝	Man-made filaments	2.37	6.68	1.93	5.15
55章 化学纤维短纤	Man-made short fibres	1.18	4.18	0.84	3.14
56章 絮胎、毡呢及无纺织物；特种纱线；线、绳、索、缆及其制品	Wadding，felt and nonwoven；special yarns；twine，cordage，ropes and cables and articles thereof	5.10	3.81	5.54	3.80
57章 地毯及纺织材料的其他铺地制品	Carpets and other textile floor coverings	3.57	0.11	3.51	0.09
58章 特种机织物；簇绒织物；花边；装饰毯；装饰带；刺绣品	Special woven fabrics；tufted textile fabrics；lace；tapestries；trimmings；embroidery	0.71	1.07	0.64	0.84
59章 浸渍、涂布、包覆或层压的纺织物；工业用纺织制品	Impregnated，coated，covered or laminated textile fabrics；textile articles of a kind suitable for industrial use	2.03	3.09	1.69	2.83
60章 针织物及钩编织物	Knitted or crocheted fabrics	0.44	2.21	0.40	1.73
61章 针织或钩编的服装及衣着附件	Articles of apparel and clothing accessories，Knitted or crocheted	76.40	0.54	67.93	0.61
62章 非针织或非钩编的服装及衣着附件	Articles of apparel and clothing accessories，not knitted or crocheted	70.41	0.65	60.87	0.85

6-23 续表 3 Continued 3

单位：亿美元
Unit: USD 100 million

商品分类	HS Section and Division	2019		2020	
		出 口 Exports	进 口 Imports	出 口 Exports	进 口 Imports
63章 其他纺织制成品；成套物品；旧衣着及旧纺织品；碎织物	Other made up textile articles；sets；worn clothing and worn textile articles；rags articles；rags	26.16	0.38	61.57	0.99
第十二类 鞋、帽、伞、杖、鞭及其零件；已加工的羽毛及其制品；人造花；人发制品	**FOOTWEAR，HEADGEAR，UMBRELLAS，SUN UMBRELLAS，WALKING-STICKS，SEAT-STICKS，WHIPS，RIDING-CROPS AND PARTS THEREOF；PREPARED FEATHERS AND ARTICLES MADE THEREWITH；ARTIFICIAL FLOWERS；ARTICLES OF HUMAN HAIR**	**27.79**	**0.52**	**23.80**	**0.65**
64章 鞋靴、护腿和类似品及其零件	Footwear，gaiters and the like；parts of such articles	21.47	0.17	17.98	0.20
65章 帽类及其零件	Headgear and parts thereof	2.83	0.13	2.57	0.37
66章 雨伞、阳伞、手杖、鞭子、马鞭及其零件	Umbrellas，sun umbrellas，walking-sticks，seat-sticks，whips，riding-crops and parts thereof	2.13	0.01	1.77	0.01
67章 已加工羽毛、羽绒及其制品；人造花；人发制品	Prepared feathers and down and articles made of feathers or of down；artificial flowers；articles of human hair	1.36	0.21	1.48	0.08
第十三类 石料、石膏、水泥、石棉、云母及类似材料的制品；陶瓷产品；玻璃及其制品	**ARTICLES OF STONE，PLASTER，CEMENT，ASBESTOS，MICA OR SIMILAR MATERIALS；CERAMIC PRODUCTS；GLASS AND GLASSWARE**	**19.43**	**21.15**	**19.02**	**19.28**
68章 石料、石膏、水泥、石棉、云母及类似材料的制品	Articles of stone，plaster，cement，asbestos，mica or similar materials；ceramic products；glass and glassware	6.85	5.59	6.11	5.65
69章 陶瓷产品	Ceramic products	6.06	2.70	6.05	2.80
70章 玻璃及其制品	Glass and glassware	6.52	12.86	6.87	10.83
第十四类 天然或养殖珍珠、宝石或半宝石、贵金属、包贵金属及其制品；仿首饰；硬币	**NATURAL OR CULTURED PEARLS，PRECIOUS OR SEMI-PRECIOUS STONES，PRECIOUS METALS，METALS CLAD WITH PRECIOUS METAL AND STONES，PRECIOUS METALS，METALS CLAD WITH PRECIOUS METAL AND ARTICLES THEREOF；IMITATION JEWELLERY；COIN**	**1.33**	**15.87**	**1.38**	**19.83**
71章 天然或养殖珍珠、宝石或半宝石、贵金属、包贵金属及其制品；仿首饰；硬币	Natural or cultured pearls，precious or semi-precious stones，precious metals，metals clad with precious metal and articles thereof；imitation jewellery；coin	1.33	15.87	1.38	19.83
第十五类 贱金属及其制品	**BASE METALS AND ARTICLES OF BASE METAL**	**90.28**	**128.59**	**80.21**	**138.86**
72章 钢铁	Iron and steel	11.96	47.13	8.13	46.37
73章 钢铁制品	Articles of iron or steel	36.77	22.98	35.67	23.43
74章 铜及其制品	Copper and articles thereof	3.18	31.07	2.86	41.62
75章 镍及其制品	Nickel and articles thereof	0.24	1.52	0.25	2.79
76章 铝及其制品	Aluminium and articles thereof	21.27	10.20	17.65	10.52
78章 铅及其制品	Lead and articles thereof	0.02	0.04	0.02	0.06
79章 锌及其制品	Zinc and articles thereof	0.14	0.61	0.14	0.70
80章 锡及其制品	Tin and articles thereof	0.13	0.31	0.21	0.34
81章 其他贱金属、金属陶瓷及其制品	Other base metals；cermets；articles thereof	3.79	1.85	2.71	1.83
82章 贱金属工具、器具、利口器、餐匙、餐叉及其零件	Tools，implements，cutlery，spoons and forks，of base metal；parts thereof of base metal	6.44	10.70	6.37	9.15
83章 贱金属杂项制品	Miscellaneous articles of base metal	6.34	2.18	6.20	2.03

6–23 续表 4 Continued 4

单位：亿美元
Unit: USD 100 million

商品分类	HS Section and Division	2019 出 口 Exports	2019 进 口 Imports	2020 出 口 Exports	2020 进 口 Imports
第十六类 机器、机械器具、电气设备及其零件；录音机及放声机、电视图像、声音的录制和重放设备及其零件、附件	**MACHINERY AND MECHANICAL APPLIANCES；ELECTRICAL EQUIPMENT；PARTS THEREOF；SOUND RECORDERS AND REPRODUCERS，TELEVISION IMAGE AND SOUND RECORDERS AND REPRODUCERS；AND PARTS AND ACCESSORIES OF RECORDERS AND REPRODUCERS；AND PARTS AND ACCESSORIES OF SUCH ARTICLES**	**586.71**	**800.08**	**590.29**	**829.74**
84章 核反应堆、锅炉、机器、机械器具及其零件	Nuclear reactors，boilers，machinery and mechanical appliances；parts thereof	264.55	364.02	266.82	366.52
85章 电机、电气设备及其零件；录音机及放声机、电视图像、声音的录制和重放设备及其零件、附件	Electrical machinery and equipment and parts thereof；sound recorders and reproducers，television image and sound recorders and reproducers，and parts and accessories of such articles	322.16	436.06	323.47	463.23
第十七类 车辆、航空器、船舶及有关运输设备	**VEHICLES，AIRCRAFT，VESSELS AND ASSOCIATED TRANSPORT EQUIPMENT**	**47.37**	**183.29**	**45.80**	**169.67**
86章 铁道及电车道机车、车辆及其零件；铁道及电车轨道固定装置及其零件、附件；各种机械(包括电动机械)交通信号设备	Railway or tramway locomotives，rolling-stock and parts thereof；railway or tramway track fixtures and fittings and parts thereof；mechanical(including electro-mechanical) traffic signalling equipment of all kinds	1.90	1.05	1.51	0.90
87章 车辆及其零件、附件，但铁道及电车道车辆除外	Vehicles other than railway or tramway rolling-stock，and parts and accessories thereof	43.83	179.35	39.29	165.40
88章 航空器、航天器及其零件	Aircraft，spacecraft，and parts thereof	0.70	0.35	1.36	0.30
89章 船舶及浮动结构体	Ships，boats and floating structures	0.94	2.53	3.65	3.07
第十八类 光学、照相、电影、计量、检验、医疗或外科用仪器及设备、精密仪器及设备；钟表；乐器；上述物品的零件、附件	**OPTICAL，PHOTOGRAPHIC，CINEMATOGRAPHIC，MEASURING，CHECKING，PRECISION，MEDICAL OR SURGICAL INSTRUMENTS AND APPARATUS；CLOCKS AND WATCHES；MUSICAL INSTRUMENTS；PARTS AND ACCESSORIES THEREOF**	**49.40**	**158.23**	**46.36**	**166.96**
90章 光学、照相、电影、计量、检验、医疗或外科用仪器及设备、精密仪器及设备；上述物品的零件、附件	Optical，photographic，cinematographic，measuring，checking，precision medical or surgical instruments and apparatus；parts and accessories thereof	45.09	151.72	42.51	161.70
91章 钟表及其零件	Clocks and watches and parts thereof	3.22	4.81	2.44	3.72
92章 乐器及其零件、附件	Musical instruments；parts and accessories of such articles	1.08	1.71	1.41	1.54
第十九类 武器、弹药及其零件、附件	**ARMS AND AMMUNITION；PARTS AND ACCESSORIES THEREOF**	**0.02**	**0.00**	**0.03**	**0.00**
93章 武器、弹药及其零件、附件	Arms and ammunition；parts and accessories thereof	0.02	0.00	0.03	0.00
第二十类 杂项制品	**MISCELLANEOUS MANUFACTURED ARTICLES**	**90.30**	**18.83**	**102.09**	**16.11**
94章 家具；寝具、褥垫、弹簧床垫、软坐垫及类似的填充制品；未列名灯具及照明装置；发光标志、发光名牌及类似品；活动房屋	Furniture；bedding，mattresses，mattress supports，cushions and similar stuffed furnishings；lamps and lighting fittings，not elsewhere specified or included；illuminated signs，illuminated	50.21	2.04	55.12	2.00
95章 玩具、游戏品、运动用品及其零件、附件	Toys，games and sports requisites；parts and accessories thereof	32.03	3.17	38.85	3.59
96章 杂项制品	Miscellaneous manufactured articles	8.07	13.62	8.11	10.51
第二十一类 艺术品、收藏品及古物	**WORKS OF ART，COLLECTORS' PIECES AND ANTIQUES**	**0.07**	**0.21**	**0.02**	**0.34**
97章 艺术品、收藏品及古物	Works of art，collectors' pieces and antiques	0.07	0.21	0.02	0.34
第二十二类 特殊交易品及未分类商品	**COMMODITIES AND TRANSACTIONS NOT CLASSIFIED ACCORDING TO KIND**	**8.15**	**2.12**	**9.68**	**3.19**
98章 特殊交易品及未分类商品	Commodities and transactions not classified according to kind	8.15	2.12	9.19	3.19
99章 跨境电商B2B简化申报商品	Simplified Declaration of Cross-border E-commerce B2B Commodities			0.49	

6-24 对香港地区进出口商品分类金额

Value of Exports and Imports from Hongkong by HS

单位：亿美元

Unit: USD 100 million

商品分类	HS Section and Division	2019		2020	
		出口 Exports	进口 Imports	出口 Exports	进口 Imports
总 额	**Total**	**2791.52**	**90.67**	**2725.75**	**69.83**
第一类 活动物；动物产品	**LIVE ANIMALS；ANIMAL PRODUCTS**	**23.59**	**0.16**	**23.33**	**0.26**
01章 活动物	Live animals	4.15	0.01	5.26	
02章 肉及食用杂碎	Meat and edible meat offal	6.36		5.48	
03章 鱼、甲壳动物、软体动物及其他水生无脊椎动物	Fish and crustaceans molluscs and other aquatic invertebrates	9.45	0.14	9.83	0.26
04章 乳品；蛋品；天然蜂蜜；其他食用动物产品	Dairy produce；birds' eggs；natural honey；edible products of animal origin，not elsewhere specified or included	1.72	0.01	1.69	0.00
05章 其他动物产品	Products of animal origin，not elsewhere specified or included	1.91		1.07	0.00
第二类 植物产品	**VEGETABLE PRODUCTS**	**28.57**	**0.05**	**28.44**	**0.03**
06章 活树及其他活植物；鳞茎、根及类似品；插花及装饰用簇叶	Live tree and other plants；bulbs，roots and the like；cut flowers and ornamental foliage	0.16		0.17	
07章 食用蔬菜、根及块茎	Edible vegetables and certain roots and tubers	16.35	0.00	15.92	0.00
08章 食用水果及坚果；甜瓜或柑桔属水果的果皮	Edible fruit and nuts；peel of citrus fruit or melons	3.27	0.02	3.83	0.01
09章 咖啡、茶、马黛茶及调味香料	Coffee，tea，mate and spices	5.39	0.02	4.89	0.02
10章 谷物	Cereals	0.16		0.15	0.00
11章 制粉工业产品；麦芽；淀粉；菊粉；面筋	Products of the milling industry；malt；starches；inulin；wheat gluten	0.56	0.00	0.47	0.00
12章 含油子仁及果实；杂项子仁及果实；工业用或药用植物；稻草、秸秆及饲料	Oil seeds and oleaginous fruits；miscellaneous grains，seeds and fruit；industrial or medicinal plants；straw and fodder	1.69	0.00	2.21	0.01
13章 虫胶；树胶、树脂及其他植物液、汁	Lac；gums，resins and other vegetable saps and extracts	0.89	0.00	0.71	0.00
14章 编结用植物材料；其他植物产品	Vegetable plaiting materials；vegetable products not elsewhere specified or included	0.11	0.00	0.09	0.00
第三类 动、植物油、脂及其分解产品；精制的食用油脂；动、植物蜡	**ANIMAL OR VEGETABLE FATS AND OILS AND THEIR CLEAVAGE PRODUCTS；PREPARED EDIBLE FATS；ANIMAL OR VEGETABLE WAXES**	**1.18**	**0.03**	**0.99**	**0.03**
15章 动、植物油、脂及其分解产品；精制的食用油脂；动、植物蜡	Animal or vegetable fats and oils and their cleavage products；prepared edible fats；animal or vegetable waxes	1.18	0.03	0.99	0.03
第四类 食品；饮料、酒及醋；烟草、烟草及烟草代用品的制品	**PREPARED FOODSTUFFS；BEVERAGES, SPIRITS AND VINEGAR；TOBACCO AND MANUFACTURED TOBACCO SUBSTITUTES**	**42.00**	**4.54**	**35.69**	**4.69**
16章 肉、鱼、甲壳动物、软体动物及其他水生无脊椎动物的制品	Preparations of meat，of fish or of crustaceans，molluscs or other aquatic invertebrates	8.64	0.01	8.62	0.00
17章 糖及糖食	Sugars and sugar confectionery	0.47	0.06	0.37	0.05
18章 可可及可可制品	Cocoa and cocoa preparations	0.73	0.01	0.52	0.00
19章 谷物、粮食粉、淀粉或乳的制品；糕饼点心	Preparations of cereals，flour，starch or milk；pastry-cooks' products	7.41	2.35	5.25	2.53

6-24 续表 1 Continued 1

单位：亿美元
Unit: USD 100 million

商品分类	HS Section and Division	2019		2020	
		出口 Exports	进口 Imports	出口 Exports	进口 Imports
20章 蔬菜、水果、坚果或植物其他部分的制品	Preparations of vegetables, fruit, nuts or other parts of plants	5.65	0.23	4.00	0.25
21章 杂项食品	Miscellaneous edible preparations	5.63	0.82	6.33	1.26
22章 饮料、酒及醋	Beverages, spirits and vinegar	10.59	0.38	9.62	0.28
23章 食品工业的残渣及废料；配制的动物饲料	Residues and waste from the food industries；prepared animal fodder	0.11	0.00	0.16	0.00
24章 烟草及烟草代用品的制品	Tobacco and manufactured tobacco substitutes	2.77	0.67	0.82	0.30
第五类 矿产品	**MINERAL PRODUCTS**	**94.27**	**1.03**	**70.71**	**0.85**
25章 盐；硫磺；泥土及石料；石膏料、石灰及水泥	Salt；sulphur；earths and stone；plastering materials, lime and cement	3.60	0.01	4.89	0.02
26章 矿砂、矿渣及矿灰	Ores, slag and ash	0.07	0.00	0.07	
27章 矿物燃料、矿物油及其蒸馏产品；沥青物质；矿物蜡	Mineral fuels, mineral oils and products of their distillation; bituminous substances; mineral waxes	90.60	1.02	65.76	0.83
第六类 化学工业及其相关工业的产品	**PRODUCTS OF THE CHEMICAL OR INDUSTRIES ALLIED**	**29.21**	**7.79**	**31.40**	**5.75**
28章 无机化学品；贵金属、稀土金属、放射性元素及其同位素的有机及无机化合物	Inorganic chemicals；organic or inorganic compounds of precious metals, of rare- earth metals, of radioactive elements or of isotopes	2.96	0.73	3.23	0.46
29章 有机化学品	Organic chemicals	2.63	0.31	1.88	0.02
30章 药品	Pharmaceutical products	5.77	4.33	7.94	2.93
31章 肥料	Fertilizers	0.05		0.05	
32章 鞣料浸膏及染料浸膏；鞣酸及其衍生物；染料、颜料及其他着色料；油漆及清漆；油灰及其他类似胶粘剂；墨水、油墨	Tanning or dyeing extracts；tannins and their derivatives；dyes, pigments and other colouring matter；paints and varnishes；putty and other mastics；inks	1.40	0.04	1.16	0.03
33章 精油及香膏；芳香料制品及化妆盥洗品	Essential oils and retinoid；perfumery, cosmetic or toilet preparations	8.74	1.23	6.38	1.13
34章 肥皂、有机表面活性剂、洗涤剂、润滑剂、人造蜡、调制蜡、光洁剂、蜡烛及类似品、塑型用膏、"牙科用蜡"及牙科用熟石膏制剂	Soap, organic surface-active agents, washing preparations, lubricating preparations, artificial waxes, prepared waxes, polishing or scouring preparations, candles and similar articles, modelling pastes, "dental waxes" and dental preparations with a basis of plast	1.39	0.29	1.50	0.25
35章 蛋白类物质；改性淀粉；胶；酶	Albuminoidal substances；modified starches；glues；enzymes	2.10	0.02	1.70	0.01
36章 炸药；烟火制品；火柴；引火合金；易燃材料制品	Explosives；pyrotechnic products；matches；pyrophoric alloys；certain combustible preparations	0.02	0.00	0.01	
37章 照相及电影用品	Photographic or cinematographic goods	0.60	0.07	0.46	0.07
38章 杂项化学产品	Miscellaneous chemical products	3.54	0.78	7.11	0.85
第七类 塑料及其制品，橡胶及其制品	**PLASTICS AND ARTICLES THEREOF RUBBER AND ARTICLES THEREOF**	**34.71**	**7.12**	**29.16**	**6.74**
39章 塑料及其制品	Plastics and articles thereof	32.45	7.04	27.35	6.69
40章 橡胶及其制品	Rubber and articles thereof	2.26	0.08	1.81	0.06
第八类 生皮、皮革、毛皮及其制品；鞍具及挽具；旅行用品、手提包及类似品；动物肠线(蚕胶丝除外)制品	**RAW HIDES AND SKINS, LEATHER, FUR SKINS AND ARTICLES THEREOF；SADDLERY AND HARNESS；TRAVEL GOODS, HANDBAGS AND SIMILAR CONTAINERS；ARTICLES OF ANIMAL GUT(OTHER THAN SILK-WORM GUT)**	**20.72**	**0.33**	**13.86**	**0.25**
41章 生皮(毛皮除外)及皮革	Raw hides and skins(other than fur skins) and leather	1.67	0.04	1.19	0.04

单位：亿美元
Unit: USD 100 million

商品分类	HS Section and Division	2019 出口 Exports	2019 进口 Imports	2020 出口 Exports	2020 进口 Imports
42章 皮革制品；鞍具及挽具；旅行用品、手提包及类似容器；动物肠线(蚕胶丝除外)制品	Articles of leather；saddlery and harness；travel goods，hand bags and similar containers；articles of animal gut (other than silk-worm gut)	12.93	0.27	7.70	0.21
43章 毛皮、人造毛皮及其制品	Fur skins and artificial fur；manufactures thereof	6.11	0.02	4.98	0.01
第九类 木及木制品；木炭；软木及软木制品；稻草，秸秆、针茅或其他编结材料制品；篮筐及柳条编结品	**WOOD AND ARTICLES OF WOOD；WOOD CHAR-COAL；CORK AND ARTICLES OF CORK；MANUFACTURES OF STRAW，OF ESPARTO OR OF OTHER PLAITING MATERIALS；BASKET WARE AND WICKERWORK**	**3.16**	**0.00**	**3.17**	**0.03**
44章 木及木制品；木炭	Wood and articles of wood；wood charcoal	2.82	0.00	3.03	0.03
45章 软木及软木制品	Cork and articles of cork	0.00		0.00	
46章 稻草、秸秆、针茅或其他编结材料制品；篮筐及柳条编结品	Manufactures of straw，of esparto or of other plaiting Materials；basket ware and wickerwork	0.34	0.00	0.14	0.00
第十类 木浆及其他纤维状纤维素浆；纸及纸板的废碎品；纸、纸板及其制品	**PULP OF WOOD OR OF OTHER FIBROUS CELLULOSIC MATERIAL；WASTE AND SCRAP OF PAPER OR PAPERBOARD；PAPER AND PAPERBOARD AND ARTICLES THEREOF**	**18.01**	**3.32**	**14.70**	**2.72**
47章 木浆及其他纤维状纤维素浆；纸及纸板的废碎品	Pulp of wood or of other fibrous cellulosic material；waste and scrap of paper or paperboard	0.00	1.15	0.00	1.13
48章 纸及纸板；纸浆、纸或纸板制品	Paper and paperboard；articles of paper pulp，of paper or paperboard	11.77	0.31	9.36	0.17
49章 书籍、报纸、印刷图画及其他印制品；手稿、打字稿及设计图纸	Printed books，newspapers，pictures and other products of the printing industry；manuscripts，typescripts and plans	6.24	1.85	5.33	1.43
第十一类 纺织原料及纺织制品	**TEXTILES AND TEXTILE ARTICLES**	**82.78**	**1.07**	**50.26**	**0.92**
50章 蚕丝	Silk	0.59	0.00	0.37	0.00
51章 羊毛、动物细毛或粗毛；马毛纱线及其机织物	Wool，fine or coarse animal hair；horsehair yarn and woven fabric	2.51	0.01	1.90	0.00
52章 棉花	Cotton	7.11	0.09	4.20	0.03
53章 其他植物纺织纤维；纸纱线及其机织物	Other vegetable textile fibres；paper yarn and woven fabrics of paper yarn	0.42	0.00	0.19	0.00
54章 化学纤维长丝	Man-made filaments	2.98	0.07	1.06	0.05
55章 化学纤维短纤	Man-made short fibres	2.66	0.02	1.42	0.01
56章 絮胎、毡呢及无纺织物；特种纱线；线、绳、索、缆及其制品	Wadding，felt and nonwoven；special yarns；twine，cordage，ropes and cables and articles thereof	1.75	0.03	1.57	0.03
57章 地毯及纺织材料的其他铺地制品	Carpets and other textile floor coverings	0.34	0.00	0.23	0.00
58章 特种机织物；簇绒织物；花边；装饰毯；装饰带；刺绣品	Special woven fabrics；tufted textile fabrics；lace；tapestries；trimmings；embroidery	5.52	0.18	3.90	0.12
59章 浸渍、涂布、包覆或层压的纺织物；工业用纺织制品	Impregnated，coated，covered or laminated textile fabrics；textile articles of a kind suitable for industrial use	3.08	0.07	2.25	0.02
60章 针织物及钩编织物	Knitted or crocheted fabrics	13.51	0.23	9.37	0.11
61章 针织或钩编的服装及衣着附件	Articles of apparel and clothing accessories，knitted or crocheted	22.55	0.20	11.22	0.36
62章 非针织或非钩编的服装及衣着附件	Articles of apparel and clothing accessories，not knitted or crocheted	16.86	0.17	9.88	0.17

6–24 续表 3 Continued 3

单位：亿美元
Unit: USD 100 million

商品分类	HS Section and Division	2019		2020	
		出口 Exports	进口 Imports	出口 Exports	进口 Imports
63章 其他纺织制成品；成套物品；旧衣着及旧纺织品；碎织物	Other made up textile articles；sets；worn clothing and worn textile articles；rags articles；rags	2.91	0.01	2.70	0.02
第十二类 鞋、帽、伞、杖、鞭及其零件；已加工的羽毛及其制品；人造花；人发制品	**FOOTWEAR，HEADGEAR，UMBRELLAS，SUN UMBRELLAS，WALKING-STICKS，SEAT-STICKS，WHIPS，RIDING-CROPS AND PARTS THEREOF；PREPARED FEATHERS AND ARTICLES MADE THEREWITH；ARTIFICIAL FLOWERS；ARTICLES OF HUMAN HAIR**	**10.53**	**0.21**	**9.08**	**0.19**
64章 鞋靴、护腿和类似品及其零件	Footwear，gaiters and the like；parts of such articles	8.53	0.19	5.49	0.18
65章 帽类及其零件	Headgear and parts thereof	0.87	0.01	0.15	0.01
66章 雨伞、阳伞、手杖、鞭子、马鞭及其零件	Umbrellas，sun umbrellas，walking-sticks，seat-sticks，whips，riding-crops and parts thereof	0.24	0.00	0.05	0.00
67章 已加工羽毛、羽绒及其制品；人造花；人发制品	Prepared feathers and down and articles made of feathers or of down；artificial flowers；articles of human hair	0.89	0.01	3.39	0.01
第十三类 石料、石膏、水泥、石棉、云母及类似材料的制品；陶瓷产品；玻璃及其制品	**ARTICLES OF STONE，PLASTER，CEMENT，ASBESTOS，MICA OR SIMILAR MATERIALS；CERAMIC PRODUCTS；GLASS AND GLASSWARE**	**21.63**	**0.26**	**25.76**	**0.31**
68章 石料、石膏、水泥、石棉、云母及类似材料的制品	Articles of stone，plaster，cement，asbestos，mica or similar materials；ceramic products；glass and glassware	4.27	0.00	4.91	0.00
69章 陶瓷产品	Ceramic products	3.08	0.00	4.82	0.00
70章 玻璃及其制品	Glass and glassware	14.28	0.26	16.03	0.31
第十四类 天然或养殖珍珠、宝石或半宝石、贵金属、包贵金属及其制品；仿首饰；硬币	**NATURAL OR CULTURED PEARLS，PRECIOUS OR SEMI-PRECIOUS STONES，PRECIOUS METALS，METALS CLAD WITH PRECIOUS METAL AND STONES，PRECIOUS METALS，METALS CLAD WITH PRECIOUS METAL AND ARTICLES THEREOF；IMITATION JEWELLERY；COIN**	**146.79**	**32.33**	**135.58**	**17.59**
71章 天然或养殖珍珠、宝石或半宝石、贵金属、包贵金属及其制品；仿首饰；硬币	Natural or cultured pearls，precious or semi-precious stones，precious metals，metals clad with precious metal and articles thereof；imitation jewellery；coin	146.79	32.33	135.58	17.59
第十五类 贱金属及其制品	**BASE METALS AND ARTICLES OF BASE METAL**	**38.61**	**15.18**	**33.76**	**8.84**
72章 钢铁	Iron and steel	3.93	0.24	3.91	0.06
73章 钢铁制品	Articles of iron or steel	14.66	0.08	14.91	0.08
74章 铜及其制品	Copper and articles thereof	2.73	11.88	2.93	5.05
75章 镍及其制品	Nickel and articles thereof	0.29	0.02	0.14	0.01
76章 铝及其制品	Aluminium and articles thereof	6.85	2.05	5.77	1.92
78章 铅及其制品	Lead and articles thereof	0.10	0.00	0.04	0.00
79章 锌及其制品	Zinc and articles thereof	0.15	0.78	0.12	1.63
80章 锡及其制品	Tin and articles thereof	0.29	0.02	0.09	0.02
81章 其他贱金属、金属陶瓷及其制品	Other base metals；cermets；articles thereof	0.56	0.03	0.43	0.00
82章 贱金属工具、器具、利口器、餐匙、餐叉及其零件	Tools，implements，cutlery，spoons and forks，of base metal；parts thereof of base metal	3.70	0.02	1.94	0.03
83章 贱金属杂项制品	Miscellaneous articles of base metal	5.36	0.04	3.48	0.04

6-24 续表 4 Continued 4

单位：亿美元
Unit: USD 100 million

商品分类	HS Section and Division	2019 出口 Exports	2019 进口 Imports	2020 出口 Exports	2020 进口 Imports
第十六类 机器、机械器具、电气设备及其零件；录音机及放声机、电视图像、声音的录制和重放设备及其零件、附件	**MACHINERY AND MECHANICAL APPLIANCES；ELECTRICAL EQUIPMENT；PARTS THEREOF；SOUND RECORDERS AND REPRODUCERS，TELEVISION IMAGE AND SOUND RECORDERS AND REPRODUCERS；AND PARTS AND ACCESSORIES OF RECORDERS AND REPRODUCERS；AND PARTS AND ACCESSORIES OF SUCH ARTICLES**	**1914.91**	**11.91**	**1953.37**	**14.53**
84章 核反应堆、锅炉、机器、机械器具及其零件	Nuclear reactors，boilers，machinery and mechanical appliances；parts thereof	420.00	1.87	438.09	2.41
85章 电机、电气设备及其零件；录音机及放声机、电视图像、声音的录制和重放设备及其零件、附件	Electrical machinery and equipment and parts thereof；sound recorders and reproducers，television image and sound recorders and reproducers，and parts and accessories of such articles	1494.91	10.03	1515.28	12.11
第十七类 车辆、航空器、船舶及有关运输设备	**VEHICLES，AIRCRAFT，VESSELS AND ASSOCIATED TRANSPORT EQUIPMENT**	**75.06**	**0.04**	**75.17**	**0.01**
86章 铁道及电车道机车、车辆及其零件；铁道及电车轨道固定装置及其零件、附件；各种机械(包括电动机械)交通信号设备	Railway or tramway locomotives，rolling-stock and parts thereof；railway or tramway track fixtures and fittings and parts thereof；mechanical(including electro-mechanical) traffic signalling equipment of all kinds	16.01	0.01	21.07	0.00
87章 车辆及其零件、附件，但铁道及电车道车辆除外	Vehicles other than railway or tramway rolling-stock，and parts and accessories thereof	7.68	0.01	7.55	0.01
88章 航空器、航天器及其零件	Aircraft，spacecraft，and parts thereof	3.12	0.02	3.20	0.00
89章 船舶及浮动结构体	Ships，boats and floating structures	48.26	0.00	43.35	0.00
第十八类 光学、照相、电影、计量、检验、医疗或外科用仪器及设备、精密仪器及设备；钟表；乐器；上述物品的零件、附件	**OPTICAL，PHOTOGRAPHIC，CINEMATOGRAPHIC，MEASURING，CHECKING，PRECISION，MEDICAL OR SURGICAL INSTRUMENTS AND APPARATUS；CLOCKS AND WATCHES；MUSICAL INSTRUMENTS；PARTS AND ACCESSORIES THEREOF**	**149.79**	**2.51**	**142.95**	**2.44**
90章 光学、照相、电影、计量、检验、医疗或外科用仪器及设备、精密仪器及设备；上述物品的零件、附件	Optical，photographic，cinematographic，measuring，checking，precision medical or surgical instruments and apparatus；parts and accessories thereof	128.98	1.74	129.61	1.88
91章 钟表及其零件	Clocks and watches and parts thereof	20.54	0.78	13.11	0.56
92章 乐器及其零件、附件	Musical instruments；parts and accessories of such articles	0.27	0.00	0.24	0.00
第十九类 武器、弹药及其零件、附件	**ARMS AND AMMUNITION；PARTS AND ACCESSORIES THEREOF**	**0.07**	**0.00**	**0.02**	
93章 武器、弹药及其零件、附件	Arms and ammunition；parts and accessories thereof	0.07	0.00	0.02	
第二十类 杂项制品	**MISCELLANEOUS MANUFACTURED ARTICLES**	**43.04**	**0.47**	**35.08**	**0.22**
94章 家具；寝具、褥垫、弹簧床垫、软坐垫及类似的填充制品；未列名灯具及照明装置；发光标志、发光名牌及类似品；活动房屋	Furniture；bedding，mattresses，mattress supports，cushions and similar stuffed furnishings；lamps and lighting fittings，not elsewhere specified or included；illuminated signs，illuminated	19.18	0.04	16.28	0.03
95章 玩具、游戏品、运动用品及其零件、附件	Toys，games and sports requisites；parts and accessories thereof	17.15	0.21	13.35	0.05
96章 杂项制品	Miscellaneous manufactured articles	6.71	0.23	5.46	0.14
第二十一类 艺术品、收藏品及古物	**WORKS OF ART，COLLECTORS' PIECES AND ANTIQUES**	**4.68**	**0.10**	**3.62**	**0.19**
97章 艺术品、收藏品及古物	Works of art，collectors' pieces and antiques	4.68	0.10	3.62	0.19
第二十二类 特殊交易品及未分类商品	**COMMODITIES AND TRANSACTIONS NOT CLASSIFIED ACCORDING TO KIND**	**8.20**	**2.23**	**9.64**	**3.22**
98章 特殊交易品及未分类商品	Commodities and transactions not classified according to kind	8.20	2.23	9.64	3.22
99章 跨境电商B2B简化申报商品	Simplified Declaration of Cross-border E-commerce B2B Commodities			0.01	

6-25 对台湾地区进出口商品分类金额

Value of Exports and Imports from Taiwan Province by HS

单位：亿美元

Unit: USD 100 million

商品分类	HS Section and Division	2019		2020	
		出口 Exports	进口 Imports	出口 Exports	进口 Imports
总 额	**Total**	**551.09**	**1730.13**	**601.17**	**2004.98**
第一类 活动物；动物产品	**LIVE ANIMALS；ANIMAL PRODUCTS**	**7.63**	**2.88**	**5.87**	**1.82**
01章 活动物	Live animals	0.00	0.03	0.00	0.00
02章 肉及食用杂碎	Meat and edible meat offal				
03章 鱼、甲壳动物、软体动物及其他水生无脊椎动物	Fish and crustaceans molluscs and other aquatic invertebrates	6.80	1.78	5.27	1.34
04章 乳品；蛋品；天然蜂蜜；其他食用动物产品	Dairy produce；birds' eggs；natural honey；edible products of animal origin，not elsewhere specified or included	0.00	0.07	0.00	0.07
05章 其他动物产品	Products of animal origin，not elsewhere specified or included	0.82	1.01	0.60	0.41
第二类 植物产品	**VEGETABLE PRODUCTS**	**3.88**	**2.49**	**3.65**	**2.17**
06章 活树及其他活植物；鳞茎、根及类似品；插花及装饰用簇叶	Live tree and other plants；bulbs，roots and the like；cut flowers and ornamental foliage	0.03	0.04	0.01	0.01
07章 食用蔬菜、根及块茎	Edible vegetables and certain roots and tubers	0.56	0.02	0.57	0.02
08章 食用水果及坚果；甜瓜或柑桔属水果的果皮	Edible fruit and nuts；peel of citrus fruit or melons	0.30	1.64	0.28	1.30
09章 咖啡、茶、马黛茶及调味香料	Coffee，tea，mate and spices	0.27	0.54	0.31	0.40
10章 谷物	Cereals	0.15	0.18	0.08	0.38
11章 制粉工业产品；麦芽；淀粉；菊粉；面筋	Products of the milling industry；malt；starches；inulin；wheat gluten	0.40	0.00	0.35	0.00
12章 含油子仁及果实；杂项子仁及果实；工业用或药用植物；稻草、秸秆及饲料	Oil seeds and oleaginous fruits；miscellaneous grains，seeds and fruit；industrial or medicinal plants；straw and fodder	1.82	0.04	1.64	0.03
13章 虫胶；树胶、树脂及其他植物液、汁	Lac；gums，resins and other vegetable saps and extracts	0.29	0.02	0.31	0.02
14章 编结用植物材料；其他植物产品	Vegetable plaiting materials；vegetable products not elsewhere specified or included	0.08	0.00	0.10	0.00
第三类 动、植物油、脂及其分解产品；精制的食用油脂；动、植物蜡	**ANIMAL OR VEGETABLE FATS AND OILS AND THEIR CLEAVAGE PRODUCTS；PREPARED EDIBLE FATS；ANIMAL OR VEGETABLE WAXES**	**0.03**	**0.05**	**0.11**	**0.07**
15章 动、植物油、脂及其分解产品；精制的食用油脂；动、植物蜡	Animal or vegetable fats and oils and their cleavage products；prepared edible fats；animal or vegetable waxes	0.03	0.05	0.11	0.07
第四类 食品；饮料、酒及醋；烟草、烟草及烟草代用品的制品	**PREPARED FOODSTUFFS；BEVERAGES, SPIRITS AND VINEGAR；TOBACCO AND MANUFACTURED TOBACCO SUBSTITUTES**	**9.82**	**5.62**	**10.93**	**4.84**
16章 肉、鱼、甲壳动物、软体动物及其他水生无脊椎动物的制品	Preparations of meat，of fish or of crustaceans，molluscs or other aquatic invertebrates	6.53	0.10	7.59	0.07
17章 糖及糖食	Sugars and sugar confectionery	0.18	0.25	0.18	0.23
18章 可可及可可制品	Cocoa and cocoa preparations	0.07	0.02	0.08	0.01
19章 谷物、粮食粉、淀粉或乳的制品；糕饼点心	Preparations of cereals，flour，starch or milk；pastry-cooks' products	0.10	1.26	0.10	1.00

6-25 续表 1 Continued 1

单位：亿美元
Unit: USD 100 million

商品分类	HS Section and Division	2019 出口 Exports	2019 进口 Imports	2020 出口 Exports	2020 进口 Imports
20章 蔬菜、水果、坚果或植物其他部分的制品	Preparations of vegetables, fruit, nuts or other parts of plants	1.50	0.25	1.41	0.14
21章 杂项食品	Miscellaneous edible preparations	0.52	1.64	0.55	1.70
22章 饮料、酒及醋	Beverages, spirits and vinegar	0.60	1.91	0.78	1.57
23章 食品工业的残渣及废料；配制的动物饲料	Residues and waste from the food industries；prepared animal fodder	0.23	0.06	0.21	0.07
24章 烟草及烟草代用品的制品	Tobacco and manufactured tobacco substitutes	0.08	0.13	0.02	0.05
第五类 矿产品	**MINERAL PRODUCTS**	**7.01**	**8.63**	**8.06**	**8.57**
25章 盐；硫磺；泥土及石料；石膏料、石灰及水泥	Salt；sulphur；earths and stone；plastering materials，lime and cement	1.78	0.46	1.92	0.35
26章 矿砂、矿渣及矿灰	Ores, slag and ash	2.28	1.65	4.52	3.74
27章 矿物燃料、矿物油及其蒸馏产品；沥青物质；矿物蜡	Mineral fuels，mineral oils and products of their distillation; bituminous substances; mineral waxes	2.95	6.53	1.62	4.48
第六类 化学工业及其相关工业的产品	**PRODUCTS OF THE CHEMICAL OR INDUSTRIES ALLIED**	**35.56**	**81.32**	**34.28**	**66.89**
28章 无机化学品；贵金属、稀土金属、放射性元素及其同位素的有机及无机化合物	Inorganic chemicals；organic or inorganic compounds of precious metals，of rare- earth metals, of radioactive elements or of isotopes	5.20	2.67	5.62	2.60
29章 有机化学品	Organic chemicals	13.34	50.78	12.84	36.82
30章 药品	Pharmaceutical products	0.45	2.52	0.66	2.29
31章 肥料	Fertilizers	0.54	0.05	0.52	0.05
32章 鞣料浸膏及染料浸膏；鞣酸及其衍生物；染料、颜料及其他着色料；油漆及清漆；油灰及其他类似胶粘剂；墨水、油墨	Tanning or dyeing extracts；tannins and their derivatives；dyes，pigments and other colouring matter；paints and varnishes； putty and other mastics；inks	3.10	4.09	2.49	3.89
33章 精油及香膏； 芳香料制品及化妆盥洗品	Essential oils and retinoid；perfumery，cosmetic or toilet preparations	1.32	1.90	1.21	1.54
34章 肥皂、有机表面活性剂、洗涤剂、润滑剂、人造蜡、调制蜡、光洁剂、蜡烛及类似品、塑型用膏、“牙科用蜡”及牙科用熟石膏制剂	Soap，organic surface-active agents，washing preparations，lubricating preparations，artificial waxes，prepared waxes，polishing or scouring preparations，candles and similar articles，modelling pastes，“dental waxes” and dental preparations with a basis of plast	1.59	1.91	1.27	2.31
35章 蛋白类物质；改性淀粉；胶；酶	Albuminoidal substances；modified starches；glues；enzymes	1.39	3.09	1.28	2.72
36章 炸药；烟火制品；火柴；引火合金；易燃材料制品	Explosives；pyrotechnic products；matches；pyrophoric alloys；certain combustible preparations	0.16	0.00	0.13	0.00
37章 照相及电影用品	Photographic or cinematographic goods	0.76	2.92	0.75	3.21
38章 杂项化学产品	Miscellaneous chemical products	7.70	11.39	7.49	11.45
第七类 塑料及其制品，橡胶及其制品	**PLASTICS AND ARTICLES THEREOF RUBBER AND ARTICLES THEREOF**	**18.93**	**86.00**	**19.45**	**83.30**
39章 塑料及其制品	Plastics and articles thereof	16.34	82.97	16.71	80.09
40章 橡胶及其制品	Rubber and articles thereof	2.59	3.04	2.74	3.21
第八类 生皮、皮革、毛皮及其制品；鞍具及挽具；旅行用品、手提包及类似品；动物肠线(蚕胶丝除外)制品	**RAW HIDES AND SKINS，LEATHER，FUR SKINS AND ARTICLES THEREOF；SADDLERY AND HARNESS；TRAVEL GOODS，HANDBAGS AND SIMILAR CONTAINERS；ARTICLES OF ANIMAL GUT(OTHER THAN SILK-WORM GUT)**	**3.91**	**1.10**	**3.46**	**0.63**
41章 生皮(毛皮除外)及皮革	Raw hides and skins(other than fur skins) and leather	0.05	0.96	0.04	0.56

6-25 续表 2 Continued 2

单位：亿美元
Unit: USD 100 million

商品分类	HS Section and Division	2019 出口 Exports	2019 进口 Imports	2020 出口 Exports	2020 进口 Imports
42章 皮革制品；鞍具及挽具；旅行用品、手提包及类似容器；动物肠线(蚕胶丝除外)制品	Articles of leather；saddlery and harness；travel goods, hand bags and similar containers；articles of animal gut (other than silk-worm gut)	3.86	0.13	3.42	0.07
43章 毛皮、人造毛皮及其制品	Fur skins and artificial fur；manufactures thereof	0.00	0.00	0.00	0.00
第九类 木及木制品；木炭；软木及软木制品；稻草，秸秆、针茅或其他编结材料制品；篮筐及柳条编结品	**WOOD AND ARTICLES OF WOOD；WOOD CHAR-COAL；CORK AND ARTICLES OF CORK；MANUFACTURES OF STRAW，OF ESPARTO OR OF OTHER PLAITING MATERIALS；BASKET WARE AND WICKERWORK**	**2.86**	**0.33**	**2.95**	**0.30**
44章 木及木制品；木炭	Wood and articles of wood；wood charcoal	2.74	0.32	2.85	0.29
45章 软木及软木制品	Cork and articles of cork	0.01	0.00	0.01	0.00
46章 稻草、秸秆、针茅或其他编结材料制品；篮筐及柳条编结品	Manufactures of straw，of esparto or of other plaiting Materials；basket ware and wickerwork	0.11	0.01	0.10	0.00
第十类 木浆及其他纤维状纤维素浆；纸及纸板的废碎品；纸、纸板及其制品	**PULP OF WOOD OR OF OTHER FIBROUS CELLULOSIC MATERIAL；WASTE AND SCRAP OF PAPER OR PAPERBOARD；PAPER AND PAPERBOARD AND ARTICLES THEREOF**	**5.25**	**6.28**	**4.81**	**6.72**
47章 木浆及其他纤维状纤维素浆；纸及纸板的废碎品	Pulp of wood or of other fibrous cellulosic material；waste and scrap of paper or paperboard	0.01	0.96	0.03	0.51
48章 纸及纸板；纸浆、纸或纸板制品	Paper and paperboard；articles of paper pulp，of paper or paperboard	4.91	4.35	4.52	5.12
49章 书籍、报纸、印刷图画及其他印制品；手稿、打字稿及设计图纸	Printed books，newspapers，pictures and other products of the printing industry；manuscripts，typescripts and plans	0.33	0.97	0.26	1.08
第十一类 纺织原料及纺织制品	**TEXTILES AND TEXTILE ARTICLES**	**25.05**	**19.39**	**24.50**	**15.11**
50章 蚕丝	Silk	0.02	0.00	0.02	0.00
51章 羊毛、动物细毛或粗毛；马毛纱线及其机织物	Wool，fine or coarse animal hair；horsehair yarn and woven fabric	0.20	0.03	0.19	0.02
52章 棉花	Cotton	0.24	2.62	0.21	1.55
53章 其他植物纺织纤维；纸纱线及其机织物	Other vegetable textile fibres；paper yarn and woven fabrics of paper yarn	0.02	0.01	0.01	0.01
54章 化学纤维长丝	Man-made filaments	1.02	6.82	0.91	5.11
55章 化学纤维短纤	Man-made short fibres	0.48	1.47	0.56	1.51
56章 絮胎、毡呢及无纺织物；特种纱线；线、绳、索、缆及其制品	Wadding，felt and nonwoven；special yarns；twine，cordage，ropes and cables and articles thereof	0.85	1.15	1.39	1.37
57章 地毯及纺织材料的其他铺地制品	Carpets and other textile floor coverings	0.30	0.02	0.25	0.01
58章 特种机织物；簇绒织物；花边；装饰毯；装饰带；刺绣品	Special woven fabrics；tufted textile fabrics；lace；tapestries；trimmings；embroidery	0.22	0.58	0.14	0.42
59章 浸渍、涂布、包覆或层压的纺织物；工业用纺织制品	Impregnated，coated，covered or laminated textile fabrics；textile articles of a kind suitable for industrial use	0.89	2.88	0.76	2.08
60章 针织物及钩编织物	Knitted or crocheted fabrics	0.10	3.29	0.12	2.40
61章 针织或钩编的服装及衣着附件	Articles of apparel and clothing accessories，knitted or crocheted	10.26	0.17	11.08	0.10
62章 非针织或非钩编的服装及衣着附件	Articles of apparel and clothing accessories，not knitted or crocheted	8.27	0.10	6.91	0.21

6-25 续表 3 Continued 3

单位：亿美元
Unit: USD 100 million

商品分类	HS Section and Division	2019 出口 Exports	2019 进口 Imports	2020 出口 Exports	2020 进口 Imports
63章 其他纺织制成品；成套物品；旧衣着及旧纺织品；碎织物	Other made up textile articles；sets；worn clothing and worn textile articles；rags articles；rags	2.19	0.27	1.95	0.30
第十二类 鞋、帽、伞、杖、鞭及其零件；已加工的羽毛及其制品；人造花；人发制品	**FOOTWEAR，HEADGEAR，UMBRELLAS，SUN UMBRELLAS，WALKING-STICKS，SEAT-STICKS，WHIPS，RIDING-CROPS AND PARTS THEREOF；PREPARED FEATHERS AND ARTICLES MADE THEREWITH；ARTIFICIAL FLOWERS；ARTICLES OF HUMAN HAIR**	**3.32**	**0.33**	**2.87**	**0.38**
64章 鞋靴、护腿和类似品及其零件	Footwear，gaiters and the like；parts of such articles	2.63	0.23	2.33	0.30
65章 帽类及其零件	Headgear and parts thereof	0.23	0.06	0.15	0.06
66章 雨伞、阳伞、手杖、鞭子、马鞭及其零件	Umbrellas，sun umbrellas，walking-sticks，seat-sticks，whips，riding-crops and parts thereof	0.39	0.04	0.35	0.01
67章 已加工羽毛、羽绒及其制品；人造花；人发制品	Prepared feathers and down and articles made of feathers or of down；artificial flowers；articles of human hair	0.07	0.00	0.04	0.01
第十三类 石料、石膏、水泥、石棉、云母及类似材料的制品；陶瓷产品；玻璃及其制品	**ARTICLES OF STONE，PLASTER，CEMENT，ASBESTOS，MICA OR SIMILAR MATERIALS；CERAMIC PRODUCTS；GLASS AND GLASSWARE**	**6.46**	**15.97**	**7.03**	**19.13**
68章 石料、石膏、水泥、石棉、云母及类似材料的制品	Articles of stone，plaster，cement，asbestos，mica or similar materials；ceramic products；glass and glassware	1.89	1.25	1.94	1.50
69章 陶瓷产品	Ceramic products	2.36	0.36	2.59	0.34
70章 玻璃及其制品	Glass and glassware	2.22	14.37	2.50	17.30
第十四类 天然或养殖珍珠、宝石或半宝石、贵金属、包贵金属及其制品；仿首饰；硬币	**NATURAL OR CULTURED PEARLS，PRECIOUS OR SEMI-PRECIOUS STONES，PRECIOUS METALS，METALS CLAD WITH PRECIOUS METAL AND STONES，PRECIOUS METALS，METALS CLAD WITH PRECIOUS METAL AND ARTICLES THEREOF；IMITATION JEWELLERY；COIN**	**0.74**	**1.39**	**0.92**	**1.62**
71章 天然或养殖珍珠、宝石或半宝石、贵金属、包贵金属及其制品；仿首饰；硬币	Natural or cultured pearls，precious or semi-precious stones，precious metals，metals clad with precious metal and articles thereof；imitation jewellery；coin	0.74	1.39	0.92	1.62
第十五类 贱金属及其制品	**BASE METALS AND ARTICLES OF BASE METAL**	**38.31**	**48.70**	**34.96**	**52.25**
72章 钢铁	Iron and steel	9.64	11.64	9.01	15.06
73章 钢铁制品	Articles of iron or steel	7.27	5.22	7.73	5.39
74章 铜及其制品	Copper and articles thereof	9.11	23.06	8.90	23.79
75章 镍及其制品	Nickel and articles thereof	3.04	0.12	0.78	0.06
76章 铝及其制品	Aluminium and articles thereof	2.93	3.17	2.55	2.50
78章 铅及其制品	Lead and articles thereof	0.03	0.07	0.00	0.01
79章 锌及其制品	Zinc and articles thereof	0.76	0.19	0.23	0.35
80章 锡及其制品	Tin and articles thereof	0.03	0.20	0.16	0.24
81章 其他贱金属、金属陶瓷及其制品	Other base metals；cermets；articles thereof	1.27	0.26	1.25	0.28
82章 贱金属工具、器具、利口器、餐匙、餐叉及其零件	Tools，implements，cutlery，spoons and forks，of base metal；parts thereof of base metal	2.53	2.96	2.37	3.20
83章 贱金属杂项制品	Miscellaneous articles of base metal	1.70	1.81	1.96	1.36

6–25 续表 4 Continued 4

单位：亿美元
Unit: USD 100 million

商品分类	HS Section and Division	2019 出口 Exports	2019 进口 Imports	2020 出口 Exports	2020 进口 Imports
第十六类 机器、机械器具、电气设备及其零件；录音机及放声机、电视图像、声音的录制和重放设备及其零件、附件	**MACHINERY AND MECHANICAL APPLIANCES；ELECTRICAL EQUIPMENT；PARTS THEREOF；SOUND RECORDERS AND REPRODUCERS，TELEVISION IMAGE AND SOUND RECORDERS AND REPRODUCERS；AND PARTS AND ACCESSORIES OF RECORDERS AND REPRODUCERS；AND PARTS AND ACCESSORIES OF SUCH ARTICLES**	**323.96**	**1297.05**	**368.49**	**1586.85**
84章 核反应堆、锅炉、机器、机械器具及其零件	Nuclear reactors，boilers，machinery and mechanical appliances；parts thereof	82.22	159.77	90.16	192.47
85章 电机、电气设备及其零件；录音机及放声机、电视图像、声音的录制和重放设备及其零件、附件	Electrical machinery and equipment and parts thereof；sound recorders and reproducers，television image and sound recorders and reproducers，and parts and accessories of such articles	241.74	1137.29	278.33	1394.38
第十七类 车辆、航空器、船舶及有关运输设备	**VEHICLES，AIRCRAFT，VESSELS AND ASSOCIATED TRANSPORT EQUIPMENT**	**13.94**	**4.03**	**15.22**	**4.95**
86章 铁道及电车道机车、车辆及其零件；铁道及电车轨道固定装置及其零件、附件；各种机械(包括电动机械)交通信号设备	Railway or tramway locomotives，rolling-stock and parts thereof；railway or tramway track fixtures and fittings and parts thereof；mechanical(including electro-mechanical) traffic signalling equipment of all kinds	2.48	0.04	2.12	0.07
87章 车辆及其零件、附件，但铁道及电车道车辆除外	Vehicles other than railway or tramway rolling-stock，and parts and accessories thereof	11.10	3.90	12.65	4.75
88章 航空器、航天器及其零件	Aircraft，spacecraft，and parts thereof	0.12	0.09	0.07	0.12
89章 船舶及浮动结构体	Ships，boats and floating structures	0.24	0.00	0.38	0.02
第十八类 光学、照相、电影、计量、检验、医疗或外科用仪器及设备、精密仪器及设备；钟表；乐器；上述物品的零件、附件	**OPTICAL，PHOTOGRAPHIC，CINEMATOGRAPHIC，MEASURING，CHECKING，PRECISION，MEDICAL OR SURGICAL INSTRUMENTS AND APPARATUS；CLOCKS AND WATCHES；MUSICAL INSTRUMENTS；PARTS AND ACCESSORIES THEREOF**	**20.40**	**139.99**	**25.35**	**144.06**
90章 光学、照相、电影、计量、检验、医疗或外科用仪器及设备、精密仪器及设备；上述物品的零件、附件	Optical，photographic，cinematographic，measuring，checking，precision medical or surgical instruments and apparatus；parts and accessories thereof	20.01	139.70	24.96	143.86
91章 钟表及其零件	Clocks and watches and parts thereof	0.24	0.07	0.25	0.04
92章 乐器及其零件、附件	Musical instruments；parts and accessories of such articles	0.15	0.23	0.14	0.15
第十九类 武器、弹药及其零件、附件	**ARMS AND AMMUNITION；PARTS AND ACCESSORIES THEREOF**	**0.01**	**0.00**	**0.01**	**0.00**
93章 武器、弹药及其零件、附件	Arms and ammunition；parts and accessories thereof	0.01	0.00	0.01	0.00
第二十类 杂项制品	**MISCELLANEOUS MANUFACTURED ARTICLES**	**15.27**	**7.25**	**17.89**	**3.81**
94章 家具；寝具、褥垫、弹簧床垫、软坐垫及类似的填充制品；未列名灯具及照明装置；发光标志、发光名牌及类似品；活动房屋	Furniture；bedding，mattresses，mattress supports，cushions and similar stuffed furnishings；lamps and lighting fittings，not elsewhere specified or included；illuminated signs，illuminated	9.01	2.41	9.71	1.33
95章 玩具、游戏品、运动用品及其零件、附件	Toys，games and sports requisites；parts and accessories thereof	4.24	4.07	6.36	1.90
96章 杂项制品	Miscellaneous manufactured articles	2.02	0.78	1.82	0.58
第二十一类 艺术品、收藏品及古物	**WORKS OF ART，COLLECTORS' PIECES AND ANTIQUES**	**0.32**	**0.01**	**0.59**	**0.11**
97章 艺术品、收藏品及古物	Works of art，collectors' pieces and antiques	0.32	0.01	0.59	0.11
第二十二类 特殊交易品及未分类商品	**COMMODITIES AND TRANSACTIONS NOT CLASSIFIED ACCORDING TO KIND**	**8.45**	**1.31**	**9.75**	**1.43**
98章 特殊交易品及未分类商品	Commodities and transactions not classified according to kind	8.45	1.31	9.69	1.43
99章 跨境电商B2B简化申报商品	Simplified Declaration of Cross-border E-commerce B2B Commodities			0.06	

6–26 主要出口商品数量和金额

Major Export Commodities in Quantity and Value

单位：万美元

Unit: USD 10 000

商　品	Commodities	单位	Unit	数　量 Quantity		金　额 Value	
				2019	2020	2019	2020
农产品	Agricultural Products					7857208	7606292
肉类包含杂碎	Meat including entrails	万吨	10 000 tons	35	31	190028	163946
水海产品	Aquatic and Seawater Products	万吨	10 000 tons	419	375	2032657	1875319
蔬菜	Vegetables	万吨	10 000 tons	979	1017	1256672	1195129
鲜或冷藏蔬菜	Fresh or Refrigerated Vegetables	万吨	10 000 tons	651	692	554352	577101
鲜、干水果及坚果	Fresh and Dried Fruits and Nuts	万吨	10 000 tons	361	387	595621	682707
苹果	Apples	万吨	10 000 tons	97	106	124633	144961
茶叶	Tea	吨	ton	366558	348814	201961	203806
粮食	Grain	万吨	10 000 tons	434	355	241325	202854
稻谷和大米	Paddy and Rice	万吨	10 000 tons	275	230	105903	91637
罐头	Canned Food	吨	ton		2189620		316095
蔬菜罐头	Vegetable Can	吨	ton		1540399		220438
酒类及饮料	Alcohol and Beverages						230808
果蔬汁	Fruit and vegetable juice	万吨	10 000 tons	45	49	52761	54132
啤酒	Beer	万升	10 000 liters	41760	38674	25532	24267
烟草及其制品	Tobacco and Tobacco Manufactures	吨	ton		217859		77878
烤烟	Fluecured Tobacco	吨	ton	121869	110449	42975	33246
卷烟	Cigarettes	吨	ton		21632		25700
制盐	Salt Manufacturing	吨	ton		1151108		9845
水泥及水泥熟料	Cement and Cement Clinkers	万吨	10 000 tons	553	313	34661	22024
钨品	Tungsten products	吨	ton	22951	14700	70480	42904
煤及褐煤	Coal and Lignite	万吨	10 000 tons	603	319	93380	43586
焦炭及半焦炭	Coke and Semicoke	万吨	10 000 tons	652	349	179846	77268
成品油	Product Oil	万吨	10 000 tons	6685	6180	3843644	2559591
汽油	Gasoline	万吨	10 000 tons	1637	1600	943170	653965
航空煤油	Aviation Kerosene	万吨	10 000 tons		997		475988
柴油	Diesel Oil	万吨	10 000 tons	2138	1976	1228304	790482
氧化铝	Aluminum Oxide	万吨	10 000 tons	27	15	16779	9900
稀土及其制品	Rare Earth and Its Products	吨	ton	90435	78137	227902	216619
稀土	Rare Earth	吨	ton	46330	35448	44023	34392
基本有机化学品	Basic Organic Chemicals						3924992
柠檬酸	Citric Acid	万吨	10 000 tons	96	94	60394	57028
医药材及药品	Pharmaceutical Materials and Drugs	吨	ton		1314213		2302554
中药材	Traditional Chinese Medicine	吨	ton		131884		94729
中式成药	Medicaments of Chinese Type	吨	ton	12640	12524	26083	25929
抗菌素制剂除外	Antibiotics except preparations	吨	ton	87466	83780	359639	370902
医用敷料	Medical Dressing	吨	ton	219042	216979	155864	185841
肥料	Chemical Fertilizers	万吨	10 000 tons	2776	2917	734395	673693
尿素	Urea	万吨	10 000 tons	494	545	140472	142108
硫酸铵	Ammonium Sulphate	万吨	10 000 tons		866		101222
磷酸氢二铵	Diammonium Hydrogen Phosphate	万吨	10 000 tons	648	573	231290	182648
磷酸二氢铵	Ammonium Dihydrogen Phosphate	万吨	10 000 tons		253		83635
合成有机染料	Synthetic Organic Dyestuffs	吨	ton	218217	203917	158724	120862
美容化妆品及洗护用品	Beauty Cosmetics and Toiletries	吨	ton		998997		424330
烟花、爆竹	Fireworks and Firecrackers	吨	ton	345279	270912	79706	64044
塑料制品	Plastic Articles					4830961	8523898
橡胶轮胎	Rubber Tire	万吨	10 000 tons		628		1393942
新的充气橡胶轮胎	New Pneumatic Rubber Tyres	万吨	10 000 tons	625	604	1480078	1327871

6-26 续表 1 Continued 1

单位：万美元
Unit: USD 10 000

商　品	Commodities	单位	Unit	数量 Quantity 2019	2020	金额 Value 2019	2020
皮革、毛皮及其制品	Leather, Fur and Their Products						741209
裘皮服装	Fur Garment	吨	ton	8086	5066	411416	250690
箱包及类似容器	Luggage and Similar Containers	万吨	10 000 tons	307	201	2722624	2062809
皮革箱包及类似容器	Leather Cases, Bags and Similar Containers	吨	ton		92421		228805
木及其制品	Wood and Its Products	万吨	10 000 tons		1034		1335009
家用或装饰用木制品	Household or Decorative Wood Products	万吨	10 000 tons	74	75	256463	267686
胶合板及类似多层板	Plywood and Similar Multilayer Boards	万吨	10 000 tons	538	517	448233	422378
植物材料编结品	Plant Material Braid	吨	ton		312757		165774
纸浆、纸及其制品	Pulp, Paper and Its Products	万吨	10 000 tons		916		2099547
纺织原料	Textile Raw Materials	万吨	10 000 tons		137		225063
化学纤维纺织原料	Chemical Fiber Textile Raw Materials	万吨	10 000 tons		132		154263
纺织纱线、织物及其制品	Textile Yarn, Fabric and Its Products						15378509
纺织纱线	Textile Yarn						976915
纺织织物	Textile Fabric						4967145
纺织制品	Textile Products						9434449
服装及衣着附件	Clothing and Accessories					15134880	13729740
服装	Garments						11780870
鞋靴	Footwear	万吨	10 000 tons		318		3543379
帽类	Hat Class	万个	10 000 units	1170615	1014959	453341	391630
伞	Umbrellas	万吨	10 000 tons	47	39	246669	203013
花岗岩石材及其制品	Granite Stone and Its Products	万吨	10 000 tons	582	484	287828	328389
陶瓷产品	Ceramic Products	万吨	10 000 tons	2122	1768	2511950	2511328
日用陶瓷	Household Ceramics	万吨	10 000 tons		424		1819171
建筑用陶瓷	Architectural Ceramics	万吨	10 000 tons	1613	1312	687026	631191
玻璃及其制品	Glass and Its Products						1885124
珍珠、宝石及半宝石	Pearls, Precious Stones and Semi Precious Stones						172066
贵金属或包贵金属的首饰	Precious Metal or Jewelry Wrapped in Precious Metal	吨	ton	637	777	1324157	798622
铁合金	Ferroalloy	万吨	10 000 tons	55	47	114920	83751
钢材	Rolled Steel	万吨	10 000 tons	6429	5367	5374828	4544361
钢铁棒材	Steel Bar	万吨	10 000 tons	959	690	611139	427995
角钢及型钢	Angle Steel and Section Steel	万吨	10 000 tons	325	281	218725	199623
钢铁板材	Steel Sheet	万吨	10 000 tons	3848	3273	2762208	2376772
钢铁线材	Steel Wire Rod	万吨	10 000 tons	206	203	251423	275275
未锻轧铜及铜材	Unwrought Copper and Copper Products	吨	ton	840976	744434	605311	543669
未锻轧铝及铝材	Unwrought Aluminum and Aluminum Products	吨	ton	5726132	4856419	1524847	1309379
家具及其零件	Furniture and Parts					5409193	5839124
玩具	Toys					3113684	3348298
体育用品及设备	Sporting Goods and Equipment					1121389	1580718
笔及其零件	Pen and Its Parts						221840
机电产品	Mechanical and Electrical Products					145895273	154059415
机械基础件	Mechanical Foundation Parts						2181385
紧固件	Fastener	吨	ton		4069125		878960
轴承	Bearings	吨	ton	5819101	589205	392391	362722
手用或机用工具	Hand Tools and Tools for Machines	万吨	10 000 tons	188	196	1181256	1213933
农业机械	Agricultural Machinery						501550
拖拉机	Tractors	辆	unit		126896		47585
食品加工机械	Food Processing Machinery	万台	10 000 sets		563		120077
包装机械	Packaging Machinery	万台	10 000 sets		1426		295457
印刷、装订机械及其零件	Printing and Binding Machinery and Its Parts						1345081

6-26 续表 2 Continued 2

单位：万美元
Unit: USD 10 000

商　　品	Commodities	单位	Unit	数量 Quantity 2019	数量 Quantity 2020	金额 Value 2019	金额 Value 2020
打印机、复印机及一体机	Printer, Copier and All-in-one Machine	台	set		44107219		770603
通用机械设备	General Mechanical Equipment						4151907
泵	Pump	万台	10 000 sets		721763		671011
压缩机	Compressor	万台	10 000 sets		12711		542801
分离设备	Separation Equipment						534897
阀门及类似装置	Valves and Similar Devices	万套	10 000 units		500490		1247190
纺织机械及其零件	Textile Machinery and Its Parts						456629
缝制机械及其零件	Sewing Machinery and Its Parts						173682
机床	Machine Tool	台	set		22256826		638738
自动数据处理设备及其零部件	Automatic Data Processing Equipment and Its Parts					16553032	21095622
自动数据处理设备	Automatic Data Processing Equipment	万台	10 000 sets	26612	33069	10329838	12306052
平板电脑	Tablet PC	万台	10 000 sets	10977	13794	2188410	2681964
笔记本电脑	Notebook Computer	万台	10 000 sets		18129		8849676
中央处理部件	Central Processing Unit	万台	10 000 sets	3684	3526	1677077	1541680
存储部件	Storage Unit	万台	10 000 sets	27343	26416	1727975	1734922
自动数据处理设备的零件、附件	Parts and Accessories of Automatic Data Processing Equipment	吨	ton		603534		3061813
液晶监视器	LCD Monitor	万台	10 000 sets		9843		977197
电工器材	Electrical Equipment						10120002
变压器	Transformer	万个	10 000 units	285236	286169	333592.8	325826
原电池	Primary Cells and Batteries	亿个	100 million units	299	309	211760	226244
蓄电池	Electric Accumulators	万个	10 000 units	272017	286250	1643270	1953911
锂离子蓄电池	Lithium-ion Battery	万个	10 000 units		222052		1593936
电气控制装置	Electrical Control Device						2660778
高压开关及控制装置	High Voltage Switch and Control Device						198883
低压开关及控制装置	Low Voltage Switch and Control Device						2461894
电线及电缆	Wires and Cables	万吨	10 000 tons		207		1846023
手机	Mobile Phone	万台	10 000 sets		96595		12545218
家用电器	Household Electric Appliances	万台	10 000 sets		339056		6612926
电扇	Fans	万台	10 000 sets	75164	36608	601008	474426
空调	Air Conditioner	万台	10 000 sets		4720		686766
冰箱	Refrigerator	万台	10 000 sets	5516	6954	758131	820454
洗衣机	Washing Machine	万台	10 000 sets	2595	2154	345916	266938
吸尘器	Vacuum Cleaner	万台	10 000 sets		14778		573739
微波炉	Microwave Oven	万个	10 000 units	5980	6741	290148	323723
音视频设备及其零件	Audio and Video Equipment and Its Parts						5463977
电视摄像机，数字照相机及视频摄录一体机	TV Camera, Digital Camera and Video Recorder	万台	10 000 sets		52888		1078888
数字照相机	Digital camera	万台	10 000 sets		1807		266925
无线电广播接收设备	Radio Broadcasting Receiving Equipment	万台	10 000 sets		22729		360421
液晶电视机	LCD TV	万台	10 000 sets	9360	9994	1251608	1343177
音视频设备的零件	Parts of Audio and Video Equipment						1435977
有机发光二极管显示屏	Organic Light Emitting Diode Display	吨	ton		17858		149444
电子元件	Electronic Component						20767937
印刷电路	Printed Circuit	亿块	100 million units	327	363	1464918	1510427
二极管及类似半导体器件	Diode and Semi Conductors	亿个	100 million units	5349	5796	3209987	3451785
太阳能电池	Solar Cell	万个	10 000 units	245282	272305	1916823	1979240
集成电路	Integrated Circuits	亿个	100 million units	2187	2598	10157653	11649597

6–26 续表 3 Continued 3

单位：万美元
Unit: USD 10 000

商　　品	Commodities	单位	Unit	数量 Quantity		金额 Value	
				2019	2020	2019	2020
集装箱	Containers	万个	10 000 units	242	198	668484	736707
摩托车	Motorcycle	万辆	10 000 units	2301	2830	764726	859901
#内燃机摩托车	Internal Combustion Engine Motorcycle	万辆	10 000 units		970		501496
电动摩托车及脚踏车	Electric Motorcycle and Bicycle	万辆	10 000 units		1793		350569
自行车	Bicycles	万辆	10 000 units	5251	6030	284680	364306
摩托车及自行车的零配件	Spare Parts for Motorcycles and Bicycles					721348	866930
汽车包含底盘	Automobile including chassis	万辆	10 000 units		108		1571956
#乘用车	Passenger Car	辆	unit		804983		897745
商用车	Commercial Vehicle	辆	unit		276353		674211
客车十座及以上	Passenger Cars ten seats and above	辆	unit		40702		188250
货车	Trucks	辆	unit	206983	189854	298789	271588
专用汽车	Special Purpose Vehicle	辆	unit		12611		87421
#汽车零配件	Auto Parts					5303816	5650191
车用发动机	Vehicle Engine	万台	10 000 sets		330		173262
汽车轮胎	Automobile Tire	吨	ton		5397159		1163388
婴孩车及其零件	Baby Carriages and Parts	吨	ton		185390		126756
船舶	Shipping	艘	unit	6410	5345	2029891	1719339
#液货船	Tanker	艘	unit		104		364459
集装箱船	Container Ship	艘	unit	66	49	280682	203077
散货船	Bulk Cargo Ship	艘	unit	223	247	613674	781245
眼镜及其零件	Glasses and Parts Thereof					560631	537404
液晶显示板	Liquid Crystal Display Panel	万个	10 000 units	150780	126746	2141713	1979000
计量检测分析自控仪器及器具	Automatic Control Instruments and Apparatus for Measurement, Detection and Analysis	吨	ton				2521925
#分析仪器	Analysis instrument	台	set		76836960		184895
医疗仪器及器械	Medical Instruments and Appliances					1290543	1813493
钟表及其零件	Clocks and Watches and Their Parts						363262
#手表	Wrist Watches	万只	10 000 units	64425	36218	237045	164587
灯具、照明装置及其零件	Lamps, Lighting Devices and Their Parts						3760369
游戏机及其零附件	Game Console and Its Accessories	吨	ton		490647		1055328
高新技术产品	New and High-tech Product					73071384	77625474
生物技术	Biotechnology					98110	120212
生命科学技术	Life Science and Technology					3339538	4109177
光电技术	Photoelectric Technology					2746776	2684109
计算机与通信技术	Computer and Communication Technology					46771939	48919142
电子技术	Electronic Technique					16608961	18369133
计算机集成制造技术	Computer Integrated Manufacturing Technology					1850354	1963799
材料技术	Material Technology					691476	710211
航空航天技术	Aviation and Aerospace Technology	吨	ton			884075	646331
其他技术	Other Technologies						103361
电动载人汽车	Electric manned vehicle	辆	unit	254546	222843	136824	323241
混合动力客车10座及以上	Hybrid Electric Bus 10 seats and above	辆	unit		82		859
纯电动客车10座及以上	Pure Electric Bus 10 seats and above	辆	unit		2478		62225
非插电式混合动力乘用车	Non Plug in Hybrid Passenger Vehicle	辆	unit		1698		4995
插电式混合动力乘用车	Plug in Hybrid Passenger Car	辆	unit		24680		97274
纯电动乘用车	Pure Electric Passenger Car	辆	unit		193905		157887
文化产品	Cultural Products					9989498	9714757

6–27 主要进口商品数量和金额

Major Import Commodities in Quantity and Value

单位：万美元

Unit: USD 10 000

商品	Commodities	单位	Unit	数量 Quantity		金额 Value	
				2019	2020	2019	2020
农产品	Agricultural Products					14989058	17087369
肉类包含杂碎	Meat including entrails	万吨	10 000 tons	618	991	1925127	3072967
牛肉及牛杂碎	Beef and Cattle Entrails	万吨	10 000 tons		214		1027290
牛肉	Beef	万吨	10 000 tons	166	212	822478	1017839
猪肉及猪杂碎	Pork and Pig Entrails	万吨	10 000 tons		573		1486680
猪肉	Pork	万吨	10 000 tons	211	439	467475	1204009
水海产品	Aquatic and Seawater Products	万吨	10 000 tons	444	401	1583711	1293511
冻鱼	Frozen Fish	万吨	10 000 tons		220		391857
乳品	Dairy Products	万吨	10 000 tons	306	337	1173960	1250560
奶粉	Milk Powder	万吨	10 000 tons	136	132	831565	835691
鲜、干水果及坚果	Fresh and Dried Fruits and Nuts	万吨	10 000 tons	709	654	1128708	1164653
粮食	Grain	万吨	10 000 tons	11145	14255	4198764	5084254
小麦	Wheat	万吨	10 000 tons	349	838	100307	234884
大麦	Barley	万吨	10 000 tons	593	808	156139	188025
玉米	Corn	万吨	10 000 tons	479	1124	106277	248251
稻谷及大米	Paddy and Rice	万吨	10 000 tons	255	294	129719	149511
高粱	Jowar	万吨	10 000 tons	83	481	19230	115607
大豆	Soybeans	万吨	10 000 tons	8851	10031	3534202	3954557
食用植物油	Edible Vegetable Oil	万吨	10 000 tons	953	983	633354	744358
豆油	Soybean Oil	万吨	10 000 tons	83	96	59305	72352
棕榈油	RBD Palm Oil	万吨	10 000 tons	561	466	307848	290935
菜子油及芥子油	Rapeseed Oil and Mustard Oil	万吨	10 000 tons		193		164112
食糖	Sugar	万吨	10 000 tons	339	527	112113	180281
酒类及饮料	Alcohol and Beverages						537134
啤酒	Beer	万升	10 000 liters	73195	58416	81993	69502
葡萄酒	Wine	万升	10 000 liters	66232	47105	353686	282891
制盐	Salt Manufacturing	吨	ton		5948842		25514
金属矿及矿砂	Metal Ore and Ore	万吨	10 000 tons		140003		18741687
铁矿砂及其精矿	Iron Ore and Concentrates	万吨	10 000 tons	106865	116950	10133139	12373236
铜矿砂及其精矿	Copper Ores and Concentrates	万吨	10 000 tons	2198	2176	3390894	3647287
铝矿砂及其精矿	Aluminum Ores and Concentrates	万吨	10 000 tons		11159		502376
煤及褐煤	Coal and Lignite	万吨	10 000 tons	29952	30331	2339447	2028654
原油	Crude Oil	万吨	10 000 tons	50568	54201	24238486	17845285
成品油	Petroleum Products Refined	万吨	10 000 tons	3056	2827	1707591	1181518
石脑油	Naphtha	万吨	10 000 tons		789		308039
航空煤油	Aviation Kerosene	万吨	10 000 tons		255		92024
天然气	Natural Gas	万吨	10 000 tons	9651	10123	4168970	3330324
液化天然气	Liquified Natural Gas	万吨	10 000 tons	6019	6670	2863298	2324195
气态天然气	Natural Gas	万吨	10 000 tons	3631	3453	1305672	1006129
多晶硅	Polysilicon	吨	ton		100738		95357
基本有机化学品	Basic Organic Chemicals						4310701
二甲苯	Xylene	万吨	10 000 tons	1512	1407	1396555	826654
乙二醇	Ethylene Glycol	万吨	10 000 tons	995	1055	581361	489094
医药材及药品	Pharmaceutical Materials and Drugs	吨	ton		219235		3718139
中药材	Traditional Chinese Medicine	吨	ton		68025		19976
人用疫苗	Human Vaccine	千克	kg		1007226		243018
肥料	Chemical Fertilizers	万吨	10 000 tons	1111	1060	352719	288060
氯化钾	Potassium Chloride	万吨	10 000 tons	908	873	265341	208911
氮磷钾三元复合肥	N-P-K Compound Fertilizer	万吨	10 000 tons		140		61993
美容化妆品及洗护用品	Beauty Cosmetics and Toiletries	吨	ton		450427		2024409
初级形状的塑料	Plastics in Primary Forms	万吨	10 000 tons	3691	4062	5329577	5247324
塑料制品	Plastic Articles					549905	1927340

6-27 续表 1 Continued 1

单位：万美元
Unit: USD 10000

商　品	Commodities	单位 Unit	数量 Quantity 2019	数量 Quantity 2020	金额 Value 2019	金额 Value 2020
天然及合成橡胶包括胶乳	Natural and Synthetic Rubber including latex	万吨 10 000 tons		747		1059094
皮革、毛皮及其制品	Leather, Fur and Their Products					487125
牛皮革及马皮革	Cow Leather and Horse Leather	吨 ton	680527	535226	218551	150097
木及其制品	Wood and Its Products	万吨 10 000 tons		7343		1785208
原木	Logs	万吨 10 000 tons	4993	4873	943380	840106
锯材	Wood Sawn	万吨 10 000 tons	2445	2174	859160	764526
纸浆、纸及其制品	Pulp, Paper and Its Products	万吨 10 000 tons		4305		2298797
纸浆	Paper Pulp	万吨 10 000 tons	2718	3050	1711291	1565217
纺织原料	Textile Raw Materials	万吨 10 000 tons		376		731082
羊毛及毛条	Wool and Wool Tops	吨 ton		223938		164297
棉花	Cotton	万吨 10 000 tons	185	216	357034	356563
纺织纱线、织物及其制品	Textile Yarn, Fabric and Its Products					1374359
纺织纱线	Textile Yarn					592296
棉纱线	Cotton Yarn	万吨 10 000 tons	195	190	494849	425187
合成纤维纱线	Synthetic Fiber Yarn	吨 ton	300969	229448	146314	116024
服装及衣着附件	Clothing and Accessories				893860	929408
玻璃及其制品	Glass and Its Products					787587
玻璃纤维及其制品	Glass Fiber and Its Products	吨 ton	162687	191784	94333	95693
珍珠、宝石及半宝石	Pearls, Precious Stones and Semi Precious Stones					650138
钻石	Diamonds	千克 kg	9417	1575	778604	594403
钢材	Rolled Steel	万吨 10 000 tons	12304075	2023	1411255	1682638
未锻轧铜及铜材	Unwrought Copper and Copper Products	吨 ton	4979557	6681122	3248074	4352204
未锻轧铝及铝材	Unwrought Aluminum and Aluminum Products	吨 ton	645797	2705009	291034	629869
机电产品	Mechanical and Electrical Products				90789549	94905298
机械基础件	Mechanical Foundation Parts					1117057
农业机械	Agricultural Machinery					82106
收获机械	Harvesting Machinery	台 set		3016		36244
拖拉机	Tractors	辆 unit		558		4833
食品加工机械	Food Processing Machinery	万台 10 000 sets		11		56127
包装机械	Packaging Machinery	台 set		145807		156861
印刷、装订机械及其零件	Printing and Binding Machinery and Its Parts					651164
打印机、复印机及一体机	Printer, Copier and All-in-one Machine	台 set		12794288		258380
通用机械设备	General Mechanical Equipment					1942560
泵	Pump	万台 10 000 sets		10680		383536
压缩机	Compressor	万台 10 000 sets		799		166683
分离设备	Separation Equipment					345845
阀门及类似装置	Valves and Similar Devices	万套 10 000 units		103124		758941
机床	Machine Tool	台 set		108121		659956
自动数据处理设备及其零部件	Automatic Data Processing Equipment and Its Parts					5354551
自动数据处理设备	Automatic Data Processing Equipment	万台 10 000 sets		130		87441
中央处理部件	Central Processing Unit	万台 10 000 sets		888		199952
存储部件	Storage Unit	万台 10 000 sets	35237	34308	2280592	2563607
自动数据处理设备的零件、附件	Parts and Accessories of Automatic Data Processing Equipment	吨 ton		74254		1951132
半导体制造设备	Semiconductor Manufacturing Equipment	台 set		58438		2524357
制造单晶柱或晶圆用的机器及装置	Machines and Devices for Manufacturing Single Crystal Columns or Wafers	台 set	3211	2417	104184	85886
制造半导体器件或集成电路用的机器及装置	Machines and Devices for Manufacturing Semiconductor Devices or Integrated Circuits	台 set	9967	11499	1041660	1356125
制造平板显示器用的机器及装置	Machine and Device for Manufacturing Flat Panel Display	台 set	5903	6723	707295	707443
电工器材	Electrical Equipment					4282337
变压器	Transformer	万个 10 000 units		131477		75148
蓄电池	Electric Accumulators	万个 10 000 units	153410	148956	415869	389438
锂离子蓄电池	Lithium-ion Battery	万个 10 000 units		142182		353650

6–27 续表 2 Continued 2

单位：万美元
Unit: USD 10000

商品	Commodities	单位	Unit	数量 Quantity		金额 Value	
				2019	2020	2019	2020
电气控制装置	Electrical Control Device						2153347
电线及电缆	Wires and Cables	万吨	10 000 sets		21		495605
音视频设备及其零件	Audio and Video Equipment and Its Parts						1725524
电视摄像机，数字照相机及视频摄录一体机	TV Camera, Digital Camera and Video Recorder	万台	10 000 units	12795	8445	337432	249197
音视频设备的零件	Parts of Audio and Video Equipment						1334786
有机发光二极管显示屏	Organic Light Emitting Diode Display	吨	ton		12518		82956
电子元件	Electronic Component						40587990
#电容器	Electrical Capacitors	万吨	10 000 sets	7	7	964838	1120247
印刷电路	Printed Circuit	亿块	100 million units	445	465	1125892	1087717
二极管及类似半导体器件	Diode and Semi Conductorst	亿个	100 million units	4789	5433	1951522	2346122
集成电路	Integrated Circuits	亿个	100 million units	4451	5435	30553059	34996363
汽车包含底盘	Automobile including chassis	万辆	10 000 units		93		4670185
乘用车	Passenger Car	辆	unit		912242		4491740
商用车	Commercial Vehicle	辆	unit		20860		178445
货车	Trucks	辆	unit	16136	14912	111656	120057
专用汽车	Special Purpose Vehicle	辆	unit	519	257	19166	17209
汽车零配件	Auto Parts					3063526	3248586
#车用发动机	Vehicle Engine	万台	10 000 sets		72		177994
汽车轮胎	Automobile Tire	吨	ton		106457		62344
飞机及其他航空器	Aircraft and Others	架	unit	957	715	1603079	718252
空载重量超过2吨的飞机	Aircraft with an Unloaded Weight of More Than 2 Tons	架	unit	240	153	1580254	701147
航空器零部件	Aircraft Parts						794148
#涡轮喷气发动机	Turbojet Engine	台	set	875	701	363716	317305
涡轮螺桨发动机	Turboprop Engine	台	set		36		500
船舶	Shipping	艘	unit	2946	2177	95490	145621
液晶显示板	Liquid Crystal Display Panel	万个	10 000 units	193053	188330	2078854	1908917
计量检测分析自控仪器及器具	Automatic Control Instruments and Apparatus for Measurement, Detection and Analysis					3737773	4042281
医疗仪器及器械	Medical Instruments and Appliances					1246393	1267067
钟表及其零件	Clocks and Watches and Their Parts						446895
#手表	Wrist Watches	万只	10 000 units	3233	2455	305183	380745
电动手表	Electric Watch	万只	10 000 units	2987	2206	115844	116157
机械手表	Mechanical Watch	万只	10 000 units	246	249	189339	264589
高新技术产品	New and High-tech Product					63779146	68210083
生物技术	Biotechnology					300393	432668
生命科学技术	Life Science and Technology					4275005	4246840
光电技术	Photoelectric Technology					3424148	3312032
计算机与通信技术	Computer and Communication Technology					11635440	12211876
电子技术	Electronic Technique					35239754	39789251
计算机集成制造技术	Computer Integrated Manufacturing Technology					5235205	5649406
材料技术	Material Technology	吨	ton	37790	39152	499795	517739
航空航天技术	Aviation and Aerospace Technology					3074905	1958418
其他技术	Other Technologies						91851
电动载人汽车	Electric Manned Vehicle	辆	unit	158563	130639	669321	607830
纯电动客车10座及以上	Pure Electric Bus 10 seats and above	辆	unit	1	1		9
非插电式混合动力乘用车	Non Plug in Hybrid Passenger Vehicle	辆	unit		107591		416051
插电式混合动力乘用车	Plug in Hybrid Passenger Car	辆	unit		11475		96809
纯电动乘用车	Pure Electric Passenger Car	辆	unit		11572		94960
文化产品	Cultural Products					1156865	1148841

6-28 各地区进出口总额(按境内目的地、货源地分)

Import and Export Value by Region in Border According to Destination or Source of Goods

单位：万美元

Unit: USD 10000

地 区	Region	2019 出口 Exports	2019 进口 Imports	2020 出口 Exports	2020 进口 Imports
全 国	**Total**	**249948209**	**207840898**	**258995161**	**206596155**
北 京	Beijing	2650701	8576926	2950170	8550391
天 津	Tianjin	4125182	9511719	4057411	8519158
河 北	Hebei	4805817	4666694	5003079	5005124
山 西	Shanxi	1473288	812508	1422159	777206
内蒙古	Inner Mongolia	737721	1274398	651796	1405751
辽 宁	Liaoning	5580374	7803327	4598847	7227211
吉 林	Jilin	527973	1396522	466121	1492705
黑龙江	Heilongjiang	562729	1924822	541023	1512430
上 海	Shanghai	17009711	30360278	16726192	31151499
江 苏	Jiangsu	40297829	27554747	39739042	28698069
浙 江	Zhejiang	33958307	11212987	35177636	11326863
安 徽	Anhui	3985420	2392338	4778044	2744445
福 建	Fujian	10881630	6595456	11090887	6118692
江 西	Jiangxi	2917583	1517736	3502286	1590937
山 东	Shandong	17104427	18771197	17946714	17400734
河 南	Henan	5929410	2870180	6595330	3850661
湖 北	Hubei	3187466	2189383	3813170	2351773
湖 南	Hunan	2632841	1577033	3066772	1719433
广 东	Guangdong	71991486	46435051	75610207	45011033
广 西	Guangxi	1932309	4600772	2122807	4547517
海 南	Hainan	484884	1232533	400657	1257392
重 庆	Chongqing	4971842	2583747	5502708	2895587
四 川	Sichuan	5278059	5161717	6581754	5148912
贵 州	Guizhou	520955	171976	590210	157797
云 南	Yunnan	1447536	1896351	1704193	1731481
西 藏	Tibet	55506	6170	25217	3021
陕 西	Shaanxi	2657553	2249812	2673681	2456361
甘 肃	Gansu	221423	316557	180897	389573
青 海	Qinghai	23049	25824	18226	12860
宁 夏	Ningxia	278358	141024	223917	68840
新 疆	Xinjiang	1716814	2011086	1234009	1472701

6-29 各地区进出口总额(按收发货人所在地分)
Import and Export Value by Location of Importers and Exporters

单位：万美元
Unit: USD 10000

地区	Region	2019 出口 Exports	2019 进口 Imports	2020 出口 Exports	2020 进口 Imports
全 国	**Total**	**249948209**	**207840898**	**258995161**	**206596155**
北 京	Beijing	7505091	34140584	6714937	26932871
天 津	Tianjin	4379183	6285384	4434874	6197307
河 北	Hebei	3438094	2366235	3644804	2802219
山 西	Shanxi	1169022	929140	1268293	915909
内蒙古	Inner Mongolia	546832	1047114	504005	1018266
辽 宁	Liaoning	4543771	5988233	3832685	5650147
吉 林	Jilin	470382	1420030	420648	1431985
黑龙江	Heilongjiang	506851	2204014	519070	1704022
上 海	Shanghai	19899376	29491126	19804361	30578775
江 苏	Jiangsu	39482828	23468765	39612676	24670508
浙 江	Zhejiang	33460476	11261975	36310992	12543288
安 徽	Anhui	4041112	2831921	4557872	3312532
福 建	Fujian	12020257	7290858	12238298	8119784
江 西	Jiangxi	3619295	1469683	4205576	1597008
山 东	Shandong	16143971	13555582	18891973	13129066
河 南	Henan	5421327	2828568	5929640	3797031
湖 北	Hubei	3599535	2116525	3906261	2318306
湖 南	Hunan	4454074	1830910	4782423	2286023
广 东	Guangdong	62945420	40717253	62825717	39576728
广 西	Guangxi	3774650	3047514	3917505	3123900
海 南	Hainan	498703	816572	402400	956283
重 庆	Chongqing	5380329	3014630	6052583	3365527
四 川	Sichuan	5654525	4185542	6723694	4966123
贵 州	Guizhou	474028	182789	622674	168395
云 南	Yunnan	1502415	1866828	2213684	1699154
西 藏	Tibet	54083	16203	18809	12244
陕 西	Shaanxi	2722164	2381149	2788957	2670624
甘 肃	Gansu	190700	361309	123768	429205
青 海	Qinghai	29353	25128	17793	15487
宁 夏	Ningxia	215930	133031	125148	53096
新 疆	Xinjiang	1804431	566303	1583040	554341

6–30 外商投资企业出口额
Exports of Foreign-funded Enterprises

单位：万美元
Unit: USD 10000

年 份 Year	合计 Total	中外合资经营企业 Equity Joint Venture	中外合作经营企业 Contractual Joint Venture	外商独资经营企业 Wholly Foreign-owned Enterprises
1980	824	824		
1981	3235	3022		213
1982	5287	2925		2362
1983	33036	3815		29221
1984	6894	5994		900
1985	29670	21825		7845
1986	58203	47865		10338
1987	120809	103793		17016
1988	245642	215391		30251
1989	491320	343596	79470	68254
1990	781379	526405	132135	122839
1991	1204725	769116	188447	247162
1992	1735619	1046465	261462	427692
1993	2523717	1411653	387817	724247
1994	3471297	1807458	535529	1128310
1995	4687587	2268886	679095	1739606
1996	6150636	2975031	794900	2380705
1997	7489986	3468059	898836	3123091
1998	8096189	3557015	872930	3666244
1999	8862766	3712097	814642	4336027
2000	11944121	5031107	992921	5920093
2001	13321810	5407673	1017667	6896470
2002	16998509	6207651	1169507	9621351
2003	24030598	8101382	1324353	14604863
2004	33859184	10962004	1478119	21419061
2005	44418252	13598693	1566396	29253163
2006	56377905	16372461	1771238	38234206
2007	69537077	19875818	1811744	47849515
2008	79049270	22674411	1833782	54541078
2009	67207409	18232943	1458524	47515943
2010	86222882	23758160	1647020	60817702
2011	99522704	27301423	1766749	70454532
2012	102262008	28726066	1616005	71919937
2013	104372410	30049934	1568839	72753637
2014	107461992	30549336	1364473	75548183
2015	100461441	28244922	1138024	71078495
2016	91676690	25416625	985142	65274923
2017	97755948	26349914	933683	70472351
2018	103584415	27729242	983676	74871498
2019	96600957	25083831	716189	70800937
2020	93208205	24618272	565653	68024280

注：1989年以前中外合资数据包含了合作企业数据(下表同)。
Note: Figures of equity joint venture before 1989 include contractual joint ventures.The same applies to the table following.

6-31 外商投资企业进口额

Imports of Foreign-funded Enterprises

单位：万美元

Unit: USD 10000

年 份 Year	合计 Total	中外合资经营企业 Equity Joint Venture	中外合作经营企业 Contractual Joint Venture	外商独资经营企业 Wholly Foreign-owned Enterprises
1980	3441	3412		29
1981	11087	10089		998
1982	27642	23999		3643
1983	28801	6159		22642
1984	39921	11720		28201
1985	206410	188594		17816
1986	243031	223568		19463
1987	312218	289851		22367
1988	574671	534534		40137
1989	879617	653242	142478	83897
1990	1230633	885345	177366	167922
1991	1690700	1140857	245268	304575
1992	2637070	1720559	381398	535113
1993	4183320	2590434	703739	889147
1994	5293418	2988082	920002	1385334
1995	6294271	3481818	901023	1911430
1996	7560380	4109442	929004	2521934
1997	7772135	4019173	913914	2839048
1998	7671749	3744447	795342	3131960
1999	8588361	4112889	690888	3784584
2000	11727269	5433175	851674	5442420
2001	12584296	5635689	773729	6174878
2002	16025439	6079503	840325	9105611
2003	23186398	8081936	995078	14109384
2004	32444849	10914713	1072630	20457506
2005	38745612	11834619	958539	25952453
2006	47248045	13552683	992681	32702680
2007	55979304	15495775	885985	39597544
2008	61942848	18128172	880413	42934264
2009	54540486	15886071	663684	37990732
2010	75485663	20978710	2385128	52121824
2011	86467170	25581427	856855	60028888
2012	87150012	27493460	824107	58832446
2013	87459048	28406594	828521	58223933
2014	90893776	28557893	864891	61470992
2015	82886624	24507116	623416	57756092
2016	77076962	22385785	428756	54262421
2017	86157562	24513847	450497	61193217
2018	93181955	26077854	441838	66662263
2019	85782712	23705333	405178	61672201
2020	86688215	22710962	429567	63547686

6-32 各地区外商投资企业进出口额

Exports and Imports of Foreign-funded Enterprises by Region in Border

单位：万美元

Unit: USD 10000

地区	Region	2019		2020	
		出口 Exports	进口 Imports	出口 Exports	进口 Imports
全国	**Total**	**96600957**	**85782712**	**93208205**	**86688215**
北京	Beijing	1617342	5800966	1948725	5886922
天津	Tianjin	2129970	3207924	2026640	3483701
河北	Hebei	467222	392035	470828	394549
山西	Shanxi	729290	463223	836210	426834
内蒙古	Inner Mongolia	45803	49316	44376	48392
辽宁	Liaoning	2002747	2373062	1578034	2080456
吉林	Jilin	114500	757241	105096	816099
黑龙江	Heilongjiang	93410	90050	76404	90843
上海	Shanghai	12367027	19302425	11914593	20614450
江苏	Jiangsu	21569241	15968112	20229802	15882818
浙江	Zhejiang	5044557	3212089	4866857	2977551
安徽	Anhui	1124799	830621	1256426	983602
福建	Fujian	3576868	2627334	3347546	2312014
江西	Jiangxi	786246	558367	756278	551906
山东	Shandong	4567826	2920725	4378469	2692039
河南	Henan	3342953	1759038	3558811	2431323
湖北	Hubei	738296	610508	667270	567891
湖南	Hunan	473976	318987	374872	403898
广东	Guangdong	26243557	17232740	24407433	15893746
广西	Guangxi	566825	547434	529359	597981
海南	Hainan	397548	339466	229968	208136
重庆	Chongqing	3290962	1553154	3432131	1614481
四川	Sichuan	3596992	3022060	4453683	3813250
贵州	Guizhou	46350	22839	23486	12324
云南	Yunnan	34301	44761	33099	40831
西藏	Tibet		73	4	2108
陕西	Shaanxi	1597866	1733917	1637757	1831843
甘肃	Gansu	1302	3768	1469	5470
青海	Qinghai	425	81	602	42
宁夏	Ningxia	26019	29671	16724	13535
新疆	Xinjiang	6739	10727	5252	9180

6-33 各地区中外合资企业进出口额

Exports and Imports of Equity Joint Ventures by Region in Border

单位：万美元

Unit: USD 10000

地区	Region	2019 出口 Exports	2019 进口 Imports	2020 出口 Exports	2020 进口 Imports
全国	**Total**	**25083831**	**23705333**	**24618272**	**22710962**
北京	Beijing	256344	1078630	257951	1124520
天津	Tianjin	886823	1241331	789876	1230865
河北	Hebei	220282	231947	270849	259165
山西	Shanxi	719688	449835	825771	417334
内蒙古	Inner Mongolia	16421	37941	14882	36068
辽宁	Liaoning	528866	1452510	422926	1178593
吉林	Jilin	29310	678910	27608	745784
黑龙江	Heilongjiang	74191	63480	57386	66342
上海	Shanghai	1963492	2008445	1839069	2136935
江苏	Jiangsu	4419699	3814416	3914856	3287766
浙江	Zhejiang	2282949	1539738	2221694	1270696
安徽	Anhui	417421	537432	464497	676465
福建	Fujian	977546	1225456	920411	972766
江西	Jiangxi	176912	350964	194759	379947
山东	Shandong	1816804	1321540	1658931	1115162
河南	Henan	3265259	1726038	3498745	2372725
湖北	Hubei	448334	472321	390428	424444
湖南	Hunan	308447	218521	220872	239442
广东	Guangdong	5511416	4253744	5899189	3952587
广西	Guangxi	144617	198535	133070	206980
海南	Hainan	134080	275077	81912	156454
重庆	Chongqing	143070	152614	188851	154538
四川	Sichuan	136448	178592	146077	157059
贵州	Guizhou	11241	7453	9269	5794
云南	Yunnan	9410	11122	7962	6938
西藏	Tibet		73	4	2108
陕西	Shaanxi	158807	152165	142154	123285
甘肃	Gansu	380	2489	692	3781
青海	Qinghai	335	80	340	
宁夏	Ningxia	21129	21610	12404	4921
新疆	Xinjiang	4111	2322	4836	1500

6–34 各地区中外合作企业进出口额

Exports and Imports of Contractual Joint Ventures by Region in Border

单位：万美元

Unit: USD 10000

地区	Region	2019 出口 Exports	2019 进口 Imports	2020 出口 Exports	2020 进口 Imports
全国	**Total**	**716189**	**405178**	**565653**	**429567**
北京	Beijing	4708	4393	4262	3304
天津	Tianjin	2463	22514	2188	20240
河北	Hebei	8508	1468	5547	1193
山西	Shanxi	14		3	
内蒙古	Inner Mongolia	3		3	
辽宁	Liaoning	25942	8067	22594	6596
吉林	Jilin	5149	2674	5149	2257
黑龙江	Heilongjiang	5		4	7
上海	Shanghai	102446	68857	71910	69358
江苏	Jiangsu	157897	202897	136172	246609
浙江	Zhejiang	31935	1795	28550	1214
安徽	Anhui	3921	1005	1491	758
福建	Fujian	19840	10325	17094	9616
江西	Jiangxi	4965	274	4811	333
山东	Shandong	36685	17660	29029	19380
河南	Henan	1051	2075	603	644
湖北	Hubei	220	74	73	5
湖南	Hunan	3	36	3	82
广东	Guangdong	288744	52346	220480	39888
广西	Guangxi	1039	242	433	12
海南	Hainan	13100	242	8906	386
重庆	Chongqing	3059	4	2507	18
四川	Sichuan	1545	1701	1386	2435
贵州	Guizhou		10		9
云南	Yunnan	2611	3523	2294	848
西藏	Tibet				
陕西	Shaanxi	135	17	109	22
甘肃	Gansu				
青海	Qinghai	1			
宁夏	Ningxia				
新疆	Xinjiang	200	2979	51	4354

6–35 各地区外商独资企业进出口额

Exports and Imports of Wholly Foreign-owned Enterprises by Region in Border

单位：万美元

Unit: USD 10000

地区	Region	2019		2020	
		出口 Exports	进口 Imports	出口 Exports	进口 Imports
全国	**Total**	**70800937**	**61672201**	**68024280**	**63547686**
北京	Beijing	1356290	4717943	1686511	4759098
天津	Tianjin	1240684	1944078	1234576	2232597
河北	Hebei	238432	158619	194431	134191
山西	Shanxi	9588	13387	10435	9500
内蒙古	Inner Mongolia	29379	11375	29490	12325
辽宁	Liaoning	1447940	912484	1132514	895267
吉林	Jilin	80041	75656	72340	68059
黑龙江	Heilongjiang	19214	26570	19015	24493
上海	Shanghai	10301088	17225123	10003613	18408157
江苏	Jiangsu	16991646	11950800	16178774	12348443
浙江	Zhejiang	2729673	1670556	2616612	1705640
安徽	Anhui	703456	292183	790437	306378
福建	Fujian	2579482	1391553	2410041	1329633
江西	Jiangxi	604369	207129	556708	171626
山东	Shandong	2714338	1581525	2690509	1557497
河南	Henan	76643	30925	59463	57954
湖北	Hubei	289741	138113	276769	143442
湖南	Hunan	165525	100430	153997	164374
广东	Guangdong	20443397	12926651	18287763	11901271
广西	Guangxi	421169	348657	395857	390989
海南	Hainan	250369	64146	139150	51296
重庆	Chongqing	3144833	1400536	3240773	1459925
四川	Sichuan	3458999	2841766	4306220	3653756
贵州	Guizhou	35110	15376	14217	6521
云南	Yunnan	22279	30115	22842	33045
西藏	Tibet				
陕西	Shaanxi	1438924	1581735	1495495	1708537
甘肃	Gansu	922	1278	777	1689
青海	Qinghai	89	1	262	42
宁夏	Ningxia	4890	8061	4320	8614
新疆	Xinjiang	2428	5426	365	3326

6-36 经济特区中外合资企业进出口额
Exports and Imports of Equity Joint Ventures in Special Economic Zone

单位：万美元
Unit: USD 10000

地 区	Region	2019		2020	
		出口 Exports	进口 Imports	出口 Exports	进口 Imports
合 计	**Total**	**2452536**	**2211209**	**3033788**	**2035965**
深 圳	Shenzhen	1624632	1142776	2278482	1157090
珠 海	Zhuhai	134077	317621	105845	223208
汕 头	Shantou	41589	7843	36467	5201
厦 门	Xiamen	518157	467892	531082	494011
海 南	Hainan	134080	275077	81912	156454

6-37 经济特区中外合作企业进出口额
Exports and Imports of Contractual Joint Ventures in Special Economic Zone

单位：万美元
Unit: USD 10000

地 区	Region	2019		2020	
		出口 Exports	进口 Imports	出口 Exports	进口 Imports
合 计	**Total**	**147825**	**23146**	**116228**	**18542**
深 圳	Shenzhen	108110	11774	85926	7977
珠 海	Zhuhai	1422	328	1350	259
汕 头	Shantou	8995	1408	6049	1041
厦 门	Xiamen	16198	9394	13996	8879
海 南	Hainan	13100	242	8906	386

6-38 经济特区外商独资企业进出口额
Exports and Imports of Wholly Foreign-owned Enterprises in Special Economic Zone

单位：万美元
Unit: USD 10000

地 区	Region	2019		2020	
		出口 Exports	进口 Imports	出口 Exports	进口 Imports
合 计	**Total**	**10038928**	**7082622**	**9076118**	**6717416**
深 圳	Shenzhen	7390051	5361083	6678855	5015454
珠 海	Zhuhai	949786	692231	908477	692488
汕 头	Shantou	51074	48579	35685	40749
厦 门	Xiamen	1397649	916584	1313951	917431
海 南	Hainan	250369	64146	139150	51296

6-39 服务进出口分类金额(2020年)

Total Value of Imports and Exports of Services by Sector(2020)

单位：亿美元

Unit: USD 100 million

类　别	Classification	进出口 Imports and Exports	出口 Exports	进口 Imports
总　额	**Total**	**6617.2**	**2806.3**	**3810.9**
运输	Transport	1512.8	566.0	946.8
旅行	Travel	1477.7	165.5	1312.3
建筑	Construction	332.8	251.3	81.5
保险服务	Insurance Services	177.2	53.8	123.4
金融服务	Financial Services	73.6	41.8	31.7
电信、计算机和信息服务	Telecommunications, Computer and Information Services	937.3	607.7	329.7
知识产权使用费	Charges For The Use of Intellectual Property	463.1	86.8	376.3
个人、文化和娱乐服务	Personal, Cultural, and Recreational Services	43.2	13.2	30.1
维护和维修服务	Maintenance and Repair Services	110.2	76.6	33.6
加工服务	Processing Services	175.3	170.3	5.0
其他商业服务	Other Business Services	1253.1	748.2	504.9
政府服务	Government Services	60.7	25.1	35.6

注：本表按照国际货币基金组织《国际收支和国际头寸手册》(第六版)标准统计，下表同。

Note: Data in this table are compiled on Balance of Payments and International Investment Position Manual (6th edition) of IMF.

6-40 服务进出口分类金额(2020年)

Total Value of Imports and Exports of Services by Sector(2020)

单位：亿元人民币

Unit: RMB 100 million

类　别	Classification	进出口 Imports and Exports	出口 Exports	进口 Imports
总　额	**Total**	**45642.7**	**19356.7**	**26286.0**
运输	Transport	10434.8	3904.1	6530.7
旅行	Travel	10192.9	1141.3	9051.6
建筑	Construction	2295.8	1733.6	562.2
保险服务	Insurance Services	1222.4	370.9	851.4
金融服务	Financial Services	507.6	288.7	219.0
电信、计算机和信息服务	Telecommunications, Computer and Information Services	6465.4	4191.4	2274.0
知识产权使用费	Charges For The Use of Intellectual Property	3194.4	598.9	2595.5
个人、文化和娱乐服务	Personal, Cultural, and Recreational Services	298.2	90.7	207.5
维护和维修服务	Maintenance and Repair Services	760.2	528.6	231.6
加工服务	Processing Services	1209.3	1174.8	34.5
其他商业服务	Other Business Services	8643.2	5160.8	3482.4
政府服务	Government Services	418.5	172.9	245.6

利用外资

UTILIZATION OF FOREIGN CAPITAL

第7篇

7−1 利用外资情况
Utilization of Foreign Capital

年份 Year	项 目 (个) Number of Projects (unit)	#外商直接投资 Foreign Direct Investment	实际使用外资金额 (亿美元) Total Amount of Foreign Investment Utilized (USD 100 million)	#外商直接投资 Foreign Direct Investment
1979−1982	947	920	130.60	17.69
1983	690	638	22.61	9.16
1984	2204	2166	28.66	14.19
1985	3145	3073	47.60	19.56
1986	1551	1498	76.28	22.44
1987	2289	2233	84.52	23.14
1988	6063	5945	102.26	31.94
1989	5909	5779	100.60	33.92
1990	7371	7273	102.89	34.87
1991	13086	12978	115.54	43.66
1992	48858	48764	192.03	110.08
1993	83595	83437	389.60	275.15
1994	47646	47549	432.13	337.67
1995	37184	37011	481.33	375.21
1996	24673	24556	548.05	417.26
1997	21138	21001	644.08	452.57
1998	19850	19799	585.57	454.63
1999	17022	16918	526.59	403.19
2000	22347	22347	593.56	407.15
2001	26140	26140	496.72	468.78
2002	34171	34171	550.11	527.43
2003	41081	41081	561.40	535.05
2004	43664	43664	640.72	606.30
2005	44001	44001	638.05	603.25
2006	41473	41473	698.76	658.21
2007	37871	37871	783.39	747.68
2008	27514	27514	952.53	923.95
2009	23435	23435	918.04	900.33
2010	27406	27406	1088.21	1057.35
2011	27712	27712	1176.98	1160.11
2012	24925	24925	1132.94	1117.16
2013	22773	22773	1187.21	1175.86
2014	23778	23778	1197.05	1195.62
2015	26575	26575	1262.67	1262.67
2016	27900	27900	1260.01	1260.01
2017	35652	35652	1310.35	1310.35
2018	60533	60533	1349.66	1349.66
2019	40888	40888	1381.35	1381.35
2020	38570	38570	1443.69	1443.69

注：1.本表资料由商务部提供。
2.2000年及以前，实际使用外资包含对外借款。
3.2015年起，实际使用外资金额只包含外商直接投资金额。

a) Data in this table come from the Ministry of Commerce.
b) In 2000 and before,total amount of foreign investment actually utilized included foreign loans.
c) Since 2015,total amount of foreign investment actually utilized only includes that of foreign direct investment.

7–2 外商直接投资行业分布(2020年)

Foreign Direct Investment by Sector (2020)

单位：万美元
Unit：USD 10 000

行　业	Sector	合同项目（个）Number of Contracts (unit)	实际使用金额 Actually Utilized Value
总　计	**Total**	**38570**	**14436926**
农、林、牧、渔业	Agriculture, Forestry, Animal Husbandry and Fishery	493	57567
采矿业	Mining	46	66394
制造业	Manufacturing	3732	3099695
电力、热力、燃气及水生产和供应业	Production and Supply of Electricity, Heat, Gas and Water	260	311375
建筑业	Construction	602	181887
批发和零售业	Wholesale and Retail Trades	10812	1184445
交通运输、仓储和邮政业	Transport, Storage and Post	592	499859
住宿和餐饮业	Hotels and Catering Services	804	82415
信息传输、软件和信息技术服务业	Information Transmission, Software and Information Technology	3521	1643102
金融业	Financial Intermediation	356	648240
房地产业	Real Estate	1190	2033057
租赁和商务服务业	Leasing and Business Services	7513	2656159
科学研究和技术服务业	Scientific Research and Technical Services	6252	1793997
水利、环境和公共设施管理业	Management of Water Conservancy, Environment and Public Facilities	223	56758
居民服务、修理和其他服务业	Service to Households, Repair and Other Services	447	30766
教育	Education	210	28061
卫生和社会工作	Health and Social Service	109	23547
文化、体育和娱乐业	Culture, Sports and Entertainment	1407	39602

7-3 分国别(地区)外商直接投资
Foreign Direct Investment by Country or Region

单位：万美元
Unit: USD 10 000

国别(地区)	Country/Region	2019 外商直接投资合同项目(个) Number of FDI Contracts (unit)	2019 外商直接投资 Foreign Direct Investment	2020 外商直接投资合同项目(个) Number of FDI Contracts (unit)	2020 外商直接投资 Foreign Direct Investment
总　计	**Total**	**40888**	**13813462**	**38570**	**14436926**
亚洲	**Asia**	**31746**	**11688841**	**29269**	**12402540**
阿富汗	Afghanistan	70		34	
巴林	Bahrain	2		3	
孟加拉国	Bangladesh	111	71	71	27
不丹	Bhutan			1	
文莱	Brunei	2	701	3	966
缅甸	Myanmar	33	215	21	
柬埔寨	Cambodia	13	5755	20	3761
塞浦路斯	Cyprus	22	730	5	445
朝鲜	Korea DPR			1	
香港地区	Hong Kong, China	17873	9629894	15602	10579336
印度	India	445	2563	193	1201
印度尼西亚	Indonesia	98	1242	73	1334
伊朗	Iran	134		77	92
伊拉克	Iraq	107	38	28	7
以色列	Israel	111	2930	80	2630
日本	Japan	1000	372093	799	337448
约旦	Jordan	79	104	51	43
科威特	Kuwait	5	742	3	
老挝	Laos	9		8	
黎巴嫩	Lebanon	37	36	12	5
澳门地区	Macao, China	1083	173544	2531	220230
马来西亚	Malaysia	508	7013	388	7810
马尔代夫	Maldives	1		1	
蒙古	Mongolia	18	79	22	
尼泊尔联邦民主共	Nepal	47		15	1
阿曼	Oman			4	190
巴基斯坦	Pakistan	302	3	261	10
巴勒斯坦	Palestine	33		23	
菲律宾	Philippines	80	1383	55	2364
沙特阿拉伯	Saudi Arabia	46	1170	12	97
新加坡	Singapore	1242	759064	1146	768098
韩国	Korea Rep.	2108	553817	2014	361376
斯里兰卡	Sri Lanka	21		10	
叙利亚	Syria	105	65	40	306
泰国	Thailand	128	10580	108	10861
土耳其	Turkey	105	1123	65	234
阿联酋	United Arab Emirates	36	2141	16	2802
也门	Republic of Yemen	277	168	187	155
越南	Vietnam	35	1720	50	275
台湾地区	Taiwan, China	5252	158740	5105	99529
东帝汶	Timor Leste				800
哈萨克斯坦	Kazakhstan	71	1116	48	86
吉尔吉斯斯坦	Kirghizia	17	1	14	1
塔吉克斯坦	Tadzhikistan	23		15	
土库曼斯坦	Turkmenistan	12		15	
乌兹别克斯坦	Uzbekistan	45		37	20

7-3 续表 1 Continued 1

单位：万美元

Unit: USD 10 000

国别(地区)	Country/Region	2019 外商直接投资合同项目(个) Number of FDI Contracts (unit)	2019 外商直接投资 Foreign Direct Investment	2020 外商直接投资合同项目(个) Number of FDI Contracts (unit)	2020 外商直接投资 Foreign Direct Investment
亚洲其他国家(地区)	Other Countries (Regions) in Asia			2	
非洲	**Africa**	**1662**	**47207**	**1504**	**70474**
阿尔及利亚	Algeria	38	50	24	25
安哥拉	Angola	9		11	
贝宁	Benin	13		13	
博茨瓦纳	Botswana	2		5	1927
布隆迪	Burundi	11		5	
喀麦隆	Cameroon	136	9	127	
佛得角	Cape Verde	1		1	
中非	Central Africa	2		3	
乍得	Chad	4		4	
科摩罗	Comoros	6		8	
刚果(布)	Congo	14	60	13	5
吉布提	Djibouti	8		4	
埃及	Egypt	140	10	69	139
赤道几内亚	Eq. Guinea	1		5	
埃塞俄比亚	Ethiopia	43		26	5
加蓬	Gabon	2		5	
冈比亚	Gambia	3		2	
加纳	Ghana	194		186	
几内亚	Guinea	32		18	
几内亚比绍	Guinea-Bissau			1	
科特迪瓦	Cote d'lvoire	13		15	
肯尼亚	Kenya	41	8	35	
利比里亚	Liberia	4	2	8	
利比亚	Libya	44		23	
马达加斯加	Madagascar	3		8	
马里	Mali	27	5	37	
毛里塔尼亚	Mauritania	11		7	146
毛里求斯	Mauritius	12	26990	17	41231
摩洛哥	Morocco	42		65	
莫桑比克	Mozambique	1		4	
纳米比亚	Namibia			4	
尼日尔	Niger	21		51	
尼日利亚	Nigeria	272	6	170	
卢旺达	Rwanda	16		37	
塞内加尔	Senegal	26		22	
塞舌尔	Seychelles	136	19271	90	26323
塞拉利昂	Sierra Leone	1		5	
索马里	Somalia	15		12	
南非	South Africa	58	311	59	612
苏丹	Sudan	42		25	
坦桑尼亚	Tanzania	26	5	36	24
多哥	Togo	14		20	
突尼斯	Tunisia	22	92	11	
乌干达	Uganda	34	291	45	37
布基纳法索	Burkina Faso	9		5	
刚果(金)	Congo DR	37		18	
赞比亚	Zambia	17		25	
津巴布韦	Zimbabwe	50	80	115	
莱索托	Lesotho			2	
斯威士兰	Swaziland	3		1	
厄立特里亚	Eritrea	6		2	
非洲其他国家(地区)	Other Countries (Regions) in Africa		17		
欧洲	**Europe**	**3784**	**807360**	**3217**	**747027**
比利时	Belgium	64	3698	45	11458
丹麦	Denmark	61	8928	49	3566
英国	United Kingdom	640	85705	547	97802
德国	Germany	562	165805	466	135497
法国	France	349	79337	288	51270
爱尔兰	Ireland	45	65678	31	7453
意大利	Italy	294	19188	246	20370
卢森堡	Luxembourg	28	33224	20	22825
荷兰	Netherlands	182	179544	139	255492
希腊	Greece	24	619	13	5
葡萄牙	Portugal	15	73	11	91
西班牙	Spain	145	11802	114	10585
阿尔巴尼亚	Albania	7		4	

7-3 续表 2 Continued 2

单位：万美元

Unit: USD 10 000

国别(地区)	Country/Region	2019 外商直接投资合同项目(个) Number of FDI Contracts (unit)	2019 外商直接投资 Foreign Direct Investment	2020 外商直接投资合同项目(个) Number of FDI Contracts (unit)	2020 外商直接投资 Foreign Direct Investment
奥地利	Austria	65	29930	53	19691
保加利亚	Bulgaria	15	141	10	77
芬兰	Finland	44	2828	29	3533
匈牙利	Gibraltar	13	2189	21	695
冰岛	Iceland	1		1	1916
列支敦士登	Liechtenstein	3		1	559
马耳他	Malta	10		2	102
摩纳哥	Monaco	1			104
挪威	Norway	32	5153	30	11188
波兰	Poland	42	1286	26	453
罗马尼亚	Romania	16	396	10	743
圣马力诺	San Marino				
瑞典	Sweden	92	37387	75	20703
瑞士	Switzerland	105	64492	81	65391
爱沙尼亚	Estonia	8	816	3	17
拉脱维亚	Latvia	8	100	6	
立陶宛	Lithuania	12		7	14
格鲁吉亚	Georgia	11		6	1
亚美尼亚	Armenia	29	28	35	
阿塞拜疆	Azerbaijan	42	2	16	
白俄罗斯	Byelorussia	41	7	75	7
摩尔多瓦	Moldavia	9	20	4	
俄罗斯联邦	Russia	474	5402	536	1126
乌克兰	Ukraine	217	20	166	61
斯洛文尼亚	Slovenia	11	1160	7	4125
克罗地亚	Croatia	9		5	
捷克	Czech	18	167	7	101
斯洛伐克	Slovak	10	110	7	2
波黑	Bosnia & Herzegovina	2		4	
塞尔维亚	Serbia	24		20	4
欧洲其他国家(地区)(地区)	Other Countries (Regions) in Europe	4	2125	1	
拉丁美洲	**Latin America**	**807**	**756690**	**767**	**805257**
安提瓜和巴布达	Antigua and Barbuda			2	
阿根廷	Argentina	17	30	24	230
巴哈马	Bahamas	4		2	
巴巴多斯	Barbados	4	1405	1	3013
伯利兹	Belize	5	988	8	1550
多民族玻利维亚国	Bolivia	11		2	
巴西	Brazil	70	340	107	2954
开曼群岛	Cayman Is.	129	255681	130	277361
智利	Chile	19	30	26	20
哥伦比亚	Colombia	63	18	47	2
多米尼克	Dominica	5		3	
哥斯达黎加	Costa Rica	3		4	
古巴	Cuba	7		10	
多米尼加共和国	Dominica Rep.	2		2	
厄瓜多尔	Ecuador	11	2	8	
格林纳达	Granada	2		2	
危地马拉	Guatemala	2	5	2	
圭亚那	Guyana	1	1	1	41
海地	Haiti	4		2	
洪都拉斯	Honduras	3		2	
牙买加	Jamaica	4		3	
墨西哥	Mexico	62	1	45	4
蒙特塞拉特	Montserrat			2	
尼加拉瓜	Nicaragua	1		1	
巴拿马	Panama	9	1528	6	
巴拉圭	Paraguay	1			
秘鲁	Peru	20	120	17	61

7-3 续表 3 Continued 3

单位：万美元
Unit: USD 10 000

国别(地区)	Country/Region	2019 外商直接投资合同项目(个) Number of FDI Contracts (unit)	2019 外商直接投资 Foreign Direct Investment	2020 外商直接投资合同项目(个) Number of FDI Contracts (unit)	2020 外商直接投资 Foreign Direct Investment
圣文森特和格林纳丁斯	Saint Vincent & Grenadines		13		
萨尔瓦多	El Salvador	2		2	
苏里南	Surinam	1		1	
特克斯和凯科斯群岛	Turks & Caicos Is.		110		60
乌拉圭	Uruguay	2		5	4
委内瑞拉	Venezuela	33		25	
英属维尔京群岛	Virgin Is. (E)	304	496386	271	519957
圣其茨和尼维斯	St. Kitts-Nevis	5		3	
拉丁美洲其他国家(地区)(地区)	Other Countries (Regions)in Latin America	1	32	1	
北美洲	**North America**	**2324**	**340785**	**2371**	**267838**
加拿大	Canada	585	23195	726	21686
美国	United States	1733	268638	1642	230451
百慕大	Bermuda	4	48386	3	15669
北美洲其他国家(地区)(地区)	Other Countries (Regions) in North America	2	566		32
大洋洲及太平洋岛屿	**Oceanic and Pacific Islands**	**852**	**172579**	**767**	**124903**
澳大利亚	Australia	523	42856	529	34156
库克群岛	Cook Islands	2			1525
斐济	Fiji	3		3	
瓦努阿图	Vanuatu	3	190	4	468
新西兰	New Zealand	103	4405	109	2727
汤加	Tonga	2		1	
土布艾群岛	Tubuai Is.	1			
萨摩亚	Samoa	197	119182	110	80408
马绍尔群岛	Marshall. Is.	18	5776	11	5599
大洋洲其他国家(地区)	Other Countries (Regions)in Oceania		170		20
其他	**Others**			**86**	**18887**

注：1. 东南亚国家联盟包括：文莱、缅甸、柬埔寨、印度尼西亚、老挝、马来西亚、菲律宾、新加坡、泰国、越南。
2. 欧洲联盟包括：比利时、丹麦、英国、德国、法国、爱尔兰、意大利、卢森堡、荷兰、希腊、葡萄牙、西班牙、奥地利、芬兰、瑞典、塞浦路斯、匈牙利、马耳他、波兰、爱沙尼亚、拉脱维亚、立陶宛、斯洛文尼亚、捷克、斯洛伐克、保加利亚、罗马尼亚、克罗地亚。

a) Association of Southeast Asian Nations include Brunei, Myanmar, Cambodia, Indonesia, Laos, Malaysia, Philippines, Singapore, Thailand, Vietnam.

b) European Union include Belgium, Denmark, United Kingdom, Germany, France, Ireland, Italy, Luxembourg, Netherlands, Greece, Portugal, Spain, Austria, Finland, Sweden, Cyprus, Hungary, Malta, Poland, Estonia, Latvia, Lithuania, Slovenia, Czech, Slovak, Croatia.

7-4 历年外商投资企业登记概况
Status of Registered Enterprises with Foreign Capital

年份 Year	企业数 (户) Number of Enterprises (unit)	投资总额 (万美元) Total Investment (USD 10 000)	注册资本(万美元) Registered Capital (USD 10 000)	
			小计 Subtotal	#外方 Foreign Partner
1980	7	470	432	179
1981	82	13248	11411	6646
1982	330	65085	60697	44201
1983	616	176747	143037	89589
1984	1999	434644	325086	207109
1985	4912	1641154	834410	508846
1986	6524	2140438	1163741	582717
1987	8546	2641308	1466820	827307
1988	13747	3780628	2154354	1169072
1989	18968	4690829	2759003	1501813
1990	25389	5457370	3304208	1866511
1991	37215	7178332	4465808	2577358
1992	84371	17845550	11598693	6866484
1993	167507	38238877	24563127	15018236
1994	206096	49072446	31227534	19631486
1995	233564	63900854	39912302	25688422
1996	240447	71532202	44148483	28979610
1997	235681	75347010	45981372	30298675
1998	227807	77422942	46728674	31371224
1999	212436	77856752	46354938	31668255
2000	203208	82467505	48394975	33719912
2001	202306	87501079	50579271	35968275
2002	208056	98189328	55211904	40199985
2003	226373	111735062	62264052	46577863
2004	242284	131118108	72848575	55799291
2005	260000	146399267	81203319	63193522
2006	274863	170756477	94647381	74062533
2007	286232	210878940	115541864	92114807
2008	434937	232413047	130055348	103885057
2009	434248	249996531	140348130	113694532
2010	445244	270593108	157384290	125896928
2011	446487	299312402	172942962	138102850
2012	440609	326104777	188141484	149034975
2013	445962	351760847	202802980	160771193
2014	460699	379772862	218351038	174138864
2015	481179	453902025	266815811	207567406
2016	505151	512400783	312433576	239184522
2017	539345	689924356	371071855	282661856
2018	593276	777379774	427385951	323419281
2019	627223	884006368	501597454	378944846
2020	635402	1364369528	843342495	628231332

注：本数据来源于国家市场监督管理总局，从2008年起企业户数包含分支机构。
Note: Data in this table is from State Administration for Industry & Commerce. The number of enterprises includes branches Since 2008.

7-5 年末登记外商投资企业行业分布情况(2020年)

Registered Foreign-funded Enterprises by Sector at the Year-end(2020)

行　业	Sector	企业数(户) Number of Enterprises (unit)	投资额(万美元) Total Investment (USD 10 000)	注册资本(万美元) Registered Capital (USD 10000)	
				小　计 Subtotal	#外　方 Foreign Partner
总　　计	**Total**	**635402**	**1364369528**	**843342495**	**628231332**
农、林、牧、渔业	Agriculture, Forestry, Animal Husbandry and Fishery	6848	97617221	13153363	10666204
采矿业	Mining	765	2137549	1307605	807469
制造业	Manufacturing	128421	282023038	147126648	104805839
电力、热力、燃气及水生产和供应业	Production and Supply of Electricity, Heat, Gas and Water	5390	33389578	16796186	11016399
建筑业	Construction	7394	16778601	12172874	6524712
批发和零售业	Wholesale and Retail Trades	194684	113050538	91925187	67839191
交通运输、仓储和邮政业	Transport, Storage and Post	13155	22652505	13070684	7361604
住宿和餐饮业	Hotels and Catering Services	38468	5216546	4163680	3581339
信息传输、软件和信息技术服务业	Information Transmission, Software and Information Technology	49890	55589260	34100789	27588814
金融业	Financial Intermediation	17925	49407827	43973880	25880332
房地产业	Real Estate	18538	216053391	138012200	125283632
租赁和商务服务业	Leasing and Business Services	82053	260292370	222922869	161815786
科学研究和技术服务业	Scientific Research and Technical Services	52640	167274423	78864041	57735392
水利、环境和公共设施管理业	Management of Water Conservancy, Environment and Public Facilities	1622	10308937	7118765	4448367
居民服务、修理和其他服务业	Service to Households, Repair and Other Services	6416	13518977	6482224	3888639
教育	Education	970	885321	365530	328077
卫生和社会工作	Health and Social Service	716	7565765	4053848	3065567
文化、体育和娱乐业	Culture, Sports and Entertainment	8443	8849320	6638483	4785619
其他	Others	1064	1758360	1093639	808351

7-6 各地区年末登记的外商投资企业数及投资额

Number and Investment of Registered Enterprises with Foreign Capital by Region or Department at the Year-end

地区	Region	企业数（户）Number of Enterprises (unit)		投资总额（万美元）Total Investment (USD 10 000)	
		2019	2020	2019	2020
总计	**Total**	**627223**	**635402**	**884002636**	**1364369528**
北京	Beijing	32201	32545	59956056	64690716
天津	Tianjin	15290	15151	31054365	30642347
河北	Hebei	9700	10088	15899123	22540192
山西	Shanxi	3520	3617	7013634	9255895
内蒙古	Inner Mongolia	3504	3329	5842061	5608426
辽宁	Liaoning	15996	16257	40282964	41573088
吉林	Jilin	4118	4249	6429718	7077370
黑龙江	Heilongjiang	5296	6278	4604610	16855786
上海	Shanghai	90757	92922	95522917	103339458
江苏	Jiangsu	62360	63031	117351451	136972937
浙江	Zhejiang	43121	44024	50069282	58926401
安徽	Anhui	7903	8281	16564258	32270386
福建	Fujian	31608	31638	29747115	31525499
江西	Jiangxi	6791	6813	10098549	13308596
山东	Shandong	33760	35378	57543158	120730832
河南	Henan	10145	10243	11630706	11191976
湖北	Hubei	12378	12468	18643772	23707094
湖南	Hunan	9870	10715	18412582	21490575
广东	Guangdong	179268	175397	195325200	216718083
广西	Guangxi	5972	6577	9163993	28938916
海南	Hainan	3319	4234	10452847	274495595
重庆	Chongqing	6358	6719	11106997	12389523
四川	Sichuan	12950	13545	28906035	29627873
贵州	Guizhou	3056	3184	4872177	8357348
云南	Yunnan	5602	6062	6709943	14243114
西藏	Tibet	278	282	266498	285869
陕西	Shaanxi	6170	6287	12129006	18327178
甘肃	Gansu	2554	2532	2561650	2593102
青海	Qinghai	548	663	783424	781853
宁夏	Ningxia	898	899	2646254	2699276
新疆	Xinjiang	1932	1994	2412289	3204221

7-7 各地区外商投资企业年末注册资本

Registered Capital of Foreign-funded Enterprises by Region or Department at the Year-end

单位：万美元

Unit: USD 10 000

地区	Region	注册资本 Registered Capital		外方注册资本 Registered Foreign Capital	
		2019	2020	2019	2020
总计	**Total**	**501597454**	**843342495**	**378944846**	**628231332**
北京	Beijing	37824834	42006539	25316081	24240345
天津	Tianjin	22006219	25234247	15367335	18741267
河北	Hebei	7894738	10578287	6412619	8458408
山西	Shanxi	3619757	6148811	2060133	4146705
内蒙古	Inner Mongolia	2081743	2084437	1372784	1367089
辽宁	Liaoning	22839075	23828895	18288050	18290223
吉林	Jilin	2864870	4428561	2226962	3189254
黑龙江	Heilongjiang	2876439	15392563	1919538	8617308
上海	Shanghai	64792532	71392233	49553660	54218033
江苏	Jiangsu	63728055	73449310	52651377	59153171
浙江	Zhejiang	32347490	37507294	24369664	27628628
安徽	Anhui	8543637	10222159	6324501	7538499
福建	Fujian	17655891	19902264	13441351	14922604
江西	Jiangxi	7258331	8171449	5671039	5917853
山东	Shandong	40906244	77218611	32836850	59542239
河南	Henan	7136036	7465370	5082098	5489239
湖北	Hubei	10318656	13088390	7953466	8744434
湖南	Hunan	7975153	10672448	6063832	7647694
广东	Guangdong	85425820	98550062	63533925	75586301
广西	Guangxi	4706847	7701833	3786082	5954978
海南	Hainan	8133644	230135202	7049517	177587110
重庆	Chongqing	7045339	7743350	5408173	6089747
四川	Sichuan	15536164	14769799	8564473	8081084
贵州	Guizhou	2743910	4092379	2227664	3282352
云南	Yunnan	3630776	6322836	2949904	4866293
西藏	Tibet	182109	190728	153095	157185
陕西	Shaanxi	6560411	8938054	4644464	4235641
甘肃	Gansu	1848115	1851593	1701684	1703654
青海	Qinghai	291919	293586	137948	139297
宁夏	Ningxia	1203403	1288565	872507	925640
新疆	Xinjiang	1619295	2672638	1004068	1769058

对外投资与经济合作

OVERSEAS DIRECT INVESTMENT AND ECONOMIC COOPERATION

第8篇

8-1 按主要国别(地区)分对外直接投资
Overseas Direct Investment by Countries or Regions

单位：万美元
Unit: USD 10000

国家（地区）	Country or Region	对外直接投资流量 Flow of Outward Direct Investment 2019	2020	截至2020年对外直接投资存量 Overseas Direct Investment Stock at the End of 2020
总　计	**Total**	**13690756**	**15371026**	**258065844**
亚洲	**Asia**	**11084094**	**11234365**	**164489400**
#中国香港*	Hong Kong, China	9055008	8914586	143853092
印度*	India	53460	20519	318331
印度尼西亚	Indonesia	222308	219835	1793883
日本*	Japan	67378	48683	419672
中国澳门	Macao, China	59445	82684	1053234
新加坡*	Singapore	482567	592335	5985785
韩国	Republic of Korea	56180	13914	705473
泰国	Thailand	137191	188288	882555
越南	Vietnam	164852	187575	857456
非洲	**Africa**	**270442**	**422560**	**4339920**
#阿尔及利亚	Algeria	-12362	1864	164352
苏丹	Sudan	-7078	283	112030
几内亚	Guinea	5304	-29512	47282
马达加斯加	Madagascar	-16	13598	39074
尼日利亚	Nigeria	12327	30894	236754
南非*	South Africa	33891	40043	541722
欧洲	**Europe**	**1051992**	**1269565**	**12243189**
#英国*	United Kingdom	110345	92222	1764592
德国*	Germany	145901	137560	1454958
法国*	France	8722	14779	486095
俄罗斯联邦*	Russia	-37923	57032	1207089
拉丁美洲	**Latin America**	**639407**	**1665651**	**62981025**
#巴西*	Brazil	85993	31264	320506
开曼群岛*	Cayman Islands	-435668	856222	45702699
墨西哥*	Mexico	16356	26456	116695
英属维尔京群岛*	Virgin Is. (E)	868257	697562	15564495
北美洲	**North America**	**436713**	**634312**	**10001633**
#加拿大*	Canada	47288	21002	1248513
美国*	United States	380668	601867	8004771
大洋洲	**Oceania**	**208108**	**144573**	**4010677**
#澳大利亚*	Australia	208667	119859	3443936
新西兰	New Zealand	1140	45292	286784

注：“*”表示该国家(地区)2020年末存量数据中包含对以往历史数据进行调整。
a) "*' The stock for 2019 are recomputed after adjustment of historical Data.

8-2 按行业分对外直接投资

Overseas Direct Investment by Sector

单位：万美元

Unit: USD 10000

行　业	Sector	对外直接投资净额 Net Overseas Direct Investment 2019	2020	截至2020年对外直接投资存量 Overseas Direct Investment Stock at the End of 2020
总　计	**Total**	**13690756**	**15371026**	**258065844**
农、林、牧、渔业	Agriculture, Forestry, Animal Husbandry and Fishery	243920	107864	1943495
采矿业	Mining	512823	613126	17587884
制造业	Manufacturing	2024181	2583821	27786853
电力、热力、燃气及水生产和供应业	Production and Supply of Electricity, Heat, Gas and Water	386872	577031	4237947
建筑业	Construction	377984	809455	5079699
批发和零售业	Wholesale and Retail Trades	1947108	2299764	34531558
交通运输、仓储和邮政业	Transport, Storage and Post	387962	623320	8077558
住宿和餐饮业	Hotels and Catering Services	60398	11841	492646
信息传输、软件和信息技术服务业	Information Transmission, Software and Information Technology	547794	918718	29791382
金融业	Financial Intermediation	1994929	1966318	27006173
房地产业	Real Estate	341839	518603	8140791
租赁和商务服务业	Leasing and Business Services	4187508	3872562	83164214
科学研究和技术服务业	Scientific Research and Technical Services	343163	373465	6057966
水利、环境和公共设施管理业	Management of Water Conservancy, Environment and Public Facilities	26988	15671	357106
居民服务、修理和其他服务业	Service to Households, Repair and Other Services	167338	216078	1354133
教育	Education	64880	13004	790280
卫生和社会工作	Health and Social Service	22717	63767	396516
文化、体育和娱乐业	Culture, Sports and Entertainment	52352	-213383	1269642
公共管理、社会保障和社会组织	Public Management, Social Security and Social Organization			

8-3 对外经济合作概况
Foreign Economic Cooperation

年 份 Year	对外承包工程 Foreign Engineering Projects				对外劳务合作 Foreign Labour Services	
	合同数 (份) Number of Contracts (unit)	合同金额 (亿美元) Contract Value (USD 100 million)	完成营业额 (亿美元) Turnover (USD 100 million)	年末在外人数 (万人) Persons Abroad by the End of Year (10 000 persons)	派出劳务人数 (万人) Dispatched Labor (10 000 persons)	年末在外人数 (万人) Persons Abroad by the End of Year (10 000 persons)
1979	27	0.33				
1980	138	1.40	1.23			
1981	250	2.76				
1982	195	3.46	1.00			
1983	280	7.99	1.89			
1984	344	15.38	4.94	2.19		2.76
1985	465	11.16	6.63	3.06		2.49
1986	486	11.89	8.19	2.74		1.90
1987	616	16.48	11.14	3.13		3.19
1988	642	18.13	12.53	3.00		3.98
1989	776	17.81	14.84	2.40		4.31
1990	920	21.25	16.44	2.18		3.61
1991	1171	25.24	19.70	2.15		6.83
1992	1164	52.51	24.03	2.54		10.56
1993	1393	51.89	36.68	3.42		13.09
1994	1702	60.27	48.83	3.83		18.43
1995	1558	74.84	51.08	3.84		22.59
1996	1634	77.28	58.21	3.88		24.66
1997	2085	85.16	60.36	4.78		28.55
1998	2322	92.43	77.69	6.11		29.08
1999	2527	101.99	85.22	5.53		32.65
2000	2597	117.19	83.79	5.56		36.93
2001	5836	130.39	88.99	6.00		41.47
2002	4036	150.55	111.94	7.85		41.04
2003	3708	176.67	138.37	9.40		42.97
2004	6694	238.44	174.68	11.47	17.30	41.94
2005	9502	296.14	217.63	14.48	18.34	41.87
2006	12996	660.05	299.93	19.86	21.48	47.52
2007	6282	776.21	406.43	23.60	21.49	50.51
2008	5411	1045.62	566.12	27.16	22.49	46.71
2009	7280	1262.10	777.06	32.69	18.01	45.03
2010	9544	1343.67	921.70	37.65	18.68	47.01
2011	6381	1423.32	1034.24	32.40	20.91	48.84
2012	6710	1565.29	1165.97	34.46	27.84	50.56
2013	11578	1716.29	1371.43	37.01	25.57	48.26
2014	7740	1917.56	1424.11	40.89	29.26	59.69
2015	8662	2100.74	1540.74	40.86	27.68	61.83
2016	19157	2440.10	1594.17	37.29	26.40	59.60
2017	22774	2652.76	1685.87	37.68	30.02	60.23
2018	10985	2418.04	1690.44	39.07	26.50	60.61
2019	11932	2602.45	1729.01	36.81	27.60	62.41
2020	9933	2555.36	1559.35	27.34	16.23	34.98

8-4 分国别(地区)对外承包工程合同金额

Contracts Signed for Foreign Engineering Projects by Country or Region

国别(地区)	Country/Region	2017	2018	2019	2020
合　计	**Total**	**26527599**	**24180445**	**26024542**	**25553561**
亚洲	**Asia**	**14366594**	**11934916**	**14112776**	**14297668**
阿富汗	Afghanistan	35522	47	4110	10633
巴林	Bahrain	1468		4	
孟加拉国	Bangladesh	1042051	911153	1348362	1317370
文莱	Brunei	141130	49030	13289	19718
缅甸	Myanmar	198901	276629	630710	540983
柬埔寨	Cambodia	330058	288064	557610	662194
塞浦路斯	Cyprus	2	13	57676	
中国香港	Hong Kong, China	892373	901503	805556	1554882
印度	India	257606	288953	517278	228346
印度尼西亚	Indonesia	1720404	1140369	1408053	1192314
伊朗	Iran	497130	675209	311455	
伊拉克	Iraq	590619	297910	538670	507211
以色列	Israel	40004	172305	138642	195682
日本	Japan	33768	41816	42486	43663
约旦	Jordan	207066	15510	2069	2211
科威特	Kuwait	360682	220575	103831	42489
老挝	Laos	521086	241765	215527	263443
黎巴嫩	Lebanon	207	10324	5627	
中国澳门	Macao, China	214892	94782	336934	309261
马来西亚	Malaysia	2485305	934931	733104	533098
马尔代夫	Maldives	124873	139388	41137	36688
蒙古	Mongolia	59571	259340	405644	239278
尼泊尔	Nepal	89893	90876	102554	186772
阿曼	Oman	115240	91874	19800	75859
巴基斯坦	Pakistan	1075464	432791	706300	636957
巴勒斯坦	Palestine	2553	224	103	
菲律宾	Philippines	368574	308923	624058	959723
卡塔尔	Qatar	43595	19890	52999	59968
沙特阿拉伯	Saudi Arabia	292833	672538	1128667	768051
新加坡	Singapore	351710	279433	506046	477605
韩国	Korea	137237	78732	82649	75121
斯里兰卡	Sri Lanka	174738	362692	278608	104279
叙利亚	Syria	310	773		
泰国	Thailand	372566	286270	332860	966819
土耳其	Turkey	82785	115582	134195	459917
阿联酋	United Arab Emirates	499300	764138	662390	610119
也门	Yemen	965	1237	857	
越南	Vietnam	609764	666610	439110	494758
中国台湾	Taiwan, China	6379	8058	6037	26972
东帝汶	East Timor	32450	6651	101131	3846
哈萨克斯坦	Kazakhstan	234843	436004	535712	162774
吉尔吉斯斯坦	Kirghizia	31700	9377	3535	15250
塔吉克斯坦	Tadzhikistan	35396	199248	41344	50866
土库曼斯坦	Turkmenistan	12431	32319	17726	45680
乌兹别克斯坦	Uzbekistan	41151	111062	118320	277053

8-4 续表 1 Continued 1

国别(地区)	Country/Region	2017	2018	2019	2020
非洲	**Africa**	**7650376**	**7843057**	**5592753**	**6790041**
阿尔及利亚	Algeria	538949	478096	373014	205687
安哥拉	Angola	858220	222991	80906	125327
贝宁	Benin	17083	89776	1392	38740
博茨瓦纳	Botswana	25902	64556	12535	57934
布隆迪	Burundi	18341	27708	5379	1127
喀麦隆	Cameroon	115218	177216	86285	111053
佛得角	Cape Verde	5667	318	4	2241
中非	Central African	17239	1813	2352	5696
乍得	Chad	39807	63319	67293	84934
科摩罗	Comoros	21584	6808	4932	1336
刚果(布)	Congo	184503	28625	29726	49362
吉布提	Djibouti	35273	82177	4643	15859
埃及	Egypt	160510	794886	258992	316561
赤道几内亚	Eq. Guinea	123325	18456	68364	26369
埃塞俄比亚	Ethiopia	706366	221398	269104	265288
加蓬	Gabon	18778	27935	25119	79919
冈比亚	Gambia	20205	417	8089	1662
加纳	Ghana	290608	322201	429176	1241632
几内亚	Guinea	143157	162044	266217	286731
几内亚(比绍)	Guinea Bissau	540	2394	1231	2728
科特迪瓦	Cote d'Ivoire	46309	203512	349068	598506
肯尼亚	Kenya	1007838	378939	137806	323698
利比里亚	Liberia	9033	12721	30361	35811
利比亚	Libya	3		7747	
马达加斯加	Madagascar	32624	25863	92250	68921
马拉维	Malawi	13786	40758	17931	13716
马里	Mali	39386	15974	13486	5048
毛里塔尼亚	Mauritania	163249	22799	20856	2086
毛里求斯	Mauritius	15861	11315	30445	29637
摩洛哥	Morocco	82110	21613	23134	74977
莫桑比克	Mozambique	60172	332142	98681	285950
纳米比亚	Namibia	16047	20114	34074	26918
尼日尔	Niger	48497	28527	95475	42862
尼日利亚	Nigeria	1148032	1701344	1255716	783322
卢旺达	Rwanda	33089	49288	49475	57365
圣多美和普林西比	Sao Tome and Principe	152	15744	238	
塞内加尔	Senegal	74477	40402	102501	148907
塞舌尔	Seychelles	2579	851	702	1930
塞拉利昂	Sierra Leone	12692	97575	7185	58761
索马里	Somali	2100		2971	
南非	S. Africa	84663	180462	106113	72207
苏丹	Sudan	143545	57044	24007	77862
坦桑尼亚	Tanzania	109999	211793	125824	116377
多哥	Togo	13131	6146	1731	9751
突尼斯	Tunisia	18381	4245	17737	10132
乌干达	Uganda	95493	375763	118336	95966
布基纳法索	Burkina Faso	1202	3737	14032	
刚果(金)	Congo DR	286961	572474	356270	203233
赞比亚	Zambia	486454	466784	220912	332160
津巴布韦	Zimbabwe	148153	117212	84581	255041
莱索托	Lesotho	829	16389	41564	13092
厄立特里亚	Eritrea	3199	15	13	446
南苏丹	Republic of South Sudan	109060	18376	116778	89292

8-4 续表 2 Continued 2

国别(地区)	Country/Region	2017	2018	2019	2020
欧洲	**Europe**	**1721542**	**1432993**	**3230692**	**2088434**
比利时	Belgium	3523	1164	16753	25662
丹麦	Denmark	2688	421	1788	3154
英国	United Kingdom	56548	94795	60675	83027
德国	Germany	74234	89311	62042	52283
法国	France	166336	142022	163303	145761
爱尔兰	Ireland	11	50	1155	
意大利	Italy	7004	3418	9213	3072
荷兰	Netherlands	25456	12884	14115	10216
希腊	Greece	7961	17986	44874	13352
葡萄牙	Portugal	36540	13584	7480	8721
西班牙	Spain	31692	57346	229643	158786
阿尔巴尼亚	Albania	143	308	3900	
奥地利	Austria	12141	11988	16652	5996
保加利亚	Bulgaria	3425	3955	5749	14594
芬兰	Finland	86959	271	85006	1127
匈牙利	Hungary	3742	3635	59613	121829
冰岛	Iceland	1704			
马耳他	Malta	213		12187	
挪威	Norway	140	964	40221	26900
波兰	Poland	2593	13526	109589	145171
罗马尼亚	Romania	8347	12985	8914	14180
瑞典	Sweden	15934	13232	10614	5097
瑞士	Switaerland	2530	241	5919	
爱沙尼亚	Estonia		9	3	
拉脱维亚	Latvia		200	1040	
立陶宛	Lithuania	720		253	
格鲁吉亚	Georgia	39232	87788	49833	39736
亚美尼亚	Armenia	31345	17000		
阿塞拜疆	Azerbaijan	3885	119455	12372	3906
白俄罗斯	Byelorussia	24960	103827	66705	171264
摩尔多瓦	Moldavia		10	13433	
俄罗斯	Russia	775229	306013	1691792	587047
乌克兰	Ukraine	112508	102953	257529	213592
斯洛文尼亚	Slovenia	78415			
克罗地亚	Croatia	138	52437	9944	19701
捷克	Czech Rep.	8117	6941	5907	6725
斯洛伐克	Slovak	627	22	500	
马其顿	Macedonia	80	21817	22019	5156
波黑	Bosnia and Hercegovina	38223	76230	2654	
塞尔维亚	Serbia	58182	30029	121245	156717
黑山	Montenegro	15	14177	6058	7713

8-4 续表 3 Continued 3

国别(地区)	Country/Region	2017	2018	2019	2020
拉丁美洲	**Latin America**	**1585882**	**1822734**	**1987218**	**1483811**
安提瓜和巴布达	Antigua Barbuda	9	860	10035	10050
阿鲁巴岛	Aruba	143278	321859	179789	83179
巴哈马	Bahamas	214		3998	
巴哈马	Bahamas	3382			
巴巴多斯	Barbados	20021	1425	48	
伯利兹	Belize		103		
玻利维亚	Bolivia	165854	71748	87937	35444
巴西	Brazil	174270	258278	303418	325022
智利	Chile	12121	42900	23913	59035
哥伦比亚	Colombia	17075	37832	512286	281262
多米尼克	Dominica	9435	391	5616	9212
哥斯达黎加	CostaRica	4139	4677	972	1521
古巴	Cuba	66606	20715	27336	
库腊索岛	Curacao	663			
多米尼加共和国	Dominican Rep.	3181	8142	14644	2056
厄瓜多尔	Ecuador	88757	192158	80612	81392
格林纳达	Grenada	6813	5054	177511	
危地马拉	Guatemala	5012	73		
圭亚那	Guyana	12040	3135	2317	28496
洪都拉斯	Honduras	895	457	10100	
牙买加	Jamaica	15322	8952	5905	5847
墨西哥	Mexico	76790	127597	186559	253397
尼加拉瓜	Nicaragua	943		369	
巴拿马	Panama	20720	267644	18223	18961
巴拉圭	Paraguay	423	92	1183	
秘鲁	Peru	110876	151619	166294	171488
萨尔瓦多	El Salvador	228		100	
苏里南	Suriname	22822	20	1650	9176
特立尼达和多巴哥	Trinidad & Tobago	23388	2498	26177	16687
乌拉圭	Uruguay	919		94	
委内瑞拉	Venezuela	579687	294507	140131	53641
北美洲	**North America**	**361245**	**289786**	**276215**	**113322**
加拿大	Canada	25423	4834	28773	21146
美国	United States	335797	284946	247441	92176
格陵兰	Greenland	25	6		
大洋洲及太平洋岛屿	**Oceania and Pacific Is.**	**841960**	**856752**	**824872**	**780285**
澳大利亚	Australia	497393	727857	541512	
库克群岛	Cook Islands	1760	579		
斐济	Fiji	38728	16107	35754	18048
瑙鲁	Nauru		4712		
瓦努阿图	Vanuatu	15415	22010	10477	5070
新西兰	New Zealand	73746	11867	32834	9251
巴布亚新几内亚	Papua New Guinea	199090	69294	93680	69890
所罗门群岛	Solomon Is.	1589	582	82693	
汤加	Tonga	707	569	133	1106
萨摩亚	Samoa	10641	3164	2389	189
基里巴斯	Kiribati	866			
图瓦卢	Tuvalu	1072			
密克罗尼西亚联邦	Micronesia Commonwealth	917	11	1081	
马绍尔群岛共和国	Marshall. Is.			448	
帕劳共和国	Republic of Palau	35		22691	
纽埃	Niue			1180	
其他	**Others**		**207**	**17**	

8-5 分国别(地区)对外承包工程营业额

Turnover of Foreign Engineering Projects by Country or Region

单位：万美元

Unit: USD 10 000

国别(地区)	Country/Region	2017	2018	2019	2020
合　计	**Total**	**16858661**	**16904403**	**17290137**	**15593516**
亚洲	**Asia**	**8828857**	**9069440**	**9814559**	**8913866**
阿富汗	Afghanistan	5073	4764	9094	3425
巴林	Bahrain	2198	724	777	
孟加拉国	Bangladesh	314660	432206	530261	550183
文莱	Brunei	71016	137187	95842	10338
缅甸	Myanmar	161406	116942	186295	186185
柬埔寨	Cambodia	176373	180102	277501	348846
塞浦路斯	Cyprus	6		9	
朝鲜	Korea DPR	2			
中国香港	Hong Kong, China	554531	592760	636979	789962
印度	India	246496	231541	253864	180072
印度尼西亚	Indonesia	556185	609652	870537	712110
伊朗	Iran	205025	231551	104580	
伊拉克	Iraq	273809	255713	414119	328905
以色列	Israel	113073	110789	117498	148805
日本	Japan	32778	33305	36324	39536
约旦	Jordan	66940	65199	33464	12813
科威特	Kuwait	196352	273392	257476	202205
老挝	Laos	422894	526468	520725	382892
黎巴嫩	Lebanon	6371	79	177	
中国澳门	Macao, China	278641	250919	132498	131782
马来西亚	Malaysia	814615	796480	730343	685330
马尔代夫	Maldives	41467	63923	109055	48094
蒙古	Mongolia	106814	75721	67100	62989
尼泊尔	Nepal	29860	45701	63821	39965
阿曼	Oman	82085	87897	69384	48919
巴基斯坦	Pakistan	1133799	1127117	967401	732401
巴勒斯坦	Palestine	542	318	2394	
菲律宾	Philippines	188546	197248	275952	282550
卡塔尔	Qatar	103368	72739	50686	42344
沙特阿拉伯	Saudi Arabia	634381	521763	620768	618904
新加坡	Singapore	343707	258199	354948	235736
韩国	Korea	36759	40707	133503	72691
斯里兰卡	Sri Lanka	225245	237954	222470	128719
叙利亚	Syria	62	766		
泰国	Thailand	338380	335596	287001	263427
土耳其	Turkey	120443	66728	66849	92180
阿联酋	United Arab Emirates	249594	361485	512286	818541
也门共和国	Yemen Rep.	1457	1134	1043	
越南	Vietnam	287860	280167	394010	292980
中国台湾	Taiwan, China	4061	2997	10322	
东帝汶	East Timor	35519	35290	25926	23359
哈萨克斯坦	Kazakhstan	223838	221357	198174	149105
吉尔吉斯斯坦	Kirghizia	47998	21049	26562	13765
塔吉克斯坦	Tadzhikistan	19042	30848	23957	36891
土库曼斯坦	Turkmenistan	25264	27398	33699	16522
乌兹别克斯坦	Uzbekistan	50320	105564	88881	95709

8-5 续表 1 Continued 1

单位：万美元
Unit: USD 10 000

国别(地区)	Country/Region	2017	2018	2019	2020
非洲	**Africa**	**5118786**	**4883888**	**4601260**	**3833046**
阿尔及利亚	Algeria	784898	752146	633548	468811
安哥拉	Angola	669326	454319	286588	151473
贝宁	Benin	8110	14370	24418	23431
博茨瓦纳	Botswana	25281	25956	16828	19391
布隆迪	Burundi	2704	4078	8619	5046
喀麦隆	Cameroon	189239	125210	139905	89251
佛得角	Cape Verde	1694	2744	6671	2600
中非	Central African	1981	2253	8743	4995
乍得	Chad	62785	49833	73283	53709
科摩罗	Comoros	1457	2924	3247	3859
刚果(布)	Congo	74754	47705	36912	57338
吉布提	Djibouti	36605	30147	22901	12174
埃及	Egypt	154179	204560	318959	299339
赤道几内亚	Eq.Guinea	102500	54294	58197	34048
埃塞俄比亚	Ethiopia	552174	400179	249597	292473
加蓬	Gabon	47548	16104	27101	6831
冈比亚	Gambia	1010	3717	7432	5570
加纳	Ghana	108511	113176	81703	112219
几内亚	Guinea	61500	81987	121800	177794
几内亚(比绍)	Guinea Bissau	669	287	988	1374
科特迪瓦	Cote d'Ivoire	97663	85048	109277	91750
肯尼亚	Kenya	372919	435274	416763	295700
利比里亚	Liberia	22136	19693	44020	22727
利比亚	Libya	5118	107	2108	
马达加斯加	Madagascar	13270	16740	11482	19954
马拉维	Malawi	8771	8902	15374	16598
马里	Mali	38323	40072	42572	28204
毛里塔尼亚	Mauritania	22821	18324	29504	13882
毛里求斯	Mauritius	11720	12418	11815	18691
摩洛哥	Morocco	37649	68304	33525	21984
莫桑比克	Mozambique	110875	80422	100144	67568
纳米比亚	Namibia	69667	45899	44571	27891
尼日尔	Niger	17150	17158	29965	40047
尼日利亚	Nigeria	310383	404785	459559	351036
卢旺达	Rwanda	19627	28805	30873	31770
圣多美和普林西比	Sao Tome & Principe	122	552	90	
塞内加尔	Senegal	94765	114290	88416	52107
塞舌尔	Seychelles	1044	1591	2600	1393
塞拉利昂	Sierra Leone	9193	13611	12831	9208
索马里	Somalia	1527	1987		
南非	S. Africa	56880	138142	55788	49127
苏丹	Sudan	82125	50046	38128	31721
坦桑尼亚	Tanzania	102586	107600	128283	145623
多哥	Togo	25729	22518	11941	8497
突尼斯	Tunisia	21896	11151	9367	8522
乌干达	Uganda	217429	214767	154038	121940
布基纳法索	Burkina Faso	27	4045	1354	
刚果(金)	Congo DR	149954	182015	244650	202503
赞比亚	Zambia	230749	270345	257497	202219
津巴布韦	Zimbabwe	30591	32033	55569	72961

单位：万美元
Unit: USD 10 000

国别(地区)	Country/Region	2017	2018	2019	2020
莱索托	Lesotho	1441	1168	7170	7927
斯威士兰	Swaziland				2164
厄立特里亚	Eritrea	12239	4023	256	29461
南苏丹	Republic of South Sudan	35473	46064	24291	
欧洲	**Europe**	**931617**	**1001574**	**1062769**	**1396201**
比利时	Belgium	14280	725	15945	11550
丹麦	Denmark	495	1283	1918	1955
英国	United Kingdom	108268	57018	64045	68011
德国	Germany	63631	81436	50129	50441
法国	France	144236	125834	127388	147180
爱尔兰	Ireland			100	
意大利	Italy	20105	27342	19426	9156
卢森堡	Luxembourg	235			
荷兰	Netherlands	16163	13420	17496	14228
希腊	Greece	15973	19572	18125	8666
葡萄牙	Portugal	4939	25610	13361	7415
西班牙	Spain	27916	44436	78236	89611
阿尔巴尼亚	Albania	182	266	2458	
奥地利	Austria	7490	10179	6137	6256
保加利亚	Bulgaria	3997	4984	7984	5219
芬兰	Finland	1676	218	130	480
匈牙利	Hungary	3390	3881	2668	10563
冰岛	Iceland	1704			
马耳他	Malta	213			
摩纳哥	Monaco			766	
挪威	Norway	20666	3756	25739	23672
波兰	Poland	966	6267	5515	46575
罗马尼亚	Romania	9322	8218	6997	8826
瑞典	Sweden	6057	9667	8026	6814
瑞士	Switzerland	1112	1881	1884	
爱沙尼亚	Estonia		9	3	
拉脱维亚	Latvia		64	40	
立陶宛	Lithuania	1063		25	
格鲁吉亚	Georgia	38840	27792	29936	41016
亚美尼亚	Armenia	5226	5903	5037	
阿塞拜疆	Azerbaijan	2363	4253	2626	1824
白俄罗斯	Belorussia	66747	99603	63714	104052
摩尔多瓦	Moldavia	11	67		
俄罗斯	Russia	199234	234979	276681	426451
乌克兰	Ukraine	35320	57612	72809	66566
斯洛文尼亚	Slovenia	826	640	250	
克罗地亚	Croatia	138	12	21505	32776
捷克	Czech Rep.	6003	5739	5880	7686
斯洛伐克	Slovak	201	166	500	
马其顿共和国	Macedonia,FYR	14071	10758	12569	9194
波黑	Bosnia & Herzegovina	693	5560	190	
塞尔维亚	Serbia	36897	34508	61743	149651
黑山	Montenegro	50968	67914	34789	15869
拉丁美洲	**Latin America**	**1291514**	**1196689**	**1163818**	**788900**
安提瓜和巴布达	Antigua & Barbuda	166	2630	8631	7335
阿根廷	Argentina	158003	159097	161327	114033
阿鲁巴岛	Aruba	214			

8-5 续表 3 Continued 3

单位：万美元
Unit: USD 10 000

国别(地区)	Country/Region	2017	2018	2019	2020
巴哈马	Bahamas	48724	15361	2110	
巴巴多斯	Barbados	4273	5193	2065	
伯利兹	Belize		103		
玻利维亚	Bolivia	46715	68905	143034	42824
巴西	Brazil	185365	260900	225237	163649
智利	Chile	16595	21289	14086	22703
哥伦比亚	Colombia	20473	26645	26138	25727
多米尼克	Dominica	3483	4655	7594	4170
哥斯达黎加	Costa Rica	3560	14944	13983	11656
古巴	Cuba	25850	40401	32000	
库腊索岛	Curacao	382	250	31	
多米尼加共和国	Republic of Dominica	3567	730	6684	307
厄瓜多尔	Ecuador	212748	123717	89466	47667
格林纳达	Grenade	128	1474	1468	
危地马拉	Guatemala	1398	3419	500	
圭亚那	Guyana	13979	9672	10628	7772
洪都拉斯	Honduras	12722	11547	8634	
牙买加	Jamaica	18884	24969	22918	20519
墨西哥	Mexico	74962	55387	90731	129634
尼加拉瓜	Nicaragua	409	90	4	
巴拿马	Panama	29929	31781	34510	10469
巴拉圭	Paraguay	423	92		
秘鲁	Peru	59341	108553	110587	92355
萨尔瓦多	El Salvador	229	27	108	
苏里南	Suriname	3331	9758	3009	5375
特立尼达和多巴哥	Trinidad & Tobago	11622	11486	49834	11376
乌拉圭	Uruguay	1428	1950	2247	
委内瑞拉	Venezuela	332612	181665	96254	41089
北美洲	**North America**	**237285**	**245715**	**127013**	**146504**
加拿大	Canada	13859	13262	24185	25028
美国	United States	223413	232447	102815	121476
格陵兰	Greenland	13	6	13	
大洋洲及太平洋岛屿	**Oceania and Pacific Is.**	**450601**	**506632**	**520718**	
澳大利亚	Australia	337472	400216	391614	390368
库克群岛	Cook Islands	1035	1052		
斐济	Fiji	18441	22167	17474	20647
瑙鲁	Nauru			2192	
新喀里多尼亚	New Caledonia		1200		
瓦努阿图	Vanuatu	13921	8880	9290	5864
新西兰	New Zealand	15816	19905	24921	15870
巴布亚新几内亚	Papua New Guinea	55698	49128	71928	75607
所罗门群岛	Solomon Is.	1863	1927	23	
汤加	Tonga	3311	170	14	731
萨摩亚	Samoa	2167	1143	2574	783
基里巴斯	Kiribati	444	108		
图瓦卢	Tuvalu		236		
密克罗尼西亚	Micronesia	425	501	642	
马绍尔群岛共和国	Marshall. Is.			16	
帕劳共和国	Republic of Palau	9			
纽埃	Niue			29	
其他	**Others**		**466**		

8-6 分国别(地区)年末在境外从事承包工程人员
Personnel Abroad for Engineering Projects Classified by Country or Region at the Year-end

单位：人
Unit: person

国别(地区)	Country/Region	2017	2018	2019	2020
合　计	**Total**	**376827**	**390719**	**368063**	**273434**
亚洲	**Asia**	**193438**	**214261**	**203956**	**155083**
阿富汗	Afghanistan	162	231	65	86
巴林	Bahrain	2	63	63	
孟加拉国	Bangladesh	7861	12523	15532	7413
文莱	Brunei	3814	9573	1576	662
缅甸	Myanmar	3651	2427	3848	1410
柬埔寨	Cambodia	3896	4719	8466	6331
中国香港	Hongkong,China	641	724	2869	1951
印度	India	1279	1483	1846	1292
印度尼西亚	Indonesia	16363	20928	21138	18158
伊朗	Iran	2149	3268	2030	
伊拉克	Iraq	9100	11514	13040	9876
以色列	Israel	511	1635	1745	3056
日本	Japan	510	484	488	24
约旦	Jordan	343	470	573	1256
科威特	Kuwait	6903	11413	8113	2270
老挝	Laos	16879	21230	22283	16234
黎巴嫩	Lebanon		5	5	
中国澳门	Macao,China	1345	1279	1594	992
马来西亚	Malaysia	21214	17912	13033	7472
马尔代夫	Maldives	724	3920	2702	1532
蒙古	Mongolia	2852	1556	1456	1244
尼泊尔	Nepal	1439	1409	1629	1059
阿曼	Oman	916	2294	1890	880
巴基斯坦	Pakistan	20850	22819	16857	14343
巴勒斯坦	Balestine	2	30		
菲律宾	Philippines	3564	3761	4025	2928
卡塔尔	Qatar	1855	1763	1204	413
沙特阿拉伯	Saudi Arabia	22080	18516	19462	19605
新加坡	Singapore	3588	2711	1632	2354
韩国	Korea	86	89	100	185
斯里兰卡	Sri Lanka	3705	4267	4017	3277
泰国	Thailand	2542	3069	4234	1561
土耳其	Turkey	6330	2465	929	1289
阿联酋	United Arab Emirates	4847	5535	5999	10558
也门共和国	Yemen Rep.	21	21	21	
越南	Vietnam	7636	7486	8493	6004
中国台湾	Taiwan,China	25	58	112	2
东帝汶	Timor Leste	843	900	784	1131
哈萨克斯坦	Kazakhstan	8065	3867	4547	2407
吉尔吉斯斯坦	Kirghizia	1650	2008	1882	675

8-6 续表 1 Continued 1

单位：人

Unit: person

国别(地区)	Country/Region	2017	2018	2019	2020
塔吉克斯坦	Tadzhikistan	891	1035	974	1086
土库曼斯坦	Turkmenistan	481	383	321	116
乌兹别克斯坦	Uzbekstan	1823	2418	2379	2375
亚洲其他国家	Oth.Asia.Nes				
非洲	**Africa**	**147093**	**137353**	**120356**	**81556**
阿尔及利亚	Algeria	44545	39106	28961	13082
安哥拉	Angola	16872	14897	10725	5115
贝宁	Benin	164	357	987	789
博茨瓦纳	Botswana	458	462	392	201
布隆迪	Burundi	385	675	598	232
喀麦隆	Cameroon	2596	2718	2398	2315
佛得角	Cape Verde	352	393	188	97
中非	Central African	183	185	329	194
乍得	Chad	2106	1575	2271	1656
科摩罗	Comoros	121	129	116	118
刚果(布)	Congo	3547	3089	2620	1295
吉布提	Djibouti	906	781	413	542
埃及	Egypt	1849	1171	1663	1546
赤道几内亚	Eq. Guinea	3615	3065	2140	956
埃塞俄比亚	Ethiopia	8636	8310	7073	7540
加蓬	Gabon	1952	608	746	536
冈比亚	Gambia	303	297	141	196
加纳	Ghana	3314	1632	1502	1903
几内亚	Guinea	3211	3606	3937	4847
几内亚(比绍)	Guinea bissau	344	350	16	55
科特迪瓦	Cote d'Ivoire	1121	2009	2179	1291
肯尼亚	Kenya	8271	8503	7596	3936
利比里亚	Liberia	1054	805	499	282
利比亚	Libya	87	87	43	
马达加斯加	Madagascar	163	161	229	254
马拉维	Malawi	237	266	245	421
马里	Mali	480	597	885	700
毛里塔尼亚	Mauritania	757	856	967	559
毛里求斯	Mauritius	474	688	540	365
摩洛哥	Morocco	527	274	414	410
莫桑比克	Mozambique	3325	2329	2064	2107
纳米比亚	Namibia	807	1066	722	495
尼日尔	Niger	771	713	838	1244
尼日利亚	Nigeria	6272	7180	7720	6325
卢旺达	Rwanda	687	748	858	753
圣多美和普林西比	Sao Tome & Principe			8	
塞内加尔	Senegal	1798	2425	1912	905
塞舌尔	Seychelles	112	156	166	138

8-6 续表 2 Continued 2

单位：人
Unit: person

国别(地区)	Country/Region	2017	2018	2019	2020
塞拉利昂	Sierra Leone	605	653	575	252
索马里	Somalia	3	1	1	
南非	S. Africa	400	551	598	181
苏丹	Sudan	3760	3154	3078	1196
坦桑尼亚	Tanzania	2945	3199	4222	2884
多哥	Togo	329	376	116	154
突尼斯	Tunisia	211	243	232	162
乌干达	Uganda	3174	3913	3608	1821
布基纳法索	Burkina Faso	3	21	3	
刚果(金)	Congo DR	5111	6230	4806	5209
赞比亚	Zambia	6728	5544	6114	4185
津巴布韦	Zimbabwe	669	589	871	1033
莱索托	Lesotho	130	126	188	156
厄立特里亚	Eritrea	278	109	166	160
南苏丹共和国	Republic of South Sudan	345	375	677	701
欧洲	**Europe**	**9842**	**13605**	**14084**	**13923**
丹麦					22
英国	United Kingdom	69	127	218	134
德国	Germany	384	73	71	86
法国	France	63	79	74	157
意大利	Italy	76	70	53	9
卢森堡	Luxembourg				
荷兰	Netherlands	38	8	10	25
希腊	Greece	22	24	14	10
葡萄牙	Portugal		1	4	
西班牙	Spain	19	39	62	57
阿尔巴尼亚	Albania	32	17	2	
奥地利	Austria	101	114	84	84
保加利亚	Bulgaria	104			3
芬兰	Finland	16	3	22	23
匈牙利	Hungary		1	1	23
冰岛	Iceland	1	1		
马耳他	Malta	27	11	1	
挪威	Norway		1	366	
波兰	Poland	28	119	77	122
罗马尼亚	Romania	54	54	35	8
瑞典	Sweden	4	4		11
瑞士	Switzerland	11	47	57	
拉脱维亚	Latvia		3		
立陶宛	Lithuania	3	3		
格鲁吉亚	Georgia	882	1210	1768	1799
亚美尼亚	Armenia	240	252	96	
阿塞拜疆	Azerbaijan	80	80	110	9
白俄罗斯	Byelorussia	2109	1717	2322	1434
俄罗斯	Russia	3578	4123	2778	3070
乌克兰	Ukraine	264	695	446	257
斯洛文尼亚	Slovenia				
克罗地亚	Croatia		20	917	568
马其顿共和国	Macedonia, FYR	578	732	501	386
波黑	Bosnia & Hercegovina	39	41	39	
塞尔维亚	Serbia	178	758	1832	4552
黑山	Montenegro	842	3178	2124	703

8-6 续表 3 Continued 3

单位：人
Unit: person

国别(地区)	Country/Region	2017	2018	2019	2020
拉丁美洲	**Latin America**	**18608**	**19528**	**20332**	**18330**
安提瓜和巴布达	Antigua Barbuda	27	80	36	77
阿根廷	Argentina	1434	1287	1988	1831
巴哈马	Bahama	133	118	251	
巴巴多斯	Barbados	26	177	9	
玻利维亚	Bolivia	1172	1469	1857	1562
巴西	Brazil	401	492	328	186
智利	Chile	79	23	28	101
哥伦比亚	Colombia	306	319	130	605
多米尼克	Dominica	26	318	129	202
哥斯达黎加	CostaRica	22	197	296	566
古巴	Cuba	175	413	667	
库腊索岛	Curacao	5	4		
多米尼加共和国	Dominica Rep.	13	13	13	37
厄瓜多尔	Ecuador	3341	2390	1687	596
法属圭亚那	French Guyana	10			
格林纳达	Grenade	19	132	208	
危地马拉	Guatemala	51	51	51	
圭亚那	Guyana	84	42	454	640
洪都拉斯	Honduras	178	61	181	
牙买加	Jamaica	334	446	262	165
墨西哥	Mexico	261	300	304	267
尼加拉瓜	Nicaragua	68			
巴拿马	Panama	493	807	482	327
秘鲁	Peru	6819	8732	9576	9526
萨尔瓦多	El Salvador			2	
苏里南	Suriname	139	193	172	93
特立尼达和多巴哥	Trinidad & Tobago	883	118	69	213
乌拉圭	Uruguay	3	3	3	
委内瑞拉	Venezuela	2091	1343	1149	313
圣基茨和尼维斯	St. Kitts-Nevis	15			
北美洲	**North America**	**4828**	**2771**	**5008**	**2150**
加拿大	Canada	101	100	157	43
美国	United States	4727	2671	4851	2107
大洋洲及太平洋岛屿	**Oceania and Pacific Is.**	**3018**	**3201**	**4327**	**2392**
澳大利亚	Australia	159	144	173	109
库克群岛	Cook Islands	96	11		
斐济	Fiji	720	852	837	364
瑙鲁	Nauru			24	
瓦努阿图	Vanuatu	507	507	647	128
新西兰	New Zealand	36	36	85	97
巴布亚新几内亚	Papua New Guinea	829	1087	1913	1339
所罗门群岛	Solomon Is.	3	3		
汤加	Tonga	323	323	229	16
萨摩亚	Samoa	276	152	388	220
基里巴斯	Kiribati	27	76		
密克罗尼西亚	Micronesia	42	10	31	

8-7 分国别(地区)年末在境外从事劳务合作人员

Personnel Abroad for Labour Services Classified by Country or Region at the Year-end

单位：人

Unit: person

国别(地区)	Country/Region	2017	2018	2019	2020
合　计	**Total**	**602342**	**606102**	**624077**	**349752**
亚洲	**Asia**	**474146**	**483956**	**507138**	**304860**
阿富汗					3
巴林	Bahrain	2		1	
孟加拉国	Bangladesh	336	270	303	248
文莱	Brunei	214	3385	1240	154
缅甸	Myanmar	1031	550	897	192
柬埔寨	Cambodia	1981	1874	1933	240
塞浦路斯	Cyprus	298	359	411	
中国香港	Hong Kong, China	58001	53449	60809	41035
印度	India	165	249	227	28
印度尼西亚	Indonesia	1371	1935	3845	1171
伊朗	Iran	284	246	222	
伊拉克	Iraq	339	268	578	455
以色列	Israel	712	5233	5518	5150
日本	Japan	143384	141010	143662	82630
约旦	Jordan	106	204	64	3
科威特	Kuwait	887	1465	1403	182
老挝	Laos	2908	2659	2691	850
中国澳门	Macao, China	127302	130919	134728	107625
马来西亚	Malaysia	6705	6399	6580	1167
马尔代夫	Maldives	123	1246	1517	602
蒙古	Mongolia	822	2157	1724	779
尼泊尔	Nepal	284	297	421	473
阿曼	Oman	36	30	31	3
巴基斯坦	Pakistan	428	856	1684	982
菲律宾	Philippines	208	290	572	393
卡塔尔	Qatar	1220	1168	1172	365
沙特阿拉伯	Saudi Arabia	7427	8441	7643	2158
新加坡	Singapore	91900	94368	96949	41226
韩国	Korea	11002	10497	9706	5011
斯里兰卡	Sri Lanka	603	695	821	137
泰国	Thailand	863	615	880	146
土耳其	Turkey	443	491	540	521
阿联酋	United Arab Emirates	3886	4006	3971	1801
越南	Vietnam	2108	2246	2609	788
中国台湾	Taiwan, China	4807	4661	9718	7339
东帝汶	East Timor	13	7	7	
哈萨克斯坦	Kazakhstan	1614	967	500	52
吉尔吉斯斯坦	Kirghizia	218	155	274	141
塔吉克斯坦	Tadzhikistan	106	109	112	30
土库曼斯坦	Turkmenistan		46	46	5
乌兹别克斯坦	Uzbekistan		134	1129	616

8-7 续表 1 Continued 1

单位：人
Unit: person

国别(地区)	Country/Region	2017	2018	2019	2020
非洲	**Africa**	**55596**	**63705**	**62389**	**22518**
阿尔及利亚	Algeria	16946	21114	14038	4996
安哥拉	Angola	8695	12325	12143	964
贝宁	Benin	166	201	156	99
博茨瓦纳	Botswana	29	30	8	
布隆迪	Burundi	264	251	293	21
喀麦隆	Cameroon	81	65	117	159
佛得角	Cape Verde	74	4		
中非	Central African	36			
乍得	Chad	142	142	147	74
科摩罗					13
刚果(布)	Congo	1352	1033	1044	226
吉布提	Djibouti	355	374	320	273
埃及	Egypt	1	26	354	345
赤道几内亚	Eq. Guinea	1069	960	905	144
埃塞俄比亚	Ethiopia	1027	802	1034	479
加蓬	Gabon	329	302	295	308
冈比亚	Gambia	23	439	433	26
加纳	Ghana	1585	1450	1858	404
几内亚	Guinea	554	581	1584	925
几内亚(比绍)	Guinea bissau	1	1	2	2
科特迪瓦	Cote d' Ivoire	120	107	150	116
肯尼亚	Kenya	432	628	752	600
利比里亚	Liberia	4885	3603	2641	1820
利比亚	Libya	47	3	27	
马达加斯加	Madagascar	438	452	322	104
马拉维	Malawi	44	33	70	38
马里	Mali				38
毛里塔尼亚	Mauritania	829	843	3644	3244
毛里求斯	Mauritius	605	605	454	17
摩洛哥	Morocco	170	155	77	80
莫桑比克	Mozambique	740	824	930	522
纳米比亚	Namibia	73	87	84	23
尼日尔	Niger	119	123	116	67
尼日利亚	Nigeria	3921	3908	4479	2291
卢旺达	Rwanda	992	1099	1119	248
塞内加尔	Senegal	314	859	1055	200
塞舌尔	Seychelles	27	25	106	81
塞拉利昂	Sierra Leone	772	614	442	137
南非	S. Africa	111	110		
苏丹	Sudan	1474	1975	2815	134
坦桑尼亚	Tanzania	746	749	765	266
多哥	Togo	397	301	200	94
突尼斯	Tunisia	78	17	2	
乌干达	Uganda	1512	1580	2048	318
刚果(金)	Congo DR	1182	1438	1679	1556

8–7 续表 2　Continued 2

单位：人
Unit: person

国别(地区)	Country/Region	2017	2018	2019	2020
赞比亚	Zambia	2052	2698	2792	635
津巴布韦	Zimbabwe	80	99	129	85
莱索托	Lesotho	495	481	577	277
厄立特里亚	Eritrea	126	125	127	7
南苏丹共和国	Republic of South Sudan	86	64	56	33
欧洲	**Europe**	**20142**	**14394**	**16888**	**7199**
比利时	Belgium	32	31	29	27
丹麦	Denmark	76	142	123	64
英国	United Kingdom	1220	822	1334	935
德国	Germany	4905	5633	6451	3212
法国	France	2	2	117	190
爱尔兰	Ireland			79	
意大利	Italy	1256	816	1224	211
卢森堡	Luxembourg	1	1		
荷兰	Netherlands	316	389	464	247
希腊	Greece	290	703	937	830
葡萄牙	Portugal	13	11	12	3
西班牙	Spain	7	8	26	24
阿尔巴尼亚	Albania		246	293	
奥地利	Austria			22	22
芬兰	Finland	13	3	1	6
直布罗陀	Gibraltar	143	105	81	
匈牙利	Hungary	4		3	3
冰岛	Iceland	9	12	12	
马耳他	Malta	1012	499	354	
摩纳哥	Monaco	20	13	186	
挪威	Norway	521	244	250	340
波兰	Poland	51	41	19	5
瑞典	Sweden	16	5	16	1
瑞士	Switzerland	123	389	812	
拉脱维亚	Latvia		12	15	
立陶宛	Lithuania	2	12	15	
格鲁吉亚	Georgia	550			2
白俄罗斯	Belorussia	12	11	19	23
俄罗斯	Russia	9433	4123	3916	164
乌克兰	Ukraine	2	2	15	
克罗地亚	Croatia	2			1
捷克	Czech			5	5
马其顿共和国	Macedonia		11	12	10
波黑	Bosnia & Herzegovina		8	14	
塞尔维亚	Serbia	11		32	63
黑山	Montenegro	100	100		
拉丁美洲	**Latin America**	**39066**	**30140**	**23420**	**9783**
安提瓜和巴布达	Antigua & Barbuda	10	12	27	
阿根廷	Argentina	112	147	163	159

8-7 续表 3 Continued 3

单位：人
Unit: person

国别(地区)	Country/Region	2017	2018	2019	2020
巴哈马	Bahamas	5191	5118	3273	
巴巴多斯	Barbados	62	15	10	
伯利兹	Belize	2004	1417	1035	
玻利维亚	Bolivia	60	114	135	140
巴西	Brazil	157	157	159	5
开曼群岛	Cayman Is.	58	64	286	
智利	Chile	344	338	381	322
哥伦比亚	Colombia	2	2	32	1
多米尼克	Dominica	29	20	7	8
哥斯达黎加	Costa Rica	72	6	26	14
多米尼加共和国	Dominica Rep.	50	14	13	1
厄瓜多尔	Ecuador	632	858	1106	2
法属圭亚那	French Guyana				
圭亚那	Guyana	37	26	54	54
洪都拉斯	Honduras	55	64	62	
牙买加	Jamaica	478	445	461	376
墨西哥	Mexico	31	25	91	18
尼加拉瓜	Nicaragua	6	6		
巴拿马	Panama	28239	19916	14949	6997
秘鲁	Peru	410	410	331	119
圣文森特和格林纳丁斯	Saint Vincent & Grenadines	733	557	494	
苏里南	Suriname	8	25	36	30
特立尼达和多巴哥	Trinidad & Tobago	46	94	97	97
委内瑞拉	Venezuela	125	136	58	9
英属维尔京群岛	Virgin Is.(E)	73	137	134	
圣其茨-尼维斯	St. Kitts-Nevis	7	1		
北美洲	**North America**	**3494**	**3633**	**6020**	**392**
加拿大	Canada	890	902	956	134
美国	United States	2582	2716	5056	253
百慕大群岛	Bermuda	22	15	8	
大洋洲及太平洋岛屿	**Oceania and Pacific Is.**	**9898**	**9548**	**7565**	**4167**
澳大利亚	Australia	1265	2644	1351	690
库克群岛	Cook Is.	27	36	12	
斐济	Fiji	477	92	64	44
瑙鲁	Nauru			4	
瓦努阿图	Vanuatu	369	364	151	140
新西兰	New Zealand	188	716	987	738
巴布亚新几内亚	Papua New Guinea	503	971	971	488
汤加	Tonga	13			
萨摩亚	Samoa	1043			71
基里巴斯	Kiribati	796	617	452	
图瓦卢	Tuvalu	460	210	131	
密克罗尼西亚	Micronesia	235	202	191	
马绍尔群岛	Marshall Is.	4281	3592	3136	
帕劳共和国	Republic of Palau	241	104	78	
纽埃	Niue			37	
其他	**Others**		**726**	**657**	**833**

8-8 分地区签订对外承包工程合同数量及金额
Contracts Signed for Foreign Engineering Projects by Region

地　区	Region	2019		2020	
		合　同 (份) Nunber of Contracts (unit)	金　额 (万美元) Contract Value (USD 10 000)	合　同 (份) Nunber of Contracts (unit)	金　额 (万美元) Contract Value (USD 10 000)
总　计	**Total**	**11932**	**26024542**	**9933**	**25553561**
一、中央企业	**Enterprises Managed by the Central Government**	**2387**	**11050045**	**2127**	**13544344**
二、地方企业	**Provincial Enterprises**	**9545**	**14974498**	**7806**	**12009217**
北　京	Beijing	186	1173673	154	792162
天　津	Tianjin	131	501981	125	591928
河　北	Hebei	128	372915	125	307080
山　西	Shanxi	17	142877	45	285134
内蒙古	Inner Mongolia	1	3326		
辽　宁	Liaoning	170	215746	110	252077
吉　林	Jilin	15	39666	8	94697
黑龙江	Heilongjiang	88	381713	78	87521
上　海	Shanghai	1825	1254441	1595	931326
江　苏	Jiangsu	1737	680364	503	545570
浙　江	Zhejiang	1901	520962	1858	383315
安　徽	Anhui	261	213691	70	280749
福　建	Fujian	44	173362	47	79616
江　西	Jiangxi	170	375428	155	390457
山　东	Shandong	504	1269937	475	1010672
河　南	Henan	258	432494	239	494046
湖　北	Hubei	249	1663154	683	1789911
湖　南	Hunan	74	215015	88	350323
广　东	Guangdong	1030	2556123	878	1873148
广　西	Guangxi	47	24384	27	39820
海　南	Hainan				
重　庆	Chongqing	112	65521	40	48251
四　川	Sichuan	144	1850655	122	624533
贵　州	Guizhou	13	22508	5	23170
云　南	Yunnan	51	153167	17	72523
西　藏	Tibet	8	5632		
陕　西	Shaanxi	150	381855	157	386525
甘　肃	Gansu	70	51599	81	48537
青　海	Qinghai	1	40		
宁　夏	Ningxia	2	630	4	10199
新　疆	Xinjiang	158	215444	117	215930
新疆兵团	Xinjiang Bingtuan		16195		

8-9 分地区对外承包工程营业额

Turnover of Foreign Engineering Projects by Region

单位：万美元

Unit: USD 10 000

地　区	Region	2017	2018	2019	2020
总　计	**Total**	**16858661**	**16904403**	**17290137**	**15593516**
一、中央企业	**Enterprises Managed by the Central Government**	**5937330**	**6120040**	**6422871**	**5976236**
二、地方企业	**Provincial Enterprises**	**10921331**	**10784363**	**10867266**	**9617280**
北　京	Beijing	402944	399820	421872	364794
天　津	Tianjin	502007	529939	542427	566535
河　北	Hebei	294101	277253	307172	277463
山　西	Shanxi	71249	140296	157638	128040
内蒙古	Inner Mongolia	60	1000		126
辽　宁	Liaoning	146357	137230	143029	113666
吉　林	Jiling	38580	30444	33302	28773
黑龙江	Heilongjiang	240894	176213	178940	143723
上　海	Shanghai	993262	754096	940116	967064
江　苏	Jiangsu	952857	832664	778352	624428
浙　江	Zhejiang	713969	738517	762622	644118
安　徽	Anhui	348146	301379	334508	250222
福　建	Fujian	113202	108458	101827	128901
江　西	Jiangxi	426287	446745	449005	406373
山　东	Shandong	1175577	1219211	1147942	942980
河　南	Henan	294883	323387	401518	335194
湖　北	Hubei	707516	643554	661042	641470
湖　南	Hunan	267451	280704	302044	225301
广　东	Guangdong	1809649	1756733	1670589	1566539
广　西	Guangxi	68824	72357	68232	27009
海　南	Hainan				
重　庆	Chongqing	98431	75946	79561	57223
四　川	Sichuan	393093	610791	637360	518056
贵　州	Guizhou	86209	100185	128367	97471
云　南	Yunnan	170278	172732	131466	97014
西　藏	Tibet				
陕　西	Shaanxi	390921	405752	303830	263417
甘　肃	Gansu	23451	35214	39146	28598
青　海	Qinghai	39214	40776	38832	17614
宁　夏	Ningxia	1261	3706	1880	8204
新　疆	Xingjiang	82607	99261	77492	99089
新疆兵团	Xinjiang Bingtuan	68051	70000	27155	47879

8-10 分地区年末在境外从事承包工程人数
Personnel Abroad for Foreign Engineering Projects Classified by Region at the Year-end

单位：人

Unit: person

地　区	Region	2017	2018	2019	2020
总　计	**Total**	**376827**	**390719**	**368063**	**273434**
一、中央企业	**Enterprises Managed by the Central Government**	**97670**	**102592**	**100024**	**63139**
二、地方企业	**Provincial Enterprises**	**279157**	**288127**	**268039**	**210295**
北　京	Beijing	11806	12383	11043	9575
天　津	Tianjin	12958	16524	15083	12879
河　北	Hebei	8715	9802	9912	6455
山　西	Shanxi	5202	8322	3484	4314
内蒙古	Inner Mongolia	52	118	66	
辽　宁	Liaoning	6330	7865	6969	3770
吉　林	Jiling	3427	2841	2748	987
黑龙江	Heilongjiang	11406	2803	2201	1587
上　海	Shanghai	16959	14585	14582	11942
江　苏	Jiangsu	31944	37784	34053	19241
浙　江	Zhejiang	20701	26814	25292	17467
安　徽	Anhui	12461	12992	9130	7716
福　建	Fujian	4518	3400	2581	3021
江　西	Jiangxi	8905	9486	12105	3184
山　东	Shandong	35470	30885	33449	31177
河　南	Henan	14759	14138	14292	10251
湖　北	Hubei	20735	20615	15917	19228
湖　南	Hunan	5425	6026	7039	6532
广　东	Guangdong	6293	10507	9025	10542
广　西	Guangxi	4064	3319	3014	1482
海　南	Hainan				
重　庆	Chongqing	1557	1531	1715	1027
四　川	Sichuan	9717	10283	8653	10033
贵　州	Guizhou	2470	3289	1820	2388
云　南	Yunnan	7709	6608	7692	3590
西　藏	Tibet				11
陕　西	Shaanxi	9423	8879	10872	8496
甘　肃	Gansu	1665	2532	1443	1030
青　海	Qinghai	627	734	543	515
宁　夏	Ningxia	257	245	482	190
新　疆	Xingjiang	1645	1404	1549	953
新疆兵团	Xinjiang Bingtuan	1957	1413	1285	712

8-11 分地区年末在境外从事劳务合作人数

Personnel Abroad for Foreign Labour Services Classified by Region at the Year-end

单位：人
Unit: person

地　区	Region	2017	2018	2019	2020
总　计	**Total**	**602342**	**606102**	**624077**	**349752**
一、中央企业	**Enterprises Managed by the Central Government**	**38003**	**37039**		
二、地方企业	**Provincial Enterprises**	**564339**	**569063**	**624077**	**349752**
北　京	Beijing	12782	18744	53899	32813
天　津	Tianjin	6940	6169	6085	4224
河　北	Hebei	3554	3930	4142	1404
山　西	Shanxi	12	60	65	68
内蒙古	Inner Mongolia	591	1960	1595	767
辽　宁	Liaoning	41690	44677	46443	31992
吉　林	Jiling	25383	25512	28518	13871
黑龙江	Heilongjiang	8427	72	1500	1479
上　海	Shanghai	25524	23047	26863	17982
江　苏	Jiangsu	59506	69755	64860	30325
浙　江	Zhejiang	7172	7013	7290	3460
安　徽	Anhui	7588	6683	6660	4675
福　建	Fujian	71426	60645	65587	54012
江　西	Jiangxi	3082	3104	3488	933
山　东	Shandong	94914	94339	100400	57985
河　南	Henan	46863	49198	42316	14862
湖　北	Hubei	10001	9746	11180	4696
湖　南	Hunan	36551	40403	45571	4019
广　东	Guangdong	79440	82329	84216	60035
广　西	Guangxi	401	377	516	209
海　南	Hainan			9	6
重　庆	Chongqing	2655	2193	1649	77
四　川	Sichuan	6731	7404	8062	5879
贵　州	Guizhou	35	8	9	
云　南	Yunnan	2956	2405	2572	549
西　藏	Tibet				
陕　西	Shaanxi	5079	4512	4204	2303
甘　肃	Gansu	4403	4292	6140	1004
青　海	Qinghai	22	6	5	5
宁　夏	Ningxia	611	480	233	118
新　疆	Xingjiang				
新疆兵团	Xinjiang Bingtuan				

旅　游

TOURISM

第9篇

9-1 历年入境游客
Visitor Arrivals

单位:万人次

Unit: 10000 person-times

年 份 Year	合 计 Total	#入境过夜游客 Overnight Tourists	外国人 Foreigners	港澳台同胞* Compatriot*	#台湾同胞 Taiwan Province
1978	180.92	71.60	22.96	156.15	
1979	420.39	152.90	36.24	382.06	
1980	570.25	350.00	52.91	513.90	
1981	776.71	376.70	67.52	705.31	
1982	792.43	392.40	76.45	711.70	
1983	947.70	379.10	87.25	856.41	
1984	1285.22	514.10	113.43	1167.04	
1985	1783.31	713.30	137.05	1637.78	
1986	2281.95	900.10	148.23	2126.90	
1987	2690.23	1076.00	172.78	2508.74	
1988	3169.48	1236.10	184.22	2977.33	43.77
1989	2450.14	936.10	146.10	2297.19	54.10
1990	2746.18	1048.40	174.73	2562.34	94.80
1991	3334.98	1246.40	271.01	3050.62	94.66
1992	3811.49	1651.20	400.64	3394.34	131.78
1993	4152.69	1898.20	465.59	3670.49	152.70
1994	4368.45	2107.00	518.21	3838.72	139.02
1995	4638.65	2003.40	588.67	4038.40	153.23
1996	5112.75	2276.50	674.43	4422.86	173.39
1997	5758.79	2377.00	742.80	5006.09	211.76
1998	6347.84	2507.29	710.77	5625.00	217.46
1999	7279.56	2704.66	843.23	6425.52	258.46
2000	8344.39	3122.88	1016.04	7320.80	310.86
2001	8901.29	3316.67	1122.64	7778.65	344.20
2002	9790.83	3680.26	1343.95	8446.88	366.06
2003	9166.21	3297.05	1140.29	8025.92	273.19
2004	10903.82	4176.14	1693.25	9210.57	368.53
2005	12029.23	4680.90	2025.51	10003.71	410.92
2006	12494.21	4991.34	2221.03	10273.19	441.35
2007	13187.33	5471.98	2610.97	10576.36	462.79
2008	13002.74	5304.92	2432.53	10570.21	438.56
2009	12647.59	5087.52	2193.75	10453.84	448.40
2010	13376.22	5566.45	2612.69	10763.53	514.06
2011	13542.35	5758.07	2711.20	10831.15	526.30
2012	13240.53	5772.49	2719.16	10521.37	534.02
2013	12907.78	5568.59	2629.03	10278.75	516.25
2014	12849.83	5562.20	2636.08	10213.75	536.59
2015	13382.04	5688.57	2598.54	10783.50	549.86
2016	13844.38	5926.73	2815.12	11029.26	573.00
2017	13948.24	6073.84	2916.53	11031.71	587.13
2018	14119.83	6289.57	3054.29	11065.53	613.61
2019	14530.78	6572.52	3188.34	11342.43	613.42

注：港澳台同胞来自香港特别行政区、澳门特别行政区和台湾省(下同)。

Note: Compatriot From Hong Kong, Macao and Taiwan Province.(next the same)

9-2 历年入境游客增长速度
Growth Rates of Visitor Arrivals

单位：%

unit: %

年 份 Year	合 计 Total	#入境过夜游客 Overnight Tourists	外国人 Foreigners	港澳台同胞 Compatriot	#台湾同胞 Taiwan Province
1979	132.4	113.5	57.8	144.7	
1980	35.6	128.9	46.0	34.5	
1981	36.2	7.6	27.6	37.2	
1982	2.0	4.2	13.2	0.9	
1983	19.6	-3.4	14.1	20.3	
1984	35.6	35.6	30.0	36.3	
1985	38.8	38.7	20.8	40.3	
1986	28.0	26.2	8.2	29.9	
1987	17.9	19.5	16.6	18.0	
1988	17.8	14.9	6.6	18.7	
1989	-22.7	-24.3	-20.7	-22.8	23.6
1990	12.1	12.0	19.6	11.5	75.2
1991	21.4	18.9	55.1	19.1	-0.1
1992	14.3	32.5	47.8	11.3	39.2
1993	9.0	15.0	16.2	8.1	15.9
1994	5.2	11.0	11.3	4.6	-9.0
1995	6.2	-4.9	13.6	5.2	10.2
1996	10.2	13.6	14.6	9.5	13.2
1997	12.6	4.4	10.1	13.2	22.1
1998	10.2	5.5	-4.3	12.4	2.7
1999	14.7	7.9	18.6	14.2	18.9
2000	14.6	15.5	20.5	13.9	20.3
2001	6.7	6.2	10.5	6.3	10.7
2002	10.0	11.0	19.7	8.6	6.4
2003	-6.4	-10.4	-15.2	-5.0	-25.4
2004	19.0	26.7	48.5	14.8	34.9
2005	10.3	12.1	19.6	8.6	11.5
2006	3.9	6.6	9.7	2.7	7.4
2007	5.5	9.6	17.6	3.0	4.9
2008	-1.4	-3.1	-6.8	-0.1	-5.2
2009	-2.7	-4.1	-9.8	-1.1	2.2
2010	5.8	9.4	19.1	3.0	14.6
2011	1.2	3.4	3.8	0.6	2.4
2012	-2.2	0.3	0.3	-2.9	1.5
2013	-2.5	-3.5	-3.3	-2.3	-3.3
2014	-0.5	-0.1	0.3	-0.6	3.9
2015	4.1	2.3	-1.4	5.6	2.5
2016	3.5	4.2	8.3	2.3	4.2
2017	0.8	2.5	3.6	0.0	2.5
2018	1.2	3.6	4.7	0.3	4.5
2019	2.9	4.5	4.4	2.5	0.0

9–3 历年入境过夜游客和国际旅游收入

International Tourism Receipts and Oversea Vistitor Arrivals

年份 Year	入境过夜游客 (万人次) Oversea Visitor Arrivals (10 000 person-time)	入境过夜游客 增速(%) Growth Rates (%)	入境过夜游客 居世界位次 Rank	国际旅游收入 合计(亿美元) Tourism Receipts (USD 100 Million)	国际旅游 收入增速(%) Growth Rates (%)	国际旅游收入 居世界位次 Rank
1978	71.60			2.63		
1979	152.90	113.5		4.49	70.7	
1980	350.00	128.9	18	6.17	37.4	34
1981	376.70	7.6	17	7.85	27.2	34
1982	392.40	4.2	16	8.43	7.4	29
1983	379.10	-3.4	16	9.41	11.6	26
1984	514.10	35.6	14	11.31	20.2	21
1985	713.30	38.7	13	12.50	10.5	21
1986	900.10	26.2	12	15.31	22.5	22
1987	1076.00	19.5	12	18.62	21.6	26
1988	1236.10	14.9	10	22.47	20.7	26
1989	936.10	-24.3	12	18.60	-17.2	27
1990	1048.40	12.0	11	22.18	19.2	25
1991	1246.40	18.9	12	28.45	28.3	21
1992	1651.20	32.5	9	39.47	38.7	17
1993	1898.20	15.0	7	46.83	18.6	15
1994	2107.00	11.0	6	73.23	56.4	10
1995	2003.40	-4.9	8	87.33	19.3	10
1996	2276.50	13.6	6	102.00	16.8	9
1997	2377.00	4.4	6	120.74	18.4	8
1998	2507.29	5.5	6	126.02	4.4	7
1999	2704.66	7.9	5	140.99	11.9	7
2000	3122.88	15.5	5	162.24	15.1	7
2001	3316.67	6.2	5	177.92	9.7	5
2002	3680.26	11.0	5	203.85	14.6	5
2003	3297.05	-10.4	5	174.06	-14.6	7
2004	4176.14	26.7	4	257.39	47.9	7
2005	4680.90	12.1	4	292.96	13.8	6
2006	4991.34	6.6	4	339.49	15.9	5
2007	5471.98	9.6	4	419.19	23.5	5
2008	5304.92	-3.1	4	408.43	-2.6	5
2009	5087.52	-4.1	4	396.75	-2.9	5
2010	5566.45	9.4	3	458.14	15.5	4
2011	5758.07	3.4	3	484.64	5.8	4
2012	5772.49	0.3	3	500.28	3.2	4
2013	5568.59	-3.5	4	516.64	3.3	4
2014	5562.20	-0.1	4	569.13	10.2	4
2015	5688.57	2.3	4	1136.50	7.8	2
2016	5926.73	4.2	4	1200.00	5.6	2
2017	6073.84	2.5	4	1234.17	2.8	2
2018	6289.57	3.6	4	1271.03	3.0	2
2019	6572.52	4.5	3	1312.54	3.3	2

注：2015年起"国际旅游收入"补充完善了停留时间为3–12个月的入境游客花费和游客在华短期旅居的花费，与以前年度不可比（下同）。

Note: Since 2015, Foreign Exchange Earnings from International Tourism has supplemented and improved the cost of inbound tourists and short-term tourists for the term of 3-12 months in China, so it is not comparable with the previous year(The same applies in the following tables).

9-4 入境外国游客分组构成

Foreign Visitor Arrivals by Sex, Age, Purpose and Mode of Transport

单位：万人次

Unit: 10000 person-time

项　目	Item	2018		2019	
		人次数 person-time	比 重 structure (%)	人次数 person-time	比 重 structure (%)
总　计	**Total**	**4795.11**	**100.0**	**4911.36**	**100.0**
按性别分	**By Sex**				
男	Male	2859.71	59.6	2881.29	58.7
女	Female	1935.39	40.4	2030.07	41.3
按年龄分	**By Age**				
14岁及以下	Under 14	161.18	3.4	184.92	3.8
15～24岁	15～24	656.71	13.7	686.20	14.0
25～44岁	25～44	2394.69	49.9	2439.71	49.7
45～64岁	46～64	1363.24	28.4	1365.75	27.8
65岁以上	Over 65	219.28	4.6	234.77	4.8
按事由分	**By Purpose**				
会议/商务	Meeting/Business	614.70	12.8	628.47	12.8
观光/休闲	Sightseeing/Leisure	1608.57	33.5	1740.31	35.4
探亲/访友	Visiting Relatives and Friends	132.24	2.8	143.17	2.9
服务员工	Work and Crew	744.86	15.5	714.01	14.5
其他	Others	1694.74	35.3	1685.40	34.3
按入境方式分	**By Mode Of Transport**				
船舶	Sea	276.26	5.8	260.67	5.3
飞机	Air	1827.17	38.1	1912.14	38.9
火车	Rail	51.72	1.1	68.96	1.4
汽车	Motor	790.17	16.5	756.44	15.4
徒步	Foot	1849.78	38.6	1913.15	39.0

注：2016年起含边民来华旅游人数。

Note:since 2016,including international arrivals from the border areas to china.

9–5 国际旅游收入构成
Breakdown of International Tourism Receipts

单位：亿美元
Unit: USD 100 million

指 标	Item	2016	2017	2018	2019
总 计	**Total**	**1200.00**	**1234.17**	**1271.03**	**1312.54**
一、商品收入	**Commodities**	**305.70**	**333.02**	**470.16**	**463.38**
1.商品销售	Shopping	209.50	229.95	327.61	302.97
2.餐饮	Food and Beverage	96.20	103.07	142.55	160.41
二、劳务收入	**Services**	**894.30**	**901.15**	**800.85**	**849.16**
1.长途交通	Long-Distance Transportation	446.50	449.46	366.31	401.91
民航	Air	290.60	304.87	333.53	369.02
铁路	Rail	53.20	49.52	13.52	14.10
汽车	Motor	31.60	29.43	13.72	15.93
轮船	Sea	71.00	65.65	5.54	2.85
2.游览	Sightseeing	67.10	65.04	53.71	58.66
3.住宿	Accommodation	116.30	122.08	181.09	200.49
4.娱乐	Entertainment	77.10	74.16	45.82	44.21
5.邮电通讯	Communication	28.90	27.57	11.62	7.47
6.市内交通	Local Transportation	40.40	39.20	27.76	34.53
7.其他服务	Others	118.00	123.64	114.54	101.89

9–6 各地区国际旅游收入
International Tourism Receipts by Locality

单位：亿美元
Unit: USD 100 million

地区	Region	2016	2017	2018	2019
北京	Beijing	50.70	51.30	55.16	51.92
天津	Tianjin	35.57	37.51	11.10	11.83
河北	Hebei	5.52	5.79	6.47	7.40
山西	Shanxi	3.17	3.50	3.78	4.10
内蒙古	Inner Mongolia	11.39	12.46	12.72	13.40
辽宁	Liaoning	18.24	17.78	17.40	17.39
吉林	Jilin	7.91	7.66	6.86	6.15
黑龙江	Heilongjiang	4.58	4.80	5.37	6.46
上海	Shanghai	64.19	66.99	72.61	82.44
江苏	Jiangsu	38.04	41.95	46.48	47.44
浙江	Zhejiang	31.28	35.86	25.96	26.68
安徽	Anhui	25.42	28.81	31.88	33.88
福建	Fujian	66.26	75.88	28.28	33.98
江西	Jiangxi	5.85	6.30	7.45	8.65
山东	Shandong	30.63	31.74	32.93	34.13
河南	Henan	6.47	6.62	7.23	9.47
湖北	Hubei	18.72	21.05	23.80	26.54
湖南	Hunan	10.05	12.95	15.20	22.51
广东	Guangdong	185.77	199.60	205.12	205.21
广西	Guangxi	21.64	23.96	27.78	35.11
海南	Hainan	3.50	6.81	7.71	9.72
重庆	Chongqing	16.87	19.48	21.90	25.25
四川	Sichuan	15.82	14.47	15.12	20.24
贵州	Guizhou	2.53	2.83	3.18	3.45
云南	Yunnan	30.75	35.50	44.18	51.47
西藏	Tibet	1.94	1.96	2.47	2.79
陕西	Shaanxi	23.39	27.04	31.27	33.68
甘肃	Gansu	0.19	0.21	0.28	0.59
青海	Qinghai	0.44	0.38	0.36	0.33
宁夏	Ningxia	0.41	0.38	0.56	0.69
新疆	Xinjiang	5.19	8.11	9.46	4.54

注：天津、黑龙江、安徽、广东、重庆、贵州、云南、陕西、新疆含少量一日游游客花费。
Note: Data of 2018 of Tianjin, Heilongjiang, Anhui, Guangdong, Chongqing, Guizhou, Yunnan, Shaanxi, Xinjiang include a small amount of one-day.

9-7 各地区接待入境过夜游客情况
International Tourists by Region

地区	Region	人数（万人次）Tourist Arrivals (10000 person-time)		#外国人 Foreigners		人天数（万人天）Tourist Arrivals Night (10000 person-night)		#外国人 Foreigners	
		2019	2018	2019	2018	2019	2018	2019	2018
北　京	Beijing	376.90	400.41	320.71	339.77	1714.71	1721.75	1459.08	1461.00
天　津	Tianjin	56.10	58.96	50.76	55.93	401.64	378.61	361.16	373.16
河　北	Hebei	97.08	98.86	73.56	74.50	385.10	366.65	385.10	288.50
山　西	Shanxi	76.22	71.35	49.80	46.60	201.89	187.15	136.22	125.78
内蒙古	Inner Mongolia	195.83	188.08	186.56	178.82	602.40	592.40	565.13	550.88
辽　宁	Liaoning	294.14	287.70	236.93	229.84	890.47	779.06	715.00	640.05
吉　林	Jilin	136.58	143.75	121.11	123.84	383.80	409.79	338.23	361.23
黑龙江	Heilongjiang	110.69	109.16	99.29	104.13	405.29	261.97	353.64	252.37
上　海	Shanghai	734.69	742.04	599.16	601.99	2867.79	2741.47	2336.72	2227.36
江　苏	Jiangsu	399.46	400.85	266.46	264.69	1533.44	1523.91	940.00	926.00
浙　江	Zhejiang	467.11	456.76	329.83	323.41	1160.66	1134.77	866.07	850.91
安　徽	Anhui	379.74	370.75	210.74	218.79	1022.74	939.24	556.13	548.30
福　建	Fujian	566.03	513.55	239.98	218.29	1456.72	1324.59	694.86	639.44
江　西	Jiangxi	197.17	191.78	61.14	57.25	391.07	396.63	121.71	120.33
山　东	Shandong	404.22	422.00	294.41	306.20	1291.39	1383.03	803.63	1017.57
河　南	Henan	180.35	167.25	113.76	105.02	455.62	390.01	301.74	250.89
湖　北	Hubei	450.02	405.11	349.94	307.03	1131.94	1020.90	881.90	793.19
湖　南	Hunan	466.95	365.08	250.14	178.74	1088.55	781.01	610.81	402.90
广　东	Guangdong	3731.39	3748.06	856.96	862.37	10507.31	9496.44	2612.65	2602.70
广　西	Guangxi	623.96	562.33	294.80	270.19	1456.86	1245.89	712.15	610.40
海　南	Hainan	143.59	126.36	107.91	89.68	438.19	338.94	373.82	273.48
重　庆	Chongqing	297.11	279.98	169.72	159.00	1473.67	1357.89	841.81	771.15
四　川	Sichuan	414.78	369.82	313.09	276.47	753.79	675.77	579.03	509.37
贵　州	Guizhou	47.18	39.69	23.50	17.53	125.76	87.65	62.04	40.33
云　南	Yunnan	739.02	706.08	586.50	549.94	1546.12	1451.27	1227.07	1137.34
西　藏	Tibet	54.19	47.62	36.91	24.16	202.13	135.79	137.69	78.06
陕　西	Shaanxi	465.72	437.14	329.61	307.30	1342.85	1396.31	1027.88	1068.96
甘　肃	Gansu	19.82	10.01	11.37	5.69	31.84	15.80	18.98	9.11
青　海	Qinghai	7.31	6.92	4.70	5.36	21.93	21.44	15.03	17.37
宁　夏	Ningxia	12.66	8.82	3.61	3.43	46.69	32.71	11.55	9.61
新　疆	Xinjiang	34.67	99.30	25.78	85.63	177.99	421.20	135.95	361.47

9-8 各地区入境过夜游客人均天花费额

Average Daily Per Capita Expenditure of International Tourists by Region

单位：美元/人天

Unit: USD/night per capita

地 区	Region	人均天花费 Average Expenditure		外国人 Foreigners		香港同胞 Hongkong SAR	
		2019	2018	2019	2018	2019	2018
北 京	Beijing	309.66	286.38	316.70	300.10	250.71	234.98
天 津	Tianjin	256.83	250.34	265.56	262.31	210.47	208.16
河 北	Hebei	200.16	180.51	199.24	183.90	208.54	185.70
山 西	Shanxi	161.81	197.11	163.96	203.97	143.55	215.19
内蒙古	Inner Mongolia	200.40	200.07	205.96	210.86	186.26	195.63
辽 宁	Liaoning	213.04	197.42	221.03	195.87	265.34	228.32
吉 林	Jilin	194.46	189.75	209.70	191.70	170.68	181.07
黑龙江	Heilongjiang	193.47	206.07	191.04	206.02	208.59	228.20
上 海	Shanghai	288.75	266.63	293.08	267.00	251.39	265.34
江 苏	Jiangsu	295.99	269.62	307.04	275.38	287.21	262.25
浙 江	Zhejiang	247.39	233.52	250.99	226.96	230.91	217.19
安 徽	Anhui	204.48	212.78	208.83	214.37	174.31	190.15
福 建	Fujian	241.69	223.05	278.54	242.28	174.25	181.92
江 西	Jiangxi	230.77	192.93	231.11	196.28	215.08	184.13
山 东	Shandong	260.09	235.47	282.58	242.23	200.59	228.78
河 南	Henan	205.50	185.04	199.87	186.03	230.73	193.75
湖 北	Hubei	211.63	218.10	223.08	221.46	187.06	189.28
湖 南	Hunan	206.64	197.17	214.95	198.54	168.81	184.02
广 东	Guangdong	200.34	190.50	220.74	205.15	179.28	170.06
广 西	Guangxi	216.35	215.26	219.17	219.16	195.86	199.13
海 南	Hainan	211.46	209.27	209.00	207.43	212.67	238.19
重 庆	Chongqing	239.09	215.81	241.94	224.88	224.75	214.39
四 川	Sichuan	195.31	193.82	199.84	200.44	185.82	178.12
贵 州	Guizhou	181.41	213.90	208.09	221.03	163.90	195.48
云 南	Yunnan	283.29	245.51	300.74	273.68	236.00	198.60
西 藏	Tibet	259.55	227.38	257.48	231.02	207.51	193.49
陕 西	Shaanxi	250.73	224.85	248.88	223.68	259.75	221.35
甘 肃	Gansu	194.83	181.03	197.22	190.69	194.77	166.81
青 海	Qinghai	157.25	172.20	162.09	180.42	145.05	163.44
宁 夏	Ningxia	162.45	200.15	180.80	204.36	124.15	135.06
新 疆	Xinjiang	250.30	197.49	258.70	197.49	——	——

9-8 续表 Continued

单位：美元/人天
Unit: USD/night per capita

地 区	Region	澳门同胞 Macao SAR		台湾同胞 Taiwan Province	
		2019	2018	2019	2018
北 京	Beijing	258.96	298.36	283.97	255.87
天 津	Tianjin	241.41	207.34	244.50	210.06
河 北	Hebei	173.39	164.48	181.52	165.52
山 西	Shanxi	140.70	210.65	151.85	180.36
内 蒙 古	Inner Mongolia	228.56	191.62	185.27	205.46
辽 宁	Liaoning	219.56	190.16	196.83	201.78
吉 林	Jilin	135.57	159.25	153.98	166.63
黑 龙 江	Heilongjiang	181.05	224.40	200.29	202.70
上 海	Shanghai	236.04	243.30	271.05	250.14
江 苏	Jiangsu	243.49	252.62	273.63	253.43
浙 江	Zhejiang	216.76	253.14	230.11	221.36
安 徽	Anhui	166.72	195.32	160.63	198.21
福 建	Fujian	180.44	199.56	195.60	184.79
江 西	Jiangxi	211.26	179.07	224.60	189.44
山 东	Shandong	185.82	205.76	198.48	199.64
河 南	Henan	219.02	184.04	219.97	193.13
湖 北	Hubei	197.61	200.77	214.31	212.96
湖 南	Hunan	179.87	196.22	207.28	204.57
广 东	Guangdong	154.96	163.93	211.79	191.14
广 西	Guangxi	215.78	207.23	224.15	213.23
海 南	Hainan	234.03	191.71	216.39	315.06
重 庆	Chongqing	232.88	223.36	251.74	223.99
四 川	Sichuan	174.39	189.99	189.71	187.66
贵 州	Guizhou	153.19	179.04	152.52	179.85
云 南	Yunnan	263.72	233.05	269.41	239.27
西 藏	Tibet	259.84	187.26	239.16	211.63
陕 西	Shaanxi	241.58	233.28	263.99	223.45
甘 肃	Gansu	180.23	179.88	149.45	158.70
青 海	Qinghai	140.42	145.31	144.52	167.55
宁 夏	Ningxia	153.75	170.94	145.40	158.27
新 疆	Xinjiang	——	——	230.88	——

9-9 历年国内旅游情况

Major Statistics of Domestic Tourism

年 份	国内游客（亿人次）Domestic Travelers (100 million person-time)	城镇居民 Urban Residents	农村居民 Rural Residents	旅游总花费（亿元）Tourism Earnings (100 million yuan)	城镇居民 Urban Residents	农村居民 Rural Residents	人均花费（元）Average Expenditure Per Capita (yuan)	城镇居民 Urban Residents	农村居民 Rural Residents
1994	5.24	2.05	3.19	1023.51	848.21	175.30	195.33	414.67	54.88
1995	6.29	2.46	3.83	1375.70	1140.10	235.60	218.71	464.02	61.47
1996	6.40	2.56	3.83	1638.38	1368.36	270.02	256.20	534.10	70.45
1997	6.44	2.59	3.85	2112.70	1551.83	560.87	328.06	599.80	145.68
1998	6.94	2.50	4.45	2391.18	1515.10	876.05	345.00	607.00	197.00
1999	7.19	2.84	4.35	2831.92	1748.23	1083.69	394.00	614.80	249.50
2000	7.44	3.29	4.15	3175.54	2235.30	940.28	426.60	678.60	226.60
2001	7.84	3.75	4.09	3522.40	2651.70	870.70	449.50	708.30	212.70
2002	8.78	3.85	4.93	3878.36	2848.09	1030.27	441.80	739.70	209.10
2003	8.70	3.51	5.19	3442.27	2404.08	1038.19	395.70	684.90	200.00
2004	11.02	4.59	6.43	4710.70	3359.00	1351.70	427.50	731.80	210.20
2005	12.12	4.96	7.16	5285.90	3656.10	1629.70	436.10	737.10	227.60
2006	13.94	5.76	8.18	6229.74	4414.74	1815.00	446.90	766.40	221.90
2007	16.10	6.12	9.98	7770.60	5550.40	2220.20	482.60	906.90	222.50
2008	17.12	7.03	10.09	8749.30	5971.75	2777.55	511.03	849.36	275.28
2009	19.02	9.03	9.99	10183.69	7233.79	2949.90	535.40	801.10	295.30
2010	21.03	10.65	10.38	12579.77	9403.81	3175.96	598.20	883.00	306.00
2011	26.41	16.87	9.54	19305.39	14808.61	4496.78	731.00	877.80	471.40
2012	29.57	19.33	10.24	22706.22	17678.03	5028.19	767.90	914.50	491.00
2013	32.62	21.86	10.76	26276.12	20692.59	5583.53	805.50	946.60	518.90
2014	36.11	24.83	11.28	30311.86	24219.76	6092.11	839.70	975.40	540.20
2015	39.90	28.02	11.88	34195.05	27610.90	6584.15	857.00	985.50	554.20
2016	44.35	31.95	12.40	39389.82	32241.95	7147.87	888.20	1009.10	576.40
2017	50.01	36.77	13.24	45660.77	37673.03	7987.74	913.00	1024.60	603.30
2018	55.39	41.19	14.20	51278.29	42589.99	8688.30	925.77	1033.99	611.85
2019	60.06	44.71	15.35	57250.92	47508.99	9741.93	953.25	1062.64	634.66
2020	28.79	20.65	8.14	22286.30	17966.50	4319.80	774.14	870.25	530.47

附　录

APPENDIX

索 引

附录Ⅰ　简要说明和主要统计指标解释

一、国内贸易部分

（一）主要内容

这一部分主要反映中国国内消费品市场、批发和零售业、住宿和餐饮业的发展变化情况。主要内容包括限额以上批发和零售业的基本情况、商品流转情况和财务状况，限额以上住宿和餐饮业的基本情况、经营情况和财务状况，社会消费品零售总额，商品交易市场成交情况，连锁零售业、餐饮业经营情况等。

（二）统计范围

1．批发和零售业、住宿和餐饮业：限额以上批发和零售业、住宿和餐饮业法人企业和个体户。统计限额标准为：批发业，年主营业务收入2000万元及以上；零售业，年主营业务收入500万元及以上；住宿和餐饮业，年主营业务收入200万元及以上。

2．社会消费品零售总额：从事商品零售活动或提供餐饮服务的法人企业、产业活动单位和个体户。

3．商品交易市场：年商品成交额在亿元及以上的商品交易市场。

4．连锁经营情况：零售业连锁总店（总部）、餐饮业连锁总店（总部）。

（三）资料来源

国家统计局贸易外经司根据《批发和零售业统计报表制度》、《住宿和餐饮业统计报表制度》进行搜集和加工整理而得。

（四）统计调查方法

限额以上批发和零售业、住宿和餐饮业单位（包括法人企业、产业活动单位和个体户，下同）、商品交易市场以及连锁总店（总部）采用全面调查方法，限额以下批发和零售业、住宿和餐饮业单位采用抽样调查方法。

（五）主要指标解释

1. 批发和零售业

批发业　指向其他批发或零售单位（含个体经营者）及其他企事业单位、机关团体等批量销售生活用品、生产资料的活动，以及从事进出口贸易和贸易经纪与代理的活动，包括拥有货物所有权，并以本单位(公司）的名义进行交易活动,也包括不拥有货物的所有权，收取佣金的商品代理、商品代售活动；本类还包括各类商品批发市场中固定摊位的批发活动，以及以销售为目的的收购活动。

零售业　指百货商店、超级市场、专门零售商店、品牌专卖店、售货摊等主要面向最终消费者（如居民等）的销售活动，以互联网、邮政、电话、售货机等方式的销售活动，还包括在同一地点，后面加工生产，前面销售的店铺（如面包房）；谷物、种子、饲料、牲畜、矿产品、生产用原料、化工原料、农用化工产品、机械设备（乘用车、计算机及通信设备除外）等生产资料的销售不作为零售活动；多数零售商对其销售的货物拥有所有权，但有些则是充当委托人的代理人，进行委托销售或以收取佣金的方式进行销售；零售业按销售渠道分为有店铺零售和无店铺零售，其中有店铺零售分为综合零售和专门零售。

商品购进额　指从本企业以外的单位和个人购进（包括从国外直接进口）作为转卖或加工后转卖的商品金额（含增值税）。本指标反映批发和零售业从国内外市场上购进商品的总价。

商品购进包括：（1）从工农业生产者、批发和零售业、住宿和餐饮业、出版社或报社的出版发行部门和其他服务业等企事业单位和个体经营户购进的商品；（2）从机关、社会团体购进的商品；（3）从海关、市场管理部门购进的缉私和没收的商品；（4）从居民收购的废旧商品等。

不包括：（1）企业为本单位自身经营用，不是作为转卖而购进的商品，如材料物资、包装物、低值易耗品、办公用品等；（2）未通过买卖行为而收入的商品，如接受其他部门移交的商品、借入的商品、收入代其他单位保管的商品、其他单位赠送的样品、加工回收的成品等；（3）经本单位介绍，由买卖双方直接结算，本单位只收取手续费的业务；（4）销售退回和买方拒付货款的商品；（5）商品溢余；（6）期货交易商品。

商品销售额 指对本单位以外的单位和个人出售的商品金额（包括售给本单位消费用的商品，含增值税），在批发和零售业中，本指标反映在国内市场上销售商品以及出口商品的总价。

商品销售包括：（1）售给个人和社会集团消费用的商品；（2）售给农业、工业、建筑业、服务业等国民经济各行业用于生产、经营用的商品，包括售予批发和零售业作为转卖或加工后转卖的商品；（3）对国（境）外直接出口的商品。

商品销售不包括：（1）未通过买卖行为付出的商品，如因机构变动移交给其他企业单位的商品、借出的商品、归还受其他单位委托代保管的商品、付出的加工原料和赠送给其他单位的样品等；（2）促销返券所销售的、不计入营业收入的商品；（3）经本单位介绍，由买卖双方直接结算，本单位只收取手续费的业务；（4）未发生所有权转移的商品预付卡销售，如加油卡；（5）汽车维修、电话卡销售等服务性经济活动；（6）购货退回的商品；（7）商品损耗和损失；（8）出售本单位自用的废旧物资；（9）期货交易商品；（10）自来水供应企业、电力企业、天然气供应企业提供的水、电、气。

期末商品库存额 对于批发和零售业法人单位和个体经营户，是指报告期末取得所有权的全部商品金额（含增值税）；对于批发和零售业产业活动单位，是指报告期末实际在库且归属法人具有所有权的全部商品金额（含增值税）。这个指标反映批发和零售业的商品库存情况，以及对市场商品供应的保证程度。

库存商品包括：（1）存放在本单位（如门市部、批发站、采购站、经营处）的仓库、货场、货柜和货架中的商品；（2）挑选、整理、包装中的商品；（3）已记入购进而尚未运到本单位的商品，即发货单或银行承兑凭证已到而货未到的商品；（4）寄放他处的商品，如因购货方拒绝付款而暂时存在购货方的商品；（5）委托其他单位代销（未作销售或调出）尚未售出的商品；（6）代其他单位购进尚未交付的商品。

库存商品不包括：（1）所有权不属于本单位的商品，如商品已作销售但买方尚未取走的商品，代替他人保管、运输、加工的商品，代其他单位销售（未做购进或调入）而未售出的商品；（2）委托外单位加工的商品（包括本单位所属加工厂和其他生产单位加工生产尚未收回成品的商品）；（3）外贸企业代理其他单位从国外进口，尚未付给订货单位的商品；（4）代国家储备部门保管的商品。

2. 住宿和餐饮业

住宿业 指为旅行者提供短期留宿场所的活动，有些单位只提供住宿，也有些单位提供住宿、饮食、商务、娱乐一体的服务，本类不包括主要按月或按年长期出租房屋住所的活动。

餐饮业 指通过即时制作加工、商业销售和服务性劳动等，向消费者提供食品和消费场所及设施的服务。

营业额 指住宿和餐饮业单位在经营活动中因提供服务或销售商品等取得的全部收入（含增值税），收入主要来源于提供客房、餐费服务、商品销售和其他服务，如商务服务。不包括多产业法人企业附营的其他行业产业活动单位的餐费收入、商品销售收入等各项收入。

客房收入 指住宿和餐饮业单位在经营活动中因提供住宿服务取得的收入（含增值税）。不包括多产业法人企业附营的其他行业产业活动单位的客房收入。

餐费收入　指本单位为顾客提供就餐服务取得的收入（含增值税）。包括：经烹饪、调制加工后出售的各种食品，如主食、炒菜、凉拌菜等的收入。不包括多产业法人企业附营的其他行业产业活动单位的餐费收入。

3．商品交易市场

商品交易市场　指经有关部门和组织批准设立，有固定场所、设施，有经营管理部门和监管人员，若干市场经营者入内，常年或实际开业三个月以上，集中、公开、独立地进行生活消费品、生产资料等现货商品交易以及提供相关服务的交易场所，包括各类消费品市场、生产资料市场等。

商品交易市场成交额　指市场内所有摊位、写字间或门面的全年商品交易额之合计。

4．连锁经营

连锁总店（总部）　负责连锁企业资源（商号、商誉、经营模式、服务标准、管理模式等）的开发、配置、控制或使用等功能的企业核心管理机构。连锁经营是指经营同类商品或服务，使用统一商号的若干店铺，在同一总店（总部）的管理下，采取统一采购或特许经营等方式，实现规模效益的组织形式，包括直营连锁、特许连锁和自愿连锁三种形式。

直营连锁　指连锁店铺由连锁公司全资或控股开设，在总部的直接控制下，开展统一经营的连锁经营形式。

特许连锁　指拥有注册商标、企业标志、专利、专有技术等经营资源的企业（特许人），以合同形式将其拥有的经营资源许可其他经营者（被特许人）使用，被特许人按合同约定在统一的经营模式下开展经营，并向特许人支付特许经营费用的连锁经营形式。

自愿连锁　指若干个店铺或企业自愿组合起来，在不改变各自资产所有权关系的情况下，以同一个品牌形象面对消费者，以共同进货为纽带开展的连锁经营形式。

5．社会消费品零售总额

社会消费品零售总额　指企业（单位、个体户）通过交易直接售给个人、社会集团非生产、非经营用的实物商品金额，以及提供餐饮服务所取得的收入金额。个人包括城乡居民和入境人员，社会集团包括机关、社会团体、部队、学校、企事业单位、居委会或村委会等。

网上零售额　指通过公共网络交易平台（包括自建网站和第三方平台）实现的商品和服务零售额之和。商品和服务包括实物商品（如虚拟商品、服务类商品等）。

二、对外经济贸易和旅游部分

（一）货物贸易

1．主要内容：包括进出口货物的品种、数(重）量、金额、国别（地区）、收发货人所在地、境内目的地、境内货源地、贸易方式等项目。

2．统计范围：货物贸易统计范围是按照联合国国际商品（货物）贸易统计原则制定的，即凡是引起中华人民共和国关境内物质资源存量增加或减少的进出口货物（除制度另有规定者外）均列入该项统计。

3．资料来源：货物贸易统计资料来源于海关总署，调查方法是全面调查，统计原始资料是海关确认的《中华人民共和国海关进口货物报关单》、《中华人民共和国海关出口货物报关单》以及其他申报单证。

4．商品分类：进出口商品目录是在海关合作理事会（世界海关组织 WCO）制定的《商品名称和编码协调制度》（HS）的基础上，结合我国进出口实际情况制定的。历年出口商品分类金额和历年进口商品分类金额按照联合国《国际贸易标准分类》（SITC）进行统计。

5．货物进出口国家（地区）：进口货物统计原产国（地区），出口货物统计最终目的地国（地区）。

原产国（地区）是指进口货物生产、开采或加工制造的国家（地区），对经过两个以上国家（地区）加工制造的进口货物，则以最后一个对货物进行经济上可以视为实质性加工的国家（地区）作为该货物的原产国，原产国确实不详时，按“国别不详”统计；最终目的地国（地区）是指出口货物已知的消费、使用或进一步加工制造国家（地区），包括直接使用或进行加工的国家（地区），最终目的地国（地区）不能确定时，按货物出口时尽可能预知的最后运往国（地区）统计。

6．主要指标解释

货物进出口总额　指实际进出我国关境的货物总金额。包括对外贸易实际进出口货物，来料加工装配进出口货物，国家间、联合国及国际组织无偿援助物资和赠送品，华侨、港澳台同胞和外籍华人捐赠品，租赁期满归承租人所有的租赁货物，进料加工进出口货物，边境地方贸易及边境地区小额贸易进出口货物，中外合资企业、中外合作经营企业、外商独资经营企业进出口货物和公用物品，到、离岸价格在规定限额以上的进出口货样和广告品（无商业价值、无使用价值和免费提供出口的除外），从保税仓库提取在中国境内销售的进口货物，以及其他进出口货物。该指标用以观察一个国家在对外贸易方面的总规模。我国规定出口货物按离岸价格统计，进口货物按到岸价格统计。

商品收发货人所在地进、出口额　指按进出口企业注册登记地进行分组汇总的进、出口额。

商品境内目的地/货源地进、出口额　指按进口货物的消费、使用或最终抵运地以及按出口货物的产地或原始发货地汇总的进、出口额。

（二）服务进出口

1．**主要内容**：包括服务提供者从中国关境内向其他国家或地区的服务消费者提供的服务，即服务出口；以及境外服务提供者从其他国家或地区向中国关境内的服务消费者提供的服务即服务进口。

2．**资料来源**：资料来源于商务部。

3．主要指标解释

服务进出口　指常住单位与非常住单位之间相互提供的服务。包括运输，旅行，建筑，保险服务，金融服务，电信计算机和信息服务，知识产权使用费，个人、文化和娱乐服务，维护和维修服务，加工服务，其他商业服务，政府服务。

（三）利用外资

1．主要内容：包括外商直接投资和外商投资企业登记注册情况。

2．统计范围：实际使用外资情况统计范围是在中华人民共和国境内设立的外商投资企业和合作开发项目（包括港澳台地区投资企业）。外商投资企业登记注册情况的统计范围是经市场监督管理机关核准登记的外商投资企业，在境内从事经营活动的外国及港澳台地区企业以及外商投资企业分支机构。

3．资料来源：利用外资统计资料来源于商务部，其中，外商投资企业的登记注册情况资料来源于国家市场监督管理总局，调查方法是全面调查。利用外资统计 1985 年及以前为政府统计部门的调查汇总数，1986 年及以后全部来源于对外贸易经济合作部（现为商务部）。2000 年以后利用外资统计中不含对外借款数。利用外资数据不含银行、证券、保险领域。

4．主要指标解释

外商投资　指国外及港澳台地区的法人和自然人在中国大陆地区以现金、实物、无形资产、股权等方式进行投资。其中外商直接投资是指国外及港澳台地区投资者在非上市公司中的全部投资及在单个外国投资者所占股权比例不低于 10%的上市公司中的投资。

批准企业（项目）个数　指外商直接投资管理部门批准设立的外商投资企业个数、批准的合作开发项目个数。

利用外资的国家（地区）　指外资来源或投资者的法人注册地所在的国家和地区。除政府贷款按贷款国家名称统计外，其它方式吸收的外资按外国公司、企业或其它经济组织以其法人的注册所在地国家（地区）统计。

实际使用外资金额　指批准的合同外资金额的实际执行数，外国投资者根据批准外商投资企业的合同

（章程）的规定实际缴付的出资额和企业投资总额内外国投资者以自己的境外自有资金实际直接向企业提供的贷款。

（四）对外投资和经济合作

1．主要内容：包括对外直接投资、对外承包工程的合同数、合同金额、完成营业额，按国别、地区分的对外经济合作完成营业额和对外劳务合作派出劳务人数、期末在外人数等。

2．统计范围：境内投资者通过直接投资方式在境外拥有或控制10%或以上股权、投票权或其他等价利益的各类公司型和非公司型的境外直接投资企业。经各级商务主管部门批准的从事对外承包和劳务合作业务并具有法人地位的对外承包劳务企业。

3．资料来源：对外投资和经济合作统计资料来源于商务部，调查方法是全面调查。需要说明的是，自2009年起，对外承包工程涵盖了对外设计咨询业务，对外设计咨询不再单独列出。

4．主要指标解释

对外直接投资　指境内投资者以控制国（境）外企业的经营管理权为核心的经济活动，体现在一经济体通过投资于另一经济体而实现其持久利益的目标。

对外承包工程　根据《对外承包工程管理条例》，对外承包工程是指中国的企业或者其他单位承包境外建设工程项目的活动。

对外劳务合作　指组织劳务人员赴其他国家或地区为国外的企业或机构工作的经营性活动。

完成营业额　指企业在报告期内完成的以货币形式表现的工作量。

派出人数　指企业在报告期内派往国（境）外执行对外承包工程和劳务合作项目的人数。

（五）旅游

1．主要内容：包括旅行社、星级饭店基本情况，入境、出境旅游人数、国内居民旅游人数，以及国际、国内旅游收入等。

2．统计范围：旅行社、星级饭店和游客。

3．资料来源：旅游业有关资料主要根据公安部、文化和旅游部的资料编制而成。旅游数据中的国际、国内旅游收入和国内出游人数等指标采取抽样调查方法，其余数据均为全面调查统计取得。

4．指标解释

游客　指任何为休闲、娱乐、观光、度假、探亲访友、就医疗养、购物、参加会议或从事经济、文化、体育、宗教活动，离开常住国（或常住地）到其他国家（或地方），其连续停留时间不超过12个月，并且在其他国家（或其他地方）的主要目的不是通过所从事的活动获取报酬的人。游客不包括因工作或学习在两地有规律往返的人，按出游时间分为旅游者（过夜游客）和一日游游客（不过夜游客）。

入境游客　指报告期内来中国（大陆）观光、度假、探亲访友、就医疗养、购物、参加会议或从事经济、文化、体育、宗教活动的外国人、港澳台同胞等游客（即入境旅游人数）。统计时，入境游客按每入境一次统计1人次。入境旅游人数包括入境（过夜）游客和入境一日游游客。

国内游客　指报告期内在中国（大陆）观光游览、度假、探亲访友、就医疗养、购物、参加会议或从事经济、文化、体育、宗教活动的中国（大陆）居民，其出游的目的不是通过所从事的活动谋取报酬。统计时，国内游客按每出游一次统计1人次。

出境人数（出境游客）　指中国（大陆）公民因公或因私出境前往其他国家、中国香港特别行政区、澳门特别行政区和台湾省观光、度假、探亲访友、就医疗养、购物、参加会议或从事经济、文化、体育、宗教活动的人数（即出境游客）。统计时，出境游客按每出境一次统计1人次。

旅游收入　指游客（入境游客和国内游客）在旅游过程中（由游客或游客的代表为游客）支付的一切旅游支出就是国家（省、区、市）的旅游收入。旅游支出应包括（过夜）旅游者和一日游游客在整个游程中行、游、住、食、购、娱，以及为亲友、家人购买纪念品、礼品等方面的旅游支出，不包括为商业目的购物、购买房、地、车、船等资本性或交易性的投资、馈赠亲友的现金及给公共机构的捐赠。旅游收入包括国际旅游收入和国内旅游收入。

（1）国际旅游收入指入境旅游者在中国（大陆）境内旅行、游览过程中用于交通、参观游览、住宿、餐饮、购物、娱乐等全部花费。

（2）国内旅游收入指国内旅游者在国内旅行、游览过程中用于交通、参观游览、住宿、餐饮、购物、娱乐等全部花费。

（六）其他

1．国际收支平衡表：由国家外汇管理局依据国际货币基金组织编写的《国际收支和国际投资头寸手册》（第六版）编制。

2．历年人民币对美元、日元、港币的年平均汇价：资料来源于国家外汇管理局。

3．黄金和国家外汇储备：资料来源于国家外汇管理局。

APPENDIX Ⅰ Brief Introduction and Explanatory Notes on Main Statistical Indicators

Domestic Trade

Ⅰ Main Content

Data reflect the development and change of China's domestic consumer goods market, wholesale and retail trades, hotels and catering services. Main contents include basic condition, circulation of commodities and financial status of wholesale and retail trades above designated size; basic condition, business and financial status of hotels and catering services above designated size; total retail sales of consumer goods; turnover of huge commodity exchange markets; development of chain stores of retail trades and catering service, etc.

Ⅱ Coverage of Statistics

1. Wholesale and retail trades, hotels and catering services: corporation enterprises, establishments and getihus of wholesale and retail trades, hotels and catering services above the designated size.

The designated size of wholesale and retail trades, hotels and catering services is defined as follows: wholesale trade, with annual revenue from principal business over 20 million yuan; retail trade, with annual revenue from principle business over 5 million yuan; hotels and catering services, with annual revenue from principal business over 2 million yuan.

2. Total retail sales of consumer goods: corporation enterprises, establishments and getihus engaged in commodity retail activities or providing catering services.

3. Commodity exchange markets: the commodity markets with an annual transaction over 100 million.

4. Chain stores: Chain stores of retail trades and catering services.

Ⅲ Sources of Data

Data are collected and processed in accordance with the statistical reporting scheme on wholesale and retail trades, hotels and catering services by the Department of Trade and External Economic Relations of the National Bureau of Statistics.

Ⅳ Survey Methodology

Data of all enterprises of wholesale and retail trades, hotels and catering services above the designated size (Including corporation enterprises, establishments and getihus, the same below), commodity exchange markets and chain head stores (headquarter) are collected through comprehensive reporting systems. Data of enterprises below the designated size are according to sampling surveys.

Ⅴ Explanatory Notes on Main Statistical Indicators

1. Wholesale and Retail Trades

Wholesale Trade refers to the activities of selling wholesale commodities for daily use and capital goods to enterprises of wholesale and retail trades (including self-employed individuals) and other enterprises, institutions and government organs and organizations, and the activities of engaging in import and export and acting as a trade agent. The wholesaler may have the ownership of commodities for wholesale and trade in the name of its own (a company), and the wholesaler can act as commission agent or commodity broker without the ownership of commodities. Also included are the wholesale activities at the fixed stalls in wholesale market and the acquisition for sales purpose.

Retail Trade refers to the activities of department store, supermarket, franchised store, brand store, retail stall and on-the-spot-making-selling store selling commodities to the final consumers (residents) by any means including internet, post, telephone, sales machine. It also includes shops with sales and production located in the same places (such as bakeries). Retail trade excludes the activities of sales of capital goods such as grain, seed, feed, livestock, mineral products, raw material for production, industrial chemicals, chemical products for agricultural use, machine and equipment (excluding vehicles, computers and communication equipment). Most retailers have the ownership of commodities to sell, but some are acting as agent or brokers to make transactions for a commission. According to the sales channels, retail trade can be divided into store retail and non-store retail, among which store retail is divided into comprehensive retail and special retail.

Total Purchases of Commodities refers to the total value of purchases of commodities by enterprises (establishments) from other establishments or individuals (including direct import from abroad) for the purpose of re-selling, either with or without further processing of the commodities purchased(including VAT).This indicator reflects the total value of goods purchased by the wholesale and retail industries from domestic and foreign markets.

The commodities include: (1) commodities purchased from agricultural and industrial producer, wholesaler, retailer, publishing house and other service business; (2) commodities purchased from institutions and government departments; (3) confiscated goods purchased from the customs authorities or market management agencies; (4) second-hand goods and wastes purchased from residents.

The commodities exclude: (1) commodities purchased by enterprises (establishments) for use in their own business operation, commodities obtained without buying or selling procedures such as materials, consumable goods of low value, office appliances, etc;(2) received goods without trading, such as goods handed over from others, borrowed goods, preserved goods for others, donated goods from others, processed and retrieved goods, etc;(3)goods of direct settlement between buyer and seller with handling fees introduced by others; (4)goods returned or refused to pay by the buyer;(5)excessive goods.(6) commodities of futures trading.

Total Sales of Commodities refers to the value of commodities sold by the establishments to other establishments and individuals (including goods sold for self consumption, including the value-added tax).In the wholesale and retail trades, this indicator is reflected the total value of the commodities sold in the domestic market and exported to abroad.

The commodities include: (1) commodities sold to individuals and social groups for their consumption; (2) commodities sold to establishments in all industries for their production and operation, including agriculture, industry, construction, transportation, post and telecommunications, catering services, and public utility including commodities sold to wholesale and retail establishments for re-selling, with or without further processing; (3) commodities for direct export to abroad.

The commodities exclude: (1) extended commodities without trading, such as goods handed over to other enterprises and institutions because of the change of organizations, lent goods, returned goods preserved for others, extended processing materials and samples donated to others; (2) goods sold by the promotion coupons that are not included in the operating income; (3) goods of direct settlement between buyer and seller with handling fees introduced by others; (4) sales of prepaid cards for goods that have not undergone ownership transfer, such as fuel cards; (5) service economic activities such as vehicle maintenance and telephone card sales; (6) goods returned after purchase; (7) damaged and spoiled goods; (8) waste and used goods of self use; (9) commodities of futures trading; (10) water, electricity and gas provided by water supply enterprises, power companies and natural gas supply enterprises.

Total Stock of Commodities For the legal entities and self-employed individuals engaged in wholesale and retail trade, it refers to total value (including VAT) of commodities possessed at the end of the reference period; and for wholesale and retail establishments, it refers to the value (including VAT) of all commodities actually in stock and owned by their legal person at the end of reference period. This indicator reflects the inventory of goods in the wholesale and retail industries, as well as the degree of assurance of the supply of goods in the market.

The stock commodities include: (1)commodities located in storage, garages, counters, and shelves of operating places (such as sale stores, wholesale centres, and operating offices); (2) commodities in the process of being selected, sorted, and packed; (3) commodities not arrived but recorded as purchase in the account, i.e. commodities not arrived but payment receipts for the commodities from the sellers or the banks arrived; (4)commodities deposited in other places rather than places mentioned above, for instance: commodities in the hold of purchasers temporarily due to the refusal of payment and commodities not taken back after going through the formalities; (5) commodities entrusted to other units to sell but not sold yet; (6) commodities purchased for other units but not delivered yet.

The commodities exclude: (1) commodities not owned by the enterprises (units), such as goods that have been sold but not taken by the buyer; commodities on commission for keeping, transporting, and processing; unsold commodities that sold for other units (not purchased or adjusted); (2) commodities processed by the commissioned external unit(including finished productions, processed by owned plants and other plants, that have not been delivered).(3) commodities purchased by agent of foreign trade enterprises that have not been delivered to the ordering unit; (4) commodities that are put in stock on behalf of the state material reserves units.

2. Hotel Services and Catering Services

Hotel Services refer to the short-term accommodation services provided to visitors. Some units may provide only accommodation while others provide a combination of accommodation, meals business services and/or recreational facilities. It excludes activities related to the provision of long-term primary residences in facilities such as apartments typically leased on a monthly or annual basis.

Catering Services refer to the activities of providing foods, serving locations and facilities to customers through instant processing, commercial sales and service-type labor.

Business Revenue refers to the total revenue (including VAT) of hotels and catering services received from providing services or selling commodities through operating activities, including income from hotels, from catering services, from selling of commodities and from other services, for example, business service. Excluded are the income from meals, merchandise sales and other items of the industrial activity unit affiliated to the multi-industry legal person enterprise.

Income from hotels refers to the income (including VAT) of enterprises and establishments engaged in hotel and catering services by providing lodging services. Excluding the income of other industrial activity units affiliated with multi-industry corporations.

Income from catering services refers to income (including VAT) of enterprises and establishments engaged in hotel and catering services by providing catering services. Including selling of cooked or prepared foods, such as staple food, cooked dishes, or cold dishes. Excluding the income of other industrial activity units affiliated with multi-industry corporations.

3. Commodity Exchange Markets

The commodity Exchange markets refers to the markets approved and managed by related departments, where there are fixed sites, facilities, managers and administration offices, where there are a certain number of traders to operate for three month and above or all the year, where the commodities including the articles for daily consumption and capital goods and services are traded in a centralized, independent and open way. Such market includes markets of daily goods and market of capital goods, etc.

Volume of Transaction in Commidity Trading Market refers to total annual commodity transaction volume of all stores and shops in the market.

4. Chain stores

Chain Head Stores (headquarter) refers to the core leading stores responsible for development, allocation, administration and unitization of resources (name of stores, goodwill, operation model, service standard, management way, ect.) of chain stores. Chain stores refers to the stores engaged in providing homogeneous commodities or services, with the central leadership of head store and guided by common policies, conduct centralized purchase and distributed selling of commodities, in order to gain better efficiency through standardized operation. The chain stores include regular chain stores, franchise chain stores and voluntary chain stores.

Regular Chain store refers to chain stores that are invested or controlled by the headquarters. They operate under direct and unified management from the headquarters.

Franchise chain store refers to the chain stores (franchisees) which are franchised with operation resources such as trade marks, names, patent and operation know-how by the franchisors in form of contract and pay the operation fees to the franchisors.

Voluntary chain store refers to the stores operate jointly on the voluntary bases while maintaining their status of independent legal entities with full ownership of their assets. They sell goods of same brand from same channel of resource to the consumers.

5. Total Retail Sales of Consumer Goods

Total retail sales of consumer goods refers to the revenue of non-productive, non-operating physical goods sold to individuals and social groups directly through transaction or the income of catering services provided by corporation enterprises (establishments, getihus). Individuals include urban and rural residents and persons entering the country. Social groups include government agencies, social organizations, army, schools, enterprises and institutions, neighborhood or village committee, etc.

Online Retail Sales refer to the total retail sales of goods and services through public online trading platforms (including self-built websites and third-party platforms). Goods and services include physical goods and non-physical goods (such as virtual goods, service goods, etc.).

Foreign Trade, External Economic Transaction and Tourism

I. Trade in Goods

1.Data on foreign trade include: varieties of imports and exports, amount (weight), value, countries (regions), consignee and shipper location, destination within territory, origin of goods within territory, mode of trade and so on.

2.The scope of trade in goods statistics: are designed according to United Nations' principles on international trade statistics, that is: all imports or exports that will lead to stock changes of material resources with the territory of People's Republic of China; excluding goods by escape clause.

3.Sources of data on trade in goods: are from the General Administration of Customs of the People's Republic of China through a comprehensive reporting system. Original data comes from *Customs Declaration for Import of the People's Republic of China*, *Customs Declaration for Export of the People's Republic of China*, and other declaration vouchers that are confirmed by customs.

4.Import and export commodity classification: the list of import and export commodities is compiled based on the *Harmonized Commodity Description and Coding System (HS)* stipulated by the Customs Cooperation Council (World Customs Organization) and China's reality of imports and exports. Customs statstics in value terms for both imports and exports are compiled according to the classifications of *UN Standard International Trade Classification (SITC).*

5. Trading partner: the country (region) of origin is recorded for imports while the country (region) of final destination for exports.

The country (region) of origin refers to the country or region where the import goods have been grown, mined or manufactured. If two or more countries (regions) were involved in the manufacture of the products, the place where the last substantial working or processing was carried out will be recorded as the country (region) of origin. However, commodities whose nature or states have not been substantially changed will not be considered as having been processed or remanufactured.

The country (region) of final destination refers to the country or region where the export goods are to be consumed, utilized or further processed or manufactured. In instance where the country of final destination can not be ascertained, the exports will be credited to the final country (region) dispatched to as known at the time of exportation.

6.Explanatory notes on main statistical indicators

Total Import and Export of Goods refer to the real value of commodities imported and exported across the border of China. They include the actual imports and exports through foreign trade, imported and exported goods under the processing and assembling trades and materials, supplies and gifts as aid given gratis between governments and by United Nations and other international organizations, and contributions donated by overseas Chinese, compatriots in Hong Kong and Macao and Chinese with foreign citizenship, leasing commodities owned by tenant at the expiration of leasing period, the imported and exported commodities processed with imported materials, commodities trading in border areas, the imported and exported commodities and articles for public use of the Sino-foreign joint ventures, cooperative enterprises and ventures with sole foreign investment. Also included is import or export of samples and advertising goods for which CIF or FOB value are beyond the permitted ceiling (excluding goods of no trading or use value and free commodities for export), imported goods sold in china from bonded warehouses and other imported and exported goods. The indicator of the total imports and exports at customs can be used to observe the total size of external trade in a country. In accordance with the stipulation of the Chinese government, imports are calculated at CIF, while exports are calculated at FOB.

Import / Export by Location of Importers/Exporters refers to the place inside China's Customs temitory where the importers or exporters are registered.

Import / Export by Location of Domestic Consumers / Producers refer to the place inside China's customs territory where the imported goods are cosumed, utilized or destined for or exported goods are produced, manufactured initially delivered.

II. Imports and Exports in Services

1.Sources on imports and exports in services: statistics are compiles according to Balance of Payments (BOP) and from the Ministry of Commerce.

2. Explanatory notes on main statistical indicators

Imports and Exports in Services refers to services provided between resident and non-resident units, including transportation, travel, construction, insurance, finance, telecommunications, computer and informations, technology, professional and management consultancy, intellectual property fee, individual, culture and recreation, maintenance and repair, and other services, but excluding government service.

III. Foreign Capitals

1.Data on foreign capitals include: foreign direct investments and the basic condition of registration of foreign funded enterprises.

2.The scope of foreign capitals: all the units and departments which have utilized foreign capital and all the Sino-foreign joint ventures, Sino-foreign cooperative enterprises, ventures exclusively with foreign investment, foreign-funded stock companies, Sino-foreign cooperative development projects and other corporate enterprises (including the enterprises funded by the entrepreneurs from Hong Kong, Macao and Taiwan) with independent accounting system which have been approved by the Chinese government to set up in the boundary of the People's Republic of China.

3.Sources of data on foreign capitals: data on utilization of foreign capitals are from Ministry of Commerce, of which, data on basic condition of registration of foreign funded enterprises are from State Administration for Market Regulation through comprehensive reporting system. Special notice: data on utilization of foreign capitals before 1985 were survey results from governmental statistical agencies, since 1986 all data are from Ministry of Commerce (formerly MOFTEC). Data on utilization of foreign capitals since 2000 do not include foreign loans. Data on the utilization of foreign capitals do not include banking, securities and insurance.

4.Explanatory notes on main statistical indicators

Utilization of foreign capital refers to direct foreign investments, commodity credits and other funds used by domestic institutions that are supplied from abroad and from Hong Kong, Macao and Taiwan.

Number of approval enterprises (projects) refers to the number of foreign-invested enterprises and cooperative development projects approved by the foreign direct investment management division.

Agreement number of utilization of foreign capital refers to the project numbers of the loans from the foreign governments and international monetary organization, the numbers of the enterprises with foreign investment and the contract numbers of the joint exploitation on offshore oil which are all approved according to law. The agreements of utilization of foreign capital, which are signed in other ways, are only collected into total amount without project numbers.

Country (region) of foreign capital refers to the country and region where the investor registers as a juridical Person and the foreign capital and investment comes. In the statistic classification, as the other ways in absorbing foreign investment, country (region) refers to the place where the foreign companies, enterprises and other economic organization register as juridical persons, except government loans just in terms of the name of the country.

Foreign capital actually used refers to the amount which has been actually used according to the agreements and contracts, including cash, materials and invisible capital such as labour service and technology which both parties agree to take as investment.

IV. Overseas Direct Investment and Foreign Economic Cooperation

1.Data on overseas direct investment and economic cooperation include: Overseas direct investment, contracted projects, labour services cooperation, design and consultation services, contracted volume, complete business turnover, business turnover by countries (regions) and so on.

2.The scope of foreign economic cooperation:all types of overseas corporations and non-corporations that domestic investors own or control 10% or more equity,voting rights or other equivalent interests through direct investment. corporate enterprise engaged in contracted projects and labour services cooperation with foreign countries and has been approved by the department of commerce at various levels.

3.Sources of data on overseas direct investment and economic cooperation: data on foreign economic cooperation are from Ministry of Commerce through a comprehensive reporting system. Data on contracted projects include design & consultation service since 2009.

4.Explanatory notes on main statistical indicators

Overseas Direct Investment refers to the economic activities centring on operation and managemerot of those enterprises are under the control of domestic investors. The content of overseas direct investment mainly reflects one economic entity by investing in another economic entity to achieve its goal of lasting interest.

Overseas Contracted Projects refer to activities of contracting overseas construction projects by Chinese enterprises or any other units, which are stipulated in the *Regulations on Administration of Foreign Contracted Project.*

Overseas Labour Services refer to operational activities of organizing labour force to go abroad providing services to foreign enterprises or agencies.

Accomplished Turnover refers to the workload enterprises completed in the form of currency during the reporting period.

Dispatched Labor refers to the number of overseas labours in the overseas project contracting and labor cooperation businesses.

V. Tourism

1.Main Contents: the basic conditions of travel agencies and star-rated hotels; number of international tourists and Chinese residents going abroad, number of domestic tourists and income from international and domestic tourism.

2.Scope of Statistics: data in this chapter cover travel agencies, star-rated hotels and tourists.

3.Sources of Data: the data on tourism are from the Ministry of Public Security, the Ministry of Culture and Tourism. The data on tourism are from the comprehensive reporting form system except those on the earnings from international and domestic tourism and number of domestic tourists going abroad from sample surveys.

4.Explanatory notes on main statistical indicators

Visitors refers to any person who travels to a country (or place) other than that of his or her residence for a period not exceeding 12 months for leisure, entertainment, sightseeing, holiday, visiting relatives or friends, medical care, shopping, meeting, or taking part in economic, cultural, sports or religious activities, where the main purpose of the travel is not for remuneration. A visitor does not refer to any person who commutes between two places regularly for career or education. According to the length of stay, visitors are classified as tourists (i.e., overnight visitors) and same day visitors (non overnight visitors).

International visitors (Inbound Visitor Arrivals) refer to foreigners or compatriots from Hong Kong, Macao and Taiwan who come to China within the reporting time frame for sightseeing, holiday, visiting friends and relatives, medical care, shopping, meeting, or taking part in economic, cultural, sports or religious activities. Each time of entry is recorded as one time of arrival, and the total sum makes up the inbound visitor arrivals. Inbound visitor arrivals (international visitors) include inbound (overnight) tourists and inbound same day visitors.

Domestic visitors refer to Chinese nationals who travel within the country within the reporting time frame for sightseeing, holiday, visiting friends and relatives, medical care, meeting, or taking part in economic, cultural, sports or religious activities. Their purposes of travel are not for remuneration from the activities afore mentioned. Each time of their travel is recorded as one person time. Domestic visitors include domestic (overnight) tourists and domestic same day visitors.

Outbound visitors refer to a Chinese (mainland) citizen who departs from China to a foreign country (or region) for leisure, entertainment, sightseeing, holiday, visiting relatives or friends, medical care, shopping, meeting, or taking part in economic, cultural, sports or religious activities. Each time of departure is recorded as one person time. Outbound visitors include outbound (overnight) tourists and outbound same day visitors.

Tourism receipts refer to all the expenditures made by visitors (inbound visitors and domestic visitors) or by representatives of the visitors in the course of their travel constitute the tourism receipts of a country (province, region, city). Tourism expenditures of visitors should include expenses made by (overnight) tourists and same day visitors throughout their travel on transport, tours, lodging, food, shopping, entertainment, and souvenirs and gifts for friends and relatives. Tourism expenditures do not include purchases of goods, real estate, house, motor vehicle, water vessel for commercial purposes, neither include capital nor transactional investments, cash given to friends and relatives, donations to public organizations. Tourism receipts include international tourism receipts and domestic tourism receipts.

1) International Tourism Receipts refer to the total expenditure made by inbound tourists within the territory of China (the mainland) in their course of travel on transport, tours and sightseeing, lodging, food and beverage, shopping, entertainment and etc.

2) Domestic Tourism Receipts refer to the total expenditure made by domestic tourists within the territory of China (the mainland) in their course of travel on transport, tours and sightseeing, lodging, food and beverage, shopping, entertainment and etc.

VI. Others

1.The Balance of Payments Table is compiled by the State Administration of Foreign Exchange in accordance with the 6th edition of the *Balance of Payments and International Investment Position. Manual (BPM6)* prepared by the International Monetary Fund.

2.The average exchange rates of RMB yuan to US dollar, Japanese yen and Hong Kong dollar over the years come from the State Administration of Foreign Exchange.

3. The data on gold and foreign exchange reserves are also from the State Administration of Foreign Exchange.

附录II　英文缩略语及符号

APPENDIX Ⅱ　Abbreviations and Symbols in English

APEC	Asia-Pacific Economic Cooperation
ASEAN	Association of Southeast Asian Nations
Co, Ltd	Corporation Limited
Corp	Corporation
DPR	Democratic People's Republic
EU	European Union
FR	Federal Republic
IMF	International Monetary Fund
Is	Islands
No	Number of items
Prov	Province
RMB	Renminbi Yuan
SDR	Special Drawing Rights
USD	Dollar of United States of America
USSR	Union of Soviet Socialist Republics